(Remplace un Ex. de dépôt broché)

VIE OU LÉGENDE

DE

GAUDAMA

SAINT-QUENTIN. — IMPRIMERIE JULES MOUREAU

VIE OU LÉGENDE

DE

GAUDAMA

LE BOUDHA DES BIRMANS

ET

NOTICE SUR LES PHONGYIES OU MOINES BIRMANS

PAR

MONSEIGNEUR P. BIGANDET

Évêque de Ramatha, vicaire apostolique d'Ava et Pégou

TRADUIT EN FRANÇAIS

PAR VICTOR GAUVAIN

Lieutenant de vaisseau.

Membre de la Société Asiatique du Bengale.

PARIS

ERNEST LEROUX, ÉDITEUR

LIBRAIRE DE LA SOCIÉTÉ ASIATIQUE, DE L'ÉCOLE DES LANGUES ORIENTALES VIVANTES
ET DES SOCIÉTÉS
DE CALCUTTA, DE SHANGHAÏ, DE NEW HAVEN, DU CAIRE, ETC.

28, rue Bonaparte, 28

1878

AVERTISSEMENT

La première édition de la vie de Gaudama étant épuisée depuis cinq ou six ans, nous nous sommes décidé,— à la requête de plusieurs personnes dont l'autorité ne saurait être contestée, — à publier une édition nouvelle et considérablement augmentée du même ouvrage. Un heureux concours de circonstances est venu favoriser l'exécution de notre dessein d'améliorer notre travail. Avec beaucoup de peine, nous avons pu trouver et acquérir, dans la capitale Birmane, un très-rare manuscrit sur feuilles de palmier où nous avons puisé de nombreux et intéressants détails sur les actes et les discours de Gaudama.

Le manuscrit a pour titre, dans la langue pali, Tatha-gatha-oudana, qui peut se traduire ainsi : « Joyeuses paroles, » ou « Louanges du Tatha-gatha. » Cette dernière expression est un des nombreux titres donnés à Gaudama, elle signifie, celui qui est venu comme tous ses prédécesseurs. Dans l'opinion des Boudhistes, tous les Boudhas qui paraissent pendant la durée d'un monde, ou pendant les diverses séries d'une succession de mondes, ont tous la même mission à remplir ; ils sont doués de la même science parfaite, et sont animés des mêmes sentiments de bienveillance et de compassion pour tous les êtres. De là la dénomination si heureusement appliquée à Gaudama, le dernier d'entre eux.

Dans le courant du livre on trouvera quelques détails sur l'auteur du manuscrit et sur le lieu où il fut composé. Nous nous bornerons à dire ici que nous en avons extrait des particularités intéressantes sur la condition de Gaudama, antérieurement à sa dernière existence, sur l'origine du pays de Kalipawot où il naquit, et sur les rois dont il descendait. Nous y avons aussi trouvé beaucoup de détails sur le vaste travail intellectuel de Gaudama, pendant les quarante-neuf jours qu'il passa en méditation autour de l'arbre Bodi, particulièrement l'importante théorie des douze Nidanas, ou causes et effets qui, avec les quatre sublimes vérités, compose la quintessence de son système. C'est également là que nous avons trouvé d'intéressants détails sur les faits et gestes de Gaudama, pendant les vingt premières années de sa vie publique, et sur les conversions qu'il opérait pendant les périodes de sa carrière comme missionnaire-voyageur. Nous en avons extrait quelques-unes des instructions qu'il donnait au peuple rassemblé autour de lui. L'histoire de Dwadat est rapportée avec quelque longueur. Nous avons soigneusement recueilli ce qui est dit des trois assemblées ou conciles tenus à Radzagio, Wethalie et Pataliputra, et ce qui est mentionné sur les rois qui régnèrent à Magatha, depuis Adzatathat jusqu'à Dammathoka. Nous avons mentionné ce grand fait de la dispersion du Boudhisme, en dehors du territoire de Magatha, après la tenue du troisième concile, sans oublier ce qui nous a paru se rapporter à sa diffusion dans le Pegu et la Birmanie.

De nombreuses notes ont été ajoutées à celles de la première édition, pour développer et expliquer, autant qu'il était en nous, les principes du Boudhisme, et tout ce qui se rattache à ce système religieux.

Rangoon, mai 1866.

PRÉFACE

DE LA PREMIÈRE ÉDITION

Le Boudhisme, soit qu'on l'envisage au point de vue de sa généralisation et de sa diffusion, soit qu'on étudie l'ensemble de ses doctrines, a droit à la plus sérieuse attention de tout esprit réfléchi.

De nos jours encore, et sous des formes diverses, c'est la croyance dominante dans le Nepaul, le Thibet, la Mongolie, la Corée, la Chine, l'archipel Japonais, la Cochinchine, le Camboge, Siam, le pays de Shan, la Birmanie, Arracan et Ceylan. Son empire s'étend sur environ un quart du genre humain.

Bien que basé sur des erreurs capitales révoltantes, le Boudhisme enseigne un nombre surprenant des plus beaux préceptes et des plus pures vérités morales. Du sein des épaisses ténèbres qui l'environnent, il émet des rayons d'un incomparable éclat.

Pour le penseur, l'étude de ce système religieux n'est autre que l'étude de l'histoire de l'un des plus grands travaux religieux qui aient été entrepris pour élever notre nature au-dessus de son humble niveau, en déracinant les passions du cœur et dissipant les erreurs de l'esprit. Un observateur attentif y découvre, d'un seul coup d'œil, la triste et humiliante peinture de tant d'efforts stériles de la sagesse humaine, pour trouver la cause réelle de nos misères, et nous fournir les moyens de guérir les infirmités morales auxquelles notre nature est sujette. Le fait de la condition dégradée et misérable de l'homme a été vu par le philosophe Boudhiste, mais il a échoué dans ses tentatives pour soustraire l'homme aux difficultés qui l'environnent de toutes parts, et le ramener dans les voies de la vérité et du salut. Les efforts tentés sur les rives du Gange à une époque reculée et poursuivis avec une ardeur et une persévérance sans égales, ont avorté de même que ceux entrepris à une époque plus rapprochée, en Grèce et en Italie, par les plus grands et les plus éclatants génies de l'antiquité.

Quelle grande et irrésistible démonstration de l'incapacité absolue de l'homme à s'améliorer et se sauver seul, et de l'indispensable nécessité d'une intervention divine pour l'aider à atteindre ce double but.

On peut dire, à l'avantage du Boudhisme, que nul système philosophico-religieux n'a encore soutenu à un égal degré la notion d'un sauveur et libérateur, et la nécessité de sa mission pour procurer à l'homme le salut, dans le sens Boudhiste du mot. Le rôle de Boudha, du commencement à la fin, est celui d'un libérateur, qui prêche une doctrine destinée à délivrer l'homme de toutes les misères qui l'assiégent. Mais, par une aberration inexplicable et déplorable, le prétendu sauveur, après avoir enseigné à l'homme le moyen de s'affranchir de la tyrannie des passions, le plonge à la fin dans le gouffre sans fond de la plus complète annihilation.

Le Boudhisme, tel que nous le trouvons en Birmanie, semble avoir retenu à un haut degré son caractère primitif d'originale authenticité; on retrouve en ce pays sous sa forme la plus correcte cette doctrine de Protée. A l'époque où les Birmans abandonnèrent les vallées septentrionales et s'établirent dans le pays qu'ils habitent maintenant, c'était une tribu Mongolienne à demi civilisée n'ayant aucun culte, si c'est une espèce d'adoration des Génies, ressemblant beaucoup à ce que nous voyons encore en pratique parmi les tribus limitrophes de la Birmanie. Ils étaient dans la même condition lorsque les premiers missionnaires Boudhistes arrivèrent parmi eux. Déposée dans ce sol presque vierge, la semence germa librement, et sans qu'aucun obstacle vînt arrêter son essor.

La philosophie qui, dans ses excursions trop souvent vagabondes à la recherche de la vérité, change, corrige, améliore, détruit et de mille façons modifie tout ce qu'elle rencontre, ne fleurit jamais dans ces contrées; elles n'eut donc pas à intervenir dans les institutions religieuses, que nous retrouvons de nos jours presque identiques à ce qu'elles étaient quand, pour la première fois, elles furent prêchées en Birmanie.

La libre discussion des matières religieuses et morales qui faisait la vie des écoles indiennes, et donna le jour à cette multitude incohérente d'opinions contradictoires, sur les points les plus essentiels de la religion et de la philosophie, est le signe d'un état avancé de civilisation, qui ne semble avoir jamais existé sur les rives de l'Irrawaddy.

Grâce à sa position géographique, et peut-être aussi à des causes politiques, la Birmanie a toujours échappé à l'influence hindoue qui, dans le Nepaul, a fait subir au Boudhisme la teinte des mythes Hindous et y a mêlé les formes idolâtriques les plus grossières. En Chine où existait déjà le culte des héros et des ancêtres, quand y arrivèrent les premiers prédicateurs de la nouvelle doctrine, le Boudhisme comme une plante parasite immense, s'étendit sur toutes les doctrines préexistantes, les recouvrant plutôt qu'il ne les absorbait, les laissant continuer à vivre sous le nouveau déguisement qu'il leur donnait. Mais tel ne fut pas le cas en Birmanie lorsqu'elle reçut la visite des premiers apôtres Boudhistes.

L'époque de l'introduction du Boudhisme en Birmanie est jusqu'ici encore matière à conjectures. Suivant les annales Birmanes, Boudha-Gautha, vers la fin du IVe siècle de notre ère, apporta de Ceylan une copie des écritures, faisant ainsi pour la Birmanie, ce que Fa-Hian, le pèlerin chinois, accomplissait quelques années après dans l'Inde et à Ceylan, au profit de son pays. Mais les Birmans prétendent qu'ils suivaient la doctrine de Boudha longtemps avant cette époque. Si nous pouvons appuyer nos inductions sur l'analogie, il semble probable que leur assertion est fondée. La Chine est certes aussi éloignée du siége du Boudhisme que la Birmanie. Il semble cependant, d'après les annalistes chinois, que les doctrines du philosophe indien, étaient déjà propagées dans quelques parties de l'empire au milieu du 1er siècle de notre ère, et probablement à une date antérieure. Il y a toute probabilité à conclure qu'au moins à la même époque, les *missionnaires* Boudhistes avaient pénétré dans le pays pour y prêcher leurs doctrines. D'après les annales Boudhistes, c'est après la tenue du troisième *Concile*, 236 ans après la mort de Gaudama, 207 avant Jésus-Christ que deux missionnaires introduisirent la religion à Thaton, dont on peut encore voir les ruines entre les embouchures du Tsitang et du Salween, et établirent le Boudhisme dans le Pegu. Quoi qu'il en soit, nous savons par les magnifiques monuments Boudhistes de Porgan, que la religion, entre le XIe et le XIIe siècle y avait atteint un degré de splendeur qui n'a pas été égalé depuis.

Les écritures Boudhistes sont divisées en trois grandes catégories, les Thouts ou instructions, le Wini ou la discipline, et l'Abidama ou la métaphysique. Conformément à cette division les pages qui suivent ont été rangées sous trois titres différents. La vie de Gaudama, avec quelques extraits de ses prédications, donne la substance de son enseignement et de sa doctrine. Elle est accompagnée de nombreuses annotations qui ont pour but d'expliquer le texte, et de donner des détails sur le système Boudhique en général, et sur la façon particulière avec laquelle on l'observe en Birmanie. Nous y avons joint quelques Dzats ou récits de quelques-unes des existences antérieures de Gaudama, et un abrégé de deux des principaux.

Dans la notice sur les Phongyies, on trouvera expliqués in-extenso et développés les points de discipline principaux. Nous avons cherché à rendre aussi complète que possible la description des religieux Boudhistes ou Phongyies. On y trouve, pratiquement exposés, les résultats remarquables auxquels on peut atteindre sous l'influence des doctrines du philosophe indien.

Dans les « Chemins du Neibban » on a essayé d'exposer et de développer les points saillants de métaphysique sur lesquels repose tout le système religieux. Nous reconnaissons que nous avons donné de la métaphysique un sommaire assez concis. Nous avons hésité à nous engager trop avant dans ce sujet, peu attrayant pour la généralité des lecteurs.

A l'instigation du capitaine H. Hopkinson, commissaire des provinces de Martaban et Tenasserim nous avons ajouté quelques remarques sur les noms et les emplacements des villes et contrées principales mentionnées dans la légende, afin de pouvoir les contrôler avec les emplacements qu'elles occupent aujourd'hui.

L'auteur considère comme superflu de dire ici qu'en entreprenant ce travail, il n'a eu qu'un but en vue : exposer le système religieux Boudhiste tel qu'il est, et expliquer de son mieux ses doctrines et ses pratiques, abstraction faite de leur valeur intrinsèque. La connaissance qu'il en a acquise, il la doit à l'étude des livres religieux des Birmans, et à ses conversations fréquentes, pendant plusieurs années, sur la religion, avec les personnes les mieux renseignées qu'il a rencontrées dans ce pays, religieux ou laïques.

Le moyen le plus sûr, peut-être, d'arriver à une connaissance exacte de l'histoire et des doctrines du Boudhisme, serait de faire une traduction des légendes de Boudha, telles qu'on les trouve dans tous les pays où le Boudhisme s'est implanté, et de joindre à ces traductions un exposé des divers points doctrinaux ainsi qu'ils sont admis, compris et observés par ces diverses nations. Ceci a déjà été fait par d'éminents orientalistes sur les originaux Thibétains, Sanscrits, Cingalais et Chinois. Un travail analogue étendu par des auteurs compétents aux Shans, Siamois, Cambogiens et Cochinchinois, aiderait considérablement les savants d'Europe qui ont entrepris la difficile tâche d'exposer le système Boudhiste sous ses formes si diverses, et de donner un résumé général, complet, *facile à saisir*, de ce *grand* système religieux avec toutes ses variations.

Le meilleur moyen de contreminer une croyance fausse et de l'attaquer efficacement, c'est de l'étaler à tous les yeux, et la faire voir telle qu'elle est. L'erreur n'exerce quelque empire sur l'esprit, qu'à cause des semblants de vérité dont elle se pare ; dépouillée du masque qui déguisait son inanité et sa fausseté, le fantôme disparaît et l'illusion s'évanouit.

Nous saisissons avec bonheur l'occasion de remercier publiquement le digne commissaire du Pegu, major A.-P. Phayre, pour la bienveillance avec laquelle il a provoqué la publication de cet ouvrage. C'est non-seulement un éminent orientaliste, profondément versé dans tout ce qui a trait au Boudhisme, mais son plus grand plaisir est d'encourager tout effort qui a pour but le développement et l'explication de cette croyance, qui, malgré tout ce qu'on en a écrit dans les diverses contrées où il règne, tient enveloppés de mystère de nombreux points de son histoire et de sa doctrine.

De la somme assez restreinte d'informations sur le Boudhisme, tel qu'il existe dans ces contrées, nous avons, malgré la conviction de notre infériorité, pris la meilleure part. C'est celle que nous présentons au public. Nous espérons que notre exemple sera imité. Bien d'autres ont, de ce sujet, une connaissance plus complète et plus approfondie, et sont ainsi plus à même de nous rapprocher du but poursuivi : c'est-à-dire une connaissance exacte de la religion d'environ trois cent millions de nos semblables.

Rangoon, octobre 1858.

LÉGENDE

DU

BOUDHA BIRMAN

APPELÉ

GAUDAMA

CHAPITRE PREMIER

INVOCATION DU TRADUCTEUR BIRMAN. — PROGRÈS LENTS MAIS SOUTENUS DE PHRALAONG VERS L'ÉTAT DE BOUDHA. — PROMESSE QUI LUI EST FAITE PAR LE BOUDHA DEIPINKARA. — ORIGINE ET COMMENCEMENTS DU PAYS DE KAPILAWOT ET DE SES GOUVERNANTS. — NAISSANCE DE THOUDAUDANA. — SON MARIAGE AVEC LA PRINCESSE MAIA. — RUMEUR DE LA PROCHAINE NAISSANCE D'UN BOUDHA. — PHRALAONG AU SIÉGE DES NATS. — SONGE DE MAIA. — CONCEPTION DE PHRALAONG. — MERVEILLES QUI ACCOMPAGNENT CET ÉVÉNEMENT.

J'adore (1) Boudha, qui est sorti glorieux du gouffre insondable d'une série indéfinie d'existences ; qui a éteint le feu brûlant de la

(1) Tout écrit Boudhiste est invariablement précédé d'une des formules suivantes d'adoration qu'emploient les écrivains qui traitent des sujets religieux. L'une n'a rapport qu'à Boudha, les autres aux trois plus excellentes choses, toujours dignes de la plus profonde vénération. La première, toujours écrite en pali, commençant par les mots « *Naman tassa,* » peut se traduire ainsi : « Je t'adore » ou « adoration à toi, » « le béni, le parfait et le parfaitement intelligent. » C'est là que sont présentés à la foi, l'admiration et la vénération de tout vrai Boudhiste les trois principaux attributs du fondateur de sa religion, sa bienveillance et sa bonté, sa perfection suprême et sa science sans bornes. Elles constituent les qualifications essentielles d'un être qui s'est donné la mission de retirer l'homme de l'abîme des ténèbres et de l'ignorance, et de le conduire au salut. Sa bienveillance le détermine à entreprendre cette grande œuvre ; sa perfection lui permet d'y prétendre ; et sa science suprême le rend propre à l'accomplir pleinement. Elles sont toujours considérées par les Boudhistes comme les trois brillants attributs et les qualités transcendantes inhérentes à ce noble personnage, qui doivent lui attirer et concentrer sur lui le respect, l'amour et l'admiration de tous ses fidèles sectateurs.

La seconde formule peut être considérée comme un court acte de foi souvent

colère et des autres passions ; qui a ouvert et illuminé l'abîme sans fond des ténèbres et de l'ignorance et qui est le plus grand et le plus excellent de tous les êtres.

répété par les Boudhistes. Elle consiste à dire : « Je prends refuge dans Boudha, la Loi et l'Assemblée. » Cette courte profession de foi, par le zèle religieux des écrivains et la piété des dévots, reçoit souvent d'amples augmentations. Nous pouvons voir, par cet exemple, avec quelle ferveur le compilateur de cette légende se répand en panégyriques à l'adresse de chacun des trois objets de vénération, ou des trois asiles consacrés où le Boudhiste aime à se reposer en imagination. On ne peut douter que cette formule soit très-ancienne, probablement contemporaine des premiers âges du Boudhisme. Le texte de cette légende prouve la vérité de cette assertion. Il paraît que la récitation répétée de cette sentence était le signe qui distinguait les convertis. D'habitude les auditeurs des prédications de Boudha, et ses disciples témoignaient leur adhésion à ce qui leur était enseigné par la répétition de la formule sacrée. C'était alors, et c'est encore de nos jours, pour les Boudhistes, ce qu'est pour les sectateurs du prophète arabe, la fameuse profession de foi mahométane : « Il n'y a qu'un Dieu et Mahomet est son prophète. » Il est extrêmement important de se faire une idée bien exacte des trois sacrés refuges dans lesquels le croyant espère trouver un sûr asile contre toutes les erreurs, les doutes et les craintes, et un lieu de repos où son âme puisse goûter en paix la possession non troublée de la vérité. C'est ce qu'ils appellent emphatiquement les trois précieuses choses.

Phra et Boudha sont deux expressions qui, bien que n'ayant pas la même signification, sont indifféremment employées pour désigner l'être presque divin qui, après avoir, pendant des myriades d'existences successives, pratiqué toutes sortes de vertus, particulièrement le mépris de soi-même et la plus complète abnégation, arrive enfin à un tel degré de perfection intellectuelle, que son esprit acquiert l'intelligence parfaite et universelle, ou la science de toutes choses. Il peut ainsi voir et sonder les misères et les besoins de tous les mortels, et imaginer des moyens pour soulager les unes et remplir les autres. La loi qu'il prêche est un baume souverain qui guérit toutes les infirmités morales. Il la prêche avec un zèle qui ne se dément jamais, pendant un certain nombre d'années, et délègue à ses disciples de prédilection le soin de poursuivre la mission d'utilité et de charité. Ayant enfin posé sur une base solide ses institutions religieuses, il arrive à l'état de Neibban. Boudha signifie sage, intelligent. Phra est une expression qui implique la plus haute idée de respect, on l'appliquait dans le principe seulement, à l'auteur du Boudhisme, mais à présent, par une adulation servile, elle est appliquée au roi, à ses ministres, à tout grand personnage, et par tout subalterne, souvent même aux plus infimes fonctionnaires du gouvernement. Le mot Phra, accouplé à celui de Tha-king, qui veut dire seigneur, est employé par les chrétiens en Birmanie, pour désigner Dieu, l'Être suprême.

Par ce qui précède, le lecteur arrive facilement à cette conclusion que Boudha est un homme, supérieur à tous les autres êtres, non en nature mais en science et en perfection. Il ne prétend à aucune préexcellence en nature ; il se montre aux yeux de ses disciples comme un des fils des hommes, né comme eux, comme eux destiné à mourir. Il ne porte pas plus loin ses prétentions, l'idée d'un Être suprême n'est nulle part mentionnée par lui. Dans le cours de ses disputes religieuses avec

J'adore la loi (1) que le très-excellent Boudha a publiée, qui est infiniment haute et incomparablement profonde, extrêmement

les Brahmines, il combat la notion d'un Dieu, établissant froidement le plus brutal athéisme. On ne peut nier, il est vrai, que dans certains pays Boudhistes, on trouve la notion d'un Adiboudha, ou être suprême consacrée dans les écrits et dans l'opinion des habitants. Mais nous savons que ces écrits sont d'une date relativement récente, et renferment beaucoup de doctrines étrangères au vrai Boudhisme. Néanmoins nous donnerons plus tard à ce sujet de plus amples développements.

(1) La Loi, le second objet de la vénération, est l'ensemble des doctrines enseignées par Boudha à ses disciples, pendant les quarante-neuf années de sa carrière publique. C'est à l'ombre de l'arbre Bodi, et après avoir atteint l'état de Boudha, qu'il arriva à la parfaite connaissance de cette loi. A cette époque, son esprit avait acquis un immense degré d'expansion ; sa science embrassait tout ce qui existe, son œil inquisiteur et pénétrant plongeait aux plus extrêmes limites du passé ; voyait instantanément le présent, et découvrait les secrets de l'avenir. Dans cet état, la vérité absolue brillait radieuse devant lui, et il connaissait la nature de tous les êtres individuellement, leur condition, leur situation, aussi bien que les relations diverses existant entre eux. Il comprenait immédiatement les misères et les erreurs qui affligent tous les êtres doués de raison, les causes cachées qui les font naître et la source d'où elles sortent. En même temps il distinguait clairement les moyens à employer pour terminer tant de misères, et les remèdes pour guérir cette infinité de plaies morales. Son omniscience lui indiquait la voie que devaient suivre ces êtres pour rebrousser chemin, abandonner les sentiers de l'erreur et s'engager dans la route qui les arracherait aux misères morales, où ils avaient croupi jusqu'alors pendant des successions innombrables d'existences. Tout ce que disait Gaudama à cet effet, constitue la loi, sur laquelle tant et de si hautes louanges sont répandues avec la plus grande ferveur. La connaissance pleine et entière de cette loi, dans l'opinion des Boudhistes, dissipe immédiatement les nuages de l'ignorance, qui, de même qu'un épais brouillard, enveloppe tous les êtres et répand les brillants rayons de pure lumière qui éclairent l'intelligence. L'homme est ainsi en état d'apercevoir distinctement l'infinité de sa position, et de découvrir les moyens de se soustraire à la tyrannie des passions, et arriver finalement à l'état de Neibban, qui est ainsi qu'il sera pleinement démontré plus tard, l'exemption de toutes les misères inhérentes à l'existence. Le corps de la *loi* est divisé en trois parties : Abidama ou la métaphysique, Thouts ou instructions morales, et Wini ou la discipline. D'après l'opinion des Boudhistes les plus instruits, la loi est éternelle, sans commencement, sans auteur qui en ait imaginé les préceptes. Jamais aucun Boudha ne s'est considéré, ou n'a été regardé par d'autres, comme ayant découvert ou conçu la loi. Celui qui devient un Boudha, est doué d'une science sans bornes, qui lui permet d'arriver à la connaissance parfaite de tout ce qui constitue la loi ; c'est lui qui a le bonheur de découvrir des choses déjà existantes, mais placées en-dehors de la portée d'un esprit humain. Dans le fait, la loi est éternelle, mais depuis le temps du premier Boudha, elle s'était oblitérée dans l'esprit des hommes, jusqu'à ce qu'un nouveau Boudha fût venu, qui, par son omniscience, a pu lui restituer sa pureté et la prêcher à toutes les créatures.

Le troisième objet de vénération est le Thanga ou l'Assemblée. La signification du mot Thanga en pali, équivaut presque à celle d'église ou congrégation. A l'é-

désirable et mérite les plus ardentes aspirations des Nats et des hommes, capable d'effacer les souillures de la concupiscence, et qui est immuable.

J'adore l'assemblée des parfaits, des purs, et illustres Arihas dans leurs huit sublimes états, eux qui ont vaincu toutes les passions qui tourmentent les autres mortels, en arrachant jusqu'aux racines de la concupiscence, et qui sont fameux parmi tous les autres êtres.

J'entreprends de traduire du texte pali (1) l'histoire de notre

poque où vivait Gaudama, l'assemblée se composait de tous les individus qui, se convertissant, embrassaient le genre de vie de leur prédicateur, vivaient avec lui, ou au cas ou ils se séparaient temporairement de lui, conservaient un commerce intime avec lui, et passaient en sa compagnie une partie de leur temps. Ayant renoncé au monde, ils se soumettaient à certaines règles disciplinaires, codifiées plus tard dans le recueil appelé Wini. Les membres de l'assemblée se divisaient en deux classes : les Ariahs ou vénérables qui, par leur âge, leur grand savoir de la loi, leur ferveur dans la pratique assidue de ses prescriptions, méritaient une place à part parmi les disciples de Boudha, et siégeaient au premier rang dans l'Assemblée. La seconde classe se composait des Bickus ou simples religieux mendiants. On aurait de la peine à affirmer avec quelque probabilité, si les Oupâsakas ou auditeurs ordinaires, ont jamais été considérés comme membres de l'assemblée ou Thanga. Les Oupâsakas étaient des croyants mais continuaient à vivre dans le monde et représentaient en quelque sorte les laïques dans l'église Boudhiste. Suivant l'opinion des Boudhistes, en ce pays, on ne considère pas les laïques comme faisant partie du Thanga; ceux-là seuls qui abandonnent la vie séculière, endossent l'habit canonique jaune, et cherchent à marcher sur les traces de leur grand prêcheur, ont droit à la dignité de membres de l'Assemblée et à la vénération qui leur est accordée comme à Boudha et à la loi. Les Ariahs ou vénérables se divisent en quatre classes, suivant leur degré de science et de perfection morale. On les appelle Thotapan, Thakadagan, Anagam et Arahat. Dans la classe Thotapan sont compris les individus qui sont entrés dans le grand courant qui mène à la délivrance, ou, en d'autres termes, qui seront engagés dans les voies de la perfection. Le Thotapan doit encore renaître quatre fois avant de pouvoir obtenir la délivrance. Ceux qui appartiennent à la seconde classe, glissent rapidement dans le courant et suivent d'un pas ferme les voies de la perfection, et doivent renaître encore une fois dans la condition de Nat, puis encore une fois dans la condition d'homme. Ceux de la troisième classe doivent renaître encore une fois dans la condition de Nat. Enfin ceux de la quatrième classe ont franchi la quatrième et dernière voie qui conduit à la perfection, atteint aux sommets de la science et du développement spirituel, et sont mûrs pour l'état de Neibban qu'ils obtiennent infailliblement après leur mort. Les Ariahs sont encore subdivisés en huit classes, sur lesquelles quatre comprennent ceux qui suivent les voies de la perfection ; les quatre autres comprennent ceux qui jouissent de la récompense due à la pratique des moyens de perfection.

(1) Le traducteur Birman du texte pali nous fait comprendre que son intention n'est pas de nous donner l'histoire de notre Boudha pendant les innombrables

très-excellent Phra, depuis le moment où il quitta Toocita (1), quatrième résidence des Nats, jusqu'à l'époque où il entra dans l'État de Neibban.

existences, qui ont précédé la dernière, celle où il obtint la suprême intelligence. Les Boudhistes conservent cinq cent dix histoires ou légendes de Boudha, rendant compte d'un nombre égal de ses existences antérieures; et pour ajouter à l'importance de ces récits, ils supposent qu'ils ont été racontés par Boudha lui-même à ses disciples et à ses auditeurs. J'en ai lu la plus grande partie. Deux cents de ces récits fabuleux sont très-courts et nous donnent peu de détails sur notre Phra, lorsqu'il était à l'état d'animal, d'homme ou de Nat. Si l'on en excepte les commencements et les conclusions, ce sont les mêmes fables, ou les mêmes *contes* qu'on trouve chez toutes les nations asiatiques, qui ont fourni aux anciens et modernes fabulistes une mine inépuisable. Les dix derniers récits sont seuls des histoires complètes et intéressantes de Boudha, antérieures à celle que nous allons reproduire, et pendant laquelle on suppose qu'il a pratiqué les dix grandes vertus condition indispensable pour obtenir la haute dignité de Phra. Quelques-unes de ces légendes sont de vrais morceaux littéraires, intéressants et bien conçus.

(1) Toocita, ou l'heureuse résidence, est l'un des siéges des Nats. Mais dans le but de rendre plus intelligibles plusieurs passages de cet ouvrage, il est presque indispensable d'avoir quelque idée du système adopté par les Boudhistes pour classer les êtres raisonnables dans leurs différents siéges ou demeures. Trente et un siéges sont assignés à tous les êtres que nous pouvons supposer rangés sur les degrés d'un immense escalier, qui s'élève du fond de la terre jusqu'à une hauteur incommensurable. A la base nous trouvons les quatre états de châtiment : l'Enfer, les Athourikes, preithas, et animaux. Vient ensuite la demeure de l'homme. Au-dessus sont placés les six siéges des Nats. Ces siéges sont appelés les états de passion ou concupiscence, parce que ceux qui l'habitent sont encore soumis, bien qu'à des degrés différents, à cette passion. Plus haut que les demeures des Nats, nous trouvons les seize siéges appelés Roupa, disposés perpendiculairement l'un au-dessus de l'autre jusqu'à une hauteur incalculable. Les habitants de ces régions imaginaires sont appelés Brahmas ou parfaits. Ils se sont affranchis de la concupiscence et de presque toutes les autres passions, mais gardent encore quelque attache à la matière et aux choses matérielles. De là la dénomination de Roupa ou matière, donnée à ces siéges. Le reste de l'échelle est occupé par les quatre siéges appelés Aroupa ou immatériels, car les êtres qui l'habitent sont entièrement affranchis de toute passion. Ils ont en quelque sorte brisé jusqu'aux derniers liens qui les retenaient attachés à ce monde matériel. Ils ont atteint le point culminant de la perfection Un pas de plus et ils entrent dans l'état de Neibban, le summum, d'après les Boudhistes de toute perfection. Pour résumer ce qui précède en peu de mots: il y a quatre états de punition. Le siége de l'homme est un lieu d'épreuve ou de probation. Les six demeures des Nats sont le lieu des plaisirs sensuels et des divertissements. Dans les six siéges de Roupa, se trouvent ces êtres qui poursuivent des satisfactions d'un ordre plus élevé, presque exclusivement d'une nature spirituelle, bien qu'ayant encore conservé quelques légères attaches pour la matière. Dans les quatre siéges d'Aroupa sont rangés ces êtres entièrement dégagés d'affections matérielles qui ne se plaisent que dans les plus sublimes contemplations, planant, en quelque sorte, dans les régions du spiritualisme le plus élevé.

Avant, pourtant, de commencer mon travail, je relaterai succinctement ce qu'on trouve dans nos livres sur le grand être, qui, par une marche lente mais sûre, s'est rendu digne de sa grande et sublime destinée. Il est entendu que tous les détails qui suivent furent racontés par Gaudama lui-même, au grand disciple Tharipoutra.

Pendant sept Thingies (1) de mondes, celui qui plus tard devait être un Boudha, sentit s'éveiller dans son âme, pendant cette immense série de révolutions de la nature, une aspiration à l'état de Boudha. A la suite de cette aspiration naquit un souhait, un désir, une soif de cette extraordinaire destinée. Il commença par comprendre que la pratique des plus hautes vertus, était indispensable pour le mettre à même d'obtenir le glorieux objet de ses ardents désirs, et pendant ce laps de temps non moins de 125,000 Boudhas firent leur apparition.

Quand enfin eut expiré la période ci-dessus citée, le travail intérieur de son âme le poussa à aspirer ouvertement à l'état de Boudha. La période d'aspiration dura neuf Thingies de mondes. Elle fut illustrée par la manifestation successive de 987,000 Boudhas. Au commencement de cette dernière période, le futur Gaudama était un prince du nom de Laukatara, maître du pays de Nanda. A cette époque, parut, dans le pays de Kappilawot, un Boudha, nommé Thakiamouni Paurana Gaudama. Pendant qu'il parcourait le pays de Nanda, dans le double but de prêcher la loi et de mendier sa nourriture, le prince Laukatara lui fit de nombreuses offrandes. En même temps, et avec instance, il sollicita aux pieds de Thakiamouni, la faveur de devenir à quelque époque future, un Boudha comme lui-même. Il exprima le désir de naître dans le même pays, du même père et de la même mère, d'avoir la même reine pour femme, de monter le même cheval, d'être entouré des mêmes compagnons, et d'avoir les deux mêmes disciples de droite et de gauche. A cette requête, Thakiamouni répondit affirmativement, mais il ajouta qu'un intervalle immense de temps avait encore à s'écouler avant qu'il pût voir le plein accomplissement de sa demande. A tous les autres Boudhas qui suivirent, même requête fut adressée, suivie d'une promesse analogue.

(1) Thingie exprime un nombre représenté par 1, suivi de soixante-quatre chiffres; de cent quarante suivant quelques autres.

La troisième période, de quatre Thingies de mondes fut remarquable par l'absence complète de tout ce qui aurait pu distinguer les divers degrés d'existence. Une entière obscurité morale et intellectuelle enveloppa d'épaisses ténèbres tous les êtres. Ni Boudhas. ni Pitzekaboudhas ne parurent pour illuminer de leurs doctrines et de leur science les esprits des hommes. Aucun Tsekiawade, ou roi du monde ne parut pour infuser la vie et l'énergie au milieu de cet assoupissement universel.

Mais les cent mille révolutions de la nature qui suivirent furent plus heureuses. Il n'y surgit pas moins de vingt-sept Boudhas, depuis Tahingara, le premier de la série, à Kathaba, le prédécesseur immédiat de Gaudama.

Pendant le temps que le Boudha nommé Deipinkara enseignait tous les êtres, notre futur Gaudama naissait dans le pays d'Amarawatti, d'illustres et riches parents, apartenant à la caste des Pounhas.

Jeune encore il perdit ses père et mère, et hérita de leurs biens.

Au sein des plaisirs et de l'abondance, il fit un jour cette réflexion. Les richesses que je possède maintenant étaient la propriété de mes parents, mais elles n'ont pu les sauver des misères qui accompagnent la mort. Elles ne sauraient, hélas ! me garantir un meilleur destin. Quand je descendrai dans la tombe, elles n'y viendront pas avec moi. Cette enveloppe de chair où je vis n'est pas digne d'exciter ma pitié. Pourquoi aurais-je d'elle la moindre compassion ? Pleine d'impuretés, dévolue à la pourriture, tous les germes de destruction sont contenus dans les diverses parties qui la composent. C'est vers le Neibban que je veux tourner mes regards, vers lui mes yeux seront fixés. C'est là qu'est la piscine qui qui me lavera des impuretés des passions. Maintenant, je veux abandonner tout, et aller à la recherche d'un maître qui m'enseigne le chemin conduisant au Neibban.

Plein de ces pensées, le jeune homme abandonna aux nécessiteux tout ce qu'il possédait, ne se réservant rien. Délivré du souci des richesses il se retira en un lieu solitaire, où les Nats avaient, à l'avance, préparé tout ce qui était nécessaire à ses besoins. Il embrassa la profession, ou genre de vie d'un Rahan, ou parfait. Revêtu de l'habit de sa nouvelle profession, il vécut quelque temps en cet endroit, sous le nom de Thoumeda. Mécontent, cependant, du genre de vie trop facile qu'il menait, il quitta ce lieu et se contenta de vivre sous l'ombrage des arbres. De temps en temps néanmoins il en sortait en quête de sa nourriture.

Quelques années après la retraite de Thoumeda dans la solitude, celui qui devait être le Boudha Deipinkara, émigra d'un des siéges des Nats et s'incarna dans le sein de la princesse Thoumeda, femme de Thoudewa, roi du pays de Ramawatti. Par la suite, il épousa la princesse Padouma qui lui donna un fils appelé Outhabakanda. L'année même où l'enfant naquit, le roi quitta son palais sur un éléphant, se retira en un lieu écarté, et pratiqua pendant dix mois toute sorte de pénitences volontaires, et sous l'ombrage de l'arbre Guiaong-Kiat, devint un Boudha. A cette occasion, la terre trembla violemment, mais l'ermite Thoumeda, étant en extase à ce moment, ne sut rien de cet événement extraordinaire.

Un certain jour, Deipinkara parcourait le pays avec le double objet de prêcher la loi et de quêter sa nourriture. Arrivé à un endroit où la route était très-mauvaise, il s'arrêta pour quelque temps, jusqu'à ce que la route fût praticable. Le peuple accourut de toutes parts pour réparer la route pour Deïpinkara et sa suite. Thoumeda doué du privilége de voyager dans l'air, vint à passer au-dessus de l'endroit où une foule de peuple était activement occupée à préparer et niveler la route. L'ermite prit terre et s'enquit de la cause de tout ce travail. On lui apprit que le très-excellent Deipinkara était attendu avec une large suite de disciples, et qu'ils se dépêchaient de tenir la route prête pour lui. Thoumeda demanda qu'il lui fût permis de participer au travail, et pria qu'une certaine partie de la route à réparer lui fût donnée comme tâche. Sa requête fut accueillie et il se mit à l'ouvrage avec la plus grande ardeur. On avait presque terminé lorque Boudha Deipinkara, suivi de quarante mille disciples, vint à paraître. Animé par un ardent désir de témoigner son respect pour le saint personnage, Thoumeda, sans la moindre hésitation, se jeta dans un trou qu'on n'avait pas eu le temps de combler, et couché sur le ventre, le dos en l'air, tenant lieu de pont, engagea Boudha et ses suivants à franchir l'espace ouvert en marchant sur son corps. « Grands et abondants, » se dit-il en lui-même, « seront les mérites que j'acquerrai par cette bonne œuvre, sans doute je recevrai de la bouche de Deipinkara, l'assurance que moi aussi plus tard arriverai à la dignité de Boudha. » Le Boudha se tenant sur lui admira l'humble et fervente dévotion de Thoumeda. En un clin d'œil, il avait vu tout ce qui se passait dans l'esprit de l'ermite; et, d'une voix retentissante, afin d'être entendu de tous ses disciples, il l'assura que, quatre Thingies et cent mille mondes plus tard, il deviendrait un Boudha, le quatrième qui paraîtrait pendant la durée du monde appelé Badda. Il continua, lui décrivant minutieusement les divers événements qui devaient illustrer sa carrière future. Thoumeda n'eut pas plutôt reçu cette révélation, qu'il s'en revint en hâte dans sa forêt. Assis au pied d'un arbre, il s'exhortait, par d'habiles comparaisons, à la pratique de ces vertus les plus propres à affaiblir en lui l'influence des passions.

Pendant les différentes existences qui suivirent, Thoumeda, à toutes les périodes de l'apparition d'un Boudha, recevait confirmation de la promesse qu'il avait reçue des lèvres de Deipinkara.

Ce présent monde dans lequel nous vivons a été favorisé plus que tous les autres. Déjà trois Boudhas ont paru : Kaukkasan, Gaunagong et Kathaba. Ils appartenaient invariablement à la caste des Punhas, et celui qui, plus tard, devait être notre Gaudama, durant les nombreuses existences par lesquelles il passait pendant les manifestations de ces trois Boudhas, était aussi né dans la même caste.

On dit que Kathaba vécut et prêcha durant le neuvième Andrakap (1). C'est lui qui, pour la dernière fois, assura au futur Gaudama qu'il atteindrait la dignité de Boudha pendant le dixième Andrakap.

Nous mentionnerons seulement sa dernière existence, dans la condition d'homme, avant celle où il obtint la récompense pour laquelle il avait travaillé avec tant d'ardeur, pendant d'innombrables existences. Il devint prince sous le nom de Wethandra, et pratiqua jusqu'à un degré éminent, héroïque même, les vertus de libéralité et de charité. Il poussait si loin l'obéissance aux impulsions de son cœur libéral, qu'après avoir distribué tous les trésors royaux, son éléphant blanc, etc., il n'hésita pas à se séparer de sa propre femme, la princesse Madi, et de ses deux enfants, Dzali et Gahna. Il mourut enfin et émigra au siége de Toucita, où il goûta le bonheur et la

---

(1) Soixante-quatrième partie de la quatrième période d'une révolution de la nature.

félicité des Nats, sous le nom de Saytakaytou, pendant cinquante-sept koudes (1) d'années.

L'origine et le commencement du pays de Kapilawot, aussi bien que de ses maîtres, doivent être relatés aussi succinctement que possible. Dans le pays du milieu, Mitzimadesa, les rois qui gouvernèrent, depuis le temps de Mahathamadat jusqu'à celui de Oukakaritz, roi de Bénarès, furent au nombre de 252,556. Le dernier nommé épousa cinq femmes, qui lui donnèrent toutes des enfants. La première reine venant à mourir, le roi devint éperdûment amoureux d'une jeune femme qu'il épousa. Elle lui donna bientôt un fils, qu'aux pressantes sollicitations de sa jeune femme, il déclara héritier présomptif, au préjudice de ses fils aînés. Ainsi qu'on pouvait s'y attendre, les quatre fils aînés se plaignirent hautement de la préférence donnée à leur cadet. Pour mettre un terme à ces disputes domestiques, le roi appela ses quatre fils et leurs cinq sœurs, leur donna une suite nombreuse, et leur ordonna de s'en aller vers le Nord, à la recherche d'un endroit favorable pour y bâtir une nouvelle cité. Ils obéirent à l'ordre de leur père. Après de longues pérégrinations à travers les forêts, ils arrivèrent en un lieu où vivait le Rathi Kapila, qui, apprenant l'objet de leurs recherches, les engagea à rester avec lui et à fonder une ville. Il exprima aussi le désir que le palais du roi fût bâti sur le lieu même où s'élevait sa cabane. Il leur prédit que cette ville deviendrait grande, puissante et célèbre ; que ce serait une cité pacifique, puisque les animaux de la forêt vivaient en bonne harmonie et sans chercher jamais à se nuire les uns aux autres. La proposition fut acceptée avec joie. Tout le monde se mit à l'œuvre avec la plus grande ardeur. Quand le travail fut achevé, ils offrirent la nouvelle cité à Kapila dont ils se firent les disciples, de là le nom de Kappilawottou ou Kapilawot.

Les quatre princes ne trouvant pas, parmi les gens de leur suite, des filles de race royale qu'ils pussent épouser, se décidèrent, afin de conserver le sang royal pur, à épouser leurs jeunes sœurs. Ouka-mukka, l'aîné, fut le premier roi de Kapilawot. Leur sœur aînée fut élevée à la dignité de reine mère. Pendant que ceci se passait, le roi de Bénarès, ayant été attaqué de la lèpre, avait quitté son trône et s'était retiré dans une forêt au nord de sa capitale. Il y

(1) Le koude vaut dix millions.

trouva la guérison à l'ombre de l'arbre Kalau. A la même époque, la sœur aînée, nommée Peya, qui était devenue reine-mère, fut aussi attaquée de la lèpre et vint dans la même forêt. Elle y rencontra le roi qu'elle ne connaissait pas. Par son conseil, elle s'assit sous l'arbre Kalau, et le parfum salutaire des feuilles amena sa prompte et complète guérison. Par la suite, ils se marièrent et eurent une nombreuse postérité. Ils s'établirent en cet endroit, et y bâtirent la cité de Kaulya. La petite rivière Rohani coulait entre Kaulya et Kapilawot (1).

Depuis Oukamukka, premier roi de Kapilawot, au prince Wethandra, on ne compte que sept rois successifs. De Dzali, fils de Wethandra, à Dzeyathena, le grand-grand-père de Gaudama, il y eût 82,002 rois. Ne perdons pas de vue que, pendant ce laps de temps, notre Phralaong, ou le futur Gaudama, était dans un des siéges des Nats. Les princes de Kapilawot étaient dans l'usage d'aller se divertir sur les eaux d'un lac quelque peu éloigné de la ville. Ils élevèrent d'abord une résidence provisoire dans le voisi-

(1) Au moment de donner au lecteur une courte notice du grand être qui devait être le Bouddha appelé Gaudama, l'auteur croit nécessaire de faire une observation générale, qui aidera beaucoup sans doute à comprendre correctement plusieurs passages des pages suivantes. Gaudama était un Hindou, élevé par des maîtres Hindous, et initié à tout le savoir possédé par la société dans laquelle il vivait. Il acceptait les généalogies fabuleuses des rois, telles qu'on les trouvait dans les livres de son temps. On peut en dire autant des notions erronées sur notre globe. Le volume et les mouvements du soleil et de la lune, et des autres corps célestes, l'explication de grand nombre de phénomènes naturels, la description de l'enfer, des lieux de récompense, etc... Enseignant, ainsi qu'il le faisait, des préceptes moraux basés sur des principes métaphysiques, Gaudama s'inquiétait fort peu de toutes ces choses qui, à ses yeux, étaient indignes d'occuper l'attention d'un sage. Mais lui, ou plutôt ses disciples, tirèrent parti de ces notions, pour y appuyer quelques portions de leur système et leur donner les développements qui cadraient mieux avec leurs vues. Ces notions, bien qu'entremêlées au système religieux imaginé par Gaudama, strictement parlant, ne lui appartiennent pas en propre. Elles existaient longtemps avant lui dans les écoles de philosophie ; elles constituaient une partie du bagage scientifique de la société où elles étaient acceptées. Pour rendre exactement compte de ces détails, et de beaucoup d'autres, appartenant aux règles de la discipline, il faut recourir à l'étude de l'ancienne religion des Hindous, le Brahminisme.

Dans le récit de la fondation de la cité de Kapilawot, nous voyons que la coutume de laisser non mariée la sœur aînée, et pour les princes, d'épouser leurs sœurs est encore aujourd'hui suivie par la famille royale en Birmanie. La fille aînée du roi régnant ne doit pas se marier du vivant de ses parents, et la première reine est souvent sinon toujours la sœur ou demi-sœur du roi. La même coutume antinaturelle était suivie par la famille royale chez les anciens Perses.

nage de l'étang, et finalement bâtirent une ville qui reçut le nom de Dewaha. Elle eut aussi ses rois, de la même race Thagiwi. Dzeyathena, roi de Kapilawot, avait un fils nommé Thiahanou, et une fille nommée Yathaudara. A la même époque, le roi de Dewaha, son voisin, Aukaka, avait un fils et une fille : Eetzana et Kitzana. Thiahanou épousa Kitzana qui lui donna cinq fils : Thoudaudana, Kauwaudana, Thoukkaudana, Thekkaudana et Amittaudana ; et deux filles : Amita et Pilita. Eetzana, fils du roi de Dewa. épousa Yathaudara, fille de Dzeyathana, roi de Kapilawot. De ce mariage naquirent deux fils : Thoupabudha et Dantapani, et deux filles : Maia et Patzapati.

Quand Eetzana monta sur le trône de Dewaha, une erreur considérable s'était accumulée dans le calendrier. Une correction fut considérée nécessaire. Il y avait, en ce pays, un ermite célèbre, ou Rathi nommé Deweela, très-versé dans la science des calculs. Après plusieurs consultations sur ce sujet important, tenues en présence du roi, il fut convenu qu'on ferait abstraction de l'ère Kaudza, de 8,640 ans, le premier samedi de la lune de Tabaong, et qu'on ferait commencer la nouvelle ère un dimanche, le premier jour du mois Tagou. On l'appela l'ère Eetzana.

Le dix de la nouvelle ère, Thoudaudana naquit dans la cité de Kapilawot ; et la douzième année, Maia naquit à Dewaha. Dans les temps du Boudha Wipathi, la future Maia était alors la fille d'un Pounha. Son père, qui l'aimait tendrement, lui donna un jour un joli bouquet ainsi qu'une grande quantité d'essences et de parfums choisis. La jeune fille, ravie de ces objets, se rendit en hâte au lieu où vivait Wipathi, et, d'un cœur pieux et fervent, mit à ses pieds tout ce qu'elle avait reçu de son père. Wipathi, admirant la libéralité de la jeune fille, l'assura qu'elle serait plus tard la mère d'un Boudha qui serait appelé Gaudama.

Quand Thoudaudana eut dix-huit ans, le roi Thiahanou fit venir huit Pounhas habiles dans la science de l'astrologie, et leur ordonna de se mettre, avec une suite nombreuse et de riches présents, en quête d'une princesse royale pour épouse de son fils. Les huit Pounhas partirent, ils visitèrent, mais vainement, plusieurs pays ; ils ne pouvaient trouver une princesse digne du fils de leur maître. Ils arrivèrent, à la fin, dans la cité de Dewaha. A peine se trouvèrent-ils en vue de la ville, que plusieurs signes s'offrirent à leurs regards pronostiquant qu'ils trouveraient dans cette cité une princesse accomplie, et digne à tous égards de devenir la femme de l'héritier du trône de Kapilawot. En ce moment, la jeune Maia était allée se divertir dans un jardin en-dehors de la cité. Il était situé sur une gracieuse colline couverte d'arbres des espèces les plus belles et les plus rares. Un petit ruisseau aux capricieux méandres en arrosait toutes les parties, joignant au doux murmure de ses eaux la plus délicieuse fraîcheur. C'est là que les messagers royaux s'étaient établis. Ils trouvèrent la princesse au milieu de ses compagnes, les surpassant toutes en beauté, comme la lune au milieu des étoiles. Admis en sa présence, le chef de la députation essaya de lui parler et de lui expliquer le motif de sa visite; mais il fut tellement frappé par la beauté, la grâce et la dignité de la princesse, qu'il resta sans voix, et s'évanouit à trois reprises en essayant de lui parler. A chaque fois plusieurs demoiselles vinrent à son secours avec des vases d'eau fraîche et le firent revenir à lui. Ayant repris ses sens, le chef Pounha se sentit encouragé par quelques paroles gracieuses de la princesse. Il lui exprima, dans les meilleurs termes, l'objet de sa mission, et, d'une voix que l'émotion faisait trembler, lui dit qu'il était venu pour la prier d'accepter, avec les présents, la main du prince Thoudaudana. En même temps, il déposait à ses pieds les bijoux étincelants et les plus rares objets. La princesse, doucement et avec modestie, répondit qu'elle était sous la dépendance de ses parents bien-aimés, à la volonté desquels elle n'avait jamais résisté; que c'était à eux que cette affaire devait être soumise. Quant à elle, elle n'avait qu'une chose à faire: se conformer au désir de ses parents.

Satisfaits de cette réponse, les Pounhas se hâtèrent de se rendre au palais du roi Eetzana, à qui ils racontèrent ce qui venait d'arriver. Le roi accueillit favorablement la proposition, et, comme preuve de son entière satisfaction, il envoya à son tour une députation, avec de nombreux présents, au prince Thoudaudana et à son père. Ainsi qu'on devait s'y attendre, les envoyés royaux furent bien reçus à Kapilawot. Thiahanou et son fils se mirent en route, avec une suite innombrable, pour la cité de Dewaha. Sur un terrain planté de manguiers, un immense édifice fut érigé en-dehors de la cité, pour les recevoir et les loger; et, au milieu de cette construction, une salle immense, décorée avec un art infini pour la cérémonie nuptiale. Quand tous les préparatifs furent achevés, le futur, assisté de son père, le roi Thiahanou, et du chef des Pounhas, sortit à la rencontre de la fiancée qui venait du jardin, accompagnée de sa mère et de la femme du grand Thagia. Tous deux s'avancèrent vers le centre de la salle, près d'une estrade élevée pour cette circonstance. Thoudaudana, le premier, étendit sa main et la plaça sur l'estrade. Maia, gracieusement, fit de même. Ils se joignirent alors la main en témoignage du consentement mutuel qu'ils se donnaient. A cet heureux moment, tous les instruments de musique retentirent, et, par leurs joyeux sons, firent connaître l'heureux événement. Les Pounhas, tenant dans leurs mains la coquille sacrée, versèrent l'eau sur leurs têtes en prononçant toute sorte de bénédictions. Les parents, les alliés se joignirent à eux pour appeler sur le jeune couple la plus grande félicité. Le roi, les princes, les Pounhas et les nobles, à qui mieux mieux, offraient des présents et leurs souhaits pour la prospérité des époux.

Quand la fête fut terminée, Thiahanou désira retourner dans ses États avec son fils et sa belle-fille. Le voyage se fit avec la plus grande pompe. Une fois de retour, il continua de gouverner son peuple avec grande sagesse et prudence, et enfin mourut et émigra dans l'un des siéges des Nats. Son fils Thoudaudana lui succéda, qui, avec son aimable femme, observa religieusement les cinq préceptes et les dix règles des rois. Par sa bienfaisance et sa libéralité envers tous, il conquit l'amour sincère de son peuple. C'est dans la vingt-huitième année de la nouvelle ère qu'il se maria. Bientôt après, il prit pour seconde femme Patzapati, la plus jeune sœur de Maia. Amitau, la sœur de Thoudaudana, épousa Thouppaboudha, fils du roi Eetzana.

Environ quatre thingies (1) et cent mille mondes avant cette époque (2), le très-excellent Boudha, qui est infiniment sage et bien

---

(1) Thingie est un nombre représenté par l'unité suivie de soixante-quatre chiffres, d'autres disent cent quarante.

(2) Les boudhistes ont différentes manières de classer les différentes séries de mondes qu'ils supposent se succéder les unes aux autres, après une révolution de la nature. En ce qui concerne les Boudhas, qui paraissent à des intervalles inégaux, pour éclairer et ouvrir les voies de la délivrance aux créatures alors existantes, les mondes se divisent en ceux qui sont favorisés par la présence d'un ou plusieurs Boudhas, et ceux auxquels est refusé ce grand bienfait. La présente révolution de la nature, qui comprend la période dans laquelle nous vivons, a été privi-

supérieur aux trois sortes d'êtres, les Brahmas, les Nats et les légiée par-dessus toutes les autres. Non moins de cinq Boudhas, comme autant de soleils radieux, répandent les torrents d'une incomparable lumière et dispersent l'épais brouillard de ténèbres qui enveloppe toutes les créatures, suivant leurs démérites respectifs. Parmi ces cinq, quatre surtout : Kaukassan, Gaunagong, Kathaba, Gaudama, ont accompli déjà leur grande tâche. Le cinquième, nommé Aremideia, est encore à venir. La religion de Gaudama doit durer 5,000 années, dont 2,408 sont écoulées. Les noms des vingt-huit derniers Boudhas sont religieusement conservés par les boudhistes, avec leur âge, leur taille, les noms des arbres sous lesquels ils ont atteint l'intelligence universelle, leur pays, avec les noms de leur père et de leur mère et ceux de leurs deux disciples principaux. Depinkara occupe la quatrième place dans la série; il est supposé avoir eu quatre-vingts coudées de haut et avoir vécu 100,000 ans.

Il n'est pas sans intérêt d'examiner s'il y a eu des Boudhas avant l'époque de Gaudama et si les vingt-huit Boudhas mentionnés ci-dessus doivent être regardés comme des êtres mythologiques n'ayant jamais existé. On ne peut nier que les plus anciens documents sacrés contiennent la mention de Boudhas antérieurs, mais il est difficile d'en conclure qu'ils aient réellement existé : 1° les détails relatifs à leur extraordinaire longévité, leur immense stature et les myriades de siècles qu'on suppose s'être écoulés depuis le temps du premier jusqu'à celui de Gaudama, sont des arguments assez concluants contre la réalité de leur existence. 2° Les noms de ces personnages se trouvent mentionnés dans les prédications de Gaudama, en même temps que ceux d'individus avec lesquels il est supposé avoir vécu et conversé durant ses existences antérieures. Qui a jamais songé à donner la moindre croyance à ces fables? Elles étaient employées par Gaudama comme autant de moyens de donner de l'extension et de la solidité à la base sur laquelle il entendait fonder son système. 3° Il n'existe aucun rapport ou monument historique qui appuie l'opinion opposée. Les temps historiques commencent avec Gaudama, tandis qu'il y a des preuves historiques de l'existence de la croyance rivale — le brahminisme — antérieurement au temps de l'auteur reconnu du boudhisme.

On ne peut douter qu'au temps de Boudha, dans la vallée du Gange et dans le Punjab, il existait un grand nombre de philosophes qui vivaient dans la solitude, donnant leur temps à l'étude et à la pratique de la vertu. Certains d'entre eux, sortaient quelquefois de leur retraite pour donner des instructions morales au peuple. La renommée attachée à ces philosophes attirait autour de leurs solitaires demeures des foules d'auditeurs, avides d'entendre leurs prédications et jaloux de se placer sous leur direction et y apprendre la pratique de la vertu. On trouvera, dans les pages de cette légende, des passages qui corroborent cette assertion. De là cette grande diversité d'écoles où prirent naissance tant de systèmes, opinions, etc., pour lesquels l'Inde a été célèbre depuis l'antiquité la plus reculée. L'auteur a eu la patience de lire deux ouvrages remplis de disputes entre brahmines et boudhistes, et quelques volumes des éthiques de ces derniers : il a été étonné de trouver qu'à cette époque l'art d'argumenter, disputer, définir, etc., était arrivé à un point de perfection qui pourrait faire honte aux disciples d'Aristote. On a prétendu que les Gymnosophistes qu'Alexandre le Grand trouva dans l'Inde étaient des philosophes boudhistes. Mais les détails donnés par les écrivains grecs sur leurs coutumes et leurs doctrines contredisent cette assertion. Ils sont décrits comme vivant dans un état de nudité complète et comme ayant refusé d'instruire

hommes (1), reçut, aux pieds du Phra Deipinkara, l'assurance que, plus tard, il deviendrait lui-même un Boudha. A cette époque il

le messager d'Alexandre, à moins qu'il consentît à se dépouiller de ses vêtements. D'autre part, nous savons que Boudha prescrivait la plus stricte modestie à ses religieux, et, dans le livre des ordinations, on demande d'abord au postulant s'il s'est pourvu des vêtements canoniques. Les Gymnosophistes sont représentés comme pratiquant des austérités extraordinaires et faisant grand cas de la destruction de soi-même. Ces pratiques, et d'autres encore, diffèrent complétement de toutes les prescriptions du Wini ou livre de la discipline. Il est mentionné plus loin que le héros macédonien rencontra d'autres philosophes vivant en communauté; mais il est impossible de décider si c'étaient ou non des boudhistes. Il est à peine croyable, qu'à l'époque d'Alexandre, le boudhisme eut déjà envahi les contrées conquises par l'armée grecque.

(1) Nat en Pali veut dire Seigneur; c'est l'équivalent exact de Dewa, Dewata. Les Nats composent un ordre d'êtres, dans le système boudhiste, occupant six siéges ou demeures de félicité, placés en succession ascendante au-dessus de la demeure de l'homme. Ce sont des esprits doués d'un corps d'une substance si subtile, éthérée en quelque sorte, qu'ils peuvent se transporter, avec la plus grande rapidité, de leur siége à celui de l'homme et *vice-versâ*. Ils jouent un rôle important dans les affaires de ce monde et sont supposés exercer un degré considérable d'influence sur l'homme et les autres créatures. La crainte, la superstition et l'ignorance ont peuplé de Nats tous les endroits. Chaque arbre, forêt, fontaine, village, ville, a son Nat protecteur. Parmi les Nats, il s'en trouve qui, ayant perdu leur haute situation, par mauvaise conduite, ont été bannis de leurs siéges et condamnés à mener une existence misérable dans quelque coin désolé. Leur pouvoir pour faire le mal est supposé très-grand; de là la crainte excessive de ces mauvais génies entretenue par tous les boudhistes. Une grande partie de leurs rites superstitieux ont été imaginés pour apaiser ces ennemis de toute prospérité et détourner les calamités désastreuses qu'ils sont censés tenir suspendues sur nos têtes.

Bien que le culte des Nats soit universellement répandu parmi les boudhistes de toutes nations, nous devons faire remarquer qu'il est contraire aux principes du vrai boudhisme et en contradiction avec ses doctrines. Il est probable qu'il existait déjà parmi les peuples de l'Asie orientale, à l'époque où ils furent convertis au boudhisme.

Les tribus qui n'ont pas encore été converties au boudhisme n'ont pas d'autre culte que celui des Nats. Pour ne mentionner que les principaux, tels que les Kareus, les Khyins et les Singphos, ils peuvent différer quant à la manière d'accomplir leurs rites religieux et leurs cérémonies superstitieuses, mais l'objet est identique : honorer et apaiser les Nats. Ce culte est si profondément enraciné dans les esprits des tribus sauvages ou demi-civilisées de l'Asie orientale, qu'il a été, en grande partie, conservé par les nations qui ont adopté la croyance boudhiste. Les Birmans, par exemple, depuis le roi jusqu'au dernier de ses sujets, pratiquent, en particulier ou publiquement, le culte des Nats. Quant aux tribus qui sont restées en dehors du boudhisme, on peut les appeler adorateurs des Nats. On peut conclure de ceci qu'avant l'introduction ou la prédication des doctrines de la religion relativement nouvelle en ces contrées, le culte des Nats y était universel ou prédominant.

était un Rathi (1), sous le nom de Thoumeda. Pendant cet immense laps de temps, il pratiqua, au plus haut degré, les dix grandes vertus, les cinq renoncements et les trois puissants travaux de perfections (2). Étant devenu un grand prince, sous le nom de Wethandra, il atteignit aux dernières limites du renoncement à toutes les choses de ce monde et à l'abnégation de soi-même. Après sa mort, il émigra au Toucita, la quatrième résidence des Nats. Pendant son séjour dans ce lieu de délices, jouissant de la somme des félicités accordées aux heureux habitants de ces régions bénies, une rumeur étrange et soudaine, accompagnée de commotions extraordinaires, vint proclamer l'heureuse nouvelle qu'un Phra devait bientôt faire son apparition dans ce monde (3).

(1) Raci ou Rathi signifie un ermite, un personnage qui vit seul, en un lieu désert et éloigné, loin de l'atmosphère contagieuse d'une société impure, dévouant son temps à la méditation et à la contemplation. Son alimentation est des plus grossières et fournie par la forêt où il habite ; la peau de quelque bête sauvage lui compose un vêtement suffisant. La plupart de ces Rathis, étant arrivés à un degré rare de développement intellectuel, leur corps, en quelque sorte, se spiritualise à ce point qu'ils peuvent se transporter d'un lieu dans un autre à travers l'espace. Dans toutes les légendes, comédies boudhistes, etc., on les trouve mêlés aux récits et aux épisodes.

On ne saurait douter que ces religieux qui, du temps de Boudha, vivaient dans la retraite, occupés à l'étude et à la méditation, fussent des brahmines. Cette assertion s'appuie sur la plus haute autorité native possible : les institutions de Manou, compilées probablement dans le VIIIe ou le IXe siècle avant J.-C. Dans cet ouvrage, nous trouvons, minutieusement décrit, le genre de vie qui convient à un vrai brahmine. Pendant la troisième partie de sa vie, un brahmine doit vivre en anachorète dans les bois. Vêtu de l'écorce des arbres ou de la dépouille des animaux, ses ongles et ses cheveux incultes, n'ayant pour abri que celui que lui donnent les arbres de la forêt, observant un silence absolu, se nourrissant d'herbes et de racines, il doit s'habituer à supporter sans se plaindre la froidure de l'hiver et la chaleur de l'été. Tel est, d'après les Védas, le genre de vie que le vrai Brahmine doit suivre pendant le tiers de son existence. Quelques boudhistes zélés ont essayé de rivaliser avec les anciens Rathis dans leur singulier genre de vie. Il n'est pas rare, de nos jours, d'entendre parler de certains fervents Phongies qui, pendant trois mois d'abstinence, se retirent dans la solitude afin d'être mieux à même de dévouer leur temps à l'étude et à la méditation. De telles pratiques, cependant, ne sont observées que par un très-petit nombre d'individus, encore est-ce avec un degré de relâchement qui indique un déclin marqué de la ferveur des boudhistes des temps primitifs.

(2) Les trois grands travaux sont : — l'assistance aux parents et alliés ; les offrandes faites, ainsi que la stricte observance des points les plus difficiles de la loi, et les dispositions bienveillantes pour toutes les créatures sans distinction.

(3) *Remarque du traducteur birman.* — Il y a trois occasions solennelles où cette grande rumeur doit se faire entendre. La première quand les Nats, gardiens de ce

En apprenant qu'un Phra devait bientôt faire son apparition parmi eux, tous les Nats, paisibles habitants de l'heureux séjour de Toucita, s'empressèrent autour de Phralaong, le suppliant de leur dire qui était le Nat fortuné auquel était réservé le suprême honneur d'obtenir l'incomparable dignité de Boudha. La raison qui les poussait à diriger leurs pas vers notre Phralaong (1) et qui motivait leur question, était qu'en lui déjà des indices certains présageaient sa future grandeur.

monde, sachant que la fin du monde doit arriver dans 100,000 ans, se montrent parmi les hommes, la tête baissée, avec une attitude pleine d'angoisse et le visage ruisselant de larmes. Ils sont habillés de rouge et annoncent à haute voix à tous les mortels la destruction de cette planète dans 100,000 ans. Ils conjurent les hommes de se consacrer à l'observance de la loi, à la pratique de la vertu, au soutien de leurs parents et au respect dû aux personnages vertueux. La deuxième quand les mêmes Nats annoncent aux hommes que, dans 1,000 ans, un Boudha ou Phra doit paraître parmi eux, et la troisième solennelle occasion est quand ils viennent annoncer aux hommes que, dans 100 ans, ce monde verra régner un prince puissant dont la domination sans bornes s'étendra sur les quatre grandes îles. Ce monarque extraordinaire, appelé Tsekiawade, ne fait jamais son apparition pendant la période qui est assignée à la durée et à la publication des institutions religieuses d'un Boudha.

(1) J'emploie ici l'expression Phralaong ou, plus correctement, Phraalaong, pour désigner Boudha, avant qu'il eût acquis la science suprême, quand il était, pour ainsi dire, occupé à graviter lentement et graduellement vers la perfection sans bornes. En cet état, il est dit de lui qu'il n'était pas encore mûr.

Il faut bien comprendre la signification contenue dans ce mot. Nous ne possédons dans notre langue aucun mot isolé qui puisse en traduire exactement le sens, c'est pourquoi nous l'avons conservé dans tout le cours de ces pages. *Alaong* est un dérivatif du verbe *Laong*, voulant dire qu'on débute dans une voie de progrès qui doit mener à quelque chose plus parfait. Un Boudha est d'abord un être fort imparfait; mais, en passant par des existences innombrables, il s'affranchit par un progrès lent de quelques-unes de ses imperfections, il acquiert des mérites qui lui permettent de s'élever dans la voie du progrès, de la science et de la perfection. En parcourant le récit des cinq cent dix existences antérieures de Gaudama, qui est venu jusqu'à nous, nous y trouvons que, lorsqu'il était encore à l'état d'animal, il s'intitulait Phralaong. Les Birmans ont une autre expression de valeur analogue pour exprimer le même sens. Ils disent, d'un être qui se trouve encore dans une condition imparfaite, qu'il est doux et tendre comme une chose non encore mûre ; et quand il passe à l'état de perfection, il disent qu'il est mûr, que son bouton s'est épanoui. Ils donnent à entendre que celui qui marche vers la dignité de Boudha possède en lui tous les éléments constitutifs d'un Boudha, bien qu'encore cachés ; mais quand il arrive à cet état, alors tout ce qui était resté à l'état de non maturité soudainement s'épanouit hors du bouton et arrive à l'entière maturité. Des expressions de ce genre valent souvent mieux pour expliquer les opinions vraies et réelles des boudhistes que ne saurait le faire une dissertation de longue haleine.

Dès qu'il fut connu que telle devait être son incomparable destinée, les Nats de toutes les parties du globe se dirigèrent vers Toucita pour adresser leurs félicitations à Phralaong. Très-glorieux Nat, lui dirent-ils, vous avez pratiqué dans leur perfection les dix grandes vertus (1); le temps est maintenant venu pour vous d'obtenir la nature sublime de Boudha; pendant vos existences antérieures, vous avez observé strictement les grands préceptes et marché d'un pas assuré dans la voie des plus hautes vertus; longtemps vous les avez appelées, longtemps vous avez aspiré à la félicité des Nats et des Brahmas; mais, à présent, vous avez glorieusement accompli la tâche la plus difficile et atteint le summum de la perfection; il ne vous reste plus qu'à aspirer à l'entière possession de l'intelligence suprême, qui vous permettra d'ouvrir, à tous les Brahmas, Nats et hommes, les voies de la délivrance de ces innombrables séries d'existences (2) qu'ils sont condamnés à par-

(1) Les dix grandes vertus ou devoirs sont : la libéralité, l'observance des principes de la loi, la vie solitaire, la sagesse, la diligence, la bienveillance, la patience, la sincérité, la grandeur d'âme et l'indifférence. Les cinq renoncements consistent à renoncer à ses enfants, à sa femme, à sa fortune, à sa propre existence.

(2) La métempsychose est un des dogmes fondamentaux du boudhisme. Ce passage continuel d'une existence à une autre, d'un état de bonheur à un état de misère, et *vice-versâ*, forme un cercle dans lequel ne cesse de se débattre le boudhiste. Il est condamné à être sans cesse ballotté par les vagues d'existences sans cesse renouvelées. De là ces ardentes aspirations à être affranchi d'une si déplorable situation, et ses fervents désirs de l'état perpétuellement tranquille du Neibban, dont Boudha seul, par ses préceptes et ses exemples, peut lui montrer le chemin.

Ce dogme est commun aux brahmines et aux boudhistes. L'inventeur et le propagateur de la croyance de ces derniers la trouva déjà établie; il n'eut qu'à l'incorporer à ses propres conceptions et le faire cadrer avec ses nouvelles idées. Ses premiers maîtres furent des brahmines, et sous leur enseignement, il apprit ce dogme, qui peut être considéré comme la base sur laquelle reposent les deux systèmes. Dans le fait, les deux croyances rivales ont un objet commun en vue, élever l'âme au-dessus des imperfections qui lui sont imposées par sa connexion avec la matière, et l'affranchir du joug des passions qui la tiennent attachée à ce monde. Suivant les sectateurs des deux croyances, la transmigration a pour effets ces différents résultats. Une opinion curieuse a cours parmi les boudhistes quant au mode de ces transmigrations; il n'y a pas moyen de douter qu'elle soit fort ancienne et qu'elle n'appartienne aux époques les plus anciennes du boudhisme primitif. La transmigration, disent-ils, est causée et uniquement déterminée par l'influence des mérites et des démérites, mais de telle façon qu'un être qui en arrive à ce point ne transmet rien de sa personnalité à l'être qui va être immédiatement reproduit. Ce dernier est un être à part, indépendant du premier, à la vérité créé par l'influence des bonnes ou mauvaises actions de l'être primitif, mais n'ayant rien de

courir. Maintenant, la lumière de la loi est éteinte et des ténèbres universelles obscurcissent tous les esprits. Les hommes sont plus que jamais esclaves de leurs passions, il y a un manque absolu d'amour parmi eux; ils se haïssent l'un l'autre, entretiennent des querelles, des disputes, des contentions et, sans merci, se détruisent réciproquement. Vous seul pouvez les exonérer des vicissitudes et des misères qui se lient essentiellement au présent état des créatures. Le temps est enfin arrivé où vous devez devenir un Boudha.

Ne voulant pas donner sur-le-champ une réponse précise, Phralaong répondit modestement qu'il lui fallait quelque temps pour s'enquérir particulièrement des grands événements qui accompagnent toujours la venue d'un Boudha dans ce monde, savoir: l'époque, le moment où paraît un Boudha; le lieu qu'il choisit pour son apparition ou manifestation; la race ou caste d'où il doit être issu; l'âge et la qualité de celle qui doit être sa mère. Quant à la première circonstance, Phralaong observa que l'apparition d'un Boudha ne pouvait jamais avoir eu lieu pendant la période précédente de 100,000 ans et plus (1), qui venait de s'écouler, parce que,

commun avec lui. Ils expliquent cette étrange doctrine par la comparaison d'un arbre produisant et donnant successivement des fruits dont quelques-uns sont bons et d'autres mauvais. Les fruits, bien que venant du même arbre, n'ont rien de commun, ni l'un avec l'autre, ni avec ceux qui ont pu déjà provenir ou qui pourront provenir plus tard du même arbre : ils sont distincts et séparés. Ainsi, ils disent *Kan*, ou l'influence des mérites et des démérites, produit successivement des êtres complétement distincts l'un de l'autre. Cette doctrine athée ou matérialiste n'est pas généralement connue du bas peuple, qui tient pratiquement que la transmigration est opérée de la manière enseignée par Pythagore et son école.

Si, parmi les sectateurs des deux croyances, il y a entière communauté de vues quant aux moyens à employer pour arriver à cet état où l'homme se trouve affranchi des misères, de l'ignorance et des imperfections, il y a grande divergence d'opinions en ce qui concerne le but auquel on arrive. Le brahmine conduit l'être parfait à la suprême essence dans laquelle il se mêle comme la goutte d'eau à l'océan, perdant sa personnalité pour former un tout avec la substance divine. Ceci est du panthéisme. Le boudhiste, ignorant l'Être suprême, conduit l'individu affranchi du joug des passions à un état d'isolement absolu appelé Neibban. C'est, à proprement parler, l'annihilation absolue.

(1) La durée d'une révolution de la nature, ou le temps requis pour la formation d'un monde, son existence et sa destruction est divisée en quatre périodes. La quatrième période, ou celle qui commence avec l'apparition de l'homme sur la terre, jusqu'à sa destruction, est divisée en soixante-quatre parties, nommées Andrakaps. Pendant un Andrakap, la vie de l'homme augmente graduellement,

durant cette période, la vie de l'homme avait été en augmentant. Les instructions sur la naissance et sur la mort, ainsi que sur les depuis dix ans jusqu'à un nombre presque incalculable d'années; quand elle a atteint son maximum de durée, elle décroît lentement jusqu'au premier chiffre de dix années. Nous vivons à présent dans cette seconde partie d'un Andrakap, où la vie de l'homme est en décroissance. Si ma mémoire ne me trompe pas, nous avons atteint maintenant le neuvième ou le dixième Andrakap de la quatrième période. Si les calculs des boudhistes sont corrects, les malheureux visionnaires qui attendent la venue d'un Millenium ont encore longtemps à attendre la réalisation de leurs chimères.

Bien qu'il soit quelque peu fastidieux et peu amusant d'avoir à rapporter les notions absurdes et ridicules que professent les Birmans, sur l'organisation de la matière, l'origine, la production, l'existence, la durée et la fin du monde, il est au moins nécessaire de présenter un résumé succinct de leurs idées sur ces sujets. Le lecteur aura alors les moyens de reconnaître l'origine hindoue d'un grand nombre des fils qui relient le boudhisme au brahminisme, et de mieux comprendre les différents détails qui seront donnés par la suite et qui établissent un grand fait: — l'origine brahminique de la plupart des institutions boudhistes. Il aura, en outre, la satisfaction de distinguer clairement, ensevelis dans un fouillis de récits fabuleux, plusieurs des faits importants relatés dans les saintes Écritures.

La matière est éternelle; mais son organisation et toutes les transformations qu'elle subit sont amenées et réglées par des lois qui lui sont coéternelles. A leur tour, la matière et ces lois qui agissent sur elle ont une existence propre, indépendante de toute action et de tout contrôle. Aussitôt qu'un système de mondes est constitué, les boudhistes affirment gravement et maintiennent que les lois des mérites et des démérites sont les seuls agents qui gouvernent et contrôlent le monde physique et le monde moral.

Mais comment un monde est-il appelé à exister? L'eau ou plutôt la pluie voilà le principal agent qui opère dans la reproduction d'un système de la nature. Pendant une période de temps immense, la pluie tombe avec une force sans cesse renouvelée sur l'espace laissé vide par la destruction du dernier monde. En même temps, des vents impétueux, soufflant de directions opposées accumulent l'eau dans de certaines limites définies, jusqu'à ce qu'elle ait rempli tout l'espace. A la fin apparaît, flottant sur la surface des eaux, comme une substance graisseuse, le sédiment déposé par les eaux. A mesure que l'eau est séchée par l'action non ralentie du vent, cette croûte se développe, jusqu'à ce que, par un lent, graduel mais sûr progrès, elle prenne invariablement la forme et la proportion de notre planète, de la manière que nous allons décrire. Le centre de la terre, ou d'un monde, ou d'un système de la nature, est occupé par une montagne d'une étendue et d'une élévation extraordinaires, appelée Mien-mo. Celle-ci est environnée de sept chaînes de montagnes, séparées l'une de l'autre par des cours d'eau qui égalent en profondeur et en largeur la hauteur des montagnes qui leur servent de limites dans la direction de l'élévation centrale. La chaîne la plus rapprochée du Mien-mo a moitié de la hauteur de celle-ci. Chaque chaîne successive a la moitié de la hauteur de celle qui la précède. Au-delà du dernier cours d'eau, sont disposées les quatre grandes îles dans la direction des quatre points cardinaux. Chacune de ces quatre îles est entourée de cinq cents autres îles plus petites. Au-delà, il n'y a plus que de l'eau qui s'étend aux plus extrêmes limites du globe. La grande

misères de la vie, qui constituent les traits caractéristiques de la loi de Boudha, n'auraient pas alors été reçues avec un intérêt et

île que nous habitons est celle du Sud ; on l'appelle Dzampoudipa, de l'arbre Jambou ou Eugenia, qui y pousse.

Notre planète repose sur une couche d'eau qui a deux fois l'épaisseur de la terre; cette eau elle-même s'appuie sur une épaisseur d'air double de celle de l'eau. Au-delà de cette couche d'air, le *laha* ou le vide.

Voyons, à présent, comment notre planète est peuplée, et d'où vinrent ses premiers habitants. Du siége des Brahmas, qui échappèrent à la destruction quand périt le premier monde, trois êtres célestes — six suivant une autre version — descendirent sur la terre, y restant dans un état de parfait bonheur, revisitant accidentellement, quand il leur plaisait, leur premier siége de gloire. Cet état de choses dure très-longtemps. A cette époque les deux grands luminaires du jour et de la nuit, les étoiles, n'ont pas encore paru, mais des rayons d'un incomparable éclat, émanant des corps purs de ces nouveaux habitants, illuminent le globe. A des intervalles éloignés, ils se nourrissent d'une certaine substance gélatineuse dont les puissances nutritives sont telles que la plus faible quantité suffit à les soutenir pour de longs intervalles. Cette délicieuse nourriture est du goût le plus exquis, mais il arrive, à la fin, qu'elle disparaît et, successivement, est remplacée par deux autres substances dont l'une ressemble aux pousses les plus tendres d'un arbre. Elles sont si nourrissantes, si pures que, dans notre condition actuelle, nous sommes impuissants à nous faire une idée exacte de leurs propriétés. A leur tour, elle disparaissent pour faire place à une espèce de riz appelé *Tha-le*. Les habitants de la terre mangent aussi de ce riz, mais, hélas ! les conséquences sont aussi fatales pour eux que fut aux habitants d'Eden la manducation du fruit défendu. L'éclat qui, jusque là, formait comme une auréole autour d'eux, et illuminait le monde, s'évanouit; et, à leur grand désespoir, ils se trouvent pour la première fois enveloppés d'épaisses ténèbres. L'ingestion de cette nourriture grossière amène des évacuations qui occasionnent sur le corps ces marques qui distinguent les sexes. Pour la première fois, les passions viennent ravager les cœurs de ces êtres qui, jusqu'alors, avaient été sans passions. Ils perdent le pouvoir de retourner dans leurs célestes demeures. Bientôt la jalousie, les querelles viennent à la suite de la distinction égoïste faite entre *tien* et *mien*. Se trouvant au fond des ténèbres, ces êtres infortunés soupirent après la lumière ; lorsque, tout à coup, le soleil, brisant la barrière de ténèbres fait irruption, illuminant des flots de son éclat le monde entier; puis bientôt après disparaissant dans l'Ouest au-dessous de l'horizon. — L'obscurité semble reprendre son empire; nouvelles lamentations de la part des hommes, lorsqu'après très-peu de temps la lune soulève majestueusement les tremblants rayons de sa lumière argentée. En même temps les planètes et les étoiles prennent dans le firmament leurs places respectives et commencent leurs révolutions régulières. Le besoin de s'établir, engendrant des disputes, détermina bientôt les nouveaux habitants à élire un chef qu'ils investirent d'une autorité suffisante pour élaborer des règles qui devinrent obligatoires pour tous les membres de la Société, et d'un pouvoir suffisant pour en exiger l'observance. Telle est l'origine de la Société.

A l'origine, les hommes pratiquant la vertu, jouissaient d'une longue vie dont la durée atteignait presque à l'incroyable étendue d'un Thingie, mais, s'étant relâ-

une attention suffisants. Si quelque tentative, à cette époque, avait été faite de prêcher sur ces trois grands sujets, la génération d'alors, à qui ces événements auraient semblé si éloignés, n'aurait pu être amenée à les considérer avec une attention suffisante, les quatre grandes vérités n'auraient fait aucune impression sur leurs esprits : c'est vainement et sans résultat qu'on se serait efforcé de les détacher des liens des passions enlaçant alors tous les êtres, et de les faire soupirer après la délivrance des misères que la naissance, la vie et la mort imposent à tout le genre humain. La période pendant laquelle la durée de la vie humaine est inférieure à cent ans ne peut nullement être la période convenable pour un événement de cette importance, car les passions des hommes sont alors si nombreuses et si profondément enracinées, qu'en vain Boudha essayerait de prêcher sa loi. De même que les caractères

chés de la pratique de la vertu la vie diminua en proportion que diminuait leur ferveur à observer la loi, tant qu'enfin, par suite de leur extrême corruption, elle tomba jusqu'à la courte durée de dix ans. Le même mouvement croissant ou décroissant dans la durée de la vie humaine, périodiquement réglé par la loi des mérites et des démérites, a lieu soixante-quatre fois et constitue un Andrakap ou durée d'un monde.

Il reste à mentionner brièvement quelques détails relatifs à la fin d'une révolution de la nature. La cause d'un tel événement est l'influence des démérites arrivés à un tel degré de développement que leur influence destructive devient toute puissante. Deux avertissements solennels de la destruction prochaine de notre planète sont donnés par les Nats, l'un 100,000 et l'autre 100 ans à l'avance. Les porteurs de cette triste nouvelle paraissent sur la terre avec l'appareil du deuil et de la tristesse, bien fait pour donner du poids à leurs exhortations. Ils invitent instamment les hommes à se repentir de leurs péchés et à corriger leur vie. Ces derniers avertissements sont généralement écoutés par tout le genre humain, de sorte que les hommes, quand le monde est détruit, émigrent, avec les victimes de l'enfer qui ont expié leurs iniquités passées, vers les sièges des Brahmas qui échappent à la destruction. Il y a trois grands principes de démérites : la concupiscence, la colère et l'ignorance. Le monde, de son côté, est détruit par l'action de trois agents différents : le feu, l'eau et le vent. La concupiscence est le plus commun, quoique le moins odieux, puis vient la colère, plus odieuse que la précédente ; enfin, le troisième rang est occupé par l'ignorance, le plus fatal de nos maux. Le désordre moral qui, à un moment donné, se trouve en excès sur les autres, amène la destruction par l'intermédiaire de l'agent qui lui correspond. La concupiscence a le feu pour agent ; la colère, l'eau ; l'ignorance, le vent ; mais dans les proportions suivantes : des soixante-quatre destructions de ce monde, cinquante-six ont lieu par conflagration, sept par l'eau, et une par le vent. Leurs limites respectives d'étendue sont les suivantes : la conflagration atteint jusqu'aux cinq sièges inférieurs des Brahmas ; l'eau s'étend jusqu'au huitième siège, et la violence destructive du vent atteint jusqu'au neuvième siège.

que trace un homme sur la surface unie des eaux tranquilles disparaissent aussitôt sans laisser d'elles la moindre trace, ainsi la loi et les instructions qu'on voudrait essayer d'inculquer dans des cœurs d'hommes endurcis ne feraient sur eux aucune impression durable. De là il concluait que la période actuelle, où la vie des hommes avait environ cent ans de durée, était convenable pour l'apparition d'un Boudha. Ce premier point établi, Phralaong examina dans quelle partie du globe un Boudha devait paraître.

Ses regards se répandirent sur les quatre grandes îles (1) et les deux mille petites. Il vit que l'île de Dzapoudiba (celle du sud) avait toujours été le lieu favori choisi par tous les Boudhas précédents : il se détermina, lui aussi, pour cet emplacement. Cette île, néanmoins, est extrêmement étendue, ayant 300 youdzanas de longueur, 252 de largeur et 900 de circonférence. Il savait que, sur cette île, tous les précédents Boudhas ou semi-Boudhas, les deux grands Rahandas (2), ou disciples de la droite et de la gauche, le prince dont la domination est universelle, etc., avaient invariablement fixé leur préférence, que, parmi les diverses régions de l'île, celle de Mitzima ou du centre où se trouve le district de Kapilawot avait été

(1) Notre planète ou globe est composée, d'après les boudhistes, de la montagne Mien-mo, qui a 82,000 youdzanas de hauteur (1 youdzana, d'après certaines autorités, équivaut à un peu moins de 12 milles anglais) au-dessus de la surface de la terre ; sa profondeur est égale à sa hauteur. Autour de cette colossale élévation sont disposées les quatre grandes îles, aux quatre points cardinaux, et chacune de celles-ci est à son tour environnée de cinq cents autres plus petites. On suppose que les pays au sud de la grande chaîne de l'Himalaya forment la grande île du sud.

Il serait facile de donner, dans toute leur étendue, les notions ridicules admises par les boudhistes de ces pays sur la géographie, la cosmographie, etc., etc., mais la connaissance d'aussi puériles notions est à peine digne de l'attention d'un lecteur sérieux, désireux d'acquérir des données correctes sur un système religieux imaginé par son inventeur pour être un moyen de propagation de doctrines morales, appuyées sur un très-petit nombre de dogmes. Ces élucubrations sur notre monde matériel se sont fait une place dans leurs écrits religieux, mais ne font pas partie de leur symbole. Elles ont une origine hindoue et trahissent toujours leur provenance indienne. Ces notions ne font même pas partie du système développé dans les Védas, mais ont vu le jour à une époque relativement beaucoup plus moderne.

(2) Un Rahanda est un être très-avancé dans la perfection et doué de facultés intellectuelles transcendantes qui confèrent à son enveloppe mortelle des prérogatives extraordinaires et en font presque un pur esprit. La concupiscence est totalement éteinte chez le Rahanda ; on peut dire qu'il est bon pour l'état de Neibban. On divise les Rahandas en plusieurs classes, suivant leur degré relatif d'avancement dans les voies de la perfection.

plus spécialement choisie. C'est là, dit-il, que je me fixerai et que je deviendrai un Boudha. Ayant déterminé la place qu'il devait choisir pour sa demeure terrestre, Phralaong examina la race ou caste d'où il devait naître. La caste du peuple et celle des marchands lui parurent trop basses, commandant trop peu de respect; en outre, aucun Boudha n'en était encore sorti. Celle des Pounhas, dans les anciens temps, était la plus illustre et la plus respectée, mais celle des Princes, à l'époque actuelle, la surpassait de beaucoup en pouvoir et en considération. En conséquence, il fixa son choix sur la caste des Princes, comme cadrant mieux avec ses hautes destinées futures. Je choisis, dit-il, le prince Thoudaudana pour mon père. Quant à la princesse qui sera ma mère, elle doit se distinguer par la modestie de sa tenue, ses manières chastes, elle devra n'avoir jamais goûté d'aucune boisson enivrante. Elle devra, pendant la durée de 100,000 mondes, avoir vécu dans la pratique de la vertu, accomplissant avec une exactitude scrupuleuse toutes les pratiques et recommandations de la loi. La grande et glorieuse princesse Maia est la seule personne en qui ces conditions se trouveront réunies. Enfin sa vie prendra fin dix mois et sept jours à partir de ce moment (1). — Elle sera ma mère.

Ayant ainsi mûrement réfléchi sur ces quatre circonstances, Phralaong, se tournant vers les Nats qui l'environnaient et qui attendaient avec anxiété sa réponse, leur dit simplement et sans détours que le temps était maintenant venu pour lui de devenir un Boudha, et leur ordonna de communiquer dès lors cette grande nouvelle aux Brahmas et aux Nats. Il se leva, et, accompagné de tous les Nats de Toucita, se retira dans le délicieux jardin de Naudawon. Après un court séjour en ce lieu, il quitta la demeure des Nats, descendit au milieu des hommes, et s'incarna dans le sein de la

(1) C'est par un décret immuable que celle à qui est conféré le singulier honneur de donner le jour à un fils, destiné plus tard à devenir un Boudha, meurt invariablement sept jours après sa délivrance, pour émigrer dans l'une des délicieuses demeures des Nats. Le traducteur birman observe que des entrailles, en quelque sorte consacrées et sanctifiées par la présence d'un enfant appelé à une aussi haute destinée, ne pourraient plus tard convenablement porter des rejetons d'un ordre moins élevé. On doit reconnaître que l'incarnation de Phralaong, dans les entrailles de sa mère, est enveloppée d'une mystérieuse obscurité paraissant interdire la pensée de toute relation charnelle. Les Cochinchinois, dans leurs légendes religieuses, prétendent que Boudha fut conçu d'une manière tout à fait extraordinaire, ne rappelant en rien ce qui a lieu dans l'ordre naturel.

glorieuse Maia, qui sentit immédiatement qu'elle avait conçu un fils qui arriverait à la dignité de Boudha. Dans le même moment aussi, la princesse Yathaudara, qui devait être l'épouse du fils de Maia, descendit des siéges des Nats, et fut conçue dans le sein d'Amitau, femme du prince Thouppaboudha.

A ce moment, les habitants de Kapilawot étaient activement occupés à célébrer, à grands renforts de réjouissances, la fête de la constellation Outarathan (juillet-août). Mais la vertueuse Maia, au lieu de se mêler à la foule des dévots participant à ces amusements, pendant les sept jours qui précédèrent la pleine lune de juillet, passait son temps au milieu de ses suivantes faisant des offrandes de fleurs et de parfums. Le jour avant la pleine lune, elle se leva de bon matin, prit un bain d'eau parfumée et distribua aux indigents quatre cent mille pièces d'argent ; vêtue de ses plus riches habits, elle prit son repas et accomplit religieusement tous les rites recommandés en pareil cas. Cela fait, elle entra dans son appartement particulier, et s'étant couchée s'endormit et fit le rêve suivant :

Quatre princes des Nats, de la résidence de Tsadoumarit, prirent la princesse avec son lit, la transportèrent sur le mont Himawonta (1), et la déposèrent sur une roche immense et magnifique, de 60 youdzanas de longueur, ornée de diverses couleurs, en un lieu où un arbre superbe, de 7 youdzanas de hauteur, développait la richesse de son vert feuillage. Les quatre reines, femmes des quatre princes de Tsadoumarit, s'approchant de la couche où reposait Maia, la portèrent sur les bords du lac Anawadat, la lavèrent avec l'eau du lac et jonchèrent sa couche de fleurs apportées du siége des Nats. Près du lac est une belle montagne qu'on dirait faite d'argent ; un palais magnifique en couronne le sommet. A l'est du palais et sur le flanc de la montagne, s'ouvre une grotte spacieuse. Dans cette grotte un lit semblable à celui des Nats était préparé. La princesse fut menée en ce lieu, et s'assit sur le lit, jouissant d'un repos délicieux et réparateur. Faisant face à la montagne et à la grotte où Maia, environnée de ses suivantes, était

---

(1) Le mont Himawonta est fameux dans toutes les compositions Boudhistes comme théâtre des plus grands et des plus importants événements. Suivant toute probabilité, c'est l'Himalaya, qui était la plus haute chaîne de montagnes connue des Indiens Boudhistes.

assise, une autre montagne s'élevait, où Phralaong, sous la forme d'un jeune éléphant blanc, errait en diverses directions. Bientôt on le vit descendre de sa montagne et, gravissant celle où la princesse reposait sur son lit, se dirigea vers la cave. A l'extrémité de sa trompe gracieusement relevée, il portait un lis blanc. Sa voix, qui, par instants, remplissait l'air, pouvait être entendue distinctement des habitants de la grotte et annonçait son approche. Bientôt il entra dans la grotte, fit trois fois le tour de la couche où la princesse était assise, puis, après s'être arrêté un instant, s'approcha davantage, ouvrit le flanc droit de la princesse et parut s'y cacher.

Vers le matin, la reine s'étant éveillée de son sommeil, raconta son rêve à son mari. Le roi Thoudaudana envoya sans délai chercher soixante-quatre Pounhas (1). Sur le sol recouvert de fiente de vache, du riz grillé, des fleurs et d'autres offrandes furent déposés avec soin et étalés avec profusion, une place spéciale étant réservée pour les Pounhas. Le beurre, le lait et le miel leur furent servis dans des vases d'or et d'argent; en outre, chacun d'eux reçut en présent plusieurs costumes complets, cinq vaches et plusieurs autres objets. Ces préliminaires étant terminés, le prince leur fit le récit du rêve et en sollicita l'interprétation.

(1) Les Pounhas sont des Brahmines qui, même aux époques de la plus haute antiquité, étaient considérés comme les plus sages de leur génération. Ils avaient déjà monopolisé le métier lucratif de diseurs de bonne aventure, astrologues, etc., et il semblerait qu'ils ont réussi à en conserver encore le monopole de nos jours. Pendant ma première résidence en Birmanie, je m'étais lié avec un jeune Pounha, portant le costume blanc, et gagnant sa vie en tirant les horoscopes des enfants nouveau-nés, et même des grandes personnes. J'appris de lui le moyen de trouver par le calcul, pour un moment donné quelconque, l'état du ciel. Ce mode de calcul est entièrement basé sur le système Hindou, et a évidemment été emprunté à ce peuple.

Bien que les Brahmines de ce temps-là, comme de nos jours, travaillassent sur l'ignorance populaire et la crédulité publique, de la manière indiquée ci-dessus, nous ne devons pas perdre de vue un grand fait que cette légende, d'ailleurs, expose de la façon la plus explicite et la moins équivoque. C'est que beaucoup d'entre eux dévouaient tout leur temps, leur énergie, leurs facultés, à poursuivre la sagesse et à observer les pratiques les plus austères. La rigidité de leur genre de vie fut en grande partie copiée et imitée par les premiers religieux de la doctrine Boudhiste. Plusieurs des ordonnances et prescriptions du Wini concordent d'une façon remarquable avec celles des Védas. A l'origine, la ressemblance doit avoir été assez complète pour rendre peu perceptibles les divergences; puisque nous lisons dans ce même ouvrage une injonction faite aux nouveaux convertis de faire des aumônes aux Pounhas, aussi bien qu'aux Bickous ou religieux mendiants; ce qui les mettait ainsi sur le pied d'une égalité parfaite.

« Prince, » répondirent les Pounhas, « bannissez toute inquiétude de votre esprit et réjouissez-vous ; l'enfant que la princesse porte dans son sein n'est pas une fille, mais bien un garçon. A mesure qu'il grandira, il est destiné, soit à vivre au milieu des hommes, et alors il deviendra un puissant monarque qui soumettra tout le genre humain sous sa loi ; ou bien, se retirant du tumulte de la société, il ira dans quelque lieu solitaire où il embrassera la profession de Rahan. Dans cet état, il s'affranchira de toutes les misères de l'existence, et enfin obtiendra la haute dignité de Boudha. Telle fut l'interprétation du songe. Au moment où Phralaong entrait dans le sein de Maia, une grande commotion agita les quatre éléments à la fois, et trente-deux merveilles apparurent simultanément. Une lumière d'un incomparable éclat illumina subitement dix mille mondes ; les aveugles, comme s'ils eussent eu envie de contempler la glorieuse dignité de Phralaong, recouvrèrent la vue ; les sourds entendirent distinctement toute sorte de sons, les muets parlèrent couramment ; ceux dont les corps étaient courbés se virent redressés ; les boiteux marchèrent avec aisance et légèreté ; les prisonniers virent tomber leurs fers et se trouvèrent en liberté ; les feux de l'enfer furent éteints ; la faim canine des Preithas (1) fut rassasiée ; les animaux furent délivrés de toute infirmité ; tous les êtres raisonnables ne proféraient que des paroles de paix et de mutuelle bienveillance ; les chevaux montrèrent les signes de la joie la plus vive ; les éléphants, d'une voix solennelle et profonde, exprimèrent leur contentement ; les instrument de musique rendaient d'eux-mêmes les sons les plus mélodieux ; les ornements d'or et d'argent qu'on porte aux bras et aux pieds, sans même s'entrechoquer, produisaient des sons agréables ; tous les lieux brillèrent subitement de la plus resplendissante lumière ; des brises rafraîchissantes soufflaient doucement par toute la terre ; une pluie abondante tomba du ciel pendant la saison chaude, et des cours d'eau fraîche jaillirent de toutes parts, apportant, entre des rives prêtes à les recevoir, leurs

(1) Le Preitha est un être placé dans un état de châtiment et de souffrances, pour des péchés commis dans une existence antérieure. Il est condamné à vivre dans la solitude, au sein des montagnes les plus sauvages, tenaillé par les angoisses d'une faim que rien ne peut apaiser. Son corps, et particulièrement son estomac, sont de dimensions gigantesques, tandis que sa bouche est si petite, qu'une aiguille peut à peine y passer.

ondes au gracieux murmure ; les oiseaux se tenaient immobiles, oubliant de fuir devant l'homme ; les rivières, saisies d'une profonde stupeur, suspendirent leur cours ; l'eau de la mer devint douce ; on trouvait en tout lieu les cinq espèces de lis ; toutes les variétés de fleurs firent éclosion, montrant la plus grande richesse de couleurs ; de toutes les branches des arbres, du sein des rochers les plus durs, les fleurs exhibaient les nuances les plus diverses et les plus éclatantes ; des lis qui semblaient avoir pris racine à la voûte céleste, envoyaient dans les airs leur parfum embaumé ; une pluie de fleurs tomba du firmament sur la surface de la terre ; les chants musicaux des Nats furent entendus des heureux habitants de notre globe ; des centaines de milliers de mondes (1) se rapprochèrent soudainement les uns des autres, quelquefois sous la forme d'élégants bouquets, ou de boules de fleurs, ou sous la forme de sphéroïdes ; les essences les plus délicates embaumèrent toute l'atmosphère de notre globe. Telles sont les merveilles qui eurent lieu à l'époque où Phralaong entra dans le sein de sa mère.

Quand ce grand événement arriva, quatre chefs de Nats du siége de Tsadoumarit (2), armés d'épées gardaient constamment les abords du palais, afin d'empêcher que le moindre accident pût arriver ou à la mère ou à son glorieux fruit. De dix mille mondes, quatre Nats de chaque siége étaient activement occupés à chasser les Bilous (3) et autres monstres, et à les mettre en fuite et les forcer à se cacher aux extrémités de la terre. Maia, dégagée de toute envie désordonnée, occupait son temps avec ses suivantes dans l'intérieur du palais. Au sein d'un calme parfait, son âme goûtait la plus douce félicité ; la fatigue ni le découragement n'affectaient

(1) Dans le système de cosmogonie Boudhiste, 100,000 mondes composent un système, sujet aux inévitables changements et révolutions qui attendent celui que nous habitons. Ils admettent, à la vérité, que le nombre des mondes est illimité, mais ils affirment que ceux qui composent un système sont simultanément détruits, reproduits et perfectionnés par la vertu de certaines lois éternelles, inhérentes à la matière elle-même.

(2) Tsadoumarit est la première des six résidences des Nats. La description des plaisirs qu'y savourent les habitants est remplie de détails d'une licence révoltante.

(3) Un Palou, ou plutôt un Bilou est un monstre à face humaine, qu'on suppose se repaître de chair humaine. Ses yeux sont d'un rouge sombre, son corps est d'une matière si subtile qu'il ne donne pas d'ombre. Des contes surprenants sont faits sur ce monstre qui joue un rôle considérable dans la plupart des écrits Boudhistes.

— 38 —

sa santé. Dans le sein de sa mère, Phralaong était comme le fil blanc qui traverse les blanches perles d'un collier; ce sein lui-même ressemblait à un élégant Dzedi (1).

Avec la sollicitude et la vigilante attention qu'on met à porter un thabeit (2) plein d'huile, la grande Maia mesurait tous ses mouvements, et, sans jamais se lasser, pendant dix mois, veillait à la conservation du précieux fruit de ses entrailles *.

(1) Un Dzedi est un édifice religieux de forme conique, supporté par une base carrée, et dont le sommet est recouvert de ce que les Birmans appellent ombrelle, ressemblant pour la forme à l'instrument de musique vulgairement appelé *chapeau chinois* par les Français. De chaque côté de la base quadrangulaire sont ouvertes quatre niches, dans la direction des quatre points cardinaux, destinées à recevoir des statues de Boudha. Ces monuments sont de toutes les dimensions, depuis ceux de quelques pieds de hauteur jusqu'aux plus grands de 200 pieds d'élévation. On les trouve partout, et dans le voisinage des villes chaque éminence est couronnée d'un ou plusieurs Dzedis.

Le mot Dzedi signifie lieu de dépôt sacré, c'est-à-dire un lieu où des reliques de Boudha sont conservées. Le mot a été étendu depuis à des places qui ont servi de réceptacles pour les écritures, ou des reliques de religieux distingués, célèbres pour l'éminence de leur savoir ou de leurs vertus. Dans le principe, ces Dzedis étaient des espèces de *tumuli* ou monticules de terre ou de briques, élevés sur les emplacements où étaient enfouies des reliques. A mesure que le nombre des sectateurs de la croyance Boudhiste augmenta, comme aussi leur richesse ou leur influence, ils érigèrent des Dzedis sur une plus grande échelle, mais ayant toujours une grande ressemblance avec ceux des premiers temps. Les Stoupas ou Topes découverts dans le Punjab et dans d'autres parties de la Péninsule de l'Inde sont de vrais *tumuli* Boudhistes ou Dzedis.

Aux époques suivantes, quand ils ne pouvaient pas se procurer de reliques, les fidèles continuèrent à ériger des Dzedis, afin, par leur aspect, de rappeler à leur esprit les reliques sacrées, et ils accordèrent à ces monuments la même vénération dont ils auraient entouré ceux qui possédaient ces trésors inestimables. En Birmanie, en particulier, le zèle, ou plutôt la rage de bâtir des Dzedis, a été portée à un degré à peine croyable pour ceux qui n'ont pas visité le pays. On verra dans les pages suivantes un essai de description des diverses formes données à ces monuments.

(2) Le thabeit est un pot à large bouche, sphéroïde tronqué, fait de terre, de fer ou de cuivre, sans ornements, employé par les moines Boudhistes quand ils vont dehors pour leurs excursions du matin, et dans lequel ils mettent les aumônes des admirateurs de leur sainte vie.

* *Remarque du traducteur Birman.* — Il faut se rappeler que les mères des Boudhas, ayant eu le singulier privilège de donner le jour à des fils si élevés en dignité, il ne serait pas convenable que d'autres mortels dussent la vie aux mêmes entrailles. C'est pourquoi elles meurent toujours le septième jour après leur délivrance et émigrent au siége des Nats, appelé Toucita. Il est d'usage que les autres mères accouchent dans une position horizontale, et quelquefois avant ou après le dixième mois. Mais pour la mère d'un Boudha, le cas est différent; le moment de sa délivrance a lieu invariablement au commencement du dixième mois, et elle accouche toujours debout. (Comp. p. 33, n. 1.)

CHAPITRE II

NAISSANCE DE BOUDHA DANS UNE FORÊT. — RÉJOUISSANCES A CETTE OCCASION. — PRÉDICTION DES POUNHAS. — THOUDAUDANA S'EFFORCE EN VAIN DE CONJURER LES EFFETS DE LA PRÉDICTION.

L'époque probable de ses couches approchant rapidement, la princesse sollicita de son mari le roi Thoudaudana, la permission de se rendre dans le pays de Dewah (1) au milieu de ses amis et de ses proches. Aussitôt que sa demande fut connue, le roi ordonna que toute l'étendue de la route entre Kapilawot et Dewah fût parfaitement nivelée et bordée des deux côtés de bananiers, et

(1) Ce pays de Dewah est une des seize contrées si fameuses dans les annales Boudhistes, où les plus grands événements religieux ont eu lieu. Elles sont placées dans les parties du centre du N. et du N.-O. de l'Hindoustan. C'est là que naquit l'illustre Dewadat qui devint beau-frère de Boudha. Mais en dépit des liens de parenté assez étroite qui l'unissaient à un aussi saint personnage, Dewadat est représenté comme l'incarnation du mal, toujours opposé aux desseins bénévoles de Boudha en faveur du genre humain. A la fin, dans une tentative qu'il fait contre la vie de son beau-frère, il trouve un châtiment mérité. La terre s'entr'ouvre sous ses pieds; et, entouré de flammes dévorantes, il roule jusqu'aux dernières profondeurs de l'enfer, reconnaissant cependant, avec l'accent d'un sincère quoique tardif repentir, ses erreurs et la toute-puissance de Boudha. Trois barres de fer le transpercent verticalement pour le maintenir debout, tandis que trois autres barres le traversent des épaules aux côtés. En considération de son repentir, il doit plus tard être délivré de ses tourments et restitué à la terre pour acquérir des mérites qui puissent lui donner droit à une meilleure place dans ces existences futures. Quelques documents annoncent qu'il deviendra un Pietzega Boudha. Cette histoire relative à Dewadat a donné naissance, en Birmanie, à une interprétation des plus étranges. Les Birmans, avec leur habituelle légèreté d'esprit, en écoutant les détails de la passion de Notre-Seigneur, en conclurent que ce personnage n'avait dû être autre que Dewadat, et que ce châtiment lui avait été infligé pour avoir osé soutenir des opinions opposées à celles de Boudha. L'auteur ne fut pas médiocrement surpris de trouver, dans les écrits des anciens missionnaires Barnabites, une longue réfutation de cette croyance erronée.

richement décorée. Des jarres pleines de l'eau la plus pure devaient être déposées tout le long de la route, à de courts intervalles. Une chaise d'or fut confectionnée pour transporter la reine : et mille gentilshommes accompagnés d'une suite innombrable, reçurent l'ordre de lui faire cortége pendant son voyage. Entre les deux pays, s'étend une immense forêt où croît en abondance l'arbre Engyin. Aussitôt que le cortége y arriva, les cinq lis d'eau poussèrent spontanément de chaque bourgeon et de chacune des branches principales de tous ces arbres; mille oiseaux divers aux chants joyeux remplissaient les airs de la plus délicieuse musique. Des arbres semblables pour la beauté à ceux qui croissent dans les siéges des Nats, ayant conscience, paraîtrait-il, de la présence du Boudha incarné, semblaient s'associer à la joie universelle.

En voyant la surprenante apparence de tous les puissants arbres de la forêt, la reine désira s'en approcher de plus près, afin de jouir mieux du merveilleux spectacle offert à ses regards. Les nobles, ses suivants, la menèrent alors à quelque distance en-dedans de la forêt. Maia, assise sur sa couche avec sa sœur Patzapati, pria ses suivants de la placer tout près d'un arbre Engyin, (Shorea Robusta) qu'elle leur désigna. On obéit immédiatement à son désir. Elle se leva doucement alors sur sa couche; sa main gauche autour du cou de sa sœur l'aidait à se tenir debout. De la main droite elle essaya d'atteindre et détacher une petite branche qu'elle avait envie d'emporter. A cet instant, de même qu'un rotin échauffé par le feu incline son extrémité supérieure, ainsi tous les arbres inclinant leurs branches vinrent s'offrir, en quelque sorte, aux mains de la reine, qui, prenant au hasard un des rameaux, en brisa l'extrémité. En vertu d'un certain pouvoir inhérent à sa dignité, subitement tous les vents vinrent à souffler gracieusement à travers la forêt. Les suivants ayant fait retirer le peuple à quelque distance disposèrent des tentures autour du lieu où se trouvait la reine. Pendant qu'elle était dans cette position, admirant le rameau qu'elle tenait à la main, le moment de sa délivrance arriva et elle accoucha d'un fils (1).

(1) Le même jour Amittaudana mit au monde un fils, appelé Ananda La femme de Thouppaboudha de Dewa, fut délivrée d'une fille appelée Yathaudara, qui devint plus tard la femme de Phralaong. Anousoudha, fils de Thoukkaudana, naquit

Quatre chefs Brahmas (1) reçurent le nouveau-né dans un filet d'or, et le présentèrent à l'heureuse mère en disant : « Livrez-vous à la joie, ô Reine, voici le précieux fruit de vos entrailles (2). »

Des mains des quatre chefs Brahmas, l'enfant béni passa dans celles de quatre chefs de Nats, qui le transmirent aux hommes, qui à leur tour le déposèrent sur une belle pièce d'étoffe blanche. Mais, au grand étonnement de tous, il se dégagea des mains de ceux qui l'environnaient, et se tint debout sur le sol; jetant alors

dans la même solennelle occasion. Ananda, ci-dessus nommé, était premier cousin de Boudha et devint plus tard l'aimable, fidèle et dévoué disciple qui, pendant vingt-cinq ans, veilla sur la personne de Boudha, et pourvut avec tant d'affection à tous ses besoins. Après la mort de sa mère Maia, Phralaong fut nourri et élevé avec le plus grand soin par sa tante Patzapati, quelquefois appelée Gautami.

(1) D'après les notions Boudhistes, Boudha travaille, pendant la durée de sa carrière mortelle, pour le bénéfice de tous les êtres. Son cœur bienveillant et compatissant, dégagé de toute partialité, éprouve un ardent désir de leur ouvrir les voies qui conduisent à la délivrance de toutes les misères des existences successives et de les mener, en définitive, à l'état de calme parfait du Neibban. Cette disposition bienveillante et généreuse forme le trait caractéristique de Boudha. Les Brahmas, habitants des seize siéges de Roupa, sont simplement mûrs pour obtenir le point culminant de la perfection Boudhiste. Ils n'attendent plus que la présence d'un Boudha, pour dénouer à l'aide de sa prédication les faibles liens qui les tiennent encore attachés à ce monde matériel. Les Nats, quoique beaucoup moins avancés en mérites et en perfection, attendent anxieusement l'apparition de ce grand personnage qui doit leur indiquer les moyens de s'affranchir de l'influence des passions, et ainsi détruire en eux le principe des démérites. Les hommes aussi, dans leur état de probation ou d'épreuve, ont besoin de l'aide puissante d'un Boudha, qui les mettra, par sa doctrine transcendante, à même d'avancer en mérites, soit pour arriver d'un bond à l'état toujours tranquille de Neibban, soit pour progresser dans la voie des mérites. C'est pour cela que, dès le jour de sa naissance, Boudha est assisté par ces trois classes d'êtres intelligents, particulièrement destinés à participer aux bienfaits que sa venue doit amener sur eux.

La mission d'un Boudha est celle d'un sauveur. Son grand objet, durant son existence, est, pour employer une expression Boudhiste, de procurer la délivrance à tous les êtres qui écoutent ses instructions et observent les préceptes de la loi. Il se distingue par ses sentiments de compassion et son ardent amour pour toutes les créatures, aussi bien que par un ardent désir de travailler à leur bien-être. Tels sont les caractères distinctifs de son cœur. Dans ce système religieux, il est souvent fait mention des Pitzegaboudhas, qui ont tous la science et les mérites d'un Boudha, mais laissent à désirer sous le rapport des qualités précédentes qui composent, pour ainsi dire, l'essence d'un vrai et pur Boudha. Par suite, on ne leur donna jamais l'appellation honorable de Boudha.

(2) *Remarques du traducteur Birman.* — Quand des enfants naissent, ils viennent au monde, couverts par tout le corps de substances impures et dégoûtantes. Mais une exception fut faite en faveur de notre nouveau-né Phralaong. Il naquit

un regard vers l'est, plus de cent mille univers lui apparurent comme sur une plaine immense. Tous les Nats habitants de ces mondes lui firent des offrandes de fleurs et de parfums, s'écriant avec joie : « Un illustre personnage a paru, qui a jamais pu lui être comparé! qui pourra jamais l'égaler? En vérité, c'est le plus excellent de tous les êtres ! » Phralaong, de nouveau regarda dans les trois autres directions. Et levant d'abord ses yeux pour les abaisser ensuite, il vit qu'il n'y avait pas de créature égale à lui. Conscient de sa supériorité, il s'élança d'un seul bond vers le nord à une distance de sept fois la longueur d'un pied, en s'écriant : « Voici ma dernière naissance — il n'y aura plus pour moi d'autre état d'existence; je suis le plus grand de tous les êtres (1)! » Il commença alors à marcher d'un pas

sans la moindre souillure ou impureté, il entra dans ce monde pur et resplendissant comme un clair rubis placé sur la plus belle pièce de drap de Kathika. Du sein de sa mère, il sortit, les pieds et les mains croisés, montrant la dignité d'attitude d'un Pundit qui descend de la chaire où il a développé la loi. Bien que la mère et l'enfant fussent tous deux exempts des humiliantes infirmités communes à tous les êtres humains, du haut des cieux, sur tous les deux, et comme une offrande respectueuse, tombèrent doucement des pluies alternativement chaudes et froides.

(1) Les légendes Chinoise, Cochinchinoise, Singalaise et Népalaise s'accordent à attribuer à Phralaong l'usage de la raison depuis le moment de sa naissance, aussi bien que le pouvoir de prononcer fièrement les paroles suivantes : « Je suis le plus grand de toutes les créatures, ceci est ma dernière existence. » A ces propres yeux, il doit, en entrant dans ce monde, n'avoir reconnu aucun compétiteur, puisqu'il savait déjà qu'il était destiné à affranchir d'innombrables êtres des misères de l'existence, et à les mener à l'état de quiétude parfaite, hors à tout jamais de l'incessante action des mérites et des démérites. Celui-là seul dont l'esprit est fortement imbu des doctrines Boudhistes, peut se glorifier d'être enfin parvenu à sa dernière existence, et se réjouir à la pensée qu'avant peu d'années, il échappera à ce tourbillon d'existences sans cesse renouvelées, dans lequel il a jusque-là flotté et tourné avec des alternatives de bonheur et de misère. Ces vicissitudes continuelles sont pour lui le mal absolu. Donc l'état contraire doit lui sembler le bien suprême. Qu'y a-t-il d'étonnant, alors, à entendre notre Phralaong, mieux au courant que qui que ce soit des misères de la vie, s'exclamer avec exaltation : « Ceci est ma dernière existence! »

Le traducteur Birman semble remarquer avec délices, que deux fois auparavant, Phralaong, enfant, avait parlé distinctement à sa mère. Cela eut lieu au commencement des deux existences pendant lesquelles il pratiqua deux des dix grandes vertus. Premièrement, le jour où il naquit à cette existence, quand, sous le nom de Mahanthata, il fit preuve d'un savoir et d'une habileté consommés. La légende de Mahanthata est très-divertissante, écrite dans un très-pur langage et racontant des histoires à peu près aussi croyables que celles que nous lisons dans les *Mille et*

assuré dans la même direction. Un chef de Brahmas (1) tenait au-dessus de sa tête l'ombrelle blanche. Un Nat portait l'éventail d'or. D'autres Nats tenaient dans leurs mains l'épée d'or, les pantoufles d'or, la coiffure incrustée des pierres précieuses les plus rares et les autres insignes royaux (2).

Trente-deux merveilles surprenantes avaient proclamé l'incarnation de Phralaong dans le sein de sa mère; le même nombre de phénomènes annonça sa naissance à la terre. En outre, à ce même moment, naquirent la belle Yathaudara, le fils d'Amittaudana, Ananda, les nobles Tsanda, Kaludari et le cheval Kantika. Le grand arbre Bodi sortit aussi de la terre, dans la forêt d'Ourouwela, distante d'environ 2 youdzanas de la cité de Radzagio, au nord-

une nuits. L'auteur de cet ouvrage, en la parcourant, ne fut pas médiocrement surpris d'y trouver une décision donnée par notre Mahanthata, qui, pour la sagesse, ne le cède en rien à celle donnée dans un cas semblable, en présence de tout Israël, par l'incomparable Salomon. Quand Phralaong eut pratiqué la dernière et la plus parfaite de toutes les vertus : la libéralité poussée à ses dernières limites, aboutissant à la parfaite abnégation de soi-même, et le renoncement à tout ce qu'il possédait, il entra dans ce monde avec la faculté de parler, et devint un prince sous le nom de Wathandra. La légende de Wathandra est de beaucoup la meilleure. Considérée simplement comme un roman, elle fourmille de détails circonstanciés bien calculés pour faire vibrer les cordes les plus sensibles du cœur. La dernière partie surtout; il est difficile, en la lisant, de ne pas éprouver les plus vives émotions de pitié et de compassion en voyant notre Phralaong distribuer spontanément tout ce qu'il possède, se séparer de sa femme, de ses enfants et, finalement, offrir sa personne pour satisfaire les impulsions de sa générosité sans bornes.

(1) En Birmanie, l'usage de l'ombrelle blanche est limité au Roi et aux idoles. Le premier ne peut jamais se déplacer sans avoir déployée, au-dessus de sa tête, cette marque distinctive de la royauté. Quiconque a eu accès dans le palais d'Amarapoura se rappellera la satisfaction qu'il a éprouvée à voir l'ombrelle blanche se dessiner dans les galeries et s'avancer vers le lieu où il était assis. Il comprenait à ce fait que son attente allait avoir un terme, et qu'il allait lui être donné de contempler le visage d'or.

(2) *Remarques du traducteur Birman.* — Dans ses existences antérieures, notre Phralaong est dit avoir prononcé quelques mots immédiatement après sa naissance : savoir quand il était Mahauthata et Wethandra. La première fois, il vint au monde, tenant dans ses petites mains une petite plante qu'un Nat y avait placée à ce moment. Il la montra à sa mère, qui lui demanda ce que c'était : « C'est une plante médicinale, » répondit-il à sa mère étonnée. La plante fut mise dans une grande jarre pleine d'eau, et le liquide imprégné conserva toujours la propriété de guérir toute espèce d'infirmités corporelles. Quand il fut né, ou plutôt quand il commença l'existence dans laquelle il fut appelé Wethandra, il joignit ses mains en demandant à sa mère de lui donner quelque chose dont il pût disposer pour les pauvres. Sa mère mit à sa disposition mille pièces d'argent.

est de cette place, et les quatre vases d'or réapparurent soudainement.

Les habitants de Dewah, se joignant à ceux de Kapilawot, se mirent en route pour ce dernier pays, avec l'enfant nouveau-né à qui ils rendirent les plus grands honneurs. Les Nats du siége de Tawadeintha, apprenant qu'un fils était né au roi Thoudaudana, et que, sous l'ombrage de l'arbre Bodi (1), il deviendrait un vrai Boudha, avec une connaissance parfaite des quatre grandes vérités, donnèrent libre cours à leur joie, hissant en tous lieux des bannières et des banderoles, en témoignage de leur allégresse.

Il y avait alors un Rathi célèbre, nommé Kaladewila, qui avait passé par les huit degrés de contemplation, et qui avait coutume de venir chaque jour au palais du prince, pour sa nourriture. Ce même jour, comme d'usage, ayant pris son repas, il monta au siége de Tawadeintha (1) et trouva les heureux habitants de ce siége

(1) En parcourant la généalogie des vingt-huit derniers Boudhas, l'auteur a remarqué que tous sont arrivés à l'intelligence suprême sous l'ombrage de quelque arbre. Notre Phralaong, ainsi qu'on le verra, atteignit la dignité sublime de Boudha sous l'arbre Bodi (*ficus religiosa*), qui poussa spontanément au moment précis de sa naissance. L'auteur n'a jamais pu découvrir la moindre raison valable qui puisse rendre compte de cette circonstance remarquable, si soigneusement notée, qui accompagne l'élévation d'un être à cette haute dignité. Faute de mieux, il se hasarde à fournir l'explication conjecturale que voici : Notre Phralaong, avant de devenir un Boudha, se retira dans la solitude, afin de se préparer à ses futures destinées, en imitant tous ces prédécesseurs, menant la vie ascétique, appliquant exclusivement son attention et toute l'énergie de son esprit à la méditation et à la contemplation, et se livrant aux plus dures mortifications. Les sens — il le savait très-bien, — devaient obéir strictement à la raison, et pour cela il fallait se refuser tout ce qui n'était pas absolument indispensable au soutien de son existence. Insoucieux de tout confort, son esprit travaillait à acquérir la science sublime du principe et de l'origine de toutes choses, à pénétrer au fond des misères de tous les êtres, et à chercher à découvrir les moyens les plus propres à les soulager, en leur montrant la route à suivre pour s'affranchir du fardeau de l'existence et atteindre l'état de parfait repos. De même que tous les autres ascètes, notre Phralaong n'avait d'autre abri contre l'inclémence des saisons que l'ombrage des arbres. C'est sous le rafraîchissant feuillage des arbres de la forêt qu'il passait son temps dans le tranquille travail de la méditation, acquérant graduellement cette science infinie, cette sagesse consommée dont il avait besoin pour accomplir jusqu'à la perfection l'œuvre de charité qu'il avait en vue.

(2) C'est une maxime généralement admise chez les Boudhistes, que celui qui est avancé dans la vie de la perfection acquiert des priviléges extraordinaires et dans son corps et dans son esprit. Celui-ci, en quelque sorte, se spiritualise, ou plutôt la matière en devient si pure et si raffinée, qu'il peut franchir l'espace presque avec la rapidité de la pensée. L'esprit, à son tour, par la méditation conti-

dans la joie la plus expansive. Il leur demanda quel était le motif de ce déploiement inaccoutumé de réjouissances. C'est, répondirent-ils au Rathi, parce qu'un fils est né au roi Thoudaudana, qui sera bientôt un vrai Boudha. Comme tous les Boudhas précédents, il prêchera la loi, et l'on verra éclater en sa personne, et pendant toute sa vie, les merveilles les plus signalées et les exemples les plus acccomplis des plus hautes vertus. De sa propre bouche, nous entendrons la loi.

En entendant cette réponse des Nats, Kaladewila quitta immédiatement le siége de Tawadeintha et dirigea sa course aérienne vers le palais de Thoudaudana. Ayant pénétré dans le palais et y ayant pris la place préparée pour lui, il envoya au roi la bonne nouvelle qu'un fils lui était né.

Quelques jours après ce message, le royal enfant fut porté en présence de l'heureux père. Kaladewila était présent en cette circonstance. Thoudaudana ordonna que l'enfant fût revêtu des plus riches vêtements et mis devant le Rathi pour lui présenter ses respects. Mais l'enfant se leva et plaça ses deux pieds sur les cheveux bouclés du vénérable personnage. Les personnes qui étaient présentes, ne sachant pas qu'un Boudha, pendant sa vie, ne courbe la tête devant aucune créature, pensaient que la tête de l'imprudent enfant allait éclater en sept morceaux, en châtiment de son inconvenante conduite. Mais Kaladewila se leva de son siége, et, portant les mains à son front, s'inclina respectueusement devant Phralaong enfant. Le roi, étonné d'un tel acte de condescendance, de la part d'un si éminent personnage, suivit son exemple, et, par respect, se prosterna devant son fils.

Par la vertu de ses hautes facultés intellectuelles, Kaladewila pouvait se rappeler en un instant donné tout ce qui s'était passé dans les quarante mondes précédents et prévoir tout ce qui devait arriver dans un nombre futur égal de révolutions de la nature. Apercevant les hautes perfections qui brillaient dans notre Phralaong, il examina avec attention s'il deviendrait ou non un Boudha.

---

nuelle des causes et de la nature de toutes choses, voit s'agrandir sans cesse la sphère de son savoir. Le souvenir du passé revit chez lui. De la hauteur où un tel être s'est élevé, il considère avec calme et observe les événements qui auront lieu plus tard. Plus son intellect s'étend, plus s'élargit sa sphère de science, et plus grandes sont les perfections de la partie la plus grossière de son être.

Ayant acquis la certitude que telle était sa haute destinée, il désira savoir si le nombre d'années qu'il lui restait à vivre lui-même lui permettrait de voir l'heureux jour où il deviendrait un Boudha. A son profond regret, il prévit que la fin de sa vie précéderait ce grand événement, et qu'il aurait émigré alors à l'un des siéges d'Aroupa, et ainsi ne jouirait pas du privilége d'entendre la loi prêchée par sa bouche. Cette découverte lui causa un profond déchirement de cœur, et d'abondantes larmes coulèrent de ses yeux. Mais, quand il se prit à réfléchir sur les hautes destinées de cet enfant béni, il ne put contenir la joie qui débordait de son âme. Le peuple présent vit bientôt quelles émotions diverses agitaient alternativement l'âme de Kaladewila. Ils lui en demandèrent la raison. Je me réjouis, dit-il, à la pensée de la haute destinée de cet enfant; mais je suis triste et désolé, quand je pense qu'il ne me sera pas donné de le voir et le contempler quand il sera revêtu de la dignité de Boudha; je verse des larmes sur ma grande infortune.

Dans le but d'adoucir son chagrin, Kaladewila, jetant un autre regard sur l'avenir, chercha à découvrir si, parmi ses proches, il n'y en aurait pas au moins un assez heureux pour contempler Phralaong devenu un Boudha. Avec une joie inexprimable, il vit que son neveu Nalaka jouirait de ce bonheur qui lui était refusé. En conséquence, il vint en toute hâte à la maison de sa sœur pour s'enquérir de son fils. A sa demande, l'enfant fut amené en sa présence. « Bien-aimé neveu, dit le vénérable Rathi, dans trente-cinq ans d'ici (1), le fils du roi Thoudaudana deviendra un Boudha, vous le

---

(1) Suivant la prophétie de Kaladewila, Phralaong doit devenir un Boudha à l'âge de trente-cinq ans. La durée totale de sa vie étant de quatre-vingts, il s'ensuit qu'il a vécu quarante-cinq ans en qualité de Boudha. L'avis du vieux Rathi à son neveu Nalaka, de se faire Rahan, afin de se mieux disposer à saluer la venue de Boudha, et de bénéficier plus amplement de ses prédications, me conduit à faire une remarque et consigner une observation à laquelle il a déjà été fait allusion. De ce passage et de beaucoup d'autres que le lecteur distinguera facilement plus tard, ainsi que par l'exemple de Boudha lui-même, on doit supposer qu'à l'époque où naquit Phralaong, certaines institutions ou tout au moins la plus importante, savoir : celle des Rahans, reclus ou moines, existait déjà à un état plus ou moins parfait. Si l'on s'appuie seulement sur l'autorité de cette légende, on ne peut songer à ébranler cette supposition. Kaladewila parle de l'ordre des Rahans comme d'une chose bien connue. Nalaka envoie au bazar acheter le costume et les autres articles nécessaires à son nouveau genre de vie. Phralaong, sur le chemin de son jardin voit un Rahan

contemplerez dans cette nature sublime. Vous devez, par conséquent, à dater de ce jour, embrasser la profession de Rahan. » Le jeune homme, qui descendait d'une longue succession de nobles influents, se dit intérieurement : « Mon oncle ne parle jamais que sur de bons et impérieux motifs. Je suivrais on avis et deviendrai un reclus. » Il ordonna immédiatement d'acheter les insignes de sa nouvelle profession, un patta, un thingan (1) et les autres articles, sa tête fut rasée et il endossa l'habit jaune. Couvert du nouveau vêtement, il regarda autour de lui et vit que de tous les êtres les Rahans étaient de beaucoup les plus excellents. Se tournant alors vers le palais occupé par Phralaong, il se prosterna cinq fois successives dans cette direction, se leva, plaça la Patta dans son sac, qu'il jeta sur son épaule, et se dirigea vers la solitude d'Himawonta, où il se consacra à tous les exercices de sa profession. A l'époque où Phralaong devint un Boudha, notre ermite vint à ce grand maître,

dont son cocher lui décrit les habitudes et les manières. Devenu un Boudha, il fait la rencontre d'ascètes ou reclus qui vivent en communauté, mènent une vie qui ressemble beaucoup à celle qu'on suppose instituée par lui plus tard, et professent un très-petit nombre d'opinions hérétiques aux siennes propres. De ces faits découle la conclusion naturelle que Gaudama n'est pas l'inventeur de toutes les institutions disciplinaires Boudhistes. Il trouva, parmi les nombreuses sectes du Brahminisme, plusieurs pratiques et dispositions, qu'il approuva et incorpora à son nouveau système. C'est une nouvelle preuve, presque une démonstration, que le Boudhisme est un rejeton du grand système Hindou. A cet égard, Gaudama fit de larges emprunts dans ce qu'il trouva déjà existant de son temps, dans les écoles qu'il fréquenta et se fit l'écho d'un grand nombre des principes qui lui avaient été enseignés par ses maîtres, soit dans les sciences, soit dans l'étude de la morale et de la vertu. Il élargit et développa certains principes favoris, qui avaient trouvé grâce à ses yeux; en outre, dans le but de conduire ses disciples à la perfection, il promulgua de nombreuses dispositions disciplinaires presque identiques à celles auxquelles il avait été soumis durant sa probation. Il fut certainement l'ardent promoteur du système perfectionné qu'il essaya d'introduire.

(1) Le Thingan ou Tsiwaran est composé de trois parties, — le Thinbaing, qui ressemble à un ample jupon, serré aux reins par une ceinture de cuir, et qui tombe jusqu'aux talons; le Kowot, qui consiste en une sorte de manteau rectangulaire, couvrant les épaules et la poitrine, et descendant un peu plus bas que les genoux, et le dongout, qui est une pièce de drap de même forme, pliée plusieurs fois, jetée sur l'épaule gauche quand on sort, et qu'on emploie pour s'y asseoir quand on ne rouve rien de mieux. La couleur de ces trois pièces qui composent le costume d'un reclus est invariablement jaune. Le Jacquier fournit la substance tinctoriale jaune. Afin de maintenir l'esprit de parfaite pauvreté parmi les membres de l'ordre des Reclus, le Wini ordonne que le Tsiwaran soit fait de haillons recueillis çà et là cousus ensemble. La règle, à cet égard, au moins autant que nous avons pu juger, est complètement tombée en désuétude et devenue lettre morte.

apprit de lui les œuvres qui mènent à l'état de parfait repos d'esprit, retourna dans sa solitude et atteignit à la perfection de Rahanda par la pratique des bonnes œuvres. Sept mois après son retour, la fin de son existence arriva, et, délivré de tous les liens qui l'avaient jusque là retenu au monde des passions, il arriva à l'heureux état de Neibban.

CHAPITRE III

UN NOM EST DONNÉ A L'ENFANT. — PRÉDICTION DES POUNHAS SUR L'ENFANT. — MORT DE MAIA. — MIRACULEUX ÉVÉNEMENT ARRIVÉ AU BERCEAU DE L'ENFANT. — ADOLESCENCE DE PHRALAONG; IL VOIT LES QUATRE SIGNES. — RETOUR DU JARDIN A LA CITÉ ROYALE.

Cinq jours après la naissance de Phralaong, se fit la cérémonie qui consiste à laver la tête de l'enfant et lui donner un nom. Dans un appartement du palais, on répandit en profusion des essences et des bois parfumés, tels que sandal, aloès, camphre, etc., ainsi que les fleurs aux parfums les plus exquis et du riz grillé. Le nogana (breuvage composé de lait, de sucre et de miel) fut préparé en abondance. Cent quatre-vingts Pounhas (1), les plus versés dans

(1) Du Boudhisme ou du Brahminisme, lequel est le plus ancien? De savants orientalistes ont déjà fait à cette question des réponses bien diverses. Si pourtant on ajoute foi à cette légende, et qu'on voie dans celui qui en est le héros l'auteur du Boudhisme, la solution de cette question tant controversée devient comparativement facile et semble n'admettre aucun doute. La préexistence du Brahminisme est catégoriquement établie. A l'époque où naquit Boudha, et dans son propre pays, nous nous trouvons déjà en présence de l'édifice politico-religieux de l'Hindouisme. En plusieurs passages la distinction des castes est déjà mentionnée. Nous trouvons déjà les Pounhas et les Brahmines monopolisant le lucratif commerce de devins et regardés comme les plus savants de leurs compatriotes. Ils sont traités avec une respectueuse considération, même par les fiers monarques qui, par de riches présents et toute sorte de distinctions, affichent le respect qu'ils professent pour eux. Il est vrai que les auteurs Boudhistes ne parlent pas toujours de leur caste avec une extrême révérence; mais il faut mettre cela sur le compte de l'inimitié mortelle qui, plus tard, exista entre les deux grandes sectes rivales qui, pendant si longtemps, se sont disputé la suprématie sur la péninsule de l'Inde. La croyance Brahminique est l'objet d'appréciations désobligeantes de la part des Boudhistes, qui naturellement ne sont pas plus favorablement traités par leurs opposants, A ceux qui inclineraient à ne voir dans Boudha que le réformateur d'un système religieux antérieurement existant, la question ne semblera pas entièrement résolue. Mais c'est à eux d'établir leur opinion sur des bases indiscutables, avant qu'on ait à prêter la moindre attention à cette croyance de la priorité du Boudhisme. Quant à nous, nous

la science astrologique, furent invités à un splendide banquet dans le palais. Le roi fit de riches présents à chacun d'eux, et les invita à examiner avec soin tous les signes qui pouvaient pronostiquer la destinée future de l'enfant. Parmi cette foule de devins, huit Pounhas avaient été présents et expliquèrent le songe qu'avait eu Maia au début de sa grossesse. Sept d'entre eux, soulevant l'index (1) de chaque main de l'enfant, furent stupéfaits en y découvrant des signes étonnants. « Si cet enfant, » dirent-ils, « demeure dans la société des hommes, il deviendra un puissant monarque qui rangera tous les peuples sous sa loi; mais s'il embrasse la profession de Reclus, il deviendra certainement un Boudha. » Alors ils commencèrent à prédire la gloire incomparable et les honneurs infinis qui accompagneraient son règne universel. Le huitième Pounha, nommé Kauntagnia, descendant du célèbre fils de Thoudata, et le plus jeune d'entre eux, souleva l'index d'une main de l'enfant. Subjugué par l'évidence des signes étonnants qui s'offraient à sa vue, il s'écria : « Non! cet enfant ne restera pas longtemps dans la société des hommes : il s'affranchira des vicissitudes et des misères (2) qui accompagnent l'existence de tous les êtres, et devien-

voyons dans Boudha l'auteur du système que nous étudions à présent. Mais, en même temps, nous n'hésitons pas à reconnaître qu'il s'appropria bien des notions existantes de son temps, et sut les arranger avec assez d'habileté pour les faire cadrer avec ses plans.

(1) La superstition et l'ignorance paraissent avoir été, à toutes les époques et sous tous les climats, la source des folies humaines et des aberrations de l'esprit. L'homme a toujours été et sera toujours le même être ridiculement superstitieux, aussi longtemps que son esprit reste abandonné à lui même hors de la lumière de la révélation. A peu d'exceptions près, les plus grands hommes de l'Italie et de la Grèce étaient aussi superstitieux que le vulgaire à qui, sous tous les autres rapports, ils étaient si infiniment supérieurs. La ressemblance de l'erreur à la vérité, lorsque quelque intérêt se trouve en jeu, trompe la foule; sous des apparences décevantes elle trouve son chemin vers l'esprit, et de là vers le cœur. Il y a dans l'homme un désir inné de déchirer le voile épais qui lui dérobe la connaissance des événements futurs. Incapable de comprendre la parfaite économie d'une Providence qui est toute science, dans la disposition et le gouvernement des choses de ce monde, il a recours aux moyens les plus absurdes pour apaiser la soif immodérée de sa curiosité. De là la superstition dominante à cette époque qui poussait les hommes à croire que les Brahmines, par l'inspection de la partie interne de la main, pouvaient y voir des signes indiquant l'avenir heureux ou malheureux de chaque individu.

(2) La métempsychose ou la transmigration de l'âme d'un état d'existence à un autre, dans le même monde, est un des dogmes fondamentaux du Boudhisme. Plusieurs passages du présent ouvrage, et même la totalité du système Boudhique,

dra finalement un Boudha. Comme l'enfant devait être l'instrument qui devait procurer le bonheur et les mérites de tous les mortels, ils lui donnèrent le nom de Theiddat.

Sept jours après sa délivrance, Maia mourut et, par la vertu de ses mérites, émigra au siége de Toucita, et devint la fille d'un Nat (1). Sa mort ne fut pas la suite de ses couches, mais elle quitta ce monde, parce que le terme de sa vie était arrivé. A leur retour chez eux, les Pounhas assemblèrent leurs enfants et leur dirent : « Nous sommes déjà avancés en âge, nous n'osons espérer que nous puissions jamais voir le fils du roi Thoudaudana devenu un Boudha. Mais cette faveur vous est réservée ; écoutez respectueusement toutes ses instructions, et travaillez sans délai à embrasser la profession de Rahan et à vous retirer dans la solitude. Nous aussi, nous nous unirons à vous dans cette sainte vocation. » Trois Pounhas déclinèrent l'invitation, et ne voulurent pas entrer en profession. Les cinq autres abandonnèrent joyeusement tout ce qu'ils possédaient et devinrent des membres distingués de la confrérie ascétique.

Le roi Thoudaudana, en apprenant l'interprétation donnée par les Pounhas, demanda si son fils devait réellement devenir un Rahan. Ayant reçu l'assurance que tous les signes annonçaient que la destinée de son fils l'appelait à cet état, il voulut savoir quels étaient ces signes. Il lui fut répondu que les quatre choses suivantes prédisaient indubitablement la future carrière de son fils : — un homme âgé, un homme malade, un homme mort et un

---

ne sauraient être entendus si l'on n'avait ceci toujours présent à l'esprit. C'est en passant par d'innombrables existences, qu'un être se purifie lentement de ses imperfections et s'avance graduellement dans la voie des mérites et de la perfection. Les livres sacrés des Boudhistes mentionnent que notre Phralaong eut à parcourir, pendant d'innombrables existences, toute la série du règne animal, de la tourterelle à l'éléphant, avant de pouvoir naître à l'état d'homme ; état dans lequel, ainsi qu'il le rapporte lui-même, il alla plusieurs fois en enfer pour y expier certaines transgressions. Pythagore avait, selon toute apparence, emprunté et reçu directement ou indirectement de l'Orient cette doctrine, que son école, à son tour, propagea en Grèce et en Italie.

Suivant les Boudhistes, la fin des métempsychoses est l'état de Neibban. Sur ce point l'auteur du Boudhisme s'est trouvé en désaccord avec les autres écoles religieuses qui, à l'époque où il vivait, admettaient et professaient le dogme de la transmigration.

(1) Maia fut enceinte au commencement du troisième âge, cette expression d'un nom général, manque de précision, et est bien loin de nous indiquer, même avec

Reclus (1). Dès que son fils aurait successivement remarqué ces quatre signes, il devait immédiatement arriver à conclure que l'état de Rahan est le seul qui mérite d'exciter l'admiration et les désirs d'un homme sensé.

une certaine approximation, l'époque où elle accoucha d'un fils.—L'âge de l'homme est divisé en trois parties. La première s'étend depuis la naissance à la seizième ou la dix-huitième année ; la seconde va environ jusqu'à la quarante-cinquième année ; et la troisième, de la quarante-cinquième année au terme de la vie. Phralaong naquit la soixante-huitième année de l'ère Eatzana, et la sixième après la pleine lune du mois Katsong. Maia avait donc cinquante-six ans. L'auteur de ce livre se donne un mal infini pour prouver que cet âge, relativement avancé de Maia, garantissait mieux la sûreté et la perfection de l'enfant qu'elle portait dans son sein.

(1) Les trois premiers présages ou signes allégoriques qui, d'après les prédictions des Pounhas, devaient plus tard être vus et observés par Phralaong, sont mis ici pour exprimer l'assemblage de toutes les misères qui atteignent l'existence humaine, depuis le moment où l'homme franchit le seuil de la vie, jusqu'à celui de la mort. La vue de ces objets avait pour but de lui inspirer le dégoût d'un état nécessairement accompagné d'une telle somme de misères. Il devait être conduit par la réflexion à tenir en mépris les choses de ce monde, et, par conséquent, chercher avec ardeur quelque moyen de s'affranchir du lien de tous les objets visibles et matériels. Le quatrième signe, c'est-à-dire la vue d'un Rahan ou d'un contempteur de ce monde, aspirant au détachement parfait des entraves des passions, et marchant droit vers la Neibban, était le vrai modèle qu'il devait imiter et suivre pour arriver à cet état de perfection qu'il éprouvait un désir violent, bien que confus encore, de posséder.

Les Nats ou Dewatas sont les ministres toujours prêts à donner à Phralaong l'assistance dont il a besoin pour atteindre sûrement à l'état de Boudha. Ils se réjouissent à la nouvelle de sa prochaine conception dans le sein de Maia : ils veillent sur la mère qui doit donner le jour à un si saint enfant : ils reçoivent l'enfant nouveau-né et le remettent aux hommes ; ils surmontent, par leur pouvoir quasi surnaturel, les obstacles que Thoudaudana, guidé par des préoccupations mondaines, cherche à jeter au travers de la vocation de son fils ; en un mot, leur ministère angélique s'exerce incessamment à assister et protéger notre Phralaong, et à le mettre à même d'atteindre cet état dans lequel il aura toute prérogative pour annoncer aux hommes la loi de la délivrance. La croyance à l'intervention des anges entre le ciel et la terre, et à leur qualité de messagers de Dieu chargés de promulguer, en de solennelles occasions, ses commandements aux hommes, est, d'après les écritures sacrées, contemporaine de la première apparition de l'homme sur la terre. Les saintes écritures font mention d'innombrables exemples de cette intervention des anges. Nous regardons uniquement les anges comme des substances spiritualisées, prenant la forme humaine, lorsque, par l'ordre de Dieu, ils ont à descendre au milieu des hommes pour leur porter quelque message divin.

Dans le système des Boudhistes, les Nats sont à la vérité décrits comme ayant des corps, mais d'une substance si pure, particulièrement ceux qui habitent les sièges supérieurs, qu'ils sont non-seulement affranchis des misères inhérentes à notre nature, mais encore qu'ils sont doués d'attributs si étonnants qu'ils jouissent presque des

Le roi Thoudaudana, qui désirait ardemment que son fils devînt un grand monarque dont l'empire s'étendît sur les quatre grandes îles et sur les deux mille plus petites, donna les ordres les plus stricts, afin qu'aucun des quatre présages vînt jamais s'offrir à sa vue. Des gardes furent placés dans toutes les directions à la distance d'un mille, ayant pour consigne unique de tenir hors de la vue de son fils l'apparence de ces funestes présages.

Ce jour-là, quatre-vingt mille nobles, qui assistaient aux grandes réjouissances, firent entre eux le serment de donner chacun un de leurs enfants mâles comme page au royal enfant. « S'il devient un puissant monarque, » dirent-ils, « que nos fils l'accompagnent partout comme une garde d'honneur, et, pour donner plus d'éclat à son règne étonnant, s'il s'élève jamais à la sublime dignité de Boudha, que nos fils embrassent la sainte profession de reclus et le suivent partout où il dirigera ses pas. »

Thoudaudana, avec la tendre sollicitude d'un père vigilant, fit donner à son bien-aimé rejeton des nourrices exemptes de toute défectuosité corporelle et remarquables pour la grâce et la beauté de leur aspect.

L'enfant grandissait au milieu d'une suite nombreuse et brillante de serviteurs attentifs.

Un certain jour, eut lieu la joyeuse fête de la saison du labour. Le pays tout entier, par la magnificence des ornementations qu'on avait répandues à profusion, ressemblait à un siége de Nats. Les peuples de la campagne, vêtus pour la circonstance de vêtements neufs, vinrent au palais. Mille charrues et un nombre égal de paires de bœufs étaient préparées à l'avance. Huit cents charrues moins une devaient être tenues et menées par de nobles personnages. Les charrues, aussi bien que les jougs et les cornes des bœufs, étaient recouverts de feuilles d'argent. Quant à celle destinée au monarque, elle était recouverte de feuilles d'or. Accompagné d'une multitude

---

perfections et qualités inhérentes à la nature des esprits. Dans cette occasion, les Nats cherchent à faire triompher la vertu sur le vice; mais, dans le cours de cette légende, nous aurons plusieurs occasions de montrer des Nats malfaisants ou sataniques, travaillant au profit du règne des passions ou du péché. Dans ce système les deux éléments antagonistes du bien et du mal ont leurs avocats et leurs fauteurs. Un Milton Hindou aurait pu trouver, il y a deux mille ans, un thème tout tracé pour écrire, en Sanscrit ou en Pali, un poëme semblable à celui plus récent de l'immortel poëte Anglais.

innombrable de ses sujets, le roi Thoudaudana quitta sa cité royale et s'en vint au milieu d'une vaste étendue de champs. A cause de la joyeuse fête, l'enfant royal fut apporté par ses femmes. Un splendide arbre jambu (Eugenia), chargé d'un abondant feuillage, offrait à l'ombre de ses branches un lieu de rafraîchissement et de repos. C'est là que fut placé le berceau de l'enfant. Un dais doré fut élevé sur cet emplacement, et des portières brodées d'or disposées à l'entour. Des gardes ayant été placés pour veiller sur l'enfant, le roi, suivi de tous ses courtisans, se dirigea vers le lieu où toutes les charrues étaient disposées à l'avance. Il mit aussitôt la main à sa charrue ; huit cents nobles moins un et les habitants de la campagne suivirent son exemple. Poussant ses bœufs en avant, le roi laboura divers sillons, au travers de toute l'étendue des champs. Tous les laboureurs jaloux de rivaliser avec leur royal maître, poussèrent leurs charrues dans une même direction.

La scène offrait le spectacle le plus animé et le plus mouvementé, se déroulant sur un espace immense. La multitude remplissait l'air de ses cris de joie et de ses applaudissements. Les femmes, qui veillaient près du berceau de l'enfant, excitées par l'intérêt du spectacle, oublièrent les ordres du prince et coururent plus près, pour jouir du coup d'œil animé qui se déroulait à leurs regards. Phralaong, promenant son regard et ne voyant personne à ses côtés, se leva immédiatement, et, s'asseyant les jambes croisées, demeura absorbé en apparence dans une profonde méditation. Les autres suivantes, occupées à préparer les aliments du prince, y avaient passé plus de temps qu'elles n'avaient compté le faire. L'ombre des arbres, par suite du mouvement du soleil, se projetait dans une direction différente. Les femmes, à la vue de ce fait, se rappelant que l'enfant avait été laissé seul, se hâtèrent vers le lieu où elles l'avaient si imprudemment abandonné. Mais, quelle ne fut pas leur surprise en apercevant que l'ombre du Jambu ne s'était pas déplacée, et en voyant l'enfant assis tranquillement sur son lit. La nouvelle de ce miracle fut immédiatement portée au roi Thoudaudana, qui vint en toute hâte pour en être témoin. Aussitôt il se prosterna devant son fils en disant : « Fils bien-aimé, c'est la seconde fois que je me prosterne devant vous. »

Phralaong (1) ayant atteint sa seizième année, son père ordonna

(1) D'après ce qui a été déjà mentionné de la vie de notre Phralaong, nous

de bâtir trois palais pour chaque saison de l'année. Chacun d'eux avait neuf étages ; et quarante mille jeunes filles, habiles à jouer de tous les instruments de musique, étaient constamment en service autour de lui, et charmaient tous ses instants par des danses et de la musique.

Phralaong, au milieu d'elles, avait la beauté et la dignité d'un Nat entouré d'une foule immense de filles de Nats. Suivant la succession des saisons, il passait d'un palais dans un autre, passant, en quelque sorte, sa vie dans une série sans cesse renouvelée de plaisirs et d'amusements. C'est à cette époque que Phralaong fut marié à la belle Yathaudara, sa première cousine et la fille de Thouppaboudha et d'Amitau. Ce fut dans la quatre-vingt-sixième année de l'ère de son grand-père qu'il fut marié et qu'il reçut la consécration comme prince royal, par le versement de l'eau sacrée sur sa tête.

Pendant que Phralaong passait son temps au sein des plaisirs, ses parents se plaignirent au roi de la conduite de son fils. Ils firent de sévères remontrances contre son genre de vie, qui lui interdisait de s'appliquer à acquérir les connaissances indispensables à sa haute situation. Sensible à ces reproches, Thoudaudana manda son fils à qui il fit part des plaintes articulées contre lui par ses proches. Sans montrer la moindre émotion, le jeune prince répondit : « Qu'on fasse annoncer au son du tambour, dans tout le pays, que d'ici à une semaine, je ferai voir à mes parents, en présence des plus savants maîtres, que je possède à fond les dix-huit catégories des arts et des sciences. » Au jour fixé, il fit preuve devant eux de l'étendue de son savoir ; ils se tinrent pour satisfaits, et les

---

pouvons voir que sa naissance et son enfance ont été décrites et racontées avec une abondance et une précision de détails suffisantes, tandis qu'il n'est dit que peu ou rien de son adolescence, au moins jusqu'à seize ans, époque où il épouse la jeune et fameuse Yathaudara. Ainsi qu'il arrive à la plupart des autres personnages célèbres, presque toutes les années de la vie privée de notre héros restent dans une obscurité complète. Nous pouvons conclure de la science approfondie qu'il fit voir dans la haute situation qu'il occupa, combien il fut précoce, puisqu'il put défier les maîtres les plus savants de son époque. Au milieu des plaisirs, il savait donner à l'étude la meilleure partie de son temps, à moins que nous supposions qu'il avait reçu la science infuse. Les Birmans ont une manie bien enracinée de classer et diviser mathématiquement ce qui, à première vue, n'admettrait pas une telle division. Vertus, Vices, Sciences, Arts, etc., tout, en un mot, est soumis à une division rigoureuse qui, bien qu'arbitraire en elle-même, offre à la mémoire, par son mécanisme, un secours puissant.

doutes et les anxiétés qu'ils avaient entretenus à ce sujet disparurent entièrement.

Un certain jour, Phralaong, ayant envie de prendre quelque exercice dans son jardin, ordonna, dans ce but, à son cocher de tenir sa voiture prête. Quatre chevaux richement caparaçonnés furent attelés à un superbe carrosse, qui ressemblait plutôt à la demeure d'un Nat. Phralaong s'y étant assis, le cocher se mit en devoir de le conduire rapidement à son jardin. Les Nats, qui savaient que le temps approchait où Phralaong allait devenir un Boudha, résolurent de placer successivement sous ses yeux les quatre signes qui présageaient ses hautes destinées futures. L'un deux prit l'apparence d'un homme âgé, le corps incliné en avant, les cheveux blancs, la peau ridée, et soutenant avec un gros bâton ses pas chancelants. Dans cet état et d'un pas tremblant, il se dirigea à la rencontre de la voiture du prince. Il n'était visible que pour le prince et son cocher. « Qui est cet homme ? » dit le prince à son cocher. « Les cheveux de sa tête ne ressemblent aucunement à ceux d'un autre homme ? » — « Prince, » répondit le cocher, « c'est un vieillard. Chaque être créé est condamné à devenir pareil à lui ; son extérieur doit éprouver les plus grands changements ; la peau, par l'action du temps, se raccornit, les cheveux deviennent gris, les veines et les artères, perdant leur souplesse et leur élasticité, se durcissent et se contractent; les chairs, petit à petit, fondent et disparaissent presque, laissant les os presque dénudés ou simplement recouverts d'une peau sèche et ridée. » — « Comment ! » se dit à lui-même le prince terrifié, « réellement la naissance est un funeste présent, qui amène tous les êtres à un si déplorable état inévitablement accompagné des infirmités dégoûtantes de la vieillesse. » L'esprit entièrement rempli de ces pensées, il ordonna à son cocher de le ramener au palais. Thoudaudana, s'étant enquis auprès de ses courtisans du motif qui avait pu faire si tôt revenir son fils d'un lieu de divertissement, apprit qu'il avait vu un vieillard et qu'il nourrissait la pensée de se faire Rahan (1). « Hélas ! » dit-il, « ils réussi-

---

(1) Dans le cours de cet ouvrage, le mot Rahan est souvent employé. Il est très-important que le lecteur soit exactement fixé sur la signification de ce mot. On le trouve employé pour désigner en général les religieux des sectes Brahminique ou Boudhiste. Quand les Boudhistes veulent mentionner leurs frères de la croyance opposée, qui ont renoncé au monde et se sont voués à la pratique des exercices

ront à faire avorter les hautes destinées de mon fils. Cependant, tâchons maintenant, par tous les moyens possibles, de lui donner des distractions, de façon à effacer de son esprit les pensées funestes qui le préoccupent. » Il donna l'ordre de faire venir au palais de son fils les danseuses les plus jolies et les plus habiles, afin que, dans une succession sans cesse renouvelée de plaisirs, il perdît de vue la pensée d'embrasser jamais la profession de Rahan. Les gardes environnant le palais furent doublées, pour prévenir la possibilité de voir un des autres signes.

Un autre jour, Phralaong, sur la route de son jardin, rencontra le même Nat, sous les traits d'un homme malade, paraissant écrasé sous le poids des maladies les plus dégoûtantes. Effrayé d'un tel spectacle, Phralaong, apprenant de la bouche de son fidèle cocher la nature de ce repoussant objet, retourna au palais en toute hâte. Le père, de plus en plus troublé en recevant la nouvelle, multiplia

religieux, ils les appellent invariablement des Rahans. Lorsqu'ils parlent de Pounhas ou Brahmines qui vivent dans le monde et mènent le genre habituel de vie des séculiers, ils ne les appellent jamais Rahans. Nous en pouvons conclure avec certitude que les individus auxquels s'appliquait cette dénomination formaient une classe de dévots parfaitement distincts des laïques.

Cette classe, à ce qu'il semble, comprenait tous les individus qui vivaient, soit en communauté, sous la direction et l'autorité d'un supérieur spirituel, soit isolément dans les forêts, sous l'abri des arbres et dans des lieux solitaires et écartés. Pourtant ces derniers religieux sont plus communément appelés Ascètes ou Rathis. Ils furent les ancêtres de ces fanatiques qui, jusqu'à nos jours, ont existé dans toutes les parties de la péninsule de l'Inde, pratiquant les pénitences et les austérités les plus cruelles et les plus révoltantes. Ils sont décrits par les Boudhistes comme portant leurs cheveux nattés et attachés, s'habillant de peaux de bêtes, trop souvent même dépourvus de vêtements, et vivant dans un état complet de nudité.

Les premiers, qui vivaient en communauté, ne menaient pas le même genre de vie. Nous trouvons quelques communautés, par exemple, les trois sous l'autorité des trois Kathabas, dans la forêt d'Orouwela, non loin de Radzagio, dont les pensionnaires sont appelés ou Rahans ou Rathis. Ceci fait voir que leur genre de vie participait de la vie claustrale en commun et de la vie cénobitique isolée, ressemblant jusqu'à un certain point à la règle observée par les communautés chrétiennes de cénobites établies dans le désert de la Haute-Égypte durant les premiers temps de notre ère.

Ces communautés paraissent avoir été des centres où des principes étaient établis, des opinions discutées, des théories élaborées. Leurs chefs jouissaient d'une haute réputation de savoir. Les personnes jalouses d'acquérir les connaissances scientifiques se groupaient autour d'eux, et, sous leur direction, cherchaient à s'instruire. Les pages suivantes de ce livre donneront plusieurs exemples frappants de ce que nous avançons ici.

les divertissements et les réjouissances autour de son fils, et doubla le nombre des gardes chargés de veiller sur lui. Dans une troisième occasion, pendant que le prince faisait une promenade, le même Nat, revêtant l'apparence d'un homme mort, offrit aux regards étonnés du prince la vue repoussante d'un cadavre. Tremblant de frayeur, le jeune prince retourna dans sa résidence. Thoudaudana, bientôt informé de ce qui s'était passé, recourut à de nouvelles précautions, et étendit à la distance d'un youdzana l'immense cordon de sentinelles qui environnaient le palais.

Dans une quatrième occasion, le prince, voituré rapidement vers son jardin, fut rencontré par le même Nat, sous les humbles traits d'un Rahan. La curiosité du prince fut excitée par l'aspect extraordinaire de ce nouveau personnage; il demanda à son cocher qui c'était. « Prince, » répondit le cocher, « c'est un Rahan. » En même temps, et bien qu'il fût peu au courant de la haute dignité et des sublimes qualités qui distinguent un Rahan, il eut le don, par la puissance des Nats, de louer et d'exalter en un langage élevé la profession et les mérites des Rahans. Le prince, immédiatement, se sentit une vocation presque irrésistible à embrasser cet attrayant mode de vie. Et, tranquillement, il vint jusqu'à son jardin.

Toute la journée s'écoula en exercices et en divertissements champêtres. S'étant baigné dans un étang magnifique, il vint, un peu avant le coucher du soleil, se reposer un moment sur une large estrade de pierre parfaitement polie; abrité par les larges branches d'arbres superbes qui surplombaient sur sa tête, il attendait le moment de revêtir ses riches vêtements. Ses serviteurs étaient occupés à préparer les plus riches costumes et les plus rares ornements. Lorsque tout fut disposé, ils se tinrent en silence autour de lui, attendant ses ordres. Des parfums de tous genres étaient disposés en cercle, ainsi que les divers ornements, sur la table où le prince était assis.

A ce même moment, un chef Thagia savourait tranquillement un délicieux et frais repos sur la fameuse table de pierre appelée Pantou Kambala. Tout d'un coup, il lui sembla que le siége sur lequel il était assis devenait chaud. « Qu'est ceci? » se dit le Thagia surpris, « serais-je menacé de perdre mon heureux état? » S'étant recueilli un moment, et ayant réfléchi sur les causes possibles d'un fait aussi surprenant, il connut bien vite que Phralaong se préparait à endosser pour la dernière fois ses vêtements princiers. Il manda près de lui un fils de Nat appelé Withakioun, et lui dit : « Aujourd'hui, à minuit, le prince Theiddat doit quitter son palais et se retirer dans la solitude ; il est maintenant dans son jardin, se préparant à mettre pour la dernière fois ses plus riches vêtements ; transportez-vous donc, sans perdre une minute, au lieu où il est assis, entouré de ses suivants et rendez-lui les offices accoutumés. » S'inclinant respectueusement devant le chef des Thagias, Withakioun obéit, et, par le pouvoir inhérent à la nature des Nats, il se trouva transporté en un instant en présence de Phralaong. Il prit les traits de son barbier, et se mit immédiatement en fonction, disposant le turban autour de la tête du prince avec un art et un goût consommés. Phralaong s'aperçut bientôt que la main exercée qui disposait si habilement les plis de sa coiffure n'était pas celle d'un homme, mais d'un Nat. Un pli du turban faisait l'effet de mille plis, et dix semblaient dix mille, présentant le magique coup d'œil d'autant de morceaux différents d'étoffe arrangés avec la plus parfaite habileté. L'extrémité du turban qui croisait verticalement les plis innombrables parut couverte d'une profusion de brillants rubis. La tête de Phralaong était petite, et, pourtant, le nombre des plis du turban semblait infini. Comment cela pouvait-il se faire ? C'est un prodige qui est hors de la portée de notre intelligence. Il serait inutile, téméraire de laisser notre esprit s'appesantir trop longtemps sur ce sujet.

Ayant fini de se vêtir, Phralaong (1) se trouva environné de

(1) Le retour triomphal de Phralaong, de son jardin à la cité, revêtu de ses plus riches habits, est commémoré par les Boudhistes, au moins en Birmanie, le jour où un jeune enfant se prépare à entrer dans un monastère de reclus, à revêtir la robe jaune et à devenir plus tard un membre de l'ordre, s'il éprouve la vocation religieuse. Phralaong disait un dernier adieu au monde, à ses pompes et à ses vanités. C'est ce que fait le jeune néophyte qui est conduit processionnellement à travers les rues, montant un cheval richement caparaçonné, ou assis dans un élégant palanquin porté à bras d'hommes. On trouvera une description de cette cérémonie dans la notice sur les moines Boudhistes ou Talapoins.

Je suis obligé d'avouer que j'ai éprouvé quelque difficulté à découvrir quel rapport existe entre les paroles de Keissa Gautami et la conclusion qu'en tire Phralaong. On peut cependant résoudre la difficulté de la façon suivante : Gautami donne l'épithète de béni ou d'heureux au père et à la mère du prince Theiddat, aussi bien qu'à sa femme, parce qu'elle remarquait en lui les qualités, les mérites qui font un digne fils et un bon époux. Les mots « béni et heureux » frappent

toute sorte de musiciens, de chanteurs et de danseurs rivalisant d'efforts pour ajouter au divertissement. Les Pounhas chantaient

l'esprit du futur Boudha, attirent son attention et le poussent à rechercher quelle peut être leur signification. Il se demande : En quoi consiste le vrai et réel bonheur? Où peut-on le trouver? Quels sont les moyens pour se procurer un tel trésor? Peut-il résulter pour l'homme de la possession de quelque objet extérieur? Ses parents, sa femme, peuvent-ils devoir le bonheur uniquement au lien qui les rattache à sa personne? Non ! se répond notre jeune philosophe. Nous ne pouvons acquérir le bonheur qu'en faisant la guerre aux passions, et une telle guerre que nous arrivions à les détruire complétement. C'est alors que l'âme victorieuse, tranquillement assise sur les ruines de ses ennemis mortels, jouira d'une félicité parfaite, dans la contemplation non troublée de la vérité. En ceci, nous voyons clairement l'incomparable beauté de la morale Boudhique. C'est, en quelque sorte, l'embryon de tout le système.

Le roi Thoudaudana, influencé par des considérations mondaines, désire ardemment que son fils devienne un grand monarque, plutôt qu'un pauvre et humble reclus, plutôt même qu'un Boudha. Ceci seul suffirait à indiquer qu'à cette époque le rôle d'un Boudha ne jouissait pas de l'estime et de la vénération qu'il acquit plus tard. Autrement, le père ambitieux eût été satisfait de la certitude de voir son fils devenir un personnage devant qui les plus fiers monarques, plus tard, n'auraient pas hésité à abaisser dans la poussière leurs têtes couronnées.

A cette époque un Boudha, ou le personnage honoré de ce titre, était regardé simplement comme un sage, distingué de ses frères par sa grande sagesse et sa science profonde dans l'étude de la philosophie. Il est probable que ce nom a été donné à un grand nombre d'individus célèbres ayant vécu avant l'époque de Gaudama. De là la généalogie de vingt-huit Boudhas antérieurs, supposés avoir vécu des myriades d'années dans des mondes antérieurs, y compris les trois Boudhas qui l'ont précédé immédiatement, pendant le système actuel de la nature. Ici, un enthousiasme superstitieux et non réfléchi a accumulé les hypothèses les plus extravagantes, pour arriver à relier le rôle du présent Boudha avec une antiquité fabuleuse et ajouter ainsi à son prestige. Il n'y a pas de doute que l'auréole de sainteté et de gloire, qui entoure aujourd'hui le nom de Boudha, n'a jamais auparavant été attribuée à aucun autre. Il est dû, à l'origine, aux progrès extraordinaires que fit sa doctrine, d'abord dans la péninsule de l'Inde, puis dans toute l'Asie orientale ; l'admiration fervente de ses sectateurs enthousiastes l'a entretenu dans la suite

Les moyens mis en œuvre par Thoudaudana pour retenir son fils dans le monde des passions, et ainsi combattre sa vocation, il est inutile de le dire, ne sauraient obtenir l'approbation d'un moraliste, fût-il doué de la plus grande élasticité de conscience et de principes ; mais ils étaient bien imaginés pour éprouver la solidité de la vocation de Phralaong et l'énergie de sa résolution. Ils font ressortir, en vives couleurs, la fermeté de dessein, et la détermination inébranlable de son âme à suivre la vocation qui l'appelle à une plus sainte vie ; et, ce qui est encore plus surprenant, les mêmes sujets qui devaient le faire trébucher dans la voie deviennent les instruments qui l'aident à conquérir et assurer son affranchissement. Le spectacle est réellement magnifique de ce jeune prince qui reste froid en présence des séductions les plus attrayantes, les plus faites pour amollir l'âme et le cœur, et qui, froidement assis sur sa couche, promène un regard d'indifférence et même de mépris sur cette foule de beautés endormies.

hautement ses louanges. « Puisse-t-il conquérir et triompher ! Puissent ses souhaits et ses désirs être toujours exaucés ! » Au milieu de l'allégresse universelle, Phralaong monta dans son carrosse ; il venait à peine de s'y asseoir, qu'un message envoyé par son père lui portait l'heureuse nouvelle que Yathaudara venait de mettre au monde un fils. « Cet enfant, » dit-il très-froidement, « est un nouveau et puissant lien que j'aurai à briser. » La réponse ayant été rapportée à son père, Thoudaudana ne put en saisir le sens. Néanmoins, il ordonna de donner à son petit-fils le nom de Raoula. Phralaong, assis dans sa voiture, entouré des flots de peuple qui remplissaient l'air de leurs cris d'allégresse fit son entrée dans la cité de Kapilawot. A ce moment, une princesse nommée Keissa Gautami, contemplait de ses appartements l'entrée triomphale de Phralaong dans la cité. Admirant la grande mine et la noblesse de maintien du prince Theiddat, elle s'écria, dominée par une délicieuse émotion : « Heureux le père et la mère d'un fils aussi incomparable ; heureuse la femme bénie du don d'un époux aussi accompli. » En entendant ces paroles, Phralaong voulut en connaître le sens et la portée. « Comment, » se dit-il, « un cœur peut-il trouver le calme et le bonheur ? » Comme son cœur était déjà délivré de l'esclavage des passions, il vit aussitôt que le vrai bonheur ne se trouve que dans l'extinction de la concupiscence, de l'orgueil, de l'ignorance et des autres passions. Il résolut alors de chercher avec ardeur l'heureux état de Neibban, en quittant le monde cette nuit même, fuyant la société des hommes et se retirant dans la solitude. Détachant de son cou un collier de perles d'une immense valeur, il l'envoya à Keissa Gautami, en témoignage de reconnaissance pour l'excellente leçon qu'elle lui avait donnée par les quelques mots louangeurs qu'elle avait prononcés. La jeune princesse le reçut comme une marque de l'attachement qu'elle imaginait avoir inspiré au prince Theiddat. Quant à lui, sans plus s'occuper d'elle, il se retira dans ses appartements pour y prendre quelque repos.

CHAPITRE IV

PHRALAONG QUITTE SON PALAIS, ABANDONNE LA CAPITALE, ET SE RETIRE DANS LA SOLITUDE AU MILIEU DES APPLAUDISSEMENTS DES NATS. — IL COUPE SA SUPERBE CHEVELURE D'UN SEUL COUP DE SON SABRE, ET ENDOSSE L'HABIT DE RAHAN. — IL MENDIE SA NOURRITURE A RADZAGIO. — SON ENTREVUE AVEC LE PRINCE DU PAYS. — SES ÉTUDES SOUS LA DIRECTION DE DEUX RATHIS. — SON JEÛNE ET SES AUSTÉRITÉS DANS LA SOLITUDE D'OROUWELA PENDANT SIX ANS.

Phralaong venait à peine de se reposer sur son lit, qu'un groupe de jeunes filles, dont la beauté égalait celle des filles des Nats, vint. au son de la plus ravissante symphonie, exécuter toute sorte de danses, et, déployant dans tous leurs mouvements la grâce et l'élégance parfaites de leurs formes, chercher à produire quelque impression sur son cœur. Mais ce fut en vain : tous leurs efforts furent impuissants. Phralaong tomba dans un profond sommeil. Les jeunes filles désappointées cessèrent leurs danses, mirent de côté leurs instruments de musique, et, suivant bientôt l'exemple de. Phralaong, ne tardèrent pas à céder à l'influence soporifique de leurs exercices fatigants et inutiles. Les lampes, où brûlait une huile odoriférante, continuaient à répandre dans les appartements les flots de leur lumière. Phralaong s'éveilla un peu avant minuit et s'assit sur son lit, les jambes croisées. Promenant son regard à la ronde, il remarqua les attitudes diverses et peu engageantes des jeunes filles. Quelques-unes ronflaient, d'autres grinçaient les dents, d'autres avaient la bouche grande ouverte; quelques-unes s'agitaient pesamment de droite à gauche, d'autres étendaient les bras de ci et de là, enfin d'autres, comme en proie à une sorte de panique, repliaient un moment leurs jambes, pour les rejeter l'instant d'après avec plus de violence encore. Cette étrange exhibition produisit sur Phralaong une impression profonde ; son cœur se sentit, en quelque sorte, plus affranchi des liens de la concupiscence, ou plutôt se sentit affermi dans le mépris de tous les plaisirs mondains. Les siéges des passions, comme ceux de Roupa ou d'Aroupa, c'est-à-dire le monde entier, parurent à ses yeux comme une maison en proie à un feu dévorant. « Tout cela, » se dit-il, « est dégoûtant et méprisable. » En même temps, son ardent désir de la profession de Rahan s'accrut avec une force extraordinaire. « Aujourd'hui même, à cet instant, » se dit-il avec une fermeté inébranlable, « je veux me retirer dans la solitude. » Il se leva aussitôt et s'en vint à la grande porte de son appartement.

« Qui veille ici? » dit-il à la première personne qu'il rencontra. « Votre serviteur, » répondit aussitôt le noble et vigilant Tsanda. « Levez-vous promptement, » répliqua le Prince ; « je suis résolu maintenant à quitter le monde et à me retirer en quelque endroit solitaire. Allez aux écuries et préparez le plus rapide de mes chevaux. » Tsanda s'inclina respectueusement devant son maître et exécuta ses ordres avec la dernière promptitude. Le cheval Kantika, connaissant les projets du Prince, éprouva une joie inexprimable à être choisi pour une telle expédition; il témoigna son ravissement par des hennissements prolongés ; mais, par le pouvoir des Nats, le son de sa voix fut étouffé et personne ne l'entendit.

Pendant que Tsanda, exécutant les ordres qu'il avait reçus, faisait les préparatifs nécessaires, Phralaong désira voir son fils nouveau-né, Raoula. Il ouvrit doucement la porte de la chambre où dormait la Princesse, une de ses mains placée sur la tête de l'enfant. Phralaong, s'arrêtant sur le seuil, se dit en lui-même : — « Si j'avance plus loin pour contempler l'enfant, il me faudra déplacer la main de la mère; le mouvement pourra l'éveiller et elle deviendra alors un grand obstacle à mon départ. Je verrai l'enfant quand je serai devenu un Boudha.» Aussitôt il ferma la porte et quitta le palais. Son cheval l'attendait. « C'est à ta vitesse,» dit Phralaong à Kantika, « que je me fie pour l'accomplissement de mon dessein. Je dois devenir un Boudha, et travailler à délivrer des misères de l'existence les hommes et les Nats, et à les conduire en sûreté aux tranquilles rivages du Neibban. » En un instant, il fut en selle sur son coursier favori. Kantika était un superbe animal : son corps avait en longueur 18 coudées ; sa hauteur et sa circonférence étaient parfaitement proportionnées avec sa longueur. Son pelage, d'un blanc superbe, ressemblait à une coquille fraîchement lavée; sa vitesse sans rivale, et ses hennissements s'entendaient à une très-grande distance; mais en cette circonstance les Nats intervinrent : ni le son de sa voix, ni le bruit de ses pas ne furent entendus. Étant arrivé à la porte de la cité, Phralaong s'arrêta un instant, incertain de la conduite qu'il devait tenir. Ouvrir à lui seul une porte que mille hommes avaient de la peine à faire tourner sur ses gonds paraissait absolument impossible. Comme il délibérait ainsi avec son fidèle Tsanda, la massive porte, ouverte silencieusement par les Nats, lui laissait libre passage. C'est en l'an 97 qu'il quitta Kapilawot.

Phralaong avait à peine franchi le seuil de la porte, que le tentateur essaya de faire échouer son pieux dessein (1). Manh Nat résolut de l'empêcher de se retirer dans la solitude et de devenir un Boudha. Se tenant dans les airs, il se mit à crier : « Prince Theiddat, n'essayez pas de mener la vie d'un reclus; d'ici à sept jours, vous deviendrez un Tsekiawaday; votre domination s'étendra sur les quatre grandes îles; retournez dans votre palais! » — « Qui êtes-vous? » répliqua Phralaong. « Je suis Manh Nat, » cria la voix. — « Je sais, » dit Phralaong, « que je puis devenir un Tsekiawaday, mais je ne me sens pas la moindre inclination pour les dignités terrestres; mon but est d'arriver à la nature de Boudha. » Le tentateur incité à poursuivre par ses trois tendances perverses, con-

(1) Phralaong ayant, avec une force d'âme peu commune, surmonté les obstacles sans nombre que lui ont opposés les hommes, va se trouver aux prises avec un ennemi nouveau et peut-être plus redoutable, un Nat malfaisant ou démon. Son nom s'orthographie Mar ou Mara, mais les Birmans l'appellent Manh, ce qui veut dire orgueil. Manh est, par conséquent, le malin esprit de l'orgueil, ou plutôt personnifie l'orgueil et l'ennemi du genre humain, toujours prêt à traverser les bienveillants desseins de Boudha, dans la grande entreprise d'améliorer l'humanité en enseignant aux hommes le chemin qui conduit à la délivrance de tous les maux. Le premier plan conçu par Manh, pour arrêter au début les progrès de Phralaong, fut de flatter son ambition en lui promettant *tous les royaumes de ce monde et leur gloire*. Depuis ce jour, le tentateur ne perdit jamais de vue le bienveillant Boudha, mais le suivit partout, essayant d'empêcher l'immense succès qui devait s'attacher à sa future mission. Les mauvais penchants qui constituent la véritable essence de la nature de Manh sont la concupiscence, l'envie et une irrésistible propension à faire le mal. Le diable, en vérité, pouvait difficilement être formé de plus mauvais éléments.

Il est réellement intéressant, dans le cours de cette légende, de suivre les efforts continus faits par la personnification du mal, pour faire avorter les charitables des-

cupiscence, ignorance et colère, n'abandonna pas un moment Phralaong ; et, de même que l'ombre qui accompagne toujours le corps, lui aussi, depuis cet instant, suivit toujours Phralaong, accumulant les obstacles sur la voie qui le menait à la dignité de Boudha. Foulant aux pieds toutes les considérations humaines et mondaines, méprisant une puissance pleine de vanité et d'illusion, Phralaong quitta la cité de Kapilawot pendant la pleine lune de juillet, sous la constellation d'Outtarathan. Peu après, il éprouva une violente envie de retourner la tête et de jeter un dernier regard sur la magnifique cité qu'il laissait derrière lui ; mais il surmonta aussitôt cette envie désordonnée, et se refusa cette satisfaction. On rapporte qu'au moment précis où il combattait cette curiosité naissante, la puissante terre tourna avec une grande vitesse, comme une roue de potier, de sorte que l'objet qu'il s'était refusé la satisfaction de contempler vint de lui-même s'offrir à son regard. Phralaong hésita un moment sur la direction qu'il suivrait, mais il résolut aussitôt de pousser droit devant lui.

Son voyage à travers le pays ressemblait à la plus splendide marche triomphale. Soixante mille Nats s'avançaient devant lui, soixante mille le suivaient, et lui faisaient escorte à sa droite et à sa gauche. Tous portaient des torches allumées qui jetaient des flots de lumière dans toutes les directions ; d'autres répandaient des parfums et des fleurs apportés de leurs différents siéges. Tous chantaient en chœur les louanges de Phralaong. Le son de leurs voix réunies ressemblait au roulement puissant d'un tonnerre continu, ou au grondement de la grande mer venant frapper la base du mont Ougando. Des fleurs, qui répandaient les plus suaves odeurs, semblaient balancées gracieusement dans les airs, comme un immense dais qui atteignait aux extrêmes limites de l'horizon. Pendant cette nuit, Phralaong, escorté de cette brillante suite, parcourut trente youdzanas, et arriva sur les bords de la rivière Anauma. Tournant son visage vers Tsanda, il lui demanda quel était le nom de la rivière. « Anauma est son nom, » répondit le fidèle serviteur. « Je ne veux pas, » se dit en lui-même Phralaong, « paraître indigne de la haute dignité à laquelle j'aspire. » Puis, excitant de l'éperon son cheval, le noble animal sauta d'un bond sur la

---

seins de Boudha. L'antagonisme commence à présent, mais il sera entretenu avec une activité obstinée et prolongée, durant toute la vie de Boudha.

rive opposée. Phralaong mit pied à terre sur le sol qui était couvert d'un sable fin ressemblant à autant de perles quand les premiers rayons du soleil levant viennent le frapper. Là, il se dépouilla de son vêtement, et, appelant auprès de lui Tsanda, il le chargea de prendre soin de ses ornements et de les ramener, ainsi que le cheval Kantika, au palais. Pour lui, il était décidé à devenir un Rahan. « Votre serviteur aussi, » répartit Tsanda, « veut, comme vous, devenir un reclus dans votre compagnie. » « Non, » dit le Prince, « pour le moment, la profession de Rahan ne vous convient pas. » Trois fois de suite, il lui renouvela le même refus. Pendant qu'il remettait à Tsanda ses riches ornements, il se dit en lui-même : « Ces longs cheveux qui couvrent ma tête, ma barbe aussi, sont des superfluités qui ne conviennent pas à la profession de Rahan. » Alors, d'une main tirant son sabre, de l'autre saisissant ses magnifiques cheveux, il les coupa d'un seul coup. Les cheveux qui lui restaient sur la tête mesuraient à peine un pouce et demi de longueur. Il fit tomber sa barbe de la même façon. Depuis cette époque, il n'eut jamais besoin de se raser, les poils de sa barbe et les cheveux ne poussèrent plus jamais pendant la durée de sa vie (1). Élevant à la fois ses cheveux et son turban, il s'écria : « Si je suis destiné à devenir un Boudha, que ces cheveux et ce turban restent suspendus dans l'air; sinon, qu'ils retombent sur le sol. » Les lançant alors à la hauteur d'un youdzana, ils restèrent suspendus dans l'air jusqu'à ce qu'un Nat, avec un riche panier, vînt les prendre et les porter au siége de Tawadeintha. Là il édifia le Dzedi Dzoulamani, où ils furent pieusement déposés. Jetant ses regards sur sa propre personne, Phralaong vit que sa robe riche et éclatante ne répondait pas à son dessein, et se trouvait en contradiction avec la profession humble et pauvre qu'il voulait embrasser. Pendant que son attention s'exerçait sur ce sujet, un grand Brahma, nommé Gati-

---

(1) Cette circonstance explique une des particularités observées dans toutes les statues représentant Boudha. La tête est invariablement couverte de pointes effilées qui rappellent les cornes qui recouvrent l'enveloppe épaisse du fruit dourian. Je m'étais souvent enquis du motif qui poussait les sculpteurs natifs à laisser sur la tête de toutes leurs statues ces espèces de clous retournés, sans avoir jamais pu obtenir une réponse satisfaisante. Ce ne fut qu'après avoir lu ce passage de la vie de Boudha, que je me rendis compte de cette coutume, en apparence si singulière, entretenue pour rappeler constamment à l'esprit de tous les Boudhistes, ce miracle continu des cheveux restés sur la tête de Boudha, sans jamais grandir, depuis le jour où il les coupa avec son sabre.

gara, qui, aux temps du Boudha Kathaba, avait été un ami intime de notre Phralaong, et qui n'avait pas vieilli depuis la date de la manifestation de ce Boudha jusqu'à l'époque actuelle, eut immédiatement connaissance de la perplexité d'esprit de son ami. « Le Prince Theiddat, » se dit-il, « se dispose à devenir un Rahan, mais il n'a pas le vêtement ni les autres objets nécessaires pour sa future vocation. Je veux lui fournir maintenant le Thinbaing, le Kowot, le Dugout, la Patta, la ceinture de cuir, la hache, l'aiguille et le filtre (1). » Il prit avec lui tous ces objets, et arriva en un instant en présence de Phralaong à qui il les offrit. Bien que peu au courant des détails de ce vêtement, et peu habitué à s'en servir, le Prince, comme un homme qui aurait vécu plusieurs existences comme un reclus, endossa son nouvel habit avec une gravité pleine de grâce. Il ajusta le Thinbaing autour de ses reins, couvrit son corps du Kowot, jeta le Dugout sur ses épaules, et suspendit à son cou le sac contenant la Patta de terre. Prenant la contenance grave, humble et digne d'un Rahan, il appela Tsanda et lui ordonna de retourner auprès de son père et de lui raconter tout ce qu'il avait vu. Tsanda, se conformant à la requête de son maître, se prosterna trois fois devant lui, puis, se relevant et tournant à droite, il partit. Le cheval intelligent entendant, les dernières paroles de Phralaong, ne put contenir plus longtemps son chagrin (2). « Hé-

(1) Chaque Talapoin ou reclus doit être pourvu d'une aiguille, avec laquelle il doit coudre son vêtement, d'un hachereau pour couper le bois dont il peut avoir besoin, soit pour bâtir une hutte où s'abriter, ou pour toute autre cause, et d'un filtre pour passer l'eau qu'il veut boire, afin de la dégager de toutes les impuretés et principalement des insectes ou de toute créature vivante qui pourrait s'y trouver, ce qui exposerait celui qui la boirait à commettre le péché terrible de causer la mort d'un animal quelconque.

(2) Les divers détails donnés sur le cheval Kantika, et son chagrin à se séparer de son maître, chagrin si grand qu'il arrive même à causer sa mort, peuvent sembler extraordinaires, ridicules ou puérils à tout autre qu'un Boudhiste. Un grand principe de ce système religieux est que l'homme ne diffère pas de l'animal, dans sa nature, mais seulement en perfection relative. Les animaux ont des âmes aussi bien que les hommes ; mais ces âmes, en raison du petit nombre de leurs mérites et de la masse de leurs démérites sont encore dans un état imparfait. Quand la somme des démérites s'affaiblit et que celle des mérites s'accroît, l'âme, tout en continuant à habiter des corps d'animaux, a la conscience du bien et du mal et peut atteindre à un certain degré de perfection. Les écrits Boudhistes nous fournissent de nombreux exemples de cette croyance. Pendant que Boudha était dans le désert, un éléphant fournit à tous ses besoins. En récompense de cette continuité de services, Boudha lui prêcha la loi, et le conduisit immédiatement à la dé-

las! » dit-il, « je ne verrai plus mon maître dans ce monde. » Sa douleur fut si vive que son cœur se fendit en deux, et qu'il mourut sur le lieu même.

Après sa mort, il devint un Nat au siége de Tawadeintha. L'affliction de Tsanda, en prenant congé de son bon maître, fut encore accrue par la mort de Kantika. Les larmes qui coulaient le long de ses joues ressemblaient à des gouttes d'argent liquide.

Phralaong ayant ainsi débuté dans la vie de reclus, passa sept jours dans une forêt de mangos, jouissant dans cette retraite de la tranquillité d'âme et du bonheur que la solitude seule peut procurer. La place dans le voisinage de laquelle il commença la vie religieuse est appelée Ansupyia, dans le pays appartenant aux princes Mallao. Il partit de là pour le pays de Radzagio, parcourant à pied une distance de 30 youdzanas. Arrivé près de la porte de la cité royale, Phralaong s'arrêta un instant, se disant : — « Peimpathara, le roi de ce pays, apprendra sans doute mon arrivée dans sa ville. Sachant que le fils du roi Thoudaudana est actuellement dans sa capitale, il voudra me faire accepter toutes sortes de présents. Mais maintenant, en ma qualité de Rahan, je dois les refuser, et les règles de ma profession m'imposent le devoir d'aller dans les rues mendier de porte en porte la nourriture nécessaire à mon existence. » — Il se remit en marche aussitôt, entra dans la cité par la porte orientale, la patta pendue à son côté, et suivit la première rangée de maisons, recevant les aumônes que les pieuses mains lui offraient. Au moment de son arrivée, toute la cité fut ébranlée par une puissante commotion, comme celle que l'on éprouve au siége de Thoura, quand le Nat-Athourein y fait son apparition. Les habitants, effrayés d'un tel présage, coururent en toute hâte au palais. Admis en présence du monarque, ils lui dirent qu'ils ne savaient pas

---

livrance, c'est-à-dire à l'état de Neibban. Quand un animal a suffisamment progressé dans la voie des mérites pour être capable de discerner le bien d'avec le mal, on dit de lui qu'il est mûr ou propre à devenir homme. Le cheval Kantika paraît avoir atteint l'état de maturité complète puisqu'après sa mort il passa au siége des Nats. Ce détail particulier de la croyance Boudhiste explique le premier des cinq grands commandements, qui étend aux animaux l'injonction formelle de ne pas tuer. Lorsque, d'après les prescriptions contenues dans le Kambawa sacré, on reçoit un candidat dans l'ordre des Rahans, il lui est expressément et solennellement commandé de s'abstenir de commettre quatre péchés qui le priveraient, de fait, de la dignité à laquelle il a été élevé. Priver sciemment de la vie un être animé est une de ces quatre grandes transgressions.

quelle sorte d'être venait d'arriver dans la ville, circulant dans les rues et demandant l'aumône. Ils ne pouvaient deviner si c'était un Nat, un homme ou un Galong. Le roi, regardant de son appartement dans la cité, aperçut Phralaong, dont l'attitude humble fit disparaître de son esprit toute anxiété. Pourtant, il ordonna à quelques-uns de ses nobles, d'aller observer attentivement tous les mouvements de l'étranger. « Si c'est, » — dit-il, — « un Bilou, il quittera bientôt la ville et disparaîtra; si c'est un Nat, il s'élèvera dans les airs; si c'est un Naga, il se plongera dans les entrailles de la terre. » — Phralaong, ayant obtenu la quantité de riz, de légumes, etc., qui lui semblait suffisante pour son repas, quitta la cité par la même porte qu'il y était entré, s'assit au pied d'une petite colline, la face tournée vers l'Orient, et essaya de préparer son repas avec les objets qu'il avait reçus. Il ne put avaler la première bouchée, qu'il rejeta de sa bouche avec un profond dégoût. Accoutumé à vivre somptueusement et à se nourrir des choses les plus délicates, ses yeux ne pouvaient pas même supporter la vue de cette ignoble composition des aliments les plus grossiers, empilés au fond de sa patta. Bientôt cependant, il se remit de cette impression, et rassembla toute son énergie pour vaincre sa répugnance, surmonter son dégoût naturel et se maîtriser. Se reprochant une faiblesse aussi peu convenable : — « Ne savais-je pas, » se dit-il plein d'indignation contre lui-même, « que lorsque j'ai revêtu l'habit d'un mendiant, telle serait ma nourriture. Le moment est venu de fouler aux pieds les appétits de la nature. » Il prit alors sa patta, mangea gaiement son repas, et depuis lors, n'éprouva jamais la moindre répugnance pour aucun des aliments qui lui furent présentés.

Les messagers du roi, ayant minutieusement épié et observé attentivement ce qui venait d'arriver, retournèrent près de leur maître, à qui ils racontèrent tous les détails dont ils avaient été témoins. « Faites préparer mon carrosse » dit le roi, « et vous, suivez-moi dans l'endroit où est cet étranger. » Il aperçut bientôt de loin Phralaong, tranquillement assis après s'être restauré. Peimpathara descendit de son équipage, s'avança respectueusement près de Phralaong, et ayant pris position dans un endroit convenable, il se sentit dominé par un tel contentement et une joie si inexprimable, qu'il ne pouvait trouver de mots pour peindre ce qu'il éprouvait. Etant enfin revenu de sa première émotion, il s'adressa à Phralaong, dans les termes suivants : « Véritable Rahan, vous paraissez encore jeune, et au printemps de la vie ; dans votre personne, on voit briller les qualités les plus nobles, qui indiquent sûrement votre illustre et royale extraction. J'ai sous mes ordres et en ma possession un nombre prodigieux d'officiers, d'éléphants, de chevaux et de chars, qui me donnent toutes les facilités possibles de jouir de tous les plaisirs et de tous les amusements. Veuillez accepter une nombreuse suite, au milieu de laquelle vous pourrez vous divertir, pendant que vous séjournerez sur mon territoire. Me sera-t-il permis de vous demander votre pays, qui vous êtes, et de quelle noble lignée vous descendez ? — Phralaong se dit en lui-même : — « Il est évident que le roi ne connaît ni mon nom, ni mon origine ; je veux pourtant satisfaire à ses questions. » Désignant alors avec sa main, la direction d'où il venait, il dit : — « J'arrive du pays qui a été gouverné par une longue succession des descendants du prince Kothala. Je suis, en effet, de race royale, mais j'ai abandonné toutes les prérogatives attachées à ma position, et embrassé la profession de Rahan. J'ai déraciné de mon cœur la concupiscence, la convoitise et tout attachement pour les choses de ce monde. » A quoi le roi répondait : — « J'ai appris que le prince Theiddat, fils du roi Thoudaudana, avait vu quatre grands signes, présageant sa destinée à la profession de Rahan, qui ne devait être pour lui que le dernier pas qui l'amènerait à la haute dignité de Boudha. La première partie de la prédiction est déjà accomplie. Quand la seconde aura reçu son accomplissement, je vous prie de témoigner votre bienveillance à moi et à mon peuple. J'espère que mon royaume sera le premier pays où vous dirigerez vos pas, après avoir acquis la science suprême. » A quoi Phralaong consentit gracieusement.

Phralaong ayant quitté le roi, continua sa route, et rencontra un Rathi (1) ou ermite, nommé Alara, et le questionna sur les

---

(1) Le fait de Boudha se plaçant sous la direction de deux maîtres, ou professeurs menant la vie ascétique, pour recevoir d'eux des notions de la nature la plus abstruse, met hors du moindre doute la haute antiquité de l'existence, dans l'Inde, d'un grand nombre d'individus qui, vivant dans les lieux déserts, loin du tumulte de la société, cherchaient, avec une application constante, à pénétrer les plus profonds mystères de la morale et de la métaphysique. La renommée de savoir d'un grand nombre d'entre eux attirait vers leur solitude une foule de dis-

divers Dzans (contemplations). Alara lui donna satisfaction sur quatre espèces de Dzans; mais, pour ce qui concerne le cinquième, il se vit

ciples, jaloux d'étudier sous des maîtres aussi éminents. C'est ainsi que nous voyons quelques-uns de ces Rathis à la tête de quatre ou cinq cents disciples. On ne peut douter que les Rathis les plus distingués soient devenus les fondateurs de ces écoles philosophico-religieuses qui ont fait la renommée de l'Inde, depuis la plus haute antiquité. Comme tant d'autres altérés de savoir, Phralaong fréquenta les écoles de ces Rathis, lesquelles, à cette époque, étaient les sources les plus célèbres de science.

De ce fait, nous sommes autorisés à tirer une autre conclusion, conséquence, en quelque sorte, de ce qui a été établi dans une note précédente sur l'antériorité du Brahminisme sur le Boudhisme. Phralaong avait été élevé au sein d'une société réglée et gouvernée par des institutions Brahminiques. Dès les premiers jours de son éducation, il a dû subir l'impression des notions généralement enseignées, celles des Brahmines. En grandissant, et quand il commença de penser, il prit en dégoût certaines doctrines qui ne cadraient pas avec ses propres idées. Suivant l'exemple de beaucoup de ceux qui l'avaient précédé dans la voie des innovations, il fit audacieusement route dans une nouvelle direction, et arriva bientôt à une conclusion finale sur plusieurs points, d'accord avec ses maîtres, et quelques-unes des doctrines généralement reçues dans la société où il avait été élevé. Nous pouvons donc conclure avec certitude, que les doctrines que l'on suppose avoir été prêchées par le dernier Boudha ne sont qu'une dérivation du Brahminisme. Ceci peut expliquer la grande ressemblance qui existe entre beaucoup de doctrines des deux croyances. Les points principaux sur lesquels les deux systèmes diffèrent essentiellement sont le commencement et la fin des êtres vivants. Entre ces deux extrêmes, une multitude de points des deux systèmes s'accordent si bien qu'ils paraissent se confondre.

Les Rathis semblent, d'après les institutions de Manou, avoir été les premiers à observer deux pratiques, sur lesquelles les Wini, à une époque ultérieure, ont encore insisté davantage. Ils vivaient des aumônes à eux faites par leurs disciples, et par les admirateurs de leur singulier genre de vie. Ils étaient recherchés et admirés de tout le monde, en proportion du mépris dans lequel ils paraissaient le tenir. Se refusant les plaisirs opposés à l'austérité de leur vie, ils observaient, tant qu'ils étaient Rathis, la plus stricte continence.

Phralaong, se préparant à ses hautes destinées, se mit à étudier la science du *Dzan* sous des maîtres distingués. Qu'entend-on par Dzan? Ce mot Pali signifie pensée, réflexion, méditation. Les Birmans l'emploient souvent pour désigner un état particulier de l'âme qui a déjà fait de grands progrès dans la voie de la perfection. Phralaong voulait, en se mettant sous la direction de ces éminents maîtres, apprendre le grand art de rompre son esprit à obtenir les plus hautes élévations de la science par la pratique constante de la méditation. Dans le livre de la métaphysique Boudhiste, j'ai trouvé la science du Dzan divisée en cinq parties, ou mieux cinq degrés que l'esprit doit gravir successivement, avant de pouvoir jouir d'un état de quiétude parfaite, le plus haut terme où puisse arriver un être avant d'atteindre l'état de Neibban. Le premier pas, quand l'âme cherche ce qui est bon et parfait, et quand, l'ayant découvert, elle y tourne toute son attention et toute l'énergie de ses facultés. Le deuxième, quand l'âme commence à contempler fermement ce qu'elle a d'abord découvert et y rive toute son attention. Dans le troisième

forcé de l'adresser à un autre Rathi, nommé Oudaka, qui lui fournit les explications nécessaires. N'ayant plus rien à apprendre de ses maîtres, Phralaong se dit : — « La science que j'ai ainsi acquise, ne suffit pas pour me faire obtenir la dignité de Boudha. » Il résolut alors de se consacrer au Kamatan (1), ou à la méditation sur

degré, l'âme savoure ardemment et est en quelque sorte ravie. Dans le quatrième, l'âme jouit, dans le calme et la tranquillité, des pures vérités qu'elle a aimées dans l'état précédent. Dans le cinquième, l'âme, parfaitement saturée de la connaissance de la vérité, reste dans un état de quiétude absolue, de fixité parfaite, d'immobile stabilité, que rien désormais ne peut altérer ou troubler. Les Birmans et tous les Boudhistes, toujours admirateurs du merveilleux, attribuent des perfections surnaturelles à ceux qui ont atteint ce haut degré de spiritualisme. Leurs corps deviennent, pour ainsi dire, spiritualisés, de sorte qu'ils peuvent, suivant leur désir, se transporter dans l'air d'une place à l'autre, sans la moindre peine ou difficulté.

(1) Kamatan veut dire la fixation de l'attention sur un objet, de manière à l'étudier à fond dans toutes ses parties constituantes, son principe et son origine, son existence et sa destruction finale. C'est cette partie de la métaphysique qui traite du commencement, de la nature et de la fin des choses. Pour bien posséder cette science, un homme doit être doué d'un grand savoir et d'un esprit analytique non ordinaire. On procède, dans l'étude du Kamatan, de la manière suivante : Supposons que l'homme veuille contempler un des quatre éléments, le feu par exemple ; il détourne sa pensée de tout objet autre que le feu, et concentre toute son attention sur la contemplation exclusive du feu ; il examine la nature du feu, et, trouvant qu'il est composé de plusieurs parties distinctes, il étudie la cause ou les causes qui réunissent ces parties, et découvre bientôt qu'elles sont purement accidentelles, et que l'intervention soudaine de tel ou tel accident peut les empêcher ou les détruire. Il conclut que le feu n'a qu'une existence fictive ou éphémère. On suit la même méthode dans l'examen des autres éléments, et successivement de toutes les autres choses avec lesquelles on peut se trouver en contact. L'homme arrive alors à cette conclusion finale que toutes les choses qui l'entourent n'ont pas d'existence réelle, et ne sont que des illusions pures dépourvues de réalité. Alors, et de nouveau, il établit que toutes choses sont soumises à la loi d'un changement incessant, n'ayant ni fixité ni stabilité. L'homme sage ne peut donc éprouver aucun attachement pour des objets qui, dans sa propre opinion, ne sont qu'illusion et déception ; son esprit ne peut rester en paix au milieu d'illusions qui se succèdent sans cesse les unes aux autres. Ayant étudié tout ce qui n'est pas sa personnalité, il s'attache à rechercher l'origine et la nature de son corps. Après un long examen, il arrive naturellement à la même conclusion. — Son corps est une pure illusion, sans réalité, soumis aux changements et à la destruction. Il sent, de plus, que ce corps est distinct. Il méprise son corps comme tout le reste et ne lui accorde plus aucune attention. Il soupire après l'état de Neibban, le seul digne des désirs d'un homme sage. Au moyen de ce procédé préliminaire, l'étudiant, s'étant isolé de ce monde d'illusions, avance vers l'étude des œuvres excellentes qui ouvrent la voie du Neibban. Les Birmans admettent quarante Kamatans. Ils sont souvent récités par les dévots dont l'intelligence développée est absolument incapable de comprendre quel sens ils sont destinés à transmettre à l'esprit.

l'instabilité et le néant de tout ce qui existe. Pour accomplir pleinement son dessein, il se retira dans la solitude d'Ourouwela, consacrant tout son temps à la plus profonde méditation. Un certain jour, il advint que cinq Rahans, en chemin pour un certain lieu, où ils devaient trouver leur nourriture, arrivèrent à l'endroit où vivait Phralaong et où il avait déjà commencé à pratiquer les œuvres de pénitence. Bientôt l'idée leur vint que notre ermite devait devenir un Boudha. Ils résolurent de rester avec lui, et de lui rendre tous les services nécessaires, tels que balayer la place, cuire le riz, etc., etc.

Le temps des six années de méditation était près de finir, lorsque Phralaong entreprit un grand jeûne (1), dans lequel il observa une telle abstinence qu'il s'accordait à peine un grain de riz ou de sésame par jour, et finalement en vint même à se refuser cette

Malgré son aptitude singulière à acquérir le savoir, Phralaong passe six années entières dans la solitude d'Ourouwela, activement occupé à la poursuite de la science profonde qu'il a en vue. Ce fut pendant cette période qu'il reçut la visite des cinq Rahans, dont le chef s'appelait Kuondanha. A l'instar d'un grand nombre d'autres de la même profession, ils voyageaient sans doute à la recherche de la science. Ils se placèrent sous la direction de Phralaong, et, en échange des leçons qu'ils recevaient de lui, ils le servaient en disciples, soumis et reconnaissants, d'un maître aussi distingué. Nous voyons ici, comme dans bien d'autres circonstances, que, bien avant les prédications de Gaudama, il existait déjà dans l'Inde un ordre de dévots ou enthousiastes, qui vivaient séparés du monde, s'appliquant à l'étude des doctrines religieuses et à la pratique des vertus du degré le plus élevé. L'ordre des moines Boudhistes ou Talapoins, qui fut institué plus tard par l'auteur du Boudhisme, n'est qu'une modification à un état de choses pleinement en vigueur de son temps et dans son propre pays.

(1) Au point de vue Boudhiste, la seule raison qu'on puisse donner du jeûne extraordinaire de Phralaong, c'est la satisfaction d'offrir au monde une action surprenante. Le jeûne et d'autres œuvres de mortification ont, de tout temps, été largement pratiqués par les philosophes Indiens d'autrefois, qui, par ce moyen, attiraient l'attention, le respect, l'admiration et la vénération du monde. De telles austérités, en outre, étaient jugées d'un grand secours pour donner à l'âme un empire plus grand sur les sens, et les soumettre au joug de la raison. Elles conduisaient aussi vers l'état de calme non interrompu, qui rend l'âme plus propre à se dévouer à la méditation constante. Le jeûne de Gaudama, avant qu'il soit arrivé à la dignité de Boudha, nous rappelle celui de N.-S., avant d'entreprendre sa divine mission. Si l'auteur, dans cet ouvrage, a fait une ou deux fois une remarque de cette importance, c'est sans l'intention d'y chercher matière à argumenter. Il a voulu faire partager au lecteur la surprise et l'étonnement qu'il a éprouvés, chaque fois qu'il a cru trouver, dans des détails relatifs au fondateur du Boudhisme, une grande similitude avec ceux qui se rattachent à la mission de Notre Sauveur.

faible pitance. Mais les Nats, qui observaient sa mortification excessive, introduisaient de la nourriture de Nat par les pores de sa peau. Pendant que Phralaong observait ce jeûne sévère, son visage, qui était d'une belle couleur d'or, devint noir; les trente-deux marques indicatives de sa future dignité disparurent. Un certain jour, qu'il se promenait épuisé par tant d'austérités, il éprouva soudainement une faiblesse extrême, semblable à celle occasionnée par la faim. Incapable de se tenir plus longtemps debout, il s'évanouit et tomba sur le sol. Parmi les Nats qui étaient présents, les uns dirent : « Le Rahan Gaudama est mort; » — d'autres répliquèrent : « Il n'est pas mort, mais il s'est évanoui par suite du besoin de nourriture. » Ceux qui le croyaient mort se dirigèrent en toute hâte vers le palais de son père pour lui porter la triste nouvelle de la mort de son fils. Thoudaudana demanda si son fils était mort avant d'être devenu un Boudha. Ayant reçu une réponse affirmative, il refusa d'ajouter foi au dire des Nats. Ses motifs pour douter de l'exactitude de ce rapport, étaient qu'il avait été témoin des miracles pronostiquant l'exaltation future de son fils, d'abord quand Phralaong, encore enfant, fut mis en présence d'un Rathi célèbre, puis lorsqu'il dormit sous l'ombrage de l'arbre Tsampou-Thabia. L'évanouissement ayant passé, et Phralaong ayant recouvré ses sens, les mêmes Nats vinrent en toute hâte auprès de Thoudaudana, pour lui apprendre l'heureuse guérison de son fils. « Je savais bien, » dit le roi, « que mon fils ne mourrait pas avant d'être devenu un Boudha. » Le bruit que Phralaong avait passé six ans dans une solitude, exclusivement adonné à la méditation et à la mortification, se répandit comme le son d'une immense cloche (1) suspendue dans le firmament.

Phralaong s'aperçut bientôt que le jeûne et les mortifications

(1) Les cloches sont communes en Birmanie, et les peuples de ce pays sont très-habiles dans l'art de les fondre. La plupart des cloches qu'on peut voir dans les pagodes sont de petite dimension, et diffèrent un peu, pour la forme, de celles qu'on emploie en Europe. La partie inférieure est moins évasée, et un large trou existe au centre de la partie supérieure. Le battant n'est pas suspendu à l'intérieur, mais on produit le son en frappant avec une corne de cerf ou de daim le bord extérieur de la partie inférieure. On n'érige pas de beffrois pour les cloches; elles sont fixées à une pièce de bois horizontale, et supportées aux deux extrémités par des montants assez élevés pour que la partie inférieure soit à environ cinq pieds au-dessus du sol.

Les plus grands spécimens de l'art Birman, dans la fonte des cloches de grande

n'étaient pas des œuvres suffisantes pour lui valoir la dignité de Boudha ; il prit sa patta et s'en fut au village voisin en quête de sa nourriture. L'ayant mangée, les forces lui revinrent ; son beau visage resplendit de nouveau comme de l'or et les trente-deux signes reparurent (1). Les cinq Rahans qui avaient vécu avec lui

dimension, peuvent se voir, l'un à la grande pagode de Rangoun, appelée Shway Dagon, et l'autre à Mingon, 12 ou 15 milles au nord d'Amerapoura, sur la rive occidentale de l'Irrawaddy. La première, dans la ville de Rangoun, fut fondue en 1842, lors de la visite du roi Tharawaddy, qui y vint avec l'intention de fonder une nouvelle cité, plus éloignée de la rivière, et plus près de la colline où s'élève le splendide Shway Dagon. Son dessin et sa forme sont exactement ceux que nous avons décrits plus haut. Voici quelques détails sur cette énorme pièce de métal, tirés de l'inscription qui la recouvre. Elle fut fondue le cinquième jour de la pleine lune de (février) Tabodwai, 1203 de l'ère Birmane. Le métal pèse 94,682 livres anglaises ; hauteur 9 coudées 1/2 ; diamètre 5 coudées ; épaisseur 20 doigts ou 15 pouces. Mais, durant l'opération du coulage, les fervents vinrent jeter dans les creusets du cuivre, de l'argent et de l'or en grande quantité. On suppose (dit l'auteur de l'inscription) que cela augmenta son poids d'un quart.

La cloche de Mingon fut fondue au commencement de ce siècle. Sa forme et son dessin sont les mêmes que pour les cloches d'Europe. Il est probable que quelque étranger, résidant à Ava, suggéra l'idée de donner à cette cloche monumentale une forme aussi inusitée. Sa hauteur est de 18 pieds, sans compter 7 pieds pour l'appareil de suspension. Elle a 18 pieds de diamètre, et de 10 à 12 pouces d'épaisseur. On suppose que son poids dépasse 200,000 livres anglaises.

A l'intérieur, de grandes veines, tirant sur le gris ou sur le jaune, indiquent que de grandes masses d'or et d'argent ont été ajoutées au coulage. On ne peut actuellement se faire aucune idée de la puissance de son de cette cloche, car son poids énorme a amené la chute partielle des piliers qui la supportaient. Afin d'empêcher une dernière catastrophe, on a fait reposer l'orifice de la cloche sur de forts chantiers très-courts enfouis dans le sol et s'élevant d'environ 3 pieds au-dessus. A aucun égard, ces cloches ne peuvent supporter la comparaison avec celles d'Europe. Ce sont des essais colossaux, il est vrai, mais grossiers, d'un travail qui dépasse de beaucoup la capacité des ouvriers du pays qui, d'autre part, réussissent très-convenablement les cloches plus petites qu'on voit dans les cours des Pagodes.

(1) Un des traits distinctifs du caractère de Phralaong est ici mis en relief, dans son observation sur les jeûnes, mortifications et autres austérités volontaires. Elles ne sont pas considérées comme un moyen immédiat de perfection, ni comme une *portion* ou partie de la perfection elle-même. De telles œuvres ne sont que les procédés auxquels on a recours pour affaiblir les passions et augmenter la puissance du principe spirituel sur celui de la nature ; elles préparent un grand travail de méditation, ou d'étude de la vérité, qui est la seule grande voie vers la perfection. Pour le sage qui a déjà entrepris la grande tâche de rechercher la vérité, de telles pratiques ne sont d'aucune utilité, et ne sont, nulle part, recommandées comme nécessaires ou même utiles. Dans le livre de la discipline, il n'en est fait aucune mention. La vie de l'initié est une vie de renoncement volontaire ; toutes les super-

se dirent l'un à l'autre : « C'est en vain que le Rahan Gaudama a, pendant six années de mortifications et de souffrances, cherché la dignité de Boudha; il est maintenant forcé d'aller à la recherche de sa nourriture. En vérité, s'il est obligé de vivre de tels aliments, quand deviendra-t-il jamais un Boudha? Il s'en va en quête de sa pitance ; sans doute il vise à s'enrichir. Ainsi que l'homme qui a besoin de gouttes de rosée ou d'eau pour rafraîchir et laver son front, doit chercher à se les procurer, de même aussi nous devons aller en quelque autre lieu, pour apprendre le chemin et les mérites du Dzan, que nous n'avons pu obtenir de lui. » Sur quoi ils quittèrent Phralaong, prirent leurs pattas et leurs tsiwarans, marchèrent pendant 18 youdzanas et se retirèrent dans la forêt de Migadawon, près de Baranathi.

fluités, tous les luxes, sont interdits ; tout ce qui a pour effet de servir aux passions ou aux plaisirs est soigneusement exclus. Mais les grandes austérités et les macérations pratiquées par les religieux de la croyance Brahminique sont rejetées d'emblée par les sages Boudhistes, comme leur étant improfitables et inutiles On ne voit jamais, de nos jours, les hôtes des monastères Boudhistes se livrer à ces pratiques cruelles, dégoûtantes et contre nature, pratiquées depuis un temps immémorial par leurs frères de la croyance Hindoue. Cela constitue une des principales différences ou divergences entre les deux systèmes. Pour le fondateur du Boudhisme, les jeûnes et les œuvres de pénitence sont d'un grand secours pour celui qui est encore dans le monde, courbé sous le joug tyrannique des passions et de l'influence des sens. Il les regarde comme de puissants auxiliaires dans la lutte spirituelle, pour gagner l'empire sur les passions. Ce point une fois obtenu, le sage peut aussitôt les laisser de côté : il n'en a plus besoin. Le sectateur de la croyance Hindoue considère ces pratiques comme éminemment méritoires en elles-mêmes, et capables de le conduire à la perfection; de là, la manie de pousser leur observance à un degré révoltant pour la raison et même pour le sens commun du vulgaire.

CHAPITRE V

OFFRANDES DE THOUDZATA A PHRALAONG. — SES CINQ SONGES. — IL DIRIGE SES PAS VERS L'ARBRE GNIAONG. — MIRACULEUSE APPARENCE D'UN TRONE. — VICTOIRE DE PHRALAONG SUR MANH NAT. — SES MÉDITATIONS PENDANT QUARANTE-NEUF JOURS PRÈS DE L'ARBRE BODI. — A LA FIN, IL OBTIENT LA SCIENCE PARFAITE. — IL SURMONTE LES TENTATIONS DIRIGÉES CONTRE LUI PAR LES FILLES DE MANH. — BOUDHA PRÊCHE LA LOI A UN POUNHA ET A DEUX MARCHANDS.

A cette époque, dans la solitude d'Ourouwela, vivait, dans un village, un homme riche, appelé Thena. Il avait une fille, nommée Thoudzata. Étant arrivée à l'âge de puberté, elle s'en vint en un lieu où croissait un arbre Gniaong, et là, fit au Nat gardien du lieu, la prière suivante (1) : « Si j'épouse un mari convenable, et que le

(1) Les Nats ou Dewatas jouent un rôle important dans les affaires de ce monde. Leurs résidences sont dans les six ciels inférieurs qui composent, avec la demeure de l'homme et les quatre états de punition, les onze sièges des passions. Mais ils quittent souvent leur demeure, et participent aux événements notables qui se passent parmi les hommes. C'est pourquoi nous les trouvons toujours empressés à satisfaire aux besoins du futur Boudha. Ils ont, en outre, la mission de veiller aux arbres, forêts, villages, villes, cités, fontaines, rivières, etc. Ce sont les Nats bienfaisants. En outre, ce monde est supposé peuplé de Nats malfaisants, toujours portés au mal par leur nature. Une partie notable du culte, pour les Boudhistes, consiste en cérémonies superstitieuses et en offrandes destinées à apaiser les Nats malins, et à obtenir des bons Nats des faveurs et des avantages temporels. Ce culte est universel et formellement recommandé par les talapoins, quoi qu'il soit en opposition avec la vraie doctrine du pur Boudhisme. On attribue à l'intervention maligne des mauvais Nats toutes les calamités possibles. En cas de maladie grave, rebelle aux prescriptions de l'art médical du pays, le médecin déclare gravement au patient et à ses proches qu'il est inutile d'invoquer plus longtemps les secours de la médecine, mais qu'il faut avoir recours à un sorcier pour chasser l'esprit malin, auteur de la maladie. En même temps, des ordres sont donnés pour l'édification d'un hangar où seront déposées les offrandes au Nat malfaisant. Une femme, parente du patient, commence à danser au son des instruments de musique. Cette danse, au début, a lieu sur un rhythme assez tranquille qui va s'accélérant graduellement, jusqu'à ce qu'il arrive au paroxysme de la frénésie. A ce moment, la dame danseuse est épui-

premier fruit de notre union soit un garçon, je dépenserai tous les ans en aumônes cent mille pièces d'argent, et je ferai une

sée; elle s'affaisse sur le sol comme évanouie. C'est à ce moment que le conjureur s'approche d'elle et lui demande si l'ennemi invisible a abandonné son empire sur le malade. Ayant reçu une réponse affirmative, il ordonne au médecin de donner des drogues au patient, l'assurant que, maintenant, ses remèdes vont agir efficacement et rendre la santé au malade, puisque leur action va cesser d'être combattue par le Nat malin.

L'ignorance entraîne partout avec elle la superstition. Quand l'homme ne connaît pas la cause naturelle d'un résultat ou d'un effet, qui excite puissamment son attention, et qui l'affecte à un haut degré, sa faiblesse naturelle le conduit à attribuer à quelque agent inconnu l'effet qui l'a frappé. Il invente les procédés les plus ridicules pour témoigner sa gratitude à son bienfaiteur invisible, si le résultat lui a été favorable; et, s'il lui a été fatal, il a recours aux pratiques les plus extravagantes pour tenir en échec l'influence pernicieuse de son ennemi supposé. Une fois qu'il s'est engagé dans la voie ténébreuse de la superstition, l'homme est ballotté dans mille directions fausses, par la crainte, l'espoir, ou d'autres passions, au milieu des accidents quotidiens de mille événements ou circonstances imprévus. C'est pourquoi l'expression ou la manifestation de sa superstition revêt une telle variété de formes, subit tant de changements, qu'il devient impossible à l'observateur d'en suivre les transformations ou d'en compter la variété. Indépendamment de la masse de superstitions que chaque génération reçoit en legs de celle qui l'a précédée, l'homme a celles qu'il se crée à lui-même; et ces dernières, si l'on pouvait analyser les pensées de l'esprit et les désirs du cœur, sont de beaucoup les plus nombreuses. Après plusieurs années de résidence dans un pays où règne le Boudhisme depuis un temps immémorial, et après avoir observé les effets et l'empire de la superstition sur les actes journaliers du peuple, l'auteur de ce livre en est venu à conclure que pas une de leurs actions, peut-être, n'échappe à une cause ou à une influence superstitieuse. Mais la croyance à l'existence d'innombrables Nats bons ou mauvais, dont l'imagination des Boudhistes a peuplé ce monde, est la source la plus féconde de leurs superstitions.

On a peine à comprendre comment les sectateurs d'une religion sans Dieu peuvent, sans contradiction avec leurs croyances, prier. Un tel acte de dévotion suppose la croyance à un être supérieur aux hommes, ayant pouvoir sur eux, et qui tient en ses mains leur destinée. Pour celui qui croit en Dieu, la prière est un devoir sacré, naturel même. Mais tel ne saurait être le cas avec des athées. En dépit de l'influence desséchante et désolante de l'athéisme, rien ne peut chasser, de la conscience et du cœur de l'homme, la croyance intime à un Être suprême. La pieuse Thoudzata avait deux objets en vue : elle prie sans savoir qui, afin d'obtenir, par quelque intervention, les deux objets qu'elle a en vue. Elle a à cœur de montrer sa gratitude, quand elle voit que sa prière a été entendue. Sa croyance à la quasi-omnipotence des génies la porte à leur adresser ses remercîments. Le Nat n'est pas la personne à qui sa prière semble avoir été adressée; c'est plutôt un témoin de sa pétition. Les Birmans, en général, dans les circonstances difficiles, dans les cas de difficultés non prévues, ou de soudaines calamités, emploient toujours le cri : « *Phra Kaiba* » *Dieu m'assiste!* pour obtenir d'en haut assistance et protection. Pourtant ce Phra ne saurait être leur Boudha, bien que, dans leur pensée, ce soit le Phra par excellence, puisqu'ils déclarent ouvertement qu'il n'in-

offrande en cet endroit. Sa prière fut entendue et son double vœu exaucé. Quand Phralaong eut terminé ses six années de jeûne et de mortification, le jour de la pleine lune du mois Katson, Thoudzata se préparait à faire ses offrandes d'actions de grâces au Nat du lieu. Elle avait gardé mille vaches, dans un lieu où abondaient les vignes douces ; le lait de ces mille vaches avait été donné à cinq cents autres, qui, à leur tour, de leur propre lait, en avaient nourri deux cent cinquante autres, et ainsi de suite en diminuant, jusqu'à n'en avoir plus que seize qui en nourrirent huit de leur lait. Aussi ces huit vaches donnaient un lait riche, doux et savoureux, au-delà de toute expression.

Le jour de la pleine lune de Katson (1), Thoudzata se leva de bonne heure pour préparer son offrande, et disposa tout pour traire simultanément les vaches. Quand le moment fut venu, les jeunes veaux, de leur propre gré, se tinrent à distance ; et, aussitôt que les vases furent approchés, le lait commença à couler en ruisseaux, des mamelles dans les vases. Elle prit le lait et le versa dans une large chaudière, placée sur le feu qu'elle avait allumé. Le lait commença à bouillir ; des bulles se formèrent à la surface du liquide, tournèrent à droite et plongèrent, sans qu'une goutte fût renversée ; aucune fumée ne s'éleva du feu. Quatre rois des Nats faisaient sentinelle pendant que la chaudière bouillait ; le grand Brahma tenait une ombrelle ouverte au-dessus ; un Thagia appor-

---

tervient jamais dans les choses de ce monde. D'où proviendrait donc cet appel involontaire à l'assistance, sinon de cette croyance qui s'impose à la conscience humaine : qu'au-dessus de l'homme, il existe un être qui préside à ses destinées ? On peut élaborer, dans une école ou dans une métaphysique, un système athée, et l'imposer à l'ignorance ou à l'étourderie des masses, mais la pratique démentira toujours la théorie. En dépit de ses erreurs et de ses folies, l'homme est naturellement un être croyant. Sa faiblesse, ses besoins multiples, le forceront toujours à recourir à quelque grand Être qui l'assiste, le secoure, et supplée jusqu'à un certain degré à son infériorité, laquelle s'impose à son esprit comme une dure et humiliante réalité.

(1) Les Birmans, comme tous les peuples trans-gangétiques, divisent l'année en douze mois lunaires de vingt-neuf et trente jours alternativement. Chaque troisième année, ils ajoutent un mois, ou, comme ils disent, doublent le mois de Watso (juillet). L'année commence le douze avril ou environ. Les jours de culte sont ceux des quatre quartiers de la lune ; mais les jours de nouvelle et pleine lune semblent jouir d'une préférence sur ceux des autres quartiers, qui sont peu ou point distingués des jours ordinaires. Ce fut le jour de la pleine lune d'avril que Thoudzata fit son offrande solennelle.

tait le combustible et entretenait le feu. D'autres Nats, grâce à leur pouvoir surnaturel, infusaient du miel dans le lait, et lui communiquaient ainsi une saveur qui ne se rencontre pas dans la demeure des hommes. A cette occasion seulement, et le jour où Phralaong acquit l'état de Neibban, les Nats infusèrent du miel dans ses aliments. Émerveillée à la vue de tant de signes extraordinaires, Thoudzata appela sa servante esclave, nommée Sounama, lui rapporta tout ce qu'elle avait observé, et lui commanda d'aller à l'arbre Gniaong et de nettoyer la place où elle avait intention de faire son offrande. La servante, obéissant aux ordres de sa maîtresse, arriva bientôt au pied de l'arbre.

Cette nuit-là même, Phralaong avait èu cinq rêves (1). 1° Il lui sembla qu'il avait la terre pour lit et l'Himawouta pour oreiller. Sa main droite s'appuyait sur l'Océan occidental, sa gauche sur l'Océan oriental, et ses pieds sur l'Océan du sud. 2° Une espèce d'herbe, nommée Tyria, parut pousser de son nombril et s'élever jusqu'aux cieux. 3° Des fourmis blanches montaient de ses pieds au genou et couvraient ses jambes. 4° Des oiseaux de couleurs et de dimensions variées paraissaient venir de toutes les directions et tomber à ses pieds, lorsque soudainement ils parurent tous blancs.

(1) Le traducteur Birman n'ayant pas donné dans ses remarques l'explication ou l'interprétation des cinq songes de Phralaong, il nous semble quelque peu présomptueux de chercher à faire ce qui, de la part de l'auteur Birman, peut être aussi bien attribué à une omission volontaire qu'à son incapacité ou son impuissance. Essayons pourtant de combler cette lacune. Le premier songe pronostiquait la grandeur future de Phralaong, dont l'empire, par la diffusion de ses doctrines sur toute la terre, devait être universel, puisqu'il s'étendrait d'une mer à l'autre. L'herbe qui poussait de son nombril et qui montait aux nuages indiquait la diffusion de sa loi, non-seulement parmi les êtres, habitants des sièges des hommes, mais aussi parmi les hôtes des sièges des Nats et des Brahmas. Les fourmis qui couvraient ses jambes offrent une énigme dont nous laisserons l'interprétation à quelque Œdipe futur. Quant aux oiseaux de différentes couleurs qui se rassemblent autour de lui des quatre points cardinaux, et qui, soudain, par leur contact avec lui, deviennent tous blancs, ils représentent les êtres innombrables qui viendront écouter les prédications du futur Boudha, avec des dispositions diverses et des progrès différents dans la voie des mérites, et qui, tous, seront perfectionnés pour avoir suivi la vraie route des mérites, qu'il doit leur montrer. Le cinquième songe, dans lequel Phralaong croyait qu'il se promenait sur une montagne d'ordures, sans y contracter la moindre souillure, montrait la perfection incomparable et la pureté de Boudha qui, bien qu'il reste dans le monde des passions, ne doit nullement subir leur influence.

5° Il lui sembla qu'il marchait sur une montagne d'ordures, et qu'il la parcourait sans en être aucunement souillé.

Phralaong, s'éveillant de son sommeil, se dit, après avoir réfléchi quelque temps sur ces cinq songes : « Aujourd'hui certainement je dois devenir un Boudha. » Sur quoi il se leva immédiatement, lava ses mains et son visage, mit son vêtement, et attendit tranquillement le jour, pour se mettre en quête d'aliments. Le moment étant venu de sortir, il prit sa patta et marcha dans la direction de l'arbre Gniaong. L'arbre tout entier étincelait par la vertu des rayons lumineux qui émanaient de sa personne; il resta là un petit instant. A ce moment même, arrivait Sounama, pour nettoyer, d'après les ordres de sa maîtresse, la place des offrandes. En approchant, elle aperçut Phralaong, au pied de l'arbre ; les rayons de lumière qui émanaient de sa personne étaient réfléchis sur l'arbre qui avait un aspect éblouissant. Voyant ce prodige, Sounama se dit : « Évidemment le Nat est descendu de l'arbre pour recevoir en personne les offrandes. » Pénétrée d'une joie inexprimable, elle courut en toute hâte auprès de sa maîtresse lui conter l'aventure. Thoudzata en fut ravie, et, voulant lui donner une preuve substantielle de sa reconnaissance pour une aussi bonne nouvelle, elle lui dit : « A partir de ce moment, vous n'êtes plus ma servante; je vous adopte pour ma fille aînée. » Et, sur-le-champ, elle lui fit don des ornements qui convenaient à sa nouvelle position. Il est d'usage avec tous les Phralaongs, le jour où ils doivent devenir Boudha, d'être pourvus d'une coupe d'or d'une valeur énorme. Thoudzata ordonna d'apporter un vase d'or, et y versa le Nogana, ou lait bouilli. Comme l'eau qui glisse sur la feuille du nénuphar sans y laisser de trace, de même le Nogana coula du pot dans la coupe d'or et la remplit. Elle recouvrit cette coupe avec une autre du même précieux métal, et enveloppa le tout d'un linge blanc. Aussitôt après, elle mit ses vêtements les plus beaux, et, convenablement parée, ayant placé la coupe d'or sur sa tête, elle se dirigea avec une décente gravité vers l'arbre Gniaong. Transportée de joie en voyant Phralaong, elle s'avança respectueusement vers lui, le prenant pour un Nat. Lorsqu'elle fut auprès de lui, elle déposa doucement le vase d'or sur le sol, et, dans un bassin d'or, lui offrit de l'eau parfumée pour laver ses mains. A ce moment, la patta en terre offerte à Phralaong par le Brahma Gatikara, disparut. S'apercevant que sa patta avait disparu, il étendit sa main droite et la lava dans l'eau parfumée; pendant ce temps, Thoudzata lui présentait la coupe d'or contenant le Nogana. Ayant observé que ses yeux s'étaient rencontrés avec ceux de Phralaong, elle lui dit : « Seigneur Nat, je vous demande la permission de vous offrir cette nourriture, ainsi que le vase qui la contient. » Ensuite, s'étant respectueusement prosternée devant lui, elle continua : « Puisse votre joie et votre bonheur égaler les miens ; puissiez-vous jouir du plus heureux repos, éternellement entouré d'une grande et brillante suite. Offrant alors la coupe d'or qui valait cent mille pièces d'argent, avec autant d'indifférence que s'il se fût agi d'une feuille d'arbre sèche, elle se retira et retourna chez elle, le cœur comblé de joie.

Phralaong, se levant, prit avec lui la coupe d'or, et, ayant tourné vers la gauche de l'arbre Gniaong, il vint sur le bord de la rivière Neritzara, en un lieu où plus de cent mille Boudhas s'étaient baignés avant d'avoir obtenu l'intelligence suprême. Ayant déposé sur le sol la coupe d'or, il se déshabilla, et descendit dans la rivière. Quand il se fut baigné, il en sortit et endossa sa robe jaune qui, pour la forme et la coupe, ressemblait à celle de ses prédécesseurs. Il s'assit, le visage tourné vers l'est. Sa face ressemblait au fruit mûr du palmier. Il divisa son exquise nourriture en quarante-neuf bouchées qu'il mangea toutes sans y mêler d'eau. Pendant quarante-neuf jours qu'il resta autour de l'arbre Bodi, Boudha ne se baigna jamais, ne prit aucune nourriture, et cependant n'éprouva pas le moindre besoin. Son extérieur, son aspect restèrent les mêmes ; il passa tout son temps absorbé dans une méditation non interrompue. Tenant entre ses mains le vase d'or vide, Phralaong, fit la prière suivante : « Si aujourd'hui je dois devenir un Boudha, que cette coupe flotte sur l'eau et remonte le courant. » Alors il la jeta dans la rivière, et, par la force et l'influence des bonnes œuvres antérieures de Phralaong, elle glissa doucement vers le milieu de la rivière, et là, refoulant le courant, le remonta avec la rapidité d'un cheval, environ quatre-vingts coudées, s'arrêta, coula dans un tourbillon, descendit au pays des Nagas, et fit un grand bruit en venant en contact et se choquant avec les trois coupes des trois derniers Boudhas : Kaukathan, Gaunagong et Kathaba. En entendant ce bruit inaccoutumé, le chef des Nagas sortit de son sommeil et dit : « Qu'est-ceci ? hier un Boudha, a paru dans le monde, et aujourd'hui en voici un autre ! » Et dans cent strophes et plus, il chanta les louanges de Boudha.

Sur le bords de la rivière Neritzana, il y a un bocage d'arbres Salas, où Phralaong se retira pour trouver la fraîcheur sous ses ombrages ; vers le soir, il se leva, et, avec la dignité et la noble démarche d'un lion, il se dirigea, par une route large de 8 outhabas, faite par les Nats et jonchée de fleurs, vers l'arbre Gniaong. Les Nats, les Nagas et les Galongs chantaient en chœur ses louanges, jouant des instruments et faisant des offrandes des plus belles fleurs et des parfums les plus exquis apportés de leurs siéges. Les mêmes réjouissances eurent lieu dans dix mille autres mondes. Pendant qu'il se dirigeait vers l'arbre, il rencontra un jeune homme qui revenait chargé d'une botte d'herbe, qu'il avait coupée dans les champs. Prévoyant que Phralaong, pourrait avoir besoin d'un peu de cette herbe pour son usage, il lui en offrit huit poignées, qui furent acceptées avec plaisir.

Arrivé tout auprès de l'arbre Gniaong (1), Phralaong s'arrêta au

(1) Nous voici maintenant arrivés à l'épisode le plus intéressant de la vie de Phralaong. Il doit devenir un Boudha parfait, sous l'ombrage du Gniaong, ou figuier Banian (*Ficus Indica, ficus religiosa*). Deux des circonstances qui accompagnent ce grand événement méritent une attention particulière. La première, c'est la préférence donnée à l'est sur les autres points cardinaux, et la seconde, le combat extraordinaire entre Phralaong et le malin Nat Manh ou Mar. Je note la première de ces deux circonstances, parce qu'elle s'accorde avec la croyance dominante chez la plupart des nations, à l'époque ou avant l'époque de la venue de Notre-Seigneur, que de l'est doit surgir un personnage extraordinaire, qui apportera les plus grands avantages à la race humaine, et à qui l'on devra le retour des temps heureux, tels que l'âge d'or tant chanté par les poëtes. L'historien romain Suétone témoigne de cette tradition, comme ayant été universellement admise de son temps. Il n'y a rien d'impossible à ce que la même notion, ayant pénétré jusque dans l'extrême Orient, ait porté Phralaong à regarder vers l'est, au moment suprême où l'intelligence parfaite allait devenir son partage. Par contre, on peut dire que la splendeur et la magnificence du soleil, émergeant du sein de la nuit, et chassant l'obscurité en versant des torrents de clarté sur la face de la terre, rendant la vie et l'action à la nature, étaient pour Phralaong un motif suffisant de donner la préférence à l'est. Mais pour un ascète comme lui, persuadé que ce monde tout entier n'est qu'illusion, une telle considération devait avoir une mince valeur, et nous ne pensons pas qu'il y ait eu là pour lui un motif suffisant de donner à l'est une préférence si marquée.

La seconde circonstance, remarquable pour l'époque où elle a lieu, c'est le grand combat entre Phralaong et Manh. Le premier personnifie la beauté et la bienveillance pour tous les êtres ; le second est la personnification de la malice la

sud de l'arbre, le visage tourné vers le nord, quand, tout à coup, la pointe méridionale du globe parut s'abaisser jusqu'à l'enfer plus consommée. La lutte doit se passer entre le bon principe, d'une part, et le mauvais de l'autre. Phralaong, en devenant un Boudha, prêchera une loi faite pour dissiper les ténèbres intellectuelles, mater les passions vicieuses, montrer le chemin de la perfection, relâcher les liens qui retiennent les êtres dans une misérable existence, et les mettre à même d'atteindre en sûreté les tranquilles rivages du Neibban. Manh, le diable en personne, le père du mensonge et de la fourberie, se délecte à voir tous les êtres plongés dans le gouffre des vices, dévoyés par l'impétueux et irrésistible torrent de leurs passions, et condamnés à tourner à jamais dans un tourbillon d'existences sans fin. Il se considère comme le roi de ce monde, et met son orgueil à contempler tous les êtres, courbant le front sous son joug tyrannique et reconnaissant son pouvoir incontesté. Maintenant le moment est venu où un antagoniste puissant va lui disputer l'empire du monde. Sa mission sera de travailler sans cesse à délivrer tous les êtres de l'étreinte de leur mortel ennemi, et les affranchir de la tyrannie des passions. Manh est furieux des prétentions audacieuses de Phralaong. De là les efforts qu'il fait pour maintenir ses droits et conserver l'empire. A l'époque où Phralaong quittait le monde pour devenir un Rahan, Manh essaya de le dissuader de son dessein. Mais dans l'occasion actuelle, le tentateur a rassemblé toutes ses forces, afin de repousser par une attaque qu'il croit irrésistible, le coup mortel qui va lui être porté. Il est inutile d'ajouter que le lecteur, en lisant les détails de l'attaque de Manh contre Phralaong, doit ne pas perdre de vue l'allégorie, qui y est renfermée d'un bout à l'autre, de l'opposition du mal contre le bien. La victoire de Phralaong sur Manh signifie le triomphe définitif de la vérité sur l'erreur.

Quand le conflit est près de cesser, Phralaong oppose, aux prétentions qu'élève Manh à la possession de son trône, qu'il n'a jamais pratiqué les dix grandes vertus, ni accompli les œuvres de douceur, de bienveillance et de charité, qui seules ont le pouvoir d'élever un être à la dignité de Boudha. Il ne faut pas perdre de vue que ces qualités sont les traits distinctifs d'un Boudha, avec la possession de l'intelligence suprême. Dans ce système, ils admettent qu'il existe certains êtres appelés Pitsega-Boudhas, qui possèdent tout le savoir et la science d'un vrai Boudha; mais comme ils n'ont pas en partage ces sentiments de bienveillance qui poussent le premier à travailler ardemment au bonheur et au salut de tous les êtres, ils ne peuvent être assimilés aux vrais Boudhas.

La position avec les jambes croisées que notre Boudha prend toujours de préférence à toute autre, pendant les quarante-neuf jours qu'il passa au pied et en différentes places autour de l'arbre bodi, est, comme chacun sait, l'attitude favorite de tous les Asiatiques. Mais, pour lui, c'est la plus convenable pour la méditation et la contemplation. Aussi, la plupart des statues ou des images de Gaudama le représentent avec les jambes croisées, position qu'il avait lorsqu'il obtint la dignité de Boudha. Comme cet événement est de beaucoup le plus important de sa vie, il est naturel qu'une aussi grande circonstance soit toujours présentée à l'attention et au souvenir de ses sectaires, par des objets qui le montrent à cette phase importante de sa dernière existence. Il n'est pas rare de rencontrer des statues de Gaudama, quelquefois de dimensions colossales, qui le représentent couché sur le côté. C'est la position qu'il avait lorsqu'il mourut. Par suite, ces deux attitudes ont pour but de rappeler à ses sectaires les deux plus grandes

Awidzi, le plus bas de tous, tandis que l'extrémité septentrionale paraissait atteindre le firmament. Il dit alors : « Vraiment ceci n'est pas la place où je dois devenir un Boudha. » De là, Phralaong vint à sa droite vers l'est de l'arbre, et, se tenant debout, le visage tourné vers l'ouest, il dit : « En vérité, c'est ici le lieu où tous les Boudhas antérieurs ont obtenu l'intelligence suprême. C'est bien aussi le vrai lieu où je dois devenir un Boudha, et établir mon trône. » Il saisit par une de leurs extrémités les huit poignées d'herbe et les répandit sur le sol, lorsque soudain, parut sortir du sein de la terre un trône élevé de quatorze coudées, orné de sculptures et de peintures magnifiques, supérieures à tout ce que l'art humain pourrait produire. Alors Phralaong, regardant vers l'est, prononça l'imprécation suivante : « Si je ne suis pas destiné à devenir un Boudha, que mes os, mes veines et ma peau s'attachent à ce trône, et que mon sang et ma chair s'y dessèchent. » Il monta alors sur le trône, le dos tourné contre l'arbre, et son visage vers l'est. Il s'assit, les jambes croisées, fermement résolu à ne jamais quitter le trône avant d'être devenu un Boudha. Jamais personne ne pourra prétendre à une fermeté de résolution semblable, et telle que tous les éléments réunis n'auraient pas eu le privilège de l'ébranler un instant.

Pendant que Phralaong était assis sur le trône les jambes croisées, Manh Nat se dit : « Je ne souffrirai pas que le prince Theiddat empiète sur mon empire. » Il appela ses guerriers à grands cris. Entendant la voix de leur chef, ses guerriers se massèrent autour

circonstances de sa vie : quand il devint un Boudha, et quand il entra dans l'état de Neibban.

On est ici absolument forcé de réfléchir sur le rôle singulier attribué à ces Pitsega-Boudhas. Ils possèdent toute la science d'un Boudha, mais n'ont pas cette bonté, cette bienveillance et ce zèle qui poussent les Boudhas véritables à travailler si ardemment à la délivrance de tous les êtres. Ils ne font leur apparition qu'à ces époques de ténèbres et d'ignorance, qui ne doivent pas être éclairées, illustrées par la présence d'un Boudha. Ils sont autant de luminaires inférieurs qui jettent une pâle lueur parmi les hommes, pour les empêcher de tomber au fond de l'abîme de l'ignorance. Ils conservent sur la terre quelques étincelles de la connaissance des vérités fondamentales qui, sans eux, disparaîtraient complétement de la mémoire des hommes. A l'instar des prophètes anciens, ils préparent les hommes, d'une manière indirecte, à la venue du futur libérateur. Leur mission terminée, quand un Boudha doit venir parmi les hommes, ils disparaissent ; et l'on n'en voit plus un seul, ni du vivant de Boudha, ni tout le temps que sa religion doit subsister.

de lui. Ses innombrables partisans, de front, de droite et de gauche, s'étendaient à 18 youdzanas de distance, à 9 seulement au-dessus de lui; derrière lui, ils s'étendaient jusqu'aux dernières limites du monde. Les cris de cette immense multitude étaient repétés à une distance de 10,000 youdzanas et ressemblaient au grondement des vagues en fureur. Manh Nat montait l'éléphant Girimegala, qui mesure en longueur 5 youdzanas. Doué de mille bras droits, il brandissait toute sorte d'engins meurtriers. Ses guerriers sans nombre, pour éviter la confusion, étaient disposés en rangs, portant leur diverses armes. Ils étaient comme autant d'épais nuages roulant lentement et convergeant vers Phralaong.

A ce moment, les Nats entouraient Phralaong, chantant ses louanges; le chef Thagia soufflait dans sa conque, dont un seul son vibre quatre mois entiers; le chef des Nagas, récitait des stances en son honneur; un chef Brahma tenait au-dessus de lui l'ombrelle blanche. A l'approche de l'armée de Manh Nat, ils furent tous saisis d'une frayeur irrésistible et s'enfuirent chacun dans sa demeure. Le Naga plongea dans les entrailles de la terre à une profondeur de 500 youdzanas, et couvrant sa face de ses deux ailes, tomba dans un profond sommeil. Le Thagia, jetant sa conque sur ses épaules, courut jusqu'aux extrémités du monde. Le Brahma, tenant encore l'ombrelle par le bout du manche, s'en fut dans sa contrée. Phralaong fut donc laissé seul. Manh Nat, se tournant vers ses combattants, leur cria: « En vérité, personne n'est égal au prince Theiddat, ne l'attaquons pas de front, mais commençons l'assaut par le nord. »

En ce moment, Phralaong levant ses yeux, regarda à droite, à gauche et de front, cherchant cette multitude de Nats, de Brahmas et de Thagias, qui, l'instant d'avant, lui rendaient leurs hommages; mais ils avaient tous disparu. Il vit l'armée de Manh Nat qui, du nord, s'avançait en rangs pressés contre lui comme un ouragan. « Quoi! » se dit-il « est-ce contre moi seul qu'une telle multitude de guerriers a été rassemblée? Je n'ai personne pour me secourir, ni père, ni frères, ni sœurs, ni amis, ni parents. Mais j'ai pour moi les dix grandes vertus que j'ai pratiquées; les mérites que j'ai acquis par la pratique de ces vertus, seront ma sauvegarde et ma protection; ce seront mes armes défensives et offensives, et, avec elles, j'exterminerai la grande armée de Manh. » Ayant dit ces choses, il resta tranquillement occupé à méditer sur les mérites des dix grandes vertus.

Pendant que Phralaong était ainsi absorbé dans la méditation, Manh Nat commença son attaque contre lui. Il suscita un vent qui soufflait avec une telle violence, qu'il emportait des sommets de montagnes, bien qu'ils eussent un ou deux youdzanas d'épaisseur. Les arbres des forêts étaient réduits en atomes. Mais la vertu des mérites de Phralaong le préserva de cet ouragan destructeur. Son tsiwaran ne fut même pas agité. Voyant l'inutilité de sa première tentative, Manh fit tomber une forte pluie avec une telle violence qu'elle déchira la terre et l'ouvrit jusqu'en ses fondements. Mais pasu ne goutte n'atteignit la personne de Phralaong. A ceci succéda une grêle de rochers, accompagnés de fumée et de feu, mais ils se métamorphosèrent en d'immenses masses de fleurs qui vinrent tomber aux pieds de Phralaong. Puis vint une grêle de sabres, de couteaux et de toute sorte d'instruments tranchants qui répandaient du feu et de la fumée. Tous tombèrent impuissants aux pieds de Boudha. Des tourbillons de cendres brûlantes et de sable vinrent bientôt obscurcir l'atmosphère, mais ils tombèrent devant lui en poussière parfumée. Des nuages de boue leur succédèrent, qui vinrent parfumer l'espace, autour et au-dessus de Phralaong. Manh fit naître une profonde obscurité dans toute l'atmosphère, mais, pour Phralaong, elle se changea en rayons de la plus pure lumière. L'enragé Manh criait à ses guerriers : « Pourquoi restez-vous occupés à regarder ? précipitez-vous sur lui, et forcez-le à fuir devant moi. » Assis sur un immense éléphant, et brandissant ses armes formidables, Manh s'en vint tout près de Phralaong et lui dit : « Theiddat, ce trône n'est pas fait pour vous ; quittez-le donc, il est ma propriété. » Phralaong répondit avec calme : « Vous n'avez pas encore pratiqué les dix grandes vertus, ni passé par les cinq actes de renoncement ; vous n'avez jamais occupé votre vie à aider les autres, à acquérir des mérites ; en un mot, vous n'avez pas encore fait ce qui est nécessaire pour obtenir la suprême dignité de Phra. Ce trône, par conséquent, ne peut être à vous. » Incapable de contenir plus longtemps sa colère, Manh jeta ses formidables armes contre Phralaong ; mais elles se convertirent en guirlandes de fleurs magnifiques, qui vinrent s'enrouler gracieusement autour de son corps, son sabre et ses autres armes qui pouvaient entailler d'un seul coup les roches les plus dures, n'eureut pas plus de succès. Les soldats de Manh, espérant que leurs efforts réunis auraient un meilleur résultat, et qu'ils pourraient renverser Phralaong de son trône, firent une attaque soudaine et simultanée, précipitant contre lui avec une force irrésistible des rochers aussi gros que des montagnes; mais par la vertu des mérites de leur antagoniste, ces rochers devinrent autant de gracieux bouquets qui tombaient à ses pieds.

A ce moment, les Nats suspendus entre l'espoir et la crainte, observaient, du haut de leurs résidences, la scène du combat. Phralaong dit alors à Manh : « Comment oses-tu prétendre à la possession de ce trône ? Pourrais-tu jamais prouver que tu as fait assez d'offrandes pour mériter ce trône ? » Manh se tournant vers ses suivants, répondit : « Voici mes témoins, ils témoigneront en ma faveur. » Au même instant, tous s'écrièrent à haute voix en approbation des paroles de Manh. « Quant à vous, prince Theiddat, où sont les témoins en votre faveur, qui prouveront la réalité de vos droits à la possession de ce trône? » Phralaong répliqua : « Mes témoins ne sont pas comme les tiens, des hommes ou des êtres vivants (1), c'est la terre qui portera témoignage pour moi. Car,

(1) Le témoin dont Phralaong invoque le témoignage à l'appui de son droit à la possession indiscutée du trône est la terre elle-même. C'est peut-être de là qu'est venue chez les Birmans l'habitude d'appeler la terre comme témoin des bonnes œuvres qu'ils ont faites ou qu'ils font. Je dirai maintenant ce qui se fait et se dit dans ces occasions. Pendant mon premier séjour en Birmanie, il m'arriva, lors de mes promenades du soir, d'observer des groupes de dix à douze personnes des deux sexes, assemblés dans des endroits un peu écartés, près d'une pagode. Comme ils paraissaient très-attentifs, je pus m'approcher d'eux, à l'effet de savoir quelle cause les avait amenés là et quel objet captivait à ce degré leur attention. Étant connu de quelques-uns d'entre eux, ils ne furent pas effrayés de ma soudaine apparition. Leur ayant demandé le motif de leur réunion en ce lieu et à une heure aussi avancée, ils dirent, qu'ayant enterré la veille un enfant de deux ans, ils étaient venus pour faire des offrandes de riz bouilli, bananes et autres fruits pour se rendre favorable le Nat du lieu. Je les priai de répéter pour moi la formule d'usage en cette occasion, et ils le firent très-gracieusement. Voici cette formule :
— « Croyant dans les trois précieuses choses, — Boudha, la loi et l'assemblée des parfaits, — je fais cette offrande, afin d'être délivré de toutes les misères présentes et futures. Puissent tous les êtres existants dans les quatre états de punition, arriver aux sièges fortunés des Nats! Je désire que tous mes parents, et tous les hommes, habitants de ce monde et des autres, aient une part à cette œuvre méritoire. O terre! et vous, Nats gardiens de ce lieu, soyez témoins de l'offrande que je fais. » En prononçant ces derniers mots, celui qui fait l'offrande, ou un Talapoin amené exprès, jette de l'eau sur le sol.

sans faire allusion même à ces offrandes que j'ai faites durant plusieurs existences antérieures, je mentionnerai seulement les quarante-sept grandes que je fis, alors que je vivais comme prince Wethandra. » Etendant sa main droite, qu'il avait tenue cachée jusque-là, sous les plis de son vêtement, et montrant la terre, il dit d'une voix ferme : « Terre, n'est-il pas vrai qu'au temps où j'étais prince Wethandra, j'ai fait quarante grandes offrandes ? » Par un puissant et profond roulement, qui résonnait au milieu des légions de Manh, comme le bruit de mille voix menaçant de semer la mort et la destruction dans leurs rangs, la terre répondit. La fameuse monture de Manh fléchit les genoux et rendit hommage à Phralaong. Manh lui-même, découragé et déconfit, s'enfuit dans la région de Watha-wati. Ses guerriers furent tellement dominés par la peur que, jetant tout ce qui pouvait retarder leur retraite, ils s'enfuirent dans toutes les directions. Le désordre et la confusion de leur déroute furent tels, qu'on n'en vit pas deux suivre la même direction dans leur fuite.

Voyant de leurs siéges la défaite de Manh et la glorieuse victoire de Phralaong, les Nats (1) remplirent l'air de leurs cris d'allégresse. Les Brahmas, les Nagas et les Galongs se joignirent aux Nats pour célébrer son triomphe sur ses ennemis. Accourant de plus de dix mille mondes, tous se hâtèrent de rendre hommage et d'offrir leurs félicitations à Phralaong, lui présentant des fleurs et des parfums, et disant : « Victoire et gloire à Phralaong! honte et défaite à l'infâme Manh ! »

Ce fut un peu avant le coucher du soleil, que Phralaong acheva son éclatante victoire sur son fier ennemi. Il était alors plongé dans la plus profonde méditation. Les extrémités des branches de

---

(1) Comme les Nats, ainsi que tous les autres êtres, doivent avoir part aux prédications de Boudha, il est naturel qu'ils s'unissent pour chanter ses louanges et célébrer ses hauts faits. Les Nagas et les Galongs sont des êtres fabuleux souvent mentionnés dans le cours de ce récit. Nous avons fait remarquer, dans une note antérieure, que, d'après les idées Boudhistes, les animaux sont des êtres dans un état de châtiment, différant de l'homme, non en nature, mais seulement en mérites. Quelques-uns d'entre eux ayant presque satisfait à la somme de leurs démérites, commencent à éprouver l'influence de leurs mérites antérieurs. On leur suppose jusqu'à un certain point l'usage de la raison. Quoi d'étonnant, dès lors, qu'ils se réjouissent du triomphe de celui qui doit les aider à s'élever à une condition meilleure que celle où ils se trouvent?

l'arbre Bodi (1), qui pendaient gracieusement sur lui, semblaient caresser son tsiwaran : c'étaient comme autant de jolis bouquets de fleurs rouges qui lui étaient offerts. A la première veille de la nuit, Phralaong rassembla toutes les ressources de son puissant esprit, pour connaître les lois des causes et des effets, afin de se rendre compte de tout ce qui existe. Il argumentait en ces termes :
— La peine et toute sorte de misères existent certainement dans ce monde. Pourquoi existent-elles? Parce que la naissance existe. Pourquoi y a-t-il naissance? Parce qu'il y a conception. Maintenant la conception a lieu parce qu'il y a existence, ou cet état moral, produit par l'action ou l'influence des mérites et des démérites. L'existence est produite par *Oupadan*, ou la combinaison des affections calculée pour produire la mise au jour. Cette dernière a pour cause le désir. Le désir est produit par la sensation. Celle-ci est occasionnée par le contact. Le contact a lieu, parce qu'il y a les six sens. Les six sens certainement existent, parce qu'il y a le nom et la forme, c'est-à-dire le signe extérieur de l'être idéal, et le type de l'être réel. Le nom et la forme doivent leur existence au savoir

(1) L'arbre Banian au pied duquel Phralaong obtient l'intelligence parfaite est parfois, dans cet ouvrage, appelé arbre Bodi. Le mot Bodi veut dire sagesse, science ou savoir. Les Birmans, dans leurs écritures sacrées, mentionnent toujours l'arbre par ce nom, parce que, sous son ombre, la science parfaite fut communiquée à Phralaong. On suppose qu'il occupe le centre exact de l'île de Dzampoudiba. Durant tout le temps que Phra ou Boudha (donnons-lui dès à présent ce nom) resta sous cet arbre, son esprit était absorbé dans la plus profonde méditation, que les gigantesques efforts de son ennemi pouvaient à peine interrompre. Il ne faudrait pas conclure du texte, que la suprême intelligence a été communiquée soudainement ou par miracle à notre Boudha. Ses premiers travaux d'esprit l'avaient déjà préparé à ce grand résultat ; ses études et la réflexion le disposaient à la réception de cette science plus qu'humaine ; il ne lui fallait plus qu'un dernier et puissant effort d'intelligence, pour arriver enfin à ce faîte de la science, et devenir un parfait Boudha. Ce dernier effort fut fait en cette occasion et couronné du plus complet succès. Il acquit la science du passé, du présent et de l'avenir.

Il serait curieux de chercher quels motifs ont déterminé les Boudhistes à donner le nom de Bodi à l'arbre sacré. A première vue, on peut croire que ce nom lui fut donné parce que, sous son ombrage frais, le Bodi ou l'intelligence suprême fut communiquée à Phralaong ; cette coïncidence toute extraordinaire ne nous semble pas suffisante pour expliquer cette dénomination. Si l'on se remet en mémoire les cas nombreux et frappants de certains faits, certaines vérités révélées, offerts à l'attention du lecteur de cette légende, sous une forme défigurée, mais encore reconnaissable, on se trouve alors conduit tout simplement et avec toutes chances de vraisemblance, à supposer qu'il y a de plus en ceci un reflet de la tradition de l'arbre de la science, qui occupait le centre du jardin d'Eden.

erroné; celui-ci, à son tour, est produit par l'imagination qui a pour cause l'ignorance (1).

(1) La théorie des douze causes et effets est en elle-même très-arbitraire, et dépasse presque le niveau de compréhension des initiés à la métaphysique des Boudhistes. J'essayerai de l'analyser d'une façon aussi simple et aussi claire que possible. Cette théorie est très-ancienne; probablement contemporaine des premiers âges du Boudhisme. Elle forme la base de l'ontologie et de la métaphysique, de même que les quatre grandes et transcendantes vérités constituent le fondement de ce système de morale. Il est probable que Gaudama, dans ses prédications, qui étaient très-simples et toujours à la portée des esprits ordinaires, n'a jamais formulé sa doctrine, sur ce point essentiel, d'une manière aussi sèche et aussi concise. Mais çà et là, il en déposait le germe, il en jetait la semence dans ses instructions. Ses disciples immédiats, en essayant de donner un corps à la doctrine du maître, en sont venus graduellement à présenter la formule ou théorie qui vient d'être exposée. Elle a bien, en effet, tous les caractères d'un système élaboré dans une école philosophique.

Prenant notre point de départ de la première cause, qui est *Awidza*, ou l'ignorance, ou le besoin de science, ou le non-savoir, nous avons à suivre les diverses étapes ou conditions d'un être, jusqu'à ce qu'il arrive à la décrépitude, la vieillesse et la mort. Quand nous parlons d'ignorance ou de non-science, nous ne devons pas supposer l'existence matérielle d'un être qui ignore. Mais nous devons prendre l'ignorance dans un sens abstrait, privée de formes, et subsistant d'une façon fort différente de l'idée classique que nous nous faisons des êtres ordinaires. Un Européen éprouve une grande difficulté à trouver sa route parmi ces formes d'argumentation si extraordinaires et si différentes du positivisme auquel il est habitué. Mais avec le Boudhiste c'est tout autre chose. Il peut passer de l'abstrait au concret, de l'idéal au réel, avec la plus parfaite aisance. Mais suivons l'échelle des causes et des effets. Elle a douze échelons.

De l'ignorance vient *Sangkara*, c'est-à-dire la conception ou l'imagination, qui prend pour la réalité ce qui n'est pas réel, qui considère ce monde comme quelque chose de substantiel, tandis qu'il n'y a en réalité qu'ombre et vide, qui revêtent des formes qui disparaissent aussi vite que les changements sur un théâtre. Sangkara, à son tour, engendre *Wignian*, ou le savoir suivi d'une notion de sentiment qui implique l'âme et la vie, dans un sens abstrait. De Wignian procède *Namrup*, le nom et la forme, parce que le savoir ne peut avoir pour objet que le nom, la forme, etc., ou, pour parler le langage des Boudhistes, les choses qui sont externes et internes. Mais qu'il soit bien entendu qu'il ne s'agit ici que de l'individualité d'un être idéal.

Le nom et la forme donnent naissance aux *Chayatana*, les six sens, ou sièges des qualités sensibles. A notre division ordinaire des cinq sens, les Boudhistes ajoutent Mano ou le cœur, le sens interne. Par les sens nous sommes mis en communication ou en contact avec tous les objets, par suite les six sens occasionnent la sixième cause *Pasa*, qui signifie proprement contact. De cette cause découle la septième, appelée *Wedana* ou sensation, ou, d'une manière plus générale, sensibilité. Par le fait, il ne peut y avoir de contact, sans qu'il en résulte quelque sensat ou agréable ou désagréable. *Wedana* donne lieu obligatoirement à *Tahna* ou passion, ou désir, ou inclination. A partir de ce point la série des causes et effets devient relativement facile à suivre, parce qu'elle offre des conditions qui se relient

Ayant suivi mentalement la succession des douze causes et effets, et atteint le dernier anneau de cette chaîne, Phralaong se dit : « L'ignorance ou la non-science est la première cause qui engendre tous les phénomènes que je viens de passer en revue. C'est de là que découle le monde et tous les êtres qu'il renferme. C'est la cause de cette illusion universelle dans laquelle l'homme et tous

essentiellement à un objet matériel. Par Tahna nous ne devons pas comprendre seulement l'inclination naturelle que les sexes ont l'un pour l'autre, mais la propensité générale créée chez un être par un contact quelconque, ou peut être, ainsi qu'il est d'usage chez les Boudhistes, le désir pris dans un sens abstrait.

L'immédiate résultante de Tahna est *Oupadan*, l'attachement ou la conception. C'est cet état dans lequel le désir adhère à quelque chose, prend une forme. Par le fait ; c'est l'être conçu. De l'état de conception, l'être passe en celui de *Bawa* ou existence, ou cette condition qui est créée et occasionnée par l'influence de bonnes ou mauvaises actions antérieures, précédant la naissance qui n'est que l'apparition de l'être dans ce monde. *Dzadi* ou la naissance est la onzième cause. C'est l'introduction d'un être dans le monde. Il y a six voies par lesquelles un être vient dans ce monde, savoir : celles de Nat, homme, Asoura, Preitta, animal et habitant de l'enfer. La naissance est produite de quatre façons différentes : humidité, œuf, matrice ou métamorphose.

Le douzième et dernier degré de l'échelle des causes et effets est la décrépitude et la mort. Par le fait, tout être qui a eu naissance doit vieillir, décliner et finalement mourir.

Tel est le procédé qu'emploient les Boudhistes pour essayer de rendre compte de tout ce qui existe. Il serait difficile de dire quel a pu être l'effet d'un tel raisonnement sur la généralité des esprits auxquels il s'adressait. Mais nous pouvons être bien persuadés que si ces principes existaient à l'état embryonnaire dans les discours de l'auteur du Boudhisme, ils n'ont jamais été exposés à la généralité des auditeurs sous cette forme aride et scolastique. Des doctrines aussi abstraites, quand elles sont analysées et commentées par des docteurs Boudhistes, donnent lieu aux conclusions les plus opposées. L'école matérialiste basait ses doctrines révoltantes sur cette théorie ; nous pouvons ajouter que les opinions de cette école sont généralement en faveur en Birmanie, et chez la grande majorité des Boudhistes. Quelques autres docteurs raisonnaient de la façon suivante : l'ignorance suppose deux choses : un être ignorant et une chose ignorée, c'est-à-dire l'homme et le monde. Ils admettaient l'éternité d'une âme qui avait à passer par les séries mentionnées plus haut. Avec eux, la métempsychose était une marche absolument semblable à celle imaginée par les Brahmines. Quant au monde, c'était pour eux une chose sans réalité. Le savoir les mettait à même d'arriver à cet état de compréhension et de croyance, qu'il n'existe rien composant cette chose que, par illusion, nous appelons monde. La dernière opinion, qui semble admettre l'existence d'un principe distinct de la matière, est opposée à la première, plus répandue, qui suppose que l'esprit n'est qu'une modification de la matière. C'est de propos délibéré que nous employons la forme dubitative, au commencement du dernier paragraphe, quant aux opinions réelles de la dernière école, parce que, grâce à leur façon d'argumenter, il est impossible de ne pas en venir à la conclusion douloureuse qu'ils ignorent ou qu'ils n'admettent pas la distinction entre l'esprit et la matière.

les êtres sont misérablement plongés. Quels moyens employer pour dissiper cette ignorance ? Sans doute, le savoir et la vraie science. Grâce à la lumière que répand la science, je vois clairement la non-réalité de tout ce qui existe, et je suis délivré de cette illusion qui fait croire à tous les autres êtres qu'une telle chose existe, tandis qu'en réalité elle n'existe pas. C'en est fait désormais pour moi, de l'imagination ou de la faculté d'imaginer l'existence de choses qui n'existent pas. Le même sort est réservé à la fausse science qui en résulte, au nom et à la forme, aux six sens, au contact, à la sensation, au désir, à la conception, à l'existence, à la naissance et aux douleurs ou misères. »

Phralaong se dit alors : « La connaissance des quatre grandes vérités, est la vraie lumière capable de dissiper l'ignorance et procurer la science réelle, au moyen de laquelle on pourra parfaitement s'arracher au tourbillon des existences ou à l'état d'illusion. Ces quatres vérités sont : 1° Les misères de l'existence ; 2° la cause productive de la misère, qui est le désir sans cesse renouvelé de se satisfaire, sans qu'on puisse jamais y parvenir ; 3° la destruction de ce désir ou le moyen de s'y soustraire soi-même, est une affaire importante digne de la plus sérieuse attention ; 4° le moyen d'obtenir l'annihilation individuelle de ce désir, n'est fourni que par les quatre Meggas, ou grands chemins menant à la perfection. Mais ces Meggas ne peuvent être suivis que par ceux qui ont la droiture d'intention, de volonté, et qui pendant leur vie, s'appliquent à régler leurs actions, leur conduite, leur langage, leur pensée et leurs méditations. » C'est à ce moment que le cœur de Phralaong acquit une fermeté inébranlable, une parfaite pureté ou exemption de toutes les passions, une douceur inaltérable, et un sentiment profond de compassion à l'égard de tous les êtres.

Quand ces vérités fondamentales eurent été connues, senties et savourées (1), l'esprit de Phralaong jetant un regard sur le passé,

---

(1) On trouve, dans un ouvrage différent de celui qui a été traduit, une exposition plus ample des quatre grandes et sublimes vérités. Nous avons pensé que le lecteur aimerait à connaître de quelle manière les Boudhistes eux-mêmes comprennent cet important sujet, qui est pour eux la base de leur doctrine morale.

Il y a quatre grandes vérités : la peine, la production de la peine, la destruction de la peine, et la voie qui conduit à cette destruction. Qu'est-ce que la peine, qui est la première des grandes vérités ? C'est la naissance, la vieillesse, la maladie, la mort, la mise en contact avec ce qui nous déplaît, la séparation des objets pour

fut capable de découvrir à l'instant tout ce qui avait eu lieu pendant les innombrables périodes de ses existences antérieures. Il se rappelait le nom qu'il avait porté, ceux de ses parents, des lieux qu'il avait vus et visités, de la caste à laquelle il avait appartenu, et tous les principaux événements qui avaient marqué le cours de sa carrière, à travers les migrations continuelles. De même, il voyait, réfléchies comme dans un miroir, les conditions antérieures de l'existence de tous les autres êtres. L'expansion, l'immense développement de son esprit, qui lui permettait de sonder les profondeurs du passé, se manifesta pendant la première veille de la nuit.

Il appliqua ensuite la force immense de son incomparable esprit, à se rendre un compte exact de tous les êtres alors existants. Il

lesquels nous nous sentons de l'attachement, l'illusion qui engendre la fausse science. Tout cela est peine. Quelle est la production de la peine, seconde sublime vérité? — C'est le désir incessamment appliqué à une satisfaction illusoire qui ne peut jamais être atteinte. Ce désir est un renouvellement perpétuel d'aspirations, de convoitises, pour toute sorte d'objets, qui ne sont jamais satisfaites. Telle est la cause productrice de la peine ; telle est la source de toutes les misères. C'est là la seconde grande vérité. Qu'est-ce que la destruction de la peine, qui est la troisième grande vérité? C'est le rejet de ce désir, qui toujours se manifeste, cherche tel ou tel objet, est toujours suivi de sentiment de plaisir ou de quelque autre sensation. C'est l'étouffement parfait et radical de ce désir ardent, qui toujours convoite et jamais n'est satisfait. L'affranchissement, auquel on arrive, de ce désir, de cette convoitise, la complète destruction de l'un et de l'autre, constitue la troisième grande vérité. Quelle est la voie qui mène à la destruction de ce désir, et qui est la quatrième grande vérité. Le chemin que l'on doit suivre pour obtenir ce résultat si désiré est celui que suit invariablement l'homme sage quand il a une intention, une volonté, une action, une parole, une pensée et une méditation toujours pures et droites.

Les quatre vérités sont en extrême honneur auprès des Boudhistes. Elles constituent ce qu'on a appelé par emphase, la roue de la loi, tournant incessamment sur elle-même et présentant successivement ces quatre points à la considération attentive et à la dévotion affectionnée des fidèles. Ce sont les armes offensives avec lesquelles on attaque et on détruit les passions, le glaive qui tranche le lien qui retenait un être dans le cercle des existences. La révélation ou la manifestation de ces vérités est le grand œuvre qu'un Boudha a mission d'accomplir. Quand il est accompli, tous les êtres, dans leurs sièges respectifs, font éclater une joie extraordinaire. La nature inanimée, elle-même, participe à la joie universelle. La terre tremble avec une grande violence, et les plus grands prodiges proclament hautement l'heureuse manifestation d'une loi qui ouvre à tous les êtres le chemin qui conduit à la délivrance. La prédication de cette doctrine eut lieu, pour la première fois, dans la forêt de Migadawon, non loin de Baranathi, en présence et pour le profit des cinq Rahans qui avaient fait compagnie à Boudha durant les six années de mortification qu'il employa à se préparer à la dignité de Boudha.

examina tous ceux qui étaient en enfer et dans les trois autres siéges du châtiment, ceux qui vivaient sur la terre, et ceux qui habitaient les vingt-six siéges supérieurs. Il distingua immédiatement leur état, leur condition, leurs mérites et démérites et tout ce qui avait rapport à leur être physique et moral. Ce travail occupa son esprit jusqu'à minuit.

Poussé par les tendances bénévoles et charitables de son âme, Phralaong repassa souvent les réflexions suivantes : Tout est misère et affliction dans ce monde ; tous les êtres sont misérablement retenus dans un tourbillon d'existences ; ils flottent au-dessus du gouffre du désir et de la concupiscence ; ils sont le jouet perpétuel de convoitises menteuses jamais satisfaites. Il faut leur enseigner à mettre fin à la concupiscence en se délivrant de son influence. Leur esprit doit être imbu du savoir des quatre grandes vérités. Les quatre chemins que j'ai découverts, doivent infailliblement conduire les hommes et les Nats à ce but si désiré. Ces chemins doivent leur être montrés, afin qu'en les suivant hommes et Nats puissent obtenir la délivrance.

Pendant que ces pensées occupaient puissamment son esprit, un peu avant le lever du jour, dans la cent-troisième année de l'ère Eatzana, le jour de la pleine lune de Katson, la science parfaite éclata subitement en lui : il devint le Boudha.

Quand ce grand prodige eut lieu, dix mille mondes tremblèrent douze fois avec tant de violence, que les cheveux se dressaient sur la tête. Ces mots : « Très-excellent être, » furent entendus dans cette même série de mondes. Des décorations magnifiques ornaient tous les lieux. Partout flottaient à la tête des mâts les plus brillantes bannières. Elles étaient de dimensions telles que celles élevées à l'est flottaient jusqu'aux dernières limites de l'occident, et celles du nord atteignaient à l'extrémité méridionale. Des étendards suspendus aux siéges des Brahmas venaient flotter jusqu'à la surface de la terre. Tous les arbres de dix mille mondes laissaient pendre leurs branches chargées de fruits et de fleurs. Les cinq espèces de lis fleurirent spontanément. Des crevasses des rochers, surgirent les plus riches fleurs. Tout l'univers semblait un immense jardin couvert de fleurs ; une éclatante lumière illuminait des lieux dont les rayons réunis de sept soleils n'auraient pu dissiper l'obscurité. L'eau qui remplit l'immensité des mers, à une profondeur de 84,000 youdzanas, devint douce et offrit le plus agréable breuvage. Les rivières suspendirent leur cours ; les aveugles recouvrèrent la vue, les sourds entendirent et les boiteux marchèrent sans difficulté. Les captifs virent tomber leurs chaînes et retrouvèrent leur liberté. Un grand nombre d'autres prodiges eurent lieu au moment où Phralaong reçut l'intelligence suprême. Il se dit alors : « Avant d'avoir obtenu le suprême savoir, j'ai, pendant des générations sans nombre, parcouru un cercle toujours renouvelé d'existences et supporté la misère. Je vois cela maintenant distinctement! Je vois, en outre, comment je puis me soustraire aux entraves de l'existence, et m'affranchir de toutes les misères et calamités qui accompagnent la génération ; ma volonté est désormais fixée sur le très-désirable état de Neibban. Je suis maintenant parvenu à cet état de perfection qui exclut toutes les passions.

Ce fut le jour de la pleine lune du mois de Katson, que ces mémorables événements eurent lieu, et il faisait jour quand Phralaong obtint enfin, dans toute sa plénitude, la dignité de Boudha. Après ce haut fait glorieux et triomphant, Phralaong, que, dorénavant, nous devons appeler Phra ou Boudha, continua de rester sur le trône, avec ses jambes croisées, et l'esprit absorbé en contemplation pendant sept jours. La contention d'esprit et le travail étaient à leur terme. La vérité, dans sa radieuse beauté, envahissait son esprit et l'inondait de ses plus purs rayons. Placé dans ce centre lumineux, Phra voyait tous les êtres enlacés dans le réseau des passions, ballottés sur les vagues furieuses d'un océan d'existences sans fin, tourbillonnant dans un gouffre de misères perpétuelles, constamment tourmentés et déchirés jusqu'au vif par l'aiguillon de la concupiscence, engloutis dans le sombre abîme de l'ignorance, misérables victimes d'un monde illusoire, insubstantiel et sans réalité. Il se dit alors : « Dans tous les mondes, il n'y a que moi qui sache briser les lacs des passions, apaiser les vagues qui transportent les êtres d'un état à un autre, les sauver du gouffre des misères, mettre fin à la concupiscence et en briser l'aiguillon, dissiper les brouillards de l'ignorance par la lumière de la vérité, enseigner à tous les êtres intelligents la non-existence et la non-réalité de ce monde, et, par là, les conduire à l'état de Neibban. » Ayant ainsi donné cours aux sentiments de compassion qui emplissaient son cœur bienveillant, Phra, lançant un regard sur les événements futurs, se réjouit à contempler le grand nombre d'êtres qui bénéficieraient de ses prédications, et travailleraient à s'affranchir de l'esclavage des passions. Il compta les multitudes qui entreraient dans les voies qui conduisent à la délivrance, et obtiendraient les récompenses dévolues à ceux qui suivront une de ces voies. Le pays de Baranathi aurait le premier de tous la faveur d'entendre prêcher la roue de la loi. Il passa en revue les contrées où sa religion serait solidement établie. Il vit que Maheînda, fils du roi Asoka, porterait sa loi dans Ceylan, 236 ans après son Neibban.

Quand ces sujets et d'autres encore furent épuisés, le très-excellent Phra descendit de son trône et vint à une distance de 10 brasses, au nord-est de l'arbre Bodi. Là il se tint debout, les yeux strictement fixés sur le trône, et sans un seul clignement, pendant sept jours consécutifs, absorbé dans la plus absolue et la plus intense méditation. Les Nats, remarquant cette posture extraordinaire, imaginèrent qu'il regrettait le trône qu'il venait seulement de quitter, et qu'il avait besoin d'en reprendre possession. Ils conclurent que, tel étant le cas, le prince Theiddat n'avait pas encore obtenu la dignité de Boudha. Quand la période de sept jours fut écoulée, Boudha qui connaissait les pensées les plus intimes des Nats, résolut de mettre un terme à leur incrédulité, en ce qui le concernait. Dans ce but, il eut recours au déploiement de pouvoirs miraculeux (1). Il s'éleva dans les airs, et, à leurs regards étonnés, il opéra plus de mille prodiges qui eurent pour effet immédiat de faire taire tous leurs doutes, et de les convaincre qu'il était bien réellement le Boudha.

(1) Les Boudhistes accordent à leur Boudha, la puissance de faire des prodiges et des miracles. Comment ce pouvoir lui est-il conféré ? C'est une difficulté à laquelle ils ne peuvent donner une solution satisfaisante. La science de Boudha le met en possession de toutes les lois qui règlent la nature, c'est-à-dire l'ensemble des êtres animés et inanimés qui constituent un monde ; mais on ne peut trouver l'origine de ce pouvoir qui lui permet de suspendre à son gré le cours de ces lois. Quoi qu'il en soit, il est certain que Boudha eut toujours recours, pendant sa carrière de prédication, aux miracles, afin de convaincre ceux qui paraissaient prêter une oreille incrédule à ses doctrines. Les miracles furent employés avec succès, comme des armes puissantes et irrésistibles, contre certains hérétiques, les Brahmines en particulier, qui enseignaient des doctrines contraires aux siennes. Ils accompagnaient souvent ses prédications, pour augmenter la foi dans le cœur de ses auditeurs.

Étant redescendu sur le lieu d'où il s'était élevé pour déployer ces prodiges, Boudha vint au nord de l'arbre Bodi, à une distance de 2 brasses seulement. Il passa son temps à se promener de long en large, et de l'est à l'ouest, pendant sept jours, sur une route préparée à cet effet par les Nats. Tout ce temps, il fut absorbé dans la plus sublime contemplation.

Il dirigea ensuite ses pas dans la direction du nord-ouest, à une distance de 13 brasses de l'arbre sacré. Là se trouva une superbe maison, éclatante comme de l'or et brillante de pierres précieuses. C'était une résidence temporaire spécialement préparée pour lui par les Nats. Il y séjourna et s'y assit, les jambes croisées, pendant sept jours. Il consacra tout son temps à méditer sur l'Abidamma ou la plus excellente science. Cette science est divisée en sept livres. Phra avait déjà étudié les six premiers et les possédait pleinement, mais les six gloires n'avaient pas encore éclaté en sa personne.

Ce ne fut qu'après s'être assimilé la matière de la dernière division, nommée Pathan, divisée en vingt-quatre parties, que les six gloires apparurent. De même que les grands poissons qui n'aiment à nager que dans le grand océan, l'esprit de Boudha s'épandait avec une inexprimable ardeur, et se délectait à parcourir sans contrainte les horizons illimités que le contenu de ce volume déroulait devant lui. Des rayons bruns sortaient de ses cheveux, de sa barbe et de ses sourcils. De ses yeux et de sa peau émanaient des rayons dorés; de sa chair et de son sang jaillissaient des traits de couleur pourprée, et ses dents et ses os émettaient des rayons blancs comme le lis; ses mains et ses pieds lançaient des rayons d'un rouge foncé, qui, tombant sur les objets environnants, les faisaient ressembler à autant de rubis de la plus belle eau. Son front jetait des rayons ondulés qui rappelaient ceux que réfléchit le cristal taillé. Les objets qui recevaient ces rayons paraissaient autant de miroirs réfléchissant les rayons du soleil. Ces six rayons de nuances diverses faisaient ressembler la terre à un globe de l'or le plus pur. Ils traversèrent d'abord de part en part notre globe, qui a 82,000 youdzanas d'épaisseur, et ensuite illuminèrent la masse d'eau qui supporte notre planète. Elle ressemblait à une mer d'or. Cette masse d'eau, bien qu'elle soit épaisse de 480,000 youdzanas, ne put arrêter l'élasticité de projection de ces rayons, qui percèrent une couche d'air de 960,000 youdzanas d'épaisseur et se perdirent dans le vide.

Quelques rayons, suivant une direction verticale, traversèrent les six siéges de Nats, les seize de Brahmas et les quatre supérieurs, puis ils se perdirent dans le vide. D'autres rayons, suivant une direction horizontale, pénétrèrent une infinité de séries de mondes. Le soleil, la lune, les étoiles semblaient des corps opaques dépourvus de lumière. Le fameux jardin des Nats, leur splendide palais, les ornements suspendus à l'arbre Padetha, furent tous plongés dans l'ombre et parurent obscurs, comme s'ils eussent été enveloppés de ténèbres. Le corps du chef des Brahmas, qui émet la lumière à travers un million de systèmes, n'émettait plus que l'incertaine et faible lueur du ver luisant au lever du soleil. Cette clarté merveilleuse, émanant de la personne de Boudha, n'était le le résultat ni de ses vœux ni de ses prières; mais toutes les parties constituantes de son corps, s'étaient purifiées à un tel degré, par la sublime méditation de la plus excellente loi, qu'elles brillaient d'un éclat sans égal.

Ayant ainsi passé sept jours en cet endroit, près de l'arbre Bodi, il se transporta au pied d'un autre arbre Gniaong, appelé Atzapala, ou arbre des bergers, parce que, sous son ombrage rafraîchissant, les bergers et leurs troupeaux de chèvres se reposaient pendant la chaleur du jour. Il était situé à l'est du Bodi à une distance de 30 brasses. Là il s'assit les jambes croisées durant sept jours, savourant la douceur de se recueillir en lui-même. Ce fut près de cet endroit que le misérable Manh, qui depuis sa grande attaque sur Boudha ne l'avait jamais perdu de vue, mais l'avait constamment suivi en secret, dans des intentions perfides, fut obligé de confesser qu'il n'avait pu découvrir dans le Rahan rien de blâmable, et exprima la crainte de le voir subitement dépasser les bornes de son empire. Le tentateur, penché sur le milieu de la route, traça successivement seize lignes en travers, à mesure qu'il pensait à seize sujets différents. Lorsqu'il eut médité sur chacune des dix grandes vertus, il tira d'abord dix lignes, en disant : Le grand Rahan a réellement pratiqué à un haut degré ces dix vertus, je ne puis prétendre à me comparer à lui. En tirant la onzième, il confessa qu'il n'avait pas, comme ce Rahan, la science qui permettait de connaître les inclinations et les dispositions de tous les êtres. En traçant la douzième, il dit qu'il n'avait pas encore acquis la connaissance de tout ce qui concerne la nature des différentes créatures. Traçant les quatre dernières lignes, il confessa successivement qu'il n'éprouvait pas, comme ce Rahan, une tendre compassion pour les êtres encore embarrassés dans les misères de l'existence, qu'il ne pouvait faire de miracles, ni apercevoir toutes choses, ni atteindre à la parfaite et suprême connaissance de la loi. Sur tous ces sujets, il avoua son infériorité bien constatée à l'égard du grand Rahan.

Pendant que Manh, le cœur bien marri, était ainsi occupé à méditer ces sujets, si bien faits pour l'humilier, il fut enfin trouvé par ses trois filles Tahna (1), Arati et Raga qui l'avaient cherché pendant un certain temps. Quand elles virent le visage accablé de leur père, elles vinrent à lui et s'enquirent des motifs de cette affliction si profonde. « Filles chéries, répondit Manh, je vois ce Rahan échapper à ma puissance, et, en dépit de toutes mes perquisitions, je n'ai pu encore découvrir en lui rien de répréhensible. Telle est l'unique cause de mon indicible chagrin. » — « Cher père, reprirent-elles, bannissez les soucis de votre esprit, et reprenez courage ; nous trouverons bientôt le côté faible du grand Rahan, et le ramènerons triomphalement dans les limites de votre empire qui n'avaient point encore été dépassées jusqu'ici. » — « Prenez garde à l'homme à qui vous avez affaire, répartit Manh. Je ne crois pas qu'aucune tentative dirigée contre lui puisse aboutir. Il est résolu et ferme en ses desseins. Je crains que vous ne réussissiez jamais à le ranger sous ma loi. » — « Cher père, dirent-elles, en notre qualité de femmes, nous savons comme il faut mener de telles affaires ; nous le prendrons comme un passereau dans les filets de la concupiscence. Bannissez à jamais la crainte et l'anxiété de votre cœur. » Lui ayant

(1) Le grand tentateur avait été déçu dans toutes ses tentatives pour vaincre Boudha : le cœur abreuvé d'amertume, il avait été forcé de reconnaître la supériorité de son adversaire et d'avouer sa défaite. Ses trois filles vinrent le consoler lui garantissant que, par leurs efforts réunis, elles auraient raison de la fermeté du grand Rahan, en éveillant dans son cœur le feu de la concupiscence. Les noms de ces trois filles de Manh signifient concupiscence. Les nouveaux ennemis de Boudha ne sont autre chose que la personnification de la luxure. L'orgueil, personnifié dans Manh a été sans pouvoir contre la vertu de Boudha : l'assaut lui vient maintenant, d'un autre côté ; c'est contre le côté le plus faible de la nature humaine, que l'attaque va être dirigée ; mais avec aussi peu de succès que n'en a eu la première. Ce sera pour Boudha, une nouvelle occasion de triompher encore.

donné cette assurance, elles allèrent vers le Boudha et lui dirent :
« Illustre Rahan, nous venons respectueusement vous exprimer le
désir de rester avec vous, afin que nous puissions satisfaire à tous
vos besoins. » Sans accorder la moindre attention à leurs paroles,
sans même jeter sur elles un regard, le très-excellent Boudha se
tint immobile, tout entier au bonheur de la méditation. Sachant
que le même genre de visage, d'extérieur et de charmes corporels
ne plaît pas également, elles se présentèrent l'une sous les apparences d'une jeune fille séduisante à l'extrême, la seconde sous les
traits d'une vierge en toute sa fleur, et l'autre sous l'extérieur d'une
beauté mûre. Ayant ainsi fait leurs arrangements, elles s'appro-
chèrent de Boudha et, à plusieurs reprises, lui exprimèrent le désir de
rester avec lui pour satisfaire à tous ses besoins. Insensible à toutes
leurs amorces, Boudha leur dit : « Quel motif vous amène auprès
de moi ? Vous pourriez avoir quelque chance de succès auprès de
ceux qui n'ont pas encore éteint ou déraciné les diverses passions
qui ravagent leur cœur; mais moi, de même que tous les Boudhas
mes prédécesseurs, j'ai détruit en moi la concupiscence, la passion
et l'ignorance. Aucun effort de votre part ne saurait me ramener
dans le monde des passions. Je suis délivré de toutes les passions,
et j'ai obtenu la sagesse suprême. Par quels procédés pourriez-
vous réussir à me replonger dans le tourbillon des passions? »
Les trois filles de Manh, pleines de confusion, mais néanmoins
ravies d'admiration et d'étonnement se dirent : « Notre père avait
bien préjugé et nous avait donné un bon et sage avertissement. Ce
grand Rahan est digne des louanges des hommes et des Nats.
Tout en lui est parfait; c'est à lui qu'il appartient d'enseigner aux
hommes toutes les choses qu'ils ont besoin de savoir. » Ainsi parlant, et le regard humilié, elles retournèrent près de leur père.

Ce fut en ce même endroit, au pied du Gniaong Adzapala, qu'un
hérétique Pounha, nommé Mingalika, orgueilleux de sa caste, se
rendit en grande hâte, parlant fort, et avec grande irrévérence,
s'approcha du lieu où Boudha était assis (1). Étant entré en conver-

(1) En Birmanie, le créateur du grand système Boudhique est appelé Gaudama,
et l'opinion générale est que cette appellation était son nom de famille. Quand il
est appelé Rahan Gaudama, cela veut dire l'ascète appartenant à la famille de
Gaudama. Au Nepal, le même personnage est connu sous le nom de Thakiamouni, c'est-à-dire l'ascète de la famille Thakia. Ceux qui refusaient de croire en
Boudha et ses doctrines, ceux dont les croyances étaient en désaccord avec les

sation avec lui, le Pounha entendit de sa bouche des instructions dignes d'être conservées à jamais. Il dit à Boudha : « Seigneur Gaudama, j'ai deux questions à vous poser : d'où vient le nom de Pounha? Quels sont les devoirs à remplir pour devenir un vrai Pounha? » Boudha qui, par l'œil de la sagesse, plongeait au plus profond dans l'âme de son interlocuteur, répondit : «Le vrai et naturel Pounha est celui qui a renoncé à toutes les passions, mis fin à la concupiscence, et est entré dans les voies qui mènent à la per-

siennes, et qui professaient ce qui dans l'opinion de leurs adversaires était regardé comme une croyance hérétique, appelaient invariablement Boudha par son nom de famille, le mettant de pair avec tant d'autres de ses confrères qui menaient le même genre de vie. Les Siamois donnent le nom de Sammana Khodom à leur Boudha, c'est-à-dire Thramana Gaudama, ou Gautama, le mot sanscrit Thramana veut dire un ascète qui a vaincu toutes ses passions et vit d'aumônes. Gaudama appartenait à la caste Kshatria. Les rois et toutes les familles royales de cette époque provenaient de la même caste. C'est en raison de cela que son père Thoudaudana était roi du pays de Kapilawot, anciennement un petit État au nord de Goruckpore.

Le jeune Pounha, à l'inverse du jeune homme mentionné dans l'Évangile, avait par les prédications de Gaudama, acquis la connaissance de toutes les lois et pratiques relatives aux devoirs généraux et obligations imposés à tous les hommes en général. Peut-être aurait-il pu ajouter qu'il avait observé tous ces préceptes dès sa jeunesse, ou tout au moins qu'il était sûr, à présent, grâce au surcroit de lumière qu'il devait à son éminent prêcheur, d'observer fidèlement toutes les prescriptions mentionnées dans le cours de la prédication : mais il ne se tenait pas pour satisfait d'une dose ordinaire de vertu et d'observance, il avait de plus hautes visées : il voulait arriver à la plus grande perfection, c'est-à-dire celle des Brahmas. En quoi consiste une telle perfection? Le livre de métaphysique nous informe que les cinq états de Dzan ou contemplation, sont l'apanage des êtres qui occupent les seize siéges des Brahmas, dans l'ordre suivant. Le premier état ou celui de considération, est partagé par tous les êtres qui habitent les trois premiers siéges de Brahmas. Leur occupation est de considérer les divers sujets sur lesquels l'esprit doit s'arrêter. Le second Dzan, ou la réflexion, est réservé aux êtres qui occupent les trois siéges suivants. Leur unique occupation est de se plonger dans la vérité et d'en mesurer la profondeur et les diverses conséquences. Le troisième état de Dzan procure la jouissance qui résulte de la contemplation de la vérité, et appartient aux êtres des trois siéges supérieurs à ceux que nous venons d'indiquer; dans le quatrième Dzan, on jouit du bonheur tranquille qui résulte de la possession de la vérité; il est réservé aux êtres des trois siéges suivants. Le cinquième Dzan ou la stabilité parfaite, est l'heureux partage des êtres qui vivent dans les cinq derniers siéges. Ces fortunés habitants sont si entièrement enracinés dans la vérité et si parfaitement exempts de toutes causes de changement, qu'ils arrivent à l'état de fixité absolue; toute leur âme étant fermement ancrée dans la vérité.

Il faut certainement demander pardon au lecteur qui n'a qu'une notion superficielle de sujets aussi abstrus de lui donner des détails qui lui sont aussi peu familiers; mais quiconque désire pénétrer dans le ténébreux sanctuaire du Boudhisme doit accepter cet ennui.

fection. Mais il y en a d'autres, orgueilleux de leur origine, qui marchent précipitamment, parlent à haute voix et qui n'ont pas fait ce qu'il faut pour détruire l'influence des passions. On les appelle Pounhas, en raison de leur caste et de leur naissance. Mais le vrai sage évite tout ce qui est emporté, impétueux ou turbulent ; il a vaincu toutes ses passions et mis à néant le principe des démérites. Son cœur aime à répéter les formules des prières, et se délecte dans l'exercice de la méditation. Il a atteint le faîte de la perfection. Il n'y a plus en lui désormais hésitation, doute ou orgueil. Un tel homme mérite bien le nom de Pounha ou pur : il est bien un vrai Pounha selon la loi. » L'instruction étant terminée, le Pounha se leva respectueusement de sa place, tourna sur la droite, et partit.

Boudha poursuivit l'œuvre sublime de la contemplation de la vérité pure par le moyen puissant de la réflexion. Ayant passé sept jours dans cette position et s'éveillant de son extase, Boudha se dirigea au sud-est de l'arbre Bodi, à la distance d'un outhaba (1 thaba = 20 tas, 1 ta = 7 coudées) le sixième jour après la pleine lune de Nayon. En cet endroit, il y avait un étang appelé Hidza-li-dana. Sur le bord de cet étang, il s'assit les jambes croisées, sous l'ombrage de l'arbre Kiin, pendant sept jours, savourant les délices de la méditation. Pendant ces sept jours, la pluie tomba en abondance et il fit très-froid. Un Naga, chef de cet étang, aurait pu faire élever une construction pour protéger Boudha de l'inclémence des éléments, mais, pour gagner de plus grands mérites, il préféra se replier sept fois sur lui-même, autour du Boudha, et placer au-dessus sa tête avec sa large crête déployée. Quand les sept jours furent terminés et que la pluie eut cessé, le Naga quitta sa position ; puis, sous les traits d'un jeune homme, il se prosterna devant Boudha et l'adora. Boudha dit : « Celui qui vise à obtenir l'état de Neibban doit posséder la connaissance des quatre voies qui y conduisent, aussi bien que celle des quatre grandes vérités et de toutes les lois. Il doit n'entretenir aucun sentiment de colère envers les autres hommes, ni leur nuire en quelque manière que ce soit. Heureux celui qui reçoit de telles instructions. »

Boudha se leva de cet endroit et vint au sud de l'arbre Bodi, à une distance de quarante brasses, au pied de l'arbre Linloun ; il s'assit les jambes croisées, l'esprit profondément engagé dans la pratique de la plus sublime contemplation. En cette position il resta sept jours entiers, qui complétaient les quarante-neuf jours qui devaient être consacrés à la réflexion et à la méditation autour de l'arbre Bodi. Lorsque cette période de jours fut écoulée, au point du jour, le cinquième après la pleine lune de Watso, il sentit le besoin de nourriture. La circonstance fut promptement remarquée par un Thagia qui, s'empressant de quitter son siége, se hâta vers l'endroit où était Boudha, et lui offrit quelques fruits Thit Khia, d'autres disent Kia-dzou, pour préparer son organisme à recevoir des aliments plus substantiels. Après qu'il les eut mangés, le même messager céleste lui apporta de l'eau pour rincer sa bouche et laver son visage et ses mains. Boudha continua de résider sous l'ombre protectrice et rafraîchissante de l'arbre Linloun.

Pour consacrer, en quelque sorte, et perpétuer le souvenir des sept places occupées par Boudha durant les quarante-neuf jours qu'il passa autour de l'arbre Bodi, un Dzedy fut érigé en chacune de ces sept places. Le roi Pathanadi Kosala les entoura d'un double mur. Par la suite, le roi Dammathoka en ajouta deux autres.

Il existait seulement trois entrées ou portes pour pénétrer dans le terrain circonscrit, une au nord, la seconde à l'est et la troisième au sud. La rivière Neritzara, au lit profond, roule ses eaux bleues dans la direction du sud-est, à une distance de huit outhabas de l'arbre Bodi. Sur la rive orientale de ce cours d'eau, un autre Dzédi a été érigé sur le lieu où, avant de devenir un Boudha, il avait mangé les quarante-neuf bouchées du délicieux Nogana, qui lui avait été offert par la pieuse Thoudzata.

Pendant que Boudha était assis, les jambes croisées, sous l'arbre Linloun, deux frères nommés Tapouza et Palekat, marchands de profession, arrivèrent avec cinq cents chariots dans la forêt d'Ourouwela, à l'endroit même où Boudha était assis. Ils étaient partis de leur ville natale appelée Oukkalaba (1), qui est située dans

(1) L'épisode de ces deux marchands est bien connu des habitants de la vallée de l'Irawady. Dans trois différents manuscrits que l'auteur a eus entre les mains, il l'a trouvé relaté presque avec les mêmes détails. Oukkalaba, l'endroit d'où partirent les deux jeunes gens, était probablement situé dans l'emplacement occupé maintenant par le village de Twaintay, ou à peu de distance. A quelle distance ce

le pays de Mitzima, dans le sud-est, en route pour le port d'Adzeitta. Après avoir débarqué, ils avaient loué cinq cents chariots pour transporter leurs marchandises en un lieu nommé Souwama. Ils étaient en route pour leur destination, lorsqu'ils arrivèrent dans la forêt d'Ourouwela. Quelle ne fut pas leur surprise, lorsqu'ils virent tout à coup leurs chariots incapables d'avancer et retenus par quelque puissance invisible.

Un Nat qui, autrefois, avait été leur parent, avait, par son pouvoir, arrêté les roues des chariots. Surpris d'une telle merveille, les marchands adressèrent des prières au Nat gardien du lieu. Le Nat, se rendant visible, leur apparut et leur dit : « L'illustre Boudha qui, par la connaissance des quatre grandes vérités, est parvenu à la nature de Phra, est assis en ce moment au pied de l'arbre Linloun ; allez en ce lieu et offrez-lui du miel et quelque mets délicat ; vous en retirerez de grands mérites pour bien des jours et des nuits à venir. »

lieu était-il du bord de la mer, à cette époque reculée, c'est ce qu'il n'est pas possible de fixer avec précision. Il est certain que c'était un port d'où partaient des navires qui traversaient le golfe du Bengale. Jusqu'ici, il n'a pas été possible de raccorder le port d'Idzeitha avec aucune localité connue de nos jours. Selon toute probabilité, il était situé entre les bouches de la Krishna et celles de l'Hoogly. Un des manuscrits mentionne que lorsque Gaudama remit aux deux marchands huit cheveux de sa tête il leur ordonna, à leur arrivée en leur pays, de déposer les cheveux sur une petite montagne nommée Seingouttara, où les reliques des trois premiers Boudhas de notre période avaient été déposées. Ils étaient à vingt-sept jours de Maudin ou cap Negrais, ce qui implique un assez long voyage. Étant arrivés en leur pays, ils racontèrent au gouverneur tous les détails de leur intéressante pérégrination. Ce dernier, sans perdre de temps, assembla la population et se mit à la recherche du mont Seingouttara. Toutes les éminences furent dégarnies de broussailles, mais on ne pouvait découvrir la montagne. Ne sachant que faire, ils consultèrent les Nats à ce sujet. A la fin, par leur assistance, on trouva la montagne. Mais, quand ils s'enquirent du lieu des reliques des trois premiers Boudhas, les Nats de Yesapan, Inandra et Gauveinda avouèrent qu'ils ne savaient rien là-dessus, mais renvoyèrent les demandeurs à d'autres Nats plus vieux qu'eux, c'est-à-dire à ceux de Deckina, Yauhani, Maubi, Ameisa et Tsoulay, qui désignèrent sur-le-champ l'endroit cherché avec tant d'ardeur. Cet endroit n'est autre que celui sur lequel s'élève l'altier et massif Shoay Dagon. Ils érigèrent un Dzedi, dans lequel ils consacrèrent les reliques qu'ils avaient apportées avec eux, les huit cheveux de Boudha. C'est sans doute cette histoire qui a servi de point de départ à la croyance populaire, que jusqu'à présent ces mêmes cheveux sont renfermés dans l'intérieur du monument, et c'est aussi sans doute de la même source que découle la vénération profonde que, de nos jours, les Boudhistes de toutes les parties de la Birmanie, de Siam et du pays de Shan professent, par leurs pèlerinages et leurs offrandes au Dagon Pagoda.

— 106 —

Les deux frères, déférant avec joie à la requête des Nats, préparèrent le mets et le miel, et se hâtèrent dans la direction qui leur avait été indiquée. S'étant placés convenablement et prosternés devant Boudha, ils dirent : « Très-glorieux Phra, daignez accepter ces offrandes ; de grands mérites sans doute seront notre récompense dans l'avenir. » Boudha n'avait pas de patta où il pût mettre ces offrandes, car celle qu'il avait reçue du Brahma Gatigara avait disparu, lorsque Thoudzata lui avait fait de grandes offrandes.

Pendant qu'il réfléchissait à ce qu'il ferait, quatre Nats vinrent et lui offrirent chacun une patta faite de Nila ou de Saphir. Phra accepta les quatre pattas, non pas par convoitise, mais afin que chaque Nat eût part égale à un acte aussi méritoire. Il plaça les quatre pattas l'une dans l'autre, et, par la puissance de sa volonté, elles ne formèrent plus qu'une seule patta. De la sorte, aucun des quatre Nats ne perdit les mérites attachés à son présent. Boudha reçut, dans cette patta les offrandes des deux marchands et satisfit son appétit.

Les deux frères dirent à Boudha : « Aujourd'hui nous sommes venus à vous, nous vous avons adoré et avons suivi vos instructions ; daignez nous considérer, pour le reste de notre vie, comme vos dévoués sectateurs (1). »

(1) Oupasaka est un mot Pali qui veut désigner ces personnes qui, ayant entendu les instructions de Boudha, et professé la foi ou la croyance en lui et ses doctrines, n'embrassent pas la profession de Rahan. C'est par là qu'ils diffèrent des Bikous ou mendiants, qui formaient la première catégorie des auditeurs de Boudha et renonçaient au monde en imitation de leur grand maître. Les Oupasakas étaient donc des gens qui adhéraient aux doctrines de Boudha, mais qui cependant continuaient à mener la vie du siècle. Les deux frères devinrent disciples de Boudha, mais non de la première classe, puisqu'ils n'embrassèrent pas le genre de vie plus parfait des ascètes.

Ceci est le premier exemple, dans cette légende, d'une allusion aux reliques, c'est-à-dire à des objets auxquels on suppose quelque propriété sacrée, et que pour cela on estime dignes de recevoir le respect et la vénération des fidèles. Les deux jeunes convertis, qui n'étaient pas encore bien ancrés dans la nouvelle foi qu'ils venaient d'embrasser pensaient avoir besoin de quelque objet matériel, auquel ils pussent adresser leurs hommages et présenter leurs respects. Bien s'en fallait encore qu'ils fussent à la hauteur de la science de leur éminent maître qui, méprisant la matière sous toutes ses formes, ne pouvait être qu'indifférent à la prétendue valeur de reliques, même du caractère le plus sacré. Comment se fait-il que le moraliste rigide, le contempteur de ce monde illusoire, ait pu penser à donner quelques-uns de ses cheveux aux deux jeunes convertis, pour en faire l'objet de leur

Ils obtinrent la position d'Oupasaka. Ils continuèrent à s'adresser à Boudha et dirent : « Qu'adorerons-nous désormais ? » Boudha, frottant sa main sur sa tête, leur donna quelques-uns des cheveux qui avaient adhéré à ses doigts, leur ordonnant de garder soigneusement ces reliques. Les deux frères, au comble de la joie d'un tel présent, le reçurent avec infiniment de respect, se prosternèrent devant Boudha et partirent.

adoration ? Boudha, sans doute, connaissait exactement et appréciait admirablement les besoins et les nécessités de la nature humaine, telle qu'elle est et sera vraisemblablement jusqu'à la fin des siècles. Les hommes sont menés, poussés, impressionnés et influencés par les sens. En définitive, c'est par les sens que la connaissance des choses arrive à leur esprit. Il donnait à ses disciples imparfaitement instruits un objet qui pût servir à revivifier et ranimer dans leur mémoire le souvenir de Boudha et des instructions qu'ils en avaient reçues. Ces auditeurs, simples d'esprit, demandaient un objet qu'ils pussent emporter avec eux et adorer. Boudha, par égard pour leur faible intellect, leur donne quelques cheveux de sa tête, dont la vue devait entretenir dans leurs âmes une tendre affection pour la personne de celui à qui ils avaient appartenu. Ce sujet recevra plus tard les développements qu'il mérite, lorsque nous viendrons à examiner la nature du culte offert par les Boudhistes aux images de Gaudama, aux reliques et aux Dzedis.

CHAPITRE VI

BOUDHA HÉSITE A ENTREPRENDRE LA TÂCHE DE PRÊCHER LA LOI. — LE GRAND BRAHMA LE CONJURE DE PRÊCHER LA LOI A TOUS LES ÊTRES. IL SE REND A CES PRIÈRES. — VOYAGE VERS MIGADAWON. IL RENCONTRE OUPAKA. SES PREMIÈRES PRÉDICATIONS. CONVERSION D'UN JEUNE NOBLE NOMMÉ RATHA, SUIVIE DE CELLE DE SON PÈRE ET DE SES AUTRES PARENTS. CONVERSION DE PLUSIEURS AUTRES NOBLES. INSTRUCTIONS AUX RAHANS. CONVERSION DES TROIS KATHABAS.

Étant arrivé au terme de ses grandes méditations (1), Boudha quitta cet endroit et retourna au lieu appelé Adzapala, où il discuta le sujet suivant dans son esprit. « La connaissance, dit-il, de la loi

(1) Excepté dans une seule occasion, j'ai toujours fait usage des termes méditation et contemplation, pour exprimer le travail intérieur de l'esprit de Boudha, pendant les quarante-neuf jours qu'il passa au pied de l'arbre Banyan. Mais le traducteur Birman, le plus souvent, emploie une expression beaucoup plus forte qui implique l'idée de transport ou d'extase. C'est ainsi, qu'après être resté sept jours au même endroit, profondément engagé dans la considération de quelques parties de la loi, il est dit de lui qu'il s'éveille d'un état d'extase complète. Cette expression implique un état d'abstraction mentale absolue, alors que l'âme, dégagée des entraves des sens, s'élève au-dessus de ce monde matériel, contemple la pure vérité et s'y délecte. Toutes ces facultés sont absorbées par la beauté et la perfection de la vérité ; elle s'y cramponne de toute sa puissance, indifférente à toutes les illusions dont le monde est rempli. Cette situation de l'âme est hautement prisée par tous les fervents Boudhistes. Elle est le partage d'un petit nombre privilégié de Rahans, qui ont fait de grands progrès dans la perfection et qui ont obtenu de dominer presque entièrement leurs passions et leurs sens. Ce don si précieux, il est facile de se le figurer, est ardemment désiré par plusieurs qui, bien que ne le possédant pas, y affichent pourtant des prétentions, la plupart non fondées. Ceci étant un péché, les dévots qui suivent la vie contemplative y sont très-sujets. L'auteur des règles des moines boudhistes a déclaré exclus *de facto* de la société tous ceux qui, faussement, prétendraient à des priviléges spirituels extraordinaires qu'ils ne possèderaient pas. Dans le livre d'ordination employé pour l'admission des candidats à l'ordre des Rahans ou Talapoins, ce péché est la dernière des offenses qui privent de sa dignité un membre de l'ordre, et motive son expulsion de la société.

et des quatre grandes vérités, que je possède seul, est très-difficile à acquérir. La loi est profonde ; il est difficile de la savoir et de la comprendre ; elle est très-sublime et ne peut être saisie qu'à l'aide de la plus active méditation. Elle est douce, elle remplit l'âme de joie et n'est accessible qu'au sage. Maintenant tous les êtres sont tombés bien bas, par l'influence des cinq grandes passions ; ils sont impuissants à échapper à leur action pernicieuse, source de tout changement. Mais la loi de mutabilité est l'opposé de la loi de Neibban ou repos. Cette loi est difficile à comprendre. Si jamais je prêche cette loi, les êtres ne seront pas capables de me comprendre, et il ne résultera de mes prédications qu'un travail inutile et une fatigue sans profit. »

Boudha se trouvait ainsi presque éloigné d'entreprendre le grand devoir de la prédication de la loi. Le grand Brahma, observant ce qui se passait dans l'esprit de Boudha, s'écria : « Hélas! tout le genre humain est condamné à périr. Celui qui est digne d'être adoré par tous les êtres, n'éprouve à présent aucune disposition à leur enseigner la loi. » Il quitta immédiatement son siége, et s'étant présenté devant Phra, son manteau sur ses épaules, une extrémité pendant en arrière, il s'agenouilla, éleva ses mains jointes à son front devant le sage et lui dit : « Très-illustre Boudha, orné des six gloires, veuillez condescendre à prêcher la très-excellente loi ; le nombre de ceux qui sont ensevelis sous le poids et dans la fange des passions, est relativement faible ; s'ils ne suivent pas la loi, la perte ne sera pas grande. Mais il y a un nombre immense d'êtres qui comprendront la loi. Dans ce monde, il y a des êtres qui sont modérément adonnés à la satisfaction de leurs appétits sensuels, et il y en a aussi un grand nombre qui suivent des doctrines hérétiques, à qui la connaissance de la vérité est indispensable et qui y viendront aisément. Laissez donc ouverte la voie qui conduit à la perfection desAriahs ; ces perfections sont les portes du Neibban. » C'est ainsi qu'il supplia Boudha. Ce Brahma avait été, dans le temps de Boudha Kathaba, un Rahan sous le nom de Thabaka, et fut transféré au premier siége de Brahma pour toute la durée d'un monde.

A mesure qu'il écoutait les supplications de ce Brahma, Boudha commença à éprouver une tendre compassion pour tous les êtres. Avec la pénétration d'un Boudha, il examina le monde entier. Il découvrit distinctement ces êtres qui étaient encore complétement embourbés dans la fange des passions ; ceux qui n'étaient qu'en partie encore sous le joug des passions et ceux dont les dispositions paraissaient plus favorables. Il fit alors au chef des Brahmas la promesse solennelle de prêcher la loi à tous les êtres. Satisfait de la réponse qu'il avait reçue, le chef se leva, se retira à distance respectueuse, et, tournant sur la droite, quitta la présence de Boudha et rejoignit son siége.

Une autre pensée préoccupait l'esprit de Boudha. A qui, dit-il, annoncerai-je la loi? Ayant pesé quelque temps ce sujet, il ajouta : « Le Rathi Alara de la race de Kalama est doué de sagesse et d'une pénétration d'esprit peu commune ; les passions ont à peine quelque influence sur lui. Je vais d'abord lui prêcher la très-excellente loi. » Un Nat dit alors à Phra qu'Alara était mort sept jours auparavant. Boudha, à qui le passé est connu, savait déjà qu'Alara était mort. Il dit : « Grande, en vérité, est la perte qu'a faite Alara. Il aurait sans doute été capable de comprendre parfaitement bien la loi que je voulais lui prêcher. Maintenant, vers qui irai-je ? » Ayant fait une pause, il ajouta : « Le Rathi Oudaka, fils du prince Rama, a une perception vive, il comprendra facilement ma doctrine ; c'est à lui que je vais annoncer la loi. » Mais le même Nat lui dit que Oudaka était mort l'avant-dernière nuit à minuit. « O grande est la perte qu'il a faite ; il aurait aisément acquis la connaissance parfaite de la loi. » Boudha réfléchit une troisième fois et se dit : « A qui irai-je prêcher la loi? » Après un moment d'arrêt, il ajouta : « J'ai reçu de nombreux services, dans le désert, des cinq Rahans qui vivaient avec moi (1). Je reconnaîtrai leurs bons offices à mon

(1) Les cinq Rahans, auxquels il est fait ici allusion, sont les mêmes individus qui rencontrèrent Phralaong dans la solitude, à l'époque où il entreprenait son grand jeûne et accomplissait toute sorte d'œuvres de renoncement et d'austérités corporelles de la plus rigoureuse façon. Pendant tout le temps qu'il passa dans ces œuvres de mortification, pour vaincre ses passions et arriver au triomphe complet de l'esprit sur les sens, il fut assisté dans tous ses besoins par ces cinq Rahans qui lui rendaient tous les services que d'ordinaire les disciples ont à rendre à leur maître. Lorsqu'à la fin de ses puissants efforts, ils virent Phralaong reprendre ses habits de mendiant, ils le quittèrent immédiatement ne voulant pas croire qu'il pût jamais devenir un Boudha. Notre Phra, qui n'avait pas oublié les bons offices qu'il en avait reçus, résolut de les faire jouir les premiers du bénéfice de sa prédication. Alara et Oudaka, ses deux premiers instructeurs dans la science de Dzan, étaient destinés à entendre les premiers la bonne nouvelle, s'ils n'eussent été morts. La reconnaissance semble avoir été le premier et le principal motif qui le conduisit

égard en leur prêchant la loi, mais où sont-ils maintenant? » Ses regards pénétrants les découvrirent bientôt dans la solitude de Migadawon. Ayant joui de sa résidence dans Adzapala, Boudha se dirigea vers le pays de Baranathi. Il désirait marcher tout le long du chemin, bien que les Boudhas précédents eussent toujours parcouru cette distance à travers les airs. Tous les précédents Boudhas voyageaient dans l'air, mais notre Boudha, qui avait des desseins miséricordieux sur Oupaka, alla à pied. Dans sa marche vers le village de Gaya, à une distance de 3 gawots de l'arbre Bodi, à midi, Boudha vint se reposer quelque temps sous l'ombre rafraîchissante d'un arbre. Là il fut aperçu par le Rahan hérétique Oupaka qui, s'approchant, lui dit : « O Rahan, tout votre extérieur respire les plus aimables qualités, votre contenance est à la fois modeste et gracieuse. Sous quel maître êtes-vous devenu un Rahan? A quelle loi ou doctrine avez-vous donné la préférence dans vos laborieuses études? » Boudha répondit : « Oupaka, j'ai triomphé de toutes les lois de mutabilité, je possède toutes les lois qui régissent cet univers et les êtres qui l'habitent; de la concupiscence et des autres passions, je suis complétement affranchi. Je suis venu pour prêcher la très-excellente loi à tous les êtres, et

à choisir, pour les premiers objets de sa mission, ces personnages mêmes dont les efforts avaient contribué à lui faire acquérir l'état de Boudha.

L'épithète malsonnante d'hérétiques est donnée à ces cinq Rahans, aussi bien qu'à un autre nommé Oupaka, pour indiquer qu'ils professaient des doctrines en opposition à celles de Boudha, et refusaient de lui reconnaître le don de parfaite intelligence. Les Boudhistes, dans leurs écrits, appellent invariablement leurs opposants des sectateurs de fausses doctrines. Les Brahmines ou Pounhas, qui refusaient de chercher refuge en Boudha, sa loi, et l'assemblée de ses disciples, sont nommés professeurs de doctrines hétérodoxes.

Du récit de cette légende, nous pouvons conclure, avec une probabilité qui approche de la certitude, que Boudha dans ses prédications s'adressa d'abord aux Brahmines, leur caste composant la portion la plus influente de la communauté Hindoue. Ceux désignés sous le nom de Pounhas, sont les Brahmines qui vivent dans les forêts, tout en suivant les pratiques ordinaires de la vie. Ceux qui sont désignés sous les noms de Rahans et de Rathis sont probablement des Brahmines, ou tout au moins appartiennent à quelque autre caste distinguée, comme celle des Kshatrias, mais sont membres de quelque ordre religieux ou sont ascètes. Il y avait, dans ce temps-là, des hommes que nous pourrons, en souvenir des anciens Grecs, appeler philosophes, et qui appartenaient à quelqu'une des sectes ou écoles qui divisaient alors la grande école Indienne. Nous pouvons conjecturer qu'à cette époque, l'Inde offrait un spectacle qui ressemblait beaucoup à celui que plus tard présenta l'ancienne Grèce aux yeux de l'observateur, aux jours de Socrate et de Platon, alors qu'on pouvait rencontrer partout des écoles de philosophie. Les philosophes Hindous,

leur enseigner les quatre grandes vérités que seul je possède. Je veux battre le grand tambour de la loi. Je n'ai pas de maître, et, parmi les Nats et les hommes, nul n'est égal à moi. A cause de mon triomphe sur la loi des démérites, j'ai été nommé Zina. Je vais maintenant dans le pays de Baranathi pour prêcher la loi. » Oupaka répondit : « Vous êtes certainement l'illustre Gaudama. » Il secoua alors la tête, quitta la route et vint au village de Wingaha.

L'instruction, cependant, de même qu'une bonne semence, germa dans l'âme d'Oupaka et fut l'origine de sa conversion subséquente, qui eut lieu ainsi. Après son entrevue avec Gaudama, Oupaka résida comme ermite dans le village de Wingaha, où un hangar fut cons-

---

favorisés par le climat et par une imagination ardente, portèrent beaucoup plus loin que les sages de la Grèce, théoriquement et pratiquement, la discussion des dogmes et la ferveur des pratiques religieuses. Si l'on peut, au point de vue historique, donner quelque créance à notre légende, nous pouvons conclure que tel était l'état de l'Inde quand Boudha commença ses prédications. Ses premiers auditeurs furent des Rahans, des Rathis et des Pounhas, c'est-à-dire les hommes les plus sages et les plus instruits de l'époque. Ces derniers, en particulier, parurent au début peu disposés à faire opposition à Boudha ; ils l'écoutaient comme un philosophe distingué ; ses arguments étaient examinés, discutés, rétorqués par eux, du mieux qu'ils pouvaient. Dans un assaut de polémique, les arguments furent au début les seules armes offensives et défensives employées par les adversaires d'une et d'autre part. Les deux doctrines favorites de Boudha, l'athéisme et le Neibban, qui établissaient les deux larges lignes de séparation entre les deux systèmes, engendrèrent de grandes discussions et créèrent quelque animosité entre lui et ses adversaires. Mais ce qui élargit le gouffre entre les deux partis et les mit en état d'hostilité l'un contre l'autre, ce fut le grand principe de l'égalité entre tous les hommes qui se retrouve dans toutes les doctrines de Boudha et qui détruisait la distinction des castes. Boudha prêchait à des hommes de toute condition sans exception ; il ouvrait pour tous les voies qui conduisent au Neibban ; ne faisait aucune distinction entre tels ou tels hommes ; excepté celle que marque le degré de vertus ou de vice, de mérites ou de démérites. Il permettait à chacun de l'approcher et de prendre rang parmi ses disciples ; la foi dans sa doctrine permettait à tout homme d'être du nombre de ses sectateurs ; l'entrée dans l'ordre des Rahans ou parfaits était ouverte à tous ceux qui, par leurs actes méritoires et en renonçant au monde, s'étaient rendus dignes de cette qualité. Ce principe, qui plaçait sur un pied d'égalité des hommes de toutes castes et de toutes nations, et ne reconnaissait d'autre suprématie que celle que donne la vertu et les mérites, ne pouvait plaire aux fiers Brahmines. Il provoqua par son développement graduel l'animosité des adversaires des doctrines de Boudha. La lutte, qui n'avait été longtemps qu'une polémique ardente, après s'être prolongée avec des fortunes diverses, prit ensuite un caractère sanguinaire qui se termina par l'extermination totale ou par l'expulsion des Boudhistes de la péninsule de l'Inde.

truit pour son habitation. Un chasseur l'entretenait. Il advint que le chasseur étant engagé dans une excursion de chasse, sa fille vint à la cellule de l'ermite pour lui porter sa nourriture. Oupaka fut touché par la beauté de la jeune fille. Il se jeta sur le ventre et se dit : « Je ne prendrai pas de nourriture, ni ne changerai de position jusqu'à ce que j'aie obtenu l'objet de mes désirs. » Il resta plusieurs jours dans cette position, sans proférer une parole, faire un mouvement ni prendre la moindre nourriture. A la fin, le chasseur revint et alla aussitôt à la cellule de l'ermite, pour s'enquérir de la cause d'une si étrange conduite. Il le tira par les pieds, l'appelant à haute voix ; après quelque temps, un grognement sépulcral fut entendu, indiquant que l'ermite vivait encore. Le bon chasseur le supplia affectueusement de lui dire ce dont il avait besoin, l'assurant qu'il lui donnerait tout ce qu'il lui demanderait. L'ermite, une seconde fois, poussa un soupir prolongé, comme un homme qui cherche à rassembler ses forces ; puis il fit connaître au chasseur la passion qu'il avait pour sa fille, et jura qu'il mourrait sur place si sa demande était repoussée. Le père ayant donné son consentement, Oupaka se leva et fut bientôt marié à Tzawama, qui, après le temps voulu, lui donna un fils. Il arriva que Tsawama en vint à détester son mari, et, ne cessa en toute occasion, de l'abreuver d'outrages. Incapable de supporter plus longtemps la déplaisante conduite de sa femme, Oupaka se dit: « Je n'ai ici ni ami, ni soutien ; je vais aller près de mon ami Dzina, il me recevra avec bonté. » Là-dessus il partit, demandant partout son ami Dzina. A la fin, il arriva au lieu où Boudha se tenait avec ses disciples. Quelques-uns d'entre eux, entendant Oupaka demander à haute voix son ami Dzina, l'amenèrent en présence de Boudha qui, comprenant sur-le-champ le triste et misérable état du vieillard, lui demanda avec bonté ce qu'il voulait. Oupaka répondit qu'il désirait devenir un Samanay sous sa direction. Boudha, pour éprouver ses dispositions, lui dit : « Vous êtes trop vieux, Oupaka pour embrasser la vie sévère d'un Samanay et observer les pratiques prescrites. » Mais Oupaka renouvela ses prières et il fut admis parmi les membres de l'assemblée. Il devint un Anagam, mourut et émigra dans l'un des siéges de Brahma. Après y avoir fait un court stage, il obtint la délivrance. Son fils devint Thoubadda, qui fut plus tard un illustre converti.

Boudha continua sa route vers Baranathi et arriva bientôt à la solitude de Migadawon peu éloignée de Baranathi, et s'en vint au lieu où vivaient les cinq Rahans incrédules. Quand ils l'aperçurent à une certaine distance, ils se dirent les uns aux autres : « Le Rahan Gaudama est en quête de disciples ; il vient de terminer les œuvres de pénitence, et il est à la recherche d'aumônes et de vêtements. Ne lui montrons aucune déférence, comme par exemple d'aller à sa rencontre, ou de recevoir le Tsiwaran de ses mains, ou de lui présenter de l'eau pour laver ses pieds et de lui préparer une place pour s'asseoir : laissons-le s'asseoir où il voudra. Tel était le plan concerté entre eux. Mais, à mesure que Boudha se rapprochait, ils ne purent tenir plus longtemps à leur résolution. Ils se levèrent et vinrent lui souhaiter la bienvenue. L'un prit le Tsiwaran de ses mains, un autre la Patta, un troisième lui porta de l'eau pour laver ses pieds, et un quatrième prépara une bonne place où il pût se reposer. Boudha s'assit à la place qui lui avait été préparée. Ils l'appelaient du nom de Gaudama et d'autres appellations qui sont d'usage pour les Rahans ordinaires. Boudha leur dit avec douceur : « Ne me donnez plus le nom de Gaudama, ni aucun des titres réservés aux ascètes. Je suis devenu un Rahanda ; seul je possède les quatre vérités fondamentales. A présent, je suis venu vous prêcher la vraie loi. Soyez attentifs, ô Rahans, à mes paroles, je vous conduirai au véritable état du Neibban. Ma loi, non-seulement vous mettra en possession des vérités à connaître ; mais, en même temps, vous indiquera les devoirs que vous avez à accomplir pour obtenir l'état d'Arahat. Il y a quatre voies conduisant à la perfection. Celui qui les suit sans s'arrêter jouira des récompenses et des mérites attachés à ses efforts. Dans cette position, il verra distinctement son propre être, la lumière du Neibban brillera en lui. Mais, afin d'obtenir les grands résultats que je vous indique, il doit abandonner sa maison, le monde et devenir un Rahan. »

Les incrédules Rahans persistaient à ne pas le reconnaître comme un Boudha, et lui reprochaient d'aller en quête de disciples et d'aumônes. La même prédication fut renouvelée par Boudha, et ses incrédules auditeurs lui firent la même réponse. A la fin, Boudha d'une voix impérieuse et d'un ton de commandement, leur dit : « Je vous déclare que je suis un Boudha, connaissant les quatre grandes vérités et montrant le chemin du Neibban. » Les ascètes qui, jusque là, n'avaient pas voulu croire, s'humilièrent et proclamèrent leur foi en lui et en tout ce qu'il avait enseigné. Dès ce moment ils entrèrent dans les quatre voies de la perfection. Ce jour-là était le jour de la pleine lune de Watso. La prédication commença au moment où la moitié du disque du soleil était visible à l'horizon occidental, et où la moitié de l'orbe de la lune était au-dessus de l'horizon oriental. Quand elle prit fin, le soleil venait de disparaître, et le globe entier de la lune était visible au-dessus de l'horizon. Les noms des cinq premiers convertis étaient Kautagnya, Baddiha, Wappa, Mahanan et Asadzi.

Les Nats, gardiens du pays de Baranathi (1) et de Migadawon, entendant les sublimes instructions données par Boudha à cette occasion, s'écrièrent à haute voix : « La loi que prêche le très-excellent Boudha est celle que nul homme, Pounha ou Brahma, ne saurait enseigner. » Leurs voix furent entendues au siége inférieur des Nats : les habitants de ce siége, saisissant leurs paroles, les répétèrent et furent entendus du siége voisin, et ainsi de suite jusqu'à ce qu'elles arrivassent aux siéges des Brahmas et fussent réper-

---

(1) Ainsi que nous l'avons dit auparavant, la mission de Boudha, n'est pas bornée aux hommes qui habitent la terre, mais elle étend son action bienfaisante sur tous les êtres qui peuplent les six siéges de Nats et les seize de Brahmas. Ces êtres, particulièrement les derniers, sont très-avancés en perfection, mais ne sont pas encore mûrs pour le sublime état du Neibban. Bien qu'affranchis, au moins les Brahmas, de l'influence des passions, ils ont encore une certaine tendance vers la matière ; il leur faut le secours de Boudha pour briser définitivement les derniers liens qui les retiennent encore à la vie du monde.

La première prédication de Boudha fut couronnée par la conversion des cinq Rahans et d'une quantité innombrable de Nats et de Brahmas. Une telle moisson dépassait de beaucoup ses espérances ; et le début de sa carrière, récompensé d'un tel succès, payait largement les efforts extraordinaires par lesquels il avait pu conquérir la dignité de Boudha. L'auteur de la légende remarque avec un plaisir visible, que, grâce à la conversion des cinq Rahans, les mondes eurent le bonheur de voir six Rahandas réunis au même endroit. Le Rahanda est arrivé au comble de la perfection, il est parvenu à sa dernière existence ; sa mort le délivrera du fardeau de l'existence, et lui ouvrira le chemin qui conduit au parfait repos, à l'abstraction complète, en un mot, au Neibban. Les Rahandas occupent le premier rang parmi les disciples et les auditeurs de Boudha ; ils constituent l'élite de ses sectateurs et forment la portion la plus distinguée de l'assemblée ou congrégation des parfaits. Nous avons déjà dit que les membres de cette assemblée d'auditeurs sont divisés en catégories distinctes et forment des degrés différents suivant les progrès relatifs qu'ils ont faits dans les voies de la perfection.

cutées dans dix mille mondes. Dans tous ces mondes, on ressentit une forte commotion.

Les cinq Rahans, incrédules au début, puis plus tard croyants, obtinrent la perfection de Thautapati. Boudha répétait souvent à ceux qui l'approchaient : « Venez à moi, je prêche une doctrine qui mène à la délivrance de toutes les misères qui accompagnent l'existence. » En ce jour, celui de la pleine lune de Watso, dix-huit koudes (18,000,000,000) de Nats et de Brahmas, qui avaient écouté sa prédication, obtinrent la délivrance. La conversion de ces cinq Rahans offrit au monde le splendide et surprenant spectacle de six Rahandas rassemblés au même endroit.

A cette époque, alors que Boudha se trouvait dans les bosquets de Migadawon, eut lieu la conversion mémorable d'un jeune laïque. Il y avait dans le pays de Baranathi, le fils d'un riche habitant, nommé Ratha. Il était d'un naturel doux et aimable. Son père avait bâti pour lui trois palais pour chaque saison de l'année. Une bande de jeunes filles, habiles à jouer toutes sortes d'instruments, le servaient dans chacun de ces palais. Ratha passait sa vie au milieu des plaisirs et des divertissements. Un certain jour, pendant qu'il était entouré de danseuses et de chanteuses, il tomba dans un profond sommeil. Les musiciens, suivant son exemple, mirent de côté leurs instruments et s'endormirent aussi. Les lampes remplies d'huile continuèrent à jeter leurs flots de lumière dans les appartements. S'éveillant plus tôt que d'habitude, Ratha vit les musiciennes endormies autour de lui, dans les attitudes les plus diverses et les plus inconvenantes. Les unes dormaient la bouche grande ouverte ; d'autres avaient la chevelure en désordre ; les unes ronflaient bruyamment ; d'autres avaient leurs instruments sur leur corps ou à leurs côtés. C'était, en somme, l'image du désordre et de la plus grande confusion possible. Assis sur son lit, les jambes croisées, le jeune homme, tout entier à la surprise et au dégoût, contempla silencieusement l'étrange spectacle qui s'offrait à ses yeux ; puis il se dit : « La nature et la condition du corps constituent en vérité un lourd fardeau ; cette plus grossière partie de nous-mêmes est pour nous la cause de beaucoup de peines et d'ennuis. » Sur ce, il se leva immédiatement de sa couche, mit ses pantoufles dorées et descendit à la porte de son appartement. Les Nats, qui faisaient bonne garde, afin d'empêcher que personne pût s'opposer à l'exécution de son pieux dessein, ouvrirent la porte de la maison ainsi que celle de la cité. Ratha, libre de tout obstacle, dirigea ses pas vers la solitude de Migadawon. A ce moment, Boudha, qui avait de très-bonne heure quitté son lieu de repos, se promenait devant la maison. Il vit de loin un jeune homme qui venait dans sa direction. Il interrompit aussitôt sa promenade, et, rentrant dans son appartement, s'assit comme de coutume sur son siége, attendant l'arrivée du jeune étranger qui, bientôt après, fit son apparition et fit connaître modestement l'objet de sa visite. Boudha lui dit : « O Ratha ! la loi du Neibban est la seule vraie : c'est la seule où l'on ne trouve ni misère, ni affliction ; ô Ratha ! viens à moi, reste en ce lieu, je t'enseignerai la loi la plus parfaite et la plus utile. » En écoutant ces bonnes et engageantes paroles, Ratha sentit son cœur se remplir de la joie la plus pure. Il enleva aussitôt ses pantoufles, se rapprocha de Boudha, s'inclina trois fois devant lui, puis, se retirant à une certaine distance, se tint dans une attitude respectueuse. Boudha commença à lui prêcher la loi, lui montrant successivement les mérites divers obtenus par l'aumône, par la stricte observance de tous les devoirs et pratiques de la loi, et, par-dessus tout, par le renoncement aux plaisirs de ce monde. Pendant tout ce temps, le cœur du jeune homme se dilatait d'une façon extraordinaire. Il lui semblait que les liens qui, jusque là, l'avaient enchaîné au monde, se relâchaient graduellement et tombaient devant l'irrésistible influence des paroles de Boudha. Les bonnes dispositions du jeune auditeur furent bientôt remarquées de Boudha, qui continua à lui expliquer tout ce qui avait rapport aux misères inhérentes à l'existence, les passions qui tyrannisent l'âme, les moyens par lesquels on peut s'exempter de ces passions, et les grandes voies qui mènent à la perfection. Après avoir entendu cette série d'instructions, comme une étoffe blanche qui subit aisément l'impression des couleurs diverses qu'on y appose, Ratha se trouva délivré de toute passion et arriva sur le champ à l'état de Thautapati.

La mère de Ratha, ne trouvant pas son fils le matin, comme d'habitude, vint à son appartement et, à sa grande surprise, ne le trouva pas ; de plus, elle crut observer des marques évidentes d'un départ soudain et non prémédité. Elle courut à son mari et lui fit part de la mauvaise nouvelle. En entendant ce récit, auquel il s'attendait si peu, le père expédia des messagers dans la direction des quatre points cardinaux, avec l'ordre formel de chercher incessamment son fils et de n'épargner aucun moyen d'enquête. Quant à lui, il décida d'aller à la solitude de Migadawon, dans l'espoir d'y trouver quelque indice de la fuite de son fils. Il avait à peine voyagé quelque temps, lorsqu'il observa sur le sol l'empreinte des pieds de son fils. Il les suivit et arriva bientôt en vue de la résidence de Boudha. A ce moment, Ratha écoutait avec la plus profonde attention les paroles de son grand maître. Par le pouvoir de Boudha, il demeura célé aux yeux de son père, qui s'approcha, et, ayant rendu ses devoirs à Gaudama, lui demanda aussitôt s'il n'avait pas vu son fils. Gaudama lui ordonna de s'asseoir et de se reposer des fatigues du voyage. En même temps, il l'assurait qu'il verrait bientôt son fils. Réjoui de cette assurance, le père de Ratha obéit à l'invitation reçue. Boudha annonça sa loi à cet auditeur distingué, et, bientôt après, le conduisit à la perfection de Thautapati. Rempli de joie et de reconnaissance, le nouveau converti s'écria : « O illustre Phra, votre doctrine est excellente; lorsque vous la prêchez, il semble que vous replaciez sur sa base une coupe renversée; vous êtes comme celui qui remet en lumière des objets précieux qui, jusque-là, sont restés dans les ténèbres, comme celui qui indique le droit chemin à ceux qui sont égarés, qui fait luire une brillante clarté au sein de l'obscurité, qui ouvre les yeux de l'esprit à la lumière de la pure vérité. Désormais, j'adhère à vous et à votre sainte loi; daignez me reconnaître pour un de vos disciples et de vos soutiens. » Ce fut le premier laïque qui devint disciple de Gaudama dans la condition d'Oupasaka (1).

(1) Il ne sera pas sans intérêt de donner un abrégé d'un sermon ou instruction adressé par Gaudama à un Nat. Ce sera un spécimen de toutes ses autres prédications du même genre. Le Nat fit son apparition à la tombée de la nuit, et supplia respectueusement Boudha de lui donner les instructions qui peuvent amener les hommes à l'intelligence de certains points de la loi, qu'ils avaient jusque-là médités sans fruit. Boudha était alors dans le monastère de Dzetawon, dans le pays de Thawattie. Ce sermon est supposé avoir été répété par Ananda, qui l'avait entendu de la propre bouche de Boudha. C'est, d'après les Birmans, le sermon par excellence; il contient trente-huit points.

« Jeune Nat, dit Boudha, voici les plus excellentes choses que les hommes et les Nats doivent observer pour se rendre dignes de l'état de Neibban : Éviter la société des imprudents ; toujours se tenir avec les sages; rendre hommage à ceux qui en sont dignes; rester à la place qui convient à sa condition; toujours penser à l'influence des bonnes œuvres antérieures; garder toujours une tenue digne; se réjouir d'entendre et de voir beaucoup, afin d'accroître ses connaissances; étudier tout ce

Pendant que Boudha était activement occupé à instruire le père de Ratha, le jeune homme était entré dans une profonde et solennelle méditation sur quelques-unes des plus hautes maximes qu'il avait entendues de son illustre maître. Il passait en revue, pour ainsi dire, toutes les choses de ce monde; plus il avançait dans ce grand travail et plus il sentait qu'il ne restait en lui d'affection pour quoi que ce fût. Il n'était pas encore devenu un Rahan, et n'en portait pas encore le vêtement. Phra, qui suivait attentivement toutes les phases de l'esprit de son élève, conclut de ses dispositions présentes qu'il n'y avait aucun danger qu'il rentrât jamais dans le monde des passions. Aussitôt, par la force de sa

qui n'est pas coupable ; s'appliquer à acquérir la science du Wini. Que la conversation de chacun soit réglée sur les vrais principes ; que chacun pourvoie aux besoins de son père et de sa mère ; satisfasse aux besoins de sa femme et de ses enfants ; ne fasse rien sous l'influence pernicieuse de la tentation ; fasse l'aumône ; observe les préceptes de la loi ; assiste ses parents et ses amis ; n'accomplisse que des actes exempts de péché ; ait toujours soin de l'éviter et s'abstienne de boissons enivrantes. Que personne ne néglige la pratique de la loi des mérites. Que chacun respecte tous les hommes ; soyez toujours humble ; contentez-vous aisément ; recevez les faveurs avec reconnaissance ; soyez attentif à la prédication de la loi aux époques prescrites ; soyez patient ; mettez votre plaisir aux conversations utiles ; visitez les religieux de temps en temps ; conversez sur des sujets pieux ; cultivez la vertu de la mortification ; pratiquez les œuvres de vertu ; observez toujours les quatre grandes vérités ; tenez les yeux fixés sur le Neibban. Finalement, que chacun soit au milieu des huit afflictions de ce monde, comme le Rahanda, ferme, sans inquiétude et tranquille de maintien. O jeune Nat, quiconque observe ces lois parfaites ne sera jamais vaincu par les ennemis du bien ; il jouira de la paix des Ariahs. »

Dans un résumé concis, Boudha a condensé l'abrégé de presque toutes les vertus morales. La première portion de ces préceptes renferme l'injonction de s'éloigner de tout ce qui peut être empêchement à la pratique des bonnes œuvres. La seconde partie inculque la nécessité pour chacun de régler son esprit et ses intentions, pour l'accomplissement régulier des devoirs qui incombent aux hommes dans toutes les situations de la vie. Puis vient la recommandation d'assister les parents, les amis, et tous les hommes en général. Nous voyons ensuite recommandées les vertus d'humilité, résignation, gratitude et patience. Après cela, le prédicateur insiste sur la nécessité d'étudier la loi, de visiter les religieux et de converser sur les sujets pieux. Ceci fait, il est recommandé à l'auditeur d'étudier avec grande attention les quatre grandes vérités et d'avoir toujours les yeux de l'esprit fixés sur l'heureux état de Neibban, qui, malgré son grand éloignement, doit toujours rester présent à notre esprit. Ainsi préparé, l'auditeur doit être en disposition d'acquérir les titres qui font le vrai sage. Ainsi que l'homme d'Horace, qui resterait calme, sans crainte et non ému, au milieu même des ruines de l'univers croulant, le sage Boudhiste doit toujours rester calme, recueilli et tranquille au milieu de toutes les vicissitudes de la vie. Ici, de nouveau, est montrée la fin dernière à laquelle on doit arriver : la stabilité mentale parfaite. Cet état est l'aurore de l'état de Neibban.

puissance, le fils devint visible aux yeux de son père. Le père, apercevant subitement son fils assis près de lui, dit : « Cher fils, votre mère, en ce moment, est baignée de larmes et succombe presque sous le poids de l'affliction que lui a causée votre soudain départ; allez maintenant près d'elle, et, par votre présence, rendez-lui l'existence et versez la consolation à son âme désolée. » Calme et impassible, Ratha ne répondit pas, mais jeta les yeux du côté de son maître. Boudha, s'adressant au père de Ratha, lui dit : « Qu'aurez-vous à répondre à ce que je vais vous dire ? Votre fils sait ce que vous savez, il voit ce que vous voyez. Son cœur est complétement affranchi de tout attachement aux choses de ce monde ; les passions sont mortes en lui. Qui, maintenant, osera dire qu'il doive s'y soumettre de nouveau et courber le front sous leur pernicieuse influence ? » — « J'ai parlé à la légère, répondit le père ; que mon fils continue à jouir de la faveur de votre société ; qu'il reste à jamais avec vous et devienne votre disciple. La seule faveur que je sollicite pour moi, c'est d'avoir la satisfaction de vous recevoir dans ma maison, servi par mon fils, et d'avoir le bonheur de vous fournir vos aliments. » Boudha, par son silence, indiqua qu'il accédait à la requête. Son père ne fut pas plus tôt parti que Ratha sollicita la dignité de Rahan, qui lui fut conférée. A cette époque, il y avait dans le monde sept Rahandas.

Le lendemain matin, Gaudama, revêtant son tsiwarran jaune, et portant la patta sous son bras, escorté du Rahan Ratha, sortit de sa maison, et, conformément à sa promesse, s'en vint à la résidence du père de Ratha, pour recevoir sa nourriture. A peine était-il entré dans la maison et avait-il occupé le siège préparé pour lui, que la mère du nouveau Rahan et celle qui avait été sa femme vinrent lui présenter leurs respects. Boudha leur prêcha la loi, leur développant en particulier (1) les trois principales obligations de leur sexe et

(1) En parcourant cette légende, nous pouvons remarquer que Boudha, dans le cours de ses prédications, ne refuse à personne le bénéfice de sa doctrine, mais, au contraire, vise à la popularité de toutes les façons possibles. En cela, il différait singulièrement des Brahmines qui enveloppaient leurs dogmes dans une obscurité mystérieuse, et qui, même à cet état de demi-incompréhensibilité, ne condescendirent à les divulguer qu'à un petit nombre d'adeptes. Mais Boudha suivait une voie tout opposée. Il prêchait à tous sans exception. En cette circonstance, nous le trouvons occupé à expliquer à la mère et à la femme de Ratha les devoirs que leur impose leur sexe et leur condition. Il les met en garde contre le danger de trop parler, de parler trop vite ou sur un ton de mécontentement. Il leur conseille

de leur condition. L'effet de cette prédication fut immédiat et irrésistible ; elles devinrent exemptes de tout péché, et atteignirent

le calme et la modération dans leurs discours, les exhorte à trouver du plaisir dans la conversation sur des sujets religieux, tels que la pratique des dix grands devoirs, le mérite de l'aumône et autres préceptes de la loi. Il leur fait voir l'inconvenance des conversations légères, et finalement les exhorte à se laisser guider par la sagesse dans l'usage de la faculté de parler. Tout le monde conviendra que le sermon était des mieux appropriés à la situation, et conviendrait autant aux femmes de nos jours qu'à celles du temps de Boudha.

Il est difficile de déterminer si ces deux converties devinrent des Rahanesses, en renonçant au monde et consacrant tout leur temps aux pratiques religieuses, ou si elles crurent simplement à la doctrine de Boudha et continuèrent à vivre dans le monde. Les termes dont se sert le traducteur Birman autorisent les deux conjectures. J'incline à adopter la seconde supposition. Elles devinrent des Oupasakas féminins, et continuèrent à vivre dans le monde. Nous verrons plus tard que Patzapati, tante de Gaudama, fut la première à qui, après bien des supplications boudhiques, il fut permis de devenir une Rahanesse.

Le grand fondateur des règles disciplinaires boudhiques a tracé aussi des règles pour l'institution et le gouvernement d'un ordre de religieuses destinées en quelque sorte à faire pendant aux talapoins. De là vient que, dans presque toutes les contrées où fleurit le Boudhisme, on trouve des maisons et des monastères, asiles de ces pieuses femmes qui rivalisent avec les Rahans dans la pratique de la plus pure dévotion. Leur costume, à l'exception de la couleur qui est le blanc, est absolument le même que celui des talapoins ; leur tête est rasée ; elles vivent dans la plus stricte continence tout le temps qu'elles portent l'habit de leur profession. Elles ont certaines formules de prières à réciter plusieurs fois par jour. Leur régime est identique à celui des talapoins ; il leur est interdit de prendre aucune nourriture après midi. Je ne sais si elles se rendent utiles à la société en tenant des écoles pour les filles. Elles vivent des aumônes spontanées que leur font leurs coreligionnaires. Les Birmans les honorent du titre de Mathi-la-shing, ce qui veut dire : dames des devoirs religieux. Cet ordre de religieuses est maintenant en grand déclin ; les habitantes de leurs maisons sont peu nombreuses et jouissent à un faible degré du respect et de l'estime publics ; on n'a guère pour elles, en général, que la considération qu'on accorde aux mendiants.

Dans le Wini ou livre de la discipline, les relations permises entre les membres des deux ordres religieux, masculin et féminin, sont décrites et définies minutieusement de façon à prévenir les inconvénients qui peuvent résulter d'un commerce trop familier et non nécessaire. Profondément pénétré de la faiblesse de la nature humaine, l'auteur du Wini a réglementé ce sujet avec une extrême circonspection. Il veut bien permettre à des Rahans âgés d'être les guides spirituels des Rahanesses, mais il leur refuse le droit d'entrer dans leurs maisons, sous quelque prétexte que ce soit. Quand ces dernières ont besoin d'entendre le prédicateur, ou de recevoir quelque avis des Rahans, elles se rendent en plein jour au monastère, et peuvent se tenir dans une large salle ouverte au public, à une distance considérable de celui qu'elles désirent consulter. Après avoir brièvement et respectueusement fait connaître l'objet de leur visite et reçu l'instruction spirituelle, elles retournent immédiatement à leur résidence.

On peut appliquer la même réflexion à la conversion du père de Ratha. Il est dit

l'état de parfaites, Thautapan, et devinrent les premières Oupasakas de leur sexe. Elles désirèrent être rangées parmi ses disciples, et se consacrèrent à son service. Les premières de leur sexe, elles prirent leur refuge dans les trois choses précieuses : Boudha, sa loi, et l'assemblée des parfaits. Gaudama et son fidèle compagnon, ayant mangé l'excellente et délicate nourriture qui avait été préparée pour eux, quittèrent la maison et retournèrent au monastère.

Quatre jeunes gens (1) appartenant aux plus illustres familles de Baranathi, et liés auparavant à Ratha par une très-intime amitié, ayant appris que leur ami s'était rasé la tête, avait endossé le costume jaune et était devenu un Rahan, se dirent entre eux : « Notre ami s'est retiré de la société des hommes, a renoncé à tous les plaisirs et est entré dans la société des Rahans. Il ne peut être douteux que la loi du Wini (2) soit la plus excellente et la plus su-

qu'il fut le premier converti parmi les laïques. Il ne semble pas qu'il ait quitté le monde et soit devenu un converti du premier rang. Il devint un Thautapan, et entra de plein pied dans l'une des voies qui mènent à la perfection, mais il resta dans le monde.

(1) La conversion de Ratha et de ses jeunes amis nous fait bien voir la portée des prédications de Boudha et leur effet sur ceux qui croyaient en lui. Ratha nous est présenté comme un jeune mondain, qui, grâce à sa fortune, a pu ne se refuser aucun plaisir. Il découvre que les voluptés, dont il était si avide, ne peuvent remplir le vide de son cœur; il en est dégoûté et prend la résolution de se retirer dans la solitude, afin de se mettre sous la direction de quelque éminent directeur qui lui montre le chemin du bonheur. Il espère que l'étude de la philosophie le conduira à la vraie sagesse, et lui fera acquérir les moyens d'être heureux. Sa bonne fortune le mène à Boudha qui lui montre que les sens sont l'instrument par lequel les passions exercent leur action et leur tyrannie sur l'âme, en la maintenant sous la dépendance de la matière. Il lui fait voir la nécessité de s'affranchir de leur contrôle. Ce principe du Boudhisme, qui vise à dégager l'âme de la matière, en écartant tout ce qui est un fardeau pour elle et en la délivrant du joug tyrannique de la concupiscence, est en soi parfaitement correct; mais, poussé au-delà de ses conséquences légitimes, il devient faux et absurde. Suivant les boudhistes, l'âme affranchie du soin de tout ce qui existe se trouve isolée et sans aucun objet auquel elle se puisse rattacher; se repliant sur elle-même, elle est réduite à un état de contemplation intérieure également dépourvu de l'aiguillon du plaisir ou de la peine. Cette doctrine, à l'état de principe, était déjà connue du temps de Boudha. Les Rathis et d'autres sages de cette époque l'observaient au double point de vue théorique et pratique ; mais, quant à ses conséquences, le fondateur du Boudhisme en vint aux prises avec ses contemporains, et ouvrit de nouvelles voies dans le champ illimité de la philosophie spéculative.

(2) Le Wini est une des grandes divisions des écrits sacrés boudhistes. Le Pitagat, ou collection de toutes les écritures, est divisé en trois parties : les Thouts, qui renferment les prédications de Boudha; le Wini ou livre de la discipline, et l'Abidama

blime, et l'état de Rahan le plus parfait. » Sur ce, ils vinrent au lieu où résidait leur ami, se prosternèrent devant lui, ainsi qu'il est d'usage en de telles circonstances, et s'assirent à distance respectueuse. Ratha les conduisit devant Boudha, le priant de donner à ceux qui dans le monde avaient été ses amis les mêmes instructions qu'il avait reçues de lui. Gaudama accéda volontiers à sa demande, et sur-le-champ se mit à leur expliquer les mérites qui dérivent de la pratique de l'aumône. Il les initia à la connaissance des principales recommandations et pratiques de la loi. Les jeunes auditeurs reçurent d'un cœur joyeux ses instructions et sentirent en eux-mêmes se dissoudre graduellement, par un invisible pouvoir, tous les liens qui, jusque là, les avaient retenus dans le monde des passions. Heureux de constater de si bonnes dispositions dans ces jeunes

ou livre de la métaphysique. Cette compilation est considérée comme renfermant au complet toutes les doctrines de Boudha. Ces livres n'ont point été écrits par Boudha lui-même, puisqu'il est dit de lui qu'il n'a jamais rien écrit. Les premières compositions boudhistes furent certainement écrites par les disciples de Phra ou par leurs successeurs immédiats, mais il s'éleva quelques disputes parmi les sectateurs de Boudha, quant à la pureté des doctrines contenues dans les divers écrits publiés par ses principaux disciples. Pour terminer la controverse, un concile fut tenu par les membres les plus influents du *Credo* boudhiste, sous la présidence de Kathaba, trois mois environ après la mort de Gaudama. Les écrits, regardés comme apocryphes, furent mis à l'index, et ceux considérés comme renfermant la pure doctrine de Phra, furent réunis en un corps, et composèrent, pour ainsi dire, le canon des livres sacrés. La question fut ainsi décidée pour le moment, mais dans ces temps déjà, l'esprit humain, non réfréné par l'autorité, travaillait de la même manière que de nos jours. Diverses et variées furent les interprétations données du même texte par les exégètes de la loi boudhiste. Toutes les sectes admettaient les mêmes livres, mais elles différaient l'une de l'autre dans leurs interprétations. Quelques-uns des livres, jusque là considérés comme sacrés, furent altérés ou absolument rejetés pour faire place aux écrits de nouveaux docteurs. La confusion vint à un tel point que, cent ans plus tard, un deuxième concile fut réuni pour déterminer l'authenticité des écrits originaux. Une nouvelle compilation fut faite et approuvée par l'assemblée. On avait remédié au mal ; mais les mêmes causes qui, au temps du premier concile, avaient amené un si pernicieux effet, se reproduisirent avec les mêmes résultats. Deux cent trente-cinq ans après la mort de Gaudama, un troisième concile fut assemblé. Les livres compilés furent revus et probablement abrégés sensiblement ; et, avec la sanction des Pères assemblés, un nouveau canon des écritures fut publié. Le Pitagat, sous sa forme actuelle, est considéré comme l'œuvre de cette dernière assemblée. Tous ces livres sont écrits en Pali ou langue Magatha. Au commencement du v⁰ siècle de notre ère, d'après les calculs de notre auteur, un homme savant, nommé Boudagautha, vint à Ceylan et rapporta en Birmanie une copie de la collection du Pitagat. Il introduisit alors dans le pays l'alphabet maintenant en usage, et traduisit dans la langue indigène une portion des écritures. Cet important sujet recevra plus loin de plus amples développements.

gens, Gaudama leur expliqua la doctrine plus élevée des quatre grandes et fondamentales vérités qui conduisent à la perfection (1). Quand l'instruction fut terminée, ils demandèrent et obtinrent la dignité de Rahans. Il y avait à cette époque onze Rahandas dans le monde entier.

(1) Les quatre principes ou vérités auxquels il est fait allusion si souvent dans le cours de cet ouvrage doivent être bien compris, si l'on veut pénétrer au cœur du système en question. Voici ces quatre vérités : 1° Il y a des afflictions et des misères inhérentes à l'existence de tous les êtres. 2° Les passions, et en particulier la concupiscence, sont les causes de toutes les misères. 3° Il y a le Neibban qui est l'exemption de toutes les passions, et par conséquent la délivrance de toutes les misères. 4° Il y a les quatre chemins ou grandes routes conduisant au Neibban. Tel est le sommaire du savoir sublime et de la science transcendante possédée par un Boudha. Ces quatre vérités fondamentales forment les quatre traits distinctifs de sa loi, elles guident sûrement l'homme vers la délivrance. Le sage Boudhiste, qui aspire à devenir parfait, doit étudier attentivement la position de tous les êtres dans ce monde, examiner avec une attention patiente leurs diverses conditions et sonder l'abîme de misères dans lequel ils sont plongés. Une connaissance générale, vague, et superficielle de ces misères est insuffisante à créer cette expérience parfaite de la dégradation humaine. Il doit examiner l'une après l'autre cette série d'afflictions jusqu'à en sentir en quelque sorte l'insupportable poids peser sur son propre cœur. Ce premier pas fait, au moyen de la réflexion, de la méditation et de l'expérience, le sage se tient à côté de toutes les misères qui accablent tous les êtres, comme le médecin, près du lit d'un malade, s'enquiert des causes d'un si profond désordre moral. Il découvre bientôt les causes génératrices de cette maladie universelle : ce sont les passions en général, ou, pour parler un langage plus Boudhiste, la concupiscence, la colère et l'ignorance qui, étant les sources de tous les démérites, sont l'origine impure d'où dérivent les misères et afflictions dont ce monde est rempli. La destruction de ces passions est le principal objet qu'il a en vue. Il quitte alors le monde et renonce à tous les plaisirs et biens mondains, afin d'éteindre la concupiscence ; il pratique la patience dans les situations les plus irritantes, pour que la colère ne puisse plus avoir prise sur lui ; il étudie la loi et médite tous ses points, afin de dissiper les ténèbres de l'ignorance par la clarté brillante de la science.

Arrivé là, le sage n'a pas encore atteint le but final de ses désirs, il n'est pas encore parvenu à la fin qu'il poursuit si anxieusement. Il est tout simplement préparé et qualifié pour y prétendre. Neibban ou l'exemption *absolue*, et la délivrance *permanente* des quatre causes productives de l'existence, ou de l'état d'être, telle est la seule chose qu'il juge digne de désirer et de poursuivre. Le sage, qui entrevoit ce désirable état, aspire après lui de toutes les puissances de son âme. Neibban est pour lui ce qu'est le port pour le marin battu par la tempête, ou la liberté pour le malheureux qui gémit dans un obscur cachot. Mais cet heureux état est encore loin ; où est la route qui y conduit ? Telle est la dernière vérité que le sage a à examiner. Les quatre voies de la perfection sont ouvertes devant lui. Il doit les suivre avec persévérance, elles le conduiront au Neibban. Ce sont la croyance parfaite, la réflexion parfaite, le parfait emploi de la parole, et la conduite parfaite.

Cinquante autres jeunes gens de bonnes familles, qui avaient été les compagnons de Ratha dans le monde, ayant appris que leur ami avait quitté le siècle, pris l'habit jaune et était devenu Rahan, se dirent : « La loi à laquelle s'est soumis notre ami peut bien n'être pas mauvaise ; peut-être la profession qu'il a embrassée n'est-elle pas aussi méprisable que veulent bien le dire certaines personnes. » Ils décidèrent de juger par eux-mêmes et de voir de leurs propres yeux tout ce qui avait été dit sur le sujet. Ils se mirent en route pour le monastère où vivait Ratha, arrivèrent en sa présence, lui présentèrent leurs respects et se tinrent à distance convenable dans une attitude respectueuse. Ratha les conduisit à son grand maître, demandant humblement pour ses anciens amis la même faveur qui lui avait été faite. Boudha consentit gracieusement à la demande et donna l'instruction à ces jeunes auditeurs, et avec de si heureux résultats qu'ils demandèrent sur-le-champ à être admis à la dignité de Rahans. Cette faveur leur fut accordée. Le nombre total des Rahandas s'éleva ainsi à soixante et un.

Un certain jour, Gaudama appela ses disciples en sa présence (1)

(1) Boudha, ayant exercé ses disciples à la science de ses doctrines, aussi bien qu'à la pratique de ses règles, les élève à la dignité de prédicateurs, ou, pour être plus correct, en fait des collaborateurs à la tâche difficile d'inculquer au genre humain la connaissance complète des vérités qui doivent le sauver. Un champ sans limite est ouvert devant lui ; le nombre des êtres qui sont destinés à participer aux bienfaits de ses doctrines est incalculable. Ses propres efforts seront insuffisants à surmonter les difficultés d'une telle entreprise ; il s'adjoint des disciples fervents, auxquels il ne reste plus qu'un degré à franchir pour être arrivés aux dernières limites de la perfection, grâce à l'empire qu'ils ont conquis sur leurs passions ; il les considère comme des instruments bien préparés pour remplir ses intentions charitables et leur confie la mission dans laquelle il est déjà engagé. Par l'adoption d'un tel plan, le sage fondateur du Boudhisme établit un ordre régulier d'hommes qu'il institue pour aller prêcher à tous les êtres vivants les doctrines qu'ils ont reçues de lui. La mission qu'il leur confie devait être évidemment transmise à leurs successeurs dans le même office. Maintenant, il peut mourir ; il est sûr que l'œuvre qu'il a commencée sera poursuivie avec zèle et dévotion, par des hommes qui ont renoncé au monde et à tous les plaisirs, afin de pouvoir travailler à sa grande entreprise avec un cœur parfaitement affranchi de tous liens ou de tous empêchements.

En confiant à ses disciples la tâche importante d'instruire le genre humain, Boudha cédant à l'impulsion de sa charité universelle, désire qu'ils parcourent le monde et prêchent la vérité à tous les mortels. Il les charge distinctement d'annoncer ouvertement et sans restriction tout ce qu'ils ont appris de lui. Dans ses instructions se trouve clairement dessiné le plan de Boudha, et distinctement tracé le caractère de la mission qu'il s'est donnée. Son objet est de répandre ses doc-

et leur dit : « Bien-aimés Rahans, je suis exempt des cinq grandes passions qui, comme un immense filet, enveloppent les hommes et les Nats. Vous aussi, grâce aux instructions que vous avez reçues de moi, jouissez du même glorieux privilége. A présent, un grand devoir vous incombe, celui de travailler en faveur des hommes et des Nats, et de leur procurer l'inappréciable bienfait de la délivrance. Afin de mieux assurer le succès d'une telle entreprise, séparons-nous et marchons dans des directions opposées, de façon que jamais deux d'entre nous ne suivent la même route. Allez donc et prêchez la très-excellente loi, en expliquant tous les points et la développant avec soin et attention dans toutes ses tendances et particularités. Expliquez le commencement, le milieu et la fin de la loi à tous les hommes sans exception ; que tout ce qui s'y rattache soit rendu public et exposé au grand jour. Montrez à présent aux hommes et aux Nats la voie qui mène à la pratique des œuvres pures et méritoires. Vous rencontrerez, sans doute, un grand nombre de mortels non encore abandonnés, sans espoir de retour, à leurs passions, et qui profiteront de votre prédication pour reconquérir leur liberté jusque-là perdue, et s'affranchir du joug des passions. Pour ma part, je dirigerai mes pas vers le village de Thena situé dans les environs de la solitude d'Orouwela. »

A ce moment, le malicieux Nat Manh vint en présence de

trines par tout le monde et de ranger tous les êtres sous sa direction morale. Il ne fait aucune distinction d'un homme à un autre, ni de nation à nation. Bien que, par sa naissance, il soit de haute caste, il méprise également ces barrières mondaines qui séparent les hommes les uns des autres, et ne reconnaît d'autre dignité que celle que confère la vertu. Il faisait un pas bien téméraire dans un pays où la distinction de caste était si profondément enracinée dans les habitudes du peuple, que tous les efforts humains tentés jusque là pour la détruire avaient avorté. Nous avons déjà indiqué dans une note précédente que Gaudama, sur un nouveau terrain, s'était mis en opposition avec les doctrines Brahminiques. Sans doute, il évitait soigneusement de blesser les sentiments de ses antagonistes, mais en même temps il semait adroitement les germes d'une puissante révolution, qui devait, si on la laissait librement grandir, changer la face de la péninsule indienne. Deux caractères distinguaient essentiellement sa doctrine de celle de ses adversaires : elle était populaire et universelle, tandis que celle de ses rivaux était enveloppée d'une mystérieuse obscurité, et n'était révélée complètement qu'à une caste privilégiée. Une autre grande différence entre les deux systèmes est celle-ci : Boudha accordait peu d'attention à la partie dogmatique de la religion, mais il donnait une immense importance à la morale. Les dogmes sont peu nombreux et l'on n'y insiste guère. Il visait à corriger les vices du cœur, mais il s'occupait peu de redresser les erreurs de l'esprit.

Boudha et le tenta de la manière suivante. « Hommes et Nats, dit-il, ont les cinq sens ; par ces cinq sens, les passions agissent sur eux, enveloppent tout leur être, et finalement les retiennent dans les chaînes d'un esclavage qu'ils ne sauraient éviter. Quant à vous, Rahan, vous ne faites pas exception à la règle universelle, et n'avez pas encore franchi les limites de mon empire. » Phra répondit : « O vil et misérable Nat ! je connais bien les passions auxquelles hommes et Nats sont soumis, mais je m'en suis affranchi et me suis ainsi placé en-dehors de votre empire. » Sans être découragé, le Nat reprit : « O Rahan, vous pouvez être capable de voler à travers l'espace ; mais, même dans cette condition, ces passions, inhérentes à la nature de tous les êtres mortels, vous accompagneront, de telle sorte que vous ne pouvez vous flatter d'échapper à mon empire. » Phra répliqua : « O méchant Nat, j'ai fait mourir en moi la concupiscence et toutes les autres passions, de sorte que vous êtes enfin vaincu. » Manh, le plus pervers des pervers, fut obligé de confesser avec un cœur contrit que Phra l'avait vaincu, et il disparut aussitôt.

Pleins de ferveur à prêcher la loi, les Rahans se virent bientôt environnés d'une foule de convertis qui demandaient la dignité de Rahans. Ils accouraient journellement de toutes parts en présence de Boudha, pour recevoir de ses mains cette haute dignité (1) si ardemment désirée. Boudha leur dit : « Bien-aimés Rahans, il est

(1) Dans ses nouvelles instructions adressées aux Rahans, Boudha leur donne le pouvoir de recevoir dans les rangs de l'assemblée, ceux de leurs convertis qui se seraient le plus distingués dans l'intelligence de la loi et l'observation de ses plus importantes pratiques. Il les autorise à conférer à d'autres la dignité de Rahans, et à les admettre aux différents degrés qui conduisent à cette éminente situation. Afin de mettre de l'uniformité dans la réception des candidats aux différents grades, Boudha traça un certain nombre de règles réunies dans le Kambawa, ou livre qui sert en quelque sorte de rituel, pour les admissions des candidats aux grades de Patzins et de Rahans. Le contenu de ce petit, mais intéressant, ouvrage se trouve dans la notice sur les Talapoins ou moines Boudhistes, insérée à la fin de ce volume. Afin que le lecteur puisse avoir une idée du but général et de l'objet de ces règles, j'en vais donner une esquisse. Le candidat qui demande l'admission parmi les membres de l'ordre, doit comparaître devant une assemblée de Rahans, présidée par un dignitaire. Il doit être pourvu du costume de l'ordre et d'une Patta ou pot de mendiant. Il est présenté à l'assemblée par un Rahan à qui incombe le devoir important de l'instruire de tout ce qui concerne la profession qu'il va embrasser, et de le diriger dans tout le cours du cérémonial. Il est interrogé solennellement, devant l'assemblée, sur les nombreux obstacles ou défauts qui peuvent empêcher un individu d'être reçu dans l'ordre. Sur sa déclaration qu'il n'y a chez lui aucun de ces empêchements, il est, avec le consentement de l'assemblée, promu

à la fois pénible et fatigant pour vous et pour ceux qui désirent être admis dans notre sainte confrérie, de venir à moi de points si éloignés. Je vous donne maintenant pouvoir de conférer les dignités de Patzin et de Rahan à ceux que vous jugerez dignes de les recevoir. Voici sommairement la marche que vous aurez à suivre en de telles circonstances. Chaque candidat aura sa chevelure et sa barbe rasées, et sera pourvu du Tsiwaran de couleur jaune. Ces préliminaires achevés, le candidat, ayant les extrémités du Kowot jetées sur ses épaules, s'accroupira, en levant les mains jointes à son front, et répétera trois fois : J'adhère à Boudha, à la loi et à l'assemblée des parfaits. »

Gaudama, réunissant de nouveau les Rahans autour de lui, leur dit : « Bien-aimés Rahans, c'est grâce à ma sagesse, aidée par la réflexion continuelle et la méditation, que j'ai enfin atteint l'incom-

---

au rang de Patzin. Mais avant d'être admis à prendre place parmi ses frères, il est instruit sur les quatre principaux devoirs qu'il aura à accomplir, et tenu en garde contre les quatre péchés capitaux, qui le priveraient, de facto, de son haut et sacré caractère, et amèneraient son expulsion de la société.

On suppose que le candidat, avant d'avoir sollicité son admission à la dignité de Rahan, a justifié par l'étude et une vie régulière qu'il mérite d'être admis dans l'assemblée des parfaits. En entourant d'un tel déploiement de cérémonies l'admission des candidats, le sagace auteur de ces règles voulait entourer tout le corps d'un halo de dignité et de sainteté, et en même temps se précautionner, autant que le permet la sagesse humaine, contre l'admission de postulants indignes.

Jusque là Boudha s'était exclusivement réservé le pouvoir d'élever ses auditeurs ou convertis à la dignité de Rahans ; maintenant il transmet à ses disciples cette prérogative et leur prescrit de l'exercer ainsi qu'ils l'ont vu faire, en faveur de ceux qu'ils en jugeront dignes. Il a fondé une société et s'est efforcé de lui infuser tous les éléments nécessaires pour la maintenir et pour assurer son existence et sa perpétuité. Il établit une sorte de hiérarchie ecclésiastique, qui doit se perpétuer durant les âges futurs, par les mêmes moyens et la même force que ceux qui lui ont donné l'existence.

Ayant mis un tel pouvoir aux mains de ses disciples, Boudha les exhorte très-judicieusement à rivaliser avec lui dans ses efforts à devenir parfait. Il se pose comme un modèle de perfection, et leur recommande d'imiter les exemples qu'ils ont sous les yeux. Il leur montre succinctement par quels moyens il est arrivé à l'état d'Arahatapho, et les pousse à l'adoption de semblables moyens. Le mot Arahatapho est composé de deux autres : Arahat qui veut dire parfait, et Pho ou Phola, suivant l'orthographe, qui veut dire récompense, mérite. L'état d'Arahatapho est celui dans lequel un homme jouit des mérites ou de la récompense due à la perfection à laquelle il est arrivé par la pratique de la vertu, et surtout en acquérant la sagesse ou la connaissance des plus sublimes points de la loi. On l'emploie souvent en opposition au mot Arahatamagata, qui veut dire chemin ou route conduisant à la perfection.

parable état d'Arahatapho ; essayez à votre tour de suivre mon exemple et d'arriver enfin au même état d'excellence et de perfection. »

Le misérable et abject Nat Manh apparut de nouveau devant Boudha, cherchant à le tenter comme auparavant. Boudha, découvrant le piége, lui fit la même réponse. Se voyant découvert, Manh disparut de sa présence.

Ayant passé son premier carême (1) dans la solitude de Migada-

(1) J'ai traduit par *carême* le mot Birman *Watso* qui n'est autre que le mot Pali Wasa birmanisé. Le mot carême est ici pour exprimer, non pas la signification littérale de Wasa, mais pour traduire à l'esprit du lecteur l'idée d'un temps consacré aux pratiques religieuses. Wasa veut dire une saison, mais on l'emploie pour désigner la saison des pluies, qui, dans cette partie de la péninsule où Boudha résidait, commence en juillet et finit au mois de novembre. Pendant cette saison, les communications entre les villages et les villes sont difficiles, sinon impossibles. Les religieux mendiants, dans les temps primitifs, et vraisemblablement même du temps de Boudha, pouvaient se retirer dans des maisons d'amis ou de sectateurs, d'où accidentellement ils pouvaient s'éloigner pour mendier leur subsistance. Au commencement, ceux qui étaient admis dans la société ne vivaient pas en communauté, ainsi que cela eut lieu plus tard dans les pays où le Boudhisme a régné longtemps et dans une condition florissante. Il leur était permis de se retirer dans la solitude et d'y mener la vie ascétique, ou de voyager d'un lieu à l'autre pour prêcher la loi et faire des prosélytes. Ce travail ne pouvait se faire dans la saison pluvieuse. C'est pour cela que les disciples, tant qu'ils furent peu nombreux, se réunissaient autour de leur maître pendant cette saison, afin d'écouter ses instructions et de pratiquer la vertu sous sa direction immédiate. Ils vivaient avec lui tout le temps que durait la saison des pluies. C'est ce qu'on appelait passer la saison. On rencontrera souvent cette expression dans la suite de cette légende. Il est dit de Boudha qu'il passa une saison en tel endroit, une autre en tel autre, pour indiquer qu'il avait séjourné en tel lieu pendant la saison pluvieuse, ce qui interdisait la possibilité de suivre la carrière de prédicateur errant.

Quand l'organisation religieuse fut régulièrement constituée et solidement assise sur ses bases, le nombre toujours croissant des membres leur fit sentir le besoin de lieux isolés où ils pussent vivre en communauté, et, en même temps, complétement retirés du monde. Des maisons ou monastères furent édifiés pour recevoir les pieux Rahans. Leurs habitants vivaient sous la direction d'un supérieur, consacrant leur temps à l'étude, à la méditation et à l'observance de la loi. Il leur était permis de sortir le matin de très-bonne heure, pour mendier et ramasser la nourriture dont ils avaient besoin pour la journée. Tel est l'état dans lequel vivent encore les religieux de nos jours en Birmanie, à Ceylan, au Thibet, à Siam, et dans les autres pays où le Boudhisme a jeté de profondes racines.

La saison religieuse ou le carême dure trois mois, commençant à la pleine lune de Watso (juillet) et finissant à la pleine lune de Thadinkiout (octobre). L'observance de la saison, en Birmanie, se fait ainsi : Aux jours de nouvelle, et de pleine lune, des flots de peuple affluent dans les pagodes, portant des offrandes de fleurs, de petites chandelles, d'huile, etc. Un grand nombre passent la nuit dans des Bun-

won, Phra dirigea sa course dans la direction de la forêt d'Ourouwela. En route pour cet endroit, il s'arrêta quelque temps dans un jungle, et s'assit sous un arbre pour prendre quelque repos sous son ombrage rafraîchissant. En ce temps, trente jeunes nobles étaient venus dans le jungle pour chasser et se divertir. Chacun d'eux avait amené sa femme, à l'exception d'un seul qui, n'étant pas marié, était accompagné d'une prostituée. Pendant la nuit, cette fille se leva sans être aperçue, s'empara de toutes les choses de valeur appartenant à la bande, et, prenant ses jambes à son cou, s'enfuit au plus épais de la forêt. Le matin, les trente jeunes gens s'éveillant, s'aperçurent bien vite du pillage dont ils avaient été victimes, et se mirent à la recherche de celle qu'ils supposaient avoir commis le larcin. Le hasard fit qu'ils vinrent au lieu où Gaudama était assis, les jambes croisées, et ils lui demandèrent s'il avait vu passer une femme. Boudha leur dit : « Quel est, à votre sens, la chose la meilleure et la plus profitable : d'aller à la recherche

galows édifiés dans ce but dans leur voisinage immédiat. Les femmes occupent des Bungalows séparés de ceux des hommes. Il est bon de savoir que là, de même que dans nos églises, leur nombre surpasse de beaucoup celui des hommes. Dans ces occasions, la religion semble être plutôt le prétexte que le but réel de la réunion. A l'exception des hommes et des femmes âgés, qu'on entend discuter des sujets religieux et réciter des passages de la loi, ou répéter des prières en l'honneur de Boudha, les autres paraissent penser à tout autre chose. La partie la plus jeune du beau sexe se livre sans contrainte au plaisir de la conversation. Pour elles, c'est un vrai régal qu'une telle occasion de donner l'essor à leurs caquetages. Durant cette saison, les fidèles sont plus charitablement portés à faire l'aumône aux Rahans. Les monastères voient affluer avec abondance, même avec profusion, toutes les denrées. Indépendamment des aumônes et des visites aux pagodes, quelques pieux laïques pratiquent l'abstinence et le jeûne à un certain degré, ils sont cependant peu nombreux. Pendant ce temps, les reclus Boudhistes sont souvent invités à aller en certains lieux préparés à cet effet, pour prêcher la loi aux nombreux auditeurs qui s'y rassemblent dans ce but et recevoir leurs aumônes. Les Talapoins sont généralement assis sur une plateforme élevée faisant face à la congrégation ; ils gardent leur large éventail devant leur visage, par modestie, et de peur d'apercevoir quelque objet tentateur. Ils récitent en chœur certains passages de la vie de Boudha, énumèrent les cinq grands préceptes et autres pratiques de la loi. La prédication a généralement lieu en langue Pali, c'est-à-dire dans un langage inconnu de l'assistance. Quand ils ont terminé leur ministère, ils se retirent, suivis d'un grand nombre de leurs disciples, rapportant dans les monastères les offrandes qu'ils ont reçues des fidèles. Il arrive aussi, quoique rarement de nos jours, que quelques fervents reclus se retirent, pendant toute une partie de la saison du carême, dans des endroits solitaires, vivant séparément et consacrant tout leur temps à lire les livres de la loi, et à méditer les points et les maximes les plus importants de la religion.

de vous-mêmes ou d'aller à la recherche d'une femme ? » — « Naturellement, répondirent-ils, il est plus profitable d'aller à la recherche de nous-mêmes. » — « S'il en est ainsi, reprit Boudha, restez quelque temps avec moi, je vous prêcherai ma loi, et, par son aide, vous arriverez à la connaissance de vous-mêmes et, de là, à la perfection. » Ils accédèrent avec joie à sa requête, écoutèrent attentivement ses instructions, et obtinrent l'état de parfaits croyants, mais avec certains degrés, d'après leurs dispositions respectives. Ils renoncèrent aux habitudes d'ivrognerie dans lesquelles ils avaient vécu jusque là et persévérèrent dans l'observance des cinq grands préceptes.

Il faut remarquer, ajoute le traducteur Birman, que les fortunés auditeurs durent cet heureux résultat à l'influence de bonnes œuvres qu'ils avaient accomplies dans des existences antérieures (1).

Gaudama ayant achevé si heureusement la conversion de ces jeunes nobles, se leva et continua son voyage dans la direction de la

(1) La remarque du traducteur Birman me fournit l'occasion d'expliquer un des articles principaux du *Credo* Boudhiste. Tous les êtres, en ce monde, sont soumis à la double influence de leurs mérites et démérites. L'influence favorable prédomine quand la somme des mérites surpasse celle des démérites, et l'autre a le dessus quand le contraire a lieu. Ce principe une fois admis, les Boudhistes expliquent le bien ou le mal qui revient en partage à tout individu, en quelque phase que ce soit de son existence. Un homme meurt-il, il est accompagné dans sa nouvelle phase d'existence par ses mérites et démérites, qui, fidèles compagnons, le suivront partout. Que la somme des démérites soit plus grande, il va en enfer ou en quelque autre état de châtiment, pour y subir des souffrances proportionnées à ses offenses, jusqu'à ce qu'il ait payé sa dette en entier, ou, pour parler le langage des Boudhistes, jusqu'à ce que la somme de ses démérites soit éteinte. Si, au contraire, au moment de sa mort, l'influence des mérites est la plus forte, il est conduit à un état de bonheur, de plaisir, de jouissances, par exemple, en l'un des siéges de Nats ou de Brahmas ; et il y reste aussi longtemps que dure l'influence de ses mérites. Quand elle a cessé, il revient dans la demeure de l'homme, ou dans un état d'épreuve, où il a encore à travailler pour amasser de nouveaux et plus grands mérites qui, plus tard, lui donneront droit à de plus hautes récompenses que celles dont il avait joui d'abord. Par les observations qui précèdent, il est évident que l'idée d'un Être suprême, récompensant le bon et punissant le méchant, est soigneusement exclue, et que toute intervention étrangère est, à ce point de vue, absolument mise de côté. Une autre conclusion à tirer de la même source, c'est qu'il n'y a éternité ni dans la récompense ni dans le châtiment, mais que l'un et l'autre durent plus ou moins longtemps, suivant la somme des mérites ou démérites, et par conséquent en proportion de l'une ou l'autre de ces influences respectives.

On peut se demander ce qu'il advient de cette somme de démérites, et quelle influence fâcheuse elle peut avoir, alors que prévaut l'influence favorable ? La somme

forêt d'Ourouwela. A cette époque, il s'y trouvait trois maîtres distingués et de grand renom, qui gouvernaient un grand nombre de Rathis ou disciples menant la vie ascétique. Ils se nommaient Ourouwela Kathaba, Nadi Kathaba et Gaya Kathaba. Le premier dirigeait cinq cents disciples, le second trois cents et le troisième deux cents. Boudha vint au monastère d'Ourouwela Kathaba, et lui dit : « Je ne porte que peu d'objets avec moi, et n'ai besoin que d'une petite place pour me reposer ; je vous demande la permission de passer seulement la nuit dans votre cuisine. » Kathaba répondit : « Puisque vous avez si peu d'objets avec vous, je vous permets volontiers de vous arranger du mieux que vous pourrez dans la cuisine, mais je dois vous informer que le Naga, gardien de l'endroit, est un animal très-malicieux, puissamment fort, et que son venin est mortel. » — « Je ne crains pas le Naga, reprit Boudha, et suis très-aise que vous me donniez une place dans votre cuisine. » Sur

des démérites subsiste toujours, entière et complète ; l'action de l'influence mauvaise est suspendue et n'a aucun pouvoir, paralysée qu'elle est par une influence supérieure. Mais la somme des mérites étant épuisée, et son action terminée, l'autre rentre en puissance et agit sur l'individu en proportion directe de sa force, et dure jusqu'à ce qu'elle s'éteigne à son tour ; comme l'homme ne peut jamais se trouver sans quelque mérite ou démérite, sans quelque bonne ou mauvaise action, il doit forcément être en état de récompense ou de châtiment ; ceci est, si l'on peut me passer l'expression, le grand ressort qui fait mouvoir tous les êtres dans le tourbillon d'existences sans nombre où ils trouvent le bonheur ou la misère, suivant leurs actes. L'être qui, à travers ses diverses existences, tend fortement et sans se lasser vers la perfection, affaiblit graduellement et finit par détruire en lui la loi des démérites. Il gravit d'un pas sûr les degrés de l'échelle de la perfection, par la pratique des plus hautes vertus. Arrivé au sommet, il n'y a plus de raison pour lui de parcourir d'autres existences, et il entre à l'instant dans l'état de Neibban.

Avec le principe précédent, Boudha rend compte de toutes les phases diverses de l'existence humaine. Un enfant naît-il de parents riches, grands et distingués ? Devient-il riche et puissant ? Devient-il roi ou noble ? etc. : Il doit tout cela à des mérites acquis dans des circonstances antérieures. Qu'un autre enfant naisse dans une condition infime, pauvre et misérable ? Qu'il soit faible de corps ou d'esprit, etc., etc. : Ses démérites antérieurs sont le principe et la cause de toutes ses misères subséquentes.

La doctrine des mérites et des démérites et de leur influence simultanée a été pleinement exemplifiée dans la personne de Boudha lui-même durant ses premières existences. Il dit de lui-même à ses disciples qu'il avait passé avec des fortunes diverses par les existences du règne animal, depuis la tourterelle jusqu'à l'éléphant ; qu'étant homme, il avait souvent été en enfer, et dans diverses positions de richesse et de pauvreté, de grandeur et d'abaissement, jusqu'à ce que, par ses puissants efforts, il se fût enfin affranchi de toute influence pernicieuse, et eût atteint son état actuel de perfection. On suppose qu'il a raconté à ses disciples, en diverses occasions, cinq cent dix de ses existences antérieures.

ce, il y entra, s'assit les jambes croisées, et, gardant le reste du corps bien droit, il demeura absorbé dans la plus profonde contemplation. Le Naga parut bientôt, et, irrité de voir qu'un étranger eût pensé rester en un lieu confié à sa garde, il résolut de chasser l'intrus. Il commença par vomir un nuage de fumée qu'il lança au visage de Boudha. Boudha se dit en lui-même : « Je ne veux pas faire de mal à ce Naga; je laisserai intacts, sa peau, sa chair et ses os; mais je le vaincrai avec les mêmes armes qu'il emploiera contre moi. » Sur ce, par sa propre puissance, il émit un tel volume d'une épaisse fumée, qu'il réduisit bien vite au silence son adversaire et l'obligea de recourir à des moyens d'attaque plus efficaces. Il vomit des flammes ardentes. Phra lui opposa des flammes bien plus actives et bien plus destructives que celles du Naga. Elles brillaient d'un tel éclat, qu'elles attirèrent un grand nombre de Rathis, qui se tinrent immobiles, admirant la magnifique contenance de Boudha, et ébahis de son pouvoir sans bornes. Le Naga, vaincu, abandonna la lutte, et laissa à Boudha la possession non disputée de la cuisine pendant toute la nuit. Le matin, ouvrant sa patta, Phra y jeta le Naga terrifié et le porta à Ourouwela Kathaba, qui surpris du pouvoir de l'étranger, se dit : « Ce Rahanda ne peut cependant pas encore m'être comparé. » Il l'invita à rester dans son monastère, promettant de lui fournir des aliments, tout le temps qu'il serait avec lui. Phra accepta l'invitation, et fixa sa résidence au milieu d'un taillis peu éloigné de la cellule de Kathaba. Pendant qu'il y était, quatre chefs de Nats du siége de Tsadoumaritz vinrent à minuit au lieu où reposait Phra. Ils étaient très-beaux et une brillante lumière qui environnait leurs corps remplit le taillis d'un éclat resplendissant. Kathaba, surpris, vint à Boudha et lui dit : « Grand Rahan, l'heure de prendre votre nourriture est proche; votre riz est prêt, venez et mangez. Comment se fait-il qu'à minuit il y ait une lumière aussi extraordinaire? » On aurait cru que toute la forêt aux environs était bordée de feux immenses. Phra répondit : « Ce phénomène a été produit par la présence de quatre chefs de Nats qui sont venus me voir et écouter ma prédication. » Kathaba se dit en lui-même : « La vertu de ce Rahan doit être bien grande, en vérité, si les Nats viennent le voir et le reconnaissent pour leur maître. Pourtant il n'est pas encore mon égal. » Boudha mangea son riz et revint à la même place.

Dans une autre circonstance, au milieu de la nuit, le chef des Thagias vint au bosquet de Boudha et, par son pouvoir, fit paraître une mer de lumière semblable à celle que produirait une centaine d'incendies. Elle projetait ses rayons dans toutes les directions. Le matin, Kathaba vint au grand Rahan, l'invitant à venir manger son riz. En même temps, il lui demanda la raison de la clarté surprenante qui avait duré depuis environ minuit jusqu'au matin, et qui surpassait en éclat celle qui s'était montrée dans la circonstance précédente. Phra lui dit qu'il avait été visité par le chef des Thagias, qui était venu pour entendre ses instructions. Kathaba pensa en lui-même : « La gloire et la dignité de ce Rahan doivent être bien grandes, en vérité, mais il n'est pas encore un Rahanda. » Phra mangea sa nourriture et continua de résider dans le même bosquet.

Dans une autre occasion, à la même heure avancée, Phra reçut la visite du chef des Brahmas. Les flots de lumière projetés par sa personne surpassaient en éclatante splendeur tout ce qu'on avait vu auparavant. Kathaba, comme d'habitude, vint le matin inviter le grand Rahan à venir prendre sa nourriture, lui demandant en même temps la cause du prodige qui avait eu lieu. Phra lui dit que le chef des Brahmas l'avait visité pour entendre sa prédication. Kathaba s'étonna de plus en plus de la dignité de ce grand Rahan qui pouvait attirer vers lui un si éminent visiteur; mais il se dit en lui-même : « Ce Rahan n'est pas encore un Rahanda qui puisse m'être comparé. » Phra prit sa part de nourriture et continua de résider dans le même bosquet.

Un certain jour, le peuple du pays avait préparé des offrandes considérables pour Kathaba. En apprenant cette agréable nouvelle, le Rathi pensa en lui même : « Le peuple se dispose à m'offrir des offrandes considérables; il serait bon que ce Rahan n'assistât pas à la cérémonie. Il pourrait déployer sa puissance en présence de la multitude qui, frappée, pénétrée d'admiration pour sa personne, lui ferait des présents plus considérables, pendant que j'aurais à me voir décrier dans une égale proportion. Demain, j'arrangerai les choses de façon à empêcher le grand Rahan d'être présent. » Boudha découvrit immédiatement ce qui se passait dans l'esprit de Kathaba. Ne voulant être pour son hôte la cause d'aucun ennui, il se transporta à l'île d'Outougara, où il recueillit sa nourriture qu'il vint manger sur les bords du lac Anawadat. Il y passa toute la journée et, par sa miraculeuse puissance, il était de retour à son bosquet, à une heure matinale du jour suivant. Le Rathi vint, comme d'habitude, l'inviter à partager son repas, qui était prêt, et lui demanda pourquoi on ne l'avait pas vu le jour précédent. Boudha, sans que la moindre émotion pût trahir un sentiment d'animosité, raconta à Kathaba tout ce qui lui était passé par l'esprit, et lui dit l'endroit où il s'était rendu. Kathaba, étonné de ce qu'il entendait, se dit : « Le savoir de ce Rahan est immense, en vérité, puisqu'il peut même connaître les pensées de mon esprit ; son pouvoir aussi est prodigieux ; mais, malgré tout, ce n'est pas encore un Rahanda comparable à moi. » Boudha, ayant mangé sa nourriture, se retira dans son bosquet.

Un certain jour, Boudha désira laver ses vêtements. Un Thagia, connaissant la pensée qu'il avait dans l'esprit, creusa un petit étang carré, et, s'approchant de lui, l'invita respectueusement à y laver son tsiwaran. Boudha réfléchit alors : « Où trouverai-je une pierre pour le frotter dessus ? » Le Thagia, ayant apporté une pierre, lui dit : « Illustre Phra, voici une pierre pour y frotter votre tsiwaran. » De nouveau il pensa : « Où y a-t-il un endroit convenable pour le faire sécher ? » Le Nat, qui gardait l'arbre Yekada, fit incliner ses branches, et dit : « Mon Seigneur, voici une place convenable pour suspendre votre tsiwaran. » De nouveau il réfléchit : « Où y a-t-il une place convenable pour étendre mes vêtements ? » Le chef des Thagias apporta une large pierre bien polie, et dit : « O illustre Phra, voici une place convenable pour étendre votre tsiwaran. » Le matin, Kathaba, comme d'habitude, vint à la résidence de son hôte l'inviter à prendre son repas. Surpris de ce qu'il voyait, il dit à Boudha : « O Rahan ! il n'y avait ici auparavant ni étang ni pierre, comment s'y trouvent-ils à présent ? Et encore, comment se fait-il que l'arbre Yekada courbe maintenant ses branches ? » Phra raconta alors au Rathi tout ce qui s'était passé, l'informant que le chef des Thagias et un Nat avaient fait tout cela pour lui et l'avaient assisté dans tous ses besoins. Kathaba fut encore plus émerveillé qu'avant de la grande vertu et de l'excellence du grand Rahan ; mais il persista dans son opinion, que le grand Rahan n'était pas un Rahanda comparable à lui. Boudha, ayant pris son repas, retourna dans son bosquet.

Dans une autre occasion, le Rathi vint trouver Boudha et l'inviter à partager son repas. « Très-bien, dit Boudha, j'ai quelque petite affaire en ce moment, allez en avant et je vous suivrai dans quelques instants. » Sur ce, Kathaba retourna dans sa cellule. Quant à Phra, il s'en fut cueillir un fruit de l'arbre jambu, et arriva au lieu du repas, avant que Kathaba eût pu l'atteindre. Le Rathi en arrivant fut grandement surpris d'y trouver Phra qui l'attendait. « Qu'est ceci ? dit-il, avec un étonnement non équivoque, et quel chemin avez-vous pu prendre pour arriver ici avant moi ? » Phra lui dit : « Après votre départ, j'ai cueilli un fruit d'un arbre jambu, et néanmoins, je suis arrivé ici avant vous. Voici le fruit que j'ai apporté, il a autant de saveur qu'il est beau, permettez-moi de vous l'offrir pour que vous le mangiez. » — « Oh! non, grand Rahan, il n'est pas convenable que je le mange, gardez-le plutôt pour vous. » En lui-même il pensait : « Le pouvoir et l'excellence de ce grand Rahan sont réellement prodigieux ; mais ce n'est pas encore un Rahan comparable à moi. » Phra mangea son riz et retourna dans son bosquet.

Un autre jour, Phra donna une nouvelle preuve de sa puissance miraculeuse, en portant à Kathaba un mango cueilli d'un arbre qui poussait près de l'arbre jambu, et continua ainsi plusieurs jours, lui portant chaque fois des fruits qui poussaient à l'extrémité de l'île du sud. Un autre jour, Phra monta au siége de Tawadeintha et en rapporta un beau nénuphar, ce qui ne l'empêcha pas d'arriver avant Kathaba au lieu où le repas était préparé. Ce dernier, stupéfait de voir une fleur du pays des Nats, pensa en lui-même : « Le pouvoir du grand Rahan est réellement surprenant, il a porté ici, des siéges des Nats, un magnifique nénuphar, en un si court espace de temps ; mais il n'est pas encore mon égal. »

Un certain jour, les Rathis étaient occupés à fendre du bois de chauffage. Il y avait un énorme bloc de bois sur lequel leurs efforts réunis ne produisaient aucun effet. Kathaba pensa en lui-même : « Le grand Rahan est doué d'un pouvoir surprenant ; c'est ici le cas de l'éprouver. » Il demanda à Gaudama de fendre le bloc rebelle. Gaudama le fendit à l'instant en cinq cents morceaux. Les Rathis essayèrent alors d'allumer le feu, mais ils ne pouvaient y réussir. Kathaba demanda à son hôte de venir à leur secours. A l'instant, les cinq cents morceaux de bois se mirent à flamber, si bien qu'on eût dit cinq cents feux différents. Les Rathis prièrent le grand Rahan d'éteindre ces feux qui les menaçaient d'une conflagration générale. Leur requête fut écoutée à l'instant : les cinq cents feux s'éteignirent.

Pendant la saison froide, aux mois de janvier et février, quand il tombe une rosée très-froide, les Rathis s'amusaient à plonger et à nager dans la rivière Neritzara. Phra fit flamber cinq cents feux sur les bords de la rivière; les Rathis sortant de la rivière, se réchauffèrent près de ces feux. Ils étaient émerveillés du pouvoir du grand Rahan. Cependant Kathaba persistait à dire qu'il n'était pas un Rahanda comme lui-même.

Un certain jour, il tomba une pluie torrentielle qui inonda toute la contrée, mais l'inondation respecta l'endroit où Gaudama se tenait. Il pensait en lui-même : « Il serait bon que je fisse une belle route au milieu des eaux. » Il la fit, se promena sur la route sèche, et des nuages de poussière s'élevaient dans l'air. Kathaba, très-inquiet du sort de son hôte, prit un canot, et avec l'assistance de ses disciples, nagea dans la direction du bosquet de Boudha; mais quelle fut leur surprise, quand, y arrivant, ils trouvèrent au lieu d'eau, une route parfaitement sèche et Boudha se promenant de long en large. « Est-ce vous, grand Rahan, que nous voyons ici? » s'écria Kathaba. « Oui, répondit Boudha, c'est bien moi. » Il avait à peine fait cette réponse, qu'il s'éleva dans les airs, et se tint quelque temps au-dessus du canot. Kathaba pensa de nouveau en lui-même : « Grands, en vérité, doivent être les perfections et les talents du grand Rahan, si l'eau même n'a pas d'action sur lui; mais ce n'est pas néanmoins un Rahanda comme moi. » Phra, qui savait ce qui se passait dans l'esprit de Kathaba, se dit : « Il y a longtemps que ce Rathi pense en lui-même : ce Rahan est grand, mais je suis encore plus grand que lui; il est temps que je lui inspire la surprise et la crainte. » S'adressant à Kathaba, il dit : « Rathi, vous n'êtes pas un Rahanda qui soit arrivé à la perfection d'Arahat; vous n'avez jamais accompli les actes méritoires des quatre voies de la perfection; vous n'êtes donc pas un Rahanda. Mais j'ai, pendant mes existences antérieures, soigneusement observé ces pratiques qui m'ont permis d'arriver à la perfection, et finalement d'obtenir la dignité de Boudha. » Surpris d'une déclaration aussi inattendue, Kathaba s'humilia, tomba à genoux et se prosterna aux pieds de

Boudha, en disant : « Illustre Phra, je désire devenir un Rahan sous votre direction. » Phra répondit : « Kathaba, vous gouvernez cinq cents Rathis, allez les informer de tout ce qui est arrivé. » Là-dessus, Kathaba vint au lieu où étaient assemblés les Rathis et leur dit : « Je désire me mettre sous la direction du grand Rahan. Les cinq cents Rathis lui dirent qu'ils voulaient suivre son exemple, puisqu'il avait été pour eux jusque-là un si excellent maître. Ils se levèrent et, rassemblant leurs ustensiles, tels que les nattes tressées, le bâton à fourche, la ceinture de cheveux, le filtre à miel, etc., ils les jetèrent à la rivière, vinrent, et, se prosternant aux pieds de Boudha, sollicitèrent l'admission à la dignité de Rahan.

Nadi Kathaba, voyant les ustensiles flotter sur l'eau et emportés par le courant, appela ses disciples et leur dit : « Quelque malheur a pu arriver à mon frère aîné? allons voir ce qui est survenu. » Ils ne furent pas plus tôt arrivés, que Kathaba leur raconta ce qui venait de se passer. Nadi Kathaba s'en vint immédiatement à la cellule de Boudha, suivi de tous ses disciples. Tombant aux pieds de Phra, ils déclarèrent leur ardent désir de devenir ses disciples, et sollicitèrent la dignité de Rahan. Gaya Kathaba, qui vivait un peu en aval de ses deux frères, voyant flotter sur l'eau les ustensiles des disciples de ses deux frères, se hâta, avec ses deux cents disciples, vers la résidence d'Ourouwela Kathaba. Étant informés de tout ce qui s'était passé, lui et ses disciples se jetèrent aux pieds de Gaudama, le priant de les admettre dans l'ordre des Rahans. Ils furent tous admis.

La conversion d'Ourouwela Kathaba fut amenée par l'accomplissement, de la part de Boudha, de non moins de trois mille cinq cent soixante miracles (1).

(1) Nous avons dit, dans une note précédente, que les prédications de Boudha étaient accompagnées de miracles, afin de donner plus d'autorité et plus d'évidence à ses doctrines. Cette assertion est pleinement corroborée par tous les détails qui entourent la conversion des trois Kathabas et de leurs disciples. En cette circonstance, Boudha se trouve en présence de la dose la plus forte de résistance et d'obstination de la part d'Ourouwela Kathaba. Il n'y a pas à douter que notre grand prêcheur n'ait eu recours à tous les moyens de persuasion pour faire entrer la conviction dans l'esprit d'un auditeur aussi important. Il avait affaire à un homme rempli de l'idée de son mérite et de son excellence, qui se croyait bien supérieur à tout autre; ses meilleurs arguments étaient sans force devant un individu plein de suffisance, habitué à donner et non à recevoir des instructions, et qui jouissait d'une

grande célébrité. Boudha fut forcé de recourir à son pouvoir illimité de faire des miracles, et, par ce moyen, finit par vaincre la résistance obstinée et aveugle de l'orgueilleux Rahan. Jamais conquête ne fut plus chèrement achetée ; mais elle était bien digne des efforts extraordinaires déployés pour l'obtenir. Kathaba devint un des plus fermes adhérents de Boudha, et l'un des plus fervents disciples qui travaillèrent à la propagation du Boudhisme. Il est célébré entre tous dans tous les livres Boudhistes, et l'on ajoute toujours à son nom le préfixe Maha, qui veut dire Grand. Après la mort de Gaudama, il devint le patriache des Boudhistes. Par ses soins et ses efforts, un concile de cinq cents Rahans fut assemblé à Radzagio, sous le règne du roi Adzatatha, pour condamner le langage inconvenant de quelques convertis hypocrites ou imparfaitement instruits, qui avaient voulu rejeter, sur plusieurs points, l'autorité de Boudha.

Dans l'épisode de la conversion des trois Kathabas, le lecteur attentif n'aura pas manqué de remarquer un détail qui jette quelque lumière sur la position qu'occupaient plusieurs des chefs des écoles de philosophie, aux temps qui furent témoins de l'origine du Boudhisme. Ces sages vivaient en des lieux retirés, loin du tumulte et du fracas du monde. Il est probable qu'au début ils vivaient seuls ou avec un petit nombre d'autres individus qui aimaient le même genre de vie. Leur temps était entièrement consacré à l'étude et à la méditation ; l'objet de leurs études et de leurs réflexions était le champ sans limites de la métaphysique et de la morale. Leur régime était grossier et leurs abstinences poussées à un degré que des dévots Hindous ou des fanatiques seuls peuvent atteindre. La renommée que certains de ces individus avaient en science et en vertu attira bientôt dans leurs solitudes des troupes d'élèves, jaloux de se ranger sous la discipline et l'enseignement de maîtres aussi éminents à tous les points de vue. Les trois Kathabas devaient être célèbres dans tout le pays, puisque nous les voyons à la tête d'un si grand nombre de disciples. L'humilité n'a jamais été la vertu de prédilection des sages païens, dans l'Inde ou ailleurs. La conscience de leur propre supériorité nourrissait dans leurs âmes la suffisance et l'amour-propre ; les louanges dont leurs disciples étaient si prodigues à leur égard, et leur éloignement volontaire de la société ajoutaient encore à cette tendance. L'orgueil spirituel, le plus perfide des ennemis, occupait dans leurs cœurs la place laissée libre par des passions d'une nature plus grossière et d'une nuance moins délicate. La conduite de l'aîné des Kathabas montre bien la vérité et l'exactitude de l'assertion qui précède.

CHAPITRE VII

Sermon de Boudha sur une montagne. — Entrevue de Boudha et du roi Pimpathara dans le voisinage de la cité de Radzagio. — Réponse de Kathaba aux questions de Boudha. — Instruction donnée au roi et a ses suivants. — Entrée solennelle de Boudha a Radzagio. — Donation du monastère de Welowon a Boudha. — Conversion de Tharipoutra et de Moukalan. — Les rahans sont grossièrement insultés par le peuple de Radzagio.

Accompagné de ses mille adhérents, Phra vint au village de Gayathitha. Ce village est situé sur le bord de la rivière de Gaia. Près de là est une montagne, dont le profil ressemble à la tête d'un éléphant. Sur le sommet de la montagne est une grosse roche assez large pour recevoir Boudha et tous ses suivants. Il gravit la montagne avec ses disciples, et, ayant atteint le sommet, il s'assit. S'adressant à tous ses disciples, il leur dit : « Bien-aimés Bickous, tout ce que l'on peut rencontrer dans les trois demeures des hommes, des Nats et des Brahmas est comme une flamme brûlante. Mais pourquoi en est-il ainsi ? Parce que les yeux sont une flamme brûlante ; les objets perçus par les yeux, la vue de ces objets, la sensation créée par cette vue, tout cela est comme une flamme dévorante. Les sensations produites par les yeux causent une succession de plaisir et de peine ; mais ce plaisir et cette peine sont, l'un et l'autre, une flamme brûlante.

Quelles sont les causes qui produisent cette sensation de brûlure ? C'est le feu de la concupiscence, de la colère, de l'ignorance, de la naissance, de la mort, de la vieillesse et de l'anxiété. A son tour, l'oreille est une flamme brûlante ; les sons, la perception des sons, les sensations causées par les sons, sont autant de flammes brûlantes ; le plaisir ou la peine produits par les sons sont aussi une flamme brûlante, alimentée par le feu de la concupiscence, de la colère, de l'ignorance, de la naissance, de la vieillesse, de la mort, de l'anxiété, des larmes, de l'affliction et du trouble. Le sens de l'odorat est aussi une flamme brûlante ; les odeurs, la perception des odeurs, les sensations produites par les odeurs, sont toutes une flamme brûlante alimentée par la concupiscence, la colère, l'ignorance, la naissance, la vieillesse, la mort, l'inquiétude, les larmes, l'affliction et le chagrin. Le goût aussi est une flamme brûlante; les objets goûtés, la perception de ces objets, les sensations par eux produites, tout cela est une flamme brûlante entretenue par le feu de la concupiscence, de la colère, de l'ignorance, de la naissance, de la vieillesse, de la mort, de l'anxiété, des larmes, de l'affliction et du chagrin.

— Le sens du toucher, lui aussi, les objets touchés, la perception de ces objets, la sensation produite par eux, sont une flamme brûlante; le plaisir et la peine qui en résultent ne sont autres qu'une flamme brûlante, entretenue par la concupiscence, la colère, l'ignorance, la naissance, la vieillesse, la mort, l'anxiété, les larmes, l'affliction et le chagrin. Le cœur aussi est une flamme brûlante, aussi bien que tous les objets perçus par lui, et les sensations produites en lui ; le plaisir et la peine causés par le cœur sont aussi une flamme brûlante entretenue par le feu de la concupiscence, de la colère, de l'ignorance, de la naissance, de la vieillesse, de la mort, de l'inquiétude, des larmes, de l'affliction et du chagrin. Bickous bien-aimés, ceux qui comprennent la doctrine que j'ai prêchée et savent y lire sont pleins de sagesse et méritent d'être appelés mes disciples. Les sens, les objets des sens, la matière, le plaisir et la peine, aussi bien que les affections du cœur, tout cela leur déplaît. Ils sont affranchis de la concupiscence et, par conséquent, exempts de passions. Ils ont acquis la vraie sagesse qui conduit à la perfection; ils sont dès lors délivrés des misères d'une autre naissance. Ayant pratiqué les œuvres les plus excellentes, rien ne leur reste plus à accomplir. Ils n'ont plus besoin d'être guidés par les seize lois, car ils sont arrivés bien au-delà (1). »

(1) Le discours philosophique de Boudha sur la montagne peut être considéré comme le sommaire de sa doctrine morale. Il est certainement très-obscur et dépasse de beaucoup la portée ordinaire de la compréhension humaine. Les auditeurs auxquels il s'adressait étaient des hommes déjà rompus à son enseignement, et par conséquent préparés à comprendre de telles doctrines. S'il eût parlé un langage aussi abstrait au commun du peuple, il est certain qu'il aurait manqué son but

Ayant ainsi parlé, Boudha garda le silence. Ses auditeurs se sentaient complétement affranchis des entraves des passions, et

et se fût exposé à n'être pas compris. Mais il s'adressait à un auditoire choisi, dont les esprits étaient bien faits pour saisir de telles doctrines. Il appelle ses disciples Bickous ou mendiants, pour leur rappeler l'état de pauvreté volontaire qu'ils ont embrassé en devenant ses disciples, et graver dans leurs esprits le mépris des richesses et des plaisirs de ce monde.

Il pose en principe général que tout ce qui existe ressemble à une flamme qui éblouit les yeux par son éclat, et tourmente par la peine qu'elle occasionne. Ici éclate la notion favorite du Boudhisme, qu'il n'y a rien de réel et de substantiel dans ce monde, et que les changements et vicissitudes continuels auxquels nous sommes exposés sont la cause d'impressions pénibles. Boudha passe en revue les six sens (le cœur étant, d'après sa théorie, le siége d'un sixième sens), et comme ce sont les canaux par lesquels les affections sont produites sur l'âme, il compare à une flamme brûlante les organes des sens, les divers objets de l'action des sens, les résultats pénibles ou agréables qu'ils produisent. Il part de là pour lancer une excommunication générale contre tout ce qui existe en-dehors de l'homme. Les sens, étant les organes par lesquels la matière agit sur l'âme, tombent sous la même condamnation. Boudha expose les causes productrices de cette flamme brûlante. Ce sont d'abord les trois grands principes généraux des démérites, savoir : la concupiscence, la colère et l'ignorance. Dans le livre qui traite de la morale, ces trois principes reçoivent tout leur développement ; ils sont représentés comme la source de toutes les autres passions. Dans une digression fort longue, l'auteur tend à simplifier la question, et essaye de faire voir, à l'aide de la logique, que l'ignorance est la source primitive d'où jaillissent la concupiscence et les passions. En conséquence, d'après les Boudhistes, c'est dans les sombres recoins de l'ignorance que les métaphysiciens doivent pénétrer, afin de découvrir la cause de tous les désordres moraux. Chaque être a un esprit plus ou moins enveloppé d'une brume épaisse qui l'empêche de voir la vérité. Il prend le bien pour le mal, le juste pour l'injuste, il s'attache par erreur à des objets matériels qui n'ont ni réalité, ni substance, ni consistance ; ses passions sont entretenues par son amour ou sa haine de vaines illusions. La flamme est, de plus, alimentée par la naissance, la vieillesse, la mort, les afflictions, etc., qui sont comme autant de foyers d'où rayonnent, sur les objets environnants, des feux qui les entretiennent dans un état général de conflagration ; mais leur rôle n'est que secondaire et dépendant des trois grandes causes de tous les maux, que nous venons de citer. Qui est-ce qui produit la naissance, la vieillesse et la mort? demande le Boudhiste. La loi des mérites et démérites, est la réponse immédiate à la question. On pourrait y ajouter la nécessité d'acquérir des mérites et de graviter vers la perfection. Un homme est né dans des existences successives sans nombre, en raison de ses imperfections, et pour qu'il puisse acquérir de nouveaux mérites par la pratique de la vertu. Par la naissance, un être est lancé dans une nouvelle existence, ou un nouvel état, où la flamme brûlante qui est supposée se répandre sur tout ce qui existe exerce sur lui ces influences importunes et vexatoires. La vieillesse et la mort sont deux périodes où un changement radical s'opère dans un être, et le placent en une situation nouvelle où il éprouve les pernicieux effets de la conflagration. « Bénis, dit Boudha, sont ceux qui comprennent ceci, ils sont pleins de sagesse ; ils sont dégoûtés de toutes les passions et de toutes les choses sur lesquelles elles agissent. Les causes d'existences étant supprimées, ils

dégagés de toute affection pour des objets matériels, et ceux qui jusque là n'étaient pas Rahans devinrent Rahandas.

Pendant que le très-excellent Phra jouissait de son séjour à Gayathitha, il se souvint qu'au temps où il n'était que Phralaong, étant près de la montagne Pantawa, il avait reçu du roi Pimpathara une invitation à visiter ses États et y prêcher la loi. Accompagné de ses mille Rahandas, il se mit en route pour le pays de Radzagio. Étant arrivé à petite distance de la cité royale, il vint au bosquet de Latti, à environ trois gawots de Radzagio, en un lieu planté de palmiers. Le roi, ayant appris son arrivée, dit à son peuple : « Le descendant d'une longue succession de princes illustres, le grand Rahan Gaudama, est entré dans notre pays et se trouve maintenant dans le bois de palmiers, dans le jardin de Tandiwana. » L'heureuse nouvelle se répandit bientôt dans tout le pays. Le peuple se disait : « Le grand Gaudama est arrivé ; il sait tout ce qui a rapport aux trois états d'hommes, de Nats et de Brahmas ; il prêche une loi sublime et adorable ; la morale qu'il annonce est pure comme une coquille fraîchement nettoyée. » Pimpathara, se mettant à la tête de 120,000 guerriers, entouré des nobles et des Pounhas, vint au jardin de Tandiwana, où Phra était assis au milieu de ses disciples. Il lui témoigna son respect en se prosternant devant lui, puis se retira à distance convenable. La multitude suivit l'exemple du monarque, puis s'assit à distance respectueuse. Quelques-uns d'entre eux restèrent à converser avec Boudha et entendirent de sa bouche des paroles dignes d'être à jamais conservées ; quelques autres, portant au front leurs mains jointes, restèrent dans une attitude respectueuse ; les uns louaient ses illustres ancêtres, d'autres gardaient un modeste silence. Tous, apercevant les trois atKhabas tout près de la personne de Phra, ne savaient si Gaudama était leur disciple, ou si c'était eux qui étaient ses disciples. Boudha, voyant immédiatement les pensées qui agitaient les esprits des guerriers, des nobles et des Pounhas, s'adressa à l'aîné des Kathabas nommé Ourouwela Kathaba, et lui dit : « Kathaba, vous qui viviez auparavant dans la solitude d'Ourouwela, répondez

---

ont atteint le terme de toutes les existences possibles ; un pas de plus et ils se trouvent placés en-dehors du pouvoir d'attraction qui retient forcément tous les êtres dans le tourbillon des existences, et ce pas les conduit vers le centre de la perfection ; ils entrent, par ce seul fait, dans l'état de Neibban. »

à la question que voici : Vous étiez autrefois un instructeur de Rathis, qui pratiquaient de grandes œuvres de mortification, si bien qu'ils étaient devenus d'une maigreur extrême par l'effet de leurs mortifications volontaires ; qui vous a induits à abandonner cette vie de sacrifices ? » — « Bienheureux Boudha, répondit Kathaba, j'ai observé que les objets extérieurs, les sons, le goût, la satisfaction des sens, ne sont que misérable corruption ; et par suite, je n'ai plus éprouvé de plaisir à offrir de petits ou de grands sacrifices. » Boudha continua : « Kathaba, puisque vous n'éprouvez plus de jouissance à ce qui est agréable aux yeux, plaisant à l'oreille, savoureux au goût et agréable à la satisfaction des sens, en quoi maintenant trouverez-vous plaisir et jouissance ! » Kathaba répondit : « Bienheureux Boudha, l'état de Neibban est un état de repos, mais ce repos ne peut être trouvé tant que nous vivons sous l'empire des sens et des passions. Ce repos exclut l'existence, la naissance, la vieillesse et la mort ; les plus grandes perfections mentales seules y conduisent. Je connais et vois cet heureux état ; je soupire après lui. Je suis, en conséquence dégoûté de faire des sacrifices, grands ou petits. » Ayant ainsi parlé, Kathaba se leva, adora Boudha en se prosternant devant lui, et touchant de son front les extrémités de ses pieds, il dit : « O très-excellent Boudha, vous êtes mon maître et je suis votre disciple. » Le peuple, voyant ce qu'avait fait Kathaba, comprit qu'il pratiquait la vertu sous la direction de Gaudama (1). Phra, qui savait leurs pensées les plus

(1) D'après le sens de la réponse de Kathaba aux questions de Boudha, on peut conclure avec certitude que les Rathis avaient l'usage de faire des sacrifices ou des offrandes. Ces sacrifices se divisaient en deux catégories : l'une comprenait les petits ou journaliers, et l'autre, les grandes offrandes d'aliments cuits, faites dans les circonstances solennelles. Que ces sacrifices ne consistassent ni dans le meurtre ou l'immolation d'animaux, on n'en peut douter, un tel acte étant en opposition directe avec le respect touchant qu'ils avaient pour la vie des animaux. Les lois de Manou nous aident à élucider ce point. Suivant cette compilation de lois, le Brahmine est tenu de faire des offrandes brûlées de beurre clarifié et d'autres articles, aux mânes de ses ancêtres. Suivant ces préceptes, Kathaba observait ces rites, parfaitement inutiles dans l'opinion de Boudha, puisqu'ils ne pouvaient servir à élever celui qui les accomplissait à la science et à la perfection requise pour obtenir ce qu'il appelle toujours par excellence la délivrance.

La réponse de Kathaba présente quelque obscurité. Il paraît qu'il voulait reconnaître qu'en dépit des sacrifices qu'il avait faits, et sur lesquels il fondait alors tant d'espoir, la concupiscence et les autres propensions vicieuses étaient encore fortement enracinées en lui, puisque par l'entremise des sens, les objets extérieurs continuaient à faire impression sur son âme. Il s'était alors dégoûté de pratiques

intimes, comprit qu'ils désiraient entendre la prédication de la loi. Ainsi qu'il avait toujours fait, il commença par leur prêcher la vertu de libéralité en aumônes, puis, avec une éloquence incomparable, il leur exposa les avantages de l'abandon du monde, etc. Les auditeurs ressentaient un plaisir extrême à écouter tout ce qu'il disait. Observant l'impression favorable produite sur eux, Gaudama continua de les instruire sur les quatre lois concernant les misères de ce monde, les passions, la pratique des bonnes œuvres et les chemins de la perfection. A la fin de ces instructions, le roi et 100,000 des auditeurs, semblables à une pièce de drap blanc qui, plongée dans la teinture prend une couleur nouvelle, obtinrent sur-le-champ le grade de Thautapan (1). Quant aux 10,000 res-

qui ne pouvaient l'affranchir de l'action ni de l'influence des passions et de la matière.

Dans l'opinion de Boudha, l'observance des rites religieux extérieurs, ne peut jamais élever l'homme à la sublime connaissance de la pure vérité, qui seule confère la vraie perfection à celui qui est devenu un vrai sage, et qui est jugé digne d'obtenir la délivrance. Une application sérieuse de l'esprit à la méditation de la loi, et sur la nature des êtres, est la seule voie qui mène à l'acquisition de la vraie religion.

Aussi longtemps que Kathaba se contentait d'actes matériels d'adoration, et que les vaines cérémonies absorbaient son esprit, il n'était pas encore entré dans le chemin de la perfection; il avait jusque là passé à côté du droit chemin; il avait erré sur les routes de l'erreur, enveloppé de ténèbres intellectuelles et déçu par des illusions perpétuelles. Toute sa science si vaste n'avait servi qu'à le fourvoyer dans de fausses directions. Il lui fallait la direction de Boudha pour revenir sur ses pas et retrouver le bon chemin. Il avait à découvrir la vérité des grandes maximes fondamentales de toute sagesse, c'est-à-dire : que, dans ce monde, tout est soumis au changement et à la peine, et que tous les êtres ne sont que des illusions dépourvues de toute réalité.

(1) Pour compléter ce qui a déjà été dit sur les Ariahs ou vénérables, dans une note précédente, le lecteur se souviendra que les Ariahs sont divisés en quatre classes savoir : Thautapan, Thakadagam, Anagam et Arahats; et, suivant la position particulière des êtres dans ces états, chaque classe se subdivise en deux ; ainsi, par exemple, Thautapatti megata signifie celui qui est entré et, pour ainsi dire, se promène dans les voies de la perfection de Thautapan; et Thautapatti-pho indique ceux qui jouissent des mérites et des bénédictions de l'état de Thautapan, et ainsi de suite, avec les trois degrés supérieurs de perfection. Pour obtenir l'état de Thautapan, un homme doit avoir quitté la direction suivie par toutes les créatures et être entré dans le chemin qui mène à la délivrance. Il lui faudra encore traverser 80,000 kaps ou durées de mondes, et il lui faudra naître sept fois de plus dans l'état d'homme ou de Nat, avant de devenir un être parfait et mûr pour l'état de Neibban. Ceux qui ont atteint l'état de Thakadagam auront à passer par 60,000 kaps et devront naître une fois comme homme et une fois comme Nat avant d'être parfaits. Ceux qui ont obtenu le troisième degré d'Anagam auront à parcourir 40,000 kaps, et n'auront

tants, ils crurent aux trois choses précieuses en qualité d'Oupasakas.

Le souverain du pays de Magataritz, le roi Pimpathara, ayant obtenu le rang de Thautapan, dit à Gaudama : « Illustre Boudha, il y a quelques années, n'étant encore que l'héritier de la couronne de ce pays, j'avais cinq désirs qui se sont heureusement réalisés. Voici quels ils étaient : Je désirais devenir roi, je désirais que le Phra digne des hommages de tous les hommes vînt dans mon royaume, que je pusse avoir le bonheur de l'approcher, qu'il pût me prêcher sa doctrine; et enfin que je pusse comprendre pleinement ses instructions. Ces cinq désirs ont été pleinement réalisés. Votre loi, ô très-excellent Boudha, est une loi parfaite. A quoi la comparerai-je, quant aux heureux résultats qu'elle produit? Son influence rappelle l'acte par lequel on remet sur sa base un vase renversé, ou bien par lequel on remet en lumière des objets jusque là ensevelis dans l'obscurité; elle est le guide excellent qui nous montre le droit chemin; elle est comme une lumière qui éclate et dissipe les ténèbres. Je mets mon refuge en vous, dans votre loi et dans l'assemblée des parfaits. Désormais, je veux être votre protecteur et je veux, demain, fournir à vous et à tous vos disciples tout ce qui est nécessaire au soutien de l'existence.» Boudha, par son silence, fit entendre qu'il acceptait l'offre. Sur ce, le roi se leva, se prosterna devant lui, et, tournant sur la droite, quitta la place et retourna à son palais.

plus à renaître; à la fin de cette période, ils sont parfaits. Le quatrième état de perfection, celui d'Arahat, est le plus élevé qu'un être puisse jamais obtenir. L'homme Arahat jouit de pouvoirs surnaturels; à la fin de 20,000 kaps il est parfait et arrive à la délivrance. Ces quatre états sont souvent nommés les quatre grandes routes menant à la délivrance ou au Neibban. On peut se demander si l'état de Thautapan est le premier pas atteint par quiconque adhère à la doctrine de Boudha, ou si c'est celui qui exige un certain avancement en croyance ou en pratique? Il semble, d'après le récit de la conversion du roi Pimpathara et de ses suivants, que l'état de Thautapan est la récompense de ceux qui ont fait preuve d'une ferveur et d'une science plus qu'ordinaires en adhérant à Boudha et à ses doctrines, mais non le premier pas pour entrer dans l'assemblée des fidèles et en faire partie. On peut être un simple auditeur ou Oupasaka, et suivre ces trois précieuses choses, sans arriver à être Thautapan. A cette occasion, le roi et 100,000 de ses guerriers et nobles devinrent Thautapan, tandis que les 10,000 restants devinrent croyants et membres de l'assemblée, sans aller plus avant. Les premiers entrèrent dans le courant qui mène à la perfection. Les derniers étaient de fervents croyants, observaient les cinq préceptes, mais n'aspiraient en aucune façon à acquérir des doctrines d'un ordre plus élevé.

Le matin, de bonne heure, Pimpathara ordonna de préparer toutes sortes d'aliments ; en même temps il envoyait des messagers à Boudha pour l'informer que son repas était préparé. Boudha, se levant, mit son vêtement, et portant sa patta, se mit en route pour Radzagio suivi de ses 1,000 disciples. A ce moment, un prince de Thagias, prenant l'apparence d'un beau jeune homme, se mit à marcher à quelque distance en avant de Boudha, chantant des stances à sa louange. « Voici le très-excellent qui s'avance avec ses 1,000 disciples ; dans son âme, tout est douceur et amabilité ; il est exempt de toutes passions ; son visage est beau et resplendit comme l'étoile Thigi ; il est sorti du tourbillon des existences, et s'est délivré des misères de la transmigration. Il est en route pour la cité des Radzagio, escorté de mille Rahandas. (La même stance trois fois répétée.) Lui, qui a obtenu la perfection des Ariahs, qui a pratiqué les dix grandes vertus, qui a une connaissance universelle, qui sait et prêche la loi des mérites ; lui, qui découvre à l'instant les talents sublimes, l'être très-parfait, très-excellent, entre dans la cité de Radzagio escorté de mille Rahandas. »

Les habitants de la cité, voyant le gracieux extérieur de ce jeune homme, et entendant ce qu'il chantait à haute voix, se dirent : « Qui est ce jeune homme dont l'aspect est si séduisant et dont la bouche annonce des choses si étonnantes ? » Le Thagia, entendant ce qu'on disait de lui, reprit : « O enfants des hommes ! le très-excellent Phra que vous voyez, est doué d'une sagesse incomparable ; toutes perfections sont en lui ; il est libre de toutes passions ; nul être ne peut lui être comparé ; il mérite de recevoir l'hommage et le respect des hommes et des Nats ; son esprit ferme est à jamais fixé dans la vérité, il annonce une loi qui s'étend à toutes choses. Quant à moi, je ne suis que son très-humble serviteur (1). »

(1) Ce jeune homme ne fait-il pas office de précurseur de Boudha, à l'occasion de son entrée solennelle dans la cité de Radzagio ?

Le récit de la donation à Boudha, par le roi Pimpathara, du bois ou jardin de Welouwon, révèle la façon dont les moines Boudhistes sont devenus détenteurs de propriétés territoriales, non pas comme individus, mais comme membres de la société. Boudha et ses disciples, n'avaient, au début, aucun lieu pour vivre en corps ou en société ; il avait jusque-là, pris ses quartiers en tout lieu où le peuple consentait à le recevoir.

Il avait eu souvent à éprouver de grands embarras, surtout après que de nombreux disciples furent venus se joindre à lui. Le pieux roi sentit combien l'association devait être gênée ; il résolut de leur donner un terrain où l'assemblée pût

Étant arrivé au palais du roi, Boudha fut reçu avec toutes sortes de démonstrations de respect, et conduit à la place préparée pour lui. Pimpathara cherchait en lui-même ce qui pourrait plaire à vivre et demeurer. La donation fut entourée de toute la solennité possible. Il transféra à Boudha à perpétuité la propriété du jardin, sans aucune condition. D'autre part, la donation fut acceptée sans réserve. C'est, je crois, le premier exemple de ce genre. Le bois et le monastère de Welouwon sont célèbres dans la vie de Boudha.

Dans les villes Birmanes, un endroit particulier est alloué pour bâtir des maisons ou monastères pour les moines Boudhistes. Il est un peu isolé des autres édifices, et forme en quelque sorte le quartier des personnages à vêtements jaunes. Voici la description générale d'un de ces bâtiments. C'est un carré long, élevé au-dessus du sol de 8 à 10 pieds, et supporté sur des potences de bois, et quelquefois, mais rarement, sur des piliers de briques. La charpente de l'édifice est de bois, et des planches forment les murs. Au-dessus du premier étage, il en existe un autre de plus petites dimensions et un troisième encore plus petit que le second. Ce style de toits multiples n'est permis que pour les pagodes, les maisons des Talapoins et les palais royaux. L'espace entre le sol et le plancher est laissé ouvert, et ne sert jamais à aucun usage. Des marches de bois ou de briques conduisent à l'entrée de l'édifice, dont l'intérieur est généralement divisé comme suit: une vaste salle destinée à la réception des visiteurs, et employée aussi comme chambre d'école pour les garçons qui viennent apprendre les éléments de la lecture, de l'écriture et quelquefois de l'arithmétique. Excepté dans de grandes circonstances, les Talapoins se tiennent généralement dans cette salle, employant leur temps du mieux qu'ils peuvent, lisant de temps en temps leurs livres, comptant leurs chapelets, mâchant du bétel, et très-souvent dormant. A l'extrémité de la salle, il existe une estrade élevée d'une ou deux marches au-dessus du plancher; une portion en est laissée vacante et est réservée aux Talapoins quand ils reçoivent des visites; l'autre portion, qui s'étend jusqu'au mur, est occupée par des idoles ou représentations de Boudha élevées sur des piédestaux et quelquefois placées sur des étagères, avec les quelques ustensiles qui servent au culte extérieur. On y peut voir aussi quelques coffres ornés de sculptures et de dorures et contenant les livres appartenant au monastère. La salle et l'estrade, jusqu'au mur, occupent juste la moitié du carré long; l'autre moitié, parallèle à la première, est occupée par des chambres qui servent à emmagasiner les aumônes, et comme dortoirs pour les hôtes de la maison. Dans quelques monastères, le plafond est peint et en partie doré. La cuisine, quand il y en a une, est reliée à l'extrémité du carré, à l'opposé de celui qu'occupent les idoles. Elle est généralement au niveau du plancher du bâtiment. Le gouvernement n'a rien à voir dans l'érection, les réparations et l'entretien de ces édifices. Ils sont bâtis et entretenus par l'initiative d'individus qui considèrent comme très-méritoire de les bâtir. Ceux que leur piété pousse à accomplir de tels actes de munificence prennent le titre de Kiaong-taga, c'est-à-dire soutien de la pagode ou de la maison des Talapoins. Ils sont fiers de cette distinction, et tiennent à ce qu'on leur en donne le titre, et en font toujours suivre leur nom lorsqu'ils ont à signer un document ou papier quelconque.

La description abrégée qui précède des monastères serait incomplète si on voulait l'appliquer à ceux qu'on trouve dans les grands centres de la Birmanie proprement dite, et particulièrement dans la capitale. Quelques-uns de ceux-ci sont

Phra, afin de le lui offrir. Il se dit : « Mon jardin, qui est situé près de la cité, constituerait sans doute un lieu de résidence convenable pour Boudha et ses compagnons. Comme il n'est pas loin de la ville, ce serait un lieu d'un accès facile pour tous ceux qui se sentiraient inclinés à visiter Boudha, et à lui présenter leurs respects ; il est, en outre, assez éloigné pour que le bruit et les cris du peuple ne puissent y être entendus ; l'endroit est éminemment favorable à la retraite et à la contemplation ; il plaira sans doute à Boudha. » Là-dessus il se leva, et, tenant en ses mains une coquille d'or, il fit à Phra une offrande solennelle de ce jardin qui fut appelé Welouwon (1). Gaudama garda le silence pour témoigner de son accep-

travaillés et décorés avec un degré d'ampleur et de magnificence à peine croyable, si on ne les a pas vus. Une large galerie ouverte court tout autour du bâtiment ; une autre, d'une coupe rectangulaire, mais protégée par le toit, forme, en quelque sorte, sur les quatre faces, vestibule à la partie centrale de l'édifice. C'est l'endroit où les Phoungies passent la plus grande partie de leur temps, soit à causer avec les nombreux oisifs qui les visitent, soit à instruire les enfants. De larges jalousies séparent celle-ci de la verandah ouverte ; elles peuvent s'ouvrir en pressant la partie inférieure, la partie supérieure fixe servant de pivot ou de charnière ; on peut donc les ouvrir au degré voulu pour protéger les habitants de la pluie ou du soleil ; la salle centrale, de beaucoup la plus belle et la plus élevée de l'édifice, est réservée aux idoles, à tous les instruments du culte et aux boîtes contenant les livres du monastère, placés généralement en grand désordre. Le plafond est doré et souvent orné avec goût et élégance. Une cloison divise la salle en deux parties égales ; l'une, vers l'est, reçoit une immense statue de Gaudama et beaucoup d'autres plus petites ainsi que des objets pieux ; l'autre, qui fait face au sud, est employée à des usages variés, quelquefois, comme dortoir pour les Talapoins. Les piliers qui supportent la partie intérieure sont au nombre de six ou huit et sont les plus beaux spécimens de bois de teck que j'aie jamais vus, quelques-uns ayant soixante ou soixante-dix pieds de hauteur. Dans quelques-uns de ces monastères, les meilleures parties à l'intérieur sont dorées, et quelquefois aussi les côtés extérieurs ; les ornements des extrémités du toit, et l'espace entre les toits étagés, sont couverts de feuilles d'or. En ces deux endroits aussi se voient des sculptures qui font le plus grand honneur aux artistes indigènes, et qui excitent l'admiration des étrangers. Un de ces monastères, appelé le Kioung-dan-gye, près du lieu où est l'idole d'Arracan, et un autre près du lieu où réside le chef suprême des Talapoins, sont les plus beaux et les plus grands spécimens de monastères que l'auteur ait vus en Birmanie.

(1) A l'occasion de la présentation par le roi Pimpathara à Boudha du monastère de Welouwon et des terres attenantes, fut accomplie une curieuse cérémonie à laquelle il est souvent fait allusion dans les écrits Boudhiques. Il tint dans ses mains une coupe d'or pleine d'eau qu'il faisait couler à terre pendant qu'il prononçait la formule de donation. C'est une cérémonie d'origine Indienne, qui, avec beaucoup d'autres, a été importée dans ces contrées avec les doctrines religieuses. Elle a pour but d'être un signe extérieur, un témoignage de l'offrande qui est faite. Lorsqu'elle est accomplie, les parties prononcent une certaine for-

tation du don. Il prêcha la loi et quitta le palais. A cette époque, il appela ses disciples et leur dit : « Bien-aimés Rahans, je vous donne la permission de recevoir des offrandes. »

Il y avait, dans le pays de Radzagio un Rahan hétérodoxe, nommé Thindzi, qui avait 550 disciples. Tharipoutra et Maukalan pratiquaient en ce temps la vertu sous la direction de ce maître. Voici comment ils devinrent Rahans. Quand ils étaient encore laïques sous les noms d'Oupathi et de Kaulita, un certain jour, entourés de 220 compa-

---

mule, prenant à témoins de l'acte de donation les Nats, gardiens du lieu, et en particulier le Nat qui est censé régner sur la terre ; et en même temps, le donateur, non content de recevoir pour son propre bénéfice les mérites de sa pieuse libéralité, exprime le désir ardent que tous les hommes, ou mieux tous les êtres, participent avec lui aux bénédictions qu'il s'attend à retirer de sa bonne œuvre. Les dispositions généreuses et libérales du donateur — il faut le remarquer — offrent le spectacle vraiment touchant d'une dose de charité et d'amour du prochain qu'on s'attendrait peu à rencontrer chez les sectateurs d'une fausse religion. La cérémonie a donc un double objet : de donner à l'acte de donation une consécration absolue et sans réserve, et de diviser ou répartir les mérites de la donation sur tous les êtres

En étudiant attentivement le contenu de cette légende, le lecteur suivra facilement le développement graduel du système religieux Boudhique, et en particulier l'institution de la plupart des règles disciplinaires, encore en vigueur de nos jours, dans la plupart des pays où cette forme de religion a eu une longue existence et aussi la prééminence. Au début, les religieux qui composaient le corps des sectateurs de Boudha étaient peu nombreux, et pouvaient aisément, en compagnie de leur éminent maître, se procurer, suivant le vœu de stricte pauvreté qu'ils avaient fait, l'abri, la nourriture et le vêtement. Il n'y avait nul besoin pour eux d'accepter, sous forme de donation, rien au-delà de ce qui était nécessaire pour les besoins du jour. Nous pouvons supposer que leur chef, avec un soin jaloux, étudiait ses religieux sur ce point, pour les maintenir dans l'esprit de pauvreté et de profond mépris des choses de ce monde. Mais, la société ou confrérie s'accroissant, il devint difficile de compter sur les offrandes journalières pour subvenir aux nécessités de la vie, surtout en ce qui concerne le logement. Ce besoin fut promptement aperçu et senti par le pieux roi Pimpathara, qui résolut d'offrir à Boudha et à ses disciples un lieu convenable pour s'y retirer en tout temps, mais particulièrement pendant la saison humide, où les pluies annuelles interdisaient, pendant près de quatre mois, les pérégrinations religieuses des prêcheurs. Les mêmes motifs qui portèrent Boudha à accepter le présent royal, l'engagèrent à accorder à ses religieux la permission, dangereuse il est vrai, mais absolument nécessaire, de recevoir des dons de maisons et des terres. Depuis ce temps, les communautés religieuses ont usé du privilège qui leur était accordé, dans tous les lieux où elles se sont établies. En Birmanie, cette faveur n'a pas occasionné d'abus, et le corps religieux, bien que n'ayant jamais manqué de rien de ce qui est requis pour les besoins journaliers, ne peut être taxé de richesse. N'ayant pas à faire entrer dans la balance politique le poids des richesses et la prépondérance qu'entraîne naturellement leur possession, leur influence dans les affaires ne se fait pas sentir, au moins ostensiblement.

gnons, ils allèrent au sommet d'une haute montagne, pour jouir du spectacle d'une multitude innombrable de gens se livrant à toutes sortes de divertissements dans la plaine environnante. Pendant qu'ils considéraient ces masses d'êtres humains, ils se dirent les uns aux autres : « Dans cent ans d'ici, tous ces êtres vivants seront devenus la proie de la mort. » Sur quoi ils se levèrent et quittèrent la place, mais leur esprit était profondément préoccupé de l'idée de la mort. Pendant que les deux amis se promenaient silencieusement ensemble, ils en vinrent à se communiquer l'un l'autre le résultat de leurs réflexions. « S'il existe, dirent-ils, un principe de mort, une tendance universelle vers la destruction, le principe opposé doit exister aussi, consistant à ne pas mourir et à échapper à la destruction. » A ce même instant, ils résolurent de chercher ardemment l'excellente loi qui enseigne la voie pour ne pas mourir, et ils obtinrent l'état de fixité parfaite et d'immutabilité. Dans ces régions vivaient six maîtres hétérodoxes qui s'appelaient : Mekkali, Gau, Sala, Thindzi, Jani et Ganti ; parmi eux, Thindzi était le seul qui, ainsi que ses disciples, portât des vêtements blancs. Ils vinrent à la place où vivait le Rahan Thindzi, se mirent sous sa direction et endossèrent l'habit de Rahan. Au bout de trois jours, ils possédaient la science, la sagesse et le savoir de leur maître, sans encore avoir atteint l'objet de leur ardente poursuite. Ils dirent à Thindzi : « Maître, est-ce là tout ce que vous savez, et n'avez-vous pas d'autre science à nous enseigner? » — « Je vous ai, reprit le maître, réellement enseigné tout ce que je sais. » Trouvant peu satisfaisante la réponse, les deux amis dirent : « Continuons à chercher la loi qui porte en elle-même la réalité ; le premier de nous qui la découvrira la communiquera sans délai à l'autre. »

Un certain matin, un des disciples de Gaudama nommé Athadzi, ayant endossé son habit religieux, et portant sa patta sous son bras gauche, sortit pour recevoir son riz. Tout dans sa personne était noble et gracieux ; sa désinvolture et sa contenance étaient à la fois dignes et agréables, soit qu'il marchât ou qu'il s'arrêtât, qu'il regardât en avant, à gauche ou à droite, ou qu'il s'assît les jambes croisées. Le faux Rahan Oupathi, qui devint plus tard Tharipoutra, remarquant la dignité et la douceur du maintien de Rahan Athadzi, se dit : « Un tel Rahan est assurément digne de recevoir des offrandes, il a sans doute atteint la perfection ; je veux aller à lui et lui demander, en cas où il aurait un maître, quel est cet instituteur distingué sous lequel il pratique la vertu ; et, si lui-même professe, quelle est la doctrine qu'il enseigne. Mais il n'est pas convenable de le questionner pendant qu'il est en quête d'aumônes, je le suivrai à distance. »

Athadzi ayant recueilli des aumônes, quitta la cité et vint près d'un petit Dzat, où il s'assit et mangea ses aliments. Oupathi l'y suivit. Étant entré dans le Dzeat, il lui rendit les services qui sont d'usage de la part d'un disciple à son maître. Lorsque le repas d'Athadzi fut fini, il versa de l'eau sur ses mains, et, le cœur inondé de joie, il discourut avec lui quelque temps. Il se retira ensuite à distance respectueuse et lui parla ainsi : « Grand Rahan, votre extérieur est plein de douceur et de bienveillance, votre attitude révèle la pureté et l'innocence de votre âme ; si vous êtes un disciple, sous quel maître, je vous prie, êtes-vous devenu Rahan ? Qui vous guide dans le chemin de la perfection, et quelle est la doctrine qu'il vous prêche ? » — « Jeune Rahan, répondit Athadzi, n'avez-vous pas entendu parler de l'illustre Boudha, le descendant d'une longue succession de grands monarques, qui a embrassé la profession de Rahan ? Je suis devenu Rahan sous sa direction ; il est mon instituteur ; j'adhère à sa doctrine de toute la puissance de mon âme. » — « Quelle est la doctrine de ce grand maître ? » demanda Oupathi. — « Je ne suis qu'un novice dans ma profession, dit modestement Athadzi, et ne connais encore qu'imparfaitement la doctrine de mon maître. Néanmoins, je serai heureux de vous communiquer le peu que j'en sais. » Oupathi le supplia de le faire. Athadzi reprit : « La loi que j'ai apprise aux pieds de Boudha, explique tout ce qui a rapport à la matière, aux principes qui agissent sur elle, aux passions et à l'esprit. » En écoutant cette doctrine, Oupathi sentait graduellement se desserrer et tomber les entraves des passions; son âme devenait pour ainsi dire affranchie de l'influence des sens. Il fut transporté d'amour pour une loi si pure et si parfaite, et obtint le rang de Thautapan. Convaincu qu'il avait enfin trouvé ce qu'il avait cherché vainement jusque là, la loi de Neibban, il s'en fut immédiatement trouver son ami pour lui faire partager le bénéfice de son heureuse découverte. Kaulita, voyant son ami venir à lui avec le regard joyeux, qui indiquait le bonheur dont son âme était pleine, lui demanda s'il avait trouvé ce qu'il avait jusque là vainement cherché. Oupathi lui raconta tous les détails de sa conversation avec le Rahan Athadzi, sur quoi Kaulita devint immédiatement un Thautapan. Tous deux résolurent de quitter leur maître Thindzi et d'aller se mettre immédiatement sous la direction de Boudha. Trois fois ils demandèrent la permission d'exécuter leur dessein, et trois fois elle leur fut refusée. A la fin, ils partirent, chacun avec ses 220 compagnons. Thindzi, enragé d'avoir été laissé seul, mourut en vomissant des flots de sang.

Comme les deux amis et leurs compagnons approchaient de Welouwon, Phra réunit tous ses disciples et leur dit : « Voyez ces deux amis qui viennent à moi ; ils deviendront mes deux disciples de prédilection ; ils ont l'esprit fin et pénétrant ; ils mettent à présent leur bonheur dans la loi de Neibban ; leurs pensées convergent vers ce grand centre de vérité ; ils viennent à moi et deviendront mes plus excellents disciples. » Pendant qu'il parlait, les deux amis franchissaient le seuil du monastère, se prosternaient aux pieds de Boudha, sollicitant humblement la faveur d'être admis parmi ses disciples, et de pratiquer la vertu sous sa direction immédiate. A cette occasion Phra, prononça les paroles suivantes : « O Bickous, venez à moi, je prêche la plus excellente loi ; appliquez-vous à la pratique des bonnes œuvres qui mettront fin à toutes les misères. » Un habillement complet et une patta furent délivrés à chacun des deux amis qui devaient désormais être appelés Tharipoutra et Maukalan, et ils devinrent membres de l'assemblée. Ayant mis leur nouveau costume ils apparurent à tous les yeux, avec la tenue décente et digne de Rahans qui auraient eu soixante ans d'exercice. Leurs compagnons devinrent Bickous de second ordre. Sept jours après, Maukalan devint un Rahanda ; mais Tharipoutra mit quinze jours à obtenir la même faveur. Les deux nouveaux convertis furent élevés à la dignité de disciples de la droite et de la gauche, c'est-à-dire qu'ils eurent la préséance sur tous les autres.

La distinction ainsi accordée à Tharipoutra et Maukalan excita des sentiments de jalousie parmi les disciples de Boudha. Dans leurs conversations, ils se plaignaient entre eux de la préférence donnée à ces nouveaux admis dans l'assemblée. Ils en vinrent même à dire qu'en cette circonstance, Boudha s'était laissé guider par des considérations humaines. Ces remarques vinrent à la connaissance de Boudha qui rassembla ses disciples et leur dit : « Bien-aimés

Bickous, ma conduite, en ceci, n'a pas été guidée par d'indignes motifs, j'ai agi ainsi que je devais faire. Dans les temps de Phra Anaumadathi, les deux amis menaient la vie d'ascètes. Ils entouraient le Boudha qui existait alors de la vénération et du respect les plus grands, et en obtinrent, par leurs supplications réitérées, la promesse solennelle de devenir disciples de la droite et de la gauche de quelque futur Boudha. Anaumadathi leur répondit que l'objet de leurs désirs leur serait accordé lorsque le Boudha Gaudama paraîtrait dans le monde. Telle est, Bickous bien-aimés, la raison qui m'a conduit à élever au premier rang les deux nouveaux convertis. » La réponse satisfit complétement les disciples et réduisit au silence les mécontents. On peut lire, avec les détails les plus circonstanciés, dans le livre nommé *Apadan-tera*, tout ce qui concerne la promesse que les deux illustres amis avaient reçue au temps du Boudha Anaumadathi.

Les habitants du pays de Magatha, voyant qu'un si grand nombre de personnes, surtout de celles qui appartenaient aux premières familles, embrassaient la profession de Rahans, se dirent : « Voyez comme le Rahan Gaudama, par ses prédications, dépeuple le pays, et réduit à un veuvage forcé tant de pauvres épouses. Un millier de Rathis ont embrassé la profession de Rahans ; tous les disciples de Thindzi ont suivi leur exemple ; beaucoup d'autres vont suivre leurs traces. Qu'adviendra-t-il de notre pays ? « Par ces discours et beaucoup d'autres, ils trahissaient leur haine des Rahans, et essayaient de jeter sur eux l'insulte et le ridicule. Ils conclurent en disant : « Le grand Rahan est allé à la cité de Radzagio, qui n'est qu'un étable à vaches entourée de cinq montagnes (1) ; il a maintenant

(1) Dans son Rapport archéologique, le général Cunningham, nous a donné une description exacte de la position et des ruines de la cité célèbre de Radzagio. Les mesures qu'il a prises des anciens remparts, encore visibles, concordant à un degré surprenant avec celles des deux pèlerins chinois, Fa-Hian et Hiouan-Tsang, qui visitèrent la place aux IVe et VIe siècles de notre ère. La cité était située dans une vallée, entourée de cinq collines qui sont appelées : Gigakuuta, Seigli, Wibhara Wipoula et Pandawa. Elle avait cinq milles de circonférence. Ceci s'entend du circuit du mur intérieur. Le mur extérieur avait environ neuf milles. C'est sur la face méridionale de la montagne Wibhara qu'est la fameuse cave à l'entrée de laquelle fut tenu le premier concile Boudhique, peu après la crémation des restes de Boudha. Il n'est pas douteux que les hauteurs, alors que fleurissait le Boudhisme, étaient couvertes de monastères Boudhistes. Comme le lieu a été, dans la suite occupé par les Brahmines et les Musulmans, les Dzedis et monastères ont été démolis sans pitié, pour fournir des matériaux aux mosquées, tombes et temples

avec lui les disciples de Thindzi ; qui va ensuite aller à lui? Les Rahans, entendant tout ce qui se disait contre eux, vinrent à Boudha et lui rapportèrent tout ce qu'ils avaient entendu, Boudha, pour les consoler, dit : « Bien-aimés Bickous, les insultes, les sarcasmes et le ridicule qui vous sont adressés ne dureront pas longtemps ; dans sept jours, tout cela aura cessé. Voici ce que vous répondrez aux insulteurs : « Comme tous ses prédécesseurs, Boudha « s'efforce de prêcher une loi très-parfaite ; au moyen des vérités « qu'il annonce pour l'avantage de tous, il amène les hommes à lui. « De quoi servira-t-il à qui que ce soit d'être jaloux des succès qu'il « doit à de tels moyens ? » Les mêmes insultes ayant été prodiguées aux Rahans, quand ils sortaient, ils suivirent le conseil de leur grand maître, répondirent ainsi qu'ils avaient été conseillés de faire, et l'orage fut vite apaisé. Le peuple comprit que le grand Rahan prêchait une loi parfaite, et qu'il n'usait que de moyens permis pour attirer autour de lui les disciples. Ainsi finit le récit de la conversion et de la vocation de Tharipoutra et de Maukalan.

Les éminences sont maintenant couvertes de tombes musulmanes, aux endroits ornés auparavant de Pagodes. Les sources d'eau chaude étaient nombreuses dans le voisinage de la cité, dans une occasion seulement, l'auteur a rencontré dans les écrits Boudhistes une allusion à ce phénomène, si bienfaisant pour des gens qui vivent sous un climat chaud. La ville moderne de Rajghir, par son nom et par sa situation, nous rappelle la célèbre capitale de Magatha, si fameuse dans les annales Boudhiques. Comme l'exacte étendue de Radzagio a été déterminée par les visiteurs anciens et modernes, il est permis de rire du nombre exagéré de maisons que certains écrivains Birmans prétendent avoir composé la cité.

CHAPITRE VIII

THOUDAUDANA DÉSIREUX DE VOIR SON FILS, LUI ENVOIE DES MESSAGERS — ILS SE CONVERTISSENT. — KALOUDARI, UN DERNIER MESSAGER, DÉCIDE BOUDHA A ALLER A KAPILAWOT. — SA RÉCEPTION. — CONVERSION DU ROI ET DE YATHAUDARA. — NANDA ET RAOULA ENDOSSENT L'HABIT RELIGIEUX. — CONVERSION D'ANANDA ET DE PLUSIEURS DE SES PARENTS. — TENTATION D'ANANDA. — CONVERSION D'ÉGGIDATTA. — HISTOIRE DE TSAMPOUKA.

Pendant que le très-excellent Phra restait dans le monastère de Welouwon, se plaisant au milieu de ses disciples et des multitudes d'auditeurs qui y affluaient chaque jour, pour entendre ses prédications, son père Thoudaudana (1), qui n'avait jamais cessé

(1) En examinant l'épisode de la députation de Thoudaudana à son fils, pour l'inviter à venir visiter son pays natal, le lecteur est presque forcé de reconnaître que le motif qui influençait le roi, n'était inspiré que par le sentiment naturel du désir de voir encore avant de mourir celui dont la renommée si grande faisait l'objet de l'admiration universelle. Le monarque était-il poussé par des motifs d'un ordre plus élevé à envoyer chercher Boudha? Nous ne pouvons appuyer cette supposition sur des preuves positives. Il était père, et ne faisait qu'obéir aux impulsions de son cœur paternel. Il faisait le plus grand cas des remarquables talents de son fils; il avait foi dans les signes miraculeux qui avaient prédit sa future grandeur; il désirait, par conséquent, l'honorer d'une façon extraordinaire, aux lieux mêmes où il avait vu le jour; mais il paraissait s'inquiéter assez peu des doctrines qu'il prêchait avec un succès sans précédent. Le roi montra son attachement aux considérations mondaines, jusqu'au moment où son esprit fut éclairé par les instructions orales du grand réformateur.

Il est difficile, sinon impossible, de se former une idée exacte de l'effet produit sur la masse du peuple par les prédications de Boudha. Nous voyons cet éminent et zélé réformateur entouré de milliers de disciples distingués, dans le pays de Radzagio. Ces convertis appartenaient principalement à la classe des anachorètes et des philosophes, à laquelle nous avons déjà fait allusion, dans quelques notes précédentes, comme existant au temps où Boudha commença sa carrière de prédi-

avec la plus grande sollicitude de se tenir informé de tout ce qui concernait son fils, depuis le moment où il s'était retiré dans la cateur. Mais la grande masse du peuple des divers lieux qu'il visitait semble, pendant longtemps, n'avoir été que peu ou point touchée par ses discours. Les adversaires de Boudha, les Brahmines en particulier, exerçaient une influence puissante sur l'esprit public et en usaient avec beaucoup de succès pour conserver leur ancien empire sur les masses. Il fallut le déploiement extraordinaire des plus étonnants prodiges pour briser l'insurmontable barrière élevée par ses ennemis. C'est de ce moment que nous voyons le peuple suivre Boudha, se presser autour de lui, et donner des signes non équivoques de croyance en lui.

Ce qui seul peut rendre compte de ce résultat incontestable, c'est la méthode philosophique adoptée par Boudha, en développant les principes de son système. Sa façon de procéder dans le développement graduel de ses idées conservait le caractère d'abstraction particulier aux discussions philosophiques des écoles. Les termes techniques, si familiers aux étudiants, sont autant d'énigmes pour le vulgaire non initié. Il faut beaucoup de temps, avant que les maximes élaborées par les adeptes se vulgarisent au point d'être comprises par les illettrés, qui, en tout temps et en tout pays, composent toujours la grande masse du peuple. Si l'esprit de la généralité des hommes est incapable de comprendre d'emblée un système de doctrines basé sur la métaphysique, nous ne pouvons nous étonner des faibles progrès obtenus par les prédications du grand philosophe; mais l'accomplissement de miracles est un fait tangible, qui agit sur les sens de la multitude, commande leurs applaudissements, et les dispose à croire implicitement à toutes les instructions données par l'être prodigieux qui jouit de ces pouvoirs surnaturels. Les sentiments, et non la raison, deviennent la base d'une croyance qui devient plus forte en proportion de l'obscurité merveilleuse dont elle entoure ses dogmes, lorsqu'ils sont appuyés sur des actes surnaturels.

A l'époque où Thoudaudana envoya des messagers à son fils, le grand ouvrage de la conversion était mené avec un succès complet et jusque là sans précédent. La salle du monastère de Welouwon était trop petite pour les milliers d'auditeurs qui s'y pressaient pour entendre Gaudama. En-dehors de son enceinte, la multitude se tenait immobile, suivant avec une attention non ralentie les paroles qui tombaient de ses lèvres. Si pressé était l'auditoire, que les messagers avaient peu de chance de frayer leur chemin jusqu'en présence du prédicateur. Frappé de l'attention extrême accordée à ce qui était dit par le fils de leur maître, eux aussi voulaient se rendre compte du sujet de l'instruction. Ce qu'ils entendirent d'abord par un pur motif de curiosité fit bientôt une profonde impression sur leur esprit. Le pouvoir magique de l'éloquence irrésistible de Boudha produisit presque instantanément un changement complet dans leurs dispositions et ils devinrent convertis. Leur conversion fut si parfaite, que leur amour de la vérité leur fit oublier le véritable objet de leur mission. Ils devinrent aussitôt membres de l'assemblée et prirent rang parmi les Rahans. Ils atteignirent l'état d'Ariahs, et occupèrent un rang éminent parmi les parfaits. Les grandes qualifications auxquelles arrivent les Ariahs communiquent à la portion matérielle de leur être une dose si extraordinaire de propriétés et de vertus surprenantes, qu'il devient tellement épuré qu'il participe à un certain degré de la nature des esprits. C'est ainsi que nous voyons les Rahandas franchir d'immenses distances dans l'air, et accomplir des œuvres d'un ordre surnaturel. Le pouvoir de faire des miracles est, par conséquent, inhérent

solitude, et y avait, pendant six années, accompli les plus sévères épreuves de mortification corporelle, fut alors informé que son fils avait déjà commencé à prêcher la très-excellente loi, et résidait actuellement dans la cité de Radzagio. Il éprouva alors un irrésistible désir de le voir encore une fois avant sa mort. En conséquence, il fit appeler un noble de sa cour et lui dit : « Noble, prenez avec vous une escorte de mille hommes et allez de ce pas à la cité de Radzagio ; dites à mon fils que je suis maintenant très-avancé en âge, et que je brûle de l'envie de le voir encore une fois avant de mourir ; priez-le donc de venir avec vous au pays de Kapilawot. » Le noble, ayant reçu le message royal, prit congé du roi, et, en compagnie de mille compagnons, se mit en route pour Radzagio. Lorsqu'il fut près du monastère de Welouwon, il le trouva entouré d'une foule innombrable de peuple, écoutant avec une attention respectueuse les instructions de Boudha. Ne voulant pas troubler l'assistance, le noble attendit quelque temps pour remettre le message de son royal maître. Restant à l'extrémité de la foule, il prêta, ainsi que ses compagnons, la plus grande attention à tout ce que disait Boudha. Ils obtinrent aussitôt l'état d'Arahat et demandèrent l'admission dans l'ordre des Rahans. Cette faveur fut accordée. Quant aux pattas et tsiwarans nécessaires pour un si grand nombre de postulants, Boudha étendit son bras, et aussitôt parurent les pattas et tsiwarans requis. Les nouveaux convertis endossèrent le costume de leur ordre, et ils apparurent alors avec le maintien digne et l'allure humble de Rahans qui auraient eu soixante ans de profession. Étant arrivés à l'état élevé d'Ariahs, ils devinrent indifférents et étrangers à toutes les choses de ce monde matériel et oublièrent complétement les ordres du roi.

Le souverain de Kapilawot, ne voyant pas revenir son gentilhomme du pays de Magatha (1), et ne recevant aucune nouvelle

à la perfection ; et il est plus ou moins grand en proportion du degré de perfection possédé par l'individu. Nous trouvons cette faculté développée chez Boudha à un degré illimité, parce que ses perfections étaient sans bornes.

(1) Magatha est une région du Nord de l'Inde qui occupait presque exactement le même territoire que ce qu'on appelle North Bahar, dans le Bengale. Le Pali ou langage sacré des Boudhistes du sud est souvent appelé langue de Magatha. Nous pouvons en conclure que c'était le langage ordinaire de ce pays. Il est probable que la langue Pali était parlée sur une grande étendue au temps de Gaudama, et que ce fut le canal par lequel, lui, et ses disciples longtemps après lui, donnèrent

de lui, dépêcha un second messager avec un nombre égal de suivants avec des instructions. Ils furent tous captivés par les prédications de Boudha et devinrent Rahandas. Le même sort arriva à sept messagers successivement envoyés à Radzagio dans le même but. Tous, avec leurs escortes respectives, devinrent des convertis de première classe.

Désappointé en voyant qu'aucun des messagers n'était revenu lui donner des nouvelles de son fils, le roi Thoudaudana s'écria :

leurs instructions religieuses à la multitude des convertis. Le Pitagat, ou la collection la plus récemment corrigée des livres sacrés, est écrit en Pali, qui est considéré, à Ceylan, en Birmanie et à Siam, comme le langage de la littérature sacrée. Excepté, dans quelques vieux manuscrits où les vieux caractères carrés Pali sont employés, les Birmans emploient les caractères de leur alphabet commun pour écrire les mots Pali. Les mots ayant à passer d'abord par une oreille Birmane, puis étant exprimés avec des lettres Birmanes, subissent de grandes altérations. La métamorphose arrive à un tel point que, très-souvent, ils sont à peine reconnaissables. Les Birmans sont néanmoins à louer pour avoir, en un très-grand nombre de cas, conservé dans leur orthographe des mots Pali des lettres qui, bien que ne se prononçant pas du tout, indiquent à l'œil la nature du mot, son origine et sa forme primitive

Dans les parties méridionales de la Birmanie, la langue Pali est apprise, mais non étudiée, employée, mais non comprise des hôtes des monastères. Ils sont tous obligés d'apprendre certaines formules de prières qu'ils doivent réciter journellement en particulier; et, dans de grandes et solennelles occasions, chanter à haute voix en présence d'une foule de pieux auditeurs. L'auteur, désireux d'acquérir quelques connaissances du langage sacré, a visité souvent les moines qui, parmi leurs frères, jouissent d'un certain renom de savoir, avec l'intention expresse de devenir un humble étudiant sous la direction d'un des plus savants de la société. Il a été complétement désappointé de trouver que les plus empressés à offrir leurs services étaient tout à fait ignorants et absolument incapables de lui donner la moindre assistance.

Les Birmans ont traduit dans la langue de leur pays, la plupart des livres sacrés, En beaucoup de cas la traduction n'est pas exactement ce qu'on pourrait appeler interlinéaire, mais elle s'en rapproche autant que possible. Donc, trois ou quatre mots Pali sont écrits, et la traduction en Birman vient ensuite avec une abondance de mots qui souvent embarrasse et déroute le lecteur; viennent ensuite quelques autres mots Pali, accompagnés à leur tour de la traduction, et ainsi de suite d'un bout à l'autre du livre. L'art de traduire bien et correctement d'une langue dans une autre, n'est pas aussi commun que certaines personnes se l'imaginent. Il faut, de la part d'un bon traducteur, bien des qualités qui ne sont pas faciles à trouver, surtout chez un Birman, à qui nous pouvons bien reconnaître le mérite de bien posséder sa langue propre, mais qui, malgré les talents littéraires qu'il peut avoir, sera certainement un médiocre adepte en Pali. Ces traducteurs, peut-être, peuvent donner le sens général de l'original, mais quant à ce qui est du sens correct de chaque mot, c'est une bonne fortune que n'aura jamais le lecteur de ces informes et incomplètes compositions.

N'y a-t-il plus personne dans mon palais qui ait quelque affection pour moi? Ne pourrai-je trouver quelqu'un qui puisse me donner quelque information au sujet de mon fils? Il regarda parmi ses courtisans, et en choisit un nommé Kaloudari, comme la personne la plus propre à une mission aussi difficile. Kaloudari était né le même jour que Boudha; il avait passé l'âge de l'enfance avec lui, et vécu dans les termes de la plus sincère amitié. Le roi lui dit : « Noble Kaloudari, vous savez combien je désire ardemment voir mon fils. Neuf messagers ont été déjà envoyés à la cité de Radzagio, pour inviter mon fils à venir près de moi, et aucun d'eux n'est encore revenu pour me renseigner sur l'objet de mes plus tendres affections. Je suis vieux maintenant, et la fin de mon existence est tout à fait incertaine; ne pourriez-vous entreprendre de me ramener mon fils? Que vous deveniez ou non un Rahan, procurez-moi le bonheur de contempler encore une fois mon fils chéri, avant que je quitte ce monde. » Kaloudari promit au roi d'exécuter ses ordres. Accompagné de mille hommes, il se mit en route pour la cité de Radzagio. Étant arrivé au monastère de Welouwon, il écouta la prédication de Boudha, et, comme les précédents messagers, il devint aussitôt un Rahanda avec tous ses compagnons.

Gaudama, étant arrivé à l'état suprême de Boudha, passa la première saison (carême) dans la solitude de Migadawon. De là il vint à la solitude d'Ourouwela, où il resta trois mois, jusqu'à ce qu'il eut terminé l'œuvre de la conversion des trois Kathabas. Ce fut dans la pleine lune de Piatho (janvier) qu'il entra dans la cité de Radzagio, accompagné de ses mille disciples. Il avait passé juste deux mois en cet endroit, de sorte que cinq mois s'étaient écoulés depuis qu'il avait quitté le pays de Baranathi.

Sept jours après l'arrivée de Kaloudari, la saison froide étant presque terminée, le nouveau converti s'adressa en ces termes à Boudha : « Illustre Phra, la saison froide est finie et la saison chaude vient de commencer ; voici le temps favorable pour voyager dans le pays; la nature s'est couverte de verdure ; les arbres des forêts sont en pleine floraison, les routes sont bordées, à droite et à gauche, d'arbres chargés de bourgeons odorants et de fruits délicieux; le paon déploie orgueilleusement l'éventail de sa queue ; des oiseaux de toutes sortes remplissent les airs de leurs chants mélodieux. En cette saison, la chaleur et le froid sont également tempérés, et la nature répand avec profusion ses plus riches dons. Kaloudari par ces mots essayait de disposer Boudha à entreprendre un voyage à Kapilawot. Gaudama l'écoutant, se dit : « Que signifie cela ? Dans quel but toutes ces belles paroles ? » Kaloudari reprit : « Votre père, ô bienheureux Boudha, est avancé en âge; il m'a envoyé vous inviter à venir à Kapilawot, afin qu'il puisse vous voir avant sa mort. Lui et vos royaux parents seront enchantés d'entendre votre très-excellente loi. » — « Bien, dit Boudha, allez dire aux Rahans de se tenir prêts pour le voyage. » Il fut décidé que dix mille Rahandas de Magatha, et dix mille de Kapilawot accompagneraient l'illustre voyageur. La distance entre les deux pays est de soixante youdzanas (1). Soixante jours devaient être employés à parcourir la distance, de sorte qu'ils devaient ne faire qu'un youdzana par jour.

Kaloudari était anxieux d'aller informer le roi de l'heureuse issue de sa négociation. Il s'envola à travers les airs et arriva en très-peu de temps au palais du seigneur de Kapilawot. Le roi, en le voyant, fut extrêmement content; il fit asseoir l'illustre Rahan à une place d'honneur, et donna ordre que sa patta fût remplie des mets les plus délicats de la table royale. Pendant ce temps, Kaloudari racontait au roi tous les incidents de son voyage. Lorsqu'il eut parlé, Thoudaudana l'invita à prendre son repas. Kaloudari le pria de l'excuser, disant qu'il irait prendre son repas en présence de Boudha. « Où est-il, maintenant ? » reprit le roi. — « Puissant seigneur, répondit Kaloudari, Boudha, accompagné de vingt mille Rahandas, est en marche pour ce pays, pour y faire visite à son royal père ; aujourd'hui même il a quitté la cité de Radzagio. » Thoudaudana

---

(1) Il est difficile de fixer exactement la dimension de la mesure appelée youdzana, primitivement employée pour mesurer les distances sur terre. Elle varie de 5 à 12 milles anglais. En mesurant la distance de Radzagio au village Brahmine de Nalanda, lieu de naissance de Tharipatra, qui est un youdzana, le général Cunningham a trouvé qu'il était de 7 milles. Ceci nous porterait à regarder comme certain, qu'à l'époque où Fa-Hian visita ces lieux, le youdzana était égal à 7 milles ou 40 li chinois. Mais cela ne prouverait pas qu'un youdzana plus ancien n'était pas employé à l'époque du voyageur chinois. Plusieurs auteurs affirment que tel était le cas. Il semble également que la longueur de cette mesure de distance a varié suivant les localités et les pays, tellement qu'en certains pays, on l'a trouvé être de plus de 12 milles. Nous croyons que toutes les fois que cette mesure de distance est mentionnée dans cet ouvrage, on ne sera pas bien loin de la vérité en l'estimant à 6 ou 7 milles au maximum.

éprouva un plaisir extrême ; il dit de nouveau à Kaloudari : « Mangez ici votre repas, et faites-moi le plaisir de porter un autre repas à mon fils ; je veux lui fournir chaque jour ses aliments pendant le voyage. » Kaloudari accéda à la requête du roi. Quand son repas fut terminé, ils nettoyèrent sa patta avec les parfums les plus exquis, et la remplirent ensuite des mets les meilleurs et les plus fins. La patta fut alors respectueusement remise au messager aérien, qui, en présence d'une grande foule de peuple, s'éleva dans les airs avec la patta sous le bras, et en un instant arriva en présence de Gaudama, à qui il offrit le vase renfermant les mets délicieux de la table de son père. Boudha reçut la nourriture avec plaisir et la mangea. La même chose fut faite tous les jours, pendant tout le temps que dura le voyage. Kaloudari allait chaque jour au palais à travers l'espace, y mangeait son repas et portait celui de son illustre maître, qui, durant tout le voyage, ne mangea pas d'autre nourriture que celle qui lui était portée du palais de son père. Chaque jour Kaloudari portait des nouvelles des progrès du voyage de Boudha. Par ce moyen, il augmentait dans tous les cœurs un ardent désir de le voir, et disposait tout le monde à attendre avec impatience la visite du grand Gaudama. Les services rendus par Kaloudari en cette occasion furent hautement appréciés de Boudha même qui dit : « Kaloudari dispose le peuple à fêter notre arrivée ; il est, par conséquent, un des plus excellents parmi mes disciples. »

Les princes et tous les membres de la famille royale ayant appris la venue de Gaudama, se concertèrent sur les meilleurs moyens de montrer leur respect pour le noble et illustre serviteur. Ils choisirent le bosquet de Nigraudatha (1), comme l'endroit le plus con-

---

(1) Le lecteur attentif de cet ouvrage ne manquera pas de remarquer la tendance générale du Boudhisme à l'isolement, à la retraite et à la solitude. Dans un lieu retiré, l'esprit de l'homme est moins distrait ou dissipé par les objets extérieurs, il exerce plus de contrôle sur lui-même, et est plus propre au travail difficile de la réflexion et de la méditation profonde. Dès que Boudha, accompagné de ses disciples, arrive en un endroit où il doit passer quelque temps, un bosquet hors de la cité est invariablement choisi. Là, comme dans une solitude chérie, se retire le grand prêcheur. Il s'y plaît plus qu'on ne saurait dire ; seul avec sa famille spirituelle, insouciant des affaires de ce monde, il respire à l'aise la pure atmosphère d'un calme parfait ; son âme en repos plane librement dans les régions sans bornes du spiritualisme. Ce qu'il a vu et découvert, durant ces expéditions contemplatives, d'une voix douce et avec une contenance placide, il

venable pour le recevoir avec ses disciples. La place fut soigneusement appropriée et préparée pour la visite tant désirée. Les habitants de la campagne, couverts de leurs plus riches vêtements, portant des fleurs et des parfums, vinrent à la rencontre de Boudha (1). Des enfants des deux sexes ouvraient la procession,

le communique à ses disciples, essayant ainsi de les faire avancer dans les voies de la science et de la perfection.

Dans ces asiles solitaires de la paix, Boudha voulait recevoir tous ceux qui demandaient l'instruction. Ils étaient tous, sans distinction de rang ou de caste, admis en la présence de celui qui était venu expressément montrer aux hommes le chemin du bonheur, en les aidant à s'affranchir des entraves des passions. Il prêchait à tous la très-excellente loi. La tendance à la retraite et l'isolement du tumulte du monde, sont encore de nos jours bien marqués par le soin pris par les moines Boudhistes d'avoir leurs maisons bâties en quelque quartier isolé d'une ville, exclusivement réservé pour cela, ou, comme c'est plus souvent le cas, en des lieux attrayants, à petite distance des remparts. Quelques-uns de ces bosquets au centre desquels s'élèvent les paisibles demeures des Rahans, ont été vus souvent et très-admirés par l'auteur. Dans les villes ou grands villages, où le terrain est accidenté, les collines sont généralement couronnées par les demeures des religieux.

(1) Le récit de la réception de Boudha dans la cité royale de son père suggère deux réflexions. La première est que le dicton : *nul n'est prophète en son pays*, était aussi vrai au temps de Gaudama qu'il l'a été aux époques subséquentes. Les montagnes de Kapilawot avaient souvent retenti de l'écho des louanges de Boudha et du récit de ses actions merveilleuses. La splendide escorte de vingt mille convertis distingués qui accompagnaient sa personne, le déploiement, sans précédents, de son miraculeux pouvoir, etc. ; toutes ces circonstances particulières remarquables semblaient plus que suffisantes pour lui garantir une réception distinguée parmi les siens, qui auraient dû se glorifier de leur connexion avec lui par les liens de la parenté. Tel, pourtant, ne fut pas le cas. Poussés par les sentiments de la plus basse jalousie, ses parents refusèrent de lui montrer le respect auquel il avait tant de titres. Leur obstination mesquine devait être vaincue par la crainte et l'épouvante inspirées par ses miracles.

La seconde réflexion que suggère le détail des cérémonies observées à l'occasion de la réception de Boudha dans son pays natal, est le fait vraiment intéressant de l'apparition du sexe faible en public, dépouillée de ce sentiment d'opposition inspirée par la jalousie orientale. En Birmanie et à Siam, les doctrines Boudhistes ont produit un résultat extraordinaire et très-intéressant pour ceux qu'anime un amour de la civilisation ; c'est-à-dire la quasi-complète égalité de condition des femmes et des hommes ; dans ces pays, les femmes ne sont pas misérablement confinées dans l'intérieur de leurs maisons, sans la moindre chance de jamais paraître en public. On les voit circuler librement dans les rues ; elles président au comptoir, et ont presque la possession exclusive des bazars. Leur position sociale est plus élevée, à tous égards, que celle des personnes de leur sexe dans les régions où le Boudhisme n'est pas la religion prédominante. On peut dire qu'elles sont les compagnes des hommes et non leurs esclaves. Elles sont actives, industrieuses, et contribuent largement par leur travail et leurs efforts à l'entretien de la famille.

ils étaient suivis par les enfants des plus nobles familles ; puis venaient toutes les personnes appartenant à la famille royale. Tous vinrent au bosquet de Nigraudatha, où Boudha venait d'arriver avec les vingt mille Rahans qui l'accompagnaient.

Les princes, mus par un secret orgueil pensaient en eux-mêmes : « Ce prince Theiddat est plus jeune que nous tous, il n'est que notre neveu, laissons les personnes jeunes se prosterner devant lui ; quant à nous restons assis derrière lui. » Ceci fut bien vite remarqué par Boudha qui se dit : « Mes parents refusent de se prosterner devant moi, je vais maintenant les forcer à le faire. » Sur quoi il entra en extase, s'éleva dans les airs, et, se tenant au-dessus des têtes de ses parents, comme une personne jetant sur eux de la poussière, il fit paraître à leurs regards étonnés, sur un mangotier blanc, des merveilles de feu et d'eau. Thoudaudana, surpris de ce déploiement de pouvoirs surnaturels, s'écria : « Illustre Boudha, le jour où vous vîntes au monde, on vous porta en présence du Rathi Kaladewela, pour lui rendre hommage ; ce jour-là, vous voyant poser vos deux pieds sur le front du Rathi, je me prosternai devant vous pour la première fois. Le jour des réjouissances solennelles de la charrue, vous fûtes placé à l'ombre de l'arbre Tsampouthapye. Le soleil, dans son mouvement diurne, avait changé la direction de l'ombre des arbres environnants ; celle de l'arbre sous lequel vous aviez été placé ne changea pas ; je me prosternai une seconde fois devant vous, et maintenant, à la vue de ce nouveau prodige, je me prosterne encore devant vous. »

L'exemple du roi fut aussitôt imité par tous les princes, qui s'inclinèrent humblement devant lui. Satisfait d'avoir humilié ses

Les droits du mari, néanmoins, sont pleinement reconnus par leur respectueuse attitude à l'égard de leurs seigneurs. En dépit de tout ce qui a été dit par des observateurs superficiels, je suis convaincu que les mœurs sont moins corrompues dans ces pays où les femmes jouissent de leur liberté, que dans ceux où une coutume barbare et despotique les enterre vivantes dans la tombe d'un ignominieux esclavage qui engendre le vice. Le Boudhisme désapprouve la polygamie, mais il tolère le divorce. A cet égard les habitudes du peuple sont d'un relâchement désolant. La polygamie est très-rare en Birmanie parmi le peuple. Cette pratique coupable et antisociale est laissée aux grands de la terre, depuis le roi jusqu'au plus mince Myowon, qui font consister une partie de leur grandeur à se mettre au-dessus de l'opinion, au-dessus des préceptes moraux et religieux, pour jouir de la satisfaction sans contrainte de leurs plus viles passions. Bien que le divorce soit assez répandu dans la pratique, on le considère comme une imperfection simplement tolérée en raison de la fragilité humaine.

orgueilleux parents, Boudha descendit et s'assit à la place qui lui avait été préparée. Il fit alors tomber une pluie de couleur rouge sur la foule assemblée. Elle avait la vertu de mouiller ceux qui l'aimaient, et de ne pas mouiller ceux qui ne l'aimaient pas. « Ce n'est pas, » dit Boudha, « la première fois que ce phénomène se manifeste : la même chose arriva pendant une de mes existences antérieures, quand j'étais le prince Wethandra. » Il continua, racontant les particularités les plus intéressantes de ce premier état d'existence.

Toute l'assemblée était réjouie d'entendre ses prédications, et d'assister au déploiement de son pouvoir. Tous se retirèrent, quand l'instruction fut terminée, dans leurs demeures respectives, sans pourtant inviter Boudha à venir prendre ses repas dans leurs maisons.

Le matin suivant, Boudha sortit, avec ses vingt mille compagnons, en quête de sa nourriture. Quand il fut arrivé à la porte de la cité, il s'arrêta quelque temps, délibérant en lui-même, s'il irait au palais recevoir son repas, ou s'il irait le mendier de rue en rue. Il s'arrêta un moment, réfléchissant à la ligne de conduite qu'avaient adoptée les Boudhas antérieurs en pareil cas. Ayant vu que tous, sans exception, avaient été dans l'habitude d'aller de porte en porte quêter leur nourriture, il décida aussitôt de suivre leur exemple. Sur quoi il entra dans la cité et commença de parcourir les rues à la recherche de sa nourriture. Des divers étages de leurs maisons, les habitants regardaient avec stupéfaction un spectacle aussi étrange. « Qu'est ceci, » se disaient-ils, « nous voyons le prince Raoula et sa mère Yathaudara, circuler avec les plus riches vêtements et dans les litières les plus élégantes, et maintenant le prince Theiddat (1) paraît dans les rues, les cheveux et la barbe rasés,

---

(1) Les moines Boudhistes, par humilité et mépris de toutes les choses de ce monde ne se laissent pousser ni cheveux ni barbe. Ils marchent nu-pieds, portant un vêtement jaune de la coupe la plus simple. Ils sont tenus de vivre des aumônes qui leur sont librement données. Les règles du Wini sont, à cet égard, très-explicites et ne permettent aucune fausse interprétation. Un Rahan ayant renoncé au monde et s'étant dépouillé de toute propriété mondaine, est tenu, par ses vœux professionnels, de compter, pour sa nourriture quotidienne, sur ce qu'il pourra recueillir en mendiant. De là l'appellation de Bickous ou mendiants, qui leur est toujours donnée par Gaudama, quand il parle en particulier de certains points de leur profession. En Birmanie, aussitôt que le jour commence à poindre, un essaim de moines en habits jaunes, sortent de leurs demeures, avec la patta sous le bras gauche, et parcourent les rues en quête de leur nourriture. Ils ne demandent jamais

— 166 —

et le corps couvert d'un vêtement jaune qui conviendrait à un mendiant. Cela n'est réellement pas convenable. » Pendant qu'ils tenaient ce langage, soudain des rayons de la plus pure lumière jaillirent de toutes les parties du corps de Boudha, et illuminèrent tous les objets environnants. A ce spectacle inattendu, ils se mirent de concert à célébrer la vertu et la gloire de Boudha.

Le roi Thoudaudana apprit bientôt que son fils parcourait les rues de la cité sous l'habit d'un mendiant. Stupéfait d'une telle nouvelle, il se leva, et saisissant l'extrémité de son vêtement extérieur, il courut à la rencontre de son fils. Aussitôt qu'il l'aperçut, il s'écria : « Illustre Boudha, pourquoi nous exposez-vous à un tel affront? Est-il nécessaire d'aller de porte en porte quêter votre nourriture? N'y aurait-il pas un moyen meilleur et plus décent de subvenir à vos besoins? » — « Mon noble père, » dit Boudha, « il est de règle et convenable qu'un Rahan aille quêter sa nourriture. » — « Mais, » reprit le monarque, « ne sommes-nous pas les descendants de l'illustre prince Thamadat? Il n'y a pas une personne de notre illustre race qui ait agi d'une façon aussi peu digne. » Boudha répartit : « Mon noble père (1), l'origine des glorieux princes Thamadat, est quelque

rien; ils acceptent ce qui leur est spontanément offert, sans prononcer un mot de remerciment et sans même regarder leur généreux bienfaiteur. L'acte de faire des aumônes aux Rahans est considéré comme des plus méritoires. Le donateur, par conséquent, devient libéral, non pas pour le compte de la personne qu'il assiste, mais à cause des mérites abondants qu'il espère en retirer. Cette notion est parfaitement en concordance avec les doctrines fondamentales du Boudhisme.

(1) La réponse de Boudha à son royal père est des plus remarquables et mérite une sérieuse attention. Le grand moraliste fait table rase de toutes les prérogatives que l'homme tire de la naissance, du rang et de la fortune. La loi seule peut conférer ces titres de vraie grandeur et de réelle noblesse. Les fervents et zélés observateurs de la loi ont seuls droit au respect de leurs frères en humanité. Le fait de quêter des aumônes peut sembler, aux yeux des mondains, chose vile et basse, mais il emprunte une dignité toute spéciale de la loi qui l'impose. Ce principe transcendant établit hardiment la supériorité de la vertu sur la plus solide base, et sanctionne le code moral qu'il était appelé à publier aux hommes et à imposer à leur conscience. La criterium de tout ce qui est bon, excellent, digne de louange et méritoire, ne dépend plus des vues capricieuses et souvent erronées des hommes, mais doit reposer sur les immuables décrets de la loi éternelle découverte, revue et publiée par l'omniscient Boudha. Cette vérité, comme un éclat de lumière, éclaira l'esprit du roi, et, dès cette première prédication de son fils, il atteignit le premier des quatre états de perfection.

Les princes Thamadat dont Thoudaudana se vante d'être issu, sont, d'après les livres sacrés Boudhistes, les princes qui furent élus pour exercer le pouvoir suprême,

chose qui vous concerne, vous et votre famille royale; la lignée d'un Boudha est tout à fait différente de celle des rois et des princes ; elle n'y ressemble en rien, leur coutumes et façons doivent différer essentiellement de celles des princes. Tous les précédents Boudhas ont toujours été dans l'habitude de sortir ainsi en quête de leur nourriture.» Puis, s'arrêtant et se tenant debout dans la rue, il prononça les sentences suivantes : « Mon noble père, il n'est pas convenable que je néglige le devoir de recevoir des aumônes; c'est une action bonne en elle-même, conforme à la vérité, très-méritante et produisant le bonheur dans cette existence et toutes celles à venir. » Quand il eut parlé, son père obtint de l'état de Thautapan. Il vint au palais avec son père, disant : « Ceux qui vont quêter leur nourriture, suivant l'injonction et la prescription de la loi, font bien, et se préparent un état de félicité pour le présent et pour l'avenir; ceux qui vont mendier, mais sans égard aux prescriptions de la loi, devraient s'abstenir de le faire. » Il parlait ainsi quand il entra au palais. Sa tante Gaudami devint une Thautapan; son père, après cette seconde prédication, atteignit l'état de Thagadagan.

Thoudaudana invita Phra et ses compagnons à monter sur la partie supérieure de son palais et à y prendre le repas préparé pour eux. Quand le repas fut terminé, toutes les dames du palais vinrent présenter leurs respects à Boudha. Quelques-unes d'entre elles engagèrent la princesse Yathaudara à faire de même, mais elle refusa de

juste au moment où les mots *mien* et *tien* commencèrent à être entendus parmi les hommes, après qu'ils eurent mangé le riz appelé Tsale, et furent devenus soumis aux passions, c'est-à-dire à l'origine des sociétés, au commencement du monde. Les rois de Birmanie, jusqu'au souverain actuel, qui descendent, suivant leur opinion, de la ligne royale de Kapilawot, font valoir des droits à la même distinction. L'auteur a entendu le roi actuel de Birmanie établir froidement comme un fait, que personne ne pouvait songer à contredire qu'il était de la souche royale de Thamadat. La princesse Yathaudara, mentionnée dans ce récit, avait été la femme de Boudha avant qu'il se fût retiré dans la solitude et eût renoncé au monde. Il avait eu un fils juste à l'époque où il quitta le palais de son père. Son nom était Raoula. La doctrine de l'influence des mérites acquis durant des existences antérieures est brillamment représentée dans le cas de Yathaudara qui, inconsciente de la position qu'elle occupait dans les années précédentes, n'hésita pas à se jeter aux pieds de Boudha, le reconnaissant comme digne de tout honneur et de toute vénération. Ses mérites antérieurs la disposaient à voir en celui qui avait été son époux, le personnage extraordinaire qui devait conduire les hommes par les sentiers de la vertu à la délivrance.

déférer à leur requête, espérant qu'on lui montrerait plus de déférence et que Boudha viendrait la visiter dans ses appartements. Remarquant son abstention étudiée, Phra dit à son père : « Mon noble père, je veux aller visiter la princesse, et veux, sans prononcer une parole, l'obliger à me montrer son respect et à se prosterner devant moi. » Le roi Thoudaudana prit la patta et accompagna son fils dans les appartement de la princesse, avec les deux disciples Tharipoutra et Maukalan. Boudha s'était à peine assis à la place préparée pour lui que Yathaudara se précipita à ses pieds, et, posant ses deux mains sur ses chevilles, en toucha respectueusement la partie supérieure avec son front. Pendant ce temps, Thoudaudana racontait à son fils quelle considération respectueuse et affectionnée elle avait toujours gardée pour sa personne. « Depuis qu'elle eut appris, ajouta le roi, que vous aviez endossé le costume jaune, elle ne voulut plus porter que des vêtements de cette couleur; quand elle sut que vous ne preniez qu'un repas par jour, que vous dormiez sur un lit étroit et bas et aviez abandonné sans regret l'usage des parfums, elle suivit immédiatement votre exemple, mangea un seul repas par jour, dormit sur une couche basse et abandonna sans chagrin l'usage des essences. » — « Illustre monarque, reprit Boudha, je ne suis point surpris des pratiques observées dernièrement par la princesse Yathaudara; autrefois, quand ses mérites étaient encore peu nombreux et imparfaits, elle vivait au pied d'une certaine montagne et savait même déjà comment se comporter avec dignité et observer strictement tous les devoirs religieux. »

Ce même jour, c'est-à-dire le second après la pleine lune de Katsou, fut choisi pour les cinq grandes cérémonies. Nanda (1),

---

(1) Nanda était le plus jeune frère de Boudha, ou plutôt son demi-frère. Sa mère était Patzapati, la sœur cadette de Maïa. Depuis que Boudha avait renoncé au monde, Nanda était devenu l'héritier présomptif de la couronne de Kapilawot. Sa conversion chagrina beaucoup le roi qui, pour prévenir le retour d'un tel événement, exigea du grand réformateur que, par suite, nul ne pût être admis dans la société des parfaits sans avoir préalablement obtenu le consentement de ses parents; faute de ces conditions, l'admission serait considérée comme nulle et non avenue. C'est pour cela que, dans le livre d'ordination ou de réception à la dignité de Rahan, la personne désignée par le président pour examiner le candidat, ne néglige jamais de lui demander s'il a obtenu le consentement de ses parents.

La conversion de Raoula suivit celle de Nanda. De ce nouveau et distingué converti, il n'est plus fait mention par la suite dans le cours de cet ouvrage. Suivant toute vraisemblance il doit être devenu un membre célèbre de l'assemblée,

le plus jeune frère de Boudha, devait avoir la tête lavée, il devait coiffer le Thingkiit ou diadème, être élevé à la dignité d'héritier présomptif, être mis en possession de son propre palais, et être marié. Quand Phra quitta le palais, il dit au jeune prince de prendre sa

car il avait été élevé aux fonctions et devoirs de sa profession par les plus grands et les plus renommés des disciples : Maukalan, Tharipoutra et Kathaba.

Dans l'histoire du Boudhisme, le monastère de Dzetawon n'est pas moins célèbre que celui de Welouwon. C'est là que Gaudama, durant une certaine nuit, annonça les trente-six béatitudes de la loi à un Nat qui était venu le prier de lui enseigner les points les plus parfaits de sa loi. Dans la dernière division des écritures appelée Thouts ou sermons, nous voyons que les plus importants ont été prêchés dans la salle de ce monastère.

Il y a ici un autre exemple de donation de propriété territoriale à une corporation religieuse. Dans le premier cas, c'est à Boudha et à ses disciples actuels que la donation avait été faite ; mais en cette circonstance Phra désire que le riche et pieux bienfaiteur fasse la donation, non-seulement à lui-même et à la présente assemblée, mais aussi au nom de tous les futurs membres qui pourront se rendre en ces lieux. Au point de vue Boudhique, nous pouvons conclure que l'avis donné au donateur avait pour but de multiplier la somme des mérites de sa libéralité, qui doit être proportionnelle au nombre des individus auxquels on a l'intention de l'étendre.

Suivant le principe relatif à la propriété, qui, de temps immémorial, a prévalu sous presque tous les gouvernements despotiques d'Asie, et reconnaît le chef de l'État comme le seul réel et absolu possesseur du sol, il est évident que l'acte de donation était, légalement parlant, une déclaration de transfert, en faveur d'un individu, de tous les droits qu'il avait alors : c'est-à-dire d'en user en faveur d'une corporation religieuse. La propriété foncière ainsi conférée acquérait une sorte de consécration qui la mettait à l'abri des griffes même du plus rapace gouvernement. D'autre part la corporation religieuse n'avait aucun droit ou pouvoir de vendre cette propriété ou d'en disposer. Dans une corporation constituée comme l'était l'assemblée des disciples de Boudha, et comme elle l'est encore de nos jours, la société seule avait la possession et l'emploi des immeubles donnés aux monastères. Des donations de cette espèce ont pu durer tant qu'il y a eu des membres de la famille religieuse Boudhiste décidés et prêts à maintenir leurs droits. Il ne fallait rien moins qu'une révolution complète dans l'état politique du pays, ou l'absence prolongée des individus investis du droit d'occupation pour infirmer ou invalider les actes de donation. En Birmanie, les moines Boudhistes ne possèdent rien en-dehors du terrain sur lequel est édifié le monastère. D'après certaines inscriptions trouvées au milieu des ruines du temple de Pagan, il est évident qu'aux jours de splendeur de cette cité, des donations de propriétés foncières, telles que champs de riz, arbres à fruits, bœufs et paysans, furent faites à des monastères et à des temples. Mais depuis les trois ou quatre cents dernières années, on n'a pu trouver le moindre vestige de tels actes. Autant que j'ai pu m'enquérir à ce sujet, je ne crois pas que l'ordre ait été jamais possesseur de terres. A Ceylan, tel n'est pas, ou du moins tel n'était pas le cas, quand les Anglais occupèrent l'île. Des étendues considérables de terres de valeur étaient aux mains des Talapoins, qui, par là, obtenaient sur le peuple la double influence que confère la religion et la richesse.

patta et de le suivre. Nanda obéit immédiatement à la requête et partit. Il venait de quitter le palais, quand la jeune dame qu'il devait épouser entendit le bruit des pas de son amant et le son de sa voix. Elle était en ce moment très-occupée à peigner ses beaux cheveux d'un noir éclatant. Tirant de côté sa chevelure de la main gauche, et, de la droite, s'appuyant sur le balcon de la fenêtre, d'une voix douce mais émue, elle lui recommanda instamment de revenir promptement, puis elle continua de le suivre d'un regard inquiet jusqu'à ce qu'il eût cessé d'être visible. Appuyée contre le côté de la fenêtre, elle se sentait au cœur mille pressentiments sinistres. Nanda eût bien volontiers rendu la patta à son propriétaire, mais il se sentit honteux de le faire et suivit Boudha jusqu'au monastère. Quoiqu'il n'eût aucune intention de devenir Rahan pendant qu'il était en chemin, pourtant en dépit de ses premières dispositions, il entra dans la société des parfaits. De sorte que, deux jours après l'arrivée de Phra dans Kapilawot, Nanda devint un Rahan. Quelques autres écrits font arriver cet événement seulement le troisième jour.

Le septième jour après que Phra fut entré dans la cité de Kapilawot, la princesse Yathaudara, mère de Raoula, fit endosser à son fils ses plus riches ornements, et l'envoya à Phra, lui ayant dit auparavant : « Très-cher fils, celui que vous voyez entouré de vingt mille Rahandas, dont le visage est comme l'or, et dont le corps est semblable au chef des Brahmas, est réellement votre père. Il était autrefois possesseur des quatre vases d'or qui disparurent le jour même où il se retira dans la solitude; allez maintenant à lui et dites-lui respectueusement qu'étant à présent héritier présomptif de ce royaume, destiné à succéder à votre grand-père sur le trône, vous désirez entrer en possession de ce qui vous revient par droit d'héritage. » Le jeune prince partit. Étant arrivé en présence de Boudha, il essaya, avec la simplicité et la grâce naturelles à un jeune garçon, de se mettre dans les bonnes grâces de son père, et dit combien il était heureux de se trouver avec lui, ajoutant beaucoup d'autres détails en rapport avec son âge et sa position. Boudha ayant mangé son repas et accompli ses dévotions accoutumées, se leva et partit. Raoula le suivit à distance, disant : « Père, donnez-moi mon héritage. » Boudha ne manifestant ni contrariété ni dépit de cette demande, aucun de ses disciples n'osa dire au jeune prince de cesser ses demandes importunes et de retourner au palais. Ils arrivèrent bientôt au monastère. Phra pensait ainsi en lui-même : « Raoula me demande des choses périssables, mais je veux lui donner quelque chose de plus excellent et de plus durable. Je veux le faire participer à ces biens que j'ai récoltés au pied de l'arbre Bodi, et par là lui assurer un meilleur héritage pour l'avenir. » Sur ce, il appela Tharipoutra et lui dit : « Bien-aimé disciple, le jeune prince Raoula me demande un héritage mondain qui ne lui servirait de rien, mais je veux lui donner quelque chose de plus excellent, un héritage impérissable ; qu'il devienne un Rahan. » Maukalan rasa la tête de Raoula et le revêtit du tsiwaran. Tharipoutra lui donna les premières instructions. Quand, plus tard, il devint Patzing, Kathaba lui enseigna les devoirs de sa nouvelle profession.

Le roi Thoudaudana avait vu son premier-né, le prince Theiddat, quitter son palais et les séductions d'une cour brillante ; plus tard, en dépit de toutes ses précautions, il l'avait vu se retirer dans la solitude et devenir un Rahan. A sa suite, son plus jeune fils Nanda, bien qu'assuré par les promesses des devins de devenir un grand et puissant monarque, s'était rallié à la société des Rahans. Ces deux événements l'avaient profondément affligé. Mais, en apprenant que son petit-fils était aussi devenu un Rahan, il ne put maîtriser davantage l'affliction qui l'accablait. « J'avais, » dit-il, « espéré que mon petit-fils me succéderait sur le trône ; cette pensée me consolait de la perte de mes deux fils. Qu'arrivera-t-il de mon trône ? Maintenant, la succession royale est éteinte, et la ligne des descendants directs est à jamais coupée et brisée. »

Thoudaudana obtint l'état d'Anagam. « C'est assez, » se dit-il, « que j'aie eu tant à souffrir et à endurer à l'occasion de mes deux fils et de mon petit-fils devenus Rahans, je veux épargner aux autres parents pareille affliction. » Il vint à la résidence de Boudha, et, l'ayant salué d'une manière convenable, il lui demanda d'établir une règle défendant à un fils de se faire Rahan, à moins d'avoir le consentement de ses parents. Boudha consentit au désir de son père et lui prêcha la loi. Quand l'instruction fut terminée, le roi le salua, se leva, tourna sur la droite et partit. Boudha appelant immédiatement les Rahans, leur dit : « Bien-aimés Bickous, nul ne sera admis à la profession de Rahan avant qu'il ait obtenu le consentement de ses parents ; quiconque transgressera cette règle, sera coupable de péché. »

Un certain jour, Phra ayant pris son repas au palais de son père, le roi lui raconta l'épisode d'un Nat. qui, alors qu'il se livrait dans la solitude à de grandes austérités, était venu lui rapporter que son fils avait succombé sous le poids des mortifications; mais qu'il n'avait jamais voulu ajouter foi à cette rumeur, parce qu'il était certain que son fils ne pouvait mourir avant d'être devenu un Boudha. « Mon illustre père, reprit Boudha, vous êtes très-avancé en mérites; il n'y a rien d'étonnant que vous n'ayez pas cru un faux rapport; mais, même aux âges antérieurs, quand vos mérites étaient encore très-imparfaits, vous refusâtes de croire que votre fils fût mort, bien que, pour appuyer cette assertion, on vous eût présenté ses prétendus os. » Et il continua à raconter beaucoup de détails qu'on peut trouver dans l'histoire de Maha Damma Pala. Ce fut à la conclusion de ce discours que le roi devint Aganam. Ayant ainsi fermement établi son père dans les trois degrés de la perfection, Boudha retourna dans le pays de Radzagio.

Durant ce voyage, le très-excellent Phra arriva au village d'Anoupya, dans le pays des princes Mallas. Dans le voisinage du village, il y a un bosquet de mangotiers. Il se retira en ce lieu avec ses vingt mille disciples, joyeux de se trouver en cette retraite délicieuse et isolée.

Pendant qu'il habitait cet endroit, la semence de la loi qu'il avait plantée dans sa ville natale jetait sans bruit de profondes racines dans bien des cœurs. Son oncle Thekkaudana avait deux fils, nommés Mahanan et Anouroudha. Un certain jour, Mahanan dit à son frère cadet : « Parmi les diverses familles de race royale, beaucoup de personnes ont quitté le monde et embrassé la profession religieuse sous la direction de Boudha. Notre famille est la seule qui n'ait encore donné aucun de ses membres à l'assemblée. Je veux vous faire une proposition : ou bien vous vous ferez ascète et me laisserez votre héritage; ou c'est moi qui suivrai cette profession et vous abandonnerai tout ce que je possède. » Anouroudha accepta cette proposition.

Quand les intentions des deux frères furent connues, cinq jeunes princes, leurs camarades et leurs parents, nommés Bagou, Kimila, Baddya, Ananda (1) et Dewadat désirèrent se joindre à leur pieux

(1) Ananda, dont la conversion est mentionnée ici, était le fils du roi Amitaudana, frère du roi Thoudaudana, et, par conséquent, cousin germain de Gaudama.

dessein. Ayant mis leurs plus beaux vêtements, ils vinrent dans la campagne, ayant pour tout suivant Oupali, leur barbier. Ils dirigèrent leur course dans la direction d'Anoupya. Étant à petite distance du bois de mangotiers, les jeunes princes se dépouillèrent de leurs riches vêtements et les donnèrent en toute propriété au barbier en reconnaissance de ses services. Ce dernier les accepta d'abord et se disposait à partir quand la pensée suivante lui vint à l'esprit : « Si je retourne à Kapilawot avec ces beaux et riches costumes, le roi et le peuple croiront que, par des moyens coupables, je suis entré en possession de tant de choses précieuses, et je serai certainement mis à mort. Je veux suivre mes maîtres et ne jamais les quitter. » Il retourna alors en toute hâte et les rejoignit au moment même où ils allaient entrer dans le bois de mangos d'Anoupya. Oupali fut admis dans leur compagnie et introduit avec eux en présence de Boudha. Lui ayant rendu leurs hommages à la façon accoutumée, ils sollicitèrent la dignité de membres de l'assemblée. Leur requête fut accordée. Mais avant de passer par les cérémonies prescrites, les princes se dirent l'un à l'autre : « L'orgueil des princes est grand et profondément enraciné ; il est extrêmement difficile d'en secouer le joug et de se débarrasser de son influence tyrannique. Qu'Oupali soit ordonné le premier, nous aurons une belle occasion de nous humilier en nous prosternant devant lui. » Leur requête fut accueillie. Après avoir rendu leurs respects au converti nouvellement ordonné, ils furent, à leur tour,

C'est un des disciples les plus connus du célèbre philosophe Kapilawot. Il a gagné sa renommée, moins par les qualités brillantes de son esprit que par les aimables qualités d'un cœur aimant. Il avait pour Boudha l'affection la plus touchante et le plus tendre attachement, dès le commencement de sa conversion. Le maître reconnaissait l'amour du disciple par les preuves d'une estime sincère et d'une tendre affection. Bien que ce ne soit que plus tard qu'Ananda ait été officiellement désigné pour veiller aux besoins personnels de Boudha, cependant les bonnes dispositions de son excellent cœur le poussèrent à servir Boudha dans toutes les circonstances et de toutes les façons qui pouvaient lui être agréables. Il devint l'intermédiaire ordinaire entre son maître bien-aimé et tous ceux qui l'approchaient. Quand il avait à communiquer des ordres ou à donner des instructions aux religieux ou lorsque quelque visiteur désirait l'entretenir, Ananda transmettait les ordres et introduisait les visiteurs en présence du grand prédicateur.

Dewadat était à la fois cousin germain de Boudha et son beau-frère. Son père était Thouppaboudha, frère de Maïa. Il était frère de la princesse Yathaudara qui avait épousé notre Gaudama quand il était prince royal de Kapilawot. Plus tard nous pourrons voir que ses dispositions morales étaient bien différentes de celles de l'aimable Ananda.

admis parmi les membres de l'assemblée. Leurs [progrès spirituels furent très-variés. Pendant le second carême qu'ils passèrent dans le monastère de Welouwon, Baddya, Bagou et Kimila atteignirent le point culminant de la perfection en devenant Rahandas. Ananda devint Thautapatti. Anouroudha avança rapidement dans les études métaphysiques. Quant à Dewadat, il ne dépassa jamais le Lauki Thamabat.

Peu après la conversion des princes royaux, Boudha quitta Anoupya, continua son voyage à Radzagio et se retira aussitôt dans le monastère de Welouwon, pour y passer son second carême. Le temps était principalement employé à instruire les nouveaux convertis dans la connaissance des grandes vérités et dans la pratique de la vertu. Son fils Raoula, âgé d'environ huit ans, montrait les plus grandes dispositions. Ses qualités étaient bien au-dessus de son âge et excitèrent souvent l'admiration des Rahans. Dans une certaine occasion, Boudha les surprit exprimant leur étonnement des progrès surprenants que Raoula faisait dans ses études. Se mêlant à eux, comme par hasard, Phra leur demanda quel était le sujet de leur conversation. Ils répondirent qu'ils louaient et exhaltaient l'étonnante capacité de Raoula et ses bonnes dispositions sans égales. Sur quoi Boudha répondit qu'il n'y avait pas lieu de s'étonner de cela. Il leur raconta alors le Dzat Miga, par quoi il montra que, pendant des existences antérieures, Raoula s'était distingué d'une façon remarquable par ses excellentes et admirables dispositions. En récompense de sa bonne conduite et de ses grands progrès intellectuels, il fut fait Patzin. Son esprit continua de se développer d'une façon presque miraculeuse; il devint Rahanda avec des myriades de Nats.

Pendant la même saison, Boudha allait souvent à Radzagio quêter sa nourriture. Il y avait dans cette cité un marchand de fleurs qui chaque jour avait à porter huit bouquets au roi, et recevait en retour, de la main du roi, huit pièces d'argent. Un certain jour qu'il venait de la campagne en ville, avec son approvisionnement ordinaire de fleurs pour le roi, il vint à apercevoir Boudha dans les rues, au moment où, par son pouvoir miraculeux, les six gloires rayonnaient de son corps. Il se dit alors : « Je voudrais aller offrir ces fleurs à Boudha, mais le roi, sans doute, sera très-irrité contre moi; il peut me faire arrêter, jeter en prison et mettre à mort, pour avoir manqué de lui offrir le présent accoutumé. Malgré le grand danger qui me menace, je veux aller à Boudha et lui offrir mes fleurs. J'y gagnerai certainement de grands et durables mérites; ils m'accompagneront à travers des existences innombrables. »

Le cœur tout joyeux, Thoumana, car tel était son nom, vint au lieu de repos où Boudha était assis, entouré d'une foule de peuple, et déposa les fleurs à ses pieds. Gaudama reçut le présent avec une satisfaction marquée. Thoumana rentra chez lui et raconta à sa femme ce qui venait d'arriver. Cette dernière irritée, en partie par la crainte de la colère du roi, et en partie par la perte de l'argent qu'elle recevait chaque jour, se mit à gourmander son mari dans le langage le plus grossier. Elle était tellement affolée par la colère, qu'elle courut au roi, dénonça son mari et aussitôt déposa une demande en divorce. Pimpathara révolté d'un tel acte d'audace, lui ordonna de sortir de sa présence et de rentrer chez elle. Pendant ce temps, il envoyait un de ses officiers ordonner au marchand de fleurs de venir au palais le jour suivant. La commission du roi fut naturellement exécutée avec ponctualité. En présence de ses courtisans assemblés, le roi loua hautement la conduite de Thoumana, et le récompensa aussitôt avec une grande libéralité. Comme Thoumana avait offert à Boudha huit bouquets de fleurs, le roi, pour reconnaître une telle offrande d'une manière éclatante, lui donna huit éléphants, huit chevaux, huit esclaves, huit bœufs, huit mille pièces d'argent et le revenu de huit villages. Boudha, de son côté, loua hautement, en présence du peuple, la conduite méritoire de Thoumana, et dit que, durant tout un monde, il serait exempt des quatre états de châtiment, jouirait de la félicité dans le siège de l'homme et dans ceux des Nats et deviendrait finalement un Pitzega-boudha. La valeur de l'offrande, quoique petite en elle-même, devenait grande en raison du risque imminent auquel il s'exposait volontairement. Il faisait son offrande, quoiqu'il fût certain d'encourir à cause de cela le déplaisir du roi.

Quand la saison de retraite fut terminée, il voyagea en différents lieux. Il vint à Patzanowonta, dans le pays de Dzetia; de là il passa dans la forêt de Bisakila et retourna à Radzagio, dans le bois d'arbres Yin-Daik, près du lieu de sépulture.

Pendant que Boudha était dans le splendide monastère de Dzeta-won, qui venait de lui être offert, Ananda eut une forte tentation de renoncer à sa profession et de rentrer dans le monde. Il alla même jusqu'à dire à quelques-uns de ses frères qu'il se souvenait de la promesse de prompt retour qu'il avait faite à sa jeune fiancée, Dzanapada-Kaliani, et qu'il voulait maintenant l'accomplir, retourner immédiatement à son palais et reprendre son premier genre de vie. Cela fut bientôt rapporté à Gaudama, qui eut recours au moyen suivant pour étouffer dans son germe la tentation naissante. Il prit Ananda par le bras, s'éleva dans l'air avec lui, et le conduisit dans la direction du siége des Nats de Tawadeintha. En route, Boudha, par un procédé miraculeux, montra aux yeux de son compagnon le spectacle d'une immense forêt en feu. Sur le tronçon brûlé d'un arbre, il lui fit voir un singe femelle horriblement mutilé, ayant la queue, les oreilles et le nez coupés. A ce spectacle, Ananda terrifié détourna les yeux avec dégoût. Peu après cela, Boudha fit défiler devant lui le spectacle captivant et éblouissant de cinq cents jeunes filles d'une beauté sans pareille. C'étaient des filles de Nats allant offrir leurs respects au grand Thagia. Ananda les contemplait en silence, mais avec ravissement. Boudha lui dit : « Penses-tu que ces beautés qui sont devant toi soient égales à Djanapada? » — « Ces ravissantes créatures, répondit-il, l'emportent autant sur Djanapada, qu'elle-même, à son tour, sur cette guenon mutilée que nous avons laissée derrière nous. » — « Je vous donnerai toutes ces beautés célestes, dit Boudha, pourvu que vous consentiez à rester quelques années de plus dans le monastère. » — « J'en fais volontiers la promesse, reprit Ananda; à ces conditions, je resterai avec plaisir au monastère. » Sur quoi tous deux s'en retournèrent au monastère.

Les membres de l'assemblée surent bientôt ce qui s'était passé entre le maître et le disciple, et l'assaillirent de remarques sarcastiques assez vives sur les filles des Nats. Honteux de lui-même, Ananda se retira dans la solitude. Là il consacra son temps à la méditation et aux œuvres de pénitence, et finalement parvint à étouffer en lui les désirs impurs de ses passions non subjuguées. Quand ce combat intérieur eut pris fin, Ananda vint en présence de Boudha lui faire savoir sa résolution de rester pour toujours dans le monastère et d'y mener la vie religieuse. En même temps, il le dégageait de la promesse qu'il lui avait faite au sujet des célestes beautés. Boudha fut ravi de cet heureux changement. Il dit aux religieux assemblés : « Avant cet événement, Ananda ressemblait à une maison mal couverte, qui laisse entrer la pluie des passions ; mais à présent il est semblable à un édifice dont la toiture a été tellement soignée qu'elle est à l'épreuve de l'infiltration des passions. » Sur ce, il raconta l'histoire suivante relative à une existence antérieure d'Ananda.

Un marchand nommé Kappaka avait un âne qu'il employait à transporter ses marchandises de place en place. Étant, un jour, arrivé près d'un endroit couvert d'arbres, Kappaka déchargea son animal, afin de le laisser paître et se reposer. En ce moment, une ânesse paissait dans le voisinage. L'animal de Kappaka en eut bientôt connaissance. Quand le moment du départ fut arrivé, l'âne, attiré par la femelle, se mit à ruer furieusement contre son maître, et ne voulut pas laisser remettre la charge sur son dos. Le marchand, rendu furieux par ce caprice tout nouveau, commença par menacer l'animal rebelle, puis le frappa de son fouet aussi fort qu'il put. A la fin, le pauvre animal, incapable de supporter les coups plus longtemps, fit connaître à son maître la cause de sa conduite si peu accoutumée. Kappaka lui dit que s'il voulait seulement continuer le voyage, il lui donnerait en arrivant plusieurs jolies ânesses infiniment supérieures à celle qu'il convoitait en ce moment. La proposition fut acceptée. A la fin du voyage, Kappaka dit à l'âne : « Je veux tenir la promesse que je t'ai faite, mais je dois t'avertir que ta ration quotidienne ne sera pas augmentée : tu auras à la partager avec ta compagne. Plus tard vous aurez des petits à nourrir et entretenir, mais votre ration ne sera pas augmentée le moins du monde à cause de cela. Il vous faudra travailler pour moi autant que vous faites maintenant, et aussi pourvoir aux besoins de votre famille. » L'âne, après quelques instants de réflexion, pensa qu'il valait mieux rester comme il était ; et de ce moment il fut complètement guéri de ses inclinations désordonnées. Pour conclusion du récit, Boudha dit : « L'âne était celui qui plus tard devint Ananda ; l'ânesse, Dzanapa-Kaliani ; et Kappaka est maintenant le très-excellent Phra, qui est l'instituteur des hommes, des Nats et des Brahmas. »

Pendant qu'il était à Wethalie, Boudha vint à travers la campagne, et, dans tous les endroits qu'il visitait, prêcha la loi à des foules d'auditeurs. Ce fut pendant une de ces excursions charitables, qu'il rencontra un célèbre Pounha nommé Eggidatta qui, avec beaucoup de disciples, menait la vie ascétique, après avoir été auparavant le chef Pounha du roi Kothala, et ensuite de son fils. Boudha désirait ardemment la conversion d'un personnage aussi distingué. Maukalan fut d'abord dépêché au fameux ermite, pour essayer de l'amener à son maître ; mais il échoua complétement. La réception qui lui fut faite n'eut rien de plaisant. L'œuvre ne pouvait être entreprise et menée à bonne fin que par l'irrésistible éloquence du grand prédicateur. Boudha se montra bientôt à l'entrée de la cellule d'Eggidatta ; il commença par reprocher au Rathi d'enseigner à ses disciples le culte des montagnes, des arbres, des rivières et de tout ce qui existe dans la nature. Il l'initia ensuite à la connaissance des quatre grandes vérités. Eggidatta voyant la vérité, se convertit immédiatement avec tous ses disciples. Quand cette grande conquête spirituelle fut achevée, Boudha, retourna à Radzagio, et passa la troisième saison dans le monastère de Welouwon ou monastère du bois de bambou. Ce fut pendant les trois mois de la saison pluvieuse que Boudha développa d'une manière plus complète à ses disciples le savoir et la science dont il ne leur avait donné jusque-là, pendant ses voyages, que des notions superficielles. En même temps, il les formait soigneusement à la pratique et à l'observance de ces règles disciplinaires, édictées comme autant de moyens de subjuguer les passions, et il leur montrait à s'isoler du monde et de ses amorces, et à mener une vie spirituelle.

Durant son séjour dans le monastère, parmi les nombreuses instructions qu'il donna à ses disciples, je veux raconter les détails qu'il leur mentionna, touchant la conduite primitive, et finalement la conversion du Rahanda Tsampouka (1).

(1) L'histoire d'Eggidatta nous révèle un des points de la doctrine de cet ascète. Son interlocuteur lui reprochait d'adorer les montagnes, les arbres, les forêts, les rivières et les corps célestes. D'après les expressions qu'emploie le traducteur Birman, l'auteur est porté à croire qu'il faisait une allusion directe à ses opinions panthéistes. Nous savons que la plupart des écoles indiennes de philosophie ont basé leurs différents systèmes de métaphysique sur ce point de départ erroné. D'après les panthéistes, ce monde n'est pas distinct de l'essence de Dieu ; tout ce qui existe n'est qu'une manifestation ou un développement de la substance de Dieu. Ce monde n'est pas l'œuvre de Dieu, existant distinctement de son auteur, mais c'est Dieu se manifestant substantiellement en toutes choses. Qui pourrait alors

Au temps de Boudha Kathaba, Tsampouka, ou plutôt l'être qui, dans l'existence actuelle, porte ce nom, prit l'habit religieux dans le pays de Thawatie. Il vivait dans un beau monastère, et avait pour partisans les gens les meilleurs et les plus riches de l'endroit. Un jour, un Rahan d'un autre pays vint à son monastère et lui demanda la permission d'y vivre quelque temps. L'égoïste Tsampouka refusa de l'admettre à l'intérieur du logis, mais toléra qu'il restât sur la verandah pendant la saison froide. Le peuple, cependant, animé de sentiments meilleurs que ceux de son directeur, portait régulièrement des aliments pour le chef de la maison, ainsi que pour l'étranger, pour lequel ils ressentait une grande affection. L'envieux Tsampouka ne pouvait voir sans dépit les marques de bienveillance et de générosité du peuple envers son hôte détesté. Une certaine fois, il s'oublia jusqu'à l'insulter et à lui parler de la façon grossière que voici : « Mange de la boue, marche tout nu et dors sur la terre. » Une conduite aussi inhumaine trouva bientôt le châtiment qu'elle méritait. Le misérable Tsampouka eut d'abord à subir mille tourments en enfer.

A son retour à la condition d'homme sur la terre, il naquit de pa-

---

s'étonner de la conduite de Tsampouka? Il adorait Dieu ou plutôt cette portion de l'Être suprême, qu'il voyait dans les grands et splendides objets qui l'environnaient et qui s'imposaient à son attention.

Le vieux Spinosa du xvii⁰ siècle et ses sectateurs, malheureusement trop nombreux, de ce siècle, ont coulé dans cent nouveaux moules différents les idées panthéistes des philosophes Hindous, et offrent à l'intelligence de leurs lecteurs ou auditeurs, à travers un langage presque inintelligible, le même aliment mortel qui a abouti chez les Hindous à produire les tristes conséquences dont nous sommes témoins. Si nous étions mieux au courant de la variété de doctrines que les philosophes Hindous ont montrée dans le champ de la métaphysique, nous serions vite convaincus que les métaphysiciens modernes qui ont voulu se mettre au-dessus ou en-dehors de la révélation n'ont pas avancé d'un pas dans cette science, et que la divergence dans leurs opinions n'est qu'une fidèle représentation de la confusion qui agissait, il y a plus de deux mille ans, aux bords du Gange, parmi leurs prédécesseurs dans les mêmes études spéculatives.

Il paraît que Tsampouka était de son temps ce que sont encore de nos jours les Jogies ou pénitents Hindous. Il vécut sur un rocher dans la position la plus difficile pendant l'espace de cinquante-cinq ans, se montrant à la foule et visant à s'attirer son admiration par les souffrances incroyables auxquelles il se soumettait volontairement. Sa sainteté apparente était des plus douteuses. Il se faisait passer pour un homme qui pouvait vivre sans manger et qui jouissait de pouvoirs surnaturels. L'humilité, cette vertu qui n'est que le résultat de la vraie connaissance de soi-même, n'était pas la vertu favorite de cet ascète charlatan.

rents respectables, mais, dès son enfance, il était toujours enclin à tomber dans les habitudes les plus dégoûtantes. Il s'isolait de tous et satisfaisait les tiraillements de sa faim, en mangeant les choses les plus sales ; il ne voulait porter aucun vêtement, et courait en état de nudité ; il ne couchait que sur la terre. Ses parents, après beaucoup d'essais infructueux pour le corriger, résolurent de le confier à quelques ascètes hétérodoxes. Ceux-ci le reçurent, mais il ne voulait pas manger en leur compagnie, ni quêter avec eux. Il profitait du moment où ils étaient absents et dévorait les excréments qu'il pouvait trouver. Ses habitudes excentriques et dégoûtantes furent bientôt connues, et ses nouveaux amis se dirent entre eux : « Ne laissons pas plus longtemps cet homme vivre avec nous. Si les disciples du Rahan Gaudama apprenaient qu'un des nôtres se conduit ainsi, notre confrérie deviendrait le point de mire de leurs railleries. » Il fut en conséquence chassé de la place. Tsampouka vint fixer sa résidence sur un rocher près du lieu qui servait de réceptacle aux égouts de Radzagio. Sur cette roche, il restait dans la posture la plus fatigante. Il s'appuyait sur la main droite, qui était posée sur le rocher, et sur le genou droit ; sa jambe gauche était étendue et son bras gauche levé. Il restait la bouche ouverte. Quand le peuple lui demandait pourquoi il gardait sa bouche ouverte, comme un homme qui aspire continuellement l'air dans ses poumons, il répondait que, s'abstenant de toute nourriture grossière, il vivait d'air seulement. Si on le questionnait sur la position singulière de ses deux jambes, il répondait que, s'il se tenait sur ses deux jambes, la terre tremblerait aussitôt. Il avait passé cinquante-cinq ans dans cette triste position, quand Gaudama, ému de pitié pour sa triste condition, vint en personne le convertir. Il commença par lui raconter tout ce qu'il avait fait dans ses existences antérieures, mentionnant surtout le péché qu'il avait commis à l'égard d'un confrère ermite. A cette déclaration inattendue, Tsampouka s'humilia. Alors Boudha lui prêcha sa loi. Le repentant Tsampouka crut fermement à tout ce qui lui fut dit. Il se leva alors, le cœur plein de joie, quitta aussitôt sa place, suivit son nouveau maître et devint bientôt un Rahanda. Ses progrès en science et en vertu furent tels qu'il occupa bientôt un rang éminent parmi les membres de l'assemblée.

CHAPITRE IX

UN HOMME RICHE DE THAWATTIE, NOMMÉ ANATAPEIN, SE CONVERTIT. — HISTOIRE DE DZEWACKA. — IL GUÉRIT BOUDHA D'UNE MALADIE DOULOUREUSE. — LE PEUPLE DE WETHALIE ENVOIE UNE DÉPUTATION A BOUDHA. — DIGRESSION SUR LA MANIÈRE DONT BOUDHA PASSAIT SON TEMPS TOUS LES JOURS.— RÈGLEMENT D'UNE QUERELLE ENTRE LES HABITANTS DE KAULIA ET CEUX DE KAPILAWOT. — LES NOUVEAUX CONVERTIS SONT AFFERMIS DANS LA FOI. — MORT DE THOUDAUDANA DANS LES BRAS DE SON FILS. — LA REINE PATZAPATI ET BEAUCOUP DE NOBLES DAMES SONT ÉLEVÉES AU RANG DE RAHANESSES. — CONVERSION DE KEMA, PREMIÈRE FEMME DU ROI PIMPATHARA. — HÉRÉTIQUES, PRÈS DE THAWATTIE, CONFONDUS PAR DES MIRACLES.— BOUDHA SE REND AU SIÉGE DE THAWADEINTHA POUR PRÊCHER LA LOI A SA MÈRE.

Quand Boudha était dans le pays de Radzagio, un certain riche marchand, nommé Anatapein, vint à Radzagio avec cinq cents chars, chargés des marchandises les plus précieuses, et prit son logement dans la maison d'un ami intime. Pendant qu'il vivait avec son ami, il apprit que Gaudama était devenu un Boudha. Soudain, il fut pris d'un vif désir de le voir et d'entendre sa doctrine. Certain jour, il se leva de bonne heure, et aperçut à travers les barreaux de sa fenêtre des rayons de lumière d'un éclat extraordinaire. Il marcha dans la direction de la lumière, au lieu où Boudha prêchait la loi. Il l'écouta avec grande attention et, à la fin du discours, il obtint le rang de Thautapan. Deux jours après, il fit une offrande considérable à Boudha et à l'assemblée, et les pria de venir au pays de Thawattie. La requête fut accueillie. La distance jusqu'à Thawattie est de 45 youdzanas. Anatapein dépensa d'énormes sommes, pour qu'un monastère fût bâti à chaque youdzana. Lorsque Boudha approchait, le pieux marchand régla, ainsi qu'il suit, la réception de l'illustre visiteur et la présentation d'un splendide monastère appelé Dzetawon qu'il avait fait préparer pour lui. Il envoya d'abord son fils richement vêtu avec cinq cents suivants, appartenant aux plus riches familles, puis venaient ses deux filles, accompagnées de cinq cents jeunes filles couvertes des plus riches ornements. Tous portaient des bannières de cinq couleurs différentes. Ceux-ci étaient suivis de cinq cents dames, ayant à leur tête la femme du riche marchand, et portant une carafe d'eau. A la fin venait Anatapein, avec cinq cents suivants, tous portant des costumes neufs. Gaudama laissa marcher la foule en tête, et vint ensuite, escorté de tous les Rahans.

Quand il entra dans le bois, il paraissait aussi beau que la queue du paon complétement développée. Anatapein demanda à Gaudama comment il désirait que la donation fût faite et effectuée. « Que le monastère, dit Boudha, soit offert à tous les Rahans qui pourront venir ici dans l'avenir, de quelque part qu'ils viennent. » Sur quoi le riche marchand, tenant un vase d'or plein d'eau, en versa le contenu sur les mains de Boudha en disant : « Je donne ce monastère à Boudha et à tous les Rahans qui pourront y venir dans la suite. » Boudha dit des prières et actions de grâce en signe de son acceptation du présent. Sept jours furent consacrés à l'accomplissement de cette grande offrande, et, pendant quatre mois, des réjouissances non interrompues eurent lieu en l'honneur de cette grande et solennelle donation. D'énormes sommes furent dépensées à l'achat du terrain, et aux frais de la cérémonie. Durant l'ère des précédents Boudhas, ce même terrain avait toujours été acheté puis offert à eux et à leurs disciples.

N. B. — Ici se trouve longuement narrée l'histoire d'un célèbre médecin nommé Dzewaka; comme cette histoire n'a aucun rapport avec la carrière de Boudha, je n'en donnerai qu'un résumé succinct.

A une certaine époque (1), quand Boudha vivait dans la cité de

(1) Il est impossible d'assigner le motif qui peut avoir conduit le compilateur de la vie de Boudha, à insérer dans son ouvrage un long épisode sur le célèbre médecin Dzewaka. L'histoire en elle-même est dépourvue d'intérêt, et ne jette aucune lumière sur l'histoire du fondateur ou réformateur supposé du Boudhisme. C'est pourquoi il a paru parfaitement inutile de donner une traduction *in extenso* de tout le passage ; le nom de Dzewaka est très-familier aux adeptes de la science médicale en Birmanie. Plusieurs fois, l'auteur a fait des recherches sur les œuvres de l'Hippocrate de l'Inde, mais il ne lui a jamais été donné d'entendre aucune mention ou allusion faite à de tels ouvrages. Il a été conduit alors à supposer que le père de la médecine dans ces pays n'a laissé après lui aucun écrit résumant les résultats de ses recherches favorites, théoriques ou pratiques. La chirurgie paraît avoir été familière à notre grand docteur, puisque nous le voyons, en certaine circonstance, extraire du corps d'un prince, à l'aide d'une incision, un serpent qui mettait sa vie en danger.

Les nombreux empiriques qui, en Birmanie, prennent le titre de médecins et

Radzagio, le pays de Wethalie était devenu riche, gai et attrayant, grâce à la présence d'une fameuse courtisane. Un noble de Radzagio, qui, juste en ce moment, revenait de ce pays, raconta au roi tout ce qu'il avait vu à Wethalie et poussa le monarque à établir dans son propre royaume quelque fameuse courtisane habile dans la musique et la danse, aussi bien qu'attrayante par les formes et les charmes de sa personne. Une telle personne ayant été trouvée, elle fut, aux frais du monarque, installée avec magnificence, et cent pièces d'argent devaient lui être payées par visite. Le fils du roi ayant été très-assidu dans les visites qu'il lui faisait, elle devint enceinte. Sachant son état, la courtisane feignit être malade jusqu'à sa délivrance. Elle ordonna à sa servante de jeter l'enfant nouveau-né sur un tas d'ordures, en quelque lieu solitaire et éloigné. Le

---

sont toujours prêts à prescrire des drogues pour tous les cas, même les plus difficiles et des plus compliqués, sont ignorants des plus simples éléments de l'art chirurgical. Ils possèdent un certain nombre de remèdes composés avec des plantes, et qui, appliqués dans les circonstances voulues et en certains cas, opèrent des cures merveilleuses. Mais les médecins indigènes, incapables dans la plupart des cas de discerner les vrais symptômes des maladies, donnent des remèdes au hasard, et arrivent trop souvent aux plus funestes résultats pour leurs patients. En médecine, aussi bien qu'en religion, l'ignorance engendre les superstitions et le recours aux pratiques magiques. Nous pouvons affirmer positivement que, pour les praticiens indigènes, la magie est l'accompagnement obligé de la pratique de la médecine. Quand un médecin a épuisé son approvisionnement assez borné de drogues, et qu'en dépit de ses efforts, la maladie ne cède pas à son habileté, il informe gravement les parents du patient que quelque méchant esprit agit à l'encontre de ses remèdes, et qu'il faut le chasser, avant qu'on puisse espérer de soulager ou de guérir le malade. Sur ce, un hangar est élevé le plus promptement possible, en un lieu rapproché de la maison du patient. Des offrandes de riz, de fruits et d'autres objets sont faites au prétendu esprit malin, qu'on suppose avoir pris possession du corps du malade. Ses parents se livrent aux danses les plus frénétiques. Les hommes n'y paraissent qu'à défaut de femmes ; on donne toujours la préférence à ces dernières. Les jeunes filles, disent les Birmans, sont les personnes les mieux propres à la circonstance, parce qu'on suppose que le méchant Nat sera mieux et plus aisément apaisé par le pouvoir de leurs charmes. Cet exercice dure jusqu'à ce que la force leur manque, elles tombent dans un état d'anéantissement et de prostration complet. Elles semblent avoir entièrement perdu leurs sens. On suppose que, dans cet état, elles sont inspirées du mauvais esprit. Interrogées par le médecin, sur la nature de la maladie et des remèdes à administrer pour la chasser, elles donnent des réponses, ou plutôt deviennent le canal par lequel l'esprit, satisfait des offrandes faites en son honneur, condescend à déclarer qu'il a maintenant quitté le malade et qu'en lui faisant subir tel traitement, qu'il ne manque pas d'indiquer, il sera bientôt rendu à la santé.

Des faits de ce genre sont extrêmement fréquents. Les indigènes les appellent Natpao ou fêtes de l'esprit possesseur.

matin suivant, le fils du roi étant sorti avec quelques suivants, vint à passer près du lieu où l'enfant avait été déposé. Son attention ayant été attirée par le cri des corbeaux qui voltigeaient près de là, il vint voir ce qui se passait. A sa grande surprise, il vit un enfant respirant encore, à moitié enterré sous les ordures. Ravi par la beauté de cette petite créature, le prince ordonna de porter l'enfant au palais où il fut élevé avec le plus grand soin. Il fut nommé Dzewaka, qui veut dire Vie, parce que le prince, quand il l'avait trouvé, avait demandé s'il était vivant. Le jeune homme, ayant atteint l'âge de raison, ne voulait plus rester au palais sans y avoir quelque chose à faire. Afin de se rendre utile à ses semblables, il résolut d'étudier la médecine. Il vint à Bénarès, se mit sous la direction d'un fameux médecin et se rendit bientôt fameux par son extrême habileté dans sa profession. Ayant quitté son maître et commencé à pratiquer sous son nom et pour son propre compte, Dzewaka fit les cures les plus merveilleuses qui lui procurèrent bientôt la fortune et une réputation extraordinaire.

Dzewaka était au faîte de la renommée quand, un certain jour, Boudha vint à souffrir d'un mal de ventre. Il appela Ananda et lui dit qu'il avait besoin de quelques remèdes pour soulager son mal. Ananda vint au lieu où vivait le célèbre Dzewaka et l'informa de l'état de Boudha, le docteur ordonna d'abord une friction d'huile qui devait être répétée trois jours après. Ce remède n'ayant pas eu un plein succès, Dzewaka prit trois fleurs de lis sur lesquelles il répandit plusieurs poudres, et vint à Boudha en disant : « Très-glorieux Phra, voici une fleur de lis, veuillez la sentir ; elle sera suivie de dix selles. En voici une seconde ; en la respirant vous amènerez le même effet ; et cette troisième aussi, produira un résultat identique. » Ayant remis les trois fleurs, le docteur offrit ses respects à Boudha, tourna sur la droite, et quitta le monastère.

Comme il passait la porte, il se mit à réfléchir : « J'ai donné une médecine destinée à amener trente évacuations, mais comme la maladie est quelque peu sérieuse et intéressée, il n'y aura que vingt-neuf selles ; il faudrait un bain chaud. » Peu après, Dzewaka revint à Boudha, et lui expliqua sa prescription. Boudha fut bientôt rendu à la santé, et Dzewaka lui dit que le peuple se préparait à lui faire des offrandes. Maukalan vint près du fils de Thauna, un homme riche, pour avoir du riz d'un champ qui avait été arrosé avec du lait.

Le propriétaire donna du riz à Maukalan et insista pour qu'il le mangeât, l'assurant qu'il y en avait d'autre en réserve pour Boudha; Maukalan consentit. Après le repas, sa patta fut lavée avec de l'eau parfumée et remplie des aliments les plus délicats. Maukalan les porta à Boudha qui les mangea. Après cela, il prêcha la loi au roi et à une foule immense; dans le nombre se trouvait le fils de Thauna. Ils obtinrent tous le premier degré de perfection mais Thauna arriva de suite à l'état d'Arahat.

Dzewaka se présenta de nouveau à Boudha, et lui demanda la faveur de lui offrir deux splendides pièces d'étoffe qu'il avait reçues en présent du roi, qu'il avait guéri d'une affection très-douloureuse. Il désirait, en outre, qu'il fût permis aux Rahans de porter des habits d'une meilleure qualité que ceux qu'ils étaient dans l'habitude de porter. Boudha reçut les deux pièces et prêcha la loi au donataire, qui atteignit l'état de Thautapan. Dzewaka, se levant de sa place, tourna sur la droite et partit.

Peu après, Gaudama appela les Rahans et leur dit : « Bien-aimés Bickous, je donne maintenant la permission aux fidèles de vous faire présent d'étoffes pour votre habillement (1). Quiconque est satisfait de son costume actuel peut le porter; quiconque est disposé à en recevoir un autre du peuple est autorisé à le faire.

(1) Les premiers sectateurs de Boudha, observant un genre de vie qui ressemblait beaucoup à celui des Rathis, avaient jusque là fait usage du vêtement qu'ils avaient acheté avant de quitter le monde. Mais quand ils devinrent membres reconnus de la nouvelle société; ils furent soumis à l'observance du vœu de stricte pauvreté, et eurent à dépendre entièrement de la charité publique pour obtenir les aliments et le costume nécessaire. Les vieux vêtements portés à l'époque de leur entrée dans la société étaient usés et hors de service. D'autres devaient être obtenus par quelque moyen et sans blesser le sentiment délicat d'absolue pauvreté. Le seul moyen était d'user des dispositions libérales spontanées des membres laïques de la communauté Boudhiste. Cette nouvelle source d'aumônes abondantes fut ouverte par notre Boudha lui-même à l'occasion du présent fait par Dzewaka. Désirant en outre supprimer tous les scrupules que beaucoup de religieux pourraient conserver quant à la convenance de recevoir des articles de vêtement, Gaudama en fit une règle; de sorte que les religieux pouvaient licitement accepter tout ce qui leur serait offert librement par les fidèles. Dans les pages précédentes, nous avons vu le fondateur du Boudhisme donner à ses sectateurs permission de recevoir des maisons et des biens fonds, offerts aux communautés. A présent, le même législateur, en raison du même principe, lui donne un plus grand développement, et étend aux objets d'habillement nécessaires la permission d'être reçus comme présents offerts par les fidèles aux religieux. Dans le livre des ordinations Boudhistes, ou de promotion au degré de Patzin mention est faite de ces deux sortes de permissions données aux Rahans.

Mais je dois vous féliciter de vous être jusqu'ici contentés de l'ancien costume. » Le peuple de la cité ayant eu connaissance de la permission donnée aux Rahans, leur offrit immédiatement plus de cent mille pièces d'étoffe. Cet exemple fut suivi par les habitants de la campagne qui leur offrirent la même quantité.

Peu de temps après cela, Boudha reçut une députation des habitants de Wethalie, l'invitant à visiter leur pays. Voici la raison de cette invitation : le pays était riche et florissant; les princes Malla le gouvernaient chacun à son tour pendant un certain espace de temps. Tout à coup une peste terrible désola la contrée qui fut en très-peu de temps jonchée de cadavres de malheureuses victimes. Au milieu de cette calamité, quelques-uns conseillèrent d'apaiser les Nats en leur faisant des offrandes; d'autres avisèrent d'avoir recours aux grands prédicateurs; un troisième parti insista pour appeler à leur aide le grand Gaudama, qui était apparu dans ce monde pour le salut du genre humain. La dernière opinion prévalut. S'étant assurés qu'il vivait à Radzagio, un grand nombre de princes, Pounhas et nobles vinrent à Radzagio, avec de grands présents pour le roi Pimpathara, afin de l'amener à laisser le grand prédicateur venir dans leur pays. L'objet de la mission ayant été connu, Boudha consentit à y aller. Il partit du monastère de Welouwon, suivi par le roi jusqu'à la rive méridionale du Gange. Étant arrivé à la rive septentrionale, il fut accueilli avec toutes les marques du plus profond respect et de la plus grande vénération. Il n'eut pas plus tôt mis les pieds dans le pays, qu'une pluie abondante inonda presque la terre; l'eau emporta les cadavres; l'atmosphère fut purifiée, la peste cessa et tous les malades guérirent.

Le cinquième jour après la pleine lune de Nayon (juin), Boudha, ayant rendu un service aussi signalé aux gens de Wethalie, quitta le pays et retourna à Radzagio, où il arriva le jour de la pleine lune de Watso (juillet), juste à temps pour passer la quatrième saison dans la monastère de Welouwon.

Voici un abrégé succinct de la manière dont Boudha passait son temps durant la saison pluvieuse, que le traducteur a trouvé dans un des manuscrits qu'il a compulsés. Chaque jour était divisé en cinq parties, et une certaine occupation prescrite pour chaque partie.

I. Boudha se levait généralement de bonne heure, peu après le point du jour, lavait son visage, rinçait sa bouche et s'habillait. Il se retirait alors dans un appartement particulier. De ses yeux qui voyaient tout, il passait en revue toutes les créatures, examinant avec soin la quantité de leurs mérites ou démérites, et la nature exacte de leurs dispositions. Le motif de cette revue générale de la condition et de l'état de tous les êtres, était de juger de la disposition des différents êtres, et de discerner ceux qui étaient suffisamment préparés pour entendre la prédication de la vérité, de ceux qui, en conséquence de leurs démérites, n'étaient pas encore en état de recevoir avec fruit une telle faveur. Quand ceci était fait, il endossait l'habit professionnel, et avec le pot du mendiant sous le bras, il se mettait en quête de sa nourriture. Invariablement, il dirigeait sa course vers ces endroits où il savait que sa prédication serait entendue avec plus de fruit. Parfois, il allait seul, et d'autres fois il était escorté d'un certain nombre de disciples. Son attitude était d'une modestie sans affectation et d'une douceur incomparable. Parfois il produisait quelques miracles. Des instruments de musique invisibles faisaient entendre de douces symphonies, qui, révélant au peuple l'arrivée de Boudha, réjouissaient les cœurs et les disposaient à faire d'abondantes aumônes et à écouter la prédication de la loi. Quelques-uns des auditeurs devenaient Oupasakas, d'autres Thautapans, etc., etc., suivant leurs dispositions respectives. Il retournait ensuite au monastère.

II. Aussitôt qu'il y était arrivé, il se lavait les pieds, et, pendant l'ablution, il réunissait autour de lui ses disciples et leur disait : « Bien-aimés Bickous, veillez toujours avec soin et attention ; que votre esprit soit toujours tourné vers la réflexion. Il est extrêmement difficile d'obtenir la nature de l'homme (1), d'entendre la loi,

---

(1) C'était en ce moment que Gaudama aimait à révéler à ses disciples les points les plus frappants de sa doctrine, et à les familiariser avec certains principes auxquels il attachait plus d'importance. Il voulait que ces sujets leur devinssent parfaitement familiers. Sans doute son intention était que ces matières devinssent les sujets favoris, la nourriture spirituelle ordinaire de leurs esprits pendant les heures consacrées à la méditation. Ceux qui ne sont pas initiés aux doctrines du Boudhisme, ne comprendront pas la portée d'une telle expression : « *Il est difficile d'obtenir la nature de l'homme.* » Ce langage est cependant en parfait accord avec les principes de ce système. Un être qui est au lieu des quatre états de châtiment, d'animal par exemple, aura, dans beaucoup de cas, à passer par un nombre im-

de devenir parfait, d'obtenir l'état de Rahanda, et d'arriver à la condition d'un Boudha. » Il leur indiquait alors quelques sujets de méditation. Plusieurs des disciples se consacraient aux travaux de l'esprit ; quelques-uns alliaient le travail manuel aux exercices intellectuels ; d'autres se retiraient en des lieux solitaires, au pied d'un arbre et dans les grottes des montagnes environnantes. Boudha prenait alors son repas et se retirait quelque temps seul, dans son appartement particulier. Quand il se levait, peu après midi, il contemplait de nouveau tous les êtres et fixait son attention sur ceux qui devaient venir recevoir ses instructions. Bientôt il sortait et commençait immédiatement à instruire tous ceux qui étaient arrivés, de quelque lieu qu'ils fussent venus. Quand l'instruction était terminée, le peuple se retirait.

III. Après le départ du peuple, Boudha se baignait, et faisait une promenade dans la galerie ouverte du monastère. Sa natte, son coussin, etc., étaient étendus en un endroit convenable, à découvert. Les Rahans s'empressaient à ce moment de venir lui communiquer sans contrainte le résultat de leurs travaux spirituels. Lorsqu'ils avaient besoin d'explications, il les encourageait à lui poser des questions auxquelles il répondait sur-le-champ ; et ils recevaient respectueusement les réponses qu'il voulait bien leur faire. Cet exercice durait jusqu'à la nuit, et les disciples se retiraient de la présence de leur maître.

IV. Après leur départ, les Nats et d'autres êtres célestes étaient admis. Boudha conversait avec eux et les instruisait jusqu'à environ minuit.

V. Boudha se promenait alors un moment pour soulager ses

mense d'existences diverses, avant d'échapper au cercle de l'existence des animaux, et enfin d'émerger dans celle de l'homme.

Pour nous donner une idée des difficultés excessives qu'un être a à rencontrer, ils emploient la comparaison suivante : Supposons qu'une aiguille tombe d'un des sièges des Brahmas, et qu'en même temps, un homme sur la terre tienne une autre aiguille la pointe en l'air. Il serait plus facile aux extrémités des deux aiguilles de venir en contact, qu'il ne serait à un être dans la condition d'animal, d'arriver à l'état d'homme.

D'après ce même principe on peut aisément imaginer quels efforts puissants doivent être faits durant des existences sans nombre, avant qu'un homme puisse arriver en possession des qualités et conditions requises pour devenir un Boudha. La théorie de Gaudama, sur ce point, ressemble beaucoup à celle de quelques philosophes modernes sur la perfectibilité de l'homme, à un degré presque infini.

membres de l'excès de lassitude, et rentrait dans son appartement pour prendre quelque repos. Il se levait de très-bonne heure, et se mettait à passer en revue les êtres qui, au temps des Boudhas antérieurs, s'étaient distingués par leurs travaux dans le chemin de la vérité et par l'élévation de leurs qualités intellectuelles.

Pendant une de ses excursions charitables habituelles dans la campagne, Gaudama convertit Ouggasena, sa femme, et ses compagnons. Voici un récit abrégé de l'événement. Ouggasena était fils d'un homme riche; à l'époque de sa jeunesse, une troupe de comédiens vint à Radzagio, et joua pendant sept jours en présence du roi Pimpathara et de sa cour. Notre jeune homme, avec beaucoup de ses camarades, assistait aux représentations. Tout à coup, il devint passionnément amoureux d'une danseuse de corde, qui, avec une grâce parfaite et une adresse peu commune, accomplissait des choses d'une extrême difficulté. En dépit des supplications et des remontrances de ses parents, il sacrifia toutes les considérations à son amour et épousa la jeune fille. Dans sa nouvelle situation, il n'avait pas d'autre alternative que d'apprendre à danser sur la corde, à faire des culbutes, et à se tenir en diverses attitudes à l'extrémité de poteaux ou de mâts, élevés quelquefois de 60 coudées. Pendant son apprentissage, il avait à supporter les railleries et les sarcasmes de sa femme et de ses nouveaux amis. A force d'assiduités, il en vint à accomplir ses tours avec une agilité surprenante. Un jour, on annonça qu'Ouggasena jouerait à l'extrémité d'un mât de 60 coudées de hauteur. Une foule immense de citoyens s'empressa d'aller voir la représentation. Les divertissements ne faisaient que commencer quand Boudha vint à passer avec quelques disciples. Il envoya Maukalan en avant pour prêcher Ouggasena. Bientôt il vint en personne et convertit le jongleur, qui descendit aussitôt de son mât, se prosterna devant Boudha et demanda à être admis comme membre de l'assemblée. Après d'autres instructions, il obtint la science de Rahanda. Sa femme et toute la troupe se convertirent également (1).

(1) La conversion d'Ouggasena et de ses compagnons amenée par l'entremise directe de Boudha est une nouvelle preuve de l'esprit vraiment libéral qui animait le grand prêcheur. Sa loi était faite pour tous sans exception. La profession de ces individus qu'il choisit si particulièrement était loin d'être respectable. Un orgueilleux Brahmine n'aurait pas fait la moindre attention à des individus qui, dans son opinion, étaient descendus aussi bas. Mais le nouveau prêcheur, quoique

Boudha avait maintenant à accomplir la promesse qu'il avait faite auparavant au roi de Radzagio, de passer trois saisons consécutives dans sa capitale. Il s'en vint dans le pays de Wethalie, et fixa sa résidence en un lieu charmant, au milieu d'une forêt d'arbres Sala, appelée Mahawon. Pendant qu'il séjournait en ce lieu, une querelle s'éleva entre les portions des peuples de Kappila et de Kaulia qui vivaient sur l'une et l'autre rive de la petite rivière Rauhani. L'irrigation des champs de riz était la cause de la dispute. La petite rivière avait été dûment barrée; mais, en raison d'une sécheresse extraordinaire, il n'y avait pas assez d'eau pour fournir à l'arrosage des champs des deux côtés. Un parti voulait avoir toute l'eau, l'autre s'y opposait. De là la dispute qui, comme un courant de feu, embrasa bien vite les deux contrées tout entières. Un appel aux armes général s'ensuivit, et, en peu de temps, les deux armées furent en présence, prêtes à en venir aux mains.

A une heure matinale, Boudha, s'étant levé de sa couche, jeta comme d'habitude un regard sur tous les êtres. Il vit bientôt l'inimitié qui existait entre son pays natal et celui de Kaulia. Ému de compassion pour les misères que ces peuples, aveuglés par la fureur de la haine, allaient faire fondre sur eux-mêmes, il vint dans les airs, et se tint au-dessus du lit de la rivière qui séparait les deux armées. Les rayons glorieux qui émanaient de sa personne

né de parents appartenant aux plus hautes castes, entièrement libre de tous les préjugés inculqués par l'esprit de caste, s'était élevé à un degré tel qu'il considérait l'homme, quelle que fût sa position ou sa condition, comme son semblable ayant droit aux bienfaits de ses instructions. C'est un des caractères les plus frappants de ses prédications, son universalité à l'égard des personnes et des lieux. Elle rend compte de la diffusion étonnamment rapide de ses doctrines en tant de pays divers. Elle constitue la différence essentielle et capitale entre les deux grands systèmes qui en ces temps si éloignés ont combattu pour la suprématie religieuse dans la péninsule indienne.

Dans l'histoire subséquente de la maladie de Thoudaudanà, nous voyons Boudha d'abord, puis Ananda, Tharipoutra et Maukalan soulageant l'illustre patient de ses souffrances corporelles, en invoquant non pas l'intervention d'un être suprême qu'ils ignorent, mais une certaine puissance ou influence en connexion avec certaines actions méritoires antérieures. Un grand, que dis-je, un miraculeux effet est produit par l'intervention d'une cause que nul, même un Bouddhiste, ne peut comprendre. Il a recours au *Kan* ou à l'influence mystérieuse résultant d'actions méritoires, comme à un agent puissant qui a le pouvoir d'opérer tout ce qu'il veut.

Mais comment un homme pourrait-il, de sa propre volonté, contrôler l'influence de ses bonnes actions, de manière a produire un grand effet presque miraculeux ? C'est ce qui ne saurait être expliqué d'aucune façon rationnelle ou satisfaisante.

attirèrent bientôt l'attention générale. Les deux partis mirent bas les armes, et, se prosternant, l'adorèrent. Il leur dit : « Princes et guerriers, écoutez mes paroles : qu'est-ce qui vaut le mieux, une petite quantité d'eau, ou les vies d'êtres innombrables et en particulier les vies des princes ? » Tous répondirent : « Naturellement les vies des princes et des guerriers ont plus de valeur. » — « S'il en est ainsi, » répartit Boudha, « oubliez vos colères, faites taire la passion, jetez ces instruments de destruction, aimez-vous les uns les autres, et vivez en paix. »

Les deux partis exprimèrent, par un long et profond soupir, leur vif regret de ce qu'ils avaient fait, et leur désir sincère d'agir suivant ses instructions. Il leur prêcha la loi d'une manière si émouvante et si persuasive que, sur le lieu même, deux cent cinquante nobles de Kappila et pareil nombre de Kaulia sollicitèrent l'admission parmi les membres de l'assemblée.

L'instruction qu'ils avaient entendue et qui avait déterminé leur vocation n'avait pas eu le temps de jeter de profondes racines dans leurs cœurs. Ils regrettèrent bientôt leurs maisons, leurs familles et leur agréable genre de vie antérieur. Boudha qui voyait ce qui se passait dans leurs âmes, leur dit : « Voulez-vous venir avec moi vous divertir sur les bords verdoyants du beau lac Kontala ? » Ils acceptèrent avec joie la proposition. Par le pouvoir inhérent à sa nature, Boudha les prit dans les airs, et ils arirvèrent bientôt au lac. Ils descendirent sur les bords. Enchantés du paysage magnifique qui les environnait, et ignorants des nouveaux objets qu'ils voyaient, ils interrogeaient Boudha sur les noms des plantes et des fruits nouveaux qu'ils voyaient. Gaudama condescendait à répondre à toutes les questions. Ainsi engagés, ils virent le roi des oiseaux du lac se reposant sur une branche d'arbre. Soudain, cinq cents oiseaux de même espèce vinrent se grouper autour de leur chef et par leurs chants et la variété de leurs attitudes, témoignaient du bonheur qu'ils éprouvaient à se trouver en sa compagnie.

Les nouveaux convertis, stupéfaits de l'admirable instinct de ces oiseaux, se communiquaient leur mutuelle surprise. En maître expérimenté, Boudha se prévalut de l'opportunité du moment et leur dit affectueusement : « Bien-aimés disciples, ce que vous voyez et admirez maintenant est l'image fidèle et vivante de ma famille. » L'instruction porta de tels fruits, que tous aussitôt devinrent

Thäutapans et ne pensèrent plus à rentrer dans le monde. Par la vertu inhérente à leur nouvelle position, ils purent voler dans les airs et retournèrent avec Boudha à la résidence de Mahawon.

A leur arrivée, Boudha commença sa cinquième saison au même lieu. Ce fut au milieu de cette saison, dans le mois de Wakhaong (août), qu'il apprit que son père avait été pris d'une violente maladie, qui ne lui laissait ni jour ni nuit aucun repos. Sentant sa fin prochaine, Thoudaudana désirait ardemment voir son fils pour la dernière fois. Le matin, à l'heure où Boudha passait en revue tous les êtres, et examinait d'un cœur compatissant leurs conditions respectives, il vit la triste et pénible position de son royal père. Il convoqua immédiatement, par Ananda, un groupe choisi de disciples, et, au travers des airs, il descendit avec sa bande en face du palais. Sans un instant de délai, il monta aux appartements supérieurs et se mit dans une place préparée pour lui, près de la tête de la couche où reposait le royal patient.

Boudha se recueillit un moment, puis, posant une de ses mains sur la tête de son père, dit : « Par la vertu des mérites que j'ai acquis durant des existences innombrables ; par le pouvoir des fruits recueillis pendant quarante-neuf jours autour de l'arbre Bodi, que cette tête soit délivrée de toute souffrance. » Cela se passa en un clin d'œil. Nan ou Nanda, le frère cadet de Boudha, le fils de sa tante Patzapati, tenant la main droite de son père, dit avec une extrême ferveur : « Par les mérites que j'ai obtenus aux pieds de Boudha, que cette main droite soit délivrée de toute peine. » Et une cure parfaite fut le résultat instantané. Ananda, cousin germain de Phra, tenait la main gauche, Tharipoutra avait sa main sur le dos, Maukalan étreignait les pieds. Tous, avec une foi égale, prononcèrent les mêmes prières, et le même heureux résultat en fut la conséquence. Thoudaudana fut délivré de toute peine, mais il continua d'être très-faible.

Boudha profita de cette occasion favorable, prêcha à son père la loi du changement, et lui donna beaucoup d'excellentes instructions sur ce sujet si important. Il lui expliqua sa doctrine favorite en un langage si persuasif, que son père devint aussitôt un Rahanda. En même temps il l'informa catégoriquement que, dans sept jours, aurait lieu la fin de sa vie. Thoudaudana, parfaitement préparé au nouveau changement, c'est-à-dire à la mort, par les instructions de son fils, et entièrement résigné, vit devant lui le véritable état de Neibban et dit : « Maintenant je vois clairement l'instabilité de toutes choses, je suis libre de toutes les passions ; je suis complétement affranchi des entraves de l'existence. » Se berçant dans le sein de ces vérités salutaires, il passa heureusement les derniers jours qu'il avait encore à vivre. Le dernier jour, et pour la dernière fois, il offrit ses respects à Boudha en l'adorant. S'asseyant alors sur sa couche, le royal patient demanda humblement pardon, en présence de tous ses suivants, de toutes les offenses qu'il avait commises en pensées, paroles et actions. Ayant accompli cet acte de sincère humilité, il consola sa femme Patzapati qui était baignée de larmes, aussi bien que les autres membres de la famille royale, et plusieurs fois répéta devant eux la grande vérité : « Que tous les êtres, en venant à l'existence, ont en eux-mêmes, inhérent à leur nature, un principe de mort qui les entraîne à leur fin et à leur dissolution, que le même principe qui a rapproché et réuni les êtres est toujours combattu, et à la fin dominé par l'opposé, qui tend à les séparer. » Et alors il s'étendit tranquillement sur sa couche, et doucement rendit le dernier soupir, le jour de la pleine lune de Wakhaong, un samedi, au lever du soleil, dans l'année de l'ère Itzana cent septième, à l'âge avancé de quatre-vingt-dix-sept ans.

Gaudama, après la mort de son père, quand tous les Rahans furent assemblés autour du lit de mort, leur dit : « Bien-aimés Bickous, voici les restes de mon père. Il n'est plus maintenant ce qu'il était encore il n'y a qu'un moment ; il a subi le changement. Personne ne saurait opposer une résistance effective et surtout définitive au principe de mort inhérent à tous les êtres. Soyez assidus à la pratique des bonnes œuvres ; suivez d'un pas ferme les quatre voies qui mènent à la perfection. » Après cette exhortation, il consola sa tante Patzapati et les autres dames de la cour, qui, les cheveux épars, se lamentaient hautement en frappant leurs poitrines. Il leur expliqua minutieusement les conséquences du grand principe de mutabilité qui gouverne tous les êtres et les conduit infailliblement à la destruction, par la séparation de leurs parties constitutives.

Quand l'instruction fut terminée, Boudha envoya Kathaba préparer l'endroit où les funérailles et la crémation du corps devaient avoir lieu. Aidé par Tharipoutra, il lava le corps qui fut ensuite placé en grande cérémonie sur un magnifique catafalque élevé à cette intention. Les princes de Thekkara, Thoupawa et Weritzara vinrent assister aux funérailles royales et offrir des présents. Le corps fut porté processionnellement dans les rues principales de la cité, au son de tous les instruments de musique. Boudha, en personne, reçut le corps et le déposa sur le bûcher funéraire; il ne voulut laisser à personne le pieux et honorable devoir d'y mettre le feu. Il y eut à ce moment une scène indescriptible de lamentations et de gémissements. L'impassible Boudha prêcha la loi à cette occasion; il mit de côté les éloges du défunt; il lui suffit d'annoncer la loi, et des êtres innombrables, parmi les hommes et les Nats, obtinrent la délivrance.

Après la mort de son royal époux, la reine Patzapati, profondément impressionnée par tout ce qu'elle avait vu et entendu, désira renoncer au monde et embrassa la vie religieuse. Pour cela, elle vint en présence de Boudha et lui demanda trois fois la permission de suivre son inclination et de devenir une Rahanesse. Trois fois la faveur sollicitée lui fut refusée. Boudha quitta alors son pays natal, et retourna à Wethalie, fixant sa résidence dans le monastère de Gutagaia-Thala, dans la forêt de Mahawon.

Boudha n'avait pas été longtemps en cet endroit, quand il eut à accorder la requête qu'il avait d'abord refusée à sa tante Patzapati. Les femmes des princes de Kappila et de Kaulia, qui, au nombre de cinq cents, avaient récemment renoncé au monde, voulurent suivre aussi l'exemple qui leur avait été donné par leurs maris. Elles vinrent aux appartements de la reine et lui communiquèrent leur dessein, la suppliant de les aider à obtenir l'objet de leurs désirs. Patzapati, non-seulement promit de les appuyer, mais exprima sa détermination de se joindre à elles. Comme gage de leur sincérité et de l'ardeur de leur désir, toutes les dames, sans la moindre hésitation, coupèrent leurs magnifiques chevelures noires, revêtirent un vêtement conforme à leurs pieuses intentions, et se mirent résolûment en route, à pied, dans la direction du pays de Wethalie.

Peu accoutumées à de telles fatigues corporelles, les pieuses pèlerines eurent beaucoup à souffrir pendant leur long voyage. A la fin, brisées de fatigue, couvertes de poussière, elles arrivèrent auprès du monastère de Mahawon. Elles s'arrêtèrent respectueusement à la porte et demandèrent une entrevue avec Ananda. Ce dernier, ayant appris de leur propre bouche l'objet de leur pieux et fatigant voyage, se hâta d'aller trouver Boudha et le supplia d'acquiescer à la demande si chaleureuse et si louable de sa tante et des autres dames, ses compagnes. En écoutant la requête, Boudha resta quelque temps silencieux et comme délibérant sur la réponse qu'il allait faire. Puis il dit : « Ananda, il ne serait pas bon de permettre aux femmes d'embrasser l'état religieux ; autrement, mes institutions ne dureraient pas longtemps. » Ananda, non découragé par cette réponse, rappela respectueusement à Boudha toutes les faveurs qu'il avait reçues de Patzapati, qui l'avait soigné et élevé avec le plus grand soin et la plus grande tendresse, depuis le jour de la mort de sa mère, alors qu'il n'avait que sept ans, et lui représenta dans les termes les plus vifs les bonnes dispositions des pieuses postulantes. Le langage persuasif d'Ananda vainquit les scrupules de Boudha. Il demanda si les femmes pourraient observer les huit préceptes ; et ajouta que, dans le cas où elles consentiraient à s'engager à leur exacte observance, elles pourraient être reçues membres de l'assemblée.

Pleinement satisfait de la réponse qu'il avait obtenue, le vénérable Ananda salua Boudha, et courut vers la porte du monastère, où son retour était impatiemment attendu. En apprenant la bonne nouvelle, Patzapati, au nom de ces compagnes, dit à Ananda : « Vénérable Ananda, nous nous réjouissons toutes que la faveur si souvent demandée nous ait été enfin accordée. De même qu'une jeune fille qui a lavé et nettoyé sa chevelure n'attend plus que le moment de vêtir ses plus beaux ornements ; de même qu'elle reçoit avec joie les beaux et odorants bouquets qui lui sont offerts, ainsi nous soupirions après les huit préceptes et après notre admission dans l'assemblée. » Elles promirent toutes d'observer les règles de leur nouvelle profession jusqu'à la fin de leurs jours. Yathaudara et Dzanapada-Kaliani étaient parmi les converties. Toutes, par suite de leurs actes méritoires antérieurs, devinrent plus tard Rahandas.

Une des nouvelles converties semblait avoir conservé une certaine admiration pour ses traits gracieux, et nourrissait un secret orgueil de sa beauté. Boudha, qui découvrit l'ennemi caché dans les replis de son cœur, imagina l'expédient suivant pour la corriger. Un certain jour que cette vaine et orgueilleuse femme était en sa présence, il fit apparaître subitement une créature d'une beauté surprenante, et qui l'emportait sur celle-ci pour la perfection de ses formes, comme le cygne au blanc plumage l'emporte sur le noir corbeau. Pendant qu'elle contemplait d'un œil jaloux l'apparition de cette rivale, Boudha transforma soudain cette beauté qu'il venait de créer en une vieille ridée, au corps amaigri, et qui montrait sur toute sa personne les traces dégoûtantes des affections les plus répugnantes qui affligent le corps humain. Ce fut comme un choc électrique sur la jeune religieuse. Quand Gaudama aperçut le changement, et la vit tellement épouvantée de cette vue qu'elle allait en perdre connaissance, il lui dit : « Voyez, ma fille, une image anticipée de ce que deviendra inévitablement cette beauté dont vous êtes si fière. » Il avait à peine parlé qu'elle fut à l'instant et pour toujours guérie de sa vanité.

Boudha quitta Wethalie et vint sur la montagne Makoula, où il passa sa sixième saison. Pendant son séjour en ce lieu, des milliers de gens se convertirent et obtinrent la délivrance. A la fin de cette saison, Boudha vint à Radzagio, et résida dans le monastère de Welouwon.

Ce fut à cette époque que Kema, la première femme du roi Pimpathara, orgueilleuse de son rang, de sa jeunesse et de sa beauté, se convertit enfin. Jusqu'à cette époque, elle avait obstinément refusé de voir Boudha, et d'entendre sa doctrine. Un certain jour, la reine vint visiter un jardin qui était dans le voisinage du bois de Welouwon. Par un stratagème du roi, elle fut amenée presque contre sa volonté, en présence de Boudha, qui entreprit la cure spirituelle de sa folle vanité, par un procédé analogue à celui mentionné plus haut. Par son pouvoir, il fit apparaître aux regards de la reine une créature magnifique, qu'il fit passer successivement par les différents états de la vieillesse, de la maladie et de la mort. Son esprit ayant été ainsi préparé à recevoir ses instructions, Boudha lui expliqua longuement les misères qui incombent au corps humain. L'effet désiré se produisit : elle se convertit, et si bien qu'elle entra dans le courant de la perfection, et devint Thautapane. Après avoir obtenu le consentement de son époux, elle fut, sur ses pressantes sollicitations, admise dans l'ordre religieux. Elle devint une Rahanda, et, parmi les membres de son sexe dans l'assemblée, elle eut le rang de disciple de la droite. Elle dut ce glorieux changement à ses mérites antérieurs.

Un certain jour, un homme riche, du pays de Radzagio, vint se divertir sur les rives du Gange. Cet homme n'était pas un disciple de Boudha, il ne professait pas non plus les doctrines du parti opposé. Il nageait entre les deux doctrines, disposé néanmoins à embrasser celle des deux qui lui paraîtrait basée sur les meilleurs et les plus solides arguments. Le hasard lui offrit une occasion favorable de reconnaître la supériorité de Boudha sur ses antagonistes. Il aperçut une bille de bois de sandal flottant dans le courant, il la prit et en fit faire une superbe patta.

Quand elle fut faite, il écrivit dessus ces mots : « Que celui qui peut voler dans les airs, la prenne ». La patta fut élevée au sommet d'une succession de mannequins liés les uns aux autres, de 60 coudées de hauteur. Quelques hérétiques, vivant dans le voisinage, demandèrent à plusieurs reprises à l'homme riche de faire descendre la patta pour eux ; mais il répondit qu'il ne la donnerait qu'à celui qui pourrait l'atteindre en volant dans l'air. Le chef de ces hérétiques fit le simulacre de se préparer à voler, mais, au moment où il étendait les bras et levait un de ses pieds, ses disciples, d'après un plan concerté à l'avance, le retinrent en disant : « Il n'est pas convenable que vous vous donniez tant de mal pour une telle bagatelle. » Mais l'homme riche et rusé ne voulut pas donner dans le piége ; il persista dans sa première résolution, et, pendant six jours, résista à toutes les supplications. Le septième jour, Maukalan vint à passer par là, en allant quêter sa nourriture. Il apprit tout ce qui venait d'avoir lieu ; en outre, il apprit que l'homme riche et toute sa famille deviendraient disciples de celui qui, en volant, pourrait se rendre possesseur de la patta de sandal. Maukalan était prêt, pour la gloire de Boudha, à s'élever dans les airs, mais son compagnon refusa de le laisser faire, disant qu'une chose aussi peu difficile pouvait être aisément accomplie par quelqu'un de moins avancé en mérite. Maukalan céda à son avis. Sur quoi, entrant dans le quatrième état de Dzan, son compagnon s'éleva en l'air, portant dans les orteils d'un de ses pieds, un rocher large de 3/4 de youdzana. Tout l'espace entre lui et les assistants était obscurci ; chacun tremblait de peur que le rocher tombât sur sa tête. Le compagnon de Maukalan fit éclater le rocher en deux parties, et sa personne apparut alors à l'assistance. Après avoir, durant toute une journée, exhibé son pouvoir surprenant, il fit tomber le rocher à la place où il l'avait pris. L'homme riche le fit alors descendre, pleinement satisfait d'une telle puissance. La patta de sandal fut descendue, remplie du meilleur riz et lui fut présentée. Le Rahan la reçut et revint au monastère. Plusieurs personnes, vivant à une certaine distance du lieu où le miracle s'était passé, le suivirent au monastère, le priant de leur montrer d'autres prodiges.

Comme ils approchaient du monastère, Boudha, entendant le bruit, en demanda la cause. On lui rapporta tous les détails de ce qui venait d'avoir lieu. Il appela le Rahan en sa présence, prit la patta, la fit briser en morceaux et réduire en poussière (1). Puis il

(1) La réprimande administrée par Boudha au disciple qui, sans permission, avait fait un tel déploiement du pouvoir miraculeux, bien que ce ne fût que pour sa glorification, avait pour but d'exercer une salutaire retenue sur l'orgueil qui aurait pu se glisser même dans le cœur des êtres les plus heureusement doués. Une telle leçon fut considérée comme de grande importance, puisque nous voyons, dans le livre des ordinations Boudhistes, le péché qui consiste à se vanter ou se prévaloir du pouvoir de faire des miracles, etc., etc., mentionné parmi les quatre péchés capitaux, excluant à tout jamais un Rahan de la société des parfaits, et le dépouillant de son rang et de sa dignité. Boudha, paraît-il, désirait se réserver à lui seul, l'honneur de faire des miracles, ou, quand les circonstances l'exigeraient, de donner à ses disciples la permission de les faire en son nom et pour l'exaltation de sa religion.

L'histoire suivante de Pourana et de ses cinq associés occupe une place considérable parmi les événements qui ont rendu Boudha si célèbre. Gaudama, ainsi qu'il a été déjà mentionné en quelques notes précédentes, était un ascète qui avait étudié la philosophie sous d'éminents maîtres qui appartenaient à l'école Brahminique. En beaucoup de ses opinions, comme aussi dans son genre de vie, il n'y avait pas de différence sensible entre lui et les disciples des Brahmines. Les écrits de ces derniers, comme ceux des plus anciens Boudhistes, nous offrent le spectacle d'un grand nombre d'écoles où les opinions sur l'ontologie, la morale et le dogme, etc., à la fois différentes ou même opposées, étaient publiquement enseignées. Alors, l'esprit humain, livré à ses propres ressources, se précipitant dans le champ illimité de la philosophie spéculative, courut dans toutes les directions, à la recherche de la vérité. La manie d'argumentation, de définition, de tirer des conclusions, etc., en ces temps, prévalut à un degré à peine croyable. Plusieurs siècles avant qu'Aristote eût écrit les règles de la dialectique, les philosophes indiens avaient porté l'art de raisonner à un grand degré d'habileté et de perfection. Témoins les disputes et discussions entre les Brahmines et les disciples immédiats de Boudha. Quand notre Phra commença d'attirer autour de sa personne des foules d'auditeurs et de disciples ; quand ses opinions sur la fin de l'homme furent comprises et appréciées ; quand le système des castes reçut le premier coup de sa doctrine, nouvelle mais florissante ; quand les yeux et les cœurs du peuple, lentement d'abord, rapidement ensuite, vinrent à converger vers le nouveau prêcheur et ses disciples ; quand, enfin, les aumônes qui, jusqu'alors, avaient afflué chez les Brahmines, commencèrent à suivre une nouvelle direction et à se déverser en abondance à la porte des sectateurs de la nouvelle religion ; alors la jalousie et les autres passions commencèrent à agiter les cœurs de ceux qui, jus-

défendit au Rahan de jamais faire une telle exhibition de son pouvoir.

Les hérétiques apprirent bientôt la défense faite par Gaudama à ses disciples. Ils crurent que personne n'oserait entrer en compétition avec eux pour faire des miracles, et qu'ils pourraient aisément s'assurer de leur supériorité sur lui. Le roi de Radzagio, apprenant ces nouvelles, vint trouver Boudha et lui demanda le motif d'une

qu'alors, avaient exercé un empire incontesté sur la crédulité du peuple. Si l'on peut en croire les écrits des Boudhistes, ils firent tous les efforts, imaginèrent tous les moyens pour s'opposer aux progrès de la nouvelle doctrine.

En cette occasion, Pourana et ses amis, assistés, comme le prétendent les Boudhistes, par l'impulsion de l'esprit du mal, désirèrent entrer en discussion avec Boudha, et le surpasser dans l'accomplissement des miracles. Le combat devait avoir lieu dans le pays de Thawattie en présence du roi et d'une multitude innombrable assemblée exprès. Pourana, comme c'est l'usage des Boudhistes, à l'égard de ceux qui professent des opinions différentes des leurs, est appelé un hérétique. Des opinions des ennemis de Boudha, rien n'est dit dans le présent livre, mais l'auteur a eu l'occasion de parcourir un autre ouvrage où une légère allusion est faite à ces six sectateurs de doctrines hétérodoxes. Leurs opinions différaient quant au commencement du monde, à l'éternité de la matière, à l'existence de l'âme, d'un premier principe créateur de tout ce qui existe. Nous pouvons en conclure que c'étaient des principaux ou des chefs de diverses écoles, qui, sans pourtant s'accorder entre eux sur les doctrines purement spéculatives, s'unissaient et combinaient leurs efforts contre l'ennemi commun. Un résumé détaillé des doctrines professées par ces six hérétiques, serait d'un haut intérêt, car il jetterait quelque lumière sur l'histoire très-obscure et imparfaitement connue de la philosophie indienne, aux temps où le Boudhisme prit la forme d'un système religieux. Pour ceux qui ne sont pas familiers avec la littérature Indienne, les grands progrès faits par les Indous dans les sciences philosophiques, à une époque si reculée, peuvent paraître douteux ; mais les découvertes modernes faites dans toute la Péninsule Indienne ne laissent pas le moindre droit de contester cette assertion. A une époque où la Grèce et les autres régions de l'Europe étaient plongées dans un état de complète ignorance, la plupart des branches de la littérature étaient cultivées avec succès sur les rives du Gange. L'étude de la philosophie suppose toujours un grand développement intellectuel ; il n'y aurait donc aucune témérité à affirmer que l'état actuel et la condition présente de l'Inde, au point de vue du progrès littéraire, sont de beaucoup inférieurs à ce qu'ils furent à cette période si éloignée. L'époque de la décadence littéraire commença avec les expéditions dévastatrices des fanatiques Musulmans, au dixième siècle. Il est probable, aussi, que les luttes religieuses sanguinaires entre Boudhistes et Brahministes, ont contribué à amener un résultat semblable. Les derniers, ayant eu le dessus sur leurs adversaires, se firent remarquer par l'excès de leur bigoterie. Ils ne voulurent plus tolérer au même degré qu'auparavant la liberté d'élucubration de nouveaux systèmes, de peur que quelque philosophe heureux pût ensuite propager des opinions en désaccord avec les leurs, miner le puissant ascendant de leur secte, et mettre en péril cet empire absolu, cette influence sans rivale qu'ils avaient reconquise, après des siècles d'une lutte meurtrière avec les disciples du philosophe de Kapilawot.

telle défense. Boudha lui dit que la défense ne s'appliquait qu'à ses disciples et non à lui. Les hérétiques, informés de cela, dirent : « Qu'allons-nous devenir ? Gaudama lui-même fera des miracles. » Ils tinrent entre eux conseil sur ce qu'il y avait à faire. Gaudama dit au roi que, dans quatre mois, il ferait un grand déploiement de son pouvoir miraculeux dans le pays de Thawattie, ainsi que cela avait été la coutume pour tous les Boudhas antérieurs et dans le même lieu. Les hérétiques, à partir de ce moment, ne perdirent plus Boudha de vue un seul instant ; ils le suivaient jour et nuit. Ils ordonnèrent qu'un large emplacement couvert fût préparé pour eux, où ils pussent étaler leur puissance et éclipser celle du Rahan Gaudama. Boudha ayant dit qu'il choisirait l'emplacement où il y avait un mangotier, pour la scène de ses miracles, les hérétiques firent détruire tous les mangotiers qui se trouvaient dans cette région.

Le jour de la pleine lune de Tabaong (février), Gaudama quitta Radzagio, suivi d'une nombreuse escorte de disciples. Il vint prêcher en divers endroits. Le septième de la lune de Watso, il entra dans le pays de Thawattie. Un jardinier lui fit présent d'un superbe mango ; Ananda prépara le fruit, et Boudha le mangea. Quand cela fut fait, le noyau fut remis à Ananda, avec ordre de le planter en un lieu préparé pour le recevoir. Une fois planté, Boudha lava ses mains au-dessus, et soudain on vit s'élever un magnifique mangotier de 50 coudées de hauteur, avec de larges branches chargées de fleurs et de fruits. Afin d'empêcher sa destruction, une garde fut établie auprès par ordre du roi. Stupéfaits à la vue d'un spectacle si étonnant, les hérétiques s'enfuirent dans toutes les directions, pour cacher leur honte et leur confusion. Leur chef, Pourana, prit à un laboureur une grande jarre et une corde, il attacha l'une des extrémités de la corde à la jarre et l'autre à son cou ; puis lançant d'abord la jarre à la rivière et s'y précipitant ensuite en un endroit très-profond, il se noya et s'en alla à l'enfer le plus bas, nommé Awidzi.

Boudha créa dans les airs une route immense qui, de l'est et de l'ouest, atteignait les extrémités du monde. Quand le soleil commença d'incliner vers l'ouest, il pensa que le moment était venu de monter sur cette route, en présence d'une immense multitude qui couvrait une superficie de trente-six youdzanas, et là de déployer ses pouvoirs miraculeux. Il était sur le point de franchir le seuil de la maison qui avait été élevée pour lui, par les soins des Nats, lorsqu'une convertie, nommée Garamie, qui était devenue un Anagam, se présenta à lui et, après les prosternements habituels, lui dit : « Glorieux Boudha, il n'est pas nécessaire que vous preniez la peine de faire des miracles ; moi, votre servante, j'en ferai. » — « Quel miracle ferez-vous, ma fille Garamie », répartit Boudha. « Je remplirai l'espace d'eau », dit Garamie, et, « plongeant dans l'eau dans la direction de l'est, je reviendrai et réapparaîtrai dans l'ouest comme une poule d'eau. En paraissant devant la foule, on demandera : « Quelle est cette poule d'eau ? » Et je répondrai : « Cette poule d'eau est Garamie, la fille du très-excellent Boudha. » C'est le miracle que j'accomplirai ; les hérétiques, en le voyant, se diront : « Si tel est le pouvoir de Garamie, combien plus grand et plus étonnant encore doit être celui de Boudha lui-même ? » « Je sais », dit Boudha, « que vous avez ce pouvoir, mais ce n'est pas à votre intention que cette multitude s'est rassemblée. » Et il refusa la permission demandée. Garamie se dit : « Boudha n'a pas voulu me permettre de faire ce grand miracle, mais il y en a d'autres que moi capables de faire de plus grandes choses ; peut-être que Boudha ne sera pas aussi inflexible avec eux qu'il a été avec moi. » Puis elle se retira à sa place.

Boudha pensa en lui-même : « Il y a beaucoup de mes disciples qui peuvent faire de grands miracles ; il est bon que ces multitudes le sachent, et voient comment, d'un cœur ferme comme celui du lion, ils sont prêts à accomplir les plus grands prodiges. » Il dit alors à haute voix : « Qui sont ceux qui peuvent faire des prodiges ? Qu'ils s'avancent ! » Plusieurs se présentèrent qui, braves comme des lions et d'une voix de tonnerre, sollicitaient comme un honneur de faire montre de leurs pouvoirs surnaturels. Parmi eux était un homme riche, nommé Anatapein ; une petite fille, nommée Tsera ; une femme d'un âge mûr, et Maukalan. Ils offrirent leurs services pour accomplir les prodiges les plus extraordinaires, afin d'effrayer immédiatement les hérétiques, et leur faire comprendre que, si un tel pouvoir est donné aux disciples, quel ne doit pas être celui de Boudha ? Mais Boudha ne voulut pas accepter leurs offres de service, et leur dit que ce n'était pas pour eux que le peuple s'était assemblé, mais pour lui ; et qu'à lui seul était réservée la tâche de ravir la foule par les miracles qu'il se proposait de faire éclater à leurs regards. S'adressant à Maukalan, il dit qu'étant un Boudha, il ne pouvait laisser à d'autres le soin d'accomplir son propre devoir. Dans une existence antérieure, étant un bœuf, il avait retiré d'un passage embourbé un chariot lourdement chargé, pour sauver la propriété d'un Brahmine et réjouir son cœur.

Boudha monta sur l'immense route qu'il avait créée dans les airs, en présence de la foule qui couvrait un espace de dix-huit youdzanas de largeur et ving-quatre de longueur. Ces miracles qu'il allait accomplir étaient l'œuvre de sa propre conception, et personne autre n'aurait pu les imiter. Il fit sortir un cours d'eau de la partie supérieure de son corps, et des flammes de feu de la partie inférieure; puis soudainement l'inverse se produisit; puis du feu sortit de son œil droit et un cours d'eau de son œil gauche, et ainsi de suite, de ses narines, de ses oreilles, à droite et à gauche, de devant et de derrière le même prodige avait aussi lieu, de telle sorte que les ruisseaux de feu succédaient aux ruisseaux d'eau mais sans jamais se mêler l'un à l'autre. Chaque ruisseau dirigé vers le haut atteignait les siéges des Brahmas; chaque ruisseau dirigé vers le bas pénétrait aussi loin que l'enfer. Ceux d'une direction horizontale allaient jusqu'aux extrémités du monde. De chacun de ses cheveux se produisaient les mêmes prodiges aux regards ébahis de la foule. Les six gloires jaillissaient pour ainsi dire de toutes les parties de son corps, et le rendaient resplendissant au-delà de toute expression. N'ayant personne avec qui converser, il créait un personnage qui semblait se promener avec lui. Quelquefois il s'asseyait, pendant que son compagnon marchait; et, à d'autres moments, c'était lui qui marchait, tandis que son interlocuteur était assis ou debout. Pendant tout ce temps, Boudha lui posait des questions auxquelles il répondait sans hésiter, et à son tour il répondait aux questions qui lui étaient posées. Dans les intervalles, Phra prêchait à la foule, qui en était extrêmement charmée et chantait ses louanges. Suivant leurs bonnes dispositions il leur développa les différents points de la loi. Le peuple, qui l'entendit et qui fut témoin de ses miracles, obtint l'intelligence des quatre grands principes.

Boudha, ayant rempli son double but de prêcher à la foule et d'exciter son respect et son admiration par le déploiement des miracles les plus extraordinaires, commença à penser ainsi en lui-même : « En quel lieu tous les Boudhas antérieurs se sont-ils rendus, pour passer la saison, après avoir fait leurs miracles ? » Il vit, grâce à son incomparable faculté de vision, que tous avaient été au siége de Tawadeintha, dans le pays des Nats, pour annoncer la parfaite loi à leurs mères. Il résolut d'y aller aussi. D'un bond, il atteignit le sommet de la montagne Ougando, à une distance de 160,000 youdzanas, et un autre bond le porta au sommet de la montagne Mienmo. Ceci fut fait sans effort de la part de Boudha. Ces montagnes abaissèrent leurs sommets jusqu'au lieu où il se trouvait, puis se relevant, reprirent leur position orgueilleuse. Boudha se trouva porté presque instantanément au siége de Tawadeintha (1).

(1) Les prédications de Boudha ne devaient pas borner leur champ d'action aux limites restreintes de la demeure de l'homme ; elles étaient destinées à aller beaucoup plus loin. Tous les êtres vivant dans les six siéges des Nats devaient partager avec les hommes les bienfaits de la prédication de la parfaite loi. Dans une note précédente, il a été établi longuement que la condition des Nats est un état de plaisirs et de divertissements, accordé à ceux qui, dans les existences antérieures, ont fait des œuvres méritoires. Les habitants fortunés, de ces célestes régions, restent dans ces siéges, jusqu'à ce que la somme de leurs mérites étant pour ainsi dire épuisée, ils retournent à la demeure de l'homme, la vraie place d'épreuve pour tous les êtres qui l'habitent. La condition de Nat n'est donc pas permanente ; le Nat, quand son temps de récompense est fini, doit émigrer dans notre résidence terrestre, commencer une nouvelle existence, et s'efforcer de progresser dans la voie de la perfection, par la pratique de la vertu. Il est encore bien loin de l'état de Neibban. Comme l'homme il lui faut apprendre la sublime loi, et bien connaître les routes qui mènent aux quatre hautes perfections. Boudha, qui venait pour annoncer la loi du salut à tous les êtres, ne pouvait se dispenser d'aller aux siéges des Nats leur montrer le chemin qui les délivre du trouble d'existences innombrables. Les prédications de Boudha durant ces trois mois consécutifs, furent couronnées d'un succès qui doit avoir dépassé ses espérances les plus larges. Des millions de Nats se convertirent et obtinrent ainsi la délivrance. D'autres, moins avancés en mérites, obtinrent le premier, deuxième ou troisième état de perfection.

Pendant son séjour dans les autres siéges de Nats, Boudha donna une décision sur les mérites de l'aumône, qui fait certainement grand honneur au Bickous au costume jaune, mais qui semble quelque peu opposée à tous les principes de la justice et de la raison. Dans son opinion, les dispositions intérieures de celui qui fait l'aumône, n'ont rien à voir avec les mérites résultant d'une telle bonne œuvre. Ces mérites sont strictement proportionnés au degré de sainteté ou de perfection de celui qui reçoit l'aumône. Une telle doctrine, destructive des motifs les plus purs et les plus nobles qui puissent pousser l'homme à faire le bien, est ouvertement professée maintenant, en pratique et en théorie, par les moines Boudhistes. Qand ils reçoivent des aumônes des admirateurs de leur saint genre de vie, ils ne pensent pas à remercier ceux qui pourvoient si libéralement à tous leurs besoins matériels ; ils se contentent de dire : « Thadou, thadou », c'est-à-dire : bien, bien ; et

Il prit position sur l'immense rocher Pantoukambala. Quand il y eut étendu son tsiwaran, l'énorme masse se contracta d'elle-même aux dimensions exactes de son vêtement.

Le peuple, qui avait vu Boudha et qui maintenant ne pouvait plus l'apercevoir, fut plongé dans la stupeur, comme si le soleil et la lune eussent disparu des cieux. Ils donnèrent libre carrière à leurs cris et à leurs lamentations, disant : « Nous sommes à pré-

le pieux donataire se retire parfaitement satisfait et heureux, comptant sur les mérites qu'il a gagnés en cette occasion, et soupirant après une nouvelle occasion d'en faire autant. La libéralité des laïques à l'égard des religieux est passée à un degré à peine croyable. Le gouvernement n'intervient pas pour entretenir les parfaits, et cependant ils sont abondamment pourvus de toutes les nécessités, que dis-je, de toutes les superfluités de la vie. Ils vivent de la graine de la terre.

Afin que la foule du peuple pût être mieux préparée à entendre la loi sacrée et en obtenir une compréhension suffisante, Boudha charge Maukalan d'observer un jeûne régulier, ou au moins l'abstinence à un degré sévère. Un libre et copieux usage de substances nourrissantes rend l'homme impropre aux travaux de l'esprit, engendre la lourdeur et la nonchalance, énerve et affaiblit la vigueur de l'intelligence, et donne à la matière la prépondérance sur l'âme. Le conseil est bon partout, mais il est plus particulièrement utile, quand il s'adresse à un auditoire de Boudhistes, auxquels il faut toute la contention de leur esprit, pour comprendre les divers points d'une doctrine qui repose sur les principes les plus abstraits, et dont la fin est d'affranchir l'âme de l'influence de la matière.

Jusqu'à ce jour, en Birmanie, on trouve quelques vestiges de l'observance du jeûne, durant les trois mois de carême, alors que prédicateurs et fidèles sont plus assidus, les uns à développer la loi, les autres à l'observer. L'obligation du jeûne durant les jours des quartiers de la lune, est généralement admise, et quelques-uns l'observent, sinon toujours au moins de temps en temps. La généralité du peuple Birman rejette le jeûne. Curieuse et intéressante tout à la fois est la réponse de Boudha à Tharipoutra, qui se réjouissait extrêmement de ce que les hommes et les Nats rivalisaient les uns avec les autres à qui décerner les plus grands honneurs. Il avance sans hésitation : bienheureux sont ceux qui se réjouissent à cause de lui. Par cette joie, il ne faut pas entendre cette impression passagère du cœur amenée par quelque événement agréable ou plaisant. L'espèce de joie à laquelle il est fait allusion ici est rationnelle, philosophique et religieuse. Elle a son origine : 1° dans une parfaite et pleine connaissance de l'excellence transcendante de Boudha, qui fait de sa personne l'objet de la plus haute admiration ; et 2° dans une foi vive en sa bienveillance et en sa bonté, à l'égard de tous les êtres, qui le pousse à travailler à leur délivrance de toutes les misères et à les guider vers l'état de paix et de repos. Une telle joie répandue dans le cœur, crée un ardent amour pour Boudha et sa doctrine ; cette affection repose, non pas en Boudha, comme individu, mais en lui comme personnification du sauveur de tous les êtres. Elle implique la foi en lui et ses prédications, ainsi qu'une forte confiance en son pouvoir et en sa volonté de conférer les plus grands bienfaits. Il n'y a donc rien d'étonnant à entendre Boudha déclarer bienheureux tous ceux qui, en cette occasion solennelle, se réjouirent en lui.

sent privés de la présence de celui qui est le plus excellent parmi les trois classes d'êtres : Hommes, Nats et Brahmas. » — « Il est allé en tel endroit », disaient les uns. « Non », disaient d'autres, « c'est là qu'il est allé. » Plusieurs de ceux qui venaient justement d'arriver de diverses parties du pays, furent grandement chagrins de ne pouvoir le voir. Tous venaient à Maukalan pour savoir de lui où Boudha avait été. Maukalan le savait, mais il voulut laisser à Anourouda l'honneur de satisfaire leur curiosité. Ce dernier leur dit que Boudha était allé au siége de Tawadeintha, prêcher la loi à sa mère, et passer une saison sur le rocher Pantoukambala. Il ajouta qu'il serait de retour à trois mois de là, le jour de la pleine lune de Thadin-Kivot (octobre). Ils résolurent spontanément de rester au même lieu, et de ne pas retourner à leurs demeures avant d'avoir vu Boudha une seconde fois. Ils élevèrent des abris temporaires et quoique l'endroit fût peu étendu pour une telle multitude, ils s'arrangèrent de la meilleure façon qu'ils purent. Avant son départ, Boudha avait ordonné à Maukalan de rester avec le peuple et de leur prêcher la loi. Maukalan suivit fidèlement ses ordres, et, durant trois mois consécutifs, instruisit le peuple et répondit à toutes leurs questions. L'homme riche, Anatapein, nourrit abondamment les Rahans et l'assemblée pendant tout ce temps.

CHAPITRE X

CONDUITE DE BOUDHA AU SIÉGE DE TAWADEINTHA. — SON RETOUR TRIOMPHAL AU SIÉGE DES HOMMES, DANS LA CITÉ DE THIN-KA-THA. — IL EST CALOMNIÉ PAR LES HÉRÉTIQUES DE THAWATTIE. — HUITIÈME SAISON PASSÉE DANS LA FORÊT DE TESAKALA. — IL EST MAL REÇU DANS LE PAYS DE KOTHAMBY. — DISSENSION PARMI LES DISCIPLES. — RÉCONCILIATION. — VOYAGES DE BOUDHA. — PRÉDICATION A UN POUNHA QUI LABOURAIT UN CHAMP.

Quand Boudha était au siége de Tawadeintha, tous les Nats de plus de dix mille mondes se présentèrent à lui; mais l'éclat qui toujours environne leur corps était éclipsé ou disparaissait entièrement devant celui de la personne de Boudha. Sa mère, une fille des Nats, vint du siége de Thouthita, voir son fils et entendre ses instructions. Elle s'assit à sa droite; deux fils des Nats se tenaient debout à droite et à gauche de sa mère. La foule était si grande qu'elle couvrait une superficie de dix-huit youdzanas. Dans cette immense assemblée, deux Nats se faisaient remarquer par leur attitude particulière et leur position. L'un d'eux se tenait si près de Boudha, qu'il touchait presque un de ses genoux; l'autre se tenait debout, beaucoup plus loin, dans une attitude respectueuse. Boudha demanda au dernier ce qu'il avait fait pour mériter la place qu'il occupait. Il répondit que pendant des existences antérieures, il avait, à la vérité, fait d'abondantes aumônes, mais que ses mérites avaient été comparativement faibles, parce qu'il n'avait pas fait ces bonnes œuvres en faveur de personnes éminentes en sainteté. La même question fut faite à l'autre Nat, qui dit qu'en des existences antérieures, il vivait dans un état de fortune très-médiocre, mais qu'il avait eu la bonne fortune de faire des aumônes, suivant la modicité de ses ressources, à des personnes qui étaient très-avancées en mérites. D'une voix qui fut entendue jusque par la foule, au siége des hommes, Boudha proclama l'immense avantage de faire l'aumône et de donner assistance aux Rahans et à ceux avancés en perfection. « Ces aumônes », dit-il, « étaient comme une bonne semence semée sur un bon terrain qui donne en abondance de bons fruits. Mais les aumônes faites à ceux qui sont encore sous le joug tyrannique des passions, sont comme une semence déposée dans un mauvais terrain ; les passions du destinataire des aumônes font, pour ainsi dire, échec au développement des mérites. » A la conclusion, les deux Nats obtinrent la récompense de Thautapans ; la foule, sur la terre, eut aussi le privilége d'entendre ces instructions.

Pendant que Boudha était au milieu des Nats, il annonça la loi de l'Abidama à sa mère. Ayant à sortir en quête de sa nourriture, Boudha créa la ressemblance d'un autre Boudha, qu'il préposa au soin de continuer la prédication de l'Abidama. Quant à lui, il vint à la montagne d'Himawonta, mangea les jeunes pousses d'un certain arbre, lava son visage dans le lac Anawadat, et mangea la nourriture qu'il reçut de l'île du Nord. Tharipoutra y vint pour lui rendre tous les services nécessaires. Quand il eut pris son repas, il appela Tharipoutra et le pria d'aller prêcher la loi à cinq cents Rahans, qui assistaient au déploiement des miracles et y avaient pris beaucoup de plaisir. Au temps du Boudha Kathaba, les cinq cents Rahans étaient des chauves-souris, vivant dans une grotte très-fréquentée par des Rahans, qui étaient tenus de réciter l'Abidama. Ces chauves-souris réussirent à retenir un certain nombre de mots, mais sans pouvoir en comprendre la signification. Quand elles moururent, elles furent transférées en l'un des siéges de Nats, et quand de nouveau elles devinrent hommes, elles eurent la bonne fortune de naître d'illustres parents, dans le pays de Thawattie ; et, quand Phra montra son pouvoir, ils en furent ravis. Ils devinrent Rahans sous Tharipoutra, et furent les premiers à comprendre parfaitement la sublime loi d'Abidama.

Quant à Boudha, il retourna au siége de Tawadeintha et continua ses instructions au point où le Boudha qu'il avait créé les avait laissées. Après trois mois de prédication, un nombre incommensurable de Nats connurent et comprirent les quatre grands principes. Quant à sa mère, elle obtint la perfection de Thautapan.

Le temps approchait où Boudha devait retourner au siége des hommes. La foule, anxieuse de connaître le moment de son retour, vint à Maukalan pour savoir le jour précis où ils jouiraient de sa présence. « Bien, » dit Maukalan au peuple, « en très-peu de temps je répondrai à votre question. » A ce même instant, il plongea au centre de la terre, puis reparut ; mais, quand il fut au pied de la montagne Mienmo, il la gravit, aux regards de la foule qu'il avait quittée, et arriva bientôt en présence de Boudha, à qui il expliqua l'objet de son voyage. « Mon fils », répondit Boudha, « en quelle contrée votre frère Tharipoutra passe-t-il sa saison ? » — « Dans la cité de Thin-Kha-Tha », répondit Maukalan. — « Eh bien, » dit Boudha, « dans sept jours d'ici, à la pleine lune de Thadin-Kivot (octobre), je descendrai près de la porte de la cité de Thin-Ka-Tha ; allez dire au peuple que ceux qui désirent me voir doivent aller en ce pays, éloigné de Thawattie de 30 youdzanas. Que personne ne prenne de provisions, mais se prépare par une abstinence rigoureuse à entendre la loi que je prêcherai. » Maukalan, ayant offert ses respects à Boudha, retourna au lieu où la multitude attendait anxieusement son retour. Il leur raconta tous les détails de son entrevue avec Boudha, et leur donna la nouvelle si impatiemment attendue de son prompt retour sur la terre.

Le jour de la pleine lune de Thadin-Kivot (octobre), Boudha se disposa à descendre au siége des hommes. Il appela un prince des Thagias, et l'envoya préparer tout pour sa descente. Obéissant à ses injonctions, le Thagia prépara trois échelles ou escaliers : un fait de pierres précieuses occupant le milieu ; un à droite, fait d'or, et un troisième d'argent, à la gauche. Le pied de chaque échelle reposait sur la terre, près de la porte de la cité de Thin-Ka-Tha, et leurs sommets arrivaient en haut des monts Mienmo. L'échelle du milieu était pour Boudha, celle d'or pour les Nats, et celle d'argent pour les Brahmas. Étant arrivé au haut des marches, Boudha s'arrêta un instant et résolut de faire éclater de nouveau son pouvoir. Il regarda en haut, et tous les siéges supérieurs des Brahmas devinrent distinctement visibles ; en regardant en bas, il fit que les yeux pouvaient plonger dans les entrailles de la terre jusqu'à l'enfer inférieur. Les Nats de plus d'un millier de systèmes pouvaient s'apercevoir l'un l'autre ; les hommes pouvaient apercevoir les Nats dans leur fortuné séjour, et les Nats apercevoir les hommes sur la terre. Les six gloires jaillissaient avec une incomparable splendeur de la personne de Boudha, qui devint visible à toutes les multitudes. Il n'y avait personne qui ne célébrât Boudha. Ayant les Nats à sa droite et les Brahmas à sa gauche, le très-glorieux Phra commença sa descente triomphale. Il était précédé par un Nat tenant en ses mains une harpe et jouant les airs les plus mélodieux; un autre Nat l'éventait; un chef des Brahmas tenait au-dessus de lui une ombrelle d'or. Entouré de ce brillant cortége, Boudha descendit près de la porte de la cité de Thin-Ka-Tha, et s'y arrêta un moment. Tharipoutra se présenta immédiatement à Boudha, lui offrit ses respects à la distance voulue, et dit d'un cœur débordant de joie : « En ce jour, ô très-glorieux Boudha, tous les Nats et tous les hommes font éclater leur amour pour vous. » Boudha répondit : « Bien heureux est Tharipoutra et bien heureux sont ceux qui se réjouissent à cause de moi. Les hommes et les Nats aiment celui qui possède la loi sublime, qui a mis un terme à ses passions, et qui est arrivé au plus haut degré de la contemplation. » A la fin de son discours, des êtres innombrables comprirent les quatre grands principes, et les cinq cents Rahans, à l'instruction desquels Tharipoutra avait été préposé, atteignirent l'état d'Arahat. Au lieu même où tous les Boudhas ont posé leur pied, en venant du siége de Tawadeintha, un Dzedi (1) a toujours été érigé.

(1) Les édifices religieux qu'on rencontre dans toutes les parties de la Birmanie, méritent une notice particulière. Ils sont appelés Dzedis, dans tous les écrits Boudhistes des Birmans, mais le peuple les désigne habituellement par le nom de Payas ou Phras, qui, dans ce cas, est simplement un titre honorifique d'un caractère religieux.

Les Dzedis, aux temps les plus reculés du Boudhisme, étaient des tumulus sacrés élevés sur un sanctuaire où des reliques de Boudha avaient été déposées. Ces édifices étaient autant de témoins apparents de la présence d'objets précieux et sacrés, ayant pour but de raviver dans la mémoire des fidèles le souvenir de Boudha, et d'entretenir dans leurs cœurs de tendres sentiments de dévotion et de ferveur pour sa religion.

Il semblerait d'après cette légende, que des Dzedis étaient également érigés sur les tombes d'individus qui, durant leur vie, s'étaient distingués par leurs vertus ou leurs mérites intellectuels parmi les membres de l'assemblée. Boudha lui-même ordonna qu'un monument fût érigé sur le sanctuaire qui contenait les reliques des deux grands disciples Tharipoutra et Maukalan. En Birmanie, aucun Dzedi de grandes proportions n'a encore été élevé sur les cendres des Phongies illustres. Dans quelques parties cependant, notamment dans le haut pays, on peut voir çà et là quelques Dzedis qui n'ont que quelques pieds de hauteur, érigés sur l'emplacement où ont été déposés les restes de quelques saints personnages. Ces monu-

Boudha, quittant Thin-Ka-Tha, dirigea sa course vers Wethalie, et fixa sa résidence dans le monastère de Dzetawon. Le bruit des

ments sont peu remarqués par le peuple, bien qu'en certaines occasions on dépose devant eux ou autour d'eux de mesquines offrandes de fleurs, chandelles, etc.

Quelquefois aussi, on a bâti des édifices religieux du même genre pour recevoir le Pitagat ou collection des écritures sacrées. Un des plus beaux temples de Ceylan n'avait pas d'autre objet. Il y en avait un aussi dans l'ancienne cité d'Ava, mais j'ignore s'il y a rien de ce genre à Amarapoura.

Finalement, des Dzedis ont été construits dans le seul but d'abriter des statues de Gaudama; mais il y a toute raison de croire que cette pratique s'est développée dans les temps modernes. Quand un fervent Boudhiste, poussé par le désir de satisfaire aux impulsions de sa piété ou de sa dévotion, désirait bâtir un monument religieux et ne pouvait se procurer des reliques, il y suppléait par des images de Boudha représentant cet éminent personnage, sous certaines attitudes faites pour rappeler au Boudhiste certains des événements les plus saillants de sa vie. Souvent des Dzedis ont été bâtis non seulement pour recevoir des statues, mais dans le pieux dessein de rappeler au peuple les saintes reliques de Boudha, et, pour employer leur langage habituel, pour attirer dans l'âme un tendre sentiment d'affectueuse vénération pour la personne de Boudha et sa religion. Si les conjectures que nous venons d'indiquer sur les motifs de la construction des pagodes sont fondées, nous pouvons en conclure que les habitants de la vallée de l'Irrawaddy sont d'une grande ferveur religieuse, car la manie de bâtir des Dzedis a été et est encore poussée à un tel degré que c'est en nombre presque fabuleux qu'on compte les édifices religieux qu'on y peut voir sur une étendue de plus de sept cents milles, jusqu'à Bhamo.

Comme le Boudhisme fut importé de l'Inde en Asie orientale, il n'y a pas de doute que le style architectural adopté dans l'érection des édifices religieux soit venu du même pays. On peut faire honneur au génie naturel des Birmans de l'ornementation architecturale des grands monastères et de quelques-uns des détails de décoration extérieure des monuments religieux; mais personne ne peut s'offenser si nous refusons aux tribus qui occupent le bassin de l'Irrawaddy, le mérite d'originalité de conception de monuments tels que ceux qu'on peut voir en certaines parties du pays. Ce qui leur fait grand honneur c'est qu'avec leur science si imparfaite, et les moyens si limités dont ils disposent, ils aient pu élever de tels monuments. La ressemblance entre les monuments Boudhistes, si détériorés qu'ils soient, qu'on peut encore trouver dans quelques parties de l'Inde et à Java, avec ceux qui bordent maintenant les rives de l'Irrawaddy ne laisse aucun doute sur l'origine de conception et de forme de ces monuments.

A première vue, le voyageur en Birmanie croit qu'il y a une grande variété dans la forme et l'architecture des Pagodes. Il est aisément trompé par la multitude des ornements fantastiques, ajoutés par des indigènes inexpérimentés aux monuments religieux. Mais si l'on examine de près ces édifices, il semble qu'on peut les classer en trois classes distinctes, auxquelles il sera facile de rapporter ceux qui offrent quelques différences. La première classe comprend ceux à apparence conique, fortement élargie à mesure qu'on se rapproche de la base. Ceux-ci n'ont pas de niches, ou plutôt devaient n'en pas avoir, car les petites qu'on a ajoutées à quelques-uns, indiquent qu'elles ne font aucunement partie essentielle du plan, mais qu'elles sont dues au mauvais goût de quelques dévots. Les pagodes de

miracles qu'il avait faits accrut sa réputation, et provoqua de la part du peuple des démonstrations nouvelles de respect et de véné-

Rangoun de Pégou et de Prome offrent les plus beaux spécimens de ce genre d'architecture. La seconde classe comprend ceux en forme de dôme. Ils ne sont pas communs en Birmanie. Le plus grand et le plus beau spécimen du genre est celui de Kaong-hmou-dau, ou grand travail méritoire, situé à l'ouest de l'ancienne cité de Tsagain. Dans la troisième classe, nous pouvons ranger toutes les pagodes qui se rapprochent de la forme de temple, c'est-à-dire celles qui ont plus ou moins la forme rectangulaire, avec une large salle au centre, et des galeries courant tout autour. Sur ce rectangle, on élève une construction conique finissant d'habitude par tee ou ombrelle. Les plus remarquables et plus parfaits spécimens se voient à Pagan, qu'on peut appeler avec raison la cité des pagodes.

La pagode en forme de cône repose invariablement sur une base quadrangulaire de quelques pieds de hauteur. A sa partie inférieure, le cône a une section hexagonale ou octogonale qui, très-large par le bas, décroît régulièrement jusqu'aux deux tiers de la hauteur. A partir de là, commence le vrai cône terminé en pointe et couvert de l'ombrelle dorée.

L'ornementation architecturale de ces constructions, se compose de moulures circulaires ou de bourrelets arrondis; par-dessus, et, à l'endroit où commence le cône, sont des sculptures représentant des feuilles.

Souvent cette partie est dépourvue d'ornement, comme c'est le cas pour le Shoaydagon. Sur les côtés du cône sont des lignes horizontales tracées par groupes; les groupes séparés les uns des autres par de larges espaces; puis vient un feuillage sculpté, différent de celui déjà mentionné, mais disposé de la même façon. Au milieu des quatre côtés de la base, particulièrement de celui qui fait face à l'est, les Birmans ont introduit la coutume de faire de petites niches pour recevoir les statues de Boudha assis les jambes croisées. Un portique y conduit. Aux quatre angles de la base ils placent aussi des griffons ou quelques représentations de monstres fantastiques. De petits Dzedis sont souvent disposés sur la partie inférieure de l'hexagone ou de l'octogone. Cette espèce de pagode étant naturellement dépourvue d'ornements, et étant élevée sur une tombe ou un sanctuaire, à la façon d'un pilier qui aurait graduellement pris la forme que nous venons de décrire, est très-ancienne, et très-probablement contemporaine des plus anciens monuments religieux Boudhistes.

La seconde classe d'édifices religieux comprend ceux qui sont en forme de dôme. Ils sont plutôt rares en Birmanie. Ils reposent sur une base carrée. La partie inférieure est ornée d'un petit nombre de moulures, mais presque partout elle présente des surfaces lisses. L'ombrelle qui est placée au-dessus participe en quelque sorte de l'apparence du monument qu'elle est destinée à couronner. Elle a une grande étendue horizontale et est d'un aspect très-disgracieux. Le Kaonghmou-dau dans le voisinage de Tsagain repose sur une base de 18 ou 20 pieds de hauteur; le dôme, d'après une inscription, est haut de 153, le diamètre à la partie inférieure est d'environ 200 pieds. Dans le principe, elle était complétement dorée. Les quatre côtés du carré sont bordés de petites niches; chacune d'elles est occupée par une statue de Gaudama. Séparés du carré par une galerie ouverte bien pavée qui court tout autour de l'édifice, se tiennent en ligne 802 petits piliers de pierre de sable d'environ 6 pieds de hauteur, perforés à la partie supérieure, pour permettre d'y placer une lampe pour les jours de fête. Par une nuit

ration. Les aumônes affluaient de toutes parts au monastère ; la libéralité du peuple pour sa personne et celle de ses disciples se manifestait d'une manière étonnante. Les hérétiques, qui pullulaient dans Wethalie et dans le voisinage, devinrent extrêmement jaloux des succès de Boudha. La perte qu'ils éprouvaient dans la diminution des offrandes de la part du peuple augmentait leur dépit intérieur. Ils résolurent de chercher quelque moyen de salir le

noire, ce doit être un spectacle splendide que celui d'un si grand nombre de lampes, versant un flot de lumière qui illumine tous les côtés de ce massif monument. Que le monument ait été construit il y a environ trois cents ans, ainsi que l'affirmait à l'auteur un des gardiens, ou, ce qui est plus probable, seulement réparé et ornementé à cette époque, il est certain que ce genre d'édifices religieux est très-ancien et d'une antiquité qui ne le cède vraisemblablement pas à ceux cités plus haut. Un autre de même forme, mais de moindres dimensions, se voit à Bhamo, non loin de la porte de l'est.

La troisième classe de pagodes comprend toutes celles qui sont généralement carrées de forme, faites non pas de maçonnerie solide, mais avec des ouvertures, des portes, une chambre, des galeries, etc., pour recevoir des statues de Gaudama. Elles sont toutes surmontées de la construction conique habituelle qui est, paraît-il, la marque distinctive de tous les Dzedis. Ces édifices, selon moi, ne doivent pas être considérés comme des tumulus ou des Topes ; mais plutôt comme des lieux destinés au culte, et des sanctuaires pour recevoir des statues de Gaudama. Je soupçonne ces monuments d'être d'une époque relativement moderne ; ils n'ont pas la sobriété et la simplicité des tumulus, qui s'allie si bien à la simplicité de forme religieuse du culte Boudhiste primitif. Ils n'ont pas été faits pour répondre au but pour lequel les Dzedis furent primitivement érigés. Ils doivent avoir été bâtis à une époque où le culte Boudhiste, sortant de ses formes rudimentaires, prit des proportions et des développements en rapport avec le goût et les besoins des grandes communautés religieuses. Cette classe de temples offre une grande variété de formes, quant aux dimensions et aux détails d'architecture ; mais tous peuvent se ramener à cette catégorie générale. Du corps de logis carré du temple, divergent des portiques, dans la direction des quatre points cardinaux ; celui qui fait face à l'est étant toujours le plus grand et le mieux orné. Quelquefois il n'y a qu'un portique, celui de l'est, et alors il y a seulement des portes au milieu des trois autres côtés. De ces portiques, les galeries convergent vers le centre du temple, où sont des statues. Dans les grandes et magnifiques pagodes de Pagan, des galeries voûtées en ogive courent tout autour du bâtiment. Quelques-unes de ces étonnantes constructions ont deux étages et ce n'est que sur le plus élevé que repose la partie conique, complément essentiel de tout édifice religieux. Sur l'une des pagodes de dimension moyenne, s'élève, au lieu d'un cône, un obélisque couvert d'ornements qui ressemblent à des figures hiéroglyphiques. Quelques-uns de ces obélisques sont considérablement renflés vers le milieu de leur hauteur. La surprise et l'étonnement de l'auteur n'ont pas été médiocres quand, au milieu du nombre prodigieux de pagodes, accumulées en cette localité, et dans un état plus ou moins avancé de délabrement, il en a vu une de dimensions ordinaires et assez peu dégradée qui, seule, affectait la forme d'une pyramide régulière.

caractère de Boudha dans l'opinion publique. Après une longue délibération, ils arrêtèrent le plan suivant. Une certaine femme, d'une grande beauté, mais d'un caractère équivoque, fut poussée à se joindre à eux pour l'accuser de l'avoir violée. Elle s'arrangea de manière à simuler un état de grossesse, et se couvrant d'une pièce d'étoffe rouge, elle courut la ville en répandant les plus fâcheux bruits sur le caractère de Boudha. Elle eut même l'impudence d'aller dans le monastère de Dzetawon, et de demander à Boudha de lui trouver une place où elle pût faire ses couches, et aussi de fournir à l'entretien d'elle et du fils qu'elle allait avoir de ses œuvres. Une aussi infâme calomnie ne l'émut pas le moins du monde. Fort de son innocence, il ne perdit rien de sa placidité et de sa sérénité ordinaires. Mais, par l'intervention du Thagia, la calomnie fut mise au grand jour. Deux souris rongèrent les cordes qui fixaient sur l'abdomen de cette femme l'appareil destiné à simuler sa grossesse, et il tomba tout à coup à terre pour la glorification de l'innocence du sage, et pour la grande confusion de ses ennemis.

Tous ceux qui assistaient à cet événement laissèrent éclater leur indignation d'une si basse tentative des hérétiques. Mais Boudha répondit doucement que ce qui venait d'arriver n'était que la juste rétribution d'un acte de mauvaise conduite de sa part, dans une existence antérieure. En ce temps-là, il était un jour pris de liqueur, quand il advint qu'il rencontra un Pitzegaboudha. Sans aucune raison ou provocation, il accabla le saint homme des insultes les plus basses et les plus grossières, et vint même jusqu'à lui dire que toute sa vie n'était qu'une succession d'actions hypocrites. Se tournant alors vers ses disciples, il ajouta gravement que ce qu'ils venaient de voir n'était que la juste punition infligée par l'influence du démérite créé et engendré par sa mauvaise conduite antérieure.

La huitième saison fut passée dans le bois ou la forêt de Tesakala, et, quand les pluies furent finies, le très-excellent Phra voyagea dans le pays, prêchant et enseignant le droit chemin à plusieurs. Des convertis innombrables entrèrent dans l'une des quatre voies, et plusieurs obtinrent la délivrance immédiate.

Dans la ville de Santou-Maragiri, il prêchait aux bienfaiteurs qui l'avaient nourri, lui et ses disciples. Parmi les auditeurs étaient deux personnes : Nakoulapita et Nakoulamata, mari et femme, appartenant à la race Pounha. Pendant un grand nombre d'existences antérieures successives, ils avaient eu la bonne fortune d'être père, mère, oncle, tante, etc., de Boudha. Pendant l'existence actuelle, le sentiment d'affection pour celui auquel ils avaient été si longtemps et si intimement alliés se réveilla avec une nouvelle force et fit palpiter leurs cœurs. Sous l'influence de ce sentiment de tendresse naturelle, ils s'avancèrent, et, se prosternant devant Boudha, lui dirent : « Cher fils, comment avez-vous été si longtemps loin de nous ? Nous sommes si heureux de vous voir après une si longue absence. » Boudha, restant indifférent à cette scène et à ce langage, sut immédiatement quels étaient les vrais besoins de ce digne couple, et de quelle manière il pouvait reconnaître les grandes faveurs qu'il en avait reçues dans des existences antérieures. Il leur prêcha la très-excellente loi. Ils furent complétement convertis. Le matin suivant ils eurent le bonheur de fournir à leur grand instituteur et à sa compagnie les mets les plus délicats. En même temps, ils lui adressèrent la requête suivante : « Pendant de nombreuses existences, nous avons toujours été heureusement unis l'un à l'autre ; pas un mot de plainte, pas une querelle n'a troublé notre union. Nous vous demandons que, dans nos existences à venir, le même amour, la même affection nous réunissent. » Leur requête leur fut affectueusement accordée, et Boudha, en présence d'une grande assemblée, les déclara bénis et heureux entre tous les hommes et toutes les femmes.

Quand ces événements avaient lieu, le fils du maître de la contrée était, à son grand chagrin, sans postérité. Il invita Boudha à accepter l'hospitalité dans sa maison. L'offre fut accueillie. De grands préparatifs furent faits pour la réception de l'illustre visiteur. Le prince fit recouvrir de quelques-uns de ses vêtements le chemin que Boudha devait suivre, dans l'espoir qu'en marchant dessus il leur communiquât une certaine vertu par laquelle l'objet de ses ardents désirs viendrait à se réaliser. A son arrivée près de l'entrée de la maison, Boudha s'arrêta et refusa d'aller plus avant ; en même temps, il ordonnait à Ananda d'enlever les vêtements. Cela fut fait au grand désappointement du prince. Après le repas, Gaudama lui expliqua que sa femme et lui, dans une existence antérieure, avaient vécu d'œufs et tué beaucoup d'oiseaux. Leur stérilité actuelle était le juste châtiment de leur conduite antérieure. Mais leurs bonnes dispositions présentes ayant effacé les transgressions anciennes, ils auraient des enfants. Tous deux furent remplis de joie à cette nouvelle. Ils crurent en Boudha, obtinrent l'état de Thautapan et entrèrent ainsi dans le courant de la perfection. Le foi en Boudha fut pour eux la cause d'un si heureux résultat.

Durant tout le temps qui s'écoula après les pluies, Boudha voyagea dans le pays, occupé, comme de coutume, de sa charitable mission, et convertissant nombre d'hommes et de Nats. Dans le pays de Garourit, dans un village de Pounhas, appelé Magoulia, le chef, un des plus riches du lieu, avait une fille dont la beauté égalait celle d'une fille de Nats. Elle avait été demandée vainement en mariage par des princes, des nobles et des Pounhas : l'orgueilleuse fille repoussait toutes les offres. Le jour où son père vit Gaudama il fut frappé de sa fière beauté et de sa calme attitude. Il se dit en lui-même : « Voilà l'homme qu'il faut pour ma fille. » A son retour à la maison, il communiqua ses vues à sa femme. Le jour suivant, la fille, ayant mis ses plus riches habits et ses plus riches parures, tous les trois, avec une nombreuse suite, s'en vinrent au monastère de Dzetawon. Admis en présence de Boudha, le père sollicita pour sa fille la faveur de sa compagnie. Sans faire un mot de réponse ni donner le plus léger signe d'acquiescement, Boudha se leva et se retira à petite distance, laissant derrière lui sur le sol l'empreinte d'un de ses pieds. La femme du Pounha, habile dans la science d'interpréter les signes miraculeux, vit d'un coup d'œil que l'empreinte indiquait un homme non plus soumis à l'influence des passions, mais un sage, affranchi des amorces de la concupiscence. Elle communiqua ses vues à son mari qui eut l'imprudence de retourner à Boudha et de lui renouveler sa proposition. Boudha répondit tranquillement : « Pounha, je n'accepte ni ne décline votre offre ; écoutez à votre tour ce que j'ai à dire. » Il lui raconta alors comment il avait quitté le monde, résisté à la tentation de Manh, vécu six ans dans la solitude et comment il s'était dégagé du réseau des passions. Il conclut en disant qu'étant devenu un Boudha, il avait à tout jamais subjugué toutes les passions. A la fin de l'instruction, le père et la mère furent établis dans l'état de Thautapan. La jeune fille fut vivement offensée du refus qu'elle avait subi, et conserva un ardent sentiment de haine envers celui qui avait repoussé l'avance de ses faveurs. Son père la mena dans le pays de Kothambi, où elle fut offerte au roi, qui, touché de ses charmes, l'éleva au rang de première reine.

Dans le pays de Kothambi, vivaient trois hommes riches; ces trois hommes nourissaient chaque année, pendant la saison pluvieuse, cinq cents ermites, qui venaient de l'Himalaya pour trouver leur subsistance. Ces charitables laïques vinrent à Wethalie pour trafiquer. Ils y rencontrèrent Boudha et le pressèrent vivement de venir dans leurs pays prêcher la loi. L'invitation fut acceptée. Ils retournèrent chez eux, et bâtirent, chacun de son côté, un monastère pour l'usage de l'illustre visiteur. Quand tout fut prêt, Boudha vint à Kothambi, suivi de cinq cents disciples. Il y passa la neuvième saison. Pendant son séjour, il habita successivement chacun des trois monastères, et fut abondamment entretenu par celui des trois riches personnages dont il occupait le monastère.

Il y avait déjà dans le pays de Kothambi, un petit nombre de disciples ou de croyants en Boudha; mais le nombre des sectateurs de fausses doctrines était extrêmement grand. Secrètement appuyés par la première reine, et poussés par leur jalousie contre le nouveau venu, ils l'injuriaient de toutes les façons possibles et, par tous les moyens, cherchaient à ruiner dans l'opinion publique sa renommée naissante. Partout où ils rencontraient des disciples de Boudha, ils les accueillaient par les insultes les plus grossières. Incapable de supporter plus longtemps tant d'insultes, Ananda, au nom de ses frères, vint trouver Boudha, et lui demanda d'aller en quelque autre lieu où ils fussent à l'abri d'un tel traitement. « Mais », dit Boudha, « si, dans la nouvelle place où nous irons, nous sommes maltraités, que ferons-nous? » — « Nous irons ailleurs », dit Ananda. — « Mais », reprit Boudha, « si, là encore on nous insulte, que faudra-t-il faire? » — « Il nous faudra aller ailleurs », reprit Ananda. Boudha garda quelque temps le silence, puis, avec un doux regard vers Ananda, il lui dit : « Un peu de patience nous évitera l'ennui de tant de voyages, et nous procurera certainement ce que peut-être nous chercherions en vain en tout autre lieu. Par la patience et la résignation, l'homme sage triomphe de tous ses ennemis. Voyez l'éléphant de guerre! Il plonge au plus épais de la mêlée insouciant des flèches et des javelots qui volent de toutes parts, et fait tomber tout devant lui. Quant à moi, le très-excellent Boudha, je resterai certainement ici, prêchant la très-excellente loi et travaillant sans relâche à délivrer les hommes des entraves des passions. Je ne prêterai pas la moindre attention aux outrages qu'ils pourront verser sur moi et sur mes disciples. »

Peu de temps après cela, un événement insignifiant alluma le feu de la discorde parmi les membres de l'assemblée. Comme d'ordinaire, il ne s'agissait que d'une bagatelle. C'était à propos d'un point de discipline sans aucune importance enfreint par un Rahan et sans intention. Il fut accusé par un de ses frères d'avoir commis un péché; mais il répondit qu'ayant commis un acte auquel sa volonté n'avait point pris part, il ne se considérait pas comme coupable. Chaque disputant rallia à son parti quelques religieux qui prirent fait et cause en conséquence. Les Rahans Kothambi paraissent avoir été la cause de la discussion qui se mit dans la communauté, et qui bientôt, comme une flamme dévorante, s'étendit à la partie féminine de l'assemblée. En vain Gaudama intervint, exhortant les deux parties à la patience, à l'union et à la charité. En sa présence les antagonistes gardaient le silence; mais, lui absent, la querelle s'envenimait de plus en plus. A la fin, ses exhortations furent méprisées et la discorde continua de se répandre. Dégoûté d'un tel état de choses, Boudha prêcha aux membres les plus distingués de l'assemblée les bienfaits de la paix et de la concorde. Des hommes tels que Baddia, Kimila et Anourouddha conservaient précieusement dans leurs cœurs les instructions de leur grand maître, mais les autres continuaient la dispute. Sur ces entrefaites, il résolut de se séparer pour quelque temps de toute société, et d'aller en quelque endroit solitaire goûter les bienfaits de la paix et de la méditation. Il dirigea sa route vers le village de Palelayaka, où il recevait sa nourriture, et vint en un bois d'arbres sala, pour fixer sa résidence au pied d'un de ces arbres. Les villageois apprenant son intention accoururent sur les lieux et bâtirent une cabane d'ermite pour son usage, et promirent de fournir sa nourriture quotidienne.

Ce fut en cet endroit que seul, ravi dans la contemplation de la vérité pure, Gaudama passa la dixième saison. Les hommes riches du pays de Kothambi apprenant que Boudha était parti à cause des discussions survenues entre les Rahans, furent indignés. Il déclarèrent ouvertement leur intention de refuser de donner quoi que ce fût pour l'entretien des Rahans, jusqu'à ce qu'ils se fussent accordés et réconciliés avec leur maître. La menace eut l'effet désiré. Les disputants comprirent le caractère déplaisant de leur fausse position; ils ne pouvaient tenir plus longtemps. Les Rahans en vinrent à un arrangement mutuel, et promirent qu'après la saison ils iraient trouver Boudha et solliciter son pardon. Dans la forêt de Palelayka vivait un certain éléphant, très-avancé en mérites, qui s'en fut près de Boudha, et, pendant trois mois, subvint à tous ses besoins, comme eût fait le plus dévoué et le plus affectionné disciple envers un maître bien-aimé.

Les trois mois de carême étant achevés, l'homme riche Anatapein fit les recherches les plus minutieuses avec Ananda, sur le lieu où Boudha s'était retiré, et le chargèrent d'inviter le grand prêcheur à revenir à Thawattie et à vivre comme d'habitude dans le monastère de Dzetawon. Déférant aux pieux désirs du riche personnage, Ananda prit avec lui cinq cents Rahans, et s'en vint à la solitude de Palelayka. Il était suivi également par les cinq cents Rahans réfractaires de Kothambi, qui étaient venus à Wethalie. Le roi du pays et Anatapein avaient d'abord refusé de les recevoir; mais, en raison de leur repentir la prohibition avait été levée. Il approcha seul du lieu où vivait Boudha. Après les prosternements d'usage, Gaudama lui demanda s'il était venu seul; il répondit qu'il y avait avec lui beaucoup de ses fidèles disciples, et les Rahans Kothambi. Ces derniers venaient dans l'unique but de demander son pardon, et avec une ferme résolution, pour l'avenir, d'obéir strictement à tous ses commandements. Boudha les fit venir en sa présence; ils vinrent, furent bien reçus et leur mauvaise conduite fut pardonnée. Gaudama leur expliqua le grand avantage qu'il y a à rompre avec la mauvaise compagnie et à vivre dans la retraite. Les auditeurs furent pleinement convertis et établis dans l'état de Thautapan. Boudha, à son retour de Wethalie, continuait à prêcher en tous lieux, et conduisit à la délivrance un grand nombre d'hommes, de Nats et de Brahmas. Le séjour dans le monastère de Dzetawon ne fut pas de longue durée. Boudha vint au pays de Magatha, dans un village Pounha du nom de Nala. Non loin de ce village se trouve le Deckinagiri, ou montagne du Sud, avec un monastère. En ce lieu Boudha passa la onzième saison (1). Il était assisté par les Pounhas du village.

(1) Le peu de détails recueillis sur le mode suivi par Boudha pour la diffusion

L'occupation principale de ces hommes était le labourage des champs. Gaudama prenait un plaisir particulier, dans ses promenades quotidiennes, à causer avec eux quand il les rencontrait occupés à leurs travaux journaliers.

Un certain jour, Boudha vint dans les champs, où il rencontra un Pounha, avec qui il entra en conversation dans l'intention de lui prêcher plus tard la sainte loi. Il parla d'abord du sujet de son travail de chaque jour, de ses bœufs, de sa charrue, des semences et de la moisson, qui fournissaient au Pounha et à sa famille le pain quotidien de toute l'année. Il ajouta : « Moi aussi, je suis un laboureur, pourvu de la semence et de tous les instruments nécessaires à la culture. » Le Pounha, surpris de ce qu'il entendait, demanda à Boudha où il avait laissé ses bœufs, la semence, la charrue, etc. Gaudama répondit froidement : « Toutes ces choses sont avec moi en ce moment. Prête l'oreille, ô Pounha, à ce que je vais

de ses doctrines nous le fait voir comme un zélé et infatigable prêcheur. Nous le voyons passer d'un lieu à l'autre, dans le seul but d'instruire les ignorants, et de leur faire connaître les voies qui mènent à la délivrance. Behar et Oudé paraissent avoir été le théâtre de ses travaux, et la scène où il agissait en faveur de tous, sans distinction de condition, de caste ou de sexe. Des individus dans les plus humbles situations, des hommes livrés aux pratiques les plus condamnables, des femmes sans mœurs, tous, à un égal degré, sont les objets de sa tendre sollicitude. Tous sont convoqués à ses pieds et ont leur part à ses bienfaits. Gaudama était à un éminent degré un fervent et zélé propagandiste. C'est le trait saillant de son caractère et ce qui le distingue non-seulement de tous ses contemporains, mais encore de tous les philosophes qui ont paru dans la péninsule indienne. Tous ces sages visaient à devenir chefs d'école, mais aucun d'eux ne songeait à promulguer un code de morale à l'usage de toute la race humaine. L'honneur de Gaudama est d'avoir le premier, avec une grande ampleur de vues, considéré ses semblables comme ayant un droit égal au bienfait de ses instructions. Son amour de tous les hommes le poussait à accepter toutes sortes de fatigues pour leur procurer ce qu'il considérait comme un grand bienfait. En faisant cette déclaration nous n'avons pas l'intention de juger les doctrines du fondateur du Boudhisme ; nous voulons simplement signaler à l'attention du lecteur un caractère particulier de ce sage qui, dans notre humble opinion, permet d'expliquer l'extraordinaire diffusion du Boudhisme des rives de l'Oxus à l'archipel Japonais. Les principes de ce *credo* sont devenus populaires, parce qu'ils étaient faits pour tous. Bien que faux, surtout au point de vue du dogme, ils étaient acceptés par des masses à qui on n'en offrait pas d'autres. Les disciples de Gaudama doivent avoir été bien reçus dans les divers lieux où ils vinrent, car ils montraient une disposition d'esprit absolument inconnue à cette époque, c'est-à-dire un vif intérêt pour le bien-être de tous. Ce zèle, qui distinguait Gaudama à un si haut degré et dans les premiers âges du Boudhisme, est complétement éteint. De nos jours on ne trouve chez les sectateurs de cette religion aucun désir de la propager chez d'autres nations ou peuples.

dire. La semence est ce fervent désir, cette bienveillante disposition, qui me fit tomber aux pieds du Boudha Depinkara, pour lui demander la dignité de Boudha ; c'est la science que j'ai recueillie sous l'arbre Bodi. L'eau de pluie est cette série non interrompue de bonnes œuvres, accomplies par moi, jusqu'à ce que je fusse devenu un Boudha. Elles ont été les canaux par lesquels était arrosée la bonne semence contenue en moi. Le savoir ou la science, et la sagesse sont comme le joug et comme le manche de la charrue. Le cœur ou le principe connaissant qui est en moi représente les rênes au moyen desquelles on guide les bœufs. Les dents de la charrue représentent le soin que l'on doit prendre de déraciner le principe des démérites et des actions mauvaises. Le manche de la charrue représente les principes directeurs de la loi, qui me permet d'écarter tout ce qui est mauvais et d'élever tout ce qui est bon. La nourriture, ô Pounha, que vous retirez de votre travail représente les pures délices goûtées par celui qui est porté à fuir le mal et à faire le bien. Lorsque vous faites usage de la charrue, vous coupez où déracinez toutes les mauvaises herbes; il en est de même de celui qui est pleinement pénétré de la signification des quatre grandes vérités; il coupe et déracine de lui-même les penchants vicieux et les inclinations mauvaises qui sont en lui. Quand le travail du champ est terminé, vous déliez vos bœufs et les laissez aller où ils veulent; ainsi en est-il de l'homme sage. Par son application à raffermir le principe du bien qui conduit à la perfection, il laisse de côté le principe opposé qui donne naissance à toutes les imperfections. Les bœufs ont à travailler fortement pour compléter le labour. Ainsi le sage doit lutter vigoureusement, pour labourer à fond et cultiver entièrement le terrain de sa propre personnalité, et arriver à l'heureux état de Neibban. Le laboureur, qui travaille à amener son champ en état de recevoir la semence et à favoriser son éclosion de toutes les façons possibles, est imité par le vrai sage qui s'efforce de s'affranchir des misères qui accompagnent l'existence; d'avancer dans la voie des mérites par la pratique des bonnes œuvres, et qui soupire après l'heureuse condition des parfaits. Celui qui travaille aux champs éprouve parfois des désappointements, sent quelquefois les tiraillements de la faim. Celui qui opère dans le champ de la sagesse est exempt de toute misère et de toute affliction; il mange le fruit de son travail, il est pleinement rassasié quand il contemple le Neibban. C'est ainsi, ô Pounha, que je suis un vrai laboureur, et que je suis toujours en possession de tous les instruments nécessaires au labour de l'âme humaine. » Le Pounha, ravi d'une telle doctrine, se convertit et professa sa croyance en Boudha, la loi et l'assemblée. Par la suite, il sollicita l'admission dans l'assemblée, et, par ses efforts soutenus dans le travail difficile de la méditation, il devint à la fin un Rahanda.

Quand les pluies furent terminées, Boudha voyagea à travers la campagne, prêchant la très-excellente loi, avec les plus heureux résultats. Il vint à la ville de Satiabia dans la contrée de Kosala ; là il reçut d'un Pounha de Waritzaba l'invitation d'aller dans cette localité. L'invitation fut gracieusement acceptée. Dans cette ville, il passa la douzième saison. Beaucoup de Pounhas furent éclairés et convertis en professant leur ferme adhérence aux trois choses précieuses. Le misérable Nat Manh fit tout son possible pour contrarier les heureux résultats des prédications de Boudha. Une grande disette régnant dans le pays ; il fit tout ce qu'il put pour affamer le très-excellent Boudha et ses suivants ; mais il fut déçu dans ses pernicieux desseins, par la charité de cinq cents marchands de chevaux qui étaient venus d'Outharapata et se trouvaient alors à Waritzaba.

Boudha, quittant ce pays, dirigea sa marche à travers la grande région de Mantala ; il parcourut par le plus court chemin, une distance de 500 youdzanas. Il partit le jour après la pleine lune de Tabodway, et mit près de cinq mois à ce voyage. Il atteignit les rives du Gange à Gayagati, où il traversa cette magnifique rivière et revint à Bénarès. Il n'avait pas été longtemps dans cette cité, lorsqu'il traversa de nouveau le Gange et vint à Wethalie, habiter le monastère de Goutagarathala. De là, il vint à Thawattie, prêchant dans tous les lieux qu'il visitait. Quand il fut dans le monastère de Dzetawon, il prêcha l'instruction de Maha Rahoula, en faveur de son fils Rahoula qui avait alors dix-huit ans.

CHAPITRE XI

VOYAGE DE TSALIA. — INSTRUCTIONS A MEGGIA. — RAHOULA EST FAIT RELIGIEUX PROFÈS. — QUESTIONS DE MANAHAN A BOUDHA. — MAUVAISE CONDUITE DE THOUPPABOUDA. — QUESTIONS PROPOSÉES PAR DES NATS DANS LE MONASTÈRE DE DZETAWON. — CONVERSION D'UN BILOU. — ÉPISODE DE THIRIMA A RADZAGIO. — ATTENTION ACCORDÉE A UN PAUVRE POUNHA ET A LA FILLE D'UN TISSERAND A CAUSE DE LEUR FOI. — DANS SA VINGTIÈME SAISON, NOMINATION D'ANANDA AUX FONCTIONS D'ASSISTANT. — CONVERSION D'UN VOLEUR FAMEUX.

Après un assez court séjour à Thawattie, Boudha vint à la ville de Tsalia. Les habitants construisirent pour lui un monastère, sur une montagne peu éloignée de la ville, et lui fournirent libéralement tout ce dont il avait besoin. Charmé de la bonne réception que le peuple lui faisait, Gaudama passa en ce lieu la treizième saison. Il vint, pour recevoir sa nourriture, dans le village de Dzantou; de là, traversant le pays, il atteignit les bords de la rivière Kimikila et se plut beaucoup en un petit bois d'arbres à mangues. Le disciple Meggia, trop vivement touché par la beauté du lieu, désirait ardemment y rester quelque temps. En punition d'un attachement aussi désordonné pour un endroit particulier, lui qui avait renoncé au monde et à la gratification de ses passions, il sentit tout à coup un changement étrange s'opérer en lui. Un flot de concupiscence envahit son âme. Boudha, qui voyait ce qui se passait au dedans de Meggia, lui fit une instruction sur le mépris des choses de ce monde, et le guérit radicalement de ce grand trouble spirituel.

De là il vint à Thawattie dans le monastère de Dzetawon où il passa la treizième saison. Le grand disciple Tharipoutra, avec cinq cents religieux, passait la saison dans un village voisin. Les habitants étaient si enchantés de lui et de sa compagnie, qu'ils leur offrirent une pièce de soie jaune à chacun. Quelques religieux, jaloux du grand disciple, vinrent à Boudha et l'accusèrent de cupidité. Boudha justifia pleinement son grand compagnon et glorifia la libéralité des donataires, qui avaient su ainsi trouver une occasion de satisfaire leur charité et de gagner des mérites.

Le Thamane Rahoula avait alors vingt ans. Ayant atteint l'âge canonique, il fut élevé à la dignité de Patzin. Le jeune religieux avait peine à se défendre d'un certain sentiment de vanité, à cause de la dignité de son père, et aussi à cause de la grâce de sa propre personne et de son maintien, dont il était très-fier. Boudha savait parfaitement ce qui se passait dans l'âme de Rahoula. Il lui prêcha le mépris de soi-même et de toutes les variétés de ce qui a une forme. L'instruction toucha tellement le jeune auditeur, qu'elle le conduisit à l'état de Rahanda. Une certaine nuit, que Rahoula dormait près de la porte de l'appartement particulier de Gaudama, le Nat Manh, voulant effrayer le jeune Rahanda, fit apparaître un éléphant qui, tenant sa trompe au-dessus de sa tête, fit tout à coup un bruit épouvantable. Boudha, qui était à l'intérieur, vit clairement que ce n'était qu'une tentation du misérable Manh. Il lui dit : « O scélérat, ne sais-tu pas que la crainte n'existe plus dans celui qui est devenu Rahanda? » Manh, dévoilé, s'enfuit couvert de honte et de confusion par l'insuccès de sa malicieuse tentative.

Dans la même année, Boudha vint à Kapilawot, qui est dans le pays de Thekka, et fixa sa résidence dans le monastère de Nigranda, situé près des bords de la rivière Rohani; il y passa la quinzième saison. Un certain jour, son cousin Mahanan, fils de Thoukaudana, vint au monastère, et ayant présenté ses respects à son illustre parent, prit la liberté de lui poser les quatre questions suivantes : 1° En quoi consiste l'accomplissement des devoirs religieux? — 2° Qu'entend-on par la disposition religieuse? — 3° Qu'est-ce que le vrai renoncement? — 4° Qu'est-ce que le vrai savoir?

Boudha répondit de la manière suivante : « L'accomplissement des devoirs religieux consiste à observer soigneusement les cinq préceptes obligatoires pour tous les hommes. La disposition religieuse n'est autre chose qu'une tendance aimante, de l'affection pour tout ce qui a rapport à Boudha et à la loi qu'il a publiée. Celui qui la possède ressent une aspiration continuelle à acquérir des mérites. Le renoncement est cette disposition où se trouve habituellement un homme, quand il met son plaisir à se défaire de ses richesses pour soulager les nécessiteux, et faire des aumônes aux membres de l'assemblée. Enfin, la sagesse consiste à se familiariser parfaitement avec ce qui peut procurer des mérites pour le présent et pour l'avenir; sous son influence, l'homme agit d'après ce savoir, et s'applique avec la plus grande diligence à ce qui mettra un terme à la loi des misères.

Boudha était destiné à trouver parmi ses plus proches parents ses ennemis les plus acharnés. Thouppabouda, qui était tout à la fois son oncle et son beau-père, lui portait une haine mortelle et nourrissait secrètement dans son cœur un sentiment de vengeance pour deux raisons principales : parce que sa fille Yathaudara avait été abandonnée par Gaudama quand il quitta son palais et commença sa vie d'ascète, et aussi pour avoir admis son propre fils Dewadat parmi les membres de l'assemblée.

Ayant été informé que le jour suivant Boudha dirigerait ses pas vers un certain quartier de la ville, pour quêter sa nourriture, Thouppabouda avala une forte dose de liqueurs spiritueuses, afin de se donner plus de hardiesse à l'exécution du dessein qu'il avait conçu, et sortit dans la direction qu'on supposait que Boudha prendrait. Dès qu'il le vit avancer, il se porta au milieu du chemin, barrant le passage et accablant d'injures son illustre parent. Boudha s'arrêta un moment sans manifester la moindre émotion; puis, se tournant vers Ananda, il dit: « Grand est le crime de mon oncle; dans sept jours il sera englouti tout vivant dans la terre, au pied du grand escalier de son palais. » Cette prédiction effrayante étant rapportée à Thouppabouda, il en rit et dit qu'il passerait huit jours à l'étage supérieur de son palais, pour faire mentir la prédiction de son neveu.

Malgré les précautions qu'il prit, la fatale prédiction s'accomplit à la lettre. Le malheureux prince impénitent vit la terre s'ouvrir sous ses pieds et il fut précipité jusqu'au fond de l'enfer Avidzi. Boudha profita du châtiment terrible qui venait de frapper un prince de sa famille pour exhorter Mahanan à se réfugier résolûment dans les trois choses précieuses et à entourer d'un sincère amour et d'une tendre affection tout ce qui se rattache à la loi et à ses pratiques.

Jusqu'à la période actuelle de sa vie, Boudha s'était réservé la prérogative de prêcher la loi à ceux qui pourvoyaient à sa nourriture, et d'exalter leurs mérites après avoir profité de leurs présents. Cette instruction est ce qu'on pourrait appeler le sermon d'actions de grâces. Elle est nommée Anou-mau-dana. A partir de ce moment il permit à ses disciples d'agir de même, et de reconnaître la générosité de leurs bienfaiteurs, en les gratifiant de la connaissance de la vérité.

A cette époque Boudha prêcha les quatre lois d'A-sa-wau, ou les quatre liens qui retiennent un être dans le tourbillon des existences. De Kapilawot, Boudha retourna dans Thawattie, au monastère de Dzetawon. En ce temps, un Nat avait proposé à ses compagnons quatre questions qu'ils avaient été incapables de résoudre. Successivement, elles furent communiquées aux six sièges de Nats ; mais aucun d'eux n'avait trouvé de solution à la difficulté. Ne sachant que faire, ils convinrent de tout rapporter au très-excellent Boudha, alors au monastère de Dzetawon. En conséquence, une députation lui fut adressée pour lui soumettre l'énigme et le supplier de vouloir bien donner l'explication demandée. Les membres de la députation lui ayant dûment offert leurs respects, lui dirent : « O très-excellent Phra, quelle est la chose la meilleure à donner en aumône ? Quelle est la chose la plus savoureuse et la plus agréable ? Qu'est-ce qui donne le plus de plaisir ? Qu'y a-t-il de meilleur et de plus avantageux pour mettre fin aux passions ? » A ces quatre questions, Boudha répondit par un seul mot : « La loi. » S'adressant à la fois aux Nats et à ses disciples assemblés, il ajouta : « Le don des aumônes, quoique bon en lui-même, ne peut introduire un être dans la voie qui conduit à la délivrance. La loi seule peut conférer un tel don. La prédication de la loi et les efforts pour en communiquer la connaissance aux autres est, par conséquent, la plus excellente des aumônes. Tout ce qui, dans ce monde, procure du plaisir aux sens, n'est qu'un moyen de plonger l'homme dans le tourbillon des existences et, par suite, dans toutes les misères. Au contraire, l'audition de la loi réjouit le cœur au point de déterminer souvent un flot de larmes de joie ; elle détruit la concupiscence et fait graduellement sortir du tourbillon des existences. Elle établit l'homme dans l'état d'Arahat, qui est la fin de toutes les passions. La loi donc est la plus savoureuse, la plus agréable chose, conduisant les êtres à la cessation de toutes les misères. Pour vous, mes chers disciples, efforcez-vous, par vos prédications, de faire connaître ladite loi à tous les êtres. C'est la plus excellente aumône que vous puissiez faire aux êtres qui habitent les trois différents états d'hommes, de Nats et de Brahmas. »

Boudha quitta bientôt Thawattie et vint à Alawée. Un Bilou avait l'habitude de manger tous les jours quelques enfants de cette localité. Par suite de l'appétit dégoûtant et féroce de ce monstre, tous les enfants avaient été dévorés; il ne restait plus que celui du roi, qui devait lui être abandonné le jour suivant. Boudha passait en revue, comme d'usage, un certain matin, la condition de tous les êtres. Il vit la triste position du roi d'Alawée et de son fils, et résolut de leur porter secours à tous deux et de convertir le Bilou. Il arriva dans le pays d'Alawée, où il fut reçu avec toutes les marques de respect, et vint immédiatement à la forêt où vivait le monstre. Il rencontra d'abord une opposition déterminée et violente ; mais, en opposant à son furieux adversaire la douceur, la patience et la bonté, Boudha, petit à petit, adoucit cette nature terrible. Déguisant avec affectation le changement qui se faisait en lui, et presque contre son inclination perverse, le Bilou dit à Boudha : « J'ai posé certaines questions à beaucoup de fameux ascètes, mais ils n'ont pas été capables d'y répondre. Voyant leur incapacité absolue, je les ai saisis, j'ai mis en pièces leurs corps, et j'ai jeté dans le Gange leurs membres palpitants. Tel sera votre sort, ô Gaudama, si votre science vous fait défaut en cette occasion. Par quels moyens un homme peut-il sortir du lit ou du courant des passions ? Comment peut-il traverser la mer des existences ? Comment peut-il se soustraire aux influences mauvaises ? Comment pourra-t-il se purifier des plus petites souillures de la concupiscence ? » Boudha répartit : « Sois attentif, à mes paroles, ô Bilou; ma réponse te satisfera pleinement. Par la foi, par l'affection aux trois précieuses choses, l'homme échappe au courant des passions ; celui qui s'applique diligemment à l'étude de la loi des mérites dépasse la mer des existences. Celui qui s'efforce de pratiquer les œuvres qui confèrent des mérites s'affranchit de l'influence du mal et des misères qui en sont la conséquence. Enfin la connaissance des quatre meggas ou voies vers la perfection procure l'exemption complète des moindres restes de concupiscence. » Le Bilou, ravi de ce qu'il avait entendu, crut en

Boudha et fut bientôt fermement établi dans l'état de Thautapan. Sur l'emplacement où une conversion si éclatante et si peu espérée avait eu lieu, un monastère fut érigé. Boudha y passa la seizième saison. Comme d'usage, des myriades de Nats et d'hommes qui avaient entendu sa prédication obtinrent la délivrance.

D'Alawée, Boudha vint à Radzagio et passa la dix-septième saison dans le monastère de Welouwon. Pendant cette saison, une fameuse courtisane nommée Thirima, sœur de Dzewaka, le célèbre médecin, renommée dans tout le pays pour son esprit et le charme incomparable de sa personne, désira manifester sa libéralité envers les disciples de Boudha. Chaque jour, un certain nombre d'entre eux venaient à sa résidence pour recevoir, avec la nourriture, d'abondantes aumônes. Un des pieux mendiants, dans un moment d'oubli, mû par une curiosité profane, la regarda et fut immédiatement subjugué par ses charmes. La blessure morale fut élargie et rendue plus profonde par une circonstance fortuite. Un certain jour, Thirima tomba malade, mais elle n'interrompit pas son œuvre de charité quotidienne. Quoique faible et vêtue en négligé, elle voulut que les mendiants fussent introduits dans sa chambre, pour qu'elle pût leur offrir ses respects. L'infortuné amoureux était du nombre. Sa beauté incomparable était rehaussée par la simplicité de son vêtement et par son attitude languissante.

Le pauvre amoureux revint avec ses frères au monastère. Le dard avait pénétré jusqu'au fond de son cœur. Il refusait de prendre aucune nourriture, et, pendant quelques jours, il s'isola complétement de la société de ses frères. Pendant que cette lutte intérieure ravageait son cœur, Thirima mourut. Boudha, désireux de guérir la plaie morale du pauvre religieux, invita le roi Pimpasara à être présent à la visite qu'il comptait faire, avec ses disciples, aux restes de Thirima. Le quatrième jour après la mort de Thirima, il vint à sa maison avec ses disciples. Là le corps leur fut présenté, livide et tout décomposé. Des milliers de vers, sortant de toutes les ouvertures, ajoutaient à l'horreur du spectacle, tandis qu'une abominable puanteur en interdisait l'approche. Froidement, Boudha demanda au roi : « Quel est cet objet étendu devant nous? » — « Le corps de Thirima, » répondit le roi.

« Quand elle vivait, reprit Boudha, sa possession se payait mille pièces d'argent par jour. Personne voudrait-il la prendre maintenant pour moitié de cette somme? » — « Non, répondit le roi; il n'y a pas dans tout mon royaume un homme qui donnât la somme la plus modique pour avoir ses restes; bien plus, on ne trouverait personne qui voulût la transporter à quelque distance, à moins d'y être contraint. » Boudha, s'adressant à l'assemblée, dit : « Voilà tout ce qui reste de Thirima, qui était si renommée pour les charmes de sa personne. Que sont devenues ces formes dont l'attrait attirait et captivait tant de monde? Tout est soumis au changement; il n'y a rien de réel en ce monde. » En entendant cette instruction, quatre-vingt-deux mille personnes obtinrent la connaissance des quatre vérités. Le Rahan qui, à cause de sa passion, ne voulait pas prendre de nourriture, fut radicalement guéri de son désordre moral et fermement établi dans l'état de Thautapan. Tout cela eut lieu quand Boudha passait sa dix-septième saison dans le monastère du bois des bambous.

Quand la saison fut terminée, il vint, comme d'habitude, prêcher dans toutes les directions et retourna à Thawattie, dans le monastère de Dzetawon. Son séjour en ce lieu ne fut pas de longue durée, il entreprit un autre voyage à Alawée. Il fut reçu avec les plus grandes démonstrations de joie par le peuple, qui subvint spontanément à tous ses besoins. Un certain jour qu'il devait recevoir de grandes offrandes du peuple, et leur prêcher à cette occasion, il advint qu'un pauvre Pounha, qui était très-désireux d'entendre ses instructions, fut informé de bon matin, ce jour-là même, qu'une de ses vaches avait disparu du troupeau et ne pouvait être retrouvée. Il en fut extrêmement chagrin : il craignait de perdre cette occasion unique d'entendre l'instruction; cependant il pensa qu'en faisant toute la diligence possible, il serait de retour à temps. Il courut en hâte, jusqu'à ce qu'il eût trouvé l'animal égaré et le ramena. Il était environ midi quand il retourna à la ville. Bien que tiraillé par la faim et accablé de fatigue, il vint droit à la place où la congrégation était assemblée. Les offrandes avaient été apportées depuis longtemps; le peuple, immobile, se tenait respectueusement, les mains jointes, en présence de Boudha, qui, contrairement à l'attente générale, gardait un silence absolu. Grâce à sa vision surnaturelle, il avait vu les dispositions parfaites du pauvre Pounha. Il voulait le faire participer aux bienfaits de son instruction. Aussitôt que le Pounha eut pris place parmi les auditeurs, Boudha, lui jetant un bienveillant coup d'œil, lui fit signe de venir près de lui. En même temps il ordonnait à quelques-uns de ses disciples d'apporter quelque nourriture au pauvre homme, parce qu'il avait faim; et il ne voulut pas commencer l'instruction avant que l'homme eût, par un bon repas, calmé les étreintes de sa faim. Quand la prédication fut terminée, plusieurs Rahans tournèrent en ridicule l'attention accordée par leur maître à un homme ordinaire. Boudha, connaissant leurs plus intimes pensées, leur adressa une réprimande sous forme d'instruction : « Fils bienaimés, vous semblez étonnés de ma conduite envers ce pauvre Pounha; mais j'ai vu de suite les dispositions très-excellentes de cet homme, son ardeur pour la sainte loi, et sa foi vive et solide en moi, qui l'ont poussé à ne plus tenir compte ni de la faim, ni de la fatigue, à sacrifier toute pensée de confort personnel pour satisfaire son ardent désir de la loi. » A cette occasion, un nombre immense d'auditeurs se convertirent.

Boudha vint à un monastère bâti sur une montagne, près de la ville de Tsalia, où il passa la dix-huitième saison. Il y avait dans cette ville un tisserand qui avait une fille suivant la même profession que son père. La jeune fille désirait vivement entendre les prédications de Boudha; mais le jour où Boudha devait venir à la ville, pour faire l'instruction au peuple, il advint qu'elle avait à terminer le tissage d'une pièce d'étoffe que son propriétaire réclamait d'urgence. Elle se dit alors : « Je vais me dépêcher autant que je pourrai et finir ma tâche, et j'irai entendre la prédication de mon maître. » Elle se mit immédiatement à l'ouvrage, enroula son fil sur la navette, et l'emporta avec elle au hangar où se trouvait le métier de son père. En allant à son métier, elle eut à passer près du lieu où une grande foule immobile se tenait devant Boudha, attendant avec avidité les mots qui allaient tomber de sa bouche. Elle mit de côté sa navette chargée de fil, et se glissa timidement derrière le dernier rang de la congrégation. Boudha avait vu d'un coup d'œil les parfaites dispositions de la jeune fille. C'était principalement pour son bénéfice qu'il avait entrepris ce long voyage et qu'il était venu en cet endroit. Aussitôt qu'il l'eut aperçue, il lui fit signe de venir près de lui. Elle obéit avec joie à cette injonction. D'un ton de voix encourageant, Boudha lui demanda d'où elle venait et où elle allait. La jeune fille répondit modestement qu'elle savait d'où elle venait, et aussi où elle allait; en même temps, elle ajouta qu'elle était ignorante du lieu d'où elle venait, et du lieu où elle allait. En entendant sa réponse, en apparence contradictoire, plusieurs des auditeurs eurent peine à réprimer leur indignation. Mais Boudha, qui avait sondé la sagesse de la jeune fille, les pria de garder le silence, et, se tournant ensuite vers sa jeune interlocutrice, il la pria d'expliquer le sens de sa réponse. Elle dit : « Je sais que je viens de la maison de mon père, et que je vais à notre atelier; mais de quelle existence je suis partie pour venir à celle d'à présent, c'est ce que j'ignore absolument. Je suis, de même, incertaine quant à l'existence qui suivra celle-ci. Sur ces deux points, je suis complétement ignorante; mon esprit n'arrive à saisir ni l'un ni l'autre. » Boudha loua très-fort la sagesse de la jeune fille, puis commença sa prédication; à la fin, elle fut fermement établie dans l'état de Thautapan. Elle se retira aussitôt, prit sa navette et vint à l'atelier. Il se trouva que son père dormait, la main sur la poignée de sa mécanique. Elle s'approcha du métier et commença d'arranger les fils; son père, s'éveillant subitement, poussa par inadvertance la partie du métier sur laquelle sa main était appuyée et la frappa dans la poitrine; elle tomba et expira sur-le-champ. Accablé de douleur le père infortuné versa un torrent de larmes sur le corps inanimé de sa fille. Incapable de se consoler, il s'ent fut à Boudha, dans l'espoir de trouver à ses pieds quelque consolation. Boudha l'accueillit affectueusement, et, par ses bonnes instructions, le soulagea du fardeau qui oppressait son cœur; et, petit à petit, en éclairant son esprit par la prédication des quatre grandes vérités, il fit passer peu à peu dans son âme et dans son cœur cette douce joie que la sagesse peut seule procurer. Le tisserand résolut d'abandonner le monde, sollicita l'admission dans l'Assemblée, et, peu de temps après, il devint un Rahanda. Cette conversion fut suivie d'un grand nombre d'autres.

Boudha retourna à Radzagio et passa la dix-neuvième saison dans le monastère de Welouwon. La saison passée, Boudha alla dans les districts de Magatha, prêchant en tous lieux. Avant ce temps, vivait à Radzagio un homme riche qui avait une fille unique élevée avec le plus grand soin et la plus grande tendresse. Elle demeurait dans les appartements supérieurs d'une splendide demeure. Un certain jour, le matin, de bonne heure, elle regardait le peuple qui, de la campagne venait en foule à la ville. Elle vit, entre autres, un jeune chasseur, traînant un char rempli de venaison. Elle admira beaucoup son air énergique. Elle fut, à l'instant même, prise d'amour pour lui, et fit tous les arrangements nécessaires pour s'enfuir avec lui. Elle y réussit, épousa le chasseur et eut de lui une nombreuse famille. En passant un jour à travers une forêt, le très-excellent Boudha rencontra un daim pris dans le filet d'un chasseur. Mû par des sentiments de commisération, il aida la pauvre bête à se dégager des mailles. Après cette bonne action, il alla se reposer sous un arbre. Le chasseur parut bientôt, et, à son grand déplaisir, s'aperçut aussitôt que quelqu'un l'avait privé de sa proie. En regardant alentour, il aperçut Boudha, avec son vêtement jaune, se reposant doucement à l'ombre d'un grand arbre. « Voilà », se dit le chasseur, « l'homme qui a fait le mal; je vais lui faire payer cher son intervention déplacée. » Et, en parlant ainsi, il prit à la hâte une flèche, la mit sur son arc avec l'intention de tuer le libérateur mal avisé. Mais, en dépit de ses efforts, que sa soif de vengeance grandissait, il ne put réussir; ses deux mains furent prises d'un tremblement subit, et ses pieds semblèrent cloués au sol. Il resta immobile dans cette position. Absorbé dans la méditation, Boudha ne s'était pas aperçu de ce qui se passait si près de lui.

Les fils du chasseur ainsi que leurs femmes furent extrêmement troublés en voyant que leur père ne revenait pas à l'heure accoutumée, de sa visite à ses filets. Ils craignirent que quelque fâcheux accident ne lui fut arrivé. Ils prirent leurs armes et se mirent à sa recherche. Ils arrivèrent bientôt à l'endroit où il était et virent la pénible position de leur père. Apercevant en même temps un individu habillé de jaune, ils en conclurent aussitôt, que, par le pouvoir de certains charmes, il avait mis leur père dans cette triste position. Et les voilà qui se disposent à le tuer. Mais pendant qu'ils se préparaient à mettre leur cruel dessein à exécution, leurs mains s'engourdirent subitement, furent incapables de saisir leurs armes, et tous restèrent sans mouvement et sans voix. S'éveillant à la fin de sa contemplation, Boudha vit le chasseur et toute sa famille debout devant lui. Prenant pitié d'eux, il les rendit à leur état ordinaire et se mit à les prêcher. Tous tombèrent à ses genoux, lui demandèrent pardon, crurent en lui et devinrent de fervents Oupasakas.

Boudha retourna à Thavattie pour y passer la vingtième saison dans le monastère de Dzetawon. Ce fut à cette époque qu'eut lieu un changement remarquable dans l'administration des affaires domestiques de Gaudama. Jusqu'alors, aucun parmi les religieux n'avait été spécialement préposé pour assister Boudha et veiller à ses besoins; mais quelques-uns, suivant les circonstances assumaient l'agréable et honorable fonction de le servir. Cependant, la nature humaine, même chez les meilleurs des hommes, laisse percer accidentellement quelque indice de son imperfection innée. En deux circonstances, les Rahans qui suivaient Boudha, portant son pot de mendiant et une partie de son habillement, avaient voulu suivre une direction, tandis que Boudha voulait en suivre une autre. Ils avaient eu l'imprudence de l'abandonner. Tous deux expièrent cruellement leur désobéissance. Ils tombèrent entre les mains de voleurs qui prirent tout ce qu'ils possédaient et les frappèrent gravement à la tête. Ces deux actes d'insubordination affectèrent péniblement Boudha; il convoqua tous les religieux en sa présence, et déclara qu'étant vieux il désirait nommer l'un d'entre eux à l'office permanent d'assistant à sa personne. Tharipoutra et Maukalan, avec un vif et pieux empressement, offrirent immédiatement leurs services; mais Boudha déclina leurs offres aussi bien que celles des quatre-vingts principaux disciples. La raison était que leurs services étaient nécessaires pour prêcher au peuple et travailler avec lui à la diffusion de la vraie science parmi les hommes. Quelques-uns des disciples poussèrent Ananda à offrir ses services; mais, par modestie, il garda le silence. Puis il ajouta que si Boudha voulait accepter ses humbles services, il connaissait les dispositions de son cœur et son empressement à l'assister en toute occasion; il n'avait donc qu'à lui signifier son bon plaisir; quant à lui, il serait trop heureux d'accepter la fonction. Boudha exprima son empressement à lui conférer cet honorable emploi. Il fut officiellement nommé et préposé en qualité d'assistant de Phra, et, pendant les vingt-cinq saisons subséquentes, il ne se démentit jamais dans ses soins affectueux et dévoués à la personne de Boudha. C'est par lui seul que les visiteurs étaient introduits en présence de Boudha, et que les ordres étaient communiqués aux membres de l'assemblée. Gaudama avait alors cinquante-cinq ans.

Un certain jour, il vint au village de Dzantou pour recueillir des aumônes. Manh Nat, son ennemi invétéré, entra dans le cœur de tous les villageois, pour les empêcher de donner des aumônes au mendiant. Il réussit si bien dans son méchant dessein, que personne ne fit attention au passage de Gaudama dans la rue, ni ne lui fit l'aumône. Quand il fut près de la porte, Manh se tint sur le côté de la rue et, d'un ton sardonique, lui demanda comment il s'accommodait des tiraillements de la faim. Boudha lui répondit qu'en se mettant en extase, il pouvait rester comme le grand Brahma, sans prendre de nourriture matérielle, vivant en quelque sorte de la félicité intérieure causée par la vue immédiate de la pure vérité. Cinq cents jeunes vierges qui vinrent à passer, en revenant des champs dans le village, se prosternèrent devant Boudha, écoutèrent ses instructions, et atteignirent l'état de Thautapan.

En quittant ce lieu, Boudha eut à voyager à travers une forêt qui était devenue un objet de terreur pour tous les habitants de Kothala, comme étant le repaire favori d'Ougalimala, voleur et meurtrier fameux. Le roi du pays, Pasenadi, avait entendu, des fenêtres de son palais, les cris d'alarme de ses sujets. En dépit des nombreuses remontrances qui lui furent faites sur les dangers d'une telle tentative, Boudha s'en fut droit au repaire de cet homme redoutable, qui, furieux d'une entreprise aussi présomptueuse, se disposait à lui faire payer cher son audace. Mais il avait affaire à un adversaire difficile à effrayer. A ses menaces et à ses tentatives de mauvais traitement, Gaudama opposait la plus calme attitude, les expressions les plus douces et une patience inaltérable. Touché par la douceur de son adversaire, Ougalimala adoucit le ton de sa voix et manifesta du respect pour Boudha. Ce dernier, apercevant bien vite le changement qui s'était fait dans l'âme du voleur, lui prêcha la loi et en fit un sincère converti. Quittant la forêt, théâtre de tant de crimes, il suivit Boudha avec l'attitude d'un humble disciple. Les gens de Kosala avaient peine à croire au changement qui s'était produit dans Ougalimala. En peu de temps, il devint un Rahanda, et mourut peu après être devenu parfait.

Les membres de l'assemblée causaient un certain jour entre eux sur le lieu où il avait probablement émigré. Boudha, qui avait surpris leur conversation à ce sujet, leur dit : « Bien-aimés Bickous, le Rahan Ougalimala qui est mort peu de temps après sa conversion, est arrivé à la délivrance. Sa conversion a été à la fois prompte et parfaite ; il était très-vicieux avant sa conversion, parce qu'il n'avait jamais fréquenté que des compagnons vicieux et pervers, dont la fréquentation l'avait plongé dans toute sorte de désordres. Mais il n'a pas eu plus tôt la bonne fortune de me rencontrer, d'entendre mes instructions et de converser avec vous, qu'il a immédiatement cru à ma doctrine, adhéré à moi de toute sa puissance, et qu'il est entré dans la voie qui mène à la perfection. Il a énergiquement travaillé pour détruire en lui la loi des démérites, et a ainsi rapidement atteint le sommet de la perfection. »

CHAPITRE XII

BOUDHA EST CALOMNIÉ A THAWATTIE. — QUESTIONS A LUI POSÉES PAR UN POUNHA. — HISTOIRE DE LA FILLE D'ANATAPEIN. — CONVERSION D'UN POUNHA DONT LE NOMBRIL ÉMETTAIT DES RAYONS LUMINEUX. — LACUNE DANS UNE GRANDE PARTIE DE LA VIE DE BOUDHA. — HISTOIRE DE DEWADAT. — SA JALOUSIE ENVERS BOUDHA. — SON AMITIÉ AVEC LE PRINCE ADZATATHAT. — SON AMBITION. — SA TENTATIVE DE TUER BOUDHA. — SA MISÉRABLE FIN.

Pendant que le très-excellent Boudha était au monastère de Dzetawon, les hérétiques de Thawattie essayèrent de nouveau de ternir, et même de ruiner sa réputation. Ils obtinrent de Thondarie, femme entièrement dévouée à leurs intérêts, qu'elle répandît le bruit qu'elle avait passé une nuit dans les appartements de Boudha. Quand la calomnie eut été répandue au loin, ils corrompirent une bande d'ivrognes, par la promesse d'une forte somme d'argent, s'ils voulaient faire disparaître l'instrument de la calomnie. Ceux-ci choisirent une occasion favorable, tuèrent Thondarie et jetèrent son corps dans un épais buisson près du monastère. Le crime une fois accompli, les hérétiques donnèrent l'alarme dans tout le pays en demandant où était Thondarie. On ne pouvait la trouver. Des recherches furent faites de tous côtés, jusqu'à ce que, à l'instigation secrète de leurs émissaires, son corps fut trouvé dans l'endroit où, en apparence, il avait été caché. Le parti hostile à Boudha mit ce crime à son compte; le roi, poussé par eux, ordonna une enquête sévère. La ruse abominable fut à la fin découverte de la manière suivante. Les auteurs du crime vinrent dans un cabaret; excités par les libations, ils commencèrent à s'accuser réciproquement d'avoir tué Thondarie; leur conversation fut entendue par un des serviteurs du roi qui les fit arrêter et conduire au palais. Le roi leur demanda : « Hommes pervers, est-il vrai que vous ayez tué la femme Thondarie ? » Ils répondirent : « C'est vrai, nous l'avons tuée. » — « Qui vous a conseillé de commettre le meurtre ? » — « Les maîtres Deitty, qui nous ont payé mille pièces d'argent. » Indigné d'un acte aussi horrible, le roi ordonna de mettre à mort les meurtriers et leurs instigateurs. Ils furent enterrés dans le sol jusqu'à la ceinture, puis recouverts d'un monceau de paille auquel on mit le feu, de sorte qu'ils furent brûlés vifs. Boudha dit à ses disciples que ce qui était arrivé en cette lamentable occasion, n'était qu'une juste punition de ce que, étant ivre, dans une existence antérieure, il avait injurié et calomnié un saint personnage.

Dans une de ses excursions de prédicateur, Gaudama convertit un Pounha qui lui demandait : « Illustre Boudha, qu'a fait le grand Brahma, pour mériter la gloire extraordinaire qui entoure sa personnalité et la félicité sans égale dont il jouit ? » A quoi il répondit : « Le grand Brahma, pendant plusieurs existences, a fait d'abondantes aumônes aux nécessiteux, délivré nombre de gens de grands périls, et il se délectait à instruire les ignorants. De tels actes méritoires lui ont valu le rang transcendant qu'il occupe, et lui ont assuré pour une période de temps immense le bonheur sans égal qu'il possède. »

Deux hommes riches, l'un de Thawattie, et l'autre citoyen de la cité de Ougga, s'étaient promis dans leur jeunesse, alors qu'ils faisaient leurs études que celui des deux qui aurait une fille la donnerait en mariage au fils de l'autre. Lorsqu'ils eurent grandi, l'homme riche de Thawattie devint disciple de Boudha, mais son ami suivait l'enseignement des hérétiques. En temps opportun, Anatapein, car tel était le nom du premier, eut une fille charmante ; son ami Ougga avait de son côté un fils. Il advint un certain jour que Ougga arriva de son pays à Thawattie avec cinq cents chariots de marchandise pour y trafiquer. Naturellement il logea dans la maison de son ami. Pendant la conversation, Ougga rappela à son hôte leur ancienne promesse, et déclara qu'il serait très-heureux si elle s'accomplissait sans délai. Anatapein, ayant consulté sa femme et sa fille et obtenu leur consentement, accepta la proposition qui lui était faite. Le riche et pieux personnage était cependant un peu inquiet des dangers qu'aurait à courir sa fille au milieu de ces sectateurs de fausses doctrines. Il lui donna une suite de servantes qui pussent par leurs avis et leur conversation maintenir intacte chez elle la foi en Boudha. Quand, après un long voyage, la fiancée arriva dans la cité d'Ougga, elle fut priée par son beau-père d'aller, en compagnie de sa femme, offrir ses respects à ses prêtres qui étaient assis tout nus, avec les cheveux épars, au milieu de la saleté la plus dégoûtante, sous un hangar préparé pour eux. Surprise à un spectacle aussi extraordinaire pour elle et aussi révoltant, la modeste jeune fille recula d'horreur, refusant même de jeter un regard sur eux. Furieux du mépris manifesté pour ses prédicateurs, le beau-père dénaturé la menaça de la chasser de sa maison comme indigne de son fils. Ferme dans sa foi, elle résista à tous les efforts imaginés pour faire changer sa résolution, et accorder la moindre attention à de tels individus. Elle rentra dans ses appartements. Ayant un peu recouvré ses esprits et repris son calme et sa sérénité habituels, la pieuse jeune femme se mit à louer et glorifier en présence de sa belle-mère et d'autres dames de la ville, la gloire, la modestie, la douceur et toutes les autres qualités qui faisaient l'ornement de son grand maître et de ses disciples. Les auditeurs furent ravis de ce qu'ils entendaient et exprimèrent un désir ardent de les voir et d'entendre leurs instructions.

Ce même jour, le compatissant Boudha, suivant son habitude, était occupé dès l'aube à passer en revue les êtres qui habitent l'île de Dzampoudipa, essayant de distinguer ceux qui étaient bien disposés à entendre la vérité. Son regard inquisiteur découvrit bientôt ce qui se passait dans la maison du riche Ougga, et les bonnes dispositions de bon nombre de ses hôtes. C'est là, dit-il, que je dois me hâter d'aller prêcher la loi, car beaucoup seront convertis. Sur ce, il avertit cinq cents disciples de l'accompagner; tous prirent leur patta et leurs autres ustensiles. Avec cette compagnie, il s'élança dans les airs et arriva bientôt dans la cour de la maison du riche Ougga. Tous se réjouirent de voir Boudha et ses disciples; ils prêtèrent une oreille attentive à ses instructions. L'homme riche, sa famille et un grand nombre des habitants de la ville se convertirent. Anouroudha fut laissé à Ougga, pour compléter, perfectionner et développer le travail si heureusement commencé. Boudha retourna en toute hâte à Thawattie.

A cette époque on faisait grand bruit dans tout le pays, à propos d'un certain Pounha dont le nombril émettait une sorte de lumière de la forme de la lune. Il appartenait au parti des incrédules. Il était mené par eux dans les villages et dans les villes, comme une preuve vivante du pouvoir qu'ils possédaient. A la fin, ses amis l'introduisirent dans le monastère de Dzetawon. Il ne fut pas plutôt introduit en présence de Boudha, que le prodige cessa subitement. Il partit quelque peu ennuyé de sa déconvenue; mais il avait à peine franchi le seuil du monastère, que la lumière reparut. Trois fois il revint près du grand prêcheur et trois fois la lumière s'éclipsa. On ne pouvait plus douter qu'il y eût en Boudha un secret pouvoir supérieur au sien. Le Pounha était à la fois déconcerté et effrayé. Dans son ignorance, il attribuait l'accident à quelque formule magique supérieure possédée par Boudha, et lui demanda de la lui apprendre. Boudha lui dit : « O Pounha, je ne possède aucun charme; j'ignore toutes les formules magiques. Il n'y a en moi qu'une vertu; c'est celle que j'ai amassée au pied de l'arbre Bodi, pendant les quarante-neuf jours que j'y ai passés en méditation profonde. Quant à ce qui attire maintenant l'attention du peuple sur votre personne, vous en êtes redevable à l'offrande d'une couronne d'or, en forme de lune, que vous fîtes à un Boudha dans une existence antérieure. La récompense qui vous est accordée pour une telle bonne œuvre n'est que transitoire; elle ne peut vous procurer un bonheur réel, effectif et surtout durable. Écoutez ma doctrine, elle vous conférera une récompense qui ne finira pas. » Il continua à lui expliquer plusieurs points de la loi. Le Pounha crut en Boudha, de plus, il sollicita la dignité de Rahan, et à la fin il devint un Rahanda.

N. B. — L'histoire de Boudha présente une lacune presque complète, quant à ce qui concerne ses actes et prédications, durant une période d'environ vingt-trois ans (1), commençant avec la vingt et unième

---

(1) Ce court sommaire de la vie de Boudha, n'indiquant guère plus que les noms des lieux où il a passé vingt saisons, et laissant dans l'obscurité tous les détails concernant les vingt-trois autres saisons, est une nouvelle preuve de la déclaration faite dans quelques-uns des passages précédents. C'est-à-dire que la présente compilation est très-concise et très-imparfaite, en ne nous donnant qu'un aperçu des actes de Boudha, pendant le cours de ses prédications. Il atteignit l'âge de quatre-vingts ans. D'après l'auteur de cette légende, Boudha vécut quarante-cinq ans, après avoir obtenu le rang de Boudha. Il était donc âgé de trente-cinq ans lorsqu'il débuta dans la vie publique, et entreprit la carrière de prédicateur de la loi. Il ne m'est pas possible de dire rien de positif, relativement à l'ancienneté de cet ouvrage, mais le récit des faits principaux est justifié par le témoi-

saison, quand il avait cinquante-six ans, et finissant avec la quarante-quatrième, alors qu'il avait atteint l'âge patriarcal de soixante-dix-neuf ans. Nous sommes dans une telle ignorance des événements importants qui ont eu lieu pendant une si grande portion de la vie de Boudha, que l'auteur, après avoir consulté vainement plusieurs manuscrits, est à son grand regret, obligé d'en venir à la même conclusion que celle à laquelle sont arrivés les auteurs Birmans; c'est-à-dire qu'il y a désaccord complet même quant aux noms des endroits où Boudha passa les vingt-trois saisons restantes. Par considération pour Anatapein, l'homme qui, pendant tant d'années l'avait si libéralement soutenu, Boudha passa la plus grande partie du reste des saisons dans le monastère de Dzetawon. Pendant un petit nombre d'autres, il paraît avoir résidé à Radzagio ou auprès, surtout dans le monastère de Welouwon. Le total des saisons ainsi passées par notre Phra, depuis le temps où il devint un Boudha jusqu'à sa mort, est de quarante-cinq.

Je trouve rapportée, comme un fait digne d'être noté, la donation par une riche veuve de Wethalie, nommée Wisaka, du célèbre monastère de Pouppayon. Il était situé non loin de celui de Dzetawon et à l'est de ce lieu fameux. Il est dit que lorsque Phra sortait de Dzetawon, par la porte de l'est, les gens du pays savaient qu'il allait habiter quelque temps le monastère de Pouppayon; d'autre part, quand on le voyait sortir par la porte du nord, tout le monde comprenait qu'il allait faire une tournée de prédication dans la campagne. La date de cette donation n'est pas certaine; par quelques allusions à certains détails, il semble qu'elle doit avoir eu lieu quand Boudha avait soixante ans.

guage réuni des ouvrages Boudhistes existant dans diverses parties et en diverses langues de l'Asie orientale. S'il est vrai que notre Boudha vécut aussi longtemps, nous devons croire que son temps durant, les vingt-cinq dernières années, fut employé aux mêmes pratiques de charité; c'est-à-dire à prêcher la loi sacrée et à montrer à tous les êtres le chemin conduisant à la délivrance. Nombre de volumes sont remplis de disputes sur des sujets religieux entre Boudha et les hérétiques, c'est-à-dire ses adversaires. Nous pouvons conclure que ces controverses eurent lieu pendant la dernière partie de la vie de Boudha, car on ne peut douter qu'elles augmentèrent en proportion des progrès de la nouvelle doctrine chez les populations. Si, cependant nous sommes sans renseignements sur les actes du grand réformateur pendant une longue période de sa vie publique, nous avons une ample compensation dans le récit de tant de circonstances intéressantes survenues principalement dans la dernière année de sa carrière terrestre.

En suivant notre manuscrit, nous trouvons inséré à cette place le récit détaillé sur Dewadat, raconté par Boudha lui-même, dans le monastère de Dzetawon, en présence d'un grand nombre de disciples. Le fait de Boudha mentionnant le nom d'Adzatathat, comme roi de Radzagio, ne laisse aucun doute quant à l'époque où l'on suppose que dut avoir lieu le terrible châtiment infligé à Dewadat pour tous les crimes abominables qui lui sont reprochés. Adzatathat, ayant mis à mort son père Pimpathara, en le faisant périr de faim en prison, devint roi de Radzagio, et lui succéda quand Boudha avait près de soixante-douze ans. Il était déjà roi, comme la suite du récit le fera voir, quand Dewadat était encore son guide spirituel. Il est probable que le récit suivant ne fut pas fait plus de deux ans après la date sus-mentionnée.

Quand le très-excellent Boudha était au monastère de Dzetawon, faisant allusion au triste sort de Dewadat, il raconta les causes qui avaient amené ce terrible événement.

A une certaine époque où Boudha passait la saison dans le pays de Kosamby, le peuple venait, chaque jour, en foule, au monastère, apporter des aumônes abondantes et lui présenter, ainsi qu'à l'assemblée, ses respects. Quelquefois ils faisaient des questions sur les membres les plus distingués de l'assemblée, tels que Tharipoutra, Maukalan, Anouroudda, Ananda, Bagou, Kimila et autres, laissant percer les sentiments d'admiration et d'amour qu'ils avaient pour eux. Mais jamais ils ne faisaient la moindre mention de Dewadat. Ce dernier ressentit vivement le dédain étudié de sa personne, d'autant plus qu'en sa qualité de membre de l'assemblée et de membre de famille royale, il se croyait, à ce double point de vue, autant de droits à la considération que beaucoup d'autres, ses inférieurs selon lui. Il résolut de quitter la compagnie de Boudha et d'aller en quelque autre endroit. Il vint à Radzagio, et s'insinua dans les bonnes grâces du jeune prince Adzatathat, fils du roi Pimpathara. Le jeune prince, captivé par les façons graves du nouvel arrivant, le reconnut comme son maître, et lui construisit un monastère sur la montagne Yauthitha, près de la cité.

Quelques années après, Boudha vint à Radzagio passer une saison dans le monastère de Welouwon. Dewadat vint à son monastère. Ayant présenté ses respects de la façon accoutumée, et occupé une place convenable, il demanda, à trois reprises, d'avoir pour lui une assemblée ou Thinga distincte de l'autre, qui était sous l'autorité immédiate de Boudha. Sur ce point, il reçut trois fois un refus formel. De ce jour, la jalousie qu'il nourrissait à l'égard de Boudha devint d'abord l'envie la plus basse, et, bientôt après, engendra dans son âme une haine mortelle contre lui. Il décida de rompre tous les liens de connexion religieuse qu'il avait avec Boudha, et de devenir le chef d'une nouvelle corporation religieuse. Pour réussir dans ses projets impies, il lui fallait l'appui du bras séculier. Le roi de Magatha était favorable à Boudha, mais son fils avait épousé chaudement la cause de Dewadat. Sur ces entrefaites, le révolté Dewadat conseilla au prince Adzatathat de faire périr son père pour devenir roi. Le fils ambitieux suivit ce détestable conseil et mit fin aux jours de son père en le laissant mourir de faim en prison, malgré tous les efforts de sa mère pour sauver son royal époux.

Ce fut dans la trente-septième saison de la mission publique de Boudha qu'Adzatathat monta sur le trône de Magatha. Sous les auspices du nouveau roi, Dewadat fit tomber de haute main toute opposition. Assuré de l'appui du nouveau roi, il prit à gages trente archers et leur promit une grosse récompense s'ils tuaient Boudha. Les misérables acceptèrent avec plaisir la proposition; mais, au moment d'accomplir le crime, ils furent glacés d'épouvante par la présence de Boudha. Au lieu d'exécuter l'ordre qu'ils avaient reçu, ils tombèrent à ses pieds et demandèrent humblement son pardon; ils écoutèrent sa prédication et se convertirent l'un après l'autre. Désappointé de ce côté, Dewadat imagina un autre plan pour se débarrasser du grand prêcheur. Il guetta le moment où Boudha se promenait au pied d'une montagne nommée Weitsa-gout. Il fit rouler de son sommet une pierre énorme qui devait écraser son ennemi. Heureusement, dans sa descente, elle rencontra un petit obstacle qui la fit éclater en plusieurs morceaux. Un éclat seulement frappa l'orteil de Boudha et le blessa grièvement. En apprenant cette lâche et perfide tentative, les disciples accoururent sur les lieux et transportèrent leur maître bien-aimé à son monastère. Ils offrirent de monter la garde auprès de sa personne, afin d'empêcher le retour de tentatives semblables contre ses jours, mais Boudha leur répondit qu'il n'était au pouvoir d'aucun mortel de lui faire une blessure pouvant mettre sa vie en danger. Il les remercia de cette nouvelle marque d'affection envers lui et leur ordonna de retourner à leurs occupations respectives. Le célèbre médecin Dzewaka, ayant été appelé, appliqua un bandage, qui fut enlevé le lendemain, et, à la grande joie et surprise de tous, on reconnut que l'orteil blessé était complétement guéri. En une autre circonstance, Dewadat fit une dernière tentative contre la vie de Boudha, dans les faubourgs de Radzagio, au moyen d'un éléphant furieux et rendu fou par des liqueurs qu'on avait introduites de force dans son gosier. L'animal fut lâché dans une des rues que parcourait Gaudama, quêtant des aumônes dans son pot de mendiant. Mais, loin de faire aucun mal à Boudha, l'éléphant, étant arrivé en sa présence, s'arrêta un instant et s'agenouilla devant lui en signe de respect. Ainsi Dewadat fut encore désappointé dans cette dernière méchante tentative.

Dewadat différait de son cousin sur quelques points de discipline, et cette différence engendra le schisme qu'il méditait d'opérer (1). Il avait proposé à Boudha de rendre obligatoire à tous les Rahans de vivre dans les forêts, au pied des arbres ; de ne pas recevoir d'aliments du peuple, dans leurs résidences, mais de n'user que des aliments qu'ils pourraient se procurer eux-mêmes ;

(1) Dewadat, en insistant sur l'adoption de règles plus sévères, tendait à imiter à un certain degré, la conduite des mendiants du parti opposé. Il visait à rivaliser avec eux dans la pratique des austérités. Il ne semble pas qu'il ait innové dans les dogmes qu'il avait appris à l'école de son grand maître. Comme son royal pupille Adzatathat, avait jusqu'alors soutenu le parti des Pounhas, il était probable que Dewadat voulait amoindrir les différences entre les pratiques et observances des deux partis, les rendre moins apparentes, et, par ce moyen, préparer graduellement les voies à une complète fusion. Il se posait en rigide réformateur, qui voyait avec peine les règles disciplinaires trop douces instituées par Boudha. Quoi qu'il en soit, il est certain qu'au commencement la jalousie lui inspira l'idée d'une séparation d'avec l'assemblée. Ce premier pas le conduisit plus loin qu'il n'avait d'abord pensé. Il voulait instituer une assemblée ou Thinga de sa façon, et par là se mettre sur un pied d'égalité et de rivalité avec son cousin. Trouvant plus de résistance qu'il n'avait supposé, et étant convaincu qu'il ne pourrait réussir tant que Boudha vivrait, il n'hésita pas à attenter plusieurs fois à sa vie. C'est un fait digne de remarque que les troubles qui eurent lieu plus tard dans la société Boudhiste, eurent, la plupart du temps, leur origine dans des points de discipline de médiocre importance, qui étaient altérés ou rejetés par une fraction de l'assemblée, tandis qu'ils étaient soutenus avec la plus grande ténacité par la majorité des Rahans, comme ayant été établis par Gaudama. Cette réflexion sera pleinement corroborée par les détails que nous donnerons sur les conciles ou réunions qui eurent lieu après la mort de Gaudama.

de porter des robes faites de guenilles recueillies dans la poussière des grands chemins, et non plus de celles offertes par des laïques pieux; de s'abstenir de poisson et de viande, et d'habiter des réduits sans toiture. Gaudama refusa péremptoirement d'accéder à ces demandes. En même temps, il le mettait doucement en garde contre le péché de schisme, lui disant qu'une telle offense précipiterait celui qui l'aurait commise dans l'enfer Awitzi pour une révolution complète de la nature. Sourd aux avertissements salutaires, Dewadat se précipita dans le schisme. Il gagna à sa cause cinq cents Rahans inexpérimentés du pays de Witzi, et habita avec eux le monastère de Gayathitha. Il échoua complétememt dans son attente de rallier Ananda à son parti. Tharipoutra, sur l'avis de Boudha, vint à la résidence de Dewadat. Profitant du moment où il était endormi et à quelque distance, il décida les cinq cents Rahans à abandonner le schisme et à retourner à Boudha, centre de l'unité, qui était alors en Wethalie, au monastère de Dzetawon. Sortant de son sommeil, Dewadat tomba dans un paroxysme de rage en voyant le tour qui lui avait été joué. Il résolut aussitôt de partir pour le monastère de Dzetawon pour se venger sur Boudha de l'injure qui lui avait été faite. Il était porté dans une litière. Messagers sur messagers informaient Boudha de l'approche de son antagoniste, mais il dit avec calme à ses disciples : « Bien-aimés fils, ne vous troublez pas; Dewadat ne verra pas mon visage, et ne franchira pas l'enceinte de ce lieu. » En ce moment, avis fut reçu à la hâte que Dewadat avait atteint l'étang près du monastère, et qu'il se reposait, pour un moment, à l'ombre d'un arbre. Gaudama, avec un calme parfait, donna la même assurance à ses disciples tremblants. Mais le moment d'un châtiment terrible approchait. Dewadat, quittant sa couche, se tint debout un moment pour étirer ses membres fatigués. Mais ses compagnons, atterrés, le virent graduellement s'enfoncer dans la terre, d'abord jusqu'aux genoux, puis jusqu'au nombril et jusqu'aux épaules. A ce moment, il s'humilia, confessa sa faute, et reconnut et proclama la gloire de Boudha. Il disparut alors, enveloppé de flammes, et fut englouti dans l'enfer Awitzi. Son châtiment consiste à avoir les pieds enfouis jusqu'aux chevilles dans un terrain brûlant; sa tête est coiffée d'un chaudron chauffé au rouge, qui tombe jusqu'en bas de ses oreilles; deux massives barres de fer rouge le traversent horizontalement, de droite à gauche ; deux de devant en arrière, et une autre l'empale verticalement. Il souffrira, dans cette épouvantable position, pendant une révolution de la nature. Son tardif mais sincère repentir le délivrera, et, par ses efforts à pratiquer la vertu, il deviendra un Pitzegaboudha sous le nom d'Atisara.

Adzatathat gouvernait les deux contrées d'Enga et de Magatha. Sa mère était Waydahi, sœur du roi Pathenadi, qui gouvernait les deux pays de Kaci et de Kosala. Adzatathat, d'humeur belliqueuse, se querella avec son oncle pour quelques districts de Kaci, dont il s'empara à main armée. Incapable de résister à l'armée de son neveu, Pathenadi offrit à l'usurpateur la main de sa fille Watzera-Komma. L'offre fut acceptée et une réconciliation eut lieu. Trois ans après, Pathenadi perdit son trône, qui fut saisi par Meittadoubba, son fils par une concubine. Pathenadi vint à Radzagio demander à son beau-fils assistance contre l'usurpateur, mais il mourut en chemin.

Ce fut sous le règne de Meittadoubba, dans la quarante-quatrième saison, qu'eut lieu la destruction complète des princes Thagiwi, de Kosala et de Kapilawot par l'ambitieux Adzatathat.

Boudha passa la quarante-quatrième saison dans le monastère de Dzetawon. Quand la saison fut terminée, il vint habiter le monastère de Weitzagout, près de Radzagio. Pendant qu'il y était, une rumeur se répandit qu'Adzatathat entretenait des sentiments hostiles contre Wethalie. Boudha prédit alors qu'aussi longtemps que les princes de Wethalie resteraient unis et éviteraient les luttes intestines, ils n'auraient rien à craindre de leur ennemi ; mais que s'ils en venaient à se quereller entre eux, eux et leur pays seraient une proie facile pour un envahisseur. Ces mots, qui tombaient de la bouche de Boudha, ne furent pas oubliés par un Pounha qui était un des ministres d'Adzatathat. Il travaillait, avec le consentement et le secret encouragement de sa mère, à la destruction des rois de Wethalie et à la conquête de ce pays, en semant la discorde parmi les princes Letziwi. Son plan eut le succès le plus complet, quelques années après, environ trois ans après le Neibban de Gaudama, ainsi que nous aurons occasion de le raconter.

CHAPITRE XIII

BOUDHA, ÉTANT AGÉ DE SOIXANTE-DIX-NEUF ANS, DONNE SES INSTRUCTIONS AUX RAHANS. — PRÉDICATIONS DANS LE VILLAGE DE PATALIE. — MIRACULEUX PASSAGE DU GANGE. — CONVERSION D'UNE COURTISANE. — MALADIE DE BOUDHA. — SES INSTRUCTIONS A ANANDA. — DERNIERS MOMENTS ET MORT DE THARIPOUTRA. — SON ÉLOGE PAR BOUDHA. — MORT DE MAUKHALAN. — RÉFLEXIONS DE BOUDHA SUR CET ÉVÉNEMENT.

Pendant tout le temps, Boudha voyageait dans la campagne, prêchant la loi à ceux qui étaient dignes d'obtenir la délivrance. Il avait atteint sa soixante-dix-neuvième année (1). A cette époque,

(1) Le premier fait relaté avec une certaine ampleur de détails par le compilateur de cet ouvrage offre un intérêt particulier. Boudha convoque les Rahans en sa présence, par l'intermédiaire du fidèle et empressé Ananda, et leur adresse des instructions qui forment la base des devoirs et obligations de tout vrai disciple. Il les appelle bickous, c'est-à-dire mendiants, pour leur rappeler l'esprit de pauvreté et le mépris des choses mondaines, qui doivent leur être toujours chers. L'épithète bien-aimés est toujours préposée au mot Bickous, comme entraînant l'idée de la pure et vraie affection que le maître porte à ses disciples, ou plutôt à ses enfants spirituels. Boudha leur enjoint d'abord d'être toujours soigneux de tenir des assemblées où des sujets religieux soient discutés, les controverses apaisées et l'unité de foi conservée. Cette obligation a longtemps été considérée comme impérative par les Boudhistes primitifs, car il est toujours fait mention dans leurs livres des trois grandes assemblées tenues pendant les trois premiers siècles de l'ère Boudhiste, où les écritures sacrées furent soigneusement révisées, amendées et en quelque sorte purgées de toute fausse doctrine. Ce fut pendant le dernier concile que le canon des écritures fut adopté, et il a depuis été mal tenu par les Boudhistes orthodoxes. Rien ne saurait être plus sage que le désir qu'il exprime si fortement que nul ne prétende jamais altérer la vraie et primitive nature des préceptes, en faisant, suivant son caprice, léger ce qui est lourd, ou obligatoire ce qui n'est que facultatif. Il exprime le plus grand désir de les voir toujours unis entre eux, et fervents dans l'observance des préceptes de la loi. Il établit comme principe fondamental l'obéissance aux supérieurs. Il n'existe pas de société de caractère religieux, parmi les païens, où les divers degrés de la hiérarchie soient aussi bien marqués et définis que dans l'institution Boudhiste. Le corps entier des religieux a un supérieur dans chaque province, exerçant un contrôle absolu sur

il y avait dix-huit monastères dans les environs de Radzagio, peuplés d'un grand nombre de religieux. Un certain jour, Boudha dit à Ananda : « Invitez tous les Rahans à se rassembler dans la cour Guy-Moura. » Quand ils furent là réunis, Boudha y vint et leur parla en ces termes : « Bien-aimés Bickous, tant que vous resterez unis et continuerez à tenir des réunions régulières, vous serez certainement prospères et florissants : tant que vous vous accorderez et serez unanimes dans vos décisions sur toutes les affaires principales, de manière à ne pas imposer d'obligation là où il n'y a pas de précepte, et que vous observerez avec ferveur tous les commandements, adhérant strictement à toutes les règles de votre profession, vous serez toujours en condition prospère. Vous devez vous comporter respectueusement envers vos supérieurs, donnant due satisfaction à leurs injonctions. Gardez-vous des passions, et surtout de la concupiscence, de peur que vous veniez à tomber sous leur joug tyrannique. Aimez la retraite et la solitude. Efforcez-vous d'observer vos règles aussi bien que les rites et cérémonies de la loi. Que ce soit pour vous un plaisir de recevoir gra-

toutes les maisons dans les limites de la province; on peut le considérer comme une sorte de diocésain. Dans chaque maison de l'ordre, il y a un supérieur, ayant pouvoir et juridiction sur tous ceux qui l'habitent. Au-dessous de lui, nous trouvons les membres profès de la société, puis ceux qui peuvent être appelés novices, et enfin les postulants et disciples, autorisés à porter l'habit clérical ou robe jaune, n'ayant ni pouvoir ni autorité, et considérés simplement comme des étudiants en voie de probation. Dans son mandement à ses disciples, Boudha insiste beaucoup sur la nécessité de détruire en eux-mêmes les principes des passions et en particulier de la concupiscence. La tendance générale de toutes ses prédications est d'enseigner à l'homme les moyens de s'affranchir du joug tyrannique des passions. Personne, en vérité, ne saurait obtenir l'état de parfait repos ou Neibban, s'il n'a annihilé en lui toutes les passions, et par là ne s'est rendu habile à la pratique de toutes les vertus. Le caractère du grand corps de religieux Boudhistes est clairement expliqué dans les exhortations que leur fait leur grand maître, d'aimer la retraite et la solitude. Le bruit, le tumulte et le fracas accompagnant nécessairement la position d'un homme vivant dans le monde, sont directement opposés à l'acquisition de la connaissance de soi-même, à l'empire et à la possession de soi-même, si nécessaires chez un religieux. Aussi longtemps, conclut Boudha, que vous demeurerez fidèles à vos règles, vous prospérerez, et assurerez à vous et à votre ordre le respect et l'admiration de tous. Il couronne son discours en les exhortant à agir d'une manière conforme à leur ministère sacré. Le plus grand moraliste, ayant la connaissance la plus consommée de la nature humaine, n'aurait pas institué de plus sages règles, pour établir, sur une base solide et durable, une grande et puissante institution, destinée à se répandre partout, au milieu des nations et des tribus, et subsister pendant une période illimitée.

cieusement les bons religieux qui peuvent venir dans vos monastères, et conversez avec eux. Évitez avec soin de prendre plaisir à ce que vous faites ou dites, ou de vous enorgueillir du nombre de vos assistants. Fuyez la mauvaise compagnie; appliquez-vous diligemment à l'acquisition du savoir et de la sagesse. Méditez sur les grandes vérités, la mutabilité, la peine et la non-réalité. Aussi longtemps que vous observerez ces points importants et y adhérerez, vous prospérerez et serez respectés de tous. Bien plus, vous serez à même, en agissant ainsi, d'éviter tout ce qui est bas et peu conforme à votre profession sainte. »

Quand l'instruction fut finie, Boudha appela Ananda, et lui ordonna d'informer les Rahans de se tenir prêts à aller à Ampaladaka.

Pendant qu'il était dans un Dzeat ou Bungalow, Tharipoutra s'approcha de Boudha et, lui ayant présenté ses respects, lui dit : « O très-illustre Boudha, il n'y a personne qui vous surpasse ou même vous égale dans la connaissance de la loi. Il n'y a jamais eu, il n'y aura jamais un être qui puisse vous être comparé. C'est ce qui excite mon admiration et mon amour pour vous. » Boudha répondit : « Vous ne vous trompez pas, Tharipoutra, bénis sont ceux qui, comme vous, connaissent la valeur et la science d'un Boudha. » Désirant éprouver la sagesse de son grand disciple, il ajouta : « Fils bien-aimé, comment savez-vous que nul ne peut m'être comparé, et que ma connaissance de la loi est sans égale ? » Tharipoutra répondit : « Je n'ai pas la science du présent, ni du passé, ni de l'avenir, mais je comprends la loi : par vous, ô très-glorieux Boudha, je suis parvenu à cette intelligence; vous avez dit que vous avez la sagesse infinie, de là je conclus que vous savez le présent, le passé et l'avenir. — Vous devez être loué à jamais, vous êtes très-excellent, toujours glorieux et libre de toutes passions, et, par conséquent, à vous j'attribue toutes les qualités inhérentes à celui qui est investi de la dignité d'un Boudha. »

D'Ampaladaka, Boudha vint au grand village de Nalanda, où il fut bien reçu par les habitants. Il les prêcha et fit un court séjour avec eux.

Phra appela de nouveau Ananda en sa présence, et l'envoya dire aux Rahans d'être prêts pour un voyage, parce qu'il désirait aller au village de Patalie. Quand il y arriva, les habitants préparèrent pour lui le Dzeat (1) ou salle qui avait été érigée par ordre du roi Adzatathat, pour recevoir les princes Letziwy de Wethalie, qui étaient venus en conférence pour régler quelques affaires avec lui. Tout étant prêt, ils invitèrent Phra qui, par son silence, témoigna qu'il acceptait l'invitation. L'eau pour boire, pour rincer sa bouche, laver ses mains et ses pieds, était prête. Boudha s'assit, appuyé contre le pilier central de la salle, faisant face à l'est. Ses disciples restèrent derrière lui dans une humble posture, tandis que le peuple s'assit devant lui, les visages tournés vers l'ouest. Phra commença par expliquer à ses nombreux auditeurs les démérites et châtiments réservés à la transgression des préceptes de la loi, et les avantages réservés à ceux qui les observent religieusement. « Darakas, dit-il, quiconque transgresse les préceptes moraux, ou néglige de les observer verra son bonheur et sa fortune décroître graduellement, et sa bonne réputation s'évanouir. Il vivra dans un continuel état de sombre doute et d'incertitude, et enfin,

---

(1) Un dzeat est un bâtiment élevé par la piété des Boudhistes, pour donner un abri et un lieu de repos aux dévots, aux voyageurs, et aux étrangers. On trouve ces constructions à l'entrée des villes, dans les villages, et souvent dans le voisinage des Pagodes. Ceux de Birmanie sont construits de la manière la plus simple. Une verandah sur la façade occupe toute la longueur de l'édifice, une vaste salle courant parallèlement à la verandah, prend tout le reste. Il n'y a pas de séparation entre la salle et la verandah. Quelquefois un espace circonscrit par des nattes ou des feuilles sèches, dans un des coins de la salle, offre un asile à celui qui ne veut pas se mêler au *vulgus*. L'absence de soin de la part du gouvernement, en tout ce qui regarde le comfort du peuple, est amplement compensée par le zèle de pieux laïques, qui entreprennent de bon cœur l'érection de ces ouvrages d'utilité publique, dans l'espoir d'acquérir des mérites dont ils jouiront, peut-être dans cette vie, mais certainement dans quelque future existence.

En Birmanie propre, quelques dzeats sont, pour le pays, de très-beaux édifices. Le bord du toit et la façade sont recouverts d'une profusion de sculptures et de moulures qui rivalisent avec celles qui ornent les plus beaux monastères. Ce fait, entre beaucoup d'autres, indique l'influence vraiment bienfaisante et philantropique exercée par quelques dogmes du Boudhisme, sur les sectateurs de ce credo. L'orgueil et la vaine gloire peuvent avoir une part à l'érection de ces monuments de bienfaisance; mais il n'est pas moins certain que ceux qui les bâtissent, cèdent d'abord et surtout à la puissante influence du sentiment religieux.

En cette occasion, Boudha prêcha la foule. Nous voyons une ligne de démarcation nettement tracée entre l'assemblée des disciples de Boudha, et ceux qu'on peut appeler simplement auditeurs. Ces derniers sont nommés Darakas, ce qui veut dire laïque écoutant la prédication. Un Daraka n'est pas encore un parfait converti, et par suite n'est pas encore membre de l'Assemblée des parfaits. Le Daraka diffère de l'Oupasaka. Le dernier n'est pas seulement un simple auditeur de la loi, c'est un

quand la mort aura mis un terme à son existence, il tombera en enfer. Mais la part du fidèle observateur des grands préceptes sera bien différente. Il acquerra richesses, plaisirs, et gagnera une réputation honorable. Il sera accueilli dans les assemblées des Princes, des Pounhas et des Rahans ; le doute n'entrera jamais dans son esprit, et sa mort lui ouvrira la voie qui mène aux fortunés siéges des Nats. » Le peuple fut tellement ravi de la prédication, qu'il resta dans le Dzeat jusqu'à une heure très-avancée. A la fin, ils adressèrent leurs hommages à Boudha, se levèrent, tournèrent sur la droite et partirent.

Ce fut l'année suivante que le même roi bâtit la cité de Patalibot ou Patalipoutra, au même endroit. En anticipant sur cet événement, Boudha prédit que le village deviendrait une grande cité, qui arriverait à une grande célébrité parmi toutes les autres cités. D'innombrables marchands y afflueraient de toutes les parties de Dzampoudipa. En même temps, il prédit les grandes calamités qui fondraient sur elle : les dissensions intestines, le feu et l'inondation du Gange opéreraient sa destruction totale.

ferme croyant ; et il pratique avec ferveur ses préceptes ; c'est, parmi les laïques, un pieux Boudhiste ; le premier n'est pas aussi avancé : il commence à écouter et à croire les doctrines qui sont prêchées. Il a déjà quelquefois vu Boudha ; il est en cours d'instruction, mais ne saurait encore être appelé disciple profès. Les récompenses de la foi sont d'ordre naturel et d'ordre surnaturel. Les richesses, le bonheur, une réputation honorable, sont promises à l'observateur fidèle de la loi. Il doit être exempt de doute, puisque la foi le fait adhérer fermement à toute les instructions de Boudha ; et, après sa mort, il émigrera dans quelqu'un des siéges des Nats. La transgression de la loi doit être suivie de pauvreté, de honte et de misère, des doutes dans un esprit non raffermi, et enfin des châtiments de l'enfer. Ce lieu de souffrance est minutieusement décrit dans les ouvrages Boudhistes. Dans l'opinion de l'auteur, une telle description n'aurait aucune importance pour ceux qui désirent connaître, non pas la partie superficielle du Boudhisme, mais ses parties fondamentales et constitutives. L'enfer est un lieu de châtiment et de torture, de même que les siéges des Nats sont des lieux de récompenses et de félicité. Il n'y a pas d'éternité de souffrances ; les infortunés habitants de ces sombres régions, sont condamnés à y rester, jusqu'à ce que la somme de leurs offenses ait été compensée par leurs souffrances. Quand l'influence mauvaise, créée par le péché, est épuisée, le châtiment cesse aussi, et l'infortuné torturé émigre au siége de l'homme, afin d'acquérir des mérites et de se préparer à des existences futures plus heureuses.

En rapportant le récit de la conversion de la courtisane Apapalika, sa libéralité et ses présents à Boudha et à ses disciples, et la préférence marquée qui lui est donnée sur les princes et les nobles, qui humainement parlant, semblaient à tous égards plus dignes d'attention, on ne peut s'empêcher de se rappeler la conversion de la femme pécheresse mentionnée dans l'Évangile.

Le matin, Boudha vint à la rive méridionale du Gange, et prêcha la loi à quelques Pounhas qui, en retour, lui firent des offrandes et manifestèrent beaucoup de respect pour lui. Il se tenait debout en cet endroit, comme s'il attendait un bateau pour traverser ce grand fleuve. Quelques-uns des gens du pays cherchaient des bateaux, d'autres étaient très-occupés à construire un radeau. Pendant qu'ils faisaient tous ces préparatifs, Boudha étendit ses deux bras, et se trouva, avec tous ses Rahans, sur la rive opposée. Se tournant vers ceux qui étaient en quête de bateaux et de radeaux, il dit : « Celui qui a franchi la mer des passions, est un Ariah ; la pratique des grands devoirs, tels sont les bateaux et les radeaux sur lesquels il trouve moyen de franchir la mer des passions. Celui qui désire passer une rivière a besoin de radeaux et de bateaux qui sont faits de diverses pièces de bois jointes ensemble; mais celui qui est devenu un Ariah, par la connaissance des grandes routes qui mènent à la perfection, domine toutes les passions et se dégage du gouffre de la concupiscence; il peut aussi, sans bateaux ni radeaux, traverser les rivières. »

Phra informa Ananda qu'il avait l'intention d'aller au village de Kantikama. Étant arrivé en cet endroit, il expliqua aux Rahans les glorieuses et sublimes prérogatives des Ariahs. De là il vint au village de Nadika. Ce fut en ce lieu qu'Ananda lui demanda ce qu'était devenu un certain Rahan nommé Thamoula, et une certaine Rahanesse nommée Anaunda, qui venaient de mourir. « Le Rahan », répondit Boudha, « a vaincu toutes ses passions et obtenu l'état de Neibban; quant à la Rahanesse, elle est allée à un des siéges de Brahmas; de là elle émigrera au Neibban, sans reparaître dans le monde des passions. »

Boudha vint au pays de Wethalie avec ses disciples, et demeura dans un joli bois de mangotiers. Là il recommanda chaudement à ses disciples de tenir toujours leurs esprits attentifs et prêts à entrer en sérieuses réflexions et méditations. Dans Wethalie vivait une fameuse courtisane nommée Apapalika. Elle avait son habitation dans un endroit agréable, près d'un grand et joli verger planté de mangotiers. Elle s'en vint, avec d'autres, entendre la prédication de Gaudama, qui eut le bon effet de la disposer à faire une riche offrande au prédicateur illustre et à ses disciples. Boudha fut humblement prié de venir le jour suivant avec tous les

Rahans, recevoir sa nourriture. L'invitation fut gracieusement acceptée. La courtisane s'empressa de préparer le repas de Boudha et de ses disciples. Le même jour, il prêcha la loi à un nombre de jeunes princes, qui lui avaient offert de fournir son repas le jour suivant. Il refusa d'accepter l'invitation, parce qu'il avait déjà promis à Apapalika d'aller à sa maison pour le même motif. Les princes étaient venus dans leurs plus beaux et plus riches vêtements; leur maintien égalait en beauté celui des Nats. Mais, prévoyant la ruine et la misère qui bientôt allaient fondre sur eux tous, Boudha exhorta ses disciples à n'avoir qu'un parfait mépris pour ce qui brille aux yeux, et qui est de sa nature essentiellement périssable et chimérique. Les princes furent vivement désappointés de la préférence donnée à la courtisane. Le jour suivant, Gaudama accompagné de tous ses Rahans, vint au bois de mangotiers. Après le repas, Apapalika fit don du bois à Gaudama, qui accepta avec empressement la pieuse offrande.

Ayant passé quelque temps en cet endroit, Boudha vint au village de Welouwa, où il passa la quarante-cinquième et dernière saison. Là, il réunit les Rahans et leur dit : « J'ai l'intention de passer ici la saison, mais vous avez ma permission d'aller demeurer dans les districts environnants. » La raison qui le conduisait à se séparer momentanément de ses disciples était l'exiguité du lieu et la difficulté de s'y procurer du riz; tandis que dans les districts contigus, il y avait beaucoup de monastères et abondance de moyens d'existence. Néanmoins, il ne voulut pas leur permettre de se retirer à de trop grandes distances, pour deux raisons : la première, parce qu'il savait qu'à dix mois de là, il atteindrait l'état de Neibban, et la seconde, parce qu'il désirait les voir réunis en sa résidence plusieurs fois par mois, afin qu'il pût leur prêcher la loi et leur donner ses instructions finales.

Pendant qu'il vivait en cet endroit, Boudha fut atteint d'une indisposition très-douloureuse, qui faisait de son existence une agonie prolongée; mais vu l'absence de ses disciples, et sachant en outre que ce lieu n'était pas celui désigné pour ses derniers moments, il surmonta avec une énergie incomparable l'influence de la maladie et, entrant aussitôt en extase complète, il demeura ainsi quelque temps. Revenant à lui, il reparut avec sa force et sa vigueur habituelles. Comme il sortait du monastère pour faire sa promenade habituelle, Ananda se présenta à lui et lui exprima le profond chagrin éprouvé par tous ceux qui avaient appris sa maladie. « Quand je vous vis malade, ô illustre Boudha », dit le fidèle Ananda, « je fus si profondément touché que je pouvais à peine tenir ma tête droite et respirer. J'avais toujours entretenu l'espoir qu'avant d'aller au Neibban, vous nous auriez prêché encore une fois la loi. » — « Ananda », reprit Boudha, « pourquoi les Rahans s'inquiètent-ils autant à propos de moi ? Ce que j'ai prêché n'a aucun rapport avec ce qui est en moi ou hors de moi. Hors moi, il n'y a personne pour prêcher la loi. S'ils ne me considéraient ainsi, il serait parfaitement inutile de chercher à les prêcher. Je suis maintenant très-vieux, j'ai quatre-vingts ans. Je suis comme un vieux chariot dont la ferrure, le bois et les roues ne peuvent tenir qu'à la condition de réparations continuelles ; mon enveloppe terrestre ne se maintient que par la force et la puissance de l'extase. O Ananda, je me sens vraiment heureux quand je considère l'état d'Arahat, qui est la délivrance de toutes les misères de ce monde, tandis qu'il délivre en même temps un être et le dégage de tout objet visible et matériel. Quant à mes disciples, aussi longtemps que ma religion durera, ils doivent compter sur eux-mêmes et se réfugier dans la loi, car il n'y a pas d'autre refuge. Ils pourront vraiment compter sur eux-mêmes quand, par une attention soutenue, une profonde réflexion et la vraie sagesse, ils travailleront à détruire la concupiscence et la colère, et s'occuperont de méditer sur les éléments constitutifs de ce corps. » Telles furent les instructions qu'il donna à Ananda.

Ayant passé la saison dans le village de Welouwa, le très-excellent Boudha désira retourner au pays de Thawattie par le même chemin qu'il avait précédemment suivi. Y étant arrivé, il fixa sa résidence dans le monastère de Dzetawon (1). Le grand disciple

(1) Les services rendus par Tharipoutra, en cette circonstance, montrent, mieux que le langage ne saurait faire, la vénération profonde qui l'animait pour Boudha. C'était, avec Maukalan, le membre le plus distingué de l'Assemblée ; il occupait le premier rang parmi les disciples ; sous le rapport de l'intelligence et des qualités intellectuelles transcendantes, il n'était inférieur à personne si ce n'est à Boudha. Malgré sa position élevée, il n'hésitait pas à rendre à un supérieur les plus bas offices. La haute opinion qu'il avait de l'excellence superlative de Boudha, le portait à diminuer sa propre valeur, et à admirer sans réserve ce modèle sans rival de sagesse et de savoir. De là, la satisfaction intime qu'il savourait en servant

Tharipoutra, qui rentrait, revenant de quêter son riz, s'empressa de rendre à Boudha les services accoutumés. Il balaya la place, étendit la natte et lui lava les pieds. Ces devoirs accomplis, il s'assit, en humble disciple celui dont les perfections ineffables faisaient pâlir ses propres qualités pourtant si renommées. L'humilité sans affectation du disciple fait le plus grand honneur à son mérite et montre bien le respect et la vénération du disciple pour la personne du maître.

Dans les maisons où vivent les moines Boudhistes, c'est une règle fixe que le supérieur et les anciens de la corporation aient pour serviteurs les plus jeunes membres revêtus de l'habit canonique. L'auteur des règles disciplinaires, voulant, d'une part, rehausser la dignité de l'Assemblée, et, de l'autre, opposer une forte barrière à la cupidité et à toute autre affection mondaine désordonnée, a sagement fait en imposant, comme un ordre absolu à tous les membres de la société, de ne jamais toucher ou employer aucun article de nourriture ou d'habillement, etc., à moins qu'il leur ait été au préalable présenté par quelque assistant laïque ou clerc. Ainsi, quand on a besoin d'eau pour se laver la tête, les mains et les pieds, ou pour le rincement de la bouche quand on sert les mets, quand des offrandes sont faites, un jeune postulant, tenant un vase sur la table où sont placés les plats ou les objets destinés à être offerts, s'approche respectueusement de l'ancien, s'agenouille devant lui, s'accroupit sur ses talons, place devant lui l'objet à présenter, s'incline en levant ses mains jointes au front, reprend alors l'objet à deux mains et le présente en courbant, en signe de respect, la partie supérieure du corps. Avant de l'accepter, l'ancien demande : est-ce permis ? La réponse : c'est permis ayant été dûment retournée, l'article est pris des mains de celui qui l'offre, ou bien il est invité à le déposer à portée de l'ancien. Toute infraction à ce cérémonial est considérée comme un péché. En présence du peuple, les moines ne manquent jamais de se soumettre à cette étiquette tant soit peu fastidieuse. Dans ces circonstances, leur contenance affecte une dignité et un air de gravité, qui ont souvent beaucoup amusé l'auteur chaque fois qu'il avait une occasion d'assister à cette cérémonie qui est appelée Akat. On ne peut douter que cette coutume soit très-ancienne. Nous la trouvons mêlée, jusqu'à un certain point, aux coutumes des nations qui habitent l'Asie orientale. Elle est décrite minutieusement dans le Wini, et soigneusement observée par les habitants des monastères Boudhistes. Elle s'accorde remarquablement bien avec l'esprit qui a conçu, promulgué et sanctionné les règles disciplinaires. Celui qui, à ce propos, considérerait purement et simplement cette règle, sans se rapporter à l'objet qu'avait en vue le législateur, s'exposerait à être considéré comme un observateur très-superficiel. Malheureusement, c'est trop souvent le cas, lorsque nous raillons ou tournons en ridicule des coutumes dont le seul défaut est de ne pas ressembler aux nôtres; tandis que le simple bon sens nous dit que nous devrions les juger dans leurs rapports avec les institutions d'où elles sortent, et avec le but visé par celui qui les a instituées.

Le récit du départ de Tharipoutra pour son pays natal, et ses derniers moments, suggèrent à l'esprit plusieurs réflexions. Il est certain du dernier jour de son existence; il prévoit d'un coup d'œil prophétique que sa mère est bien préparée à écouter avec fruit la prédication de la très-parfaite loi; par les pouvoirs incomparables de sa mémoire, il raconte à Boudha que, pendant cent mille précédentes révolutions de la nature, il fut possédé du vif désir de le voir et d'entendre ses

les jambes croisées, entra pour quelques instants en extase, d'où étant revenu, il pensa en lui-même comme suit : « Était-ce la coutume, dans les âges antérieurs, que les Boudhas arrivassent les premiers à l'état de Neibban, ou qu'ils y fussent précédés par leur grand disciple? » S'étant assuré que c'était le dernier cas, Tharipoutra examina sa propre existence et trouva que la période de sa vie ne devait pas durer au-delà de sept jours. Ensuite il considéra de quelle place il serait meilleur pour lui de partir pour aller au Neibban. Le souvenir de sa mère se présenta à son esprit et il se dit : « Ma mère a donné le jour à sept Rahandas, et elle n'a pas encore pris refuge dans les trois précieuses choses : Boudha, la Loi et l'Assemblée des parfaits. Est-elle capable de comprendre et de connaître les quatre chemins de la perfection? Oui, en vérité. Mais qui est destiné à la prêcher? Je suis la personne qui doit lui rendre ce bon office. J'irai, je l'instruirai, et, par mes instructions, je la ferai renoncer aux fausses croyances et embrasser la vraie ; la chambre même où je suis né sera le lieu d'où je partirai pour le repos de Neibban. Aujourd'hui je demanderai à Boudha la permission d'aller à mon lieu de naissance. » Ayant ainsi résolu, il appela le fidèle Tsanda et lui dit : « Allez avertir mes cinq cents Rahans de se rendre chez moi. » Tsanda partit aussitôt et dit aux Rahans : « Le grand Tharipoutra désire aller au village de Nalanda ; soyez prêts à l'accompagner ; arrangez tout chez vous, prenez vos pattas et vos tsiwarans. Les cinq cents Rahans obéirent immédiatement à

---

instructions, etc. Comment peut-on rendre raison de ces détails, d'après la notion Boudhiste? La source d'où découlent les maux et les démérites est l'ignorance. Un être est imparfait à proportion qu'il est plus profondément enfoui dans l'ignorance. Au contraire, un être se perfectionne en proportion des efforts qu'il fait pour dissiper l'épais nuage d'ignorance qui enveloppe son esprit. Plus un homme avance dans la connaissance de la vérité, plus il recule les horizons ténébreux. Celui qui a fait les efforts les plus grands et les plus persévérants à poursuivre ardemment l'œuvre de la recherche de la vérité, en étudiant la loi qui enseigne les chemins qui y conduisent, possède et contemple une part de vérité en rapport avec ses efforts et avec ses succès. Un Boudha qui est arrivé aux dernières limites du savoir a, par conséquent, triomphé de l'ignorance et élargi indéfiniment la sphère de la vérité. Par le fait il jouit de la vue sans nuages de tout ce qui existe ; sa science est illimitée, elle s'étend sur les séries sans nombre de mondes qui, dans l'opinion des Boudhistes, sont supposées former un système de la nature. Tharipoutra, bien que très-avancé en perfection, n'avait pas encore atteint à ce minimum. Son savoir, cependant, était prodigieusement grand et étendu; il lui permit d'obtenir la vision claire des abîmes du passé, et une vision distincte de l'avenir.

la requête, et furent prêts à suivre leur maître. Tharipoutra, ayant disposé tout dans sa cellule, se leva et, jetant un regard sérieux et profond sur la place où il avait coutume de s'asseoir pendant le jour, dit : « C'est la dernière fois que je verrai cette place ; jamais je n'entrerai plus dans cette cellule. » Là-dessus il sortit, suivi des cinq cents Rahans, vint en présence de Gaudama et lui demanda humblement permission d'aller et d'entrer paisiblement dans l'état de Neibban et, par là, d'être délivré du tourbillon des existences sans fin. Gaudama lui demanda en quel endroit il avait intention d'obtenir le Neibban. Tharipoutra répondit : « Dans le pays de Magatha, dans le village de Nalanda (1), dans la chambre même où je suis né. » — « Vous seul, ô Tharipoutra », dit Boudha, « connaissez l'époque de votre entrée dans l'état de Neibban. Comme il est difficile, sinon impossible, de trouver jamais votre égal parmi mes disciples, je désire que vous prêchiez une fois encore à l'assemblée des Rahans. » Tharipoutra sachant que Boudha désirait en même temps qu'il donnât une idée de son pouvoir, se prosterna devant

(1) Le village de Nalanda, dont l'emplacement est occupé à présent par la ville de Baragaon, était le lieu de naissance du grand disciple Tharipoutra. Son illustre compagnon en religion, Maukalan était né dans le village de Kaulita, à 1 mille 1/2 du premier. Nalanda, dit Fa-Hian, le voyageur chinois, est à 1 youdzana au nord de Radzagio, c'est-à-dire 7 milles anglais, d'après Cunningham, et est situé à 7 youdzanas ou 49 milles de l'arbre Bodi. C'était le grand foyer de la science Boudhiste, renommé dans toute l'Inde. Tout l'emplacement est maintenant couvert de citernes et de monceaux de ruines sur une immense étendue. On y voit de beaux spécimens de sculptures. Le grand monastère et cinq plus petits sont tous dans une même enceinte. Une rangée de hauts tumulus coniques, courant N. et S. de 1,600 pieds sur 400, indique le lieu et la dimension de ces édifices religieux. En-dehors de l'enceinte, il y avait plusieurs temples. Le général Cunningham fixe la date de construction de ces édifices entre 425 et 625 avant J.-C.

Parmi les nombreux arguments à l'appui de son opinion il en est un qui paraît concluant. Fa-Hian, qui visita toutes les places fameuses dans l'histoire du Boudhisme, et qui les décrit avec une attention minutieuse, fait simplement allusion à Nalanda, comme lieu de naissance de Tharipoutra, sans dire un seul mot des monastères et des temples ; tandis que Hwe-Thsang qui visita le même endroit au commencement du VIIe siècle décrit les splendides temples et monastères qu'il vit, et, d'après son assertion, nous pouvons inférer que les principaux édifices n'étaient pas inférieurs à ceux de Boudha-Gaya en étendue et en hauteur. Quelques-uns d'entre eux atteignaient une hauteur de 170 et 200 pieds. Le plus grand avait 300 pieds de haut. Le nombre et l'étendue des étangs sont vraiment surprenants. Deux d'entre eux, au N.-E., avaient près d'un mille de long, et un autre, au S. un demi mille.

La conclusion à tirer de ce qui précède, c'est que, pendant les ve et vi[e] siècles

lui, puis s'éleva dans l'air à la hauteur d'un palmier et descendit adorer Boudha. Il s'éleva successivement sept fois dans les airs, montant à chaque fois d'une hauteur de palmier de plus que la fois précédente. La dernière fois, il se soutint en l'air quelque temps, annonçant la loi à la multitude des Rahans et du peuple; puis, descendant, il pria humblement Boudha d'entrer dans le monastère. Boudha déférant à son désir, entra dans une salle tapissée de diamants. Tharipoutra ayant salué les quatre points cardinaux, dit : « O très-glorieux Boudha, il y de cela cent mille mondes, j'étais prosterné aux pieds de Boudha Anaumadathi, et je priais instamment pour que je pusse jouir du bonheur de voir tous les Boudhas successifs qui apparaîtraient durant la période de mes innombrables existences. Ma prière fut entendue, et maintenant je vous contemple, ô très-glorieux Boudha, et c'est pour la dernière fois que je jouirai de votre présence. Maintenant, ô Boudha, digne de l'adoration de tous les êtres raisonnables, je serai bientôt délivré de l'entrave des existences, et cette existence doit être la dernière; cette salutation devant vous, la dernière; la fin de ma vie est proche; dans sept jours, ainsi qu'un homme qui se débarrasse d'un pesant fardeau, je serai débarrassé du lourd fardeau de mon corps. » Il

---

de notre ère, le Boudhisme était dans une condition florissante dans le pays de Magatha, ou Sud Behar, puisque les plus belles et les plus hautes constructions en forme de monastères et de temples, ont été élevées pendant cette période, soit à Nalanda soit à Boudha-Gaya. Il paraît que, durant les trois premiers siècles de l'ère chrétienne, la prospérité changea et eut des destinées diverses, suivant les dispositions favorables ou hostiles des dominateurs du pays, envers les sectateurs du philosophe de Kapilawot. Cette succession de fortunes favorables ou de revers révèle ce fait important : que le Boudhisme n'avait pas poussé de profondes racines dans le cœur des habitants de l'Inde centrale, puisque ces destinées dépendaient du bon plaisir et des opinions du monarque, et presque toujours étaient à la merci de ses caprices. En outre, dans le pays au Nord du Gange, comme Wethalie, Thawattie, Kapilawot, lieux qui avaient été favorisés des continuelles prédications de Boudha, la religion était en déclin à l'époque de la visite de Fa-Hian, c'est-à-dire, au commencement du ve siècle ; les monastères étaient abandonnés et vides, les Dzedies s'écroulaient et disparaissaient promptement. Parfois, les hérétiques, c'est-à-dire les Pounhas, occupaient les édifices primitivement habités par les tenants de la doctrine *primitive*. Ce spectacle inattendu frappe douloureusement le cœur du bon pèlerin Chinois. On doit regretter vivement que nous n'ayons pas les journaux écrits de quelques autres voyageurs Chinois du vııı[e] et du ıx[e] siècle pour nous révéler l'état et la condition dans lesquels ils trouvèrent les magnifiques temples de Nalanda et de Boudha-Gaya quand ils les visitèrent.

éleva ses mains jointes à son front, et, des extrémités de ses dix doigts, jaillirent des rayons lumineux. Dans cette position, il salua Boudha, et, se retirant lentement, en conservant son visage tourné vers Boudha, il continua de saluer aussi longtemps qu'il put le voir, parce que c'était pour la dernière fois. Quand Boudha fut hors de vue, il se mit en route. A ce moment, la terre frémit d'un choc terrible. Boudha dit aux Rahans qui entouraient Tharipoutra : « Enfants bien-aimés, votre frère aîné s'en va, accompagnez-le quelque temps. Le peuple également, apprenant que Tharipoutra s'en allait, s'avança et tous, réunis en grande foule, se dirent : « Le grand Tharipoutra, ayant obtenu permission de Boudha, va se préparer pour l'état de Neibban ; suivons-le, afin de jouir encore de sa présence. Sur quoi, prenant dans leurs mains des fleurs et des parfums, ils coururent dans la direction qu'il avait prise, les cheveux épars, criant avec larmes et lamentations : « Où est Tharipoutra ? » L'ayant atteint, ils dirent : « Illustre Rahan, vous avez quitté Boudha, à qui allez-vous à présent ? » Tharipoutra, rempli des sentiments les plus affectueux pour le peuple, les pria doucement de ne pas l'escorter plus loin, et il ajouta quelques dernières recommandations de toujours se souvenir de Boudha et des Rahans. Pendant sept jours que dura son voyage, Tharipoutra ne cessa pas un instant de louer et d'exalter l'affection et la bonté du peuple à son égard.

Ce fut un peu avant la nuit que le grand Rahan arriva à l'entrée du village de Nalanda. Il vint se reposer au pied d'un figuier Banian, tout près de là. A ce moment vint un jeune homme nommé Ouparewata, son neveu, qui, apercevant Tharipoutra, le salua, et se tint ensuite debout en ce lieu. Le grand Rahan lui dit : « Votre grand'mère est-elle à la maison ? » Ayant reçu une réponse affirmative, il continua de lui parler : « Allez maintenant près d'elle, et dites-lui de disposer pour moi la chambre dans laquelle je suis né, et une place pour ces cinq cents Rahans qui m'accompagnent. Je resterai un peu dans le village, et j'irai à sa maison un peu plus tard. » Le jeune garçon vint en hâte à la maison de sa grand'mère et lui dit : « Mon oncle est arrivé et se tient à l'entrée du village. » « Est-il seul », demanda la grand'mère, « ou a-t-il une suite nombreuse avec lui ? Dans quel but vient-il ? » Le jeune homme lui raconta tous les détails de son entrevue avec son oncle. Noupathari, la mère de Tharipoutra, pensait en elle-même : « Peut-être mon fils, qui a été

Rahan depuis sa jeunesse, désire-t-il, étant vieux, abandonner sa profession. » Cependant elle donna ordre de préparer la chambre qu'il désirait, et une place fut disposée pour tous ses assistants.

Dans la soirée, le grand disciple vint à la maison de sa mère avec tous ses suivants. Il monta à la chambre préparée pour lui et s'y reposa. Il ordonna à tous les Rahans de se retirer et de le laisser seul. Ils étaient à peine partis, quand un malaise violent saisit Tharipoutra, causant un vomissement de sang abondant, si grand même que le vase était insuffisant à le contenir. Sa mère, à la vue d'un si terrible mal, n'osait approcher, mais, le cœur brisé, elle se retira dans sa propre chambre, appuyée contre la porte. A ce moment, quatre grands Nats, un Thagia, leur chef, et quatre Brahmas, vinrent le voir pour l'assister pendant sa douloureuse maladie ; mais il leur dit de se retirer. Sa mère, voyant les allées et venues de tant de visiteurs distingués, et le respect qu'ils témoignaient à son fils, s'approcha de la porte de sa chambre, et, appelant le fidèle Tsanda, lui demanda pourquoi tant de personnages distingués étaient venus. Tsanda lui expliqua que les grands Nats, le chef des Thagias, étaient venus visiter et assister son fils, et jouir de la présence du grand Rahan. En même temps, il informa le patient que sa mère désirait le voir. Tharipoutra répondit que le moment n'était pas opportun, et demanda à sa mère le motif de sa visite intempestive. « Cher fils », dit-elle, « je suis venue pour contempler votre chère personne ; mais qui sont ceux-là qui sont venus tout à l'heure vous voir ? » Tharipoutra lui expliqua comment il avait été visité par des Nats, des Thagias et des Brahmas. La mère lui demandant s'il était supérieur à quelqu'un d'entre eux, il répondit sans hésiter qu'il était plus excellent qu'aucun d'eux. Sa mère pensa en elle-même : « Si mon fils est si élevé, combien plus doit l'être Boudha. » Son cœur fut alors rempli de la joie la plus pure.

Tharipoutra comprit avec raison que le moment était venu de prêcher la loi à sa mère. Il lui dit : « Femme, à l'époque où naquit mon grand maître, quand il obtint l'intelligence suprême et prêcha la très-excellente loi, un grand tremblement de terre fut ressenti dans dix mille mondes. Personne ne l'a jamais égalé dans la pratique de la vertu, en intelligence, en sagesse, en savoir, et dans son affection pour les excellences transcendantes de l'état d'Arahat. » Il continua ensuite à lui expliquer la loi, et bien des détails relatifs à la personne de Boudha. « Cher fils », dit sa mère, ravie de tout ce qu'elle entendait, « pourquoi avez-vous attendu si longtemps à m'enseigner une si parfaite loi ? » A la conclusion de l'instruction, elle atteignit l'état de Thautapan. Tharipoutra reprit : « Maintenant, femme, je vous ai payée de toutes les peines que vous avez prises à me donner le jour, me soigner et m'élever; éloignez-vous et laissez-moi seul (1). »

(1) La conduite de Tharipoutra, dans cette circonstance, montre une apparence de dureté envers sa vieille mère, qui, à première vue, blesse les sentiments de la nature humaine. Mais un examen attentif de toutes les circonstances qui se relient à ce dernier épisode de la vie du grand disciple, montre qu'il était bien loin d'avoir perdu la piété filiale. Il laisse son maître bien-aimé, entreprend un long et fatigant voyage, dans la seule pensée de prêcher la loi à sa mère, et de lui faire un présent d'infiniment plus grande valeur que celui qu'il en avait reçu. En retour de toutes les faveurs répandues sur lui par sa mère, il l'initie à la connaissance de la vérité, et la met en état d'entrer dans les grandes voies qui conduisent à la délivrance, c'est-à-dire à l'état de Neibban. On ne peut nier que son langage, en cette occasion, ne revête une austérité de ton, qui sonne durement aux oreilles d'un homme du monde, mais il faut se rappeler que Tharipoutra était un vieil ascète, mort à toutes les affections de la nature, regardant la vérité seule sous sa forme purement abstraite, sans aucune considération pour les choses matérielles. Il aimait la loi de vérité qu'il avait apprise de Boudha, et, plus tard, prêchée aux autres avec un zèle et une ferveur sans égales. L'esprit de Boudha vivait en lui ; il désirait voir tous les êtres se prévaloir des moyens de salut, il avait la puissance de les leur procurer ; il les aimait tous d'une égale affection. L'état d'ignorance dans lequel ils étaient plongés affectait profondément son âme compatissante, et il n'avait qu'un désir, celui de dissiper l'épais brouillard de l'ignorance, par la pure lumière de la vérité.

Quand l'instruction à sa mère fut terminée, Tharipoutra désira être laissé seul avec ses disciples. Les dernières paroles qu'il leur adresse respirent les sentiments d'humilité de son esprit. Bien qu'il soit le premier parmi les membres de l'assemblée des parfaits, il demande pardon à ses inférieurs, des offenses qu'il a pu involontairement leur causer, pendant le temps qu'ils ont vécu ensemble ; sans égard pour le bien qu'il leur a fait, il sent qu'il ne pourrait convenablement se séparer d'eux, avant de leur avoir offert la réparation de tous les torts dont il a pu, quoique involontairement, se rendre coupable à leur égard.

Pour ceux qui ne sont pas au courant de la métaphysique Boudhiste, il n'est pas facile de comprendre, et d'apprécier nettement la situation de Tharipoutra à ses derniers moments. Il est dit qu'il tomba en extase ou transport, quoique son âme continuât d'être retenue à ce monde par des liens presque inévitables. C'était le dernier et décisif combat d'un être pour se dégager des entraves de l'existence et s'affranchir de toute influence extérieure.

Planant sur tout ce qui existe, l'âme de Tharipoutra passe successivement par les quatre étages qu'il avait si souvent visités, alors qu'il était ardemment occupé dans ses efforts à étudier la vérité, se préparant à entrer dans le cinquième et dernier étage, où il devait finalement rester et perpétuellement, sans nouveau changement

Tharipoutra s'enquit auprès du dévoué Tsanda si le moment était arrivé. Apprenant qu'il ferait jour bientôt, il désira être levé. Par son ordre, tous les Rahans furent appelés en sa présence et il leur dit : « Durant les quarante-quatre dernières années, vous avez toujours été avec moi ; au cas où j'aurais offensé quelqu'un de vous, pendant tout ce temps, je vous prie de me pardonner. » Les Rahans répondirent : « Grand maître, nous avons vécu avec vous pendant les quarante-quatre dernières années, et avons été vos inséparables assistants, vous suivant partout comme l'ombre suit le corps. Nous n'avons jamais éprouvé le moindre desagrément de votre part, mais nous avons à réclamer pour nous-mêmes votre indulgence et votre pardon. »

Ce fut le soir de la pleine lune Tatsaongmon (novembre), que Tharipoutra vint à la résidence de sa mère, et se coucha dans la chambre même où il était né. Pendant la nuit, il fut saisi d'un malaise très-douloureux. Le matin, au point du jour, il fut revêtu de son Tziwaran et allongé sur le côté droit. Il entra dans une sorte d'extase, passa successivement du premier état de Dzan aux second, troisième et quatrième, et de là plongea dans l'état sans limites de Neibban, qui est l'exemption complète de l'influence des passions et de la matière.

Noupathari, baignée de pleurs, laissa éclater sa douleur et sa

---

et dans un parfait repos. Quand le sage, durant ses méditations, a conduit son esprit à la considération d'un objet, il désire le contempler attentivement et l'embrasser complétement. D'abord il s'empare de cet objet par la pensée, puis l'examine au moyen de la réflexion. La connaissance qu'il acquiert ainsi ne manque jamais de créer une sensation agréable qui, à son tour, renvoie à l'âme satisfaction et bonheur ; il aime la vérité qu'il a découverte et y reste fortement ancré. C'est le dernier étage qu'il puisse attendre ou désirer. Que peut, en vérité, avoir à faire l'esprit humain, après avoir trouvé la vérité, si ce n'est de s'y cramponner et d'y rester à jamais attaché. Pendant sa dernière extase, Tharipoutra avec ses facultés mentales immensément développées, savait et comprenait la vérité, réfléchissait, éprouvait du plaisir à la considérer, la savourait ou plutôt en vivait, et enfin y adhérait si complètement qu'il y était en quelque sorte submergé. Il avait alors atteint l'état de Neibban, où il était pour toujours exempt des influences créées et mises en mouvement et en activité par la matière et les passions, en tout état de l'existence. Les Boudhistes, au moins chez les Birmans, grâce à leur éducation très bornée et imparfaite, sont incapables de fournir aucune notion satisfaisante ou même intelligible de l'état de Neibban ou perfection. Ce qui n'est qu'imparfaitement indiqué ici, a été trouvé dans une des dernières compositions Boudhistes sur ce sujet et autres parties de la métaphysique. De plus amples détails seront donnés plus loin sur l'état de Neibban quand nous raconterons la mort d'un plus illustre que Tharipoutra.

désolation. « Hélas ! » s'écriait-elle en regardant ce corps sans vie, « est-ce là mon fils bien-aimé ? Sa bouche maintenant ne peut plus prononcer un mot. » Puis, se levant, elle se jetait à ses pieds et, d'une voix qu'étouffaient les sanglots et les lamentations, elle dit : « Hélas! fils chéri, j'ai connu trop tard quel trésor de perfections et d'excellences était en vous. Si je l'avais su, j'aurais invité à ma maison plus de dix mille Rahans, je les aurais nourris et aurais fait don à chacun de trois habillements complets. J'aurais bâti cent monastères pour les recevoir. » Le jour (1) commençant à poindre,

(1) En Birmanie, aussitôt qu'une personne a rendu l'âme, les hôtes de la maison envoient chercher des musiciens qui paraissent bientôt avec leurs instruments respectifs. Ils se mettent immédiatement à l'œuvre, et font un bruit incessant pendant les vingt-quatre heures qui s'écoulent avant que le corps soit porté au lieu où il doit être brûlé. Les parents, les amis et les anciens se réunissent à la maison du défunt dans le but ostensible de sympathiser avec ceux qui ont perdu un des leurs, mais, en réalité, pour avoir leur part des réjouissances et amusements usités dans ces occasions. Chose étrange, la pensée de la mort ne frappe l'esprit de personne ; le sort du défunt est à peine déploré, ou même rappelé. Si ce n'était la présence du corps, et les cris, probablement de convention, de quelques vieilles femmes, à certains intervalles, personne ne pourrait s'imaginer, et, *a fortiori*, trouver le motif réel qui a conduit tant de gens à se réunir dans ce lieu.

Si le décédé appartenait à une famille respectable, suffisamment à son aise, la cérémonie funéraire est organisée de la manière suivante. Des présents destinés à être offerts aux moines Boudhistes, ayant été préparés, on les invite pour la circonstance et leur présence est attendue en nombre proportionnel à la quantité des offrandes. Le convoi part de la maison du défunt et se dirige vers le lieu de crémation ou le cimetière. A la tête s'avancent des moines aux robes jaunes, portant sur l'épaule leurs grands éventails faits de feuilles de palmier, et suivis de leurs disciples. Viennent ensuite les porteurs des offrandes, sur deux lignes; on y compte des femmes aussi bien que des hommes, mais ils sont séparés et marchent isolés les uns des autres. Le cercueil vient ensuite, porté sur des perches, posant sur les épaules de six ou huit hommes. Devant la bière et quelquefois sur les côtés, sont placés les musiciens qui, tout le long du chemin, jouent sans un moment d'interruption. Derrière le cercueil sont groupés les parents mâles, amis, etc., et enfin la procession est close par des foules de femmes dans leurs plus beaux vêtements. Le cercueil est richement décoré et porté sur les épaules de six ou huit robustes jeunes hommes au moyen de bambous ou de perches. Une gaieté qui n'a rien de naturel est permise, et dure généralement pendant tout le chemin au cimetière, et des gestes et des danses fantastiques sont exécutés par les porteurs et leurs amis, avec grand danger de renverser le cercueil. Le lieu de crémation est généralement en dehors de l'enceinte de la ville, et dans le voisinage de quelque grande pagode. Le bûcher funéraire est de construction très-simple; sa forme est celle d'un carré long de dimension modérée. Deux grosses pièces de bois sont d'abord étendues parallèlement, à 8 pieds de distance ; d'autres morceaux de bois, placés à environ six ou huit pouces l'un de l'autre, sont mis en travers sur les deux sus-mentionnés, de façon qu'ils reposent, par leurs extrémités, sur les deux pièces longitudinales. Un

elle envoya chercher les plus habiles orfèvres, ouvrit ses coffres, et leur donna une grande quantité d'or. Par son ordre, cinq cents petits Piathats et autant de Dzedis furent préparés : ils étaient couverts extérieurement de feuilles d'or. Le grand Thagia fit descendre sur les lieux une foule de Nats, qui firent aussi un nombre égal d'ornements religieux. Au centre de la cité, une tour colossale fut élevée à une immense hauteur. Elle était environnée d'un grand nombre d'autres plus petites. Hommes et Nats, confondus ensemble,

second plan de billots est mis à angle droit sur le premier; un troisième sur le second et ainsi de suite jusqu'à ce que le bûcher ait 3, 4 ou 5 pieds de haut. Le cercueil est placé au-dessus. Le feu est mis par dessous le bûcher au moyen de matières inflammables, qui bientôt mettent le feu aux billots dont le bûcher est composé. Le tout est bientôt enflammé et rapidement consumé par les flammes. Les assistants causent, rient ou s'occupent à activer la combustion. Quant aux Talapoins, quelquefois ils prennent position sous un hangar voisin, récitent quelques passages de la loi de Boudha, et, quand ils sont fatigués, donnent ordre à leurs disciples de prendre les offrandes, puis ils se retirent dans leurs paisibles demeures. Très-souvent ils ne prennent pas la peine de marmoter des prières ; ils partent immédiatement suivis des offrandes qui leur sont destinées.

Le feu étant éteint, les cendres, le charbon en sont fouillés avec soin, et les fragments d'os découverts sont pieusement recueillis par les plus proches parents, puis enterrés dans un trou creusé exprès auprès de quelque pagode.

Les personnes de grande fortune entretiennent, pendant sept jours, dans leurs maisons, une sorte de solennisation des funérailles. Chaque jour, particulièrement dans la soirée, les musiciens jouent jusqu'à une heure avancée de la nuit. La maison, tout le temps, est envahie par le peuple qui vient dans le but de se divertir. Quelques-uns jouent à divers jeux; d'autres boivent du thé; tous mâchent des feuilles de betel et de tabac. Quelquefois des histoires ayant trait aux premières existences de Gaudama sont lues et écoutées par les anciens de la compagnie. Cet usage qui a pour objet de faire honneur à la mémoire du décédé, ou d'adoucir le chagrin des parents, est assez dispendieux, et pourrait souvent faire une large brèche aux bourses de la plupart des familles; mais l'esprit d'assistance mutuelle en ces circonstances supprime la difficulté. Chaque visiteur, suivant ses moyens fait un présent de quelque argent au maître de la maison. Bien que l'offrande du plus grand nombre des visiteurs soit comparativement médiocre, cependant quand elles sont réunies elles font une somme considérable, et, en général, plus que suffisante, pour défrayer toutes les dépenses qu'on a pu avoir à faire. Cette coutume, ou ce système de contribution volontaire ne gêne personne en particulier, tandis qu'il permet à une famille de montrer une libéralité qui, autrement, serait ruineuse dans la plupart des cas. La coutume de brûler les morts prévaut parmi les Hindous, les Cingalais, les Népalais, les Birmans, les Siamois et les Cambodgiens. Bien qu'observant les doctrines du Boudhisme, les Chinois n'ont jamais adopté cet usage. Les Mahométans vivant dans l'Hindoustan et dans les pays de l'Asie orientale ont conservé la coutume d'enterrer les corps. Les Boudhistes ont sans doute reçu cette coutume des Hindous.

rivalisaient pour rendre hommage au défunt. La localité tout entière était remplie d'une foule immense, unanime à faire montre en cette occasion de son respect, et de manifester sa joie en cette circonstance extraordinaire.

'La nourrice de Tharipoutra, nommée Rewati, vint déposer autour des restes mortels trois fleurs d'or.' A ce même moment, le grand Thagia fit son apparition, entouré de myriades de Nats. Aussitôt que la foule l'aperçut elle se hâta de s'écarter pour lui faire place. Au milieu de la confusion, Rewati tomba, fut foulée aux pieds et mourut. Elle émigra au siége fortuné de Thawadeintha, devint une fille de Nats, et habita une place (niche) faite avec l'art le plus parfait et ornée des plus riches matériaux. Son corps brillait comme une belle statue d'or, et était haut de trois gawouts. Ses vêtements dépassaient en richesse, en variété et en beauté tout ce qu'on avait vu jusqu'alors.

Le jour suivant, Rewati vint de son glorieux siége au lieu où la foule environnait le corps du défunt. Elle approcha avec la contenance digne et le majestueux maintien d'une reine des Nats. Personne ne la reconnaissait, bien que tous les regards fussent fixés sur sa personne qui resplendissait de la splendeur des Nats. Pendant que les spectateurs, frappés de stupeur par la présence de cet être céleste, restaient immobiles et l'admiraient en silence, Rewati leur dit : « Comment se fait-il qu'aucun de vous ne me reconnaisse ? Je suis Rewati, la nourrice du grand Tharipoutra. Je dois la gloire et la splendeur de ma position présente au don des trois fleurs d'or faites par moi et placées aux pieds des restes mortels du grand Rahan. » Elle leur expliqua longuement les avantages que confère l'accomplissement d'actes méritoires. S'étant tenue quelque temps au-dessus du cénotaphe où l'on avait déposé le corps du défunt, elle descendit, tourna trois fois autour, saluant à chaque fois et retourna ensuite au siége bienheureux de Tawadeintha.

Pendant sept jours consécutifs, les réjouissances, les danses et les divertissements de toute espèce furent entretenus sans interruption, en honneur de l'illustre défunt. Le bûcher funéraire fut fait de bois de senteur; par dessus, on répandit avec profusion les parfums les plus rares et les plus odorants. Le bûcher avait quatre-vingt-dix-neuf coudées de hauteur. Le corps y ayant été déposé, on y mit le feu au moyen de guirlandes de fleurs et de matières combustibles. Pendant toute la nuit que dura la cérémonie, il y eut continuelle prédication de la loi. Anourouda éteignit le feu avec de l'eau parfumée. Tsanda recueillit avec un soin pieux les reliques qui furent mises dans un feutre. A présent, dit-il, j'irai à Boudha avec ces reliques et les déposerai en sa présence. Aidé de son compagnon Anourouda, il prit aussi, avec les reliques, la patta et le tsiwaran du décédé, et retourna auprès de Boudha, lui raconter tous les détails relatifs aux derniers moments de son grand disciple.

Tsanda était le plus jeune frère du grand Tharipoutra. C'est à lui que revenait l'honneur d'être choisi pour porter à Boudha les précieuses reliques; cependant, quand il fut arrivé au monastère, il ne voulut pas se présenter seul à Boudha. Il alla d'abord à Ananda, son ami intime, et lui dit : « Mon frère Tharipoutra a obtenu l'état de Neibban; voici la patta, le tsiwaran et les reliques, » en étalant devant lui, l'un après l'autre ces précieux articles. Tous deux vinrent ensemble à Boudha et déposèrent à ses pieds la patta, le tsiwaran et les reliques du grand disciple. Boudha, plaçant les reliques sur la paume de sa main droite, appela tous les Rahans et leur dit : « Bien-aimés Rahans, voici tout ce qui reste de celui qui, en votre présence, il y a seulement quelques jours, accomplissait des prodiges, et qui a maintenant atteint l'état de Neibban : — quelque chose ressemblant à une coquille d'un blanc pur. Pendant un athingie et cent mille mondes, il s'est perfectionné par la pratique de la vertu. Mes chers enfants, il pouvait prêcher la loi comme un autre Boudha. Il savait comment se faire des amis; des multitudes de peuples le suivaient pour entendre ses instructions. Excepté moi, personne, durant dix mille mondes ne l'a égalé. Sa sagesse était à la fois grande et attractive; son esprit vif et pénétrant. Il savait le moyen de restreindre ses désirs et de se contenter de peu. Il aimait la retraite : il recevait avec sévérité les auteurs des mauvaises actions. Mes chers enfants, Tharipoutra renonça à tous les plaisirs, à toutes les satisfactions pour devenir un Rahan; il dédaigna toujours les querelles et les disputes, aussi bien que les conversations oiseuses ou trop longues. Son zèle patient pour la propagation de ma religion égalait l'épaisseur du globe. Il était comme un taureau dont les cornes ont été brisées. Mes bien-aimés Rahans, regardez encore une fois les reliques de mon sage fils, Tharipoutra. » Boudha parlant ainsi fit l'éloge des vertus de l'illustre défunt en cinq cents stances (1).

En écoutant tout ce qu'avait dit Boudha pour honorer la mémoire de Tharipoutra, le cœur d'Ananda fut rempli des sentiments de l'émotion la plus tendre. Il ne put s'empêcher de verser d'abondantes larmes, Boudha remarqua bien vite tout ce qui ce passait chez son fidèle et dévoué assistant, et lui dit : « Ananda, dans mes prédications précédentes, j'ai cherché à mettre votre âme à l'épreuve de ces émotions. Deux choses, seules, peuvent nous tenir séparés d'un père, d'une mère, de frères, de sœurs, etc., en un mot de tout ce qui nous est cher : la mort et la distance. Moi-même, quoique Boudha, me suis trouvé exposé à tous ces changements, occasionnés par la distance, quand je pratiquais les grandes vertus, dans la solitude, quand je faisais apparaître des prodiges, et passais une saison au siége de Tawadeintha. Dans ces occasions, la distance me tenait éloigné de ceux qui m'étaient le plus chers.

(1) La coutume de prononcer des oraisons funèbres, pour célébrer les personnages illustres après leur mort, est de la plus haute antiquité. Les saintes Écritures portent témoignage de son existence chez les Juifs. La présente légende offre des cas nombreux d'éloges prononcés en honneur des morts. En cette circonstance, Boudha ne voulut pas laisser à d'autres l'honneur de célébrer les mérites extraordinaires et les qualités transcendantes de l'illustre Tharipoutra. Mais il avait en vue un objet plus élevé, quand il montra aux yeux des Rahans assemblés les reliques du défunt, uniques vestiges de ce qui restait d'un disciple célèbre, qui avait vécu parmi eux tant d'années et qui venait seulement de les quitter. Il eut été impossible de leur donner une preuve plus éclatante de la vérité que si souvent il leur avait annoncée : qu'il n'y a rien qui possède une existence permanente dans ce monde, mais que toutes choses sont soumises à un changement perpétuel. L'impassible Boudha réprimanda doucement Ananda pour les marques d'affliction désordonnée qu'il montra en cette circonstance, parce que, dit-il, la loi de mutabilité agissant sur tout ce qui nous entoure, nous devons toujours être prêts à nous séparer des objets de nos affections les plus chères ; le chagrin, dans ces circonstances, est inutile et tout à fait incompatible avec les principes de l'homme sage.

Pour honorer la mémoire de Tharipoutra et perpétuer le souvenir de ses vertus, Boudha décide qu'un Dzedi soit érigé sur le lieu même où il a reçu la nouvelle de sa mort. Un Dzedi est un monument religieux très-commun en Birmanie, et qu'on peut apercevoir sur tous les monticules, aux environs des villes. Dans l'enceinte de tous les monastères, un Dzedi, est invariablement érigé ; c'est le seul monument purement religieux qu'on puisse trouver en Birmanie. Le voyageur, en ce pays, est toujours réjoui et éprouve les plus gracieuses sensations, quand aux approches de quelque ville ou village, il aperçoit plusieurs Dzedis de différentes hauteurs, élevant leurs cônes blancs coiffés de la couronne dorée, au sein de bouquets ravissants de cocotiers, d'aréquiers au port élancé ou de massifs de

N'eut-il pas été trouvé inutile, et même inconvenant de ma part, de verser des larmes, ou de la part des autres d'en verser à mon sujet? Quel événement, quelle circonstance douloureuse peuvent justifier ou autoriser les gémissements et les lamentations? » Par ces considérations, ou d'autres du même genre, Boudha calma l'affliction d'Ananda et remplit son âme de consolations.

Boudha, afin de compléter en quelque sorte la glorification de son grand disciple, fit ériger un Dzedi en son honneur, près de l'entrée du monastère de Dzetawon. Ayant payé la dette sacrée de la reconnaissance envers le plus grand de ses disciples, Gaudama résolut de quitter le monastère, pour le pays de Radzagio. Ananda, comme de coutume, reçut l'ordre d'informer les Rahans de se tenir prêts pour un départ immédiat.

Le très-excellent Phra étant arrivé à Radzagio, qu'il allait visiter pour la dernière fois, fixa sa résidence dans le monastère de Welouwon. Il n'y était pas resté longtemps, lorsque l'autre grand disciple, Maukalan, alla au Neibban. Voici les détails relatifs aux derniers moments de l'illustre compagnon de Tharipoutra. Les Rahans hétérodoxes, qui vivaient dans un état de nudité complète, étaient extrêmement jaloux de la popularité de Boudha, et convoitaient les abondantes aumônes qui étaient faites à lui et à ses disciples. Maukalan, qui vivait sur la montagne Isigili, dans une grotte obscure creusée dans le roc, fut considéré, en raison de sa grande capacité et de sa science profonde, comme étant la cause du grand respect que le peuple entretenait pour son maître.

tamariniers, de mangotiers ou de jaquiers, tout chargés d'un riche et vert feuillage. Quand le monument est de grandes dimensions, des niches sont pratiquées au milieu de chacun des côtés du carré, faisant face aux quatre points cardinaux. Dans ces niches sont placées des statues de Boudha, qui le font voir dans sa position habituelle, les jambes croisées. Ces monuments religieux sont de dimensions très-variables, depuis quelques pieds, jusqu'aux proportions colossales de la grande pagode de Dagon, à Rangoun.

La coutume d'élever des monuments sur les restes des religieux distingués par leurs vertus et leurs qualités extraordinaires, est très-ancienne, contemporaine, suivant toute probabilité, des premiers âges du Boudhisme. C'étaient des tumulus surmontés d'une ornementation en forme de cône. Ces ornements se peuvent voir au-dessus de presque tous les monuments religieux en Birmanie. La royauté, dans ses cérémonies et dans ses résidences, s'en est approprié l'usage. Nous pouvons les considérer comme étant d'origine Hindoue. Les grands monarques, qui sont appelés Rois Tsekiawada, parce qu'ils régnèrent sur toute l'île de Dzampoudipa, avaient droit, suivant l'opinion de Boudha, à l'honneur d'un Dzedi après leur mort.

Ils résolurent de le tuer. Dans ce but, ils armèrent cinq cents voleurs et leur donnèrent mille pièces d'argent pour accomplir ce crime horrible. Deux fois les assassins vinrent à la grotte, mais deux fois la victime échappa à leur furie. A la fin, en considération de l'influence de quelque mauvaise action antérieure, Maukalan se livra aux mains de ces misérables qui le mirent à mort. Ils le battirent si cruellement, que ses restes n'étaient plus qu'un amas de chairs meurtries qu'ils jetèrent dans les broussailles. La nouvelle de ce meurtre épouvantable se répandit rapidement dans le pays; le roi Adzatathat fit arrêter les meurtriers. Ayant appris par leurs aveux que les Rahans nus étaient les instigateurs du crime, il les fit arrêter aussi. Devant la façade de son palais, il fit creuser mille trous; dans chaque trou un criminel fut enterré jusqu'au nombril. On recouvrit alors tout l'emplacement de paille qui, étant allumée, fit bientôt périr les misérables.

En apprenant ces nouvelles, les disciples furent vivement affligés, et se demandaient quelle cause avait pu procurer au vénérable Maukalan une fin si cruelle. Boudha paraissant subitement au milieu d'eux, dit: « Fils bien-aimés, quel est le sujet de votre conversation? » Ils répondirent qu'ils s'entretenaient de la mort tragique de leur grand compagnon. « Je vous déclare, reprit Boudha, que Maukalan a trouvé une mort méritée. Dans une de ses existences antérieures, mon fils chéri, à l'instigation de sa femme, conduisit ses parents âgés et aveugles dans une forêt où il les laissa seuls, les abandonnant quelque temps. A son retour, prenant la voix et les allures d'un voleur de grand chemin, il tua ses parents et jeta leurs corps dans un buisson. Pour ce crime il a souffert pendant mille ans les tourments de l'enfer, et a dû subir la cruelle mort qui a mis un terme à sa dernière existence. » Ayant ainsi parlé, il ordonna qu'un Dzedi fut élevé en l'honneur de Maukalan, près de la porte du monastère de Welouwon.

CHAPITRE XIV

VOYAGE A WETHALIE. — DERNIÈRE TENTATION DE MANH. — CAUSES DE TREMBLEMENT DE TERRE. — NOUVELLES INSTRUCTIONS AUX RAHANS. — DERNIER REPAS DE BOUDHA. — SA MALADIE DOULOUREUSE. — SA CONVERSATION AVEC UN DES PRINCES MALLA. — PRÉSAGES DE LA MORT PROCHAINE DE BOUDHA. — ARRIVÉE DANS LA FORÊT DE KOUTHINARON. — BOUDHA S'ÉTEND SUR SA COUCHE. — PRODIGES QUI ACCOMPAGNENT CET ÉVÉNEMENT. — INSTRUCTIONS A ANANDA. — ÉLOGE D'ANANDA PAR BOUDHA. — CONVERSION DE THOUBAT. — DERNIÈRES PAROLES DE BOUDHA AUX RAHANS. — SA MORT.

Ayant quitté Radzagio, Boudha fit savoir à Ananda qu'il désirait retourner à Wethalie. Pendant sa route vers la rive droite du Gange, il arriva en un lieu nommé Oukkatsela, où il prêcha sur la mort de ses deux plus grands disciples. De là il traversa le grand fleuve et se dirigea sur Wethalie. Le jour où il entra dans la cité, il alla quêter sa nourriture. Ayant mangé ce qu'il avait reçu, il appela Ananda, lui dit de prendre sa natte et son oreiller, et de le suivre au Dzedi de Tsapala, où il comptait passer une partie de la journée. En exécution de cet ordre, Ananda suivit Boudha et vint avec lui en ce site charmant de Tsapala, à l'endroit préparé pour son maître. Ananda s'approcha de Phra, et, prosterné respectueusement, lui dit : « C'est en vérité un agréable lieu. » Sur quoi Boudha, ravi, fit l'éloge des différents sites de la contrée qui se trouvaient aux environs de Wethalie, aussi bien que des Dzedis qui les ornaient, et il ajouta : « Ananda, toute personne sage doit se hâter de se perfectionner dans les quatre lois d'Edeipat. Étant avancé dans la pratique de ces lois, on peut à volonté rentrer en état de fixité, durant toute une évolution de la nature, et même davantage. Moi, le Boudha, je suis devenu parfait dans ces lois, et je peux rester comme je suis maintenant, pendant un nombre incommensurable d'années. » Trois fois, les mêmes paroles furent répétées ; mais Ananda, enchevêtré jusque là dans les rets du tentateur Manh Nat, restait prosterné devant Boudha. Il ne lui vint jamais à l'esprit de le supplier de rester plus longtemps sur la terre, pour le bonheur des mortels qui retireraient les plus grands avantages de sa présence.

A ce moment Ananda se leva, l'esprit troublé par l'influence de l'esprit du mal, sortit de la présence de Boudha et alla au pied d'un arbre à petite distance. Il venait à peine de laisser Boudha seul, quand le Nat Manh, s'apercevant que Boudha était seul pour quelque temps, s'approcha de lui, et, se tenant à distance respectueuse, lui dit : « Grand, illustre et glorieux Phra, qui prêchez une excellente loi, il est temps maintenant pour vous d'entrer dans l'état de Neibban. Vous disiez autrefois qu'aussi longtemps que vos disciples ne seraient pas très-avancés en savoir; tant qu'ils n'auraient pas conquis l'empire absolu sur leur cœur, leur bouche et leurs sens ; qu'ils manqueraient encore de fermeté et de diligence pour entendre et comprendre la loi; ou qu'ils seraient inférieurs à la tâche de prêcher la loi, vous n'iriez pas au Neibban. Maintenant, les Rahans membres de l'assemblée et vos disciples, hommes et femmes, possèdent à fond toutes les parties de la loi ; ils sont affermis dans leur empire sur leurs passions ; ils peuvent prêcher la loi aux autres mortels. Les Nats et les Brahmas ont entendu vos prédications, et un nombre infini parmi eux ont obtenu la délivrance ; le temps est donc venu pour vous d'entrer dans l'état de Neibban. » Boudha, connaissant le malin et ses perfides dispositions, répliqua : « Hé! misérable Manh, ne vous inquiétez pas tant sur mon compte, avant peu j'irai au Neibban. »

Pendant qu'il était auprès du Dzedi de Tsapala, Boudha, dans un moment de calme d'esprit absolu, entra dans un état extraordinaire de contemplation, dans lequel, pour la première fois, il se mit complétement au-dessus des principes de vie, et parut avoir abandonné l'existence. Mais on ne devrait pas en conclure qu'il eût quitté la vie, à la façon d'un homme qui laisse échapper une pierre qu'il tenait en ses mains, il s'isola de la vie matérielle, y renonça et se mit en-dehors de cette influence qui donne les récompenses dans les siéges matériels ou immatériels, et au-dessus de cette autre influence, qui, en occasionnant les mérites ou les démérites, maintient un être dans le tourbillon des transmigrations. De même qu'un vaillant guerrier, sur le champ de bataille, renverse les barrières ou obstacles qu'il trouve devant lui, ainsi Boudha brisa tous les liens qui jusque là l'avaient enchaîné à l'état d'existence (1). A ce même instant, la terre trembla avec tant de violence que les cheveux se dressaient sur les têtes. Il dit alors à tous ceux présents : « Je suis délivré de l'influence du monde de la matière, du monde des passions et de toute influence qui cause la migration d'une existence à une autre. Je jouis à présent d'un calme d'esprit parfait. Comme le vaillant guerrier qui, sur le champ de bataille, a vaincu tous ses ennemis, j'ai triomphé de toutes les passions; j'ai dominé l'existence elle-même en détruisant le principe qui l'occasionne. » Ces mots furent prononcés par Phra, de peur qu'on pût supposer

(1) Il est très-difficile de comprendre l'état extraordinaire dans lequel Boudha se plaça en cette occasion. Ce doit avoir été un événement remarquable, puisqu'il occasionna une violente commotion qui ébranla notre planète. La seule interprétation qu'on puisse donner aux termes employés pour décrire cet acte particulier de Boudha, est celle-ci : il renonça à l'existence, c'est-à-dire non-seulement à l'existence actuelle dont il jouissait, mais aussi à toutes les autres formes d'existence. Il coupa toute connexion avec ce monde et avec les autres; il brisa tous les liens qui jusque là l'avaient tenu enchaîné à une forme d'existence. Il était alors arrivé au terme de toutes les transmigrations. Par la force de sa volonté, il se plaçait dans un état d'isolation complète de tout ce qui existe, même de lui-même, c'est-à-dire dans le Neibban; un état que la mort allait bientôt réaliser et rendre évident à ses disciples. Ce n'est pas la mort qui fait arriver un être à l'état ou à la condition de Neibban ; c'est l'abstraction de toutes les formes concevables d'existence qui en constitue l'essence. L'expression employée par notre auteur pour désigner la condition particulière dans laquelle Gaudama se mit, et qui occasionna un terrible tremblement de terre, est celle-ci : il se sépara de la vie de changement, de mutabilité, c'est-à-dire il n'eut plus rien à voir à des existences qui, suivant l'opinion des Boudhistes, sont la production du principe d'instabilité. Boudha se donnait à lui-même le nom de Zina ou conquérant, quand il eut conquis l'empire absolu sur ses passions. Nous pouvons lui donner le même titre, en cette circonstance, où il était parvenu à dominer l'existence elle-même. Ce dernier acte est le plus grand de tous, le premier n'était qu'une préparation au second. L'auteur sait bien qu'un tel langage diffère des notions familières au lecteur. Pour en comprendre la signification vraie et correcte, il faut être au courant de la doctrine de Boudha.

La prédication de la roue de la loi, mentionnée comme la cause qui produit le phénomène des tremblements de terre, eut lieu, ainsi qu'il est dit plus haut, dans la forêt de Migadawon ou dans le bois de daims près Bénarès, tout à fait au commencement de la vie publique de Boudha, après qu'il eut quitté l'arbre Bodi. La prédication de la roue de la loi n'est autre que la manifestation des quatre sublimes et transcendantes vérités, qui, ainsi que nous l'avons mentionné précédemment, constituent l'essence de la doctrine de Boudha.

qu'il était entré en cet état où il dominait les éléments de la vie, par peur du langage du tentateur l'invitant à aller de suite au Neibban.

Ananda, ayant senti le tremblement de terre, s'approcha respectueusement de Boudha et se prosterna devant lui ; se retirant alors à une distance convenable, il lui demanda la cause du phénomène extraordinaire et terrible des tremblements de terre. « Mon fils », répondit Boudha, « huit causes font trembler la terre : 1° La terre est appuyée sur une masse d'eau qui repose sur l'air, et l'air sur l'espace ; quand l'air est mis en mouvement, il ébranle l'eau qui, à son tour, ébranle la terre. 2° Tout être doué de pouvoirs extraordinaires. 3° La conception de Phralaong pour sa dernière existence. 4° Sa naissance. 5° Son exaltation comme Boudha. 6° Sa prédication de la roue de la loi. 7° Son renoncement à l'existence. 8° Son arrivée à l'état de Neibban. Telles sont les huit causes des tremblements de terre. Ananda, peu après être devenu un Boudha, j'étais dans la solitude d'Ourouwela, sur les bords de la rivière Neritzara, à l'ombre d'un figuier banian planté par quelques bergers. Le malicieux Nat vint en ma présence et me demanda d'aller immédiatement au Neibban. Je refusai alors de déférer à sa demande et lui dis : « O misérable Manh, mes disciples, membres de l'assemblée, « hommes ou femmes ; les croyants, hommes ou femmes, n'ont pas « encore acquis un savoir suffisant, assez de prudence et de pé- « nétration, de courage et de résolution. Ils n'ont pas encore été « convenablement instruits dans les articles les plus essentiels et « les plus élevés de la loi ; ils sont incapables d'enseigner aux autres ; « ma religion n'est pas encore appuyée sur de solides fondements ; « le temps, donc, n'est pas encore venu pour moi d'entrer dans « l'état de Neibban. » Aujourd'hui, près de ce même Dzedi de Tsapala, il est venu encore et m'a tenu le même langage. « Ne vous « inquiétez pas, misérable », lui ai-je dit ; « dans trois mois d'ici, « j'obtiendrai l'état de Neibban. » En cette occasion, je suis tombé dans l'état où je me suis rendu maître de tous les principes de la vie par les quatre lois d'Edeibat (1). »

(1) Les détails de l'apparition du malin esprit ou tentateur, racontés par Boudha lui-même au fidèle et aimable Ananda, montrent les efforts incessants de Manh pour faire avorter, en quelque sorte, la bienfaisante mission entreprise par Boudha de procurer la délivrance à des êtres innombrables, et de donner aux autres les moyens

Ananda dit à Phra : « Illustre Boudha, veuillez rester pendant tout un Kalpa dans ce monde, pour le bien des hommes, des Nats et des Brahmas. » « Ananda », répondit Phra, « votre requête arrive trop tard et ne peut être accueillie. » Trois fois le fidèle disciple demanda cette faveur à son maître, et trois fois il reçut le même refus. « Croyez-vous, ô Ananda, que je connaisse les quatre chemins qui mènent à la sagesse et à la science, et que je suis parfait dans les quatre lois d'Edeibat ? » « Je le crois », répondit Ananda. « Vous souvenez-vous, ô Ananda, qu'il y a peu de temps, je vous dis trois

suffisants pour prendre et suivre résolûment le chemin qui y conduit. Il avait été trompé dans ses efforts pour empêcher Phra de quitter le monde et d'obtenir la dignité de Boudha. Il avait été traversé dans ses malicieux desseins d'affaiblir les effets des prédications de Boudha. Les hérétiques de toute sorte avaient été enrôlés sous son drapeau, pour faire triompher la lutte qu'il engageait contre ce puissant adversaire, mais toutes ses tentatives avaient échoué. Boudha, maintenant, avait presque complété le grand œuvre de bienfaisance qu'il avait entrepris ; ses institutions religieuses, connues sur une vaste étendue de territoire et propagées avec ardeur par des disciples dévoués et fervents, semblaient maintenant solidement établies. L'édifice, à la vérité, était élevé, mais il lui manquait la dernière touche ; il lui manquait la clef de voûte pour le rendre complet et durable. Manh savait tout cela ; de là ses derniers et perfides efforts pour empêcher d'être finie et perfectionnée l'œuvre au début et aux progrès de laquelle il s'était vainement opposé.

La ligne de démarcation entre les membres de l'assemblée et la masse de ceux qui croyaient simplement aux doctrines de Boudha, sans quitter le monde, est clairement tracée par Boudha lui-même ; il n'y a donc pas à douter que, dès l'origine du Boudhisme, il existait une différence marquée entre le corps des laïques et celui des Rahans. De plus, le corps des parfaits, ou ceux qui formaient ce qu'on peut plus particulièrement appeler l'assemblée, était composé d'hommes et de femmes, vivant séparément, bien entendu, en état de continence, et soumis aux règles disciplinaires dont le Wini est le compendium. On peut trouver en plusieurs points de la Birmanie des vestiges de religieuses vivant séparées du monde ; mais, ainsi que nous l'avons fait remarquer dans une note précédente, cet ordre de religieuses a beaucoup décliné. Ses membres sont peu nombreux et l'observance extérieure des règles singulièrement négligée. Le caractère du Boudhisme, sa tendance à ramener tous les hommes à un même niveau, à ne reconnaître aucune différence d'homme à homme, autre que celle établie par la supériorité dans la vertu, ses propriétés d'expansion ; toutes ces particularités si nettement accusées ont puissamment contribué à rehausser le caractère de la femme et à l'élever au même niveau que l'homme. Qui pourrait songer à considérer la femme comme un être inférieur, lorsque nous la voyons prendre rang, suivant son degré de culture intellectuelle, parmi les parfaits et les plus fermes sectateurs de Boudha ? Il en résulte que, dans ces pays où le Boudhisme a jeté de profondes racines et exercé une grande influence sur les manières de la nature, la condition de la femme a été beaucoup améliorée et placée sur un pied bien supérieur à celui qu'elle occupe en d'autres pays, où ce système religieux n'est pas dominant, ou bien où il n'a pas exercé une influence considérable sur les mœurs et coutumes du peuple.

fois que celui qui était parfait dans les lois d'Edeibat pouvait rester, s'il le voulait, pendant tout un Kalpa dans ce monde? J'ajoutai que je possédais à fond ces quatre lois; mais vous demeurâtes silencieux, et ne me fîtes aucune demande de rester plus longtemps en ce monde. Le temps de faire cette requête est maintenant irrévocablement passé. Le temps de ma vie est pour jamais définitivement fixé. A présent, Ananda, allons à Mahawon Koutagara dans la forêt d'arbres Salas. »

Y étant arrivé et y ayant passé quelques jours, il envoya son fidèle assistant à Wethalie assembler tous les Rahans dans la salle Gnyipoura. Quand ils furent tous réunis en ce lieu, Ananda informa Boudha que son ordre avait été exécuté. Phra vint dans la salle et s'assit à la place préparée pour lui. S'adressant alors à l'assemblée, il dit : « Mes bien-aimés enfants, la loi que ma suprême sagesse a découverte, je l'ai annoncée pour votre bien et votre avantage. Vous l'avez écoutée avec attention et persévérance, vous avez adhéré fermement à ses principes et les avez propagés avec zèle. Maintenant ma religion durera pendant une longue période, et sera une source de grandes bénédictions pour tous les Nats. Mais, pour que ma religion dure longtemps, brille de splendeur et soit productive d'incalculables bienfaits, il est nécessaire qu'une très-sérieuse attention soit donnée aux trente-sept lois d'où procèdent tous les bons discours (1). Vous avez appris ces lois par mes prédications; c'est à vous de les annoncer à tous les êtres. Méditez, avec une attention persévérante, sur les principes de changement et de mutabilité; pour moi, avant peu j'irai au Neibban : encore trois mois, et ce dernier drame de mon existence sera terminé. »

(1) Les Boudhistes de ces pays, suivant les traces de leurs ancêtres, ou plutôt copiant leurs écrits, aiment beaucoup ces divisions arbitraires en tout ce qui concerne les diverses parties de leur métaphysique. Boudha, en cette occasion, fait allusion à trente-sept articles qu'on peut considérer comme le fondement de la science morale et philosophique. On les appelle Bodi-pek-Kera, c'est-à-dire, si je ne me trompe : points ou articles de sagesse. Ils sont subdivisés en sept classes. Dans la première sont énumérés les quatre objets qui sont le plus dignes d'attention, savoir : le corps, le cœur, les sensations, la loi. Dans la seconde sont décrits quatre objets on ne peut plus dignes de nos efforts, savoir : empêcher la loi des démérites de venir à l'existence; empêcher ses développements quand elle existe ; faire venir à l'existence la loi des mérites, et favoriser ses progrès quand elle existe déjà. Dans la troisième, on trouve aussi quatre points dignes de considération : son propre cœur, sa propre volonté, ses efforts, ses poursuites. Dans la

Le matin, Boudha, endossant son vêtement, sortit pour aller quêter sa nourriture, portant la patta sous son bras gauche. Quand il eut mangé son repas, il regarda, avec la fermeté d'un éléphant, tout le pays. La raison pour laquelle il jeta un regard d'éléphant sur Wethalie, ainsi qu'il l'expliqua à Ananda, est la suivante. L'épine dorsale de tous les Boudhas n'est pas comme les anneaux d'une chaîne, mais consiste en un seul os solide, d'où il suit que, lorsqu'ils veulent considérer quelque objet placé derrière eux, ils ne peuvent tourner leur tête en arrière, mais le corps tout entier, comme celui de l'éléphant, doit suivre le mouvement. En cette circonstance, comme en d'autres semblables, notre Boudha n'avait besoin de faire aucun effort, car la terre se mettant à tourner comme la roue du potier lui amenait sous les yeux l'objet qu'il désirait considérer. La grande cité de Wethalie devait, en trois ans, être détruite par le roi Adzatathat. Comme Boudha avait toujours reçu beaucoup de marques d'attention et de respect de la part des habitants de cette ville, il éprouva la plus profonde commisération pour eux. Son dernier coup d'œil fut un adieu douloureux qu'il adressa à la cité dévouée. C'est là le motif qui porta Boudha à la regarder.

Boudha vint en un lieu appelé Pantougama. Il passa successivement par Hatti, Tsampon et Appara, et de là à Raga. Dans ce dernier endroit, il prêcha les quatre lois de Padesa. Faisant venir Ananda en sa présence, il lui dit d'informer les Rahans d'avoir à

quatrième classe nous trouvons énumérées cinq dispositions ou inclinations prééminentes nécessaires, c'est-à-dire la disposition à la bienveillance, à la diligence, à l'attention, à la ferme direction vers ce qui est excellent, et à considérer la sagesse.

La cinquième classe comprend les pola ou récompenses, ou bons effets résultant de l'inclination précédente, c'est-à-dire parfaite bienveillance, diligence, attention, résolution dans ce qui est excellent et sagesse réfléchie.

La sixième classe comprend les sept vertus suivantes, qui permettent à l'homme de s'élever très-haut dans l'échelle de la perfection : attention, considération de la loi, diligence, égalité d'âme, constance dans le bien, fixité et délices.

La septième classe comprend les chemins qui mènent au bien et à la perfection, il y en a huit : parfaite doctrine, intention, langage, actions, genre de vie régulier, diligence, attention et fixité dans le bien.

On pourrait écrire des volumes sur ces trente-sept principes ou points de philosophie morale pour les commenter et les expliquer. Mais nous avons pensé qu'il valait mieux laisser le lecteur étudier en liberté, s'il en a envie, ce large champ de métaphysique.

être prêts à aller dans le pays de Pawa. Étant arrivé dans ce district, il vint, avec tous ses Rahans, vivre dans un monastère bâti dans un bois de mangotiers, par Tsonda, fils d'un riche bijoutier. Tsonda avait vu Boudha auparavant, et avait obtenu l'état de Thautapan ; sa gratitude le poussa à bâtir un monastère qu'il donna, ainsi que le bois, à Boudha. Son arrivée en cet endroit eut lieu le 14 de la lune décroissante de Katson.

Informé que Phra était venu au monastère, Tsonda se hâta de s'y rendre, se prosterna devant lui, et, ayant pris un siége à distance convenable, il pria Boudha d'accepter le repas qu'il voulait préparer pour lui et tous les Rahans. Boudha, par son silence, acquiesça à la demande. Tsonda se leva, s'inclina et, tournant sur la droite, quitta le monastère. Pendant toute la nuit, toutes sortes de plats délicats furent préparés. Il fit tuer un jeune cochon, ni gras ni maigre, dont la chair fut accommodée avec du riz de la plus exquise manière. Les Nats y infusèrent le plus délicieux arôme. Au point du jour, tout étant prêt, Tsonda vint au monastère et invita Boudha et tous les Rahans à venir partager le repas qui était préparé pour eux. Boudha se leva, et portant sa patta, vint à la maison de Tsonda, où il s'assit à la place préparée pour sa réception. Il prit pour lui le porc et le riz, mais ses assistants eurent beaucoup d'autres plats pour se régaler. Quand il eut fini de manger, il pria Tsonda de faire enfouir le porc et le riz, parce que personne dans les siéges des Nats ou des Brahmas, excepté lui, ne pouvait digérer un tel aliment. Peu de temps après, Boudha fut saisi d'une violente attaque de dyssenterie, dont il supporta les tortures avec la plus grande patience et la plus grande résignation. Il souffrait autant non pas à cause de la nourriture qu'il avait prise, car il eût été même sans cela exposé à la même maladie. La douleur fut même plutôt allégée par le porc et le riz qu'il avait mangés, parce que les Nats y avaient infusé la saveur la plus suave.

Boudha invita Ananda à être prêt à aller à la ville de Koutheinaron. Dans le chemin, il se sentit très-faible et se retira sous l'ombre d'un arbre, commandant à Ananda de plier son tapis pour s'asseoir dessus. Quand il se fut un peu reposé, il appela Ananda et lui dit : « Ananda, j'ai très-soif, apportez-moi de l'eau. » Ananda répondit : « Un des princes Mallas, nommé Poukatha, vient justement de passer la rivière Kakouda, avec cinq cents chars, et l'eau est tout à fait boueuse. » Les princes Mallas gouvernaient alternativement le pays. Lorsque leur temps de gouverner n'était pas encore venu ou était passé, plusieurs d'entre eux employaient leur temps à trafiquer. Malgré l'objection, Boudha répéta trois fois son ordre; Ananda prit à la fin la patta de Phra et vint puiser de l'eau à la rivière. Quelle ne fut pas sa surprise, en trouvant que l'eau était claire et limpide! Il se dit : vraiment grand est le pouvoir de Boudha qui a pu opérer un tel changement dans cette rivière. Il remplit d'eau la patta et la porta à son grand maître, qui la but.

Le prince Poukatha avait été disciple du Rathi Alara. Il vint à Boudha et lui dit, pendant qu'il était sous l'ombrage de l'arbre : grands, en vérité, sont la paix et le calme d'esprit des Rahans. Dans une circonstance antérieure, ajouta-t-il, pendant que le Rathi Alara voyageait, il vint se reposer à l'ombre d'un arbre, à petite distance du bord de la route. Un marchand, avec cinq cents chars, vint à passer. Un homme qui suivait à quelque distance, vint à l'endroit où Alara se reposait, et lui demanda s'il avait vu les cinq cents chars qui venaient de passer. Alara répondit qu'il ne savait pas qu'aucun char eût passé en vue. L'homme soupçonna d'abord qu'Alara n'était pas sain d'esprit; mais il fut bientôt convaincu que ce qu'il avait été sur le point d'attribuer à un dérangement d'esprit était causé par l'abstraction du Rathi, de tout ce qui se passait.

Boudha ayant entendu cette histoire répondit : « Dans votre opinion, que pensez-vous qui soit plus prodigieux : ou de voir un homme en possession de ses sens et éveillé, qui ne remarque pas le passage de cinq cents chars, ou même de mille, ou bien de voir un autre homme, également éveillé et jouissant de toutes ses facultés, qui n'a pas entendu un ouragan violent, une pluie abondante, accompagnée des détonations du tonnerre et des éclats continuels de la foudre ? Autrefois, moi, le Boudha, j'étais assis sous un petit hangar. Une très-violente tempête éclata; le tonnerre grondait d'une manière plus effrayante que ne mugissent les vagues, et les éclairs traversaient l'atmosphère dans toutes les directions. En ce moment deux frères labouraient un champ avec quatre bœufs. Ils furent tous tués, hommes et bœufs, par la foudre. Un homme vint à moi, pendant que je me promenais devant le hangar, et me dit qu'il était venu voir l'accident qui venait d'arriver, et me demanda quelques détails à ce sujet. Je lui répondis que je n'avais pas connaissance d'une tempête ayant eu lieu à proximité, ni d'aucun accident en ayant résulté. L'étranger me demanda si j'étais ou non endormi; et si non, si je jouissais de mes facultés. Je lui répondis que je n'étais pas endormi, et que j'étais en parfaite jouissance de mes facultés physiques et mentales. Ma réponse fit une profonde impression sur lui; il pensait en lui-même que le pouvoir de Thamabat était grand et tenait du prodige, qui procure aux Rahans un imperturbable calme d'esprit, que les plus violentes convulsions de la nature ne peuvent troubler. Maintenant, prince Poukatha dans lequel des deux pensez-vous que se trouve le plus grand calme d'esprit?» « Très-excellent Phra, répartit le prince, le grand respect que je portais auparavant au Rathi Alara, s'est envolé comme la paille sous le vent, et disparu comme l'eau d'un courant rapide. Je suis maintenant comme un homme à qui l'on vient de montrer le droit chemin, qui a découvert des choses jusque-là cachées, et qui a devant lui une lumière éclatante. Vous m'avez annoncé la vraie loi qui a dissipé le nuage de l'ignorance, et apporté le bonheur et le calme à mon âme jusqu'ici troublée. De ce moment, je crois en Boudha, la loi et l'assemblée, et jusqu'à la fin de ma vie je resterai croyant. » Le prince appela un jeune homme et lui ordonna d'aller lui porter deux belles et riches pièces d'étoffe ayant la couleur du fil d'or. Quand elles furent apportées, le prince, les tenant dans sa main dit: « O très-glorieux Boudha, j'ai porté accidentellement ces pièces d'étoffe; leur couleur est comme de l'or et le tissu est d'une extraordinaire finesse, veuillez les recevoir comme un présent que je vous fais. » Phra désira qu'il en offrît une à lui-même, et l'autre à Ananda, pour que son mérite fût plus grand, puisque l'offrande serait faite à Boudha, et à l'assemblée dans la personne d'Ananda. Cette attention à l'adresse d'Ananda avait aussi pour but de le récompenser de son assiduité sans relâche pendant les vingt-cinq années qu'il avait servi Boudha, avec le respect, le soin et l'affection la plus vive, sans jamais avoir reçu aucun retour proportionné à ses services. Boudha prêcha ensuite la loi au prince. Quand l'instruction fut finie, Poukatha crut et adhéra fermement aux trois précieuses choses et devint un converti sincère. Il se leva, se prosterna devant Boudha, tourna sur la droite et partit.

Après le départ du prince, Ananda porta les deux habillements au grand Phra qui en mit un sur ses épaules, tandis qu'il roula l'autre autour de sa ceinture. Ananda fut extraordinairement surpris. Rien de ce genre n'était encore arrivé. « Votre apparence extérieure, dit-il à Boudha, est tout à la fois blanche, brillante et belle, au-delà de toute expression. » « Ce que vous dites, ô Ananda, est parfaitement vrai. Il y a deux occasions où mon corps est devenu extraordinairement beau et éclatant : la première fois ce fut dans la nuit où j'obtins l'intelligence suprême ; et la seconde maintenant que je suis sur le point d'entrer dans l'état de Neibban. Sans doute, ô Ananda, le matin qui suivra cette nuit, dans un coin, près de la cité de Koutheinaron qui appartient aux princes Mallas, dans la forêt d'arbres Salas, j'irai au Neibban. La lumière éclatante qui jaillit de mon corps est le présage certain de cet événement. »

Ananda, appelé par Boudha en sa présence, reçut l'ordre de se diriger vers les bords de la rivière Kakouda (1). Y étant arrivé,

(1) Le Kakouda était un des embranchements ou canaux du petit Gundak. Il est à présent desséché, mais jusqu'à ce jour, on a pu, à plusieurs indices, reconnaître l'existence de l'ancien lit de la rivière.

La rivière Hiranyawatti est un des canaux du petit Gundak qui coulait un peu à l'ouest de la cité de Koutheinaron. Le Gundak étant très-tortueux dans son cours, et la masse d'eau charriée quelquefois très-considérable, on peut voir un grand nombre d'anciens canaux maintenant à sec, ou accidentellement pleins d'eau en temps d'inondation. C'est pour cette raison qu'il est, en certains cas, difficile de suivre le pèlerin Chinois Hwen-Thsang, à travers l'exacte et minutieuse description des lieux qu'il a visités. Les monceaux de ruines qui recouvrent le sol ne peuvent pas toujours être reconnues, parce qu'elles ne sont plus maintenant, relativement à la rivière, dans la même position que celle mentionnée dans son intéressant itinéraire. Il y a cependant çà et là quelques restes des vieux canaux qui sont suffisants pour guider le sûr et patient directeur archéologique du gouvernement, qui, aidé des documents qu'il trouve dans les livres des deux pèlerins chinois, fait tant pour retrouver et identifier sur place la plupart des localités mentionnées dans les écrits boudhistes. Il n'est pas médiocrement surprenant que nous ayons à constater ce fait que les voyages de deux touristes chinois, entrepris aux ve et viie siècles de notre ère, ont fait plus pour élucider l'histoire et la géographie du Boudhisme dans l'Inde que tout ce qui a été trouvé jusqu'ici dans les livres sanscrits ou Pâlis de l'Inde ou des contrées voisines.

Le jeune religieux appelé Tsanda était le frère cadet de Tharipoutra. Il semble avoir partagé avec Ananda l'honneur de servir Boudha.

La forêt qui était dans le voisinage de Koutheinaron, était plantée d'arbres que les Birmans appellent Engien, les Bengalais, Sal. Ce dernier nom est évidemment le nom Sanscrit et Pâli de l'arbre que le traducteur birman n'a maintenu qu'une ou deux fois dans tout le cours de l'ouvrage, et a écrit Sala. C'est le *Shorea robusta*.

Les quatre lois d'Edeibat qui, dans l'opinion de Boudha, peuvent conférer à celui

Boudha descendit dans la rivière, se baigna et but de l'eau. De là il dirigea ses pas vers un bouquet de mangotiers. Ananda était resté pour faire sécher les habits de bain de son maître. Phra appela le Rahan Isanda, et lui dit de plier en quatre son tapis, parce qu'il avait envie de se reposer. L'ordre ayant été exécuté, Boudha s'assit allongé sur le côté droit avec la fière et majestueuse apparence d'un lion. Durant son court sommeil. Isanda veillait à son côté. Ananda revint bientôt; Boudha l'appela et lui dit : « Le repas que le fils de l'orfèvre a préparé pour moi et que j'ai mangé, est mon dernier repas. Il est, vraiment, très-chagrin de la maladie qui m'est survenue après avoir mangé chez lui (1). Allez à pré-

qui en possède l'extraordinaire privilége d'une existence indéfiniment prolongée, sont : absolu pouvoir sur la volonté, absolu pouvoir sur l'esprit, absolu pouvoir de travail, absolu pouvoir sur les moyens d'atteindre un objet quelconque. Comment un homme à l'état actuel d'existence, peut-il obtenir la possession d'un tel pouvoir? La seule explication que puisse fournir un Boudhiste est celle-ci : un être perfectionné s'étant affranchi de toutes les passions de la matière et de toute influence concomitante, seulement par le pouvoir de l'énergie et de la volonté acquiert une indépendance de tout obstacle, une liberté illimitée de motion, et une légèreté et une vivacité qui lui permettent de faire tout ce qu'il lui plaît. Il est indépendant des éléments de ce monde qui ne peuvent plus faire obstacle ou résister à ses volontés. Dans le cours de cet ouvrage, plusieurs cas rappelant ces merveilleux priviléges ont été mentionnés. Nous avons vu comment ceux qui sont très-avancés en perfection pouvaient s'envoler et voyager dans les airs avec une incroyable vitesse. Ce n'était encore que le commencement de prérogatives autrement transcendantes obtenues par ceux qui avaient fait le plus grand progrès en science, en vertu et en renoncement à toutes choses, en un mot, pour ceux qui avaient acquis la pleine possession des quatre lois d'Edeibat.

Mahawon Koutagara signifie la salle de l'étage supérieur, dans la grande forêt. Non loin de Wethalie, était un monastère d'une grande célébrité, situé dans une forêt d'arbres Salas. Il avait au moins un étage supérieur dans lequel était la salle où Gaudama prêcha souvent à ses disciples et au peuple.

(1) Le repas que prit Boudha en compagnie de ses disciples, dans la résidence de Tsanda, est le dernier qu'il fit. Le violent malaise qui le suivit immédiatement n'est pas, au dire de l'auteur de la légende, attribuable aux aliments qu'il prit en cette circonstance; au contraire, ces aliments, grâce à la vertu qu'y avaient infusée les Nats et Brahmas, était plutôt un antidote contre la maladie qui devait assaillir inévitablement la personne de Phra. Avant la dissolution de son enveloppe terrestre, il était décrété que Boudha souffrirait. Aucune occurence ne pouvait occasionner ou prévenir ce tragique événement. Il l'avait prévu, et, avec une résignation parfaite, il se soumettait à ce qui devait absolument arriver. Dans les premiers âges du Boudhisme, quand un antagonisme meurtrier avec le Brahminisme commença de remplir la péninsule de l'Inde des disputes interminables, entre les croyants des systèmes rivaux, les Brahmines, avec un méprisant dédain

sent auprès de lui et faites-lui connaître les mérites qu'il a acquis en me faisant une offrande. Deux repas que j'ai faits durant cette exis-

insultaient leurs adversaires en leur rappelant que le fondateur de leur croyance, qu'ils révéraient et exaltaient si fort, était mort pour avoir mangé trop de cochon. Il y a environ vingt-deux ans, quand l'auteur était en Birmanie, il lui arriva de se rencontrer avec un vieux rusé de chrétien qui, soit dit en passant, était bien plus disposé à disputer sur la religion qu'à en observer les pratiques. Il se vantait d'avoir en sa possession contre les Boudhistes des arguments irrésistibles, qu'il pouvait lancer avec une force invincible contre les principes essentiels de leur système. Le principal, qu'il mettait toujours en avant avec un mépris sarcastique tout brahminique, était que Gaudama était mort pour avoir mangé trop de porc. Il le plaçait toujours avec tant de gaieté et d'humour, que ses pauvres ignorants adversaires étaient complètement stupéfaits et réduits au silence par cette hardie et positive assertion, lui abandonnant le champ de bataille et lui permettant de s'attribuer la palme de la victoire. Ce procédé d'argumentation peut être fort amusant, bien qu'on ne puisse l'approuver, car jamais une erreur ne doit être combattue par une autre erreur ou par une fausse assertion. Le traducteur birman connaissait sans doute le côté faible offert aux attaques d'adversaires malins par cette circonstance de l'indisposition de Boudha, après son dernier repas. Il s'efforce de défendre le caractère de son héros en prouvant de son mieux que cette indisposition devait avoir lieu pour mettre en relief la patience, le calme et les autres vertus du fondateur du Boudhisme. Nous avons lu et relu le texte de la légende avec la plus grande attention pour trouver les raisons qui pussent rendre compte de cette occurence, mais sans résultat. Un épais nuage enveloppe d'une obscurité profonde ce curieux épisode de la vie de Boudha. Tout ce qu'on peut dire c'est qu'il était décidé d'avance que Boudha souffrirait d'une indisposition douloureuse avant d'atteindre le Neibban, et qu'ainsi cela arriva.

Afin de prouver que l'indisposition de Gaudama ne fut pas occasionnée par le porc qu'il avait mangé, nous avons l'autorité de Gaudama lui-même, qui vanta la délicatesse et l'odeur de ce plat et qui le met sur un pied d'égalité avec le délicieux nogana qu'il mangea le matin même du jour qui précéda son élévation à la dignité de Boudha. Il désire que son toujours fidèle serviteur Ananda se rende chez Tsonda et lui explique les grandes récompenses qui lui sont réservées pour avoir fait l'offrande d'un plat aussi excellent.

Le mécanisme pratique du système boudhiste relativement aux aumônes mérite quelque attention. Un homme fait des aumônes aux Rahans ou dépense de l'argent dans un but religieux ; il agit ainsi avec la croyance que ce qu'il distribue maintenant sous forme d'aumônes, lui assurera des avantages sans nombre dans ses existences futures. Ces faveurs dont il espère jouir plus tard, sont toutes d'une nature essentiellement temporelle; se rapportant à la santé, aux plaisirs, richesses, honneurs, longue vie, soit au siège de l'homme, soit au siège des Nats. Telle est l'opinion généralement répandue chez tous les Boudhistes de notre époque. Les Talapoins font consister principalement la prédication de la loi dans l'énumération des mérites et récompenses qui seront le partage de ceux qui font des aumônes à des personnes vouées à la vie religieuse. A cet égard, le résultat pratique de leurs sermons leur est certainement très-favorable. Le spiritualiste Boudha semble avoir écrasé la concupiscence et la cupidité, en établissant ouver-

tence méritent à un égal degré les plus grandes récompenses. Le premier fut le délicieux Nogana qui me fut servi peu de temps avant que j'obtinsse, d'abord le Neibban de Kiletha ou la destruction des passions, et subséquemment la suprême intelligence ; le second est celui qui vient de m'être offert par le fils de l'orfèvre, quand je mangeai le plat de riz et de porc. C'est la dernière nourriture que je prendrai jusqu'à ce que j'atteigne l'état de Neibban, c'est-à-dire la Neibban des Khandas, ou la destruction de tous les supports de l'existence. Ces deux repas étaient excellents tous deux, et méritent une égale récompense : beauté, longue vie, bonheur, grand nombre de serviteurs, la félicité du siége des Nats et toute sorte d'honneurs et de distinctions ; tels sont les mérites réservés à Tsanda, le fils de l'orfèvre : allez et les lui mentionnez, afin d'adoucir son chagrin. »

Gaudama prononça en cette circonstance les sentences suivantes : « Les œuvres de charité (1) peuvent défendre et protéger contre

tement que les aumônes n'ont pas le pouvoir de refouler le courant des démérites, de faire naître et d'entretenir le principe des mérites, ni de conduire à la sagesse qui permet à l'homme d'affaiblir graduellement la concupiscence, la colère et l'ignorance, en ouvrant et préparant le chemin au Neibban. Le vrai savoir, accompagné de la pratique des vertus particulières à ceux qui sont entrés dans le courant de la perfection, en suivant les quatre Meggas, rend seul l'homme capable d'atteindre le Neibban. Beaucoup d'excellentes pratiques du Boudhisme ont été, si l'on peut user de l'expression, réduites à un simple squelette, par l'ignorance et les passions, mais elles paraîtraient sous un jour bien différent si elles étaient animées de l'esprit qui leur a donné l'existence.

(1) L'observance des cinq préceptes, qui incombe à tous les Boudhistes, est la base sur laquelle doit s'élever l'édifice spirituel : c'est le premier pas vers les grandes voies qui conduisent à la perfection : c'est la préparation au grand exercice de la méditation, par lequel on peut acquérir la vraie sagesse. Les fidèles qui observent les cinq préceptes et les trois conseils additionnels, montrent que la foi vit dans leurs cœurs et prouvent indubitablement leur zèle pour la pratique de la religion. Ce sont de vrais Oupasakas ou laïques qui adhèrent fortement à la loi de Boudha et qui prennent refuge en lui, en la loi et en l'assemblée ; mais ils ne peuvent prendre rang parmi les membres de l'assemblée au Thanga. La pratique de la méditation et les progrès qu'on y fait peuvent seuls introduire un Oupasaka dans le sanctuaire des parfaits.

Les récompenses réservées aux fidèles après leur mort sont exactement proportionnées à leurs mérites et à la valeur de leurs œuvres. Les siéges de Nats, placés immédiatement au-dessus du siége des hommes, mais sous les seize siéges réservés aux parfaits, sont ouverts au pieux Oupasaka qui émigre du siége d'épreuve et de probation. Les plaisirs dont on jouit au siége des Nats sont d'ordre exclusivement sensuel. Tout ce qu'on peut imaginer de plus propre à délecter les cinq sens est accumulé dans ces bienheureuses régions et offert avec une libéralité

l'influence des démérites, qui sont les vrais ennemis de l'homme. Seul, celui qui est plein de mérites et de sagesse, évite les mauvaises actions met fin à la concupiscence, à la colère et à l'ignorance, et arrive au Neibban. » Boudha appelant Ananda lui dit : « Allons maintenant au bord de la rivière Hignarawati, dans la forêt d'arbres Salas qui appartient aux princes Mallas. » Suivi d'une foule de Rahans il vint au bord de la rivière. La forêt était une langue de terre, enfermée de trois côtés par la rivière. « Ananda, dit Boudha, vous voyez ces deux arbres élevés à la lisière du bois ; allez préparer un lieu de repos pour moi, entre ces deux arbres, de façon que, lorsque j'y serai couché, ma tête soit tournée vers le nord. La couche doit être arrangée de telle sorte que par ses deux extrémités

inépuisable à leurs fortunés habitants. L'imagination féconde des Asiatiques, semble-t-il, a vidé sa palette pour peindre avec une richesse étonnante les plaisirs qu'on y savoure. Il serait oiseux de chercher à donner un détail circonstancié de tout ce que les compositions bouddhistes renferment relativement à ces régions. Il suffit à notre but de dire que la distinction des sexes est maintenue dans la région des Nats. Dans les deux sièges inférieurs, la connexion a lieu entre les deux sexes mais aucune procréation n'en résulte ; dans le troisième, les Nats de différents sexes sont amplement satisfaits par de simples baisers, dans le quatrième, par le contact de la main ; dans le cinquième, en se regardant l'un l'autre ; et dans le sixième, par le seul fait de se rencontrer au même endroit. Nous pouvons à ce propos faire deux observations : la première c'est que les plaisirs qu'on y goûte perdent leur grossièreté et deviennent plus raffinés et plus parfaits à proportion que les sièges sont plus élevés. Plus les mérites de l'Oupasaka sont grands dans cette vie, plus élevé est le siège qu'il est destiné à occuper, et plus raffinés sont les plaisirs et divertissements qui lui sont accordés. Par suite, notre Gaudama, ayant, pendant les existences précédentes à celle-ci, pratiqué les vertus morales de l'ordre le plus élevé, émigra à Tousita, le quatrième siège des Nats. La seconde observation est que la durée des jouissances dans les sièges des Nats s'accroît en progression arithmétique, c'est-à-dire que les plaisirs du second siège sont d'une durée double de ceux du premier ou plus bas siège. Celles du troisième siège durent deux fois autant que celles du second, et ainsi de suite jusqu'au dernier ou plus élevé.

Dans les sermons que les Talapoins adressent au peuple pour exciter son zèle, principalement à leur faire des aumônes, ils sont d'une extrême libéralité dans leurs promesses aux sièges des Nats, en usant comme d'un puissant moyen d'entretenir leur zèle à faire des aumônes. Avec la plupart de leurs auditeurs, ils réussissent admirablement dans leurs projets. On ne peut nier que ces pauvres dupes de sectateurs de Boudha sont pleinement convaincues de tout ce qui leur est raconté par les Talapoins, relativement aux sièges des Nats. Telle est la foi implicite des masses chez les Boudhistes. On peut accidentellement rencontrer en petit nombre des individus qui nient de ces fables, mais ils ne sont pas mieux vus que des rationalistes, ou libres-penseurs, par la portion orthodoxe de la communauté.

elle arrive presque à toucher les deux arbres. Ananda, je suis très-fatigué et désire me reposer. » Bien que l'énergie de Boudha fût égale à celle d'un millier de Koudas d'éléphants noirs, elle l'abandonna presque complétement, du moment où il eut mangé le plat de riz et de porc de Tsonda. Quoique la distance de Pawa à la forêt de Salas, dans le district de Koutheinaron, ne soit que de trois gawots, il fut obligé de se reposer en chemin vint-cinq fois, et ce fut au prix de grandes fatigues qu'il y arriva après le coucher du soleil. Quatre localités, le long de la route de Pawa à Koutheinaron, devinrent plus tard célèbres par l'affluence des pèlerins qui les visitaient.

[*Remarque du traducteur Birman.* — On a souvent demandé pourquoi Phra permettait que son corps souffrît de la fatigue. La raison de sa conduite était son désir d'instruire tous les hommes, de les préparer à supporter la souffrance et la maladie. Si l'on demandait pourquoi Boudha se donna tant de peines pour aller au Neibban dans cet endroit, en particulier, on devra répondre que Boudha vit trois raisons d'agir ainsi qu'il le fit : 1° — De prêcher le grand Soudathana. (C'est l'histoire d'un prince appelé Maha Soudana, qui gouvernait le pays de Kousawatti. A la fin, Boudha déclare que, dans ce grand prince, la loi de mutabilité a, pendant toute sa vie, agi avec une force irrésistible; mais, quant à lui, il se réjouit maintenant de s'être émancipé de ses atteintes, et il aspire à se délivrer de sa prison corporelle); 2° — D'instruire Thoubat et de le conduire à la perfection ; 3° — Pour que les disputes qui devaient s'élever sur le partage et la possession de ses reliques fussent apaisées par le Pounha Dauna, qui effectuerait loyalement et pacifiquement le partage de ces restes sacrés.]

Phra, ayant gagné sa couche s'y étendit sur le côté droit, avec la noblesse de pose et l'indomptable fierté d'un lion (1). Sa jambe

(1) La posture adoptée par Boudha en cette phase de sa vie a inspiré le sujet d'une composition artistique aux sculpteurs boudhistes du Sud. Une statue représentant Phra dans cette position du repos se peut voir dans presque chaque pagode. Quelques-unes sont de proportions gigantesques. J'en ai mesuré une qui avait quarante-cinq pieds de longueur. Si nous cherchons dans des ouvrages aussi grossiers le degré d'habileté possédé par les indigènes dans l'art de la sculpture, nous devons avouer que cet art est encore chez eux en enfance. Les énormes idoles que j'ai vues ne sont jamais faites de bois ou de pierres taillées, mais elles sont faites en briques; une fois que l'artiste a ainsi fait le gros œuvre de la statue,

gauche appuyait directement sur la droite; mais, afin d'éviter la gêne et la douleur, la position des deux jambes était telle qu'elle empêchait le contact immédiat des deux chevilles et des deux genoux. La forêt d'arbres Salas s'étend au sud-ouest de la cité de Koutheinaron. Si l'on veut aller de la forêt à la cité, il faut d'abord faire route droit à l'est et ensuite venir au nord. L'endroit, donc, où Phra se trouvait était une langue de terre dont trois côtés étaient baignés par la rivière.

Quand Boudha fut étendu sur sa couche, les deux arbres Salas devinrent aussitôt chargés de fleurs odorantes qui pendaient gracieusement au-dessus et autour de sa personne, de manière presque à la couvrir. Non-seulement ces deux arbres, mais tous ceux de la forêt ainsi que ceux des dix mille mondes revêtirent la même apparence surprenante et gracieuse. Tous les arbres à fruits produisirent, hors de saison, des fruits meilleurs que ceux qu'ils avaient jamais portés; leur beauté et leur parfum surpassaient tout ce qu'on avait jamais vu. Les cinq espèces de lys sortirent du sein de la terre, et de chaque plante et de chaque arbre; elles offraient aux regards étonnés le plus ravissant coup d'œil. La haute montagne d'Hymawonta, qui a 3,000 youdzanas d'étendue, brillait de toute la richesse des couleurs de la queue du paon. Les Nats qui étaient préposés aux deux Ingien, ou arbres Salas, faisaient

il la recouvre d'une épaisse couche de mortier dont la friabilité lui permet de donner sans grande peine la dernière touche à son travail. Ces statues sont invariablement faites sur un certain modèle qui appartient à l'antiquité, et à une époque où l'art était tout à fait en enfance; ce sont, au point de vue artistique, les plus grossières et les plus médiocres tentatives de statuaire que j'aie jamais vues. L'or est pourtant répandu avec profusion sur ces informes et pitoyables ouvrages. La grande idole mentionnée plus haut était couverte d'or, c'est-à-dire dorée de la tête aux pieds.

Des idoles de plus petites dimensions — celles en particulier qui représentent Boudha assis les jambes croisées, dans l'attitude de la méditation — sont également de tristes spécimens artistiques. Un grand nombre sont faites en pierre tendre, presque blanche, ressemblant au marbre et pouvant recevoir un poli plus délicat. A environ trois mille à l'ouest de la vieille cité en ruines de Tsagain, est une localité où l'industrie des idoles de marbre est très-largement répandue. La pierre employée par les sculpteurs est apportée d'un endroit au nord d'Amerapoura, où elle est très-abondante. Elle est douce, transparente, blanche et, quand elle est polie, a quelquefois des reflets bleuâtres. Les instruments dont se servent les artistes sont simples et peu nombreux. Si ce n'était la coutume invétérée qui les oblige à imiter toujours le même modèle, les sculpteurs birmans feraient de grands progrès dans cette branche des beaux-arts.

pleuvoir sans interruption les fleurs les plus embaumées. Des siéges des Nats, la fleur Mandarawan, qui pousse sur les bords du lac Mandawan, et brille comme l'or le plus pur, dont les feuilles s'épandent comme une ombrelle, était jetée en pluie par les Nats avec la poudre du bois de sandal et d'autres plantes odoriférantes. Les Nagas et les Galongs, se joignant aux Nats, apportaient de leurs siéges respectifs toute espèce de fleurs et de parfums, qu'ils laissaient tomber en rosée au-dessus et autour de la personne sacrée de Boudha. Phra, voyant les efforts prodigieux des hommes, des Nagas et Galongs, pour lui faire honneur, et entendant les mélodieux accents des voix des Nats, chantant ses louanges, appela Ananda et lui dit : « Vous êtes témoin de toute cette pompe déployée (1)

(1) Si Boudha a jamais mérité le surnom de sage, c'est assurément en cette circonstance qu'il s'est rendu digne d'une si honorable distinction. Toute la nature a renversé ses lois en son honneur; les merveilles les plus extraordinaires ont proclamé hautement son excellence sans égale ; les êtres les plus élevés ont uni leurs voix pour louer son mérite transcendant et témoigner d'un respect sans bornes pour sa personne. Tout ce qui peut briller aux yeux, plaire à l'oreille et flatter le cœur, a été déployé avec un luxe extraordinaire, pour rendre hommage à celui qui va bientôt quitter cette demeure terrestre. Boudha, pourtant, déclare solennellement et sans hésitation à Ananda qu'une telle pompe est infiniment au-dessous de ses mérites et de ses perfections, et ne peut entrer en comparaison avec sa profonde sagesse, et sa science incomparable de la vérité. Dans son opinion, de telles choses sont purement extérieures, sans valeur foncière, elles ne peuvent lui faire aucun honneur. « Ceux-là, » ajoute-t-il, « me font vraiment honneur qui pratiquent tout ce qu'ordonne la très-excellente loi ; rien autre que l'observance de la loi ne peut me plaire ; la pratique des vertus qui conduisent à la perfection donne seule le droit d'être appelé mon disciple. Ma religion ne peut subsister solidement que sur cette base. »
Ces expressions font comprendre à tout lecteur que, dans l'opinion de Boudha, la religion n'est pas simplement théorique, enseignant de beaux préceptes moraux, destinés à exciter une vaine admiration dans l'esprit ou attirer des applaudissements inutiles ; c'est un système moral et pratique, qui apprend à l'homme les devoirs qu'il a à remplir pour éviter le vice et pratiquer la vertu. Rien n'est à la fois plus explicite et plus positif que les notions qu'il professe sur la religion. Elles sont dignes du fondateur d'un système religieux, maintenant cru et admis, avec des variétés plus ou moins considérables, par environ un quart ou au moins un cinquième de la grande famille humaine. On doit reconnaître que le sens religieux si élevé que possédait Boudha, et communiqué dans toute sa pureté à ses disciples immédiats, s'est à peu près effacé dans tous les pays Boudhistes. Pour le peuple, la religion consiste en certaines observances extérieures, telles que faire des aumônes aux Talapoins, bâtir des pagodes et faire des offrandes durant les trois mois spécialement consacrés aux devoirs religieux. L'influence des guides religieux, à cause de l'ignorance et de l'absence de zèle, peut être regardée, par bien des gens, comme presque nulle et à peine sentie par la masse des Boudhistes de nom. Cependant

en mon honneur; elle n'est pourtant pas assez digne de moi qui possède la science de la plus sublime loi. Nul ne peut être mon vrai disciple, ou accomplir les commandements de la loi par ce vain et extérieur hommage. Tout Rahan ou Rahanesse, tout croyant, homme ou femme, qui pratique les œuvres excellentes conduisant à la parfaite béatitude ; telles sont les personnes qui me rendent véritablement hommage, et me présentent l'offrande la plus agréable. L'observance de la loi donne seule le droit d'appartenir à ma religion. Rappelez-vous toujours cela, ô Ananda, et que chaque croyant en ma religion y conforme ses actes. »

Pourquoi Boudha, en cette dernière occasion, faisait-il aussi peu de cas des offrandes qui lui étaient faites, tandis qu'en d'autres circonstances précédentes, il avait exalté si haut les mérites qui dérivent des offrandes? La raison de sa conduite était de faire comprendre à chacun que la religion ne saurait subsister sans la pratique de tous les devoirs qu'elle commande, et qu'elle disparaîtrait bientôt si elle n'était soutenue que par les aumônes, les offrandes et autres cérémonies extérieures. Les aumônes sont productives de grandes récompenses ; mais la pratique de la vertu, seule, assure à la religion une existence prolongée.

A ce moment, une illustre Rahanesse nommée Oupalawana (1),

deux causes semblent avoir produit et conservé le sentiment religieux qui influence le peuple : l'éducation et les institutions politiques. La portion mâle de la communauté est élevée dans les monastères par les Phongies. Tous les livres qui sont mis entre leurs mains, et la plupart de ceux qu'ils liront plus tard, sont des traités sur des sujets religieux. Ce système entretient d'une manière prodigieuse la connaissance de la religion, qui exerce une grande influence sur les actions des individus, et règle leur conduite. En outre de cela, l'élément religieux prédomine presque exclusivement dans le corps des lois civiles ; il agit indirectement sur le peuple, et il faut lui reconnaître une large part d'influence en tout ce qui concerne leur morale. C'est donc aux institutions politiques que le Boudhisme est redevable de la continuation de son existence dans ces pays. Qu'il vienne à perdre ce puissant soutien, il y a tout à parier qu'il ne conserverait peut-être pas longtemps son empire sur les masses, le jour où il serait régulièrement et fermement battu en brèche par les sectateurs d'un autre système. Mais la première cause est de beaucoup la plus puissante et la plus influente.

(1) Dans la première édition de cet ouvrage, l'auteur a fait une erreur en supposant qu'Oupalawana était un religieux homme. Un autre manuscrit, sur feuille de palmier, qu'il a consulté, ne laisse aucun doute sur son sexe. Elle était, dans le corps des religieuses, disciple de la gauche, et Kema, qui avait été tant d'années la première femme du roi Pimpathara, était disciple de la droite. Oupalawana appartenait à une famille distinguée de Kapilawot. La portion féminine du Thanga ou

sur un simple mot de Boudha, abaissa son éventail et vint s'asseoir à une certaine distance. Ananda, qui avait vu cette Rahanesse veiller assidûment auprès de la personne de Boudha pendant plus de vingt saisons, fut surpris en voyant que, sans raison apparente, elle avait été envoyée se retirer à distance. Phra, lisant dans l'âme d'Ananda ses plus intimes pensées, lui dit : « Ananda, je ne suis pas indisposé contre Oupalawana, mais son corps étant très-gros, il empêche les myriades de Nats, qui sont venus de dix mille mondes, de me voir et me contempler à ce moment suprême. Les Nats peuvent voir à travers les corps de la généralité des hommes, mais ce pouvoir leur manque à l'égard des personnes très-avancées en mérites. J'ai donc désiré qu'elle se tînt un peu loin pour que les Nats ne soient pas fâchés en ne voyant pas ma personne. »

Ananda posa à Boudha un très-grand nombre de questions qui sont rapportées tout au long dans la Parinibana Thouts.

Entre autres sujets, il lui demanda comment les Rahans devaient se comporter quand des femmes viendraient à leurs monastères (1).

Assemblée était constituée à la façon des Rahans. Tharipoutra et Maukalan étaient respectivement disciples de la droite et de la gauche. Une des fonctions de la Rahanesse de la gauche était d'éventer Boudha en certaines occasions, et de lui rendre les services compatibles avec son sexe. L'ordre des nonnes en Birmanie, de nos jours, est tombé très-bas. Au lieu de la couleur jaune, elles ont adopté le blanc pour leur costume qui, à cela près, ressemble à celui des Phongies. Leur tête est rasée. On les voit, dans le voisinage des pagodes et dans les rues, quêtant la nourriture nécessaire à leur subsistance. Le seul grand couvent de nonnes que j'aie jamais vu, est sur la rive droite de l'Izawad, à environ cinq milles N. de Tsagain. Il contient quarante ou cinquante nonnes ; quelques-unes appartiennent à de bonnes familles et résident dans la maison quelques années, après quoi elles retournent chez elles. Cette maison est sous la protection spéciale du roi qui fournit aux nonnes tout ce qui leur est nécessaire. Dans la vallée de Tavoy, l'auteur a aussi remarqué un petit couvent, qui était bâti dans un site agréable, à l'ouest de la rivière. Quand il vint le voir, il fut surpris de rencontrer deux ou trois vieilles femmes, portant l'habit canonique, qui lui parurent affreusement pauvres et salement habillées. La maison était en rapport avec l'apparence de ses hôtesses. Les nonnes ne font absolument rien, excepté en certaines localités, où elles cherchent à tuer le temps en extirpant les herbes qui foisonnent abondamment dans l'enceinte de quelque pagode fameuse. Elles ne tiennent pas d'école pour enseigner aux filles les rudiments de la lecture et de l'écriture. Elles sont à cet égard bien au-dessous des moines bouddhistes qui ont pris sur eux la grande et importante tâche d'instruire les enfants dans les villes et les villages.

(1) Le fondateur du Bouddhisme se montre parfait moraliste sur ce sujet particulier. Celui qui a pu parler comme il l'a fait, sur ce point vraiment délicat, doit avoir eu une connaissance approfondie de la nature humaine, et étudié à fond

« Ananda, » répondit Boudha, « un Rahan désireux de s'affranchir de la souillure de la concupiscence et de garder son cœur ferme et solide, doit avoir sa porte fermée et ne jamais regarder les ses faiblesses et sa fragilité. Boudha désirait maintenir les membres de l'Assemblée dans un état de pureté sans tache. Pour atteindre ce désirable but, il imagine d'élever la plus forte barrière contre la passion la plus désordonnée du cœur. Aucune vertu, dans son opinion, ne peut résister à des assauts incessants dirigés contre elle par un commerce quotidien et familier entre personnes de différents sexes. Il mettrait, si c'était possible, l'habitant d'une cellule dans un monastère en-dehors de toute tentation ; il sait que la meilleure tactique contre un tel ennemi ne consiste pas à affronter résolûment l'adversaire, mais plutôt à éviter soigneusement de le rencontrer, à manœuvrer de façon à le tenir au large. Par suite, les conversations oiseuses avec les visiteurs du sexe féminin sont non-seulement défendues de la façon la plus positive, mais la simple vue d'une femme doit être évitée. Quand le devoir obligera un reclus à se trouver face à face avec l'ennemi, il lui est formellement enjoint de se tenir aussi loin que possible des visiteurs féminins. Le sujet de la conversation doit avoir le caractère purement religieux ; quelques passages de la loi peuvent être développés ; des doutes de conscience proposés ; et une solution donnée, etc. etc.. Dans ces occasions, le guide spirituel ne doit jamais être laissé seul, mais il doit être entouré de quelques-uns de ses frères ou disciples, qui sont toujours très-nombreux dans les monastères.

Il peut ne pas être sans intérêt de se placer au centre du système Boudhique, et, de ce point de vue, d'examiner les motifs qui ont conduit Boudha à prescrire le célibat à tous les membres de l'assemblée, et d'insister sur son observance rigoureuse par les moyens que le plus profond moraliste aurait seul pu imaginer.

La philosophie du Boudhisme a pour premier objet de mettre l'homme à même de s'affranchir de l'influence produite sur l'âme par les objets extérieurs, par l'intermédiaire des sens. Cette influence met en mouvement les diverses passions qui obscurcissent l'intellect et troublent le cœur, opposant une barrière insurmontable à l'acquisition et à l'intuition de la vérité, et au progrès vers l'état de repos si ardemment convoité et poursuivi par tout vrai Boudhiste. Nul n'est mûr pour l'état de Neibban, tant qu'il conserve des affections pour des choses sans réalité. Le dernier et plus grand effort de la sagesse est l'émancipation de soi-même de toute influence possible, créée et produite par des objets ou des choses distinctes de soi-même. La concupiscence, ainsi que le mot l'indique, est cette disposition de l'âme à chercher, désirer, aspirer à des choses placées en-dehors de nous-mêmes Une telle disposition est diamétralement opposée à la parfaite indépendance visée par un parfait Boudhiste, et mène à des résultats tout à fait contraires à ceux qu'on poursuit. Elle retient l'homme dans un tourbillon d'existences sans fin, et lui interdit la possibilité d'arriver jamais à l'état de Neibban. La concupiscence, prise dans un sens plus restreint, signifiant la disposition à jouir des plaisirs sensuels, par l'union des sexes, doit toujours être le plus grand obstacle dans la voie qui mène à la perfection, d'autant plus qu'elle alimente chez les hommes les plus vives affections pour des objets extérieurs.

Boudha est grand, dans sa propre opinion, parce qu'il a vaincu toutes les passions, non pas en les courbant sous le joug de la raison, mais en les déracinant de son être. Quand il désira devenir un ascète, il pratiqua d'abord le renoncement de soi-même, non pas simplement en abandonnant richesses, palais, dignités

femmes qui viennent au monastère ou qui se tiennent à l'entrée, parce que, par les yeux, la concupiscence trouve accès au cœur et ébranle ses plus fermes résolutions. » — « Mais, reprit Ananda, que faut-il faire quand elles passent, apportant la nourriture aux habitants du monastère ? » — « Ananda, dit Boudha, dans ce cas, aucune conversation ne doit avoir lieu avec elles. Il serait meilleur et plus sûr d'engager une conversation avec un homme qui, le sabre à la main, menacerait de vous couper la tête, ou avec un Bilou femelle prêt à vous dévorer, au moment où vous ouvririez la bouche pour parler. En conversant avec les femmes, on apprend à les connaître ; la connaissance engendre la familiarité, allume la passion, conduit à la perte de la vertu et précipite dans les quatre états de châtiment. Il est par conséquent plus prudent de n'avoir aucune conversation avec elles. » — « Que faut-il faire, ô Boudha, dans le cas où des femmes viennent au monastère entendre des instructions religieuses, exposer leurs doutes, chercher un avis spirituel et rendre aux Rahans certains services permis ? Si un Rahan garde le silence en de telles occasions, elles le tourneront en ridicule et diront : « Ce Rahan, sans doute, est sourd ou trop bien nourri, c'est pour cela qu'il ne peut parler. » — « Ananda, répondit Boudha, en de telles circonstances, si un Rahan est

et honneurs, mais surtout et principalement en se refusant pour toujours la satisfaction des plaisirs des sens. Une résolution ferme et inébranlable de se séparer à jamais de sa femme et de ses concubines, et de vivre dans un célibat perpétuel, fut considérée comme le premier pas essentiel et les préliminaires du nouveau genre de vie qu'il allait mener, celle d'un chercheur de vérité et de perfection. Pendant les six années qu'il passa dans la solitude, il travailla, avec un zèle qui ne se démentit jamais, à assurer au principe spirituel la prépondérance sur le matériel, en étouffant la fougue et l'ardeur de ses passions. Ses austérités et mortifications, durant cette longue période, n'avaient d'autre objet que d'affaiblir d'abord et finalement détruire les passions, et particulièrement la concupiscence. Quand il est loué dans les Écritures, on le glorifie d'avoir pu sortir du lien des passions. Sa victoire sur la concupiscence est mentionnée à chaque instant comme son plus beau triomphe. Par conséquent, le maître ayant donné à cette maxime favorite une telle importance, ne pouvait manquer de la prêcher et de l'enjoindre à ses futurs sectateurs et disciples. Les plus anciens documents Boudhistes témoignent de l'importance sans égale attachée à la pratique de la chasteté. Elle a toujours été considérée comme absolument essentielle, chez ceux qui ont désiré suivre les pas de Boudha et d'imiter son genre de vie. Aucune qualité, quelque grande et éclatante qu'elle soit, ne peut compenser la chasteté. La science, le talent, le zèle et la ferveur ne pourront jamais donner droit à la distinction de membre de l'assemblée des parfaits, si l'on n'a au préalable fait le sacrifice de la gratification des

obligé de parler, il doit considérer comme une mère toute femme assez âgée pour être sa mère, et comme des sœurs aînées celles qui paraissent un peu plus âgées que lui, et comme des sœurs cadettes ou des enfants celles qui sont plus jeunes. Jamais, ô Ananda, n'oubliez ces instructions. »

Ananda s'enquit auprès de Boudha quelles cérémonies devaient être accomplies sur ses restes mortels, après sa mort. « Ananda, répondit Boudha, ne vous inquiétez pas tant de ce qui restera de moi après mon Neibban ; soyez plutôt zélé dans la pratique des œuvres qui conduisent à la perfection. Ne soyez pas trop soucieux des affaires de cette vie, où le principe de changement subsiste toujours ; entretenez ces dispositions intérieures qui vous permettront d'atteindre au repos sans trouble du Neibban. Beaucoup parmi les princes, les gens riches et les Pounhas sont favorablement disposés pour moi et seront heureux d'accomplir les cérémonies usuelles sur mes restes. » — « Ils viendront sans doute à moi, reprit Ananda, demander mon avis sur la manière la plus convenable d'arranger dignement toute chose. » — « Ananda, répondit Boudha, voici les cérémonies funèbres accomplies après la mort

---

plaisirs sensuels. Indépendamment de ce que l'on trouve écrit sur ce sujet dans le Wini ou livre de discipline, l'opinion publique Boudhiste sur ce point est positive, universelle et absolue. Celui qui abandonne la condition de laïque pour devenir un Religieux doit vivre en état de parfaite continence. Toute infraction à la règle sur ce point est considérée avec horreur et indignation par tout le monde. Le coupable est inexorablement chassé de la maison religieuse, après avoir été préalablement dépouillé de son habit religieux et soumis à une dégradation humiliante en présence des membres assemblés de la communauté.

Rien autre qu'un traitement aussi sévère ne pourrait satisfaire un public qui se sent profondément blessé et gravement offensé dans ses sentiments religieux. Comment se fait-il que la pratique de la continence parfaite ne soit pas simplement une chose à rechercher dans l'individu consacré à la religion, mais une qualité absolument essentielle, dont l'absence ne peut être compensée par aucun équivalent d'ordre moral ou scientifique ? Comment se fait-il qu'une telle notion soit universellement admise par des nations connues pour le grand relâchement de leurs mœurs ? Une notion si généralement admise et conservée si fidèlement, en dépit de son opposition directe aux passions les plus fougueuses et les plus chères du cœur peut-elle être traitée de préjugé ? Est-il possible de retrouver son origine dans les plus nobles aspirations de notre nature, et les idées les plus épurées de notre esprit ? Pour un observateur superficiel et prévenu, bien des choses paraissent contradictoires et incompatibles, qu'un critique sérieux, habile et impartial comprendra vite, et dont il retrouvera aisément les tenants et aboutissants.

d'un roi Tsekiawaday. Quand un tel monarque est mort, on enveloppe son corps dans un fin drap neuf de Kathicaritz, on l'entoure d'une épaisse couche du coton le plus blanc, de nouveau on l'enveloppe dans un second drap du même pays, on y place une autre couche de coton et l'on répète cette opération cinq cents fois. Le corps ainsi préparé est déposé dans une bière ouverte, dorée à l'extérieur et frottée intérieurement d'huile parfumée. Une autre bière, également dorée est retournée sur la première comme un couvercle. Le bûcher est fait de sandal et autres bois odoriférants; des fleurs, des parfums et des eaux de senteur y sont répandus avec profusion. La bière ayant été placée sur le bûcher, on y met le feu. Des cérémonies semblables seront faites après ma mort. Au lieu où quatre routes se croisent, on élèvera un Dzedi; quiconque viendra en cet endroit faire des offrandes de drapeaux, ombrelles, fleurs et parfums accomplira, par ce fait seul, un acte de religion, et donnera une preuve d'affection et de respect pour ma personne (1). Il acquerra de nombreux mérites, entre autres, une exemption complète de troubles et d'inquiétudes pendant une

(1) Il est curieux d'étudier l'origine et la nature réelle du culte et des honneurs rendus par les Boudhistes à Gaudama, à ses reliques, à ses statues, aussi bien qu'aux monuments élevés pour abriter ces objets de dévotion. Cette recherche est entourée de difficultés. Plus nous réfléchissons attentivement sur le travail intérieur de l'âme en tout ce qui a rapport à la religion, plus nous nous trouvons embarrassés et hésitants à les qualifier et à chercher l'appellation qui leur convient le mieux.

Tous les termes simples de notre langage destinés à exprimer toute espèce d'actes d'adoration ou de culte aux objets qui participent de la nature religieuse, sont insuffisants pour nous représenter par des sons la nature du travail intérieur de l'âme, qui entretient un commerce pieux avec l'objet de sa dévotion. Les termes employés expriment simplement pour nous les actes extérieurs du culte, manifestés par les diverses attitudes du corps, qui varient suivant les habitudes et coutumes des diverses nations, ou par le chant, ou la présentation d'offrandes ou d'autres signes visibles. Ils peuvent être, et par le fait, sont employés avec une égale propriété dans tout l'univers, par les adorateurs du vrai Dieu, aussi bien que par les idolâtres. La différence entre le vrai et le faux culte ne consiste donc pas dans les cérémonies ou signes extérieurs qui frappent l'œil ou l'oreille, mais elle réside réellement dans les objets que l'adorateur a en vue. Là gît la différence essentielle entre les cultes, vrais ou faux.

Ceci posé, nous avons naturellement à nous demander : Qu'est Gaudama, le grand et principal objet d'adoration pour tous les Boudhistes? Gaudama, d'après eux, n'est qu'un homme qui a atteint par la pratique de la vertu, et surtout par sa science quasi infinie, le point de perfection le plus élevé auquel un être puisse

— 292 —

longue période. Ananda, quatre catégories de personnes ont droit à l'honneur d'un dzedi érigé après leur mort : 1° le Boudha qui possède la science infinie; 2° un demi-Boudha; 3° un Rahanda; 4° le roi Tsekiawaday. Celui qui bâtit un dzedi en l'honneur de Boudha émigrera après sa mort dans un lieu de repos, aux siéges des Nats. A celui qui bâtira un dzedi en l'honneur d'un demi-Boudha, une récompense moindre sera donnée dans un siége des Nats inférieur, et une récompense semblable sera le partage de ceux qui érigent des dzedis en l'honneur des Rahandas et des rois Tsekiawaday. On pourra demander pourquoi l'honneur d'un dzedi est accordé à un roi qui vit dans le monde, jouit de ses plaisirs, tan-

prétendre. La première qualification lui donne droit à l'admiration sans bornes de ses sectateurs; elle leur inspire les expressions les mieux calculées pour le louer, et le représentent comme le premier et le plus grand de tous les êtres. De plus, Gaudama leur est représenté plein de bienveillance et de compassion pour tous les êtres, qu'il désire ardemment délivrer de leurs misères, et aider à obtenir cet état dans lequel ils iront pour toujours à un parfait repos exempt de toute transmigration, ou à ce qu'ils appellent surabondamment la délivrance. Les Boudhistes insistent beaucoup sur la seconde qualification, et c'est l'origine de ces sentiments d'amour, de tendre affection pour celui qui a travaillé avec tant d'ardeur à éclairer tous les êtres, et à leur montrer le chemin qui mène à la délivrance. Sur ce sujet les Boudhistes sont très-éloquents. L'auteur a souvent admiré beaucoup de belles pensées, et d'expressions réellement choisies, dans quelques écrits consacrés aux louanges de Boudha.

On peut se demander si les sectateurs de Gaudama, dans le culte qu'ils rendent à l'auteur de leur religion attendent de lui aide ou assistance? La réponse est facile : Gaudama, pour eux, n'existe plus. Son intervention dans les affaires de ce monde ou de sa religion a cessé absolument avec son existence. Il ne voit personne ; il n'entend aucune prière; il ne peut aider ni sur la terre, ni en aucune autre phase d'existence. Par le fait, pour le Boudhiste, il n'y a pas de Providence, par conséquent il ne peut y avoir de prière réelle, rien des sentiments qui en font l'essence. Tout le culte de Gaudama peut être résumé en peu de mots il est admiré comme le plus grand, le plus sage et le plus bienveillant de tous les êtres ; il est loué, glorifié autant que le langage peut l'exprimer ; il est l'objet d'une tendre affection pour le bien qu'il a fait. Aucune idée quelconque d'un être suprême ne se rencontre dans le culte original rendu à Gaudama par ses plus enthousiastes adhérents. On ne peut nier que, dans la pratique, les Boudhistes en ce pays, trahissent souvent, sans s'en apercevoir, qu'ils ont une vague idée d'un être suprême, qui a un pouvoir de contrôle dans les affaires de ce monde et sur la destinée de l'homme. Mais cette idée ne vient pas de leur credo religieux : elle est produite par un sentiment inné, inhérent à notre nature comme il est affirmé par quelques philosophes; ou bien c'est un reste d'une tradition primitive que l'erreur n'a jamais pu entièrement oblitérer comme le veulent d'autres.

Le culte rendu à Boudha ne va pas au-delà de ce que nous avons dit plus haut,

dis qu'il est refusé à un Rahan qui a renoncé au monde et pratique des œuvres excellentes. Autrefois, à Ceylan, les dzedis érigés en l'honneur des Rahans décédés devinrent si nombreux, qu'ils menaçaient de couvrir le pays. Il fut alors résolu qu'on n'en érigerait plus pour les Rahans, bien qu'on reconnaisse qu'ils méritent une telle distinction. La même raison n'existe pas pour un roi Tsekiawaday, qui est seul et n'apparaît dans le monde qu'à des intervalles très-éloignés. Mais tous les Rahans, qui sont pleins de mérites, méritent après leur mort tous les honneurs excepté celui d'un dzedi. »

puisqu'il est toujours placé sur un pied d'égalité avec celui dû à la loi et à l'assemblée. Ces trois précieuses choses sont toujours énumérées ensemble : aucune distinction n'est faite entre elles ; elles ont un droit égal à la vénération de tous les croyants.

Arrivons maintenant à la vénération pour les statues et reliques de Gaudama et aux monuments religieux appelés Dzedis. Dans les pages précédentes nous avons vu Boudha donnant à deux frères qui l'avaient prié de leur donner quelque objet à adorer, huit cheveux de sa tête. Après sa mort et la combustion de son corps, les os restant ou fractions d'os, même les cendres et les charbons, furent l'objet d'une convoitise pieuse qui indique la haute valeur donnée par le peuple à ces objets. D'après plusieurs auteurs Boudhistes, Gaudama, avant sa mort, déclara à ses disciples que sa religion devait durer 5,000 ans ; que, comme il ne serait plus au milieu de ses croyants, d'une manière visible, il désirait que ses statues fussent gardées comme sa représentation et qu'on leur rendît le même honneur qu'on eût rendu à sa personne. Se fondant sur cette injonction positive, les Boudhistes regardent les statues de Boudha comme des objets destinés à leur rappeler Boudha ; elles leur rappellent par la variété des formes et attitudes les principaux événements qui se relient à son existence. Les princes qui se sont le plus distingués par leur zèle religieux et leur piété, tels que Adzasatathat et Açoka, ont eu soin de multiplier les statues de Boudha et les monuments religieux pour entretenir dans l'âme de tous les fidèles, comme dit notre auteur Birman, un sentiment de tendre affection, de disposition aimante pour la personne de Boudha et sa sainte religion. Les reliques étant des objets qui ont été en plus intime relation avec la personne de Boudha, sont destinées à agir sur le sentiment religieux du peuple, avec plus de force encore que les statues. On les conserve avec le plus grand soin, on les adore avec le plus profond respect, on a pour elles la plus affectueuse considération. Aucun trésor terrestre ne saurait leur être comparé. Comme la personne sacrée de Boudha a plus de valeur à leurs yeux que le monde entier, ses reliques participent de cette inestimable appréciation. Il est évident que les statues et reliques sont autant appréciées, estimées et adorées, à cause de l'intime connexion qu'elles ont avec la personne de Boudha, et des moyens qu'elles fournissent de tenir en éveil l'esprit religieux et la tendre affection pour lui.

Dans le culte des statues et des reliques la superstition a eu aussi sa part, en donnant une extension et un développement illégitimes au sentiment religieux.

Quand Boudha eut fini son instruction, Ananda pensa en lui-même : « Phra, le plus excellent parmi tous les êtres, vient de m'enseigner comment on doit honorer les dzedis et autres monuments religieux élevés à la gloire de la religion ; il m'a montré la source des mérites ; il m'a indiqué la vraie manière de se comporter à l'égard des femmes, quand elles viennent à nos monastères pour entendre la prédication de la loi ; et finalement, il a déclaré qu'il y avait seulement quatre sortes de personnes méritant l'honneur d'un dzedi après leur mort. D'après la teneur de ces instructions, je sais

Ce développement a donné naissance à la croyance aux prodiges et aux miracles opérés par la vertu des reliques. Cette erreur populaire a toujours trouvé un puissant appui parmi les masses ignorantes : il a été largement propagé par cette tendance désordonnée et irrationnelle vers tout ce qui est nouveau et extraordinaire. Il ne faut à l'homme qu'un prétexte, même le plus futile pour croire aux événements les plus incroyables, quand ils ont rapport à un objet profondément aimé, et en quelque sorte favori. Mais nous ne voyons nulle part que le Boudhisme primitif ait autorisé ces excentricités ou extravagances, qui ont leur origine dans l'ignorance et l'amour désordonné du merveilleux.

    Les objets d'adoration offerts aux statues de Boudha ou placés devant elles, et les sanctuaires supposés contenir quelques-unes de ses reliques, sont peu nombreux et remarquables par leur simplicité. Ils consistent en fleurs gracieusement arrangées en bouquets, en drapeaux et bannières d'étoffe, quelquefois de papier, et découpés en une grande variété de figures avec beaucoup de goût et d'habileté. On peut voir aussi de petites chandelles de cire, de petites lampes de terre, et quelque fois de l'encens et des bois de senteur, qui sont brûlés dans de larges réchauds, placés sur des piédestaux faits en maçonnerie. Les adorateurs sont généralement accroupis, le derrière appuyé sur les talons, le corps légèrement incliné en avant, les mains jointes, élevées au front. Ordinairement une guirlande de fleurs ou de petits morceaux de bois ornés de bandes de papier est tenue en ces circonstances. Les jours d'adoration, particulièrement pendant les trois mois de carême, la foule du peuple de tout âge, sexe et condition, qui se rassemble aux pagodes les plus vénérées du lieu, est vraiment extraordinaire. Hommes et femmes d'un certain âge ont entre les mains un chapelet de graines sur lequel ils répètent les formules Aneitsa, Douka, Anatta ou quelque autre.

    Puisque le Boudhiste sait que son Boudha n'est plus, et par suite ne lui peut donner aucune assistance, qu'il n'y a aucune vertu inhérente à ses reliques ou images, enfin qu'il n'y a pas de Providence, il est difficile de s'expliquer le zèle qu'il déploie souvent, à honorer le grand fondateur de sa religion et tout ce qui a rapport à lui. Pour rendre un compte satisfaisant d'un tel phénomène moral, nous devons nous rappeler la croyance qu'il a dans la valeur intrinsèque des pratiques de dévotion qu'il accomplit. Ces œuvres sont bonnes, *en soi*, elles engendrent et fortifient la loi des mérites, et la bonne influence qui lui procurera d'abondantes récompenses dans les existences futures et graduellement le conduira au port de la délivrance, l'objet de ses plus ardents désirs. Cet espoir est, pour ainsi dire, la source de sa dévotion.

avec certitude qu'aujourd'hui même Boudha doit entrer dans l'état de Neibban. » Ne voulant pas montrer sa profonde affliction en présence de son illustre maître, il se retira dans la salle des princes Mallas, tout près de là, et, appuyé sur le verrou de la porte, il pleura amèrement et dit : « Hélas! le très-excellent Boudha ne sera bientôt plus. Comment obtiendrai-je les trois derniers degrés de perfection? Qui sera mon instructeur? A qui désormais porterai-je l'eau le matin, pour les ablutions du visage? A qui aurai-je à essuyer et sécher les pieds? Pour qui préparerai-je la place pour s'asseoir, et la couche pour dormir? Pour qui aurai-je à tenir prêts la Patta et le Tsiwaran, et à qui rendrai-je les services ordinaires? » Par ces sanglots et ces gémissements, il témoignait de sa profonde affliction.

Boudha ne tarda pas à s'apercevoir de l'absence d'Ananda parmi les Rahans, et dit : « Mes chers Rahans, où est Ananda? » Ayant été informé de ce qui se passait, il pria un Rahan d'aller appeler Ananda. Le message ayant été promptement porté à Ananda, il se hâta de se présenter à Boudha, qu'il salua comme d'usage, puis il prit son siége. Boudha, s'adressant à lui, dit : « O Ananda, vos larmes et vos lamentations n'ont aucun objet; ne vous abandonnez pas à l'inquiétude; cessez de verser des larmes. Ne vous ai-je pas dit déjà que la distance ou la mort doivent nous séparer de ceux qui nous sont le plus chers? Il est dans le corps un principe qui cause son existence et sa conservation, tant que ne prédomine pas le principe opposé de destruction. Il est vrai que vous m'avez assisté pendant beaucoup d'années de toutes vos forces et avec le plus parfait dévouement. Mais vous recueillerez la récompense due à tant de bons offices. Appliquez-vous à l'exercice du Kamatan, et bientôt, vous serez délivré du monde des passions et de l'influence de la mutabilité. »

S'adressant ensuite, et d'une voix douce, à tous les Rahans présents, Boudha commença à faire l'éloge d'Ananda, disant : « Bienaimés Rahans, Ananda (1) a été pendant beaucoup d'années mon

(1). Dans une circonstance précédente, Boudha avait élevé la voix pour donner des éloges à la mémoire du grand Tharipoutra, dont il tenait les reliques dans la paume d'une de ses mains, en présence des Rahans assemblés. Maintenant, peu de temps avant de rendre l'âme, il recueille toutes ses forces, et, avec une grande abondance de termes, fait le plus grand éloge de son aimable et toujours dévoué assistant, le doux et tendre Ananda. Ce sont les deux seules circonstances men-

assistant fidèle et dévoué. Il a servi celui qui est digne de recevoir toutes les offrandes, et, de plus, il est familier avec toutes les lois du monde physique et du monde moral. Ananda est un vrai sage. Il sait très-bien tout ce qui a rapport à ma personne; il peut montrer à tous les Rahans et Rahanesses, aussi bien qu'à la foule, le temps, le moment et le lieu d'approcher de ma personne, et de me rendre les honneurs qui me sont dus. Ananda est gracieux et plein d'amabilité entre tous les Rahans. Il a entendu et vu beaucoup; il brille au milieu de l'assemblée. Des Rahans viendront de loin, en entendant ce qui est dit de ses grâces, pour le voir et l'admirer; et tous s'accorderont à dire que ce qu'ils ont vu surpasse ce qu'ils avaient entendu. Ananda s'enquerra de leur santé; eux, en écoutant ses paroles, seront remplis de joie. Ensuite il gardera le silence et ils se retireront avec un vif désir de l'entendre encore. Il dira aux Rahanesses qui viendront le voir : « Sœurs, observez les « huit préceptes. » En écoutant Ananda, elles seront extrêmement contentes. Il restera ensuite silencieux, et son silence les affligera. Les laïques, hommes et femmes, en apprenant ce qu'on dit d'Ananda, viendront le contempler. Il leur dira : « Adhérez aux trois précieuses « choses; observez les cinq grands commandements; observez les « quatre jours de culte mensuel; honorez et respectez votre père

tionnées dans cette compilation, où Boudha condescend à louer les grandes vertus et les mérites éminents de deux disciples. En Tharipoutra, Boudha voyait les transcendantes qualités mentales, les victoires héroïques dans la pratique de la vertu, la faveur et le zèle à propager la religion qui avaient toujours distingué l'illustre ami de Maukalan. Dans Ananda, est un modèle achevé de douceur, d'amabilité, de dévouement, de tranquille zèle religieux. Il aime tous ses frères, et, à son tour, il est aimé de tous. Sa bonté de cœur, et sa placidité de caractère lui garantissent la préséance presque incontestée sur les autres membres de l'assemblée. Déchirant le voile qui nous cache l'avenir, Boudha prédit les futures conquêtes qui seront l'œuvre de la douce et persuasive éloquence de son disciple toujours tendrement aimé. La renommée répandue au loin d'Ananda, attirera plus tard des foules de visiteurs jaloux de le voir et de l'entendre, la vue de sa personne gracieuse et aimable, fixera sur lui l'affection et l'attention de tous. Ravis de cette tendre et touchante éloquence qui va à leurs cœurs, les visiteurs s'empresseront de venir l'écouter; ils n'éprouveront de chagrin qu'au moment où son silence les privera de cette nourriture dont leurs âmes et leurs cœurs aimaient à se rassasier.

L'éloge d'Ananda par Boudha est certainement un des plus beaux passages de la légende. Dépouillé de ses beautés primitives, après avoir passé par tant de traductions, il conserve encore quelque chose de son ancien charme. Le lecteur, en le lisant, se reporte involontairement à des morceaux semblables que les plus antiques documents nous fournissent.

« et votre mère ; nourrissez les Rahans et les Pounhas qui observent
« strictement la loi. » Ils seront enchantés en entendant ses instructions. Son silence leur fera désirer d'entendre quelque autre chose
de lui. Bien-aimés Rahans, Ananda ressemble beaucoup à un roi
Tsekiawaday. Comme lui, il est infiniment beau, aimable et aimant; il peut voler dans l'air; il peut enseigner le peuple et administrer justement la loi. »

Quand Boudha eut fini son discours, Ananda dit : « O illustre
Boudha, il n'est pas de votre dignité que vous alliez au Neibban
près d'une si petite cité, et dans un lieu presque entouré de forêts.
Nous sommes dans le voisinage des quatre grandes contrées de
Tsampa, Thavattie, Thakila et Baranathi. Les rois, les Pounhas,
les nobles et les peuples de ces pays sont pleins d'amour et de
respect pour votre personne. Ils pourraient rendre de plus grands
honneurs à vos restes mortels. » — « Ananda, reprit Boudha,
n'appelez pas le pays de Koutheinaron un petit pays. J'ai, dans des
occasions précédentes, été souvent en cet endroit, et vanté ses richesses et sa nombreuse population. C'est ici le lieu le plus convenable pour moi, pour entrer dans l'état de Neibban. Allez maintenant à la cité et informez les princes Mallas que, demain matin, au
point du jour, le très-excellent Boudha ira au Neibban. Qu'ils ne

Dans les instructions qu'Ananda doit donner aux laïques, il est assez curieux de
voir Boudha établir clairement qu'Ananda, exhortera le peuple à faire des offrandes
à la fois aux Rahans et aux Pounhas, c'est-à-dire aux membres de l'assemblée, et
aux Brahmines. Par ce passage il devient évident qu'au temps de notre Boudha,
les deux sectes qui devaient plus tard se disputer pendant plusieurs années la
supériorité sur la péninsule indienne, coexistaient exemptes de sentiments ennemis
l'une envers l'autre. On pourrait dire qu'aucune ligne de démarcation ne les
séparait ou n'indiquait leurs limites respectives. Le gouffre profond qui, pendant des
siècles à venir, devait se creuser entre les deux grandes sectes religieuses, n'était
pas sensible. Les résultats niveleurs du Boudhisme n'avaient pas encore éveillé
les susceptibilités des fiers Brahmines. Boudhistes et Brahministes vivaient en
termes d'amitié et se regardaient les uns les autres comme frères. Les divergences
dans les deux croyances étaient regardées avec indifférence, comme n'impliquant
que des subtilités philosophiques, faites pour donner de l'occupation aux théologiens
et procurer aux disputants une occasion de déployer leurs capacités en argumentant, raisonnant et définissant. Il n'est pas aisé de décider si la conduite de Boudha
était dictée par une politique bien calculée, inspirée pour calmer les scrupules
soupçonneux de ses adversaires, ou s'il était mû par des principes droits et honnêtes. Il est probable qu'à cette époque beaucoup de Brahmines suivaient un genre
de vie à peu près semblable à celui des disciples de Boudha; ils avaient alors
droit aux mêmes honneurs et à la même protection.

se plaignent pas plus tard, de n'avoir pas été informés à temps de cet événement; qu'ils ne disent pas non plus qu'ils n'avaient pas eu la possibilité de venir me voir une dernière fois. » Ananda, endossant son vêtement et prenant sa patta, s'en vint seul à la cité. A ce moment, les princes étaient réunis dans la salle pour quelque affaire importante. Aussitôt que le message eût été délivré, les princes. avec leurs femmes, leurs fils et leurs filles, se mirent à crier : « Hélas! le très-excellent Boudha va bientôt aller au Neibban. » Quelques-uns se présentèrent les cheveux épars, d'autres levaient les mains à leurs fronts; les uns criant et gémissant, se jetaient sur le sol, s'y roulaient et s'y tordaient comme des gens dont les pieds auraient été coupés. Tous se mirent en route à la hâte, avec Ananda à leur tête, pour l'endroit où Boudha était étendu sur sa couche. Tous furent admis en présence de Boudha et lui rendirent leurs respects.

Dans la cité de Koutheinaron, vivait un certain personnage qui professait des opinions hérétiques (1). Son nom était Thoubat,

(1) Boudha avait tant à cœur la conversion de l'hérétique Thoubat, que le vif désir d'accomplir cette grande et méritoire action, fut un des trois motifs qui le portèrent à choisir la cité de Koutheinaron, relativement insignifiante, pour dernier stage de son exis'ence. Les détails relatifs à ce personnage auraient de l'intérêt, parce que c'est le dernier converti que fit Boudha. D'après certaines allusions à Thoubat, dans quelques écrits Boudhistes, il est certain qu'il était de la caste des Pounhas ou Brahmines. Il avait étudié dans quelques-unes des écoles de philosophie, si communes à cette époque dans l'Inde. Par sa manière de s'adresser à Boudha, il n'y a pas de doute qu'il était familiarisé avec les principales théories soutenues par les maîtres les plus fameux de cette époque. Il est rapporté de Thoubat que, pendant des existences antérieures, il labourait un champ avec un de ses frères, quand quelques Rabans vinrent à passer. Son frère donna d'abondantes aumônes aux saints personnages, tandis que Thoubat montra des dispositions moins libérales. Plus tard, lorsque Boudha apparut, la loi fut annoncée au généreux donateur, et, de compagnie avec dix-huit Koudes de Brahmas, il obtint l'état de Thautapan. Le parcimonieux Thoubat obtint la grâce de la conversion à la onzième heure. Cependant il doit avoir subséquemment expié cette offense, car ses dispositions semblent avoir été d'un ordre élevé quand il vint en présence de Boudha. En peu d'heures il avait parcouru les quatres voies conduisant à la perfection et il était devenu un Rahanda.

Au temps de Boudha, les écoles philosophiques de l'Inde semblent avoir eu six éminents maîtres dont les doctrines présentaient sur quelques points des différences considérables. Lisant un livre de controverse religieuse, entre un Chrétien et un Boudhiste, composé il y a plus de cent ans par un prêtre catholique à Ava, l'auteur a eu la chance de trouver une faible esquisse des doctrines principales soutenues par les six maîtres auxquels il est fait si souvent allusion dans cette compila-

un Pounha de la race Oudeitsa, qui portait un vêtement blanc. Son esprit, jusque là hésitant et incertain, oscillait entre la croyance aux doctrines de Boudha et ses premières opinions. Ayant été informé qu'il y avait un Boudha dans le voisinage, et qu'il allait bientôt aller au Neibban, il désira le voir et, par sa conversation, éclaircir ses doutes. Il n'était pas très-âgé, mais il jouissait d'un tel renom dans la science, qu'on l'appelait le maître des maîtres. Thoubat vint d'abord à Ananda, lui dit qu'il éprouvait un irrésistible et puissant attachement, une sincère affection pour le grand Boudha, que son esprit était en proie aux doutes et aux incertitudes, et qu'il espérait qu'une courte conversation avec le grand Gaudama, soulagerait son esprit de sa pénible situation présente. Ananda, craignant qu'une telle conversation se prolongeât, refusa d'admettre Thoubat en présence de Boudha, représentant son extrême faiblesse, et sa difficulté à parler beaucoup. Thoubat renouvela ses instances mais sans plus de succès. Ananda persistait dans son refus de l'introduire. Boudha entendant quelque

tion. Un d'eux maintenait l'existence et l'action de génies innombrables qui, à leur guise, pouvaient favoriser l'homme par la fortune et toutes sortes de bienfaits temporels, aussi bien que lui faire éprouver leur déplaisir en le privant de tout bonheur, en accumulant la misère et toutes sortes de calamités sur sa tête. La Géniolatrie était la conséquence nécessaire d'un tel principe. Un second maître niait d'emblée le dogme de la métempsycose, et soutenait que chaque être avait le pouvoir inné de reproduire par voie de génération, etc., un autre être de semblable nature. Un troisième avait de singulières notions sur la nature de l'homme. Il disait qu'il avait son origine dans le sein de sa mère, et que la mort était la fin et la destruction de son être : il appelait cette destruction Neibban. Un quatrième maître enseignait que tous les êtres n'avaient ni commencement ni fin, et qu'il n'existait aucune influence de bonnes ou mauvaises actions. Un cinquième docteur définissait Neibban par longue vie, comme celle des Nats et Brahmas. Il ne voyait aucun mal à tuer les animaux, et il affirmait l'existence d'un état de récompense et de châtiment. Le dernier maître affirmait hardiment l'existence d'un être suprême, créateur de tout ce qui existe, et seul digne de recevoir des adorations.

L'esprit de Thoubat était troublé par ce grand nombre d'opinions et de doctrines contradictoires ou opposées. Il avait vécu, semble-t-il, dans un état de doute et d'incertitude, flottant, pour ainsi dire, entre des doctrines contradictoires qui ne pouvaient porter la conviction dans son âme. Il avait entendu parler de Boudha et désirait le voir, espérant qu'il trouverait peut-être la vérité dont il avait tant besoin. Avec ces dispositions, il vint à l'endroit où Boudha gisait sur sa couche, dans l'espoir de délivrer son esprit de l'état de doute et de le fixer dans la vérité En homme d'une habileté consommée dans l'art d'argumenter et de convaincre au début son adversaire, Boudha met de côté tout ce qui a été avancé par son antagoniste, et, venant au but, lui prêche la vraie doctrine. Comme la lumière dissipe l'obscurité,

bruit, en demanda la cause à Ananda. Ananda lui rapporta tout ce qui s'était passé entre lui et Thoubat. « Laissez-le entrer, dit Boudha, je désire l'entendre ; il sera vite éclairé et convaincu ; je suis venu en ce lieu précisément dans le but de lui prêcher la très-parfaite loi. » Ananda retourna vers Thoubat, et lui dit : « Le très-excellent Boudha désire vous voir. » Thoubat, plein de joie, arrivé en présence de Boudha, le salua, et, s'asseyant à distance convenable, lui dit : « Les six maîtres célèbres qu'entourent incessamment une foule de disciples, qui sont fameux parmi les autres docteurs, connaissent-ils toutes les lois ? Y a-t-il des lois qu'ils connaissent ? ou enseignent-ils quelques doctrines qu'ils ne connaissent qu'incomplétement ? » Boudha ayant avec douceur rappelé à Thoubat que ces questions n'étaient ni convenables ni profitables, dit : « O Thoubat, je veux vous prêcher la loi ; soyez attentif à mes paroles, et conservez-les dans votre cœur. Aucun hérétique n'a jamais connu les droits chemins qui conduisent à la perfection, et, dans la

de même la vérité disperse le nuage de l'erreur. Thoubat voyant la vérité l'embrassa sur-le-champ, se débarrassant avec joie du fardeau d'erreurs qui avait si lourdement pesé jusqu'alors sur son âme. Tous ses doutes s'évanouirent et il se trouva soudainement ancré en sécurité dans le port toujours calme et jamais agité de la parfaite vérité.

A la suite de la conversion de Thoubat, vient une intéressante instruction faite à Ananda et aux Rahans assemblés. Ici Boudha déploie toute la supériorité et l'élévation de son esprit. S'en tenant aux principes de la vérité abstraite, il n'a aucun souci des personnes ni des choses. Ce monde matériel, l'homme compris, est à son sens, une pure illusion, n'offrant rien de réel, mais seulement une succession interminable de changements qui excluent l'idée de fixité immuable. Il n'a apparemment aucun désir de verser la consolation dans les âmes affligées de ses disciples. Il suppose qu'étant tous initiés à la science de la vérité, et entrés dans les voies de la perfection, ils doivent savoir que la personne d'un Boudha est soumise à la loi de mutabilité et, par conséquent, à la destruction ou la mort. Il leur dit simplement que son absence d'au milieu d'eux est une circonstance qui mérite à peine d'être notée ; par ses doctrines contenues dans l'Abidama, les Thouts et le Wini, il sera toujours présent au milieu d'eux. Dans ces écrits sacrés, ils posséderont quelque chose d'une valeur bien plus grande que son être matériel ; ils seront en possession et en jouissance de la vérité qui était en lui et qu'il leur a communiquée par ses instructions orales. Il les invite ardemment à ne donner d'importance qu'à cette doctrine qu'ils ont reçue de lui.

Il est à peine nécessaire de noter un curieux anachronisme commis par le maladroit compilateur de cette légende en cette occasion. Nous savons que Boudha n'écrivait rien, et que la compilation de ses doctrines et sa division en trois parties distinctes ont été l'œuvre des trois grands conciles tenus après la mort de Gaudama. Comment le fondateur du Boudhisme sur son lit de mort pouvait-il parler des compilations de ses doctrines, qui n'existaient pas encore ?

religion des hérétiques, nul ne peut obtenir l'état de Thautapan et devenir Rahanda. Mais, dans ma religion, on trouve des gens qui sont devenus Thautapan, Anagam, etc., et finalement Rahandas. Excepté dans ma religion, les douze grands disciples qui pratiquent les plus hautes vertus, et excitent le monde à s'affranchir de son état d'indifférence, ne se trouvent pas. Ils ne se trouvent pas parmi les hérétiques. O Thoubat, depuis l'âge de vingt-neuf ans jusqu'à ce moment, j'ai lutté pour obtenir la suprême et parfaite science, et j'ai employé à cette fin cinquante et un ans, suivant les voies des Ariahs, qui conduisent au Neibban. » En écoutant ces paroles, Thoubat était suffoqué de joie, essayait par diverses comparaisons d'exprimer à son grand instructeur le plaisir qu'il avait ressenti de sa prédication. « O très-illustre Boudha, ajouta-t-il, maintenant je crois en vous, et j'adhère à toutes vos doctrines; je désire devenir un Rahan; mais c'est la coutume, parmi vous, de ne pas admettre à la dignité de Rahan un hérétique nouvellement converti, avant quatre mois de probation. Je désire pendant ce temps rester en état de probation, et solliciter ensuite d'être admis parmi les Rahans. » Boudha qui connaissait la ferveur du nouveau converti, désirait le dispenser des quatre mois de probation. Il appela Ananda et lui commanda d'admettre Thoubat à la dignité de Rahan. Aussitôt Ananda conduisit Thoubat au lieu voulu, versa de l'eau sur sa tête, pendant qu'il répétait certaines formules de prières, rasa ses cheveux et sa barbe, lui mit le tsiwaran, et lui apprit à répéter les formules par lesquelles il faisait profession de prendre refuge en Boudha, la Loi et l'Assemblée. Quand cela fut fait, Thoubat fut conduit en présence de Phra, qui désira qu'il fût promu à la dignité de Patzia et instruit dans la science de Kamatan. Thoubat alla dans le jardin, se promena quelque temps et apprit bientôt les quarante Kamatans. Ce fut le dernier converti que fit Boudha, avant d'entrer dans l'état de Neibban.

Boudha, appelant Ananda et tous les disciples, leur dit : « Quand j'aurai disparu de l'état d'existence, et ne serai plus avec vous, ne croyez pas que le Boudha vous a abandonnés et a cessé d'habiter parmi vous. Vous avez les Thouts, et l'Abidama que je vous ai prêchés; vous avez la discipline et les règlements du Wini. La loi contenue dans ces instructions sacrées, devra être, après ma mort, votre guide. Au moyen des doctrines que je vous ai prêchées, je continuerai de rester au milieu de vous. Ne croyez donc pas ni ne pensez que le Boudha a disparu ou n'est plus avec vous.

Peu après, Boudha s'adressant aux Rahans, leur donna quelques instructions sur les égards et le respect que les Rahans se doivent entre eux. « Aussi longtemps, dit-il, que j'ai été avec vous, vous vous êtes donné l'un à l'autre le nom de Awouthau ; mais, après ma mort, vous ne ferez plus usage de ce titre. Que ceux qui sont les plus avancés en dignité et ont le plus d'années de profession, appellent ceux qui leur sont inférieurs par leurs noms, celui de leur famille ou quelque autre appellation convenable ; que les inférieurs donnent à leurs supérieurs le titre de Bante. Ananda, qu'un Rahan Hauna reçoive le châtiment de Brahma. » — « Mais quel est ce châtiment ? » reprit Ananda. « Le Rahan Hauna est indiscret dans ses discours, il dit à tort et à travers tout ce qui lui passe par la tête. Que les autres Rahans évitent de lui parler ou même de le gronder ; voilà la punition de Brahma. »

S'adressant de nouveau à tous les Rahans assemblés, Boudha leur dit (1) : « Mes bien-aimés Bickous, s'il est parmi vous quel-

---

(1) Le zèle de Boudha n'est pas refroidi le moins du monde par les approches de la mort. Sa science sans bornes lui permettait de pénétrer d'un seul coup d'œil les dispositions intérieures des esprits de ses disciples. Si donc il leur demandait par trois fois s'ils entretenaient des doutes sur quelque point doctrinal, ce n'était pas pour savoir si leur foi était ferme et solide. Il désirait les rendre conscients d'un fait qui était senti et clairement compris par chacun en particulier, mais qui n'était pas encore pleinement apprécié par l'universalité de ses disciples. Chaque individu, en particulier, savait bien que les dispositions de son esprit étaient irrévocablement fixées quant aux prédications de Boudha, mais nul d'entre eux n'avait encore eu l'occasion de vérifier que la même solidité de croyance existait chez ses frères. En cette occasion solennelle, ils purent jouir de ce consolant spectacle d'une parfaite unité de foi dans tous les membres de l'assemblée. Boudha leur révéla une grande vérité que nul autre que lui ne pouvait connaître. Un vrai Rahan, dit-il, est entré à la fin dans la première voie qui mène à la perfection — par conséquent il n'est plus exposé au danger de vaciller dans sa croyance ; il sait assez de vérité pour y adhérer fermement, et est à même de poursuivre sûrement ses recherches vers ce qui lui est encore inconnu. Tout membre de l'assemblée est un vrai croyant, plus ou moins avancé dans la connaissance de la loi, il est vrai, mais au moins il a conscience d'être dans le droit chemin. Sur ce sujet, aucun doute n'existe dans son esprit ; il adhère à Boudha et à ses doctrines, comme au centre de la vérité, et ne songe pas un seul instant à mettre en question la véracité de son docteur, ou de mettre en doute aucune partie de ses instructions. »

Les dernières paroles de Boudha aux Bickous assemblés, sont destinées à leur rappeler le grand et vital principe qu'il a essayé d'inculquer dans leurs esprits, durant les quarante-cinq ans de sa prédication, savoir : que le changement et la

qu'un qui ait des doutes concernant Boudha, la Loi, l'Assemblée, les voies des perfections et la pratique des vertus, qu'il s'avance et fasse connaître ses doutes, afin que je puisse les éclaircir. » Tous les Rahans gardèrent le silence. La même question fut répétée trois fois, et trois fois les Rahans restèrent silencieux. Alors il ajouta : « Mes Bickous bien-aimés, si vous avez quelque respect pour ma mémoire, communiquez vos dispositions à l'égard de ma personne et de mes doctrines aux autres Rahans que vous rencontrerez plus tard. » Les Rahans restaient toujours silencieux; alors Ananda dit à Boudha : « O très-exalté Boudha, n'est-il pas vraiment surprenant que, dans un si grand nombre, il ne se trouve personne qui entretienne le moindre doute sur votre doctrine, mais que tous ressentent pour elle un si profond attachement? » — « Ananda, reprit Boudha, je savais bien que le doute et la fausse doctrine ne pouvaient se frayer un chemin dans l'âme d'un vrai Rahan. Supposons un nombre de cinq cents Rahans, et prenons celui qui est le dernier en mérites : il est au moins un Thautapan, et, comme tel, il n'existe en lui aucun démérite qui puisse le conduire en un des quatre états de châtiment; son cœur est fixé sur la première voie qui mène à la perfection, et il travaille constamment à avancer dans les trois voies supérieures de perfection. Aucun doute par

mutabilité agissent sur tout ce qui existe et sont inhérents à toutes les parties de la nature. Ce monde, donc, ne présentant que des vicissitudes innombrables de formes qui paraissent et disparaissent, n'a pas d'existence réelle. C'est une illusion du commencement jusqu'à la fin. Aussi longtemps que l'homme reste attaché, si l'on peut employer cette expression, à la nature, il est entraîné par le principe toujours agissant du changement; il ne peut trouver nulle part repos ni fixité; il quitte une existence pour passer dans une autre; il laisse une forme pour en prendre une différente. Ce qui arrive à l'homme arrive aux autres parties de la nature. De cette notion, Boudha conclut que rien n'existe que le *nom* et la *forme*. Il n'y a pas de substance dans la nature, donc pas de réalité. Boudha donnait une telle importance à ce principe capital, qu'il le légua comme sa dernière volonté à ses disciples; il désirait qu'ils eussent toujours présent à l'esprit qu'il était venu au milieu d'eux pour les familiariser à fond avec ce principe. De ce point cardinal, il inférait les conclusions principales qui forment son système religieux, savoir : la métempsycose, le mépris du monde, le Neibban. Par la loi des changements sans fin, l'homme est chassé d'un état à un autre, ou d'une forme d'être dans une autre forme. Où est le sage qui aimerait ce monde ou l'existence qu'on y mène, alors qu'il n'y trouve ni substance ni réalité? N'est-il pas conduit ou plutôt obligé à chercher un état dans lequel il trouve la fixité, réalité et vérité, ou au moins une exemption de la pénible condition de migrations perpétuelles d'un état à un autre.

Le lecteur, qui est soi et a été élevé dans les notions du Théisme, et qui ne voit

conséquent, aucune fausse doctrine ne peuvent se trouver dans un vrai Rahan. »

Après une courte pause, Boudha s'adressant aux Rahans, dit : « Bien-aimés Bickous, le principe d'existence et de mutabilité entraîne avec lui le principe de destruction. Ne l'oubliez jamais ; que votre esprit se pénètre de cette vérité ; c'est pour vous la faire connaître que je vous ai assemblés. »

Ce sont les dernières paroles que Boudha prononça. De même qu'un homme, à la veille d'entreprendre un long voyage, donne un adieu affectueux à chacun de ses parents et amis et, successivement, les embrasse tous avec affection, de même Boudha désira visiter pour la dernière fois les lieux où son âme avait si amoureusement habité durant ses longues et sublimes pérégrinations mentales. Il entra d'abord dans le premier état de Dzan, puis dans le second, le troisième et le quatrième. De là il monta successivement au premier, second, troisième et quatrième siége immatériel. Quand il eut atteint le quatrième état, qui est la limite la plus éloignée de l'existence, Ananda demanda au Rahan Anourouda si Phra avait complété son Neibban. « Pas encore, répondit Anourouda, mais il a atteint le dernier stage de l'existence. » Peu d'instants après, Boudha était entré dans le parfait état de Neibban (1).

dans le monde rien qui n'ait été créé par un être suprême ne peut comprendre comment un grave philosophe, comme l'était certainement Boudha, doué de grands pouvoirs d'observation, de dialectique, de discussion et d'argumentation, a pu tomber dans des erreurs aussi palpables et aussi contraires à sa raison. Afin que nous puissions convenablement apprécier les efforts d'un tel génie, et avoir des idées assez correctes de son procédé d'argumentation, nous devons faire abstraction du savoir que nous a fourni la révélation, et descendre au niveau occupé par le fondateur du Boudhisme. Ignorant d'une cause première ou de l'existence d'un être suprême, il étudie la nature comme il la trouve. Qu'y voit-il ? des changements perpétuels, des vicissitudes sans fin. La forme qu'il perçoit aujourd'hui a subi quelque changement le lendemain. Tout, autour de lui, se développe, atteint un certain point, puis tombe en décadence. Il ne trouve rien qui reste toujours dans la même condition. Il part de là pour proclamer la grande loi de mutabilité qui envahit toute la nature, et conclut que tout ce que nous sentons, voyons ou entendons, n'est qu'illusion et déception, etc., etc., privé de toute réalité, fixité ou substance. Son esprit philosophique n'est rien moins que satisfait d'une telle découverte. Il brûle pour la vérité et la réalité qui n'existent pas là. Il sent qu'il doit se dégager de la condition d'illusion et de déception. Mais où trouver la réalité et la fixité en-dehors de tout ce qui existe ? Dans le Neibban.

(1) L'époque de la mort de Boudha est un point sur lequel ne s'accordent pas les diverses nations professant le Boudhisme. Les Cingalais Birmans et Sia-

Ainsi dans la première veille de la nuit, il avait prêché la loi aux princes Mallas ; à minuit il avait converti l'hérétique Thoubat ; et dans la veille du matin il avait instruit les Rahans. Il n'était pas tout à fait jour (1) quand il entra dans l'état de Neibban, l'année

moises annales placent cet événement un peu après le milieu du sixième siècle, avant l'ère Chrétienne La différence des dates n'est que de peu d'années, et est si peu considérable qu'elle ne vaut pas la peine de s'y arrêter. Les Thibétains, et, comme conséquence, les Mongols et les Chinois, placent cet événement plusieurs centaines d'années avant la date susmentionnée. Malgré cette divergence, il semble difficile de ne pas adopter la chronologie des Bouhhistes du Sud. Les *savants*, en Europe, qui ont apporté un degré considérable d'attention à ce sujet intéressant, donnent une préférence décidée à l'opinion des premiers.

Nous ne sommes pas forcés de nous en rapporter uniquement aux tables chronologiques de rois fournies par les Hindous pour décider de ce point, mais heureusement les auteurs Grecs nous fournissent indirectement une époque fixée et bien établie, de laquelle, avec un degré suffisant de certitude, nous pouvons prendre notre point de départ et arriver à une conclusion satisfaisante. Après la mort d'Alexandre le Grand, Séleucus, un de ses lieutenants, obtint pour sa part toutes les provinces situées à l'est de l'Euphrate, dans lesquelles étaient inclus les territoires Indiens conquis. Séleucus, d'abord en personne, puis par un ambassadeur, entra en relations avec un puissant roi Indien, nommé Chandragoupta, qui avait le siège de son empire à Palibotra ou Patalipoutra. Ce commerce eut lieu environ 310 ans avant Jésus-Christ. Les tables chronologiques Hindoues mentionnent le nom de ce prince aussi bien que celui de son petit-fils, nommé Athoka, qui, d'après le témoignage des auteurs Birmans, monta sur le trône de Palibotra 218 ans après la mort de Gaudama. Nous pouvons supposer qu'Athoka régna vers 270 ou 280 avant Jésus-Christ. Ces deux périodes ajoutées ensemble ne donnent qu'une somme de 500 ans. Il restera une différence de 40 ans seulement, dont il n'est pas aisé de se rendre compte avec une précision suffisante, à moins de supposer que le règne d'Athoka commença plus tôt qu'on ne l'admet généralement. Cunningham a donné d'excellentes raisons de fixer la période de la mort de Gaudama 66 ans plus tard que celle admise jusqu'ici, 543, c'est-à-dire 477 avant Jésus-Christ. Cette nouvelle date nous permet d'accepter d'emblée, avec une parfaite sécurité, la computation citée plus haut et fait table rase de la petite différence de quelques années, qui a été mentionnée. Les traditions et les anciennes inscriptions ne laissent à peu près aucun doute sur ce point important.

Notre légende est positive en statuant que Gaudama mourut sous le règne d'Adzatathat, ainsi qu'on verra plus tard. Mais les chronologistes Hindous placent le règne de ce monarque environ 250 ou 260 ans avant celui de Chandragoupta, qui était, nous l'avons déjà dit, contemporain de Séleucus Nicator. Nous avons donc l'autorité combinée et des étrangers et des indigènes, pour admettre la chronologie des Boudhistes du Sud, relativement à l'époque de la mort de Gaudama, de préférence à celle des Boudhistes du Nord, et pour fixer cet événement, durant la première partie du sixième siècle avant l'ère Chrétienne, ou plutôt 66 ans plus tard, au commencement de la quatrième partie du cinquième siècle.

(1) Qu'est-ce que ce Neibban, la fin que poursuit sans cesse le vrai Boudhiste

148 de l'ère Eetzana, un mardi, dans la pleine lune de Katson, un peu avant le point du jour.

Afin de n'omettre aucun détail se rattachant aux époques de la vie de Gaudama, l'auteur Birman résume tout ce qui a déjà été dit durant sa grande lutte dans la pratique des vertus, et ses constants efforts pour arriver à la connaissance de la vérité, qu'il atteint finalement, lorsqu'il est devenu parfait? L'auteur confesse d'abord son incapacité à répondre d'une manière satisfaisante à cette question, parce que les Boudhistes ne s'accordent pas entre eux dans la définition de la nature de l'état de Neibban. Dès la plus ancienne période de leur religion, nous voyons les Brahmanes injurier rudement leurs adversaires pour leurs divergences d'opinions sur un sujet de la plus haute importance; un sujet qui avait toujours occupé la première place dans l'enseignement de Boudha, et considéré comme le seul digne des plus vives et plus ardentes aspirations, la récompense la plus juste des efforts généreux et extraordinaires d'un être perfectionné, et l'état final dans lequel son âme accablée par une lutte spirituelle aussi prolongée, aspire au repos éternel. Une certaine école de Boudhistes a soutenu que le Neibban impliquait la destruction de l'état d'existence et, par conséquent, l'annihilation complète. Cette opinion est, tout d'abord, pratiquement rejetée par la portion des Boudhistes du Sud, qui ne sont pas aussi bien au courant de la partie plus philosophique de leur *credo*. Ils avancent qu'un être devenu parfait, après avoir atteint le Neibban, ou être arrivé à la fin de sa dernière existence, conserve son individualité, mais ils échouent complétement dans leur tentative d'expliquer la situation et la condition d'un être dans le Neibban. A une époque postérieure, l'opinion d'un Boudha suprême, incréé, éternel et infini, commença à gagner du terrain et modifia à un degré considérable, sur beaucoup de points, les vues des Boudhistes primitifs. Neibban, d'après l'école relativement moderne, n'est qu'une absorption dans le suprême et infini Boudha. Cette opinion se rapproche tellement de celle des Brahmines, qu'on peut dire que c'est presque la même. Les moyens d'obtenir la perfection diffèrent un peu dans les deux systèmes, mais la fin à atteindre est absolument la même.

Mettant de côté ces considérations, tâchons de nous former quelque idée du Neibban en expliquant la signification du terme, et la définition telle que nous la trouvons dans les écrits Boudhistes.

Le mot Neibban, en sanscrit Nirvanà, d'après son étymologie, signifie ce qui a cessé d'être agité, ce qui est en état de calme parfait. Il est composé du préfixe négatif *Nir* et de *Và* qui signifie être mis en motion, comme le vent. Il implique l'idée de repos par opposition à celle du mouvement ou existence. Être dans l'état de Neibban, c'est, par conséquent, être emporté au-delà du domaine de l'existence, comme le comprennent les Boudhistes; il ne peut plus y avoir désormais de migration d'un état à un autre. Ce point est admis par toutes les sectes de Boudhistes. A l'idée de Neibban, s'attache souvent celle d'extinction, comme d'une lampe qui cesse de brûler, et dont la flamme s'éteint quand l'huile est épuisée. La somme d'existence étant épuisée, un être cesse d'être, ou de se mouvoir dans le cercle de l'existence; il devient éteint, relativement, au moins, à toute espèce d'existences dont nous avons notion. En conversant avec les Boudhistes de Birmanie, l'auteur a remarqué que les idées de repos et d'extinction sont invariablement associées à la notion de Neibban. Dans leurs timides essais à expliquer l'inexplicable nature de cet état, ils ont eu recours à diverses comparaisons, ayant

à ce sujet, en établissant qu'il fut conçu dans le sein de sa mère en l'année 67 de l'ère Eetzana, sous la constellation Outharathan, et naquit en 68 sous la constellation Withaka un vendredi. Il alla dans la solitude dans l'année 96, un lundi. Il devint un Boudha dans

pour but de faire admettre qu'ils croyaient que le Neibban est un état de calme non troublé et une cessation d'existence, qui n'a pas de terme, autant au moins que nous pouvons nous en faire une idée en ce monde. Quand on les questionne sur la situation de Boudha dans le Neibban, ils répondent qu'ils croient qu'il est dans un espace sans bornes, ou le vide, au-delà des limites atteintes par d'autres êtres, seul avec lui-même, jouissant (si l'expression est correcte) d'un parfait repos, indifférent à l'égard de ce monde, n'ayant plus aucune relation avec tous les êtres existant. Ils affirment que, pour jamais, il restera insensible à toute sensation ou de peine ou de plaisir. Mais il faut bien noter que ceci est l'opinion populaire, plutôt que l'opinion philosophique. Causant un soir avec un Birman bien informé sur le Neibban, la lumière d'une lampe qui brûlait sur la table de l'auteur, vint à mourir faute d'huile : le Birman, d'un ton de voix joyeux, s'écria : « Ne me demandez plus ce qu'est le Neibban ; ce qui vient d'arriver à cette lampe nous dit ce qu'est le Neibban : la lampe est éteinte parce qu'il n'y a plus d'huile dans le verre : un homme est dans le Neibban dès l'instant que le principe ou la cause de l'existence est fini ou entièrement épuisé. Il est difficile de dire combien un esprit superficiel comme celui d'un Birman à demi-civilisé pourra se tenir pour satisfait d'une telle réponse : mais il paraît certain qu'il ne pousse pas plus loin ses recherches, qu'il ne poursuit pas ses investigations au-delà de ces étroites limites. Dans son opinion, toute tentative de pénétrer plus avant les ténèbres du Neibban est présomptueuse et téméraire.

Les métaphysiciens Boudhistes de l'Inde, dans leurs efforts puérils pour décrire cette *terra incognita* ont donné naissance à plusieurs opinions qui ont trouvé des partisans dans les diverses écoles de philosophie. Les plus anciens philosophes ou chefs d'école, en cherchant à analyser une chose dont ils ne savaient rien, en sont presque venus à penser que le Neibban n'est pas autre chose qu'une complète et entière annihilation. Poursuivant l'argumentation et acceptant les principes, on arrive malgré soi à cette effrayante conclusion que la fin dernière d'un Boudha devenu parfait est la destruction ou l'annihilation de son être. Cette opinion est corroborée par l'exposé succinct de la métaphysique Boudhiste qui se trouve à la fin de ce volume. Le matérialisme le plus cru y est ouvertement et clairement professé. Il n'y a rien dans l'homme en-dehors des six sens. La faculté de percevoir l'objet avec lequel ils viennent en contact est inhérente à leur nature. Le sixième sens, c'est-à-dire le cœur, a la puissance de percevoir des idées, c'est-à-dire des choses qui n'ont ni forme ni façon. Mais cette puissance n'est pas distincte du sens vivant; elle disparaît quand la vie de ce sens est éteinte, ou, en d'autres termes quand le cœur est détruit. Pour les soutenurs d'une telle opinion, la cessation de l'existence, la sortie du cycle des existences, par la destruction du *Kan*, ou l'influence des mérites ou démérites, doit être et ne peut être autre chose qu'une complète annihilation.

Depuis longtemps, le sens commun des masses non influencées par les sophismes métaphysiques s'est révolté contre une telle doctrine et a rejeté d'emblée l'horrible conclusion à laquelle étaient arrivés les premiers raisonneurs. Dans la pratique, personne n'admet ouvertement que Neibban et annihilation soient des termes

l'année 103, un mercredi (Withaka). Dans l'année 148, dans la pleine lune de Katson, un mardi (Withaka), il expira ; le douzième jour après la pleine lune du même mois, son corps fut placé sur le bûcher funéraire.

synonymes. Si l'on a bien compris leurs vues, on peut conclure de ce qu'ils disent qu'un être dans le Neibban conserve son individualité quoique isolé de tout ce qui est distinct de lui-même : il voit la vérité abstraite, ou la vérité telle qu'elle est en elle-même, dépouillée des formes matérielles sous lesquelles nous ne la voyons qu'imparfaitement dans notre état présent d'existence. Ni passions, ni affections ne se trouvent dans un tel être ; sa position, en vérité, peut difficilement être comprise et encore moins exprimée par nous, qui ne pouvons jamais venir en communication avec un objet, sinon par nos passions et nos affections. Nous savons qu'il existe une substance spirituelle, mais nous n'en avons aucune idée claire. Nous admettons son existence parce que nous observons ses opérations, mais nous sommes dans l'impossibilité d'expliquer sa nature. Il n'est donc pas étonnant que les Boudhistes soient embarrassés de rendre compte de l'état où un être devenu parfait se trouve dans le Neibban. L'idée d'un état d'apathie ou de repos doit être comprise comme exprimant simplement une situation en opposition directe à celle de matière dans laquelle se trouvent tous les êtres aussi longtemps qu'ils sont dans le giron des existences, si l'on admet que l'être devenu parfait conserve son individualité dans le Neibban, on doit en conclure qu'il arrive à être plongé, en quelque sorte, dans la vérité abstraite, dans laquelle il vit et se repose à jamais. Mais nous devons de nouveau établir distinctement que cette opinion est en opposition avec les doctrines des plus anciens Boudhistes et avec les principes philosophiques et déductions considérés comme purs. Cette contradiction explique la vérité d'une remarque faite plus haut : que l'erreur ne peut jamais effacer entièrement de l'esprit de l'homme la connaissance de certaines vérités fondamentales, quasi-constitutives de son être moral.

Arrivons maintenant à une définition du Neibban, traduite du Pali par les Birmans. Neibban est la fin de toutes les existences, l'exemption de l'action de *Kan*, (la bonne ou mauvaise influence produite par les mérites ou démérites), de *Tsit*, (le principe de toutes les solutions, désirs et passions), des raisons et du goût ou des sensations. Que signifie cette définition curieuse ou plutôt inintelligible ? Pour la comprendre, le lecteur doit savoir que *Kan* est le principe qui fait tous les êtres se mouvoir incessamment d'une existence dans une autre, d'un état de bonheur à un autre de malheur, d'une position où des mérites sont acquis dans une autre où des mérites plus amples doivent être obtenus, et une dose de perfection plus grande acquise ; d'un état de châtiment ou de démérites dans un autre pire, etc., etc. *Kan* peut être appelé l'âme de la transmigration, la source cachée de tous les changements expérimentés par un être existant. En Neibban, la loi de *Kan* est détruite, et, par conséquent, il n'y a plus de changements ou de transmigration.

Par *Tsit* on entend le principe de tous désirs et volitions. Les métaphysiciens Boudhistes, toujours amoureux de divisions et de classifications, comptent 120 *tsits*. Quelques-uns sont la souche de tous les démérites, et leurs opposés sont les principes des mérites. Quelques-uns ont pour objet la matière du monde matériel ; d'autres n'ont pas de forme. Le dernier des tsits, et naturellement le plus parfait, est l'entière fixité. C'est le dernier degré auquel puisse atteindre un être parfait, dans

Au moment même où il rendit l'âme, un terrible tremblement de terre se fit sentir dans le monde entier; il fut d'une telle violence le monde des existences; un pas de plus et il est arrivé aux rivages toujours tranquilles du Neibban. Dans ce dernier état, il n'y a plus d'opération de l'esprit ou du cœur, ou au moins il n'y a pas de fonctionnement intellectuel tel que nous le concevons dans notre condition actuelle.

Le mot *Udou*, ou raison, est évidemment employé pour désigner une révolution de la nature. La signification est claire et ne donne aucune difficulté. En Neibban, il n'y a ni nature ni révolution de la nature. Neibban, s'il est un état, gît dans le vide ou l'espace, bien loin au-delà des horizons qui enserrent le monde des mondes, ou les systèmes de la nature.

Le mot *Ahara*, qui signifie littéralement goût, sert à désigner toutes les sensations acquises par les sens. Par le moyen des sens, nous obtenons des perceptions et acquérons le savoir; mais l'être parfait arrivé à la possession de l'universelle science, n'a plus besoin d'autre savoir; les sens sont, par conséquent, inutiles. En outre, les sens sont le complément obligé de notre nature pendant ses existences. Neibban mettant un terme à toutes les existences, détruit également les parties constituantes ou portions de notre être.

En admettant que la définition ci-dessus de Neibban soit correcte, et qu'elle a été comprise dans un sens purement Boudhiste, nous pouvons conclure que, dans cet état, il n'y a plus d'*influence* et par conséquent pas de transmigration, pas de volition de l'esprit, pas de désirs du cœur, pas de matérialité et pas de sensations. La difficulté de savoir si Neibban est annihilation n'est rien moins que résolue. Il y a une autre manière d'arriver à une semblable conclusion. Voyons quelles sont les parties constituantes d'un être intelligent, puis cherchons si ces parties sont entièrement détruites et annihilées dans Neibban. Dans un être intelligent, suivant tous les docteurs, nous trouvons matérialité, sensations, perceptions, conscience et intellect. Ces cinq parties constituent un être pensant. D'après les mêmes docteurs, elles n'existent pas en Neibban : elles sont détruites. Un mot de plus et la question serait décidée; mais ce mot, autant que je sache, n'a jamais été distinctement prononcé. Il est probable que ces cinq éléments ou parties constituantes sont, dans l'opinion de plusieurs, les conditions d'existence comme nous les comprenons maintenant. Mais il serait prématuré de conclure qu'un être sous différentes conditions ne pourrait pas conserver son individualité, quoique privé de ces cinq parties constituantes. Les Boudhistes, comme nous l'avons déjà dit, ont des notions très-imparfaites d'une substance spirituelle; il n'est pas surprenant qu'ils ne puissent s'exprimer d'une façon plus distincte, précise et intelligible, quand ils traitent des sujets si difficiles et si abstrus. Dans la pratique, ils admettent l'existence de quelque chose distinct de la matière et survivant dans l'homme, après la destruction de la partie matérielle de son être; mais leurs essais de donner une explication satisfaisante de la nature de cette individualité survivante ont toujours avorté. Dans leurs argumentations les savants rejettent cette hypothèse.

Comme on peut l'inférer des lignes précédentes, la question, si on la considère à la clarté des notions purement théoriques, est philosophiquement à peine ouverte à la discussion et restera probablement toujours sans une complète solution. Mais les conclusions logiques à tirer des principes du Boudhisme pur conduisent inévitablement au sombre, glacial et horrible abîme de l'annihilation. Si on l'examine au point de vue pratique, c'est-à-dire en prenant en considération les opinions des

qu'il épouvanta et fit trembler le monde entier, et qu'il fit dresser les cheveux sur les têtes.

masses Boudhistes, la difficulté peut aussi être considérée comme résolue, mais dans un sens opposé.

CHAPITRE XV

STANCES PRONONCÉES APRÈS LA MORT DE BOUDHA. — ANANDA INFORME LES PRINCES MALLAS DE LA MORT DE BOUDHA. — PRÉPARATIFS POUR LES FUNÉRAILLES. — ARRIVÉE DE KATHABA AU LIEU OU LE CORPS ÉTAIT EXPOSÉ A LA VÉNÉRATION PUBLIQUE. — IL ADORE LE CORPS. — MIRACLE A CETTE OCCASION. — CRÉMATION DU CORPS. — PARTAGE DES RELIQUES FAIT PAR UN POUNHA NOMMÉ DAUNA. — HONNEURS EXTRAORDINAIRES RENDUS AUX RELIQUES PAR LE ROI ADZATATHAT. — MORT DE CE ROI ET DE KATHABA.

A l'occasion du Neibban de Boudha, le chef des Brahmas prononça les stances suivantes : « O Rahans, le grand Boudha qui a paru dans ce monde, qui savait toute chose, qui était l'instructeur des Nats et des hommes, qui était sans égal, qui était puissant et savait toutes les lois et tous les grands principes, le très-excellent et glorieux Boudha est allé au Neibban. Où est l'être qui échappera jamais à la mort? Tous les êtres dans le monde doivent être dépouillés de leur terrestre et mortelle enveloppe. »

Le chef Thagia, à la même occasion, répéta à haute voix les paroles suivantes : « O Rahans, le principe de mutabilité est opposé au principe de yxité. Il apporte avec lui les éléments de création et destruction. Il n'y a de bonheur que dans l'état de Neibban qui met un terme à tous les changements. »

Le grand Anourouda dit à son tour : « O Rahans, le très-excellent Boudha, libre de toutes les passions, est entré par cette mort dans l'état de Neibban. Celui dont l'âme toujours ferme et inébranlable, était étrangère à l'impatience et à la crainte, est sorti du tourbillon des existences, et désormais n'est plus sujet à rentrer en existence ni à en sortir. Les passions n'ont plus d'influence sur lui; il est dégagé des entraves de la mutabilité, et il a fini comme la lumière d'une lampe dont l'huile est épuisée. »

Ananda ajouta : « O Rahans, quand le grand Boudha, plein des plus transcendantes excellences, atteignit l'état de Neibban, la terre trembla avec cette violence qui remplit l'âme de frayeur, et fait dresser les cheveux sur la tête. »

Après la mort de Boudha, les Rahans qui avaient atteint les deux états de Thautapan et de Thakadagan, élevant à leurs fronts leurs mains jointes, commencèrent à gémir et se lamenter à haute voix. Les hommes se jetaient à terre, déplorant amèrement la perte que le monde avait faite. Tous s'exclamaient : « Le glorieux et illustre Boudha est allé trop tôt au Neibban. Lui qui n'avait jamais prononcé que de bonnes et instructives paroles, lui qui a été la lumière du monde, est allé trop tôt au Neibban. » Par ces paroles et d'autres semblables ils faisaient éclater leur chagrin et leur affliction, avec larmes et lamentations. Les Rahans qui avaient atteint les deux derniers états de perfection, les Anangas et Rahandas, plus calmes et d'esprit plus ferme, se contentaient de répéter sur un ton solennel : « Il n'y a rien de fixe dans le principe de mutabilité; Boudha, entrant dans le courant du changement, ne pouvait éviter de mourir; son corps devait être détruit. » Ils restèrent méditant sur cette grande vérité, conservant un maintien calme et imperturbable.

Anourouda réunissant tous les Rahans, leur dit : « Cessez maintenant de pleurer et de vous lamenter; bannissez de vos cœurs le chagrin et l'affliction; rappelez-vous à présent ce que le très-excellent Boudha nous a dit, que tout ce qui existe est soumis à la destruction qu'il ne peut éviter. Qu'arrivera-t-il des Nats et des hommes? que diront-ils quand ils verront les Rahans s'abandonner au chagrin et l'exprimer en gémissements perçants? »

Ananda demanda à Anourouda ce qui se passait actuellement parmi les Nats, à l'occasion de la mort du grand Boudha. Il lui fut dit que quelques-uns d'entre eux, élevant à leurs fronts leurs mains jointes, pleuraient et se lamentaient à haute voix; mais d'autres plus sages se rappelant ce qu'avait dit Boudha au sujet du principe de mutabilité, restaient drapés dans un calme solennel et un esprit résigné. Anourouda passa le reste de la nuit à prêcher la loi. Il dit à Ananda : « Allez maintenant à la cité de Koutheinaron, dire aux princes Mallas que le grand Boudha est allé au Neibban;

qu'ils doivent disposer tout pour les funérailles. » Au point du jour Ananda, endossant son tsiwaran et prenant sa patta, alla seul à la cité. Il rencontra les princes assemblés dans la salle publique, délibérant sur ce qu'il y avait à faire quand Phra serait allé au Neibban. Il leur dit : « O princes de la race Wahita, le grand Boudha est allé au Neibban ; le moment est venu pour vous d'aller au lieu où sont ses restes mortels. » Quand les princes entendirent ces tristes nouvelles de la bouche d'Ananda, eux, leurs femmes et leurs enfants, commencèrent à gémir et à se lamenter, et à donner toutes les marques du plus profond chagrin, répétant constamment : « Le très-excellent Boudha, qui était infiniment sage et savait toutes les lois, est allé trop tôt au Neibban. » Les princes choisirent alors un de leur famille, lui ordonnèrent d'aller parcourir la cité, et rassembler les plus riches et les plus rares parfums; de tenir prêts les tambours, harpes, flûtes et tous autres instruments de musique, et de les faire porter au lieu où gisaient les restes de Boudha. Étant arrivés à l'endroit, les princes commencèrent à faire des offrandes de fleurs et de parfums avec la plus grande profusion, au milieu des danses, des réjouissances et des sons non interrompus de tous les instruments de musique. Un dais provisoire fut élevé avec les plus riches étoffes, et ils restèrent dessous pendant sept jours consécutifs. Après ce laps de temps, huit des plus jeunes et plus vigoureux parmi les princes, ayant lavé leurs têtes et revêtu leurs plus beaux et meilleurs habits, se préparèrent à porter le corps à un endroit situé au sud de la cité, où ils avaient décidé de le brûler. En dépit de leurs efforts réunis ils ne purent le remuer de l'endroit où il reposait. Anourouda consulté sur cette occurrence extraordinaire et inattendue dit : « O princes, votre projet ne s'accorde pas avec celui des Nats. Vous désirez, après avoir accompli toutes les cérémonies sur le corps, le porter à une certaine place au sud de la cité ; mais les Nats ne voudront pas accéder à cela : ils ont l'intention d'accompagner le corps avec la musique, les danses, le chant, et des offrandes de fleurs et de parfums. Ils désirent que le corps soit porté au côté occidental de la cité, de là au côté septentrional, puis rentrer par la porte du nord, et aller à la place du milieu ; enfin sortir par la porte de l'est et porter le corps au lieu nommé Makoula-bandan, où les princes Mallas ont coutume de se réunir pour leurs fêtes et réjouissances. » — « Qu'il soit fait suivant les désirs des Nats, répondirent tous les princes. »

La procession funèbre se mit alors en marche (1). Les Nats, dans l'air, honorèrent le corps avec leur musique, leurs danses et une pluie de fleurs et de parfums. Les hommes en faisaient autant autour du corps. Le chemin que la procession suivait lentement était jonché des fleurs les plus rares. Quand le cortège fut arrivé au centre de la cité, la veuve du général Bandoula, nommée Mallika, apprenant l'approche de la procession funèbre, prit une magnifique pièce d'étoffe appelée Mahalatta qu'elle n'avait jamais portée depuis la mort de son mari. Elle la parfuma des plus riches essences, et, la tenant dans ses mains, jusqu'à ce que la procession fût arrivée devant sa maison, elle pria les porteurs d'attendre un moment, pour qu'elle pût offrir au corps la belle pièce d'étoffe et

(1) La longue description des funérailles de Boudha a suggéré l'idée de mettre sous les yeux du lecteur un abrégé des cérémonies observées par les Boudhistes en Birmanie, quand des rites funèbres sont célébrés sur les restes mortels de Talapoins qui ont été éminents dans leur ministère, et qui ont passé toute leur vie dans les monastères. En comparant le détail suivant avec le récit de la légende, nous verrons que le cérémonial funèbre, de nos jours, est presque identique à celui qui était suivi à l'origine du Boudhisme.

Quand un reclus Boudhiste a rendu l'âme, le corps est soigneusement et minutieusement lavé par les laïques ou les jeunes hôtes du monastère. Une large incision est pratiquée dans l'abdomen ; le contenu est enlevé et enfoui en terre sans qu'aucune cérémonie soit observée pour cela. Le vide est rempli de cendres, de son ou d'autres substances destinées à empêcher la putréfaction. Le corps est alors enveloppé très-serré de bandes ou de langes de couleur blanche, de la tête aux pieds, et ensuite couvert de l'habit jaune canonique. Quelquefois une couche de vernis noir est mise dessus, puis des feuilles d'or, de sorte que le corps tout entier est doré. Il est ensuite ficelé tout autour avec des cordes serrées autant que possible afin de le réduire aux plus étroites dimensions. Quand il a été ainsi préparé, le corps est placé dans un cercueil ouvert. Le cercueil consiste en un tronc d'arbre grossièrement creusé et si négligemment choisi fort souvent qu'on n'y trouve pas la place pour recevoir le corps. Au milieu de la partie intérieure du cercueil, une ouverture d'environ deux pouces de diamètre a été faite pour faciliter l'écoulement des matières liquides qui pourront suinter au travers des bandes. Le cercueil est déposé sans cérémonie sur le sol dans le monastère. Un bambou de sept à huit pieds de long est apporté, on insère une de ses extrémités dans le trou pratiqué au fond du cercueil, l'autre extrémité est enfoncée dans le sol en dessous : c'est par cette rigole que les matières liquides vont se perdre dans la terre. Après un intervalle de 10 à 12 jours, le corps est supposé être tout à fait sec : on s'occupe alors de mettre un couvercle sur le cercueil et de le fermer.

Pendant que je demeurais à Tavoy, je voulus, certain jour, aller examiner tous les détails observés dans ces circonstances. Une occasion très-favorable se présenta de satisfaire ma curiosité. Un Talapoin de ma connaissance était mort quinze jours auparavant, après trente années de profession; son corps, couché

l'étendre par-dessus. Sa demande fut accordée. Par un hasard très-heureux, l'étoffe avait en longueur et en largeur les dimensions voulues. Rien ne pouvait égaler la magnifique apparence du corps; il paraissait beau comme une statue d'or, couvert de cette splendide étoffe, finement travaillée et ornée des plus riches broderies. Le cortége étant arrivé à la place Matoulabandana, où le bûcher funéraire était érigé, le corps fut déposé à terre. Les princes demandèrent à Ananda ce qu'il y avait à faire pour accomplir convenablement les derniers rites sur les restes de Boudha. Fidèle à la dernière requête de Boudha, Ananda leur dit que, dans cette occasion, il fallait observer les mêmes cérémonies que celles prescrites pour les funérailles d'un prince Tsékiawade. Le corps fut aussitôt enveloppé d'une fine étoffe, couvert d'une couche épaisse de coton;

dans le cercueil, allait pour toujours être soustrait aux regards humains. Je vins au monastère où je rencontrai un grand nombre des frères du décédé qui s'étaient réunis pour la cérémonie. Je les connaissais pour la plupart, ma réception fut à la fois gracieuse et cordiale.

Grande fut ma surprise quand, au lieu de la tristesse et du recueillement que la circonstance semblait commander, je vis les rires, les conversations et les plaisanteries auxquels tout le monde se livrait et qui me parurent scandaleux. Personne ne semblait faire la moindre attention au corps qui gisait à nos pieds. Une pause momentanée eut lieu dans la conduite inconvenante des assistants, à l'apparition de deux vigoureux charpentiers portant une planche de quatre ou cinq pouces d'épaisseur destinée à servir de couvercle. Ils essayèrent vainement de la mettre en place : la cavité du cercueil n'était ni assez large ni assez profonde pour recevoir le corps, bien que réduit aux plus faibles proportions. Ce ne fut pas une opération commode que d'amener le contact de la planche avec les bords du cercueil, en dépit de la résistance qu'offrait le corps. Les charpentiers étaient décidés à en venir à bout. Aux deux extrémités et au milieu du cercueil, des cordes furent passées plusieurs fois autour et tendues à l'excès de manière à faire cinq ou six tours au même endroit, d'énormes coins de bois furent glissés de droite et de gauche entre les cordes et le cercueil. Sur ces coins, les ouvriers frappèrent à grands coups de marteau de toutes leurs forces, pendant près de vingt minutes, au grand étonnement de tous les assistants. Chaque coup de marteau diminuait la distance entre le couvercle et les bords du cercueil. Chaque petit progrès ainsi obtenu excitait les transports d'applaudissements et un hourrah pour les persévérants ouvriers. A la fin toute résistance ayant été surmontée, le couvercle fut fixé. Il est inutile de dire que le corps, à l'intérieur, n'était plus qu'une masse hideuse de chairs comprimées et d'os brisés.

Suivant la coutume dans ces occasions, une bâtisse grossière était érigée pour y placer les restes mortels du défunt, jusqu'à ce que les préparatifs sur une grande échelle eussent été terminés pour rendre honneur à l'illustre mort. Ce bâtiment, comme tous ceux analogues, n'est qu'une construction provisoire élevée pour la circonstance, faite de bambous. Au centre de ce large Bungalow, était une espèce d'estrade d'environ 12 pieds de haut, bien ornée. La partie inférieure est sou-

vint ensuite une seconde étoffe, puis une seconde couche de coton et ainsi de suite jusqu'à ce que l'opération eut été répété cinq cents fois de suite. Quand cela fut fait, le corps fut placé dans un cercueil d'or, et un autre de même forme et de même dimension fut retourné par-dessus en guise de couvercle. Un bûcher funéraire, fait de bois odoriférant et arrosé des plus riches parfums fut préparé. Le corps fut placé dessus en grande pompe.

A ce moment, le grand Kathaba, accompagné de cinq cents Rahans, allait de la cité de Pawa à la cité de Koutheinaron. En chemin, vers midi, la chaleur était si excessive que le sol brûlait sous leurs pieds. Les Rahans extrêmement fatigués désirèrent se reposer pendant le reste de la journée, voulant entrer dans la cité de Koutheinaron pendant la fraîcheur de la nuit. Kathaba se retira à petite distance de la route, et ayant étendu son tapis à

vent dorée, mais toujours plaquée de minces feuilles de métal et de clinquant de diverses couleurs. Aux côtés pendent des dessins informes représentant des animaux, des monstres de diverses espèces, des sujets religieux et autres, extrêmement indécents. Autour de l'estrade sont disposés des poteaux du sommet desquels pendent de petits drapeaux et des banderolles de formes et de dimensions variées. Au sommet est disposée une place pour le cercueil, mais les quatre côtés sont de deux ou trois pieds plus élevés que le niveau sur lequel est mis le cercueil, de sorte que celui-ci est entièrement caché aux regards des visiteurs.

Les choses restèrent en cet état pendant le mois, c'est-à-dire jusqu'à ce que tous les arrangements eussent été pris pour la grande cérémonie, dont les frais sont habituellement couverts par des contributions volontaires. Les préparatifs étant terminés, un jour fut fixé au son des gougs pour brûler le corps du pieux reclus. Ce jour-là, à midi, toute la population de la ville se pressa dans une vaste plaine au nord de la ville et en-dehors des anciens remparts et des fossés. Hommes et femmes dans leurs plus riches costumes, fourmillaient de toutes parts, en quête des endroits les mieux situés pour avoir une vue complète de la *fête*. Le bûcher funèbre occupait presque le centre de la plaine ; il était haut d'environ 15 pieds et carré de forme, ceint de planches qui lui donnaient un air de netteté. Large à la base, il allait en diminuant par le haut et se terminait par une plate-forme carrée où le cercueil devait être déposé. Un petit toit, supporté par quatre bambous, ombrageait la plate-forme élégamment ornée. Un char massif à quatre roues, décoré de la façon la plus fantastique, se voyait à distance ; il était tiré par un grand nombre d'hommes et fut amené au pied du bûcher. Le cercueil était sur le char. D'immenses applaudissements, des milliers de cris avaient annoncé le passage du char avec les précieuses reliques à mesure qu'il traversait la foule. Le cercueil fut immédiatement hissé sur la plate-forme. Des nattes furent alors répandues autour du bûcher sur lesquelles s'assirent bon nombre de Talapoins récitant à haute voix de longues citations en Pâli. Les dévotions étant accomplies, ils se levèrent et se disposèrent à partir, escortés par un bon nombre de leurs disciples, qui se chargèrent des offrandes faites pour la circonstance. Ces offrandes consistaient en bananes, cocos, cannes à

l'ombre d'un grand arbre, il s'y reposa, se rafraîchissant en se lavant les mains et les pieds avec l'eau qu'il versait d'un vase. Les Rahans suivirent l'exemple de leur chef et s'assirent sous les arbres de la forêt, conversant entre eux sur les bénédictions et avantages des trois précieuses choses. Pendant qu'ils se reposaient, un Rahan hérétique parut, venant de la cité de Koutheinaron, en route pour celle de Pawa, portant en sa main un bâton à l'extrémité duquel était une large fleur, ronde comme une grande coupe, formant en quelque sorte une vaste ombrelle au-dessus de sa tête. Kathaba apercevant l'homme à distance avec cette fleur extraordinaire, le Mandawara (Erithrina fulgens) pensa en lui-même : « Il est très-rare de voir une telle espèce de fleur; elle ne paraît que par le pouvoir miraculeux de quelque personnage extraordinaire, et dans de grandes et rares occasions. Elle parut quand mon illustre maître entra dans le sein de sa mère, quand il naquit, quand il devint Boudha, quand il fit des miracles à Thawattie, et descendit du siége de Tawadeintha. Maintenant mon grand maître est très-vieux, l'apparition de cette fleur indique qu'il est allé au Neibban. Sur ce, il se leva de sa place, désirant questionner le voyageur; mais il voulait le faire de manière à montrer son grand respect pour la personne de Boudha. Il mit son manteau, et, avec les mains jointes élevées à son front, il vint au voyageur et lui demanda s'il connaissait son grand maître le très-excellent Boudha. L'ascète répondit qu'il le connaissait bien, mais que depuis sept jours il avait atteint l'état de Neibban, et que c'était de l'endroit où cet événement avait eu lieu qu'il avait apporté la fleur Mandawara. Il avait à peine dit ce mot, que ceux d'entre les Rahans qui

---

sucre, riz, oreillers, nattes, matelas, etc. Maîtres et disciples retournèrent à leurs monastères avec leur précieux butin.

La place étant dégagée, les yeux de tous étaient fixés sur deux énormes fusées placées horizontalement, chacune entre deux cordes auxquelles elles étaient reliées par deux anneaux de chaque côté. Une des extrémités des cordes était solidement fixée à des piquets derrière les fusées, et l'autre était raidie autant que possible au pied du bûcher. A un signal donné, les fusées, mises en feu, s'élancèrent avec un sifflement long et prolongé, faisant vibrer les cordes en passant et pénétrant immédiatement à l'intérieur du bûcher, mirent le feu au monceau de matières inflammables qu'on y avait préalablement accumulées dans ce but. Peu de temps après le bûcher était en flammes et bientôt entièrement consumé avec le cercueil et le corps. Les os ou les morceaux d'ossements à demi brûlés qui restaient furent soigneusement recueillis, pour être plus tard enterrés en un lieu spécial.

n'étaient encore que dans les deux premières voies de perfection, commencèrent à gémir et à se lamenter hautement sur cet événement prématuré, donnant toutes les marques du plus profond chagrin et de la plus grande désolation. Les autres, qui étaient plus avancés en perfection, restèrent calmes et recueillis, se rappelant la grande maxime de Boudha, que toute chose qui est venue en existence doit aussi venir à une fin.

Le nom de cet hérétique était Thoubat (1). Il avait été, avant son apparente conversion, un ermite, menant la vie ascétique. Plus tard il devint disciple de Gaudama, mais il conservait dans son cœur un sentiment mauvais contre son maître spirituel, qui se révéla par la manière dont il communiqua la triste nouvelle à Kathaba et à ses compagnons. Les voyant pénétrés de la plus profonde affliction, et montrant d'une façon non équivoque la douleur qui accablait leurs cœurs, il leur dit : « Pourquoi pleurez-vous et criez-vous ? Vous n'avez aucune raison d'agir ainsi ; nous sommes maintenant débarrassés du contrôle du grand Rahan ; il nous disait toujours : faites ceci, et ne faites pas cela ; en toute chose il nous ennuyait et nous vexait ; à présent chacun peut agir à sa guise. »

Le Rahan Thoubat entretenait des sentiments d'envie et de vengeance à l'égard de Boudha, pour la raison suivante (1). Primitivement il était barbier dans le village d'Atouma où il devint ensuite un Rahan. A l'époque dont nous parlons, Boudha venait en cet endroit suivi de douze cents Rahans. Thoubat désirait faire une offrande à Boudha et à ses compagnons, et leur donner leur nour-

---

(1) Dans le cours de cet ouvrage, il est souvent fait allusion aux Pounhas qui paraissent avoir mené un genre de vie, variant considérablement suivant les circonstances. Tous les Pounhas, étaient sans doute des religieux, pratiquant certains devoirs non considérés comme obligatoires par le peuple ordinaire, et vivant d'après certaines règles qui les séparaient plus ou moins de la société, et les distinguaient de ceux engagés dans les pratiques ordinaires de la vie. La différence, parmi eux, donne naissance à une sorte d'enthousiasme religieux qui poussait un grand nombre d'entre eux à des œuvres de pénitence de la plus cruelle et quelquefois de la plus révoltante nature.

Quelques Pounhas sont décrits comme vivant dans des villages ou des villes et portant un costume blanc. Dans beaucoup de pratiques ils semblent s'être rapprochés des moines Boudhistes, excepté qu'en plusieurs cas ils se mariaient. D'autres sont mentionnés comme vivant dans un état de complète nudité, se tenant dans les ordures et la saleté. Il paraît que ceux qu'Alexandre le Grand rencontra en quelques parties du Punjab appartenaient à cette classe. Plusieurs de ces dégoûtants fanatiques se livraient à de cruelles tortures, ressemblant beaucoup à celles

riture. Dans ce but il eut recours au procédé suivant très-équivoque, pour obtenir du riz et d'autres comestibles et les préparer pour la grande circonstance. Thoubat avait deux fils qui portaient le costume de Samane. Il donna à chacun une paire de ciseaux, et les envoya, dans les rues du village, raser la tête de tous les enfants qu'ils rencontreraient, comme une preuve de leur entrée en religion. L'ordre fut ponctuellement exécuté. Les parents des enfants furent alors informés qu'en de telles occasions, la coutume voulait qu'on fît de larges offrandes. Les articles offerts, cependant, seraient employés à nourrir le grand Gaudama qui était attendu dans la localité avec un grand nombre de disciples. Tous les habitants apportèrent de larges offrandes de divers articles d'alimentation, tels que riz, huile, beurre et autre comestibles. De cette manière, et grâce à cet expédient, le malin Thoubat, sans rien débourser, aurait pu faire un grand étalage des plats les plus délicats, les servir à Gaudama et à ses disciples, à leur arrivée à Atouma et se donner la réputation d'un homme très-libéral et très-généreux. Boudha, informé de sa conduite en cette occasion, refusa d'accepter l'offrande et défendit à tous ses disciples de manger des aliments préparés par Thoubat. Depuis cette époque, ce dernier nourrissait de mauvais sentiments pour Boudha, bien qu'il n'osât pas les manifester ouvertement.

Kathaba fut frappé de stupeur en entendant un langage si inconvenant (1) de la bouche du Rahan Thoubat. Il se dit : « Si main-

que de nos jours nous voyons pratiquer aux Fakirs et Jogies ; et sous nos yeux, une troisième catégorie de Pounhas affectaient de vivre en des lieux isolés, sur de hautes montagnes, dans de petites huttes faites de branches d'arbres, et quelquefois au pied des arbres, exposés aux intempéries. C'étaient des ermites. Ils se couvraient de la peau des bêtes sauvages, laissaient pousser leurs cheveux à toute leur longueur, les divisaient en plusieurs mèches qu'ils tressaient comme des cordes, de telle sorte qu'en les regardant, au lieu de cheveux on voyait pendre de leurs têtes et sur leurs épaules comme des faisceaux de cordes, ce qui leur donnait la plus sauvage et la plus fantastique apparence. Quelques-uns de ces ermites, renommés pour leur science, attiraient autour de leur personne un grand nombre d'élèves désireux d'acquérir la science et la discipline sous leur direction. Tels étaient les trois Kathabas que Gaudama convertit pendant la première année de sa vie publique. D'autres voyageaient dans le pays, se donnant comme prêcheurs et comme mendiants.

(1) Le vertueux et zélé Kathaba fut immédiatement convaincu de la nécessité absolue de tenir le plus tôt possible une réunion des plus sages membres de l'assemblée, dans le but de vérifier et déterminer avec autorité l'authenticité des doctrines de Boudha. Les passions humaines travaillaient déjà à dénaturer plus

tenant, alors que sept jours seulement sont écoulés depuis que Boudha est entré au Neibban, on trouve des gens tenant un tel langage, qu'arrivera-t-il plus tard? Ces personnes auront bientôt des partisans qui embrasseront la profession de Rahans, et alors la vraie religion sera complétement renversée; l'excellente loi sera entre les mains de telles personnes comme un bouquet de fleurs déliées et dispersées par le vent. Le seul remède à une telle calamité est d'assembler un concile composé de tous les vrais disciples, qui, par leur décision, assureront la stabilité de la religion et fixeront le sens de chaque partie de la loi, contenue dans le Wini, les Thouts et l'Abidama. Je suis, en quelque sorte, tenu de veiller à la religion de Boudha, en raison de l'affection particulière qu'il m'a toujours montrée. Une certaine fois, je me promenais avec Boudha pendant l'espace de trois gawots; durant ce temps il me prêcha, et, à la fin de l'instruction, nous fîmes un échange de nos tsiwarans et j'endossai le sien. Il dit: « Kathaba est comme la lune; trois fois

ou moins, en diverses façons, les instructions du grand prêcheur. Beaucoup, faisant bien plus de fond sur leurs propres capacités que sur l'autorité de leur défunt instructeur, commençaient à entretenir sur certaines questions des vues et des opinions évidemment différentes de celles de Boudha. Les ennemis de la vérité étaient nombreux, même pendant sa vie et quoique maintenus par sa présence et son incomparable sagesse. Kathaba prévoit judicieusement que leur nombre et leur hardiesse s'accroîtraient dans une proportion effrayante et menaceraient jusqu'à l'existence de la religion. Ces considérations le déterminèrent à agir, et en ce même moment il résolut de réunir les anciens de l'assemblée aussitôt que les convenances le permettraient après les funérailles de Boudha. Il était, paraît-il, reconnu par le sentiment unanime, comme le premier des disciples. Il méritait cette distinction par la renommée de sa capacité avant sa conversion, et, après cet événement, par ses grands progrès sous la direction de Boudha. Mais une circonstance rapportée par Kathaba indique clairement l'intime familiarité entre le maître et le disciple et la confiance sans bornes que le premier avait dans le dernier. Pendant une promenade, nos deux amis, si l'on peut employer cette expression, étaient entrés dans une communion de pensées et de sentiments plus intimes que d'habitude; l'âme de l'un avait passé dans la personne de l'autre, ou plutôt les deux âmes étaient unies à tel point qu'elles n'en formaient plus qu'une, dans une amitié philosophique, vertueuse, élevée, raffinée et sublime au possible. Ils échangèrent leurs manteaux. Kathaba, en endossant le manteau de Boudha, hérita en quelque sorte de son esprit et de son autorité. De là son droit légitime à être nommé président ou chef du premier concile assemblé peu de temps après l'entrée de Gaudama dans le Neibban.

Notre auteur soutient que le premier concile fut tenu trois mois après la mort de Gaudama. Cette mesure importante fut prise à Radzagio, capitale du roi Adzatathat qui, sans doute, employa sa puissance royale à assurer la tranquillité pendant les délibérations de cette assemblée sous la présidence de

il a obtenu l'héritage de la loi. Son affection pour ma personne son zèle pour ma religion n'ont jamais été égalés. Après ma mort, il lui incombera d'arrêter le courant du mal, d'humilier les méchants et de condamner leurs faux enseignements comme subversifs de la vraie doctrine. Par ces moyens énergiques, ma religion restera pure et sans tâche, et ses principes ne seront pas perdus et noyés au milieu des vagues orageuses de l'erreur. Par conséquent, dit le grand disciple, je tiendrai une assemblée de tous les disciples pour la promotion et l'exaltation de la sainte religion. » Ce dessein, Kathaba le garda parfaitement secret, et il n'en fit part à personne.

A ce moment, quatre des princes Mallas les plus dignes ayant lavé leurs mains, et revêtu chacun un riche vêtement neuf, essayèrent de mettre le feu au bûcher funèbre fait de sandal et d'autres bois odoriférants, et haut de cent vingt coudées. Leurs efforts étant inutiles, tous les autres princes se joignirent à eux, dans l'espoir que par leurs efforts réunis ils pourraient mettre le feu au

Kathaba. Le nombre des religieux qui composaient le concile est évalué à cinq cents. Son objet, ainsi qu'il est mentionné par Kathaba lui-même, était de réduire au silence les voix de plusieurs qui désiraient innover en matière religieuse, et suivre leurs propres vues au lieu des doctrines de Boudha. Ils désiraient secouer le joug de l'autorité et arranger tout à leur guise.

La seconde assemblée générale des religieux boudhistes, fut tenue, cent ans plus tard, à Wethalie, la dixième année du règne du roi Kalathoka, sous la présidence de Ratha, assisté de sept cents religieux. L'objet de l'assemblée était de régler quelques matières de discipline. Il est probable que l'esprit d'innovation avait reparu et commençait à miner la pureté des institutions disciplinaires, menaçant d'affaiblir les liens qui retenaient ensemble les membres du corps religieux, et de le dépouiller de cette auréole de sainteté qui en avait fait jusqu'alors l'objet d'une estime, d'un respect, et d'une vénération si générale et si profonde. Le concile, en outre, révisa le canon des livres sacrés et le purifia de toutes les imperfections et de tous les écrits hétérodoxes qu'on y avait incorporés.

Deux cent dix-huit ans après la mort de Gaudama, le roi Damathoka ou Athoka monta sur le trône de Palibotra, qui était la capitale d'un vaste et puissant empire. Ce fut dans la dix-septième année du règne de ce monarque que la troisième et dernière assemblée générale fut tenue à Palibotra, sous la présidence de Maugulipata.

La dernière et finale révision des écritures sacrées fut une œuvre de beaucoup de soin et de labeur. Le pieux Athoka prêta aux décisions de l'assemblée l'influence du pouvoir séculier. Le Pittagat ou la collection des livres religieux telle qu'elle existe maintenant, est supposée être l'œuvre de ce concile. Dans les deux chapitres suivants, la question des conciles sera l'objet de l'attention qu'elle mérite.

Il y a un fait très-important à noter ici, qui doit être considéré comme un très-

bûcher. Des éventails de feuilles de palmiers étaient agités vigoureusement sur les monceaux de charbons; des soufflets de cuir soufflaient dans tous les sens; mais tous ces efforts ne servaient de rien. Les princes surpris et découragés, consultèrent Anourouda, sur la cause de ce désappointement. Anourouda leur dit que les Nats n'approuvaient pas leur manière de faire; ils désiraient que le grand Kathaba arrivât et vénérât le corps avant qu'il fût consommé par le feu. Aucun feu ne pouvait être allumé avant que le grand Rahan eût paru.

Le peuple entendant la réponse d'Anourouda s'extasiait du grand mérite de Kathaba et attendait son arrivée avec anxiété. Ils se disaient entre eux : « Qui est donc ce Rahan distingué? est-il blanc ou noir? grand ou petit? » Ils prirent des parfums de fleurs et des bannières, et sortirent pour aller au-devant de lui et l'honorer d'une manière convenable.

remarquable résultat de la troisième assemblée. Il forme la plus grande date dans l'histoire du Boudhisme et est soigneusement noté par notre traducteur Birman. Je veux dire le zèle et la ferveur extraordinaires qui semblent avoir alors simultanément et fortement agi pour amener cette puissante mais pacifique convention religieuse, qui devait se faire sentir, non-seulement dans la Péninsule indienne, mais bien au-delà de la vallée de Cachemire, le pays de Gouzerat, dans l'ouest et le nord-ouest, au-delà des sommets neigeux de l'Himalaya, au nord, et les territoires et royaumes dans la direction de l'est. Le roi Athoka, étant alors au comble de sa puissance, son zèle religieux le conduisit à employer les vastes ressources dont il disposait à favoriser le développement de la religion relativement nouvelle. Pendant la tenue du concile, les religieux retrempèrent, en quelque sorte, leur zèle, ferveur, dévotion et ardeur pour leur croyance religieuse, au milieu de leurs conférences. Ils résolurent de propager avec un zèle incessant les doctrines de la sainte religion et de les répandre par tout l'univers. L'esprit de Gaudama semblait avoir été infusé dans l'âme de chaque religieux en particulier. Son ardente ferveur brûlait dans l'âme de tous, qui depuis cette période n'eurent qu'un désir : celui d'étendre les limites de leur empire spirituel.

C'est là, certainement une de ces époques extraordinaires où l'esprit indolent et apathique des Hindous, après des siècles d'un profond sommeil, semble soudainement s'éveiller, et, avec une vigueur inattendue, une énergie juvénile, éclatant comme un terrible ouragan, amène les plus éclatantes révolutions ou commotions, qui balayent avec un irrésistible pouvoir les vieilles formes politiques et religieuses, pour en établir de nouvelles sur les ruines des premières. Le zèle religieux qui s'empara des Boudhistes de cette époque et les poussa avec une résolution inouïe à disséminer leurs doctrines, associé avec le succès prodigieux qui couronna leurs prédications, forma une des périodes les plus curieuses dans l'histoire religieuse du monde.

Quand le grand Kathaba arriva dans la cité de Koutheinaron, il se rendit sans délai au lieu où le bûcher funèbre était érigé ; il ajusta ses vêtements de la façon la plus convenable, et, levant à son front ses mains jointes, il fit trois fois le tour du bûcher, disant à chaque tour : « Ceci est la place de la tête, ceci est la place des pieds. » Se tenant ensuite sur l'endroit opposé aux pieds, il entra dans le quatrième état de Dzan, pendant quelque temps ; son esprit en étant sorti, il fit la prière suivante : « Je désire voir les pieds de Boudha sur lesquels sont imprimées les marques qui pronostiquèrent autrefois sa future destinée glorieuse. Que l'étoffe et le coton qui les enveloppent se détachent et que le cercueil aussi bien que le bûcher s'ouvrent et que les pieds sacrés sortent et s'étendent assez pour reposer sur ma tête. » Il avait à peine proféré cette prière, que le tout s'ouvrit soudainement et que les pieds gracieux sortirent, comme on voit la pleine lune émerger du sein d'un sombre nuage. Toute l'assistance éclata en applaudissements bruyants et en bravos prolongés en voyant ce prodige incomparable. Kathaba, étendant ses deux bras qui ressemblaient à deux lys s'épanouissant, prit fermement les deux pieds par les talons, les plaça sur sa tête et adora. Tous ses disciples suivirent son exemple et adorèrent. Des parfums et des fleurs furent offerts en profusion par la foule. Quand cela fut terminé, les pieds se retirèrent doucement à leur place, le bûcher et le cercueil reprirent leur position naturelle. Comme le soleil et la lune disparaissent derrière l'horizon, de même les pieds de Boudha disparurent, enterrés, pour ainsi dire dans les plis d'étoffe et de coton. Le peuple, à ce moment, pleura et se lamenta bruyamment ; son affection pour Boudha se manifesta en cette occasion plus ouvertement que lorsqu'il entra dans l'état de Neibban.

Les pieds avaient à peine disparu de la vue du peuple que, sans l'intervention de personne, le feu prit au bûcher et bientôt se mit à flamboyer. La peau, la chair, les muscles, les entrailles et le foie furent entièrement consumés, sans laisser aucune trace de cendres ou de charbon, comme du beurre ou de l'huile versés sur un grand feu brûlent et sont consumés sans qu'il en reste rien. Du corps tout avait disparu excepté les reliques. Toutes les pièces d'étoffe qui servaient à envelopper le corps étaient aussi consumées, excepté la première et la dernière. Les reliques des Boudhas antérieurs, qui vécurent longtemps ressemblaient à un monceau d'or. Notre Boudha, dont la vie avait été relativement courte, avait dit pendant qu'il était en vie. Pendant le temps de ma vie, la religion n'a pas été suffisamment répandue; en conséquence, ceux qui, après mon Neibban, obtiendront une petite parcelle de mes reliques, fût-elle seulement de la dimension d'une graine de moutarde, et qui bâtiront un Dzedi pour l'y placer, adoreront et lui feront des offrandes, obtiendront un séjour de bonheur dans un des siéges de Nats. Parmi les reliques, il y avait les quatre dents canines, les deux os qui relient les épaules avec l'os du cou et l'os frontal. Ce sont les sept grandes reliques. Elles étaient en état de conservation parfaite, pas du tout endommagées par le feu et sont appelées Athambinana. En outre de ces reliques, il y en avait quelques autres de plus petites dimensions, en quantité suffisante pour remplir sept tsarouts. Voici les dimensions et formes de ces restes sacrés : les plus petites étaient de la dimension d'une graine de moutarde et ressemblaient au bouton de la fleur Hingkow; les intermédiaires égalaient en dimension un grain de riz divisé en deux parties, et ressemblaient à des perles; les plus grandes étaient de la grosseur d'un pois et ressemblaient à de l'or.

Quand le bûcher fut consumé par le feu, l'eau tomba du ciel, épaisse comme le bras, et elle éteignit bientôt le feu. Les princes Mallas versèrent aussi dessus une immense quantité d'eau de senteur. Pendant tout le temps que le bûcher brûlait, des jets de flammes sortaient des feuilles et des branches des arbres, brillant avec un éclat extraordinaire, sans brûler les arbres; des insectes de toute espèce furent vus volant en essaims sur ces arbres, sans en souffrir le moins du monde.

A la place où le corps avait été exposé pendant sept jours, les reliques furent déposées pendant le même espace de temps, et les offrandes de parfums et de fleurs furent faites continuellement. Au dessus, un dais parsemé d'étoiles d'or et d'argent fut élevé et des bouquets de fleurs et des parfums y étaient suspendus. De cette place à celle où les ornements étaient déposés, la route était bordée de chaque côté de fines étoffes; la route elle-même était couverte des plus belles nattes. Au-dessus de la route s'étalait un dais splendide parsemé d'étoiles d'or et de fleurs. L'intérieur de la construction était richement décoré; des parfums et des fleurs pendaient du dais. Autour de l'édifice, des mâts étaient plantés et ornés avec les cinq sortes de drapeaux. Des bannières étaient plantéés des deux côtés de la route, et des jarres d'eau fraîche étaient disposées à très-petite distance l'une de l'autre. A des poteaux de bois, soigneusement polis, étaient suspendues des lampes pour être allumées jour et nuit. La boîte contenant les reliques fut placée sur le dos d'un éléphant richement caparaçonné et les précieux restes furent honorés de toutes les façons possibles, par des offrandes de fleurs et de parfums, par des danses, des chants, de la musique, des divertissements et de bruyantes acclamations. Les princes Mallas, pour assurer la sécurité des reliques, placèrent une ligne d'éléphants autour de la place, puis une seconde ligne de chevaux, une troisième de chars, et enfin une quatrième de guerriers. Ces précautions furent prises et pour assurer la sécurité des reliques, et pour donner à tous le temps de venir leur rendre hommage.

A cette époque les courtisans du roi Adzatathat, connaissant bien la tendre affection que leur royal maître, portait à la personne de Boudha, hésitaient à lui transmettre la triste nouvelle de sa mort, de peur de lui causer une trop grande affliction (1). Ils prirent toutes les précautions possibles et imaginèrent divers moyens de

(1) Il n'est pas facile de déterminer avec précision en quelle année eut lieu la conversion du roi Adzatathat au Boudhisme. Bien que son père, Pimpathara, fût un zélé Boudhiste depuis le commencement de la prédication de Gaudama, son fils paraît s'être tenu à l'écart du mouvement religieux qui eut lieu dans la cité royale de Radzagio, dans l'enceinte du palais royal, et continua d'adhérer aux errements de l'ancienne croyance. Sa foi, pourtant, dans la religion jusque-là nationale, c'est-à-dire le Brahminisme, ne semble pas avoir été profondément enracinée dans son âme. C'était un politique rusé, ambitieux et artificieux, et, d'après ce que nous savons du commencement de son règne, ses principes politiques étaient de la nature la plus élastique. Même après sa conversion au Boudhisme, il ne paraît pas avoir eu le moindre scrupule de recourir aux moyens les moins avouables pour satisfaire son ambition. La dispute entre les souteneurs des systèmes opposés avait, ainsi qu'il arrive souvent, ébranlé ses convictions primitives, sans lui en inculquer de nouvelles. Peut-être, était-ce dans un but politique qu'il restait dans cette position ambiguë. Il ne lui déplaisait pas de se placer à la tête des mécontents qui, en raison des innovations religieuses du roi, doivent avoir été nombreux. Quoi qu'il en soit nous voyons le prince royal de Radzagio recevoir, à bras ouverts, Dewadat, l'ennemi de Boudha, épouser son parti et le considérer comme son guide spirituel. Ces événements arrivèrent environ dix ou douze ans avant la mort de Boudha. Avec l'avis de son nouvel ami, il machina et accomplit la destruction de son père trois ou quatre ans plus tard, et devint roi dans la septième année avant le Neib-

préparer l'esprit du roi à supporter avec calme, la perte qu'il avait éprouvée. Aussitôt que le monarque comprit ce que les courtisans voulaient lui dire, il s'évanouit trois fois de suite. Chaque fois, des bains de vapeur et des douches d'eau sur la tête le ramenèrent à lui. Quand il eut repris ses sens, il gémit et se lamenta pendant longtemps. S'étant remis de la secousse de cette grande affliction. il voulut adoucir le chagrin que lui causait la mort de Boudha, par la possession de quelques-unes de ses reliques. Dans ce but, un messager fut envoyé aux princes Mallas, avec la requête suivante: « Vous êtes les descendants du grand Thamadat, moi aussi, qui règne sur le pays de Magatha, je suis fier de la même noble origine. Pour cette raison, je fais valoir mes droits à la possession de quelques-unes des reliques de Boudha, qui sont maintenant tout ce qui le représente. Je donnerai des ordres pour l'érection d'un superbe et haut Dzedi, dans lequel elles seront déposées. Moi et mon peuple aurons ainsi un objet d'adoration.» Les princes de Wethalie et des états limitrophes envoyèrent une requête semblable. Ceux de Kapilawot et d'Alekapa suivirent leur exemple. Les rois de Rama et de Pawa, et les Pounhas de Withadipa envoyèrent aussi leur réclamation, avec menace de recourir à la force si leurs demandes n'étaient pas satisfaites. Ils suivirent bientôt leurs messagers à la tête de leurs troupes.

Les princes Mallas, en recevant ces messages, se consultèrent sur ce qu'il y avait à faire. Ils convinrent que les reliques de Boudha

---

ban de Boudha. Sa conversion eut lieu probablement après la mort de Dewadat, quatre ou cinq ans après cet événement; mais elle paraît avoir été sincère et sérieuse. Son amour pour la personne de Boudha était si grand, qu'il était une ample compensation au mal que, sous son nom et sa protection, Dewadat avait essayé de faire à son illustre parent.

Adzatathat régna trente-deux ans, c'est-à-dire vingt ans après la mort de Gaudama. Sous son règne, le premier concile fut tenu avec son consentement et une promesse de faire respecter et exécuter strictement les décisions de l'assemblée. C'est la première et directe intervention du pouvoir séculier dans des matières d'ordre purement ecclésiastique. Adzatathat était cependant trop prudent dans sa politique pour persécuter directement ceux qui tenaient pour les opinions antiboudhistes et qui formaient encore la grande masse du peuple. Il soutint avec zèle la nouvelle croyance qu'il avait adoptée, mais il laissa toute liberté aux disciples des Pounhas. Sur l'avis de Kathaba, Adzatathat fixa le commencement de l'ère religieuse à l'année de la mort de Boudha; c'est celle qui est adoptée par tous les Boudhistes du Sud. Ce ne fut pas la nécessité de corriger certaines erreurs dans le calendrier, qui porta le roi à adopter cette mesure, puisqu'une correction avait été faite cent

étant les choses les plus précieuses du monde, ils ne voulaient pas s'en séparer. Bien des paroles de colère furent échangées. Ils étaient sur le point de tirer le glaive, quand un célèbre Pounha, nommé Dauna, fit son apparition. Il se tint sur un endroit élevé, et, faisant signe de la main, il commença à s'adresser à la réunion dans un langage calculé pour apaiser l'irritation. Son influence sur tous était grande, car il y avait à peine un homme, dans l'ile de Dzampoudipa, qui ne le reconnût pour son maître. « O rois et princes, dit-il, écoutez un mot que j'ai à vous dire. Notre très-excellent Boudha a toujours exalté la vertu de patience, et vous allez combattre pour la possession de ses reliques : cela n'est pas bon. Unissez-vous dans des dispositions de concorde et de bon vouloir. Je diviserai les reliques en huit portions égales; que chacun montre son zèle à multiplier en tous lieux les Dzedis en l'honneur de celui qui possédait les cinq visions, afin qu'un grand nombre puissent entretenir de l'affection pour le très-excellent. » Dauna continua en développant les deux stances qu'il avait récitées, en disant: « O rois et princes, notre très-excellent Boudha, avant d'obtenir cette dignité, pendant qu'il était même un animal, un homme et un Nat, pratiquait la vertu de patience, il la recommanda toujours dans toutes ses prédications subséquentes. Comment pourriez-vous avoir recours à la force ou-

---

quarante-huit ans auparavant par le roi Eetzana, avec le concours d'un célèbre ermite. Un motif religieux seul conduisit le roi à déférer aux sollicitations de Kathaba à ce sujet, et à poser comme point de départ de la supputation des années le grand événement de la mort du fondateur de la religion.

Les deux noms de Pimpathara et de son fils Adzatathat, sont indissolublement reliés à l'origine du Boudhisme et à sa propagation dans le pays de Magatha. Gaudama était grandement redevable au premier des succès extraordinaires qui couronnèrent ses prédications et de la conversion de personnages remarquables. Dans un pays comme l'Inde, l'exemple du roi doit avoir exercé une influence extraordinaire sur les courtisans et les personnes riches et puissantes. — Le second rendit des services non moins importants à la cause de la religion, en soutenant ouvertement le grand Kathaba, le patriarche du Boudhisme, et en appuyant les décisions du premier concile qui assuraient l'unité parmi les membres de l'assemblée, au moment même où des esprits mal intentionnés cherchaient à semer les ferments de discorde parmi les religieux, et à renverser l'œuvre que le zèle et le génie de Boudha venaient d'établir. Sous le règne de ces deux souverains, la religion prit un ascendant considérable dans Magatha, et s'assura une prépondérance qu'elle conserva avec des fortunes diverses, pendant plusieurs siècles.

verte, aux instruments de guerre à cause de ses reliques? Vous êtes rois de huit contrées: faites un arrangement pacifique à ce sujet; parlez-vous les uns aux autres un langage de paix et de bon vouloir; je diviserai les reliques en huit parties égales. Vous êtes tous également dignes d'y avoir une part.»

Les rois, en entendant les paroles de Dauna, vinrent à la place où il se tenait, et le prièrent de faire huit parts égales des reliques. Dauna consentit à leur requête. Ils vinrent à l'endroit des reliques. Le coffre d'or qui les contenait fut ouvert, et alors parurent à tous les regards et belles comme l'or, toutes les reliques. Les princes, les voyant, dirent: « Nous avons vu le très-excellent Boudha doué des six gloires et de tous les attributs corporels de la personne la plus accomplie; qui pourrait croire que ce soit là tout ce qui reste de lui ? » Tous pleurèrent et se lamentèrent. Pendant qu'ils étaient accablés de chagrin, Dauna détourna une des dents canines et la cacha dans les plis de son turban. Toutes les reliques furent en bonne forme partagées entre tous les rois. Un thagia qui avait vu l'action de Dauna, prit adroitement la dent, sans être aperçu, la porta aux siéges des Nats, et la plaça dans le Dzedi Dzouiamani. Quand la distribution fut terminée, Dauna fut surpris de ne pas trouver la dent qu'il avait dérobée. Cependant il n'osa pas se plaindre, car sa pieuse fraude eût été découverte. Pour se consoler de cette perte, il demanda la possession du vase d'or où les reliques avaient été gardées. Sa demande fut favorablement accueillie et le vase d'or lui fut donné.

Les princes Mauryas, qui régnaient sur la contrée de Pipilawana, apprenant ce qui avait été fait par le roi Adzatathat et les autres rois, vinrent aussi avec une importante escorte à la cité de Koutheinaron. Les princes Mallas les informèrent que les reliques avaient été déjà partagées, et qu'il ne restait plus que les charbons du bûcher funéraire. Ils les emportèrent, bâtirent au-dessus une grande pagode et leur rendirent un culte. Les lieux où les reliques furent déposées sont Radzagio, Koutheinaron, Wethalie, Kapilawot, Allakapata, Rania, Gawa et Witadipaka.

Le roi Adzatathat ordonna qu'une route belle et bien nivelée, large de huit outhabas, fût faite de la cité de Koutheinaron à celle de Radzagio. La distance est de 25 youdzanas. Il voulut aussi la décorer dans toute sa longueur de la même manière que les princes Mallas avaient fait pour la route conduisant du lieu où le corps avait été brûlé à celui où les reliques avaient été déposées. A des intervalles déterminés, des maisons furent construites où l'on pouvait se reposer et passer la nuit. Le roi, escorté d'une foule immense de peuple, vint prendre les reliques et les porter dans son pays. Pendant le voyage, le chant, les danses et le jeu des instruments de musique étaient continuels. Des offrandes de fleurs et de parfums étaient faites sans discontinuer par le peuple. A certains intervalles, ils s'arrêtaient pendant sept jours, pour rendre de nouveaux honneurs aux reliques, au milieu des plus grandes réjouissances. De cette manière, sept mois et sept jours furent employés à parcourir la distance entre les deux pays. A Radzagio, les reliques furent déposées en un lieu disposé à cet effet, et un Dzedi y fut érigé. Les sept autres rois bâtirent aussi des Dzedis au-dessus des reliques qu'ils avaient obtenues. Dauna, également, en érigea un sur le vase d'or, et les princes Mauryas, à leur tour élevèrent un édifice religieux au-dessus des charbons. Il y eut ainsi à cette époque dix Dzedis situés respectivement à Radzagio, Koutheinaron, Wethalie, Kapilawot, Allakapata, Witadipaka, Rama, Pawa, le village de Dauna et Papilawana.

Le partage des reliques eut lieu le 5 de la lune décroissante de Nayon (juin). Il y eut huit Tsarouts de reliques, c'est-à-dire la contenance d'un panier. Chaque prince eut un Tsarout ou deux Pyis. La dent canine supérieure fut portée aux siéges des Nats. La dent inférieure de droite fut portée au pays de Gandala : la supérieure de gauche à Kalingga, et celle inférieure de gauche au siége Naga. Les autres dents et les cheveux et la barbe furent distribués aux Nats, dans un grand nombre d'autres mondes.

Lorsque les cérémonies funèbres furent terminées, et la distribution des reliques faite d'une façon satisfaisante entre toutes les parties, Kathaba qui était le chef reconnu de l'assemblée, conseilla au roi Adzatathat d'en finir avec l'ère Eetzana, et d'en établir une nouvelle, qui s'appellerait l'ère de la religion, commençant avec l'année de Neibban de Boudha, c'est-à-dire l'an 148 de l'ère Eetzana. Le roi consentit avec joie à la pieuse requête du patriarche Boudhiste, et fut ravi d'avoir cette occasion nouvelle de manifester sa grande estime pour la personne de Boudha.

Plusieurs années après, le grand Kathaba éprouva quelques

craintes sur la sûreté des reliques distribuées en huit endroits différents : Koutheinaron, Radzagio, Kappila, Allakabat, Watadipaka, Rama, Pawa et Wethalie (1). Il désirait les réunir toutes ensemble en un lieu de parfaite sécurité où on pût les garder jusqu'à ce que des circonstances meilleures permissent de les exposer au respect et à la vénération de tous les vrais croyants dans toute l'île de Dzampoudipa. Dans ce but, pendant l'année de religion 20, il alla trouver le roi Adzatathat et lui dit que des précautions devraient être prises pour assurer la conservation des reliques. Le roi lui demanda de quelle manière on pourrait obtenir les reliques, de ceux qui les possédaient alors. Kathaba répondit qu'il saurait bien arranger cette délicate affaire. Il alla chez les sept rois, qui lui donnèrent toutes les principales reliques, gardant seulement pour eux ce qui était jugé strictement suffisant pour entretenir le culte et les bonnes dispositions envers la personne de Boudha. Une exception fut faite en faveur des reliques déposées

(1) Nous n'avons aucune information directe sur l'histoire du Boudhisme, pendant les vingt années qui s'écoulèrent après la mort de Gaudama. Mais, dans plusieurs passages, des allusions sont faites qui indiquent clairement que la nouvelle religion eut à surmonter bien des difficultés avant qu'elle pût s'enraciner dans les pays au nord du Gange. Bien qu'ils eussent été le siège des prédications de Boudha, bien que le peuple eût été en rapports intimes avec tous ses actes, il semble que les Pounhas réussirent à entraver, sur une grande échelle, le résultat de ses travaux. A Koutheinaron, au lieu même illustré par sa mort, nous avons vu un individu se réjouir de la mort de Boudha parce qu'il serait alors en liberté d'agir à sa guise. Ce n'était pas le seul exemple d'insubordination ouverte, puisque Kathaba jugea nécessaire, pour arrêter le mal dans sa racine, d'assembler un concile trois mois après la mort de Gaudama. Cette mesure ne paraît pas avoir produit tous les bons effets qu'on en attendait. Le patriarche de l'Église Boudhiste nous est représenté comme tremblant pour la sûreté des reliques ; quelle pouvait être la cause de cette crainte ? Sans doute il y avait un parti très-fort au-dedans ou au-dehors de l'assemblée, qui était opposé au culte adressé aux reliques de Boudha, et qui visait à leur destruction radicale. Dans la relation de Hwen-Thsang, l'auteur a trouvé un passage dans lequel mention est faite d'une époque où la pure doctrine seule était soutenue, et d'une période subséquente où le culte des reliques dominait. Il n'est pas improbable que ce passage soit une allusion au temps où les reliques, par les soins de Kathaba, furent enterrées secrètement dans le voisinage de Radzagio, et restèrent cachées pendant deux cents ans. La conduite de Kathaba, pour assurer la sécurité des reliques révèle un fait important : savoir qu'il existait dès les premiers temps du Boudhisme, chez une fraction de la communauté, une grande antipathie contre la conservation et la vénération des restes de Boudha. Elle occasionna chez les disciples une scission qui ne cessa jamais, ainsi que la suite le fera voir.

dans le village de Rama, parce qu'elles devaient, dans des temps à venir, être envoyées à Ceylan et placées dans le grand Wihara ou pagode. Toutes les reliques ayant été apportées à Radzagio, Kathaba prit avec lui ces pieux objets et sortit de la cité. Il dirigea ses pas dans la direction du sud-est, chargé du précieux fardeau qu'il portait tout le long du chemin. Étant arrivé à un certain endroit, il fit la prière suivante : « Puissent toutes les roches et les pierres de cet endroit disparaître, et laisser à leur place un beau sable fin; puisse l'eau ne jamais jaillir d'ici. » Adzatathat ordonna de creuser le sol à une grande profondeur; avec la terre, on fit des briques, et huit Dzedis furent édifiés. Ceci fut fait expressément pour empêcher le peuple de soupçonner l'objet réel que Kathaba et le roi avaient en vue. Le trou avait 80 coudées de profondeur. Le fond en fut garni de barres de fer et on y construisit une chapelle de monastère faite de cuivre, semblable en forme et en proportions au grand wihara de Ceylan. Six boîtes d'or contenant les précieuses reliques furent placées dans cette chapelle. Chaque boîte était contenue dans une autre d'argent, celle-ci dans une autre ornée de pierres précieuses et ainsi de suite jusqu'à ce qu'il y en eût huit l'une dans l'autre. On y arrangea aussi cinq cent cinquante statues représentant Boudha en cinq cent cinquante de ses existences précédentes, décrites dans les écritures sacrées et les statues des quatre-vingts grands disciples avec celles de Thoudaudana et de Maia. On y mit aussi cinq cents lampes d'or et cinq cents lampes d'argent où brûlait l'huile la plus parfumée avec des mèches faites des plus riches étoffes. Le grand Kathaba prenant une feuille d'or y écrivit les mots suivants. « Dans les temps à venir, un jeune homme Piadatha, montera sur le trône et deviendra un monarque grand et renommé, sous le nom d'Athoka. Par lui les reliques seront répandues dans toute l'île de Dzampoudipa. » Le roi Adzatathat fit de nouvelles offrandes de fleurs et parfums. Toutes les portes du monastère furent fermées et assurées par des barres de fer. Près de la dernière porte, il plaça un large rubis sur lequel étaient écrits les mots suivants : « Que le pauvre roi qui trouvera ce rubis, l'offre aux reliques. » Un thagia ordonna à un Nat de veiller sur le précieux dépôt. Le Nat disposa autour des figures de l'aspect le plus hideux et le plus terrible, armées de sabres. Le tout fut entouré de six murs de pierres et de briques;

une large dalle de pierre couvrit la partie supérieure, et au-dessus il bâtit un petit Dzedi.

Cinq ans après, c'est-à-dire dans la vingt-cinquième année de l'ère religieuse (1), le roi Adzatathat mourut; et aussi tous ceux qui avaient été présents en cette circonstance disparurent l'un après l'autre de la scène du monde. Un petit Dzedi indiquait la place où les reliques sacrées avaient été religieusement déposées. Mais, par la suite des temps, la place n'étant plus fréquentée par le peuple fut envahie par des broussailles qui dérobèrent à la vue même le monument. Les reliques restèrent ainsi enterrées au sein de la terre,

---

(1) Dans la note précédente sur le Neibban, l'auteur ayant oublié de mentionner l'application que les Birmans font de ce mot à trois objets distincts, répare son omission dans l'espoir que ce qui suit permettra au lecteur de se rapprocher davantage du sens boudhiste du mot Neibban.

Il y a, disent les docteurs boudhistes, trois espèces de Neibban, relatifs à la personne de Gaudama. Le Neibban de *Kiletha* ou des passions; le Neibban de *Khandas* ou des supports de l'existence d'un être vivant, et le Neibban de *Datou* ou des reliques.

Le premier eut lieu au pied du Guiaong ou arbre Bodi, quand Gaudama devint Boudha. Alors, pour employer le langage des Boudhistes, les mille cinq cents passions, c'est-à-dire toutes les passions, furent apaisées, éteintes et finies pour jamais.

La deuxième espèce de Neibban, arriva près de la ville de Koutheinaron, quand les cinq Khandas ou parties constitutives de l'être de Gaudama furent calmées, c'est-à-dire cessèrent d'agir et furent entièrement détruites.

La troisième espèce aura lieu à la fin de la période de cinq mille ans, à partir de la mort de Gaudama. C'est la période qu'il assigne à la durée de sa religion. Alors toutes les reliques de Boudha encore existantes se réuniront miraculeusement là où était l'arbre Bodi. Après avoir été le centre de déploiement de plusieurs prodiges, elles seront consumées par un feu qui en sortira. Elles disparaîtront et s'évanouiront pour toujours, comme la flamme qui les aura consumées.

L'idée que nous suggère l'application du mot Neibban à ces trois objets, est celle de cessation d'action, cessation d'existence, cessation d'être. Il est en effet impossible de ne pas voir dans la signification de ce mot l'horrible idée d'absolue annihilation. L'auteur avoue franchement que pendant plusieurs années il n'a pas voulu adopter une conclusion, que pourtant le sens du mot lui insinuait clairement Il espérait qu'une étude plus approfondie du système boudhiste le conduirait à une conclusion plus conforme à la raison; mais il a été complètement déçu dans son espoir. Par quel procédé d'argumentation le fondateur du Boudhisme est-il arrivé à une fin si désespérante? Comment a-t-il été conduit à cet horrible abîme? Comment a-t-il pu étouffer la voix de la conscience, et mettre de côté les plus claires notions de l'esprit humain? Gaudama prenait son point de départ d'un principe vrai, savoir: qu'il y a des misères dans ce monde attachées à la condition de tous les êtres qui se meuvent dans le cycle des existences. Mais, ignorant de la cause réelle qui a introduit le malheur dans ce monde, il ne pouvait jamais

jusqu'à ce que, après une longue période de temps, vint à paraitre enfin un puissant monarque plein de zèle pour la religion. Il était digne de rendre un juste tribut d'hommage aux reliques, et de les répandre dans toute l'étendue de l'île de Dzampoudipa. Ce grand événement sera raconté dans un chapitre suivant.

découvrir la voie par laquelle l'homme peut le faire servir à un résultat utile et profitable. Il déclarait que tous les efforts d'un homme sage devaient converger en un point, celui de se libérer de tous les états d'existence. Les quatre meggas ou voies vers la perfection conduisent à ce grand résultat. Par la science, alliée à la pratique des vertus, l'homme sage s'affranchit de toutes les passions, qui sont les causes réelles qui font mouvoir un être dans le cercle des existences. Quand elles sont, non pas subjuguées mais exterminées, il n'y a plus de cause qui pousse l'homme à une autre existence. La fin d'un être est arrivée. Quand nous parlons de la fin d'un être, nous entendons sa complète et entière destruction, ou en d'autres termes son Neibban. Rien ne reste de lui. Les principes matérialistes du Boudhisme primitif, nous défendent de songer à une âme ou à une substance spirituelle survivant à la portion terrestre de l'être d'un homme. Quand Gaudama développe ses préceptes et maximes pour guider l'homme à l'acquisition de la science et la destruction de ses passions, il excite l'admiration et l'étonnement du lecteur, à la vue de la profonde connaissance de la nature humaine qu'il déploie. Mais ce sentiment fait bientôt place à la pitié, au chagrin et à l'horreur, quand il voit qu'il a été amené sur le bord du Neibban.

CHAPITRE XV

APRÈS LA MORT DE BOUDHA, ZÈLE DE KATHABA A SOUTENIR LA VRAIE DOCTRINE. — IL CHOISIT 500 ANCIENS POUR ÊTRE MEMBRES D'UN CONCILE. — RADZAGIO EST DÉSIGNÉ COMME LIEU DE RÉUNION DU CONCILE. — IL S'Y REND AVEC UNE PARTIE DES MEMBRES NOMMÉS. — CONDUITE DE L'AIMABLE ANANDA, AVANT SON DÉPART POUR RADZAGIO. — LE ROI ADZATATHAT SOUTIENT LES VUES DE KATHABA. — LA SALLE POUR LA TENUE DU CONCILE EST PRÉPARÉE PAR SES ORDRES. — ANANDA EST DÉSIGNÉ D'UNE MANIÈRE MIRACULEUSE POUR SIÉGER COMME MEMBRE DU CONCILE. — TENUE DU CONCILE SOUS LA PRÉSIDENCE DE KATHABA. — ÉTABLISSEMENT DE L'ÈRE RELIGIEUSE. — DESTRUCTION DE WETHALIE PAR ADZATATHAT. — LES SUCCESSEURS DE CE PRINCE. — AU TEMPS DU ROI KALATHAUKA, UN SECOND CONCILE EST TENU A PATALIPOUTRA, SOUS LA PRÉSIDENCE DE RATHA. — CAUSES QUI PROVOQUÈRENT LA TENUE D'UN SECOND CONCILE.

Ayant terminé le récit de tout ce qui se rapporte aux reliques, il nous faut revenir sur nos pas et donner un aperçu du développement et de la propagation du Boudhisme, en divers pays.

Après la crémation des restes mortels de Boudha, et la distribution des reliques accomplie pacifiquement par le Pounha Dauna, Kathaba, en raison de la haute estime que Boudha avait toujours eue pour lui, estime qu'il avait manifestée d'une manière éclatante quand il lui avait fait endosser son propre vêtement, se considérait comme ayant été par le fait, spécialement désigné pour trouver des moyens suffisants de placer la loi sur une base inébranlable. De même qu'un monarque, avant sa mort, désigne son fils pour lui succéder, pour exercer le pouvoir suprême et le conserver dans sa famille, ainsi Boudha avait nommé l'aîné de ses fils spirituels pour prendre sa place. Étant, par suite, le chef reconnu de l'assemblée, il n'avait qu'un objet en vue, le maintien des doctrines et instructions de son grand maître, dans leur pureté primitive, et l'établissement de la religion sur une base solide. Pendant son voyage de la ville de Pawa à celle de Koutheinaron, pour assister aux funérailles de Boudha, il avait rencontré un Rahan qui lui

avait donné des détails sur les derniers moments et la mort de
Gaudama, et en même temps, avait osé exprimer dans les termes
suivants sa satisfaction en ces tristes circonstances : « Maintenant
que notre maître est allé au Neibban, il ne sera plus au milieu de
nous, pour nous dire : vous devez faire ceci, vous devez vous
abstenir de cela, il faut observer telle règle; il faut accomplir tel
devoir. Nous n'entendrons plus les reproches qu'il avait coutume
de nous adresser. A présent nous sommes libres de faire ce qui nous
plaît, et de suivre nos propres inclinations. » Un langage aussi
inconvenant, que dis-je, aussi impie, blessa profondément l'âme
ardente du vénérable Kathaba. Depuis ce moment, il était chaque
jour occupé à rouler en son esprit et à chercher en lui-même
quelle serait la meilleure marche à suivre, afin de conserver
intactes les doctrines qu'il avait entendues de la propre bouche
de Boudha, et d'établir sur une solide base les institutions religieuses auxquelles il attachait tant de prix. Aussitôt, se dit-il, que
les funérailles du très-excellent Phra seront terminées avec la
solennité qu'elles comportent, je réunirai les membres les plus
zélés et les plus savants de l'assemblée, et, par l'union de leurs
efforts et de leur énergie, je m'opposerai à la diffusion de fausses
doctrines qui obscurcissent la vraie foi. Je réduirai à néant les
règles disciplinaires erronées nouvellement inventées, en mettant
en lumière les véritables. Afin d'empêcher à l'avenir le retour de
calamités de ce genre si nuisibles à la religion, toutes les prédications de Boudha, aussi bien que les règles disciplinaires, seront
arrangées sous différents titres, et fixées par l'écriture. Les livres
les contenant seront considérés comme sacrés (1).

(1) Kathabat parle du Pitagat ou collection des écritures comme d'une compilation
qui allait être reproduite par écrit, pour assurer mieux sa fixité et sa permanence,
et empêcher, autant qu'il dépendait de la sagesse humaine, l'introduction de
doctrines nouvelles et hétérodoxes. J'incline à croire que cette expression a été
gratuitement mise dans la bouche de Kathaba et qu'il ne l'a jamais prononcée. Il
est probable que, durant les premiers temps du Boudhisme, les doctrines n'étaient
pas écrites, mais se transmettaient oralement. A l'appui de cette assertion qui
peut sembler incroyable, nous avons le témoignage des auteurs de la collection
Cingalaise, qui établissent distinctement que pendant plus de deux cents ans après
l'introduction de la religion à Ceylan, la tradition était l'unique moyen de trans-
mission du contenu du Pitagat. De plus il n'est nullement certain que les habitants
de la vallée de l'Irrawaddy, aient possédé une copie des écritures sacrées, avant
le voyage de Boudagosha, de Thaton à Ceylan, au commencement du v° siècle de
notre ère. Il venait dans cette île dans le but spécial de faire une copie du Pitagat,

Conformément au plan qu'il avait arrêté, vingt jours après la mort de Boudha, le grand Kathaba profitant de la circonstance qui avait réuni un si grand nombre de Rahans, venus de toutes parts, dans la ville de Koutheinaron, communiqua ses vues à tous les Rahans réunis en cette ville. Ayant reçu de tous ses frères un encouragement suffisant, Kathaba choisit entre eux tous quatre cent quatre-vingt-dix-neuf des plus instruits. Ils étaient Rahandas, c'est-à-dire ils étaient tous arrivés au dernier degré de perfection, à l'exception d'Ananda qui n'était que Thautapan, et par conséquent n'avait fait qu'entrer dans le courant qui devait le mener à la perfection.

On peut demander pourquoi Ananda fut choisi comme membre du futur concile, puisque au point de vue de son rang spirituel, il était très-inférieur à tous ceux de ses frères sur lesquels le choix de Kathaba était tombé. Que l'on ne croie pas qu'il dût cette distinction à son extraction royale ou à sa qualité de parent de Boudha dont il était cousin germain, ou à l'amitié de Kathaba, ou encore à l'apparence vénérable que ses cheveux gris imprimaient à sa personne. Ses frères étaient remplis d'amour et d'estime pour lui. Ils avaient la plus grande considération pour tout ce qu'il disait, parce que ayant assisté Boudha pendant vingt-cinq ans, ayant vécu dans la plus grande intimité avec lui, et l'ayant suivi comme l'ombre suit le corps, il était parfaitement au courant des doctrines de Gaudama, qu'il avait entendu développer en tant d'occasions et à tant de gens différents. Tous les religieux furent unanimes à déclarer qu'il était digne d'être associé à ceux qui devaient composer le synode. Kathaba fut ravi de cette opinion qui cadrait si bien avec la sienne.

Kathaba examina ensuite quel était le meilleur endroit pour la tenue du concile. Ayant successivement passé en revue les différentes villes situées dans le voisinage de Koutheinaron, aucune ne

et de la rapporter à ses compatriotes. Quoi qu'il en soit, la question sur ce point est loin d'être vidée, et mérite bien l'attention des savants. Une solution satisfaisante pourrait jeter une lumière bien désirée sur l'histoire du Boudhisme primitif. Quand nous considérons que Mahcinda, le fils du puissant et pieux Athoka, était le chef de la mission qui, après la conclusion du troisième concile, vint prêcher la religion à Ceylan, il est impossible de ne pas supposer qu'il aurait apporté avec lui une copie de la collection des écritures sacrées, si cette collection avait existé en manuscrits, à l'époque où il quittait Patalipoutra pour sa pieuse mission.

le satisfait. Radzagio lui parut être à tous égards la meilleure place qu'il pût choisir. La cité et ses faubourgs étaient très-populeux; le peuple y vivait dans l'aisance; on y pouvait recueillir d'abondantes aumônes, même pour une nombreuse congrégation et pour quelque durée que ce fût; les monastères autour de la cité étaient à la fois nombreux et vastes. Tous ces avantages combinés conduisirent Kathaba à donner la préférence à cette cité. Ses frères, à l'unanimité, furent du même avis.

Quand ces préliminaires eurent été fixés, Kathaba, le 5 de la lune décroissante de Nayon, parla ainsi aux membres du futur concile : « Frères, vous avez devant vous quarante jours pour vous préparer, et vous tenir prêts à commencer l'importante et grande affaire pour laquelle nous devons nous rassembler à Radzagio. Qu'aucun de vous ne songe à différer de se rendre au lieu désigné, sous prétexte de maladie ou par considération pour des parents, des amis, des alliés ou même pour son précepteur. Chacun de nous doit être prêt à tout abandonner pour le grand objet que nous avons en vue: l'exaltation de la religion. »

Ayant ainsi parlé, il prit avec lui deux cent cinquante religieux et se mit en route dans la direction de Radzagio. Quelque temps après, Anouroudda suivi d'un nombre égal de frères se rendit au même lieu par une autre route. Le vénérable Pounha resta dans Koutheinaron avec sept cents frères. Les autres religieux, non désignés par Kathaba, se retirèrent en diverses localités.

Pendant que ces choses se passaient, le doux et tendre Ananda profitait d'une partie des quarante jours accordés par Kathaba pour aller à Radzagio, donner un libre cours aux sentiments d'amour qu'il entretenait pour la personne de Boudha. Il employa une partie de ce temps à revoir les divers lieux qui avaient été les résidences favorites de son défunt maître bien-aimé, le monastère de Dzetawon en particulier. Plein de tendresse pour la mémoire de Boudha, on le voyait entrer dans les monastères où il avait coutume de le servir journellement, avec le plus affectueux respect, les yeux baignés de larmes, et accomplissant par respect pour lui les mêmes humbles et pieux devoirs. Il balayait la chambre, faisait le lit, et portait l'eau, comme si Boudha eût été présent. D'une voix contenue et souvent interrompue par les sanglots, on l'entendait répéter avec l'accent de l'affliction la plus profonde, tempérée par l'amour : « C'est ici le lieu où le très-excellent Phra s'asseyait; voici le lit où il dormait; voici la verandah où il se promenait; voici la place où il se baignait; et, dans chaque endroit, il s'arrêtait un moment et versait d'abondantes larmes. A cette vue, le peuple sentait se décupler son amour pour la personne de Boudha. Ils accompagnaient le fidèle disciple, se joignaient à lui dans ses pieux offices, et versaient avec lui des larmes amères en se remémorant la personne du grand prêcheur, ses manières, ses prédications, comme ils avaient fait en apprenant sa mort. Ayant rempli tous ces pieux devoirs, Ananda se hâta vers la cité de Radzagio.

Quand tous les religieux furent réunis, les occupants des dix-huit monastères qui étaient répandus dans le voisinage de Radzagio eurent à les quitter pour faire place aux nouveaux arrivants. Tous les cinq cents religieux passèrent le jour de fête de la pleine lune de Watso, avec les occupants de ces monastères. Après l'accomplissement des dévotions habituelles ils furent laissés en possession exclusive des monastères ci-dessus indiqués; mais les bâtiments furent trouvés en si mauvais état qu'ils exigeaient d'immédiates et importantes réparations. En outre, ils étaient dans un état de malpropreté insupportable, et l'on jugea nécessaire de les faire frotter et laver à fond. La cause de cet état d'abandon, la voici: lorsque les hôtes de ces monastères apprirent la mort prochaine de leur grand maître, ils se hâtèrent de se rendre à Koutheinaron, et personne ne fut préposé à la garde des habitations pour les entretenir en bon ordre. Pour remédier au mal, Kathaba, accompagné d'une fraction importante des plus remarquables de ses frères, vint, le second jour après la pleine lune de Watso, au palais du roi Adzatathat qui le reçut avec toute sorte de marques de respect et s'enquit immédiatement de l'objet de sa visite. Kathaba expliqua au monarque le but de sa venue à Radzagio avec cinq cents religieux des plus distingués. « Je désire, dit-il, confondre l'erreur et proclamer la vérité. Mon plus grand désir est de faire avancer la cause sacrée de notre sainte religion; dans ce but, avec le concours de tous mes frères, j'ai résolu de tenir un synode composé des principaux membres de l'assemblée. Nous vous demandons, ô roi, la faveur d'avoir les dix-huit monastères de Radzagio réparés, pour nous servir d'habitation, et aussi de donner des ordres pour l'érection d'une vaste salle qui nous servira de lieu de réunion pour discuter, de divers sujets relatifs à la religion. »

Adzatathat consentit avec joie à la proposition et aux demandes du patriarche Boudhiste. Il donna pleine liberté, pour la tenue du Concile, en disant : « Ma puissance et celle de la Loi sont maintenant à votre disposition. » Il donna ordre immédiatement de mettre en bon état les habitations des Rahans. Au flanc sud du mont Webhara, il y avait une grotte qui avait été un séjour favori de Boudha, pendant les saisons qu'il passait à Radzagio, dans le monastère de Welouvon ou du bois de Bambous. Ce lieu fut désigné comme le plus convenable pour la réunion de l'assemblée. Adzatathat fit venir en sa présence les ouvriers les plus habiles, et leur commanda d'employer toute leur habileté et tous leurs talents à l'érection d'une salle digne des membres de l'Assemblée qui devait se réunir dans son enceinte. Le terrain fut d'abord entouré d'une palissade. Une superbe série de gradins, construits avec le plus grand soin conduisait, du pied de la montagne, à l'emplacement où fut édifié la majestueuse salle décorée, avec une grande profusion d'ornements, et surpassant en beauté, pour le fini du travail, les résidences royales. Cinq cents tapis, pour l'usage des Religieux, furent placés à la partie méridionale de la salle. Le siége du Président, placé au Nord, leur faisait face. Au centre, mais regardant vers l'Est, un siége en forme de chaise ; on plaça au-dessus un bel éventail d'ivoire. Quand le travail fut achevé, Adzatathat informa Kathaba que tout était terminé, et que la salle était prête pour la réunion projetée.

C'était à la pleine lune de Wakhaong (août) que la première conférence devait avoir lieu et que le concile devait s'ouvrir. Le jour précédent, quelques Rahans firent des observations sur ce que Ananda était admis à faire partie du concile, bien qu'il ne fût encore que Thautapan, et eût encore à monter les trois autres degrés de Thagadagan, Anadan et Rahanda, avant de devenir Arahat. Ces remarques faites avec très-peu de modération, affectèrent péniblement et blessèrent le tendre cœur d'Ananda. Il n'y avait pas de temps à perdre ; il savait que le concile serait ouvert le jour suivant, et il pouvait à peine espérer d'être toléré comme une exception parmi ses frères. Il se retira en un lieu tranquille et isolé, résolu à faire tout son possible pour acquérir ce dont il comprenait avoir besoin. Il commença par méditer avec attention, mais l'objet de ses désirs restait encore loin de lui. Il pensait à Boudha. Pendant qu'il prolongeait son travail mental jusqu'à minuit, il entendit une voix qui lui disait de s'occuper à un travail d'un ordre plus élevé, au Kamatan. Ce fut un trait de lumière qui illumina son esprit : l'exercice dura jusque peu avant le lever du jour. A ce moment, Ananda quitta le lieu où il se promenait et vint à sa chambre pour y prendre un peu de repos. Il s'assit sur son lit. Dans le court intervalle qui s'écoula entre le moment où il éleva ses pieds et celui où il mît sa tête sur l'oreiller, Ananda fut débarrassé des entraves qui retiennent un être dans le tourbillon des existences, et il devint un Rahanda.

Le 5 de la lune décroissante de Wakhaong (août), les 499 vénérable membres, revêtus de leur manteau et portant le pot de mendiant, s'assemblèrent dans la salle, à l'entrée de la grotte de Webhara. Chaque membre était à sa place, celle d'Ananda, seule, était inoccupée. Tout à coup, par la vertu dès lors inhérente à sa personne, Ananda apparut au milieu de ses frères. L'éclat de son visage rappelait le fruit mûr du palmier. Il était beau comme la pleine lune émergeant du sein des nuages; comme une pierre précieuse nouvellement polie sur une fine étoffe; comme le nénuphar s'épanouissant aux rayons du soleil levant. Il réfléchissait la perfection intérieure qui venait de lui être communiquée, et la manifestait, en signes évidents, aux religieux assemblés.

Tous les arrangements terminés, et les membres occupant silencieusement leurs siéges respectifs, Kathaba, à trois reprises, loua Boudha. Il demanda ensuite aux Pères du concile laquelle des trois parties : instruction, discipline ou métaphysique, devait avoir la priorité dans les discussions qui allaient commencer. Ils répondirent que la discipline étant l'âme et l'ornement de la religion, elle méritait la préférence. Il leur demanda de désigner celui qu'ils jugeraient le plus digne d'occuper la chaire. Ils furent unanimes à choisir Oupali, quoique Ananda méritât cette distinction. Voici quelle fut la raison de ce choix : en une certaine circonstance, Boudha avait ouvertement déclaré que, parmi tous les religieux ou les membres de l'Assemblée, Oupali était le plus fervent observateur des règles du Wini. Kathaba dit alors : « Frères, puisque votre choix est tombé sur Oupali, qu'il occupe la chaire. » Le vénérable Oupali dit à son tour : « Frères, écoutez mes paroles; ayant été choisi par l'Assemblée pour répondre à toutes les questions relatives au Wini, j'accepte l'honorable tâche qui m'est imposée. » Lorsqu'il eût parlé, il se leva de sa place, jeta une partie de son manteau sur une épaule, s'inclina devant les membres de l'Assemblée, vint à la chaire, s'y assit, et prit dans sa main l'éventail d'ivoire.

Kathaba, de son siége, s'adressa à Oupali et dit : « Vénérable Oupali, en quel endroit le très-excellent Phra a-t-il formulé le commandement relatif au premier des quatre péchés appelés Paradzika? » Oupali répondit : « Dans le pays de Wethalie. » « A qui s'adressait l'allusion quand ce commandement fût promulgué? » « Il était fait allusion à Thondein, fils de Tananda Pounha. » « Quelle fut la cause de cette promulgation? » « Le péché de fornication qu'il avait commis. » Le Président s'adressant aux Pères assemblés, dit : « Frères, vous avez tous entendu ce qui concerne les circonstances relatives au premier Paradzika ; que cet article soit noté et que sa reconnaissance soit proclamée à haute voix. » Ainsi fut fait. Tous les membres l'acceptèrent. A ce moment, un tremblement de terre eut lieu. La même méthode fut observée pour les trois autres Paradzikas; ils furent acceptés à l'unanimité par les membres de l'Assemblée. Oupali fut questionné successivement par le Président sur les autres articles du Wini, savoir : les 13 Thingaditheit, les 2 Donay-a-niga, les 30 Niseggi Padzeit, les 92 Padzeit, les 4 Walidathani, les 75 Theikkabot, qui sont nommés Adikarana-Thama. En tout, 277 règles. En outre, on y ajouta les 80 (Banawara) Khandaca, et les 25 Parawira. Ces diverses divisions forment la collection appelée Wini-Pitagat. Quand la sanction finale eût été donnée à tous ces points, un tremblement de terre considérable fut ressenti pour la seconde fois. Le vénérable Oupali déposa l'éventail d'ivoire, se leva, descendit de la chaire, salua avec respect tous les frères, et retourna à sa place.

Le Président, s'adressant à l'Assemblée, dit : « Frères, écoutez mes paroles : si tel est votre bon plaisir, nous discuterons à présent les Thouts ou les instructions qui nous ont été délivrées verbalement par notre très-excellent maître. Qui nommerons-nous pour répondre aux questions que je devrai lui adresser sur ce sujet ? » Unanimement, tous choisirent Ananda qui, ayant toujours, et en toutes circonstances, accompagné Boudha, était mieux que tous les autres religieux, au courant de ses prédications. Alors, le

Président ajouta : « Frères, s'il vous est agréable, je questionnerai, dans la forme voulue, le vénérable Ananda. » Ce dernier, de son côté, dit : « Frères, écoutez mes paroles; puisque vous l'avez bien voulu, je répondrai à toutes les questions, sur les Thouts, que notre vénérable président me posera. » Alors, il se leva de son siége, arrangea son manteau sur une de ses épaules, s'inclina respectueusement devant l'Assemblée, et, montant les degrés de la chaire, il s'y assit, et prit en sa main l'éventail d'ivoire.

Le Président, s'adressant à l'Assemblée, dit : « Frères, dans les Thouts, il y a plusieurs parties ou divisions. Il y a la division appelée Thingiti, qui compte aussi des subdivisions. Sur laquelle devrai-je fixer le commencement de notre travail ? » Ils répondirent : « Commençons par le Diga-Thingiti, qui contient 35 Thouts, et en outre de celui-ci, le Silakhanda, qui comprend 13 sermons ou Thouts. » Ce fut sur le premier, appelé Bhramadzala, que les questions furent posées. Le Président posa les questions suivantes au vénérable Ananda : « En quel lieu fut prêché le Bhramadzala Thout ? » Il répondit : « Dans la salle de Mingoun, située au milieu du bois des Mangotiers, à mi-chemin, entre Radzagio et le village de Nalanda. » « A qui faisait-il allusion ? » « A Thouppya, un sectateur de fausses doctrines, et à un jeune homme appelé Bramada. » « Pour quelle raison cette allusion fut-elle faite ? » « Parce que tous deux avaient été ingrats envers Boudha. » Des questions analogues furent posées pour chaque Thout de cette division, et des réponses conformes faites en semblable façon. La même manière de procéder fut observée pour chaque sermon ou Thout des divisions suivantes. Quand toutes les explications eurent été fournies par l'orateur, tous les frères assemblés, avec une parfaite unanimité, approuvèrent tout ce qui avait été dit.

Quand le travail sur les Thouts fut terminé, la collection tout entière fut appelée Pitaga-Thouts. Ananda se leva de sa chaire, plaça l'éventail d'ivoire sur la table, salua respectueusement l'assemblée et retourna à sa place.

Le Président, s'adressant de nouveau à l'Assemblée, la pria de désigner celui qui, dans son opinion, paraissait le plus propre à répondre à toutes les questions sur la troisième partie des écritures sacrées, l'Abidama. Ils choisirent à l'unanimité le vénérable Anouroudha. Quand le choix eut été déclaré et accepté, Anouroudha accepta l'honneur qui lui était conféré, se leva de son siége et salua ses frères. Puis, il monta gravement dans la chaire, s'assit et prit l'éventail d'ivoire dans sa main.

Le Président le questionna sur les sept divisions de l'Abidama, en observant le même ordre qu'auparavant, en traitant des deux premières parties appelées Pitagat. Anouroudha ayant répondu en bonne forme, et l'Assemblée, unanimement, ayant témoigné son approbation, le concile fut clos. Il avait duré sept mois, de la pleine lune de Wakhaong, à la pleine lune de Tabáong (1).

Le premier concile est appelé Pitzasatika Saugarana, parce qu'il était composé de cinq cents religieux. Il est aussi nommé Terika-Sangarana, parce qu'il était composé de religieux de premier ordre. L'âme de Kathaba, à l'heureuse issue de cette entreprise importante, débordait de la joie la plus pure. Il sentait qu'avec un tel ouvrage les institutions religieuses reposaient sur une base solide, et dureraient toute la période de cinq mille ans, assignée par Gaudama lui-même, comme durée de la religion.

Ce fut à la conclusion du concile que le roi Adzatathat, avec l'aide du patriarche Boudhiste, se débarrassa de l'ère Eetzana et

(1) La collection des écritures boudhistes est divisée en trois parties appelées les trois Pitagats ou les trois corbeilles, respectivement nommées Wini-Pitagat, Thouts-Pitagat et Abidama-Pitagat. Le manuscrit dont disposait l'auteur, quoique correct en somme, est certainement en défaut dans l'énumération des divisions et subdivisions des trois grandes collections. Il les mentionnera pourtant telles qu'elles sont énumérées par l'auteur Birman ; les quelques erreurs qui s'y peuvent trouver, peuvent être aisément corrigées par ceux qui sont en possession de la collection Cingalaise, car il n'y a pas à douter que l'ouvrage que nous examinons maintenant soit un abrégé d'une compilation plus volumineuse qu'on peut trouver à Ceylan.

Les divisions du Wini sont : Bikou-Patimouk, Bikouni-patimouk, Bikou-Witin (probablement Bikou-Win), Bikouni-Win, douze Kandaka et seize Pariwara.

Les Thouts sont considérés comme les instructions orales données par Gaudama lui-même, soit en particulier à ses disciples, soit aux multitudes assemblées, pendant les quarante-cinq ans de sa mission publique. Dans cette collection, les disciples ont appris les doctrines du maître, et trouvé tous les éléments nécessaires pour composer tous les traités qui, postérieurement, ont formé les collections appelées Wini-Pitagat et Abidama-Pitagat. Personne ne pourrait croire que l'auteur du Boudhisme ait pu s'occuper d'écrire des traités de métaphysique ou d'élaborer minutieusement les règlements sous lesquels le corps de ses disciples, appelé le Sanga, devait vivre et employer le temps. Dans ses instructions, Gaudama a émis certains principes qui, repris par ses disciples et leurs successeurs, ont été amplifiés, développés et amenés à former un traité. Par le fait, il

lui substitua l'ère religieuse, commençant à la 148ᵉ année de l'autre ère ; c'est-à-dire à l'année de la mort de Gaudama, un lundi, le premier de la lune décroissante de Tabaong.

Ici, est insérée la chaîne généalogique des noms des rois qui régnèrent à Patalipoutra, depuis Adzatathat jusqu'à Kalathoka sous le règne duquel fut tenu le second concile.

Conformément à la prédiction de Gaudama sur les calamités futures qui devaient fondre sur Wethalie, la troisième année de l'ère religieuse, Adzatathat ayant réussi avec l'aide d'un fameux Pounha, à semer la discorde parmi les princes de cette cité, s'en empara et la détruisit complétement. A son retour dans ses États, le conquérant ramena captifs trois cents des princes et des nobles du pays conquis. Son règne dura en tout trente-cinq ans. Il mourut la 25ᵉ année de l'ère religieuse. Il fut massacré par son propre fils, Oudaia-Badda, qui lui succéda et régna jusqu'à l'an 40. A son tour, il fut mis à mort par son fils Anourouda, qui, après un court règne, tomba, lui aussi, sous la main de son fils et successeur

---

jetait la semence qui, déposée dans l'esprit de disciples enthousiastes comme dans un sol fertile, s'accrut et se multiplia sous la forme des volumineuses collections ci-dessus nommées. Le Boudhisme primitif doit se trouver dans les Thouts de la première manière. Partout ailleurs, nous trouvons le Boudhisme tel qu'il a été développé par les docteurs et les commentateurs.

Il y a quatre collections des Thouts, nommées Nidia-Nike, Midzima-Nike, Thangoutta-Nike et Engouttara-Nike. Elles sont ainsi arrangées sous quinze titres appelés : Koudakapata, Dammapata, Oudana, Ithi, Wouthaka, Thouttanibat, Wi, Mama-Wouttou, Terakatta-Terikatta, Dzattakani, Pitisambika, Apadana, Boudha-Wattou, Abidamma.

L'Abidamma a sept divisions, savoir : Dammathingakani, Wittin, Datougatta, Pouggala-Pignia, Katawattou, Yamaik, Patan.

Le lecteur attentif ne peut se défendre de surprise en voyant comment les trois grandes divisions des écritures boudhistes sont mentionnées par les membres du premier concile, comme choses déjà existantes et arrangées avec la même méthode qu'elles ont été disposées durant les âges suivants. Il est certain que de telles divisions des doctrines de Gaudama n'existaient pas à cette époque. Devons-nous en conclure que le fait lui-même de la tenue du premier concile doit être rejeté comme une pure invention, parce que le mode de relater certains détails de cette assemblée est contestable ? Il semble qu'une pareille conclusion serait trop précipitée.

Pour établir le fait de la tenue du premier concile, nous avons le témoignage qui nous est fourni par tous les écrits boudhistes, trouvés dans les divers pays où cette religion a été établie. En outre, plusieurs monuments d'une grande antiquité font allusion à cette première assemblée. Nous pouvons difficilement élever un doute quant au fait lui-même. Mais comment nous expliquerons-nous qu'il y

Manta. Ce prince régna jusqu'à l'an 49. Il eut aussi la même fin tragique. Son fils Nagata-Saka le tua, et monta sur le trône. Il régna jusqu'à l'année 53. Le peuple de Pataliputra, justement indigné de tant de meurtres horribles qui venaient constamment souiller jusqu'aux marches du trône, se révolta contre cette race de princes sanguinaires, et mit fin à cette lignée de rois que l'on a justement nommés les rois parricides.

Parmi les trois cents princes et nobles qu'Adzatathat avait amenés de Wethalie, un d'eux avait une fille remarquable par les charmes de sa personne et les qualités de son esprit. Elle fut, par l'ordre du roi, élevée comme courtisane à Radzagio. Pendant qu'elle suivait ce genre de vie, elle mit au monde un enfant mâle, et, poussée par des sentiments qui révoltent la nature humaine, elle le fit jeter pendant la nuit dans des broussailles en-dehors de la cité. Un naga, gardien du lieu, veilla sur l'enfant et le protégea soigneusement. Le matin du jour suivant, le roi, venant à passer par là, entendit le cri thou-thou, plusieurs fois répété. C'était le naga qui faisait ce bruit pour attirer son attention. Le roi, ayant envoyé sur les lieux d'où venait ce bruit un de ses officiers, fut informé qu'un enfant nouveau-né, encore vivant, s'y trouvait sous

ait été fait mention de compilations qui, indubitablement, n'existaient pas à cette époque? La condensation de tous les détails qui se relient à la première assemblée, doit avoir été faite bien longtemps après la tenue de ladite assemblée, à une époque où les écritures boudhistes avaient déjà été arrangées sous trois titres différents. L'auteur, familier avec la division ou compilation en trois parties, appelées Pitagats, a arrangé son récit de manière à lui donner une sorte de concordance avec une forme qu'il devait supposer familière aux autres puisqu'elle l'était à lui-même. Il est probable que la plupart des points de discussion, tels que nous les trouvons dans le récit, ont été réellement présentés devant l'Assemblée, mais sous une forme plus simple et plus générale, et moins technique et moins positive. C'est ce que l'on peut dire dans l'état d'ignorance relative de l'histoire du Boudhisme, où nous sommes à présent, pour atténuer l'accusation de falsification intentionnelle du texte, qu'il faudrait porter contre l'auteur. D'autre part, si la prudence et la discrétion nous commandent de ne pas nous hâter de passer condamnation contre la compilation, nous devons aussi être très-réservés et très-prudents à admettre d'emblée et sans contrôle tout ce qui se trouve dans des écrits faits pour nous renseigner sur des faits d'une grande antiquité, mais aussi mêlés évidemment à une foule de détails d'une origine relativement moderne. Cette dernière remarque devrait toujours être présente à l'esprit de quiconque veut parcourir quelques parties des Pitagats. L'énorme quantité de fatras qui constitue la plus grande partie des écritures est la production des différentes écoles boudhistes qui florissaient huit ou dix siècles après le premier concile.

la garde d'un naga. Mû de compassion, le roi ordonna de porter l'enfant à son palais et le fit élever avec soin. A cause du son thou-thou qui avait été entendu et du naga qu'on avait trouvé sur les lieux, l'enfant fut nommé Thou-Thou Naga. Il grandit et devint un prince accompli. Le peuple, qui s'était débarrassé des rois parricides, le proclama roi à l'unanimité, en 63.

Ce monarque, n'oubliant pas l'origine de sa mère, fit rebâtir la cité de Wethalie et y fixa sa résidence. Depuis cette époque, Radzagio perdit son rang de cité royale, qu'elle n'a jamais recouvré depuis. Il mourut en 81, et eut pour successeur son fils Kalathoka, qui, ainsi que nous le verrons par la suite, eut un long règne de vingt-huit ans.

Nous avons à faire voir maintenant comment il y eut toujours une suite régulière et non interrompue d'éminents docteurs qui se sont successivement transmis l'un à l'autre la pure doctrine, depuis Boudha jusqu'au temps du troisième concile, c'est-à-dire pendant plus de deux cents ans. Le vénérable Oupali avait appris le Wini aux pieds de Boudha lui-même, et eut pour principal élève le vénérable Dantaka, qui à son tour devint l'instructeur du vénérable Thaunaka. Ce dernier fut le maître du vénérable Seiggiwa, qui éleva dans la connaissance de la vraie doctrine le vénérable et illustre Mauggali-Patta. Dantaka, par sa naissance, appartenait à la race pounha de Wethalie. Etant devenu Patzin, il arriva à un tel degré d'éminence dans la science religieuse, qu'Oupali le plaça à la tête de mille religieux, comme instructeur dans les trois Pitagats. Thaunaka était le fils d'un riche marchand; il se convertit au Boudhisme et entra en religion à Radzagio. Ses remarquables capacités intellectuelles poussèrent son supérieur à le charger d'initier les autres à la connaissance des doctrines sacrées. Seiggiwa était le fils d'un noble de Patalipoutra. Un certain jour, il vint avec plusieurs de ses compagnons dans le monastère de Thaunaka et le trouva en état d'extase. Le jeune visiteur fut étonné de ce qu'il vit. De l'admiration il passa au respect et à l'amour, et voulut devenir un de ses disciples. Il réussit tellement dans ses études, qu'il mérita de devenir le maître le plus distingué de tous, Mauggalipatta. Avant son existence actuelle, ce dernier était dans un des siéges de Brahmas; il s'incarna dans le sein d'une femme Pounha. Quand il fut né, il grandit en montrant une tendance décidée à devenir Boudhiste et à marcher sur les traces de Gaudama. Ce fut en 163 que le futur président du troisième concile devint un Patzin.

La vingtième année du règne de Kalathoka, en l'an 100, il y eut une espèce de schisme parmi les Rahans de Wethalie. Ceux du district Weitzi, peu soucieux des injonctions positives du Wini, se livraient à des pratiques complétement en désaccord avec ses prescriptions. Cela occasionna des remontrances sévères de la part des Rahans vivant dans le district occidental appelé Pawera. La dispute parmi les religieux se répandit bien vite au loin et causa quelque scandale ; l'incident qui va suivre révéla le péril.

Le vénérable Ratha vivait alors dans le monastère situé dans Mahawon, district de Wethalie. Se trouvant en voyage dans le district Weitzi, il apprit que, les jours de fête, les Rahans avaient coutume de placer près de l'entrée de leurs monastères certains vases à moitié pleins d'eau, et d'engager les passants à y jeter chacun une pièce de monnaie, disant que le produit serait employé à acheter des vêtements et d'autres objets à l'usage des Rahans. Ils considéraient aussi comme permis l'usage des spiritueux, et n'étaient pas extrêmement scrupuleux quant à l'observance du célibat. Ratha fut grandement scandalisé de tout ce qu'il voyait. Il déclara catégoriquement au peuple qu'il n'était pas bien de faire des offrandes d'argent, puisque la loi défendait aux religieux d'en posséder. Il fit des observations analogues au sujet des autres transgressions.

Le jour de fête suivant, aucun argent ne fut offert : les Rahans furent outrés d'une telle négligence. Ratha dit au peuple : « Laïques, de telles irrégularités ternissent la beauté et l'éclat des jours de cultes. Boudha, de son temps, défendait les offrandes d'argent, l'usage des liqueurs et plusieurs autres pratiques qui sont maintenant introduites en ce lieu. Par les innovateurs, je suis tenu pour l'insulteur des Rahans, et l'on m'accuse de manquer d'indulgence à votre égard. Pour moi, aussi bien que les Rahans de race royale, j'observe les prescriptions du Wini telles qu'elles ont été formulées et publiées par Boudha. » Le peuple lui répondit : « Vénérable Ratha, vous êtes un véritable Rahan et vous suivez le droit chemin. Nous vous en prions, restez avec nous et soyez notre instructeur ; nous vous fournirons en abondance toutes les nécessités de la vie. » Ratha, continuant sa route, était toujours suivi par le peuple qui, en témoignage de respect et d'affection, l'accompagna au monastère de Koutagara, au milieu de la forêt d'arbres Salas.

Les Rahans coupables, apprenant tout ce qui avait été dit, et craignant l'influence considérable du vénérable Ratha sur les populations, leur dirent : « Nous ne nous joindrons pas aux Rahans de race royale ; nous n'aurons aucun commerce avec eux ; nous chasserons Ratha de ce district. Dans ces dispositions, ils s'encourageaient réciproquement à faire l'opposition la plus énergique et à maintenir les pratiques qu'ils avaient nouvellement introduites.

De son côté, le vénérable Ratha, anxieux pour l'intégrité des pratiques primitives, et jaloux de l'exaltation de la religion, se hâta d'arriver à Kothambi, pour mettre en garde les religieux de ce district et des districts voisins contre les pratiques hétérodoxes des Rahans de Weitzi. A ceux qu'il ne put entretenir en personne, il envoya des lettres et des messagers pour leur dire : « Frères, avant que les artisans du mal réussissent dans leurs perfides efforts pour renverser la religion, et remplir de doute et d'incertitude les véritables règles du Wini ; avant qu'ils aient le temps d'établir de fausses doctrines, assemblons-nous, et que l'union de nos efforts donne aux bons et aux justes la force et la confiance, et confonde les pervers et les impies. »

A cette époque, vivait sur une montagne, dans la région du Gange supérieur, un célèbre religieux, nommé Sampakami. Il était âgé de cent vingt ans, et avait été disciple d'Ananda. C'est à lui que s'adressa le zélé Ratha pour faire fixer définitivement les questions de litige avec les Rahans Weitzi. Il lui expliqua minutieusement les dix points de discipline sur lesquels ils étaient en dissidence touchant le Wini. Sampakami fut entièrement d'accord avec lui et convint qu'il fallait tenir une assemblée générale dans laquelle les points litigieux seraient examinés et le schisme étouffé.

Quelques religieux, soixante environ, paraissaient avoir quelque inclination pour le parti schismatique. Ils résolurent d'aller à Thaurya où vivait le célèbre Rewati, dont la science extraordinaire égalait la vivacité et la promptitude de l'éclair. Le vénérable Rewati, apprenant leur dessein coupable, ne voulut, dans son horreur pour leur opinion, avoir aucune entrevue avec eux. Il quitta sa résidence et vint de Thaurya à la ville de Sankasa. Lorsqu'il apprit qu'ils le suivaient, et que déjà ils approchaient du lieu où il vivait, il s'en fut à Kainna-Goutra, puis à Oudampara, de là à Eggalamoura et à Tharaudzati.

A la même époque, il advint que Ratha, avec le vénérable Tsampouta, désira se rencontrer avec Rewati, pour le mettre sur ses gardes et le rallier à leur parti. Ils le rencontrèrent à Tharaudzati dans la soirée, et, pendant toute la nuit, le mirent au courant des actes des Rahans Weitzi, et le prièrent de déclarer ouvertement lequel des deux partis était dans le vrai. Rewati, sur-le-champ, se prononça en faveur des Rahans Pawera, et condamna le parti opposé sur chacun des dix points en litige, et les considéra comme novateurs et schismatiques.

Pendant ce temps, les Rahans schismatiques ne s'endormaient pas. Ils désiraient aussi attirer Rewati à leur parti. S'étant assurés qu'il vivait à Tharaudzati, ils vinrent dans un canot et remontèrent la rivière jusqu'à cet endroit. Ils portaient avec eux beaucoup de présents convenables pour des religieux. Ayant débarqué, ils s'établirent sous un gros arbre. Rewati connaissant leurs intentions perverses, ne voulut ni recevoir leurs présents, ni entrer en relations avec eux. Non découragés par ce premier échec, ils essayèrent de trouver accès auprès du maître au moyen du disciple. Ils offrirent à celui-ci quelques présents, que, dans sa simplicité, il accepta. Pendant ce temps, ils insistaient auprès de lui afin de le pousser à déterminer son maître à leur prêter une oreille favorable. Mais Rewati était sur ses gardes; il administra à son imprudent disciple une telle semonce qu'il le dégoûta de renouveler ses tentatives. Son nom était Outtara. Il s'en vint, ainsi que tous les Rahans, à Wethalie.

Pour refroidir la chaleur de la discussion et ménager une solution définitive de la question en litige, le monastère de Walikarama, dans Wethalie, fut choisi comme l'endroit le plus propre à la réunion d'une grande assemblée, où les deux partis pussent se trouver et essayer d'arriver à un mutuel accord. Sur un nombre immense de religieux, sept cents, les plus distingués par leur savoir, furent choisis par Ratha et Rewati pour être membres de l'assemblée. Mais afin de rendre la discussion plus claire et plus aisée, il fut convenu que chacun des dix points serait discuté d'abord par huit Rahans, dont quatre de chaque parti. Rewati,

Sampouta, Ratha et Thoumana représentaient le parti occidental ou orthodoxe ; Sampoutakami, Thala, Koudyabantaka et Wathakami soutenaient la thèse du parti opposé.

Il est évident que, dans cette dispute, la question ne roulait pas sur le Pitagat lui-même ; l'un et l'autre parti l'admettaient. La difficulté était sur certains points de discipline, au nombre de dix, qui devaient être fixés par l'autorité du Kambawa et du Patimauk. Les huit délégués s'étant réunis dans une chambre séparée du monastère, Rewati fut invité à questionner le vénérable Sampouta-Kami, sur les dix points à propos desquels il y avait divergence. Il dit : « Est-il licite d'ajouter du sel ou d'autres condiments à la nourriture qu'on a reçue ? » Sampouta-Kami répondit : « Cela n'est pas licite. » « En quel lieu ce point a-t-il été décidé ? » « Dans Wethalie, comme étant contraire à l'esprit du Wini. » « De quel péché est coupable celui qui fait une telle chose ? » « Du péché de Patzeit. » Des questions analogues furent posées en ce qui concerne le fait de boire du lait dans l'après-midi ; l'usage d'eaux à demi fermentées, l'usage des spiritueux, l'acceptation d'or ou d'argent. Les réponses furent faites conformes à la teneur des règles du Wini.

Quand les huit délégués furent arrivés à une décision sur les dix points de discipline, ils vinrent dans la grande salle où étaient assemblés 700 Rahans. Ratha présidait l'assemblée. Sampouta-Kami fut invité à monter dans la chaire et à prendre l'éventail. Le Président dit aux Rahans assemblés : « Frères, s'il vous est agréable, j'interrogerai le vénérable Sampouta-Kami sur le Wini et sur les dix points en discussion. » Il suivit le même ordre qui avait été suivi lors de la réunion préalable des huits Rahans. Les réponses furent écoutées et approuvées par l'unanimité complète des membres de l'assemblée. Le Président dit alors : « Toute discussion concernant les dix points est actuellement terminée ; que chacun accepte les décisions de l'assemblée et y conforme sa conduite. »

Ce second concile est appelé Thattasakita, ou l'assemblée des 700 Rahans ; il fut tenu en 102, sous le règne de Kalathoka. Ce prince paraît avoir favorisé le parti des Rahans Weitzi ; l'assemblée dura huit mois. Le canon des écritures fut également arrangé et déterminé ainsi qu'avait fait Kathaba, dans le premier concile.

Parmi les principaux membres de l'Assemblée, se trouvaient Sampouta-Kami, Thala, Koudrasambita, Rewati, Thauna et Sambouta qui avaient été disciples d'Ananda. Thoumana et Wauthabakami avaient été disciples du vénérable Anouroudha.

Autant à cause de l'appui donné par le roi au parti condamné, qu'en raison de l'obstination montrée par ceux de l'Est, à résister aux décisions du concile, la communauté Boudhiste se trouvait divisée en deux grandes factions. Les hétérodoxes ou ceux de Weitzi établirent la grande école connue sous le nom de Maha Thingika. Les orthodoxes eurent celle de Terathaka et ne varièrent jamais ni sur la doctrine, ni sur la discipline. Jusqu'au troisième concile, c'est-à-dire pendant un espace de plus d'un siècle, dix-huit écoles différentes sortirent de celle-là (1). Dans ce

(1) Les maigres et peu nombreux détails que nous possédons sur les causes qui ont amené la réunion du second concile, nous révèlent un curieux état de choses existant dans le sein de la communauté Boudhiste. Les règles disciplinaires paraissent avoir occupé le premier rang dans les discussions qui eurent lieu pendant le premier siècle. Quelques-unes de ces règles n'avaient qu'une médiocre importance. Nous ne comprenons pas comment ces religieux pouvaient donner autant d'importance à une bagatelle comme celle-ci : Est-il permis de mettre du sel ou d'autres condiments dans les aliments qui leur auraient été présentées sans cette précaution préalable ? L'ardeur apportée par les deux partis à cette controverse indique le travail graduel d'opinions qui, dans ces pays, avaient toujours été en opposition avec le véritable Boudhisme. De tout temps, dans Wethalie et dans Thawattie les partisans des fausses doctrines avaient eu la supériorité du nombre et de l'audace ; au temps de Boudha les hérétiques y fourmillaient. Au commencement du v° siècle de notre ère, Fa-Hian, quand il visita ces localités dit qu'il trouva que la religion avait presque entièrement disparu, et que les hérétiques avaient le dessus en tous lieux. Nous devons conclure de ces deux circonstances que le Boudhisme ne fut jamais florissant en ces lieux, ou tout au moins, qu'il ne fut jamais la religion dominante chez la masse du peuple.

Les disputes qui eurent lieu en ces temps n'étaient pas considérées comme de grande importance, puisque nous voyons des religieux éminents partager les doctrines du parti antiorthodoxe: Le roi Kalathoka lui-même favorisait les partisans des doctrines condamnées par le concile. Nous pouvons aussi conclure de cet état de choses que les règles disciplinaires étaient loin d'être fixées à cette époque. Il fallait l'expériences de plusieurs générations pour déterminer avec exactitude ce qui était plus propre à l'amélioration du corps religieux, et à forcer ses membres à conformer leur vie à l'esprit que Gaudama avait voulu infuser chez ses sectateurs. Nous ne devons donc plus nous étonner en voyant une Assemblée s'efforcer dans ses discussions, d'élucubrer des règles destinées à guider les religieux dans les détails de leurs devoirs quotidiens. Dans de telles circonstances, rien d'étonnant à cette variété d'opinions, appuyées avec cette chaleur et cette ardeur particulières à des gens qui vivaient en dehors du monde. En outre, les opinions divergentes étaient soutenues par les différentes écoles qui se firent jour dès les temps les plus reculés du Boudhisme et divisèrent les membres du corps religieux. Des détails circonstanciés sur les écoles auxquelles nous faisons allusion auraient une impor-

nombre, dix-sept présentèrent l'affligeant spectacle de changements importants sur des points de discipline et de doctrine. Mais le Terawada ne changea jamais, il conserva doctrine et disciples dans leur pureté primitive. Toutes ces écoles diverses reçurent leurs appellations du nom de leurs fondateurs.

tance capitale en ce qu'ils nous mettraient à même d'approfondir l'état réel de ce grand système religieux, de pénétrer dans l'histoire de son développement intérieur, et de constater les diverses phases de son développement à travers les âges, jusqu'à l'époque où il cessa d'exister dans la péninsule de l'Inde.

Les dix-huit écoles diverses qui ont eu de la célébrité dans le monde Boudhiste sont mentionnées dans la collection Cingalaise, et dans celle de tous les Boudhistes du Nord, les Chinois compris. Dans le manuscrit que possède l'auteur, ces écoles sont mentionnées uniquement par leurs noms. Si les principales opinions tenues par chacune des écoles y avaient été exposées, elles eussent été développées ici en détail et avec une exactitude scrupuleuse. Le cas étant différent, l'auteur a pensé qu'il était inutile pour le lecteur de ne lui présenter qu'une liste de noms sèche et sans intérêt.

CHAPITRE XVII

KALATHOKA MORT, SON FILS AINÉ BADDASENA LUI SUCCÈDE. — ET FINALEMENT LE PLUS JEUNE PITZAMOUKA. — CE PRINCE EST TUÉ, IL A POUR SUCCESSEUR UN CHEF DE VOLEURS, NOMMÉ OUGGASENA-NANDA. — LE ROI TSANDAGOUTTA. — LE ROI BANDASOURA. — SONGES MIRACULEUX DE LA MÈRE D'ATHOKA. — LE ROI ATHOKA. — SA CONVERSION. — SON ZÈLE POUR LE BOUDHISME. — TROUVAILLE DES RELIQUES. — LEUR DISTRIBUTION. — TROISIÈME CONCILE TENU SOUS LA PRÉSIDENCE DE MAUGGA LIPATA. — PRÉDICATION DE LA RELIGION EN DIFFÉRENTS PAYS, ET PARTICULIÈREMENT DANS THATON. — VOYAGE DE BOUDHAGOSA A CEYLAN. — ÉTABLISSEMENT DE LA RELIGION DANS PAGAN. — DÉTAILS DIVERS RELATIFS A L'IMPORTATION DES ÉCRITURES EN BIRMANIE.

A la conclusion du synode, Sampoutakami et plusieurs des membres les plus distingués de l'Assemblée Boudhiste, étonnés des progrès du schisme et des discussions que les voix réunies de 700 Religieux n'avaient pû entièrement déraciner, essayèrent de conjecturer, autant que pouvait le faire la sagesse humaine, la destinée future de la religion. Ils prédirent que cent vingt ans plus tard il y aurait à Patalipoutra un puissant monarque, plein d'amour pour la religion, et jaloux de son développement, qui travaillerait à sa propagation. Mais, avant le règne de ce pieux monarque, ils virent distinctement qu'il y aurait beaucoup d'hérétiques, entichés de leurs propres doctrines fruits de leur imagination, et qu'ils feraient courir à la religion les plus graves dangers. Ils eurent néanmoins la consolation de savoir que tout cela se passerait après leur mort. Mais qui était l'être prédestiné à arrêter les progrès du mal ? Ils le virent dans un des siéges des Brahmas. Son nom était Teissa. Au temps marqué, il descendrait au siége de l'homme, opérerait son incarnation dans le sein d'une femme Pounha nommée Mauggali, et deviendrait plus tard un célèbre Religieux sous le nom de Mauggalipatta. Cette vision remplit leurs âmes de la joie la plus pure, qui s'accrut encore par la considération de l'expansion et du développement que recevrait la religion grâce au zèle de cet éminent personnage.

Après un règne de vingt-huit ans, le roi Kalathoka mourut, laissant neuf fils, dont l'aîné s'appelait Baddasena. Ils régnèrent tous l'un après l'autre pendant une période de trente-trois ans. Le dernier d'entre eux, Pitzamouka, était le plus jeune. Pendant son règne, une bande de voleurs désolait le pays de Magatha. Un certain jour, un homme nommé Ouggasena étant tombé au milieu d'eux s'enquit du genre d'existence qu'ils menaient pour gagner leur vie. Ils lui expliquèrent sans détours qu'ils n'entendaient rien à la culture de la terre et pas davantage au commerce ; ils n'avaient alors d'autre moyen de soutenir leur existence que de prendre de force tout ce qu'ils trouvaient. Ouggasena, entraîné par l'audace de ces bandits, leur offrit de se joindre à eux avec ses huit frères. L'offre fut acceptée avec joie. Il advint que, dans une de leurs expéditions de brigandage, à peu de temps de là, un des chefs fut tué. Ouggasena, d'un commun accord, fut désigné pour lui succéder. Plein d'audace et de hardiesse, il dit à ses compagnons : « Amis, il ne convient pas à des hommes braves et déterminés comme vous de borner vos actions à l'attaque de misérables villages ou de petites villes ; c'est plus haut qu'il faut porter vos vues. » Il leur représenta alors en un langage saisissant que le roi Pitzamouka manquait de courage et négligeait entièrement ses devoirs de roi. Le moment est favorable, ajouta-t-il, pour attaquer Patalipoutra. Son avis fut adopté à l'unanimité. Le roi, plus occupé de ses plaisirs que de ses affaires, n'offrit qu'une faible résistance ; il fut tué à la prise de sa capitale, et Ouggasena monta sur le trône sous le nom d'Ouggasena-Nanda.

Il eut pour successeurs ses huit frères. Ils régnèrent successivement dans le court espace de vingt-deux ans. Le dernier s'appelait Dzananda. Ces princes n'étaient pas sectateurs de Boudha, mais appuyaient le parti des Pounhas à la doctrine desquels ils adhéraient. Leur générosité pour les Pounhas était très-grande ; ils en nourrissaient tous les jours un grand nombre dans leur palais.

Parmi les Pounhas qui étaient entretenus par la libéralité du roi, il y en avait un nommé Dzanecka, qui était très-versé dans la science de l'astrologie. Se trouvant un jour à la campagne, il vit en lui-même certains signes lui indiquant qu'il deviendrait roi. Ayant communiqué ce renseignement à sa mère, elle lui donna le sage conseil de se débarrasser de ces indices compromettants qui ne manqueraient pas d'attirer sur lui la colère du roi et de l'exposer à de grands dangers. Dzanecka eut la sagesse de déférer aux conseils de sa mère.

Certain jour, Dzanecka quitta la campagne où sa mère vivait, et retourna à Patalipoutra. A son arrivée, il vint en compagnie de ses frères au palais pour y recevoir les aumônes qui devaient être distribuées, en présence du roi, dans une large salle disposée pour cela. Il occupait le premier rang ; le roi qui le vit ne put s'empêcher de remarquer en lui quelque chose d'extraordinaire. Des soupçons s'élevèrent dans son esprit sur la fidélité de ce Pounha ; instantanément il éprouva de la colère contre lui. Incapable de maîtriser son emportement, il ordonna à l'un de ses officiers de le chasser du palais sans rien lui donner. Le Pounha ne pouvait qu'obéir à cet ordre déplaisant. Dévoré de honte et de rage, il se leva de sa place : au moment où il franchissait le seuil de la salle ; il ôta le cordon distinctif de sa caste, et le coupa en pièces ; il brisa également son pot de mendiant et jeta le tout contre un des piliers de la porte de la salle, proférant en même temps des imprécations, et priant que dès ce jour le roi ne pût jamais goûter un instant de repos. Il s'enfuit aussi rapidement qu'il put et, sous un déguisement, parvint à se soustraire à la poursuite de ceux qu'on avait envoyés pour l'arrêter. Il se retira dans Tekkaso, et là complota le renversement du roi.

Dans une de ses excursions à travers le pays, Dzanecka trouva par hasard un enfant qu'il savait être de sang royal. Aussitôt il l'adopta, et l'éleva avec la plus grande sollicitude. Cependant, il ne lui fallut pas beaucoup de temps pour découvrir que les signes indicateurs de royauté future étaient ou douteux ou insuffisants. Il ne pouvait donc plus compter sur lui pour l'exécution de l'important dessein qu'il avait tant à cœur. Il lui fallait dès lors chercher ailleurs le moyen de satisfaire l'objet de son désir. Le hasard le servit à souhait.

Après la destruction de Wethalie par Adzatathat, les princes qui avaient échappé au massacre s'étaient enfuis vers l'est et avaient bâti une ville appelée Maurya. De nouvelles infortunes étant venues les atteindre, il avaient dû chercher le salut dans une fuite précipitée. La femme de l'un de ces princes étant enceinte, fut conduite dans la cité de Pouppaya. Ayant mis au jour un fils, elle eut la cruauté de faire déposer la pauvre petite créature dans une jarre qui fut jetée dans une étable à vaches du voisinage. Les Nats veillaient sur l'enfant, et le taureau restant près de lui, tenait à distance, avec ses pieds et ses cornes, tout animal qui voulait s'en approcher. Le gardien des vaches observant ce qui se passait, prit l'enfant et le donna à élever à sa femme Tsanda, comme s'il eût été son propre enfant. Il fut nommé Tsanda-Goutta, du nom de ses parents d'adoption.

Lorsque le jeune garçon fut venu en âge de garder le troupeau, il prit, à l'égard de ses compagnons les bergers, les allures et les manières d'un roi, nommant les uns ses ministres, investissant les autres de dignités dérisoires. On le voyait, assis sur un tribunal improvisé, décider des causes et assurer strictement l'exécution de ses sentences.

Le Pounha Dzanecka qui vivait dans le voisinage, entendant parler de cela, voulut voir cet enfant extraordinaire. Il reconnut d'un coup d'œil dans ce jeune garçon les signes certains qui indiquaient sa future grandeur. Il l'acheta pour la somme de mille pièces d'argent et l'éleva avec son autre fils adoptif. Un certain jour, Dzanecka ordonna à Pouppata, car tel était le nom de son premier enfant d'adoption, de prendre une épée, et, pendant que Tsanda-Goutta dormait, de lui enlever son collier d'or, sans pourtant le couper ni le délier. Pouppata, conformément à l'ordre de son père, vint au lieu où son frère dormait. Debout auprès de lui il examinait attentivement comment il pourrait exécuter l'ordre de son père. Après bien des combinaisons infructueuses, trouvant la chose impossible, il revint à son père et lui dit son désappointement. Dzanecka, sans lui adresser un mot de blâme, resta silencieux.

Quelques jours après, Dzanecka appela Tsanda-Goutta et lui dit de prendre une épée, et, pendant le sommeil de son frère, de lui enlever son collier d'or, en évitant avec soin de le couper ou de le délier. Tsanda-Goutta vint au lieu où son frère dormait. Après quelques moments de réflexion, ne voyant aucun moyen d'obéir aux ordres de son père, il coupa résolûment la tête de son frère, et rapporta intact le collier d'or qu'il mit aux pieds de son père. Ce dernier, sans donner signe d'approbation ou de déplaisir, resta silencieux.

Dzanecka donna tous ses trésors à Tsanda-Goutta. Lui ayant minutieusement expliqué la conduite qu'il devait suivre, pour conquérir la haute situation à laquelle il était destiné, le Pounha alla en un autre endroit, après lui avoir recommandé de se souvenir de lui quand il serait devenu roi. Avec les trésors laissés à sa disposition, Tsanda-Goutta leva une armée et, de succès en succès, vint à s'emparer de Patalipoutra et tua Dananda. Il reçut l'eau de consécration, et commença de régner en 163. Ce monarque paraît avoir été accoutumé aux poisons, car il arriva certain jour que sa première femme, qui était de la race Maurya, ayant pris une bouchée d'un plat préparé pour le roi, en mourut. Au moment de ce fatal accident, elle était dans un état avancé de grossesse. Le roi sans un instant d'hésitation ordonna de lui ouvrir le ventre; l'enfant en fut retiré, et mis dans le ventre d'une chèvre fraîchement tuée. Il vécut et fut nommé Bandasoura.

Tsanda-Goutta, après un règne de vingt-quatre ans, mourut en 187 et eut pour successeur son fils Bandasoura âgé seulement de seize ans. Le père et le fils furent les protecteurs des Pounhas et en nourrissaient tous les jours un nombre immense dans leur palais. Bandasoura régna vingt-sept ans, c'est-à-dire jusqu'à l'année 214. Il eut en tout cent un fils. Sa première femme appelé Damma était devenue mère de deux fils nommés Athoka et Theissa. Quand elle devint enceinte du premier, elle fit cinq rêves : 1° Elle pensait qu'elle étendait ses deux pieds l'un sur le soleil et l'autre sur la lune; 2° Il lui semblait qu'elle dévorait les étoiles; 3° Elle s'imaginait manger les nuages; 4° Elle croyait manger des vers de fumier; 5° Enfin elle s'imaginait manger les feuilles de tous les arbres. D'après l'explication des devins, les cinq songes signfiaient que le fils qu'elle portait dans son sein, dominerait sur toute l'étendue de l'île de Tsampoudipa; qu'il détruirait tous ses frères qui se réuniraient pour lui disputer le trône; qu'il disperserait tous les hérétiques ou sectateurs de fausses doctrines, qui, comme autant de nuages, ternissent la gloire de la religion; qu'il posséderait tout ce qui est sur la terre jusqu'à la hauteur d'un youdzana; et tout ce qui se trouve en dessous, à une égale profondeur.

Quand Athoka eut seize ans, son père l'envoya à Outzeni gouverner cette cité et les territoires y attenant. Dans son voyage pour s'y rendre, Athoka eut à passer par Wedika, éloigné de 50 youdzanas, à l'est de Patalipoutra. La ville avait été fondée par les princes de Kapilawot, quand cette cité avait été presque complétement détruite au temps de Boudha. Là, il épousa la fille d'un homme riche nommée Dewa. Après son arrivée à Outzeni, elle lui donna d'abord un fils qui fut appelé Maheinda, puis une fille qu'on appela Scingamitta. Athoka resta huit ans à Outzeni ; à la fin de cette période, apprenant que son père était dangereusement malade, il se hâta de revenir à Patalipoutra pour l'assister et lui rendre tous les services dictés par l'amour filial. Dans son retour, ayant à passer par Wedika, il y laissa sa femme et ses deux enfants. Peu après son arrivée dans la capitale, son père rendit le dernier soupir et Athoka fut proclamé roi.

Le nouveau monarque se trouva bientôt entouré d'ennemis. A l'exception de Ténia, né de la même mère que lui, tous ses frères conspirèrent contre lui. Le plus âgé de tous, nommé Thoumana, était l'auteur et le chef de la rébellion. Après une longue lutte, la fortune se décida pour Athoka. Son frère rebelle vaincu, fut fait prisonnier et mis à mort peu après. Le même sort cruel était réservé à chacun des quatre-vingt-dix-huit autres frères; mais ce ne fut qu'après trois ans qu'Athoka put enfin se débarrasser de tous ses ennemis. La quatrième année après son accession au trône, c'est-à-dire en 218, il reçut l'investiture royale, et, en l'honneur de sa mère, prit le nom de Dammathoka. Il exerça la domination universelle sur tout le Dzampoudipa.

Jusqu'à l'époque de sa consécration, Athoka avait toujours favorisé les Pounhas. Imitant la conduite de son père, il en nourrissait journellement un nombre immense dans son palais. Ils s'habillaient tous de vêtements blancs. Ce n'est qu'après avoir reçu l'investiture royale, qu'il se convertit au Boudhisme, par l'intervention de son neveu, le Rahan Nigrauda. Quelques détails relatifs à ce religieux ne seront pas sans intérêt pour le lecteur.

Après la mort de Thoumana, sa femme, Thoumana-Dewi, était près du terme de sa grossesse. A l'abri d'un déguisement elle parvint à échapper aux embûches des ennemis de son mari, et éviter leur poursuite. Elle vint dans le voisinage du village de Dountsanka, à petite distance à l'est de Patalipoutra, et se reposa sous un figuier Banian. Un petit hangar fut fait pour elle, et le chef du village qui la considérait comme sa fille, lui fournissait les aliments. Elle accoucha d'un fils qu'elle nomma Nigrauda. Quand il eut environ sept ans, il fut confié aux soins du vénérable Varouna, qui l'éleva dans son monastère et lui enseigna le Kamatan. Il devint un religieux et fut fait Patzin; le monastère du vénérable Varouna n'était pas fort éloigné de la porte méridionale de la cité.

Certain jour, le jeune religieux Nigrauda se leva de bon matin, et ayant présenté ses respects à son grand précepteur, il mit son manteau et, prenant sous son bras son pot de mendiant, il entra dans la cité par la porte du sud, et se dirigea vers celle de l'est, avec l'intention d'aller visiter sa mère. A ce même moment, le roi Athoka debout près de la porte des lions de son palais savourait la brise fraîche du matin. Il vit le jeune religieux passant avec une démarche grave et ferme; la grâce et la dignité éclataient dans ses manières; une joie tranquille, une modestie sereine et un air majestueux embellissaient sa contenance à un tel degré, qu'à première vue le roi éprouva une attraction irrésistible vers le jeune Samane. Sans perdre un instant, il envoya un officier l'appeler. D'un ton de voix bienveillant et affectueux, le roi l'invita à monter les degrés du palais et voulut lui servir son repas. Quand le repas fut fini, Athoka dit : « Jeune Samane, connaissez-vous bien toutes les doctrines enseignées par votre instituteur? » — « Je les possède quelque peu, répondit modestement Nigrauda. » — « S'il en est ainsi, voulez-vous avoir la bonté de me les expliquer? » Il répondit : « Celui qui a soin de pratiquer les devoirs qui procurent des mérites jouit du vrai bonheur; il sera exempt de mort. Celui qui néglige les devoirs qui procurent les mérites est malheureux et est en état de mort. » Le roi, ravi de l'instruction qui lui avait été donnée par le jeune Samane, lui offrit plusieurs présents compatibles avec la profession religieuse; mais Nigrauda ne voulut les accepter qu'au nom et pour l'usage de son maître, parce que c'était lui qui avait mission d'enseigner au peuple à éviter le mal, à pratiquer le bien et à remplir les devoirs religieux. Pour lui, il n'était qu'un disciple. Athoka fut grandement satisfait de la modestie et du désintéressement du jeune Samane.

En d'autres occasions, le roi envoya chercher Nigrauda et

écouta ses instructions avec de si heureux résultats qu'il se convertit graduellement tout à fait. Sur l'avis de son guide spirituel, Athoka faisait journellement des présents à un certain nombre de religieux Boudhistes. Le nombre de religieux qui, chaque jour, se présentaient à la cour pour recevoir des présents, s'éleva successivement jusqu'au chiffre de soixante mille. Nigrauda instruisit son royal élève sur les trois Saranans et les cinq préceptes.

Il lui insinua dans l'âme un tendre amour pour Boudha et sa religion. Ce grand revirement dans les dispositions du roi eut lieu la quatrième année après son couronnement. Jusqu'à cette époque, il avait favorisé le parti des Pounhas, ainsi qu'avaient fait son père et son grand-père. Il était dans l'usage d'entretenir et nourrir quotidiennement soixante mille Pounhas portant le costume blanc.

Non satisfait de ses libérales offrandes de chaque jour, le roi dit aux Rahans : « Mon intention est de bâtir un grand nombre de Dzedis, dans toutes les cités du Dzampoudipa. Mais où trouver les reliques du très-excellent Boudha pour les partager et les enfermer dans les principaux Dzedis? » Par son ordre, on chercha les reliques dans toutes les directions. Les Dzedis déjà construits dans Wethalie, Kapilawot, Allakappa, Pawa et Koutheinaron furent tous démolis; une exception fut faite en faveur du Dzedi dans le village de Rama. Les Nâgas, gardiens du lieu, ne voulurent pas permettre qu'on touchât au monument. En vain les ouvriers s'efforçaient à coups de pics de démolir le Dzedi : leurs instruments volaient en pièces, dès qu'ils venaient en contact avec le monument. Mais dans aucun d'eux, on ne trouva le précieux dépôt. Le roi ordonna que les monuments sacrés démolis fussent réédifiés exactement dans les mêmes formes et dimensions qu'ils avaient auparavant. Athoka, désappointé mais non découragé de ce premier insuccès, dirigea ses pas vers Radzagio, résolu à ne cesser ses recherches que lorsqu'il aurait retrouvé le précieux objet de ses désirs. Étant arrivé en ce lieu, il assembla tous les Rahans et le peuple, et s'enquit s'il n'y avait personne qui pût l'aider dans la découverte des reliques. Dans la foule, il y avait un Rahan âgé de cent vingt ans, qui dit qu'alors qu'il était un jeune Samane d'environ dix-sept ans, son supérieur l'envoya chercher des fleurs et des plantes aromatiques, et, le conduisant en un lieu écarté lui dit : « Vous voyez ce buisson touffu au milieu duquel se trouve un petit Dzedi de pierres; prosternons-nous devant lui, et faisons nos offrandes. » Quand ceci fut fait, il ajouta d'une voix solennelle : « Jeune Samane, observez bien cet endroit et ne l'oubliez jamais. » Il ne m'en dit pas davantage et nous retournâmes à la maison. « C'est sans doute, dit le roi, précisément l'endroit que je cherche, sans avoir pu jusqu'ici le découvrir. » Le roi et son peuple s'empressèrent au lieu indiqué. Des offrandes considérables furent faites au Nat, gardien, pour le rendre favorable; le Nat, prenant les traits d'un jeune homme, écartait tous les obstacles qui obstruaient le chemin qui y conduisait.

Lorsque le roi fut près de la première porte, il découvrit le rubis sur lequel fut vue l'inscription que nous avons rapportée plus haut. En touchant le verrou, la porte s'ouvrit soudainement, et à l'extrême surprise de tous ceux présents, les lampes qui avaient été allumées 218 ans auparavant, furent trouvées allumées et pleines d'huile, les fleurs, sans la moindre apparence de flétrissure, étaient aussi fraîches et belles que celles des jardins ; l'odeur des parfums semblait encore plus exquise que s'ils eussent été tout nouveaux. Le roi, prenant la feuille d'or, lut l'inscription qui le concernait. Il prit toutes les reliques, à l'exception d'un petit nombre qu'il y laissa puis remit et arrangea tout comme il l'avait trouvé. La découverte des reliques eut lieu en 218 (1).

(1) Nous avons pensé qu'il pourrait être de quelque importance de mentionner dans une note spéciale toutes les principales époques relatées dans le cours de cet ouvrage, et de montrer leur correspondance avec les dates de l'ère chrétienne. Naturellement le point de départ pour la supputation des années est l'époque de la mort de Gaudama fixée par les Boudhistes du sud à l'an 543 av. J.-C. L'exactitude de cette époque a été contestée par A. Cunningham, l'une des plus grandes autorités en pareille matière. Suivant lui, la date du Neibban de Gaudama devrait être placée 70 ans plus tard. Mais comme ses vues sur ce sujet n'ont pas encore été universellement admises par les savants d'Europe, nous nous contenterons des dates qui ont été acceptées généralement jusqu'ici.

La première ère est celle du roi Eetzana, grand-père de Gaudama, du côté maternel. Elle fut établie avec l'aide et sous la direction d'un fameux ermite nommé Deweela, qui est mentionné pour ses vastes connaissances en astronomie, telle qu'elle existait à cette époque. L'objet du roi était de corriger les erreurs manifestes qui s'étaient introduites dans le calendrier. On dit qu'il supprima l'ère ancienne en 8640, un samedi, le jour de la nouvelle lune de Tabaong (mai), et fixa le commencement de la nouvelle ère au jour suivant, c'est-à-dire au dimanche, premier jour après la nouvelle lune du même mois. Cela eut lieu l'an 691 av. J.-C. Cette nouvelle supputation des années dura seulement 148 ans, jusqu'à l'époque de la mort de Gaudama 543 av. J.-C.

La seconde ère, la plus célèbre de toutes, est l'ère religieuse. Le roi Adzatathat

Tout ce qui a été rapporté ici jusqu'à présent, relativement au partage des reliques par Dauna, etc., a été extrait du livre intitulé *Nibana Thout* ; mais celui qui veut savoir tous les détails concernant les lieux où les reliques ont été déposées, etc., devra recourir aux livres appelés *Data-Win*, et *Nalatadata-Win*.

Un certain jour une statue de Boudha fut placée sous les yeux d'Athoka; le roi en fut enchanté, il désira multiplier le nombre des statues, de sorte qu'on pût les trouver dans toute l'étendue de son royaume. Il donna des ordres pour l'érection de monastères dans les 84,000 villes de ses immenses possessions. Ceci se passait l'an 220 de l'ère religieuse. Ce ne fut que 3 ans après, c'est-à-dire en 223, qu'eut lieu la dédicace ou la consécration des Dzedis dans lesquels des portions de reliques devaient être renfermées. Dans toute l'étendue de son royaume, le roi publia une proclamation invitant tous les peuples à l'observance des 8 préceptes. La recommandation royale fut ponctuellement suivie, et les fêtes religieuses célébrées avec la plus grande solennité. A cette occasion, le roi fit de larges donations aux religieux, et s'efforça de montrer son zèle pour la propagation de la religion.

Ravi de tout ce qui avait été fait, le roi dit au vénérable Maug-

---

et le vénérable Kathaba, poussés par le désir de rendre à jamais mémorable la mort du fondateur de leur religion, et de lui rendre un hommage qui eut du retentissement chez les générations futures, décidèrent d'abandonner la supputation Eetzana, et adoptèrent une nouvelle manière de compter les années, à partir de la révolution annuelle qui avait été témoin de cet événement, le plus grand de tous dans l'opinion des Boudhistes. Dans l'année 148, le premier jour du mois de Tagou (avril), qui tombait un dimanche, fut fixé comme le commencement de la nouvelle supputation, appelée par excellence, l'ère de la religion — 543 av. J.-C. Elle est adoptée par tous les Boudhistes du sud.

En outre de cette ère générale, chaque nation Boudhiste, pour une raison ou pour une autre, a des périodes particulières à partir desquelles elle compte les années. Il est probable que la réforme du calendrier, nécessitée par les erreurs qui s'y étaient introduites, en raison des supputations incorrectes, a donné lieu aux différentes ères qui sont généralement connues par les noms des rois sous le règne desquels elles ont eu lieu, et par l'autorité de qui elles ont été introduites dans la pratique usuelle.

Les Birmans ont l'ère appelée Daudoratha. Elle fut introduite par Thamougdara ou, suivant une autre orthographe, Thamougdaritz, roi de Prome, l'année de la religion 625 — 81 av. J.-C. Ce monarque est représenté comme versé dans la science des calculs astronomiques. Les mois ne se trouvaient plus d'accord avec les saisons. Que fit le réformateur couronné du calendrier, pour remédier au mal ? Le manuscrit qui a été entre les mains de l'auteur ne mentionne rien autre de parti-

galipata : « J'ai essayé de travailler à l'exaltation de la religion, par tous les moyens en mon pouvoir. J'ai bâti des monuments religieux dans toute l'étendue de mes domaines ; j'ai fait des offrandes sur une grande échelle. Puis-je à présent me regarder comme ayant droit à l'héritage de la religion ? » Le vénérable Mauggalipata répondit : « Grand prince, vous avez certainement beaucoup fait pour les progrès de la bonne cause ; mais il vous reste encore quelque chose de plus excellent à accomplir pour revendiquer des droits à l'héritage de la religion. » — « Qu'est-ce ? » demanda le roi. « C'est la plus parfaite et la plus méritoire, reprit Mauggalipata, c'est de consacrer votre fils Maheinda et votre fille Singameitta au service de la religion. » Athoka demanda immédiatement à son fils, alors âgé de dix-huit ans, s'il aimerait à devenir un religieux. Maheinda répondit affirmativement. Il fut ordonné Samane sur-le-champ.

culier si ce n'est que le roi supprima 622 ans et commença la supputation nouvelle à l'an 2, de sorte que son commencement doit correspondre avec 79 av. J.-C.

Cette ère dura seulement 562 ans. Le réformateur en cette occasion fut Pouppadzan, roi de Pagan, qu'on nous présente comme très-versé dans la science astronomique. Ce monarque imita dans cette réforme la conduite du roi de Prome. Il se débarrassa de 560 et commença son ère par le chiffre 2. Cela eut lieu l'an de la religion 1182 — 639 av. J.-C. C'est l'ère vulgaire employée par les Birmans jusqu'à l'époque actuelle ; on la connaît sous le nom d'ère Pagan ou Pouppa-dzan.

Nous trouvons aussi mentionnée par occasion l'ère Thatou. Elle est faite pour commencer avec l'arrivée des deux missionnaires Boudhistes, Thauna et Outtara, dans la grande ville de Thatou, l'an de la religion 237 — 306 av. J.-C. Thirimathoka était alors roi du pays. Cette période d'années a duré 1362 ans. Elle se termina l'an de la religion 1199 — 1156 ap. J.-C., quand le roi de Pagan, Naurata-dzan, envahit le pays, s'empara de Thatou et emmena en captivité le dernier roi, Mein-hnit.

Il est peut-être utile de mentionner ici une époque qui a toujours été fameuse dans l'histoire du Boudhisme de Birmanie. Je veux dire le voyage qu'un religieux de Thatou, nommé Boudhagosa, fit à Ceylan, l'année de la religion 943 — 400 ap. J.-C. Ce voyage avait pour objet de se procurer une copie des écritures. Il réussit dans son entreprise. Il employa les caractères Birmans ou plutôt Talaing, en transcrivant les manuscrits qui étaient écrits avec les caractères de Magatha. Les Birmans donnent une très-grande importance à ce voyage et notent toujours avec beaucoup de soin l'année où il eut lieu. Par le fait, c'est à Boudhagosa que les peuples qui vivent sur les bords du golfe de Martaban doivent la possession des écritures Boudhistes. De Thatou, la collection faite par Boudhagosa, fut transférée à Pagan 656 ans après qu'elle avait été importée de Ceylan.

Sans la connaissance de ces différentes époques, il est difficile de comprendre avec quelque approximation les dates mentionnées dans les compositions littéraires Birmanes. Les détails que nous venons de donner nous semblent suffisants pour la pratique ordinaire.

Mauggalipata, en cette circonstance, remplit les fonctions de président et Mahadewana, de maître des cérémonies. Singameitta, elle aussi, fut ordonnée. Le président était Dammapata, et la personne agissant dans la cérémonie était Oupali. Ceci arriva en 223. Maheinda apprit le Pitagat sous la direction immédiate et la surveillance de Mauggalipata en personne. Ses progrès dans l'étude de la science religieuse et dans la pratique de la vertu, furent si grands, que son maître le mit à la tête de mille Rahans, qu'il eut mission d'instruire.

La grande libéralité du roi envers les Boudhistes, les efforts qu'il faisait pour propager la nouvelle religion qu'il avait embrassée alarmèrent les fauteurs du parti opposé. Les Pounhas se voyaient sans protecteurs et incapables de se procurer le nécessaire. Ils eurent recours au procédé suivant pour se procurer leur subsistance, et imaginèrent un plan habilement concerté, pour affaiblir leurs ennemis. Ils prirent tous le costume jaune, entrèrent dans les monastères Boudhistes, et affectèrent de se convertir; tandis qu'en réalité ils en étaient fort éloignés. Ils conservaient leurs opinions, et même en ce qui regarde la discipline, ils refusaient de se conformer à quelque-unes des prescriptions du Wini. Quelques-uns d'entre eux avaient l'habitude d'entretenir de grands feux; d'autres s'exposaient à divers degrés de chaleur excessive; d'autres avaient la manie de fixer les yeux sur le soleil à son lever, et de le suivre dans sa course tout le long du jour (1). Beaucoup paraissaient faire peu de cas de plusieurs parties du Pitagat. Naturellement les vrais religieux furent très-scandalisés d'une telle conduite, et refusèrent tout commerce avec eux les jours de culte. Cet état de choses, après avoir duré sept ans, produisit dans les

---

(1) D'après ce passage, nous voyons que, dès la plus haute antiquité, il y avait, dans la péninsule de l'Inde, des individus qui, emportés par un fanatisme qui existe encore de nos jours, se condamnaient à des pratiques de pénitence d'une extravagante rigueur, souvent dans un état de nudité complète. Au temps d'Alexandre le Grand, on trouvait les mêmes fanatiques dans le Punjab. Ces exhibitions ridicules et contre nature, loin d'être approuvées et favorisées par le fondateur du Boudhisme, étaient strictement défendues. Bien qu'il eût en vue de subjuguer les passions et d'élever le principe spirituel au-dessus du matériel, il recommandait, dans la lettre spirituelle, une conduite plus conforme à la raison, et donnait à ses disciples des armes d'une meilleure qualité et d'un genre supérieur.

esprits une irritation qui ne pouvait être tolérée plus longtemps. Mauggalipata, dégoûté de ces désordres, laissa Maheinda à la tête de la communauté et se retira dans la montagne Ahan Ginga pour y jouir d'un peu de tranquillité.

Le roi Athoka fut informé du désordre qui régnait. Dans le but de pacifier les hôtes des monastères, il envoya un officier de sa maison, avec des ordres formels d'obliger les deux partis à venir à conciliation, à communiquer les uns avec les autres et à officier en commun, les jours de fête. L'officier alla dans un des monastères, expliqua l'ordre royal et tira son épée, menaçant de couper la tête du premier Rahan qui oserait faire de l'opposition. Un de ceux du parti orthodoxe s'avança, et, ayant expliqué le véritable état des choses, conclut en disant résolûment qu'il ne voulait avoir aucun commerce avec les hérétiques. En vain l'officier argumentait et engageait le religieux à ne pas mettre autant d'obstination dans ses vues, mais plutôt de prouver son désir d'obéir au roi dans l'intérêt de la concorde. Le dernier persista dans son refus. L'officier emporté par la colère, fit voler la tête du Rahan réfractaire. Une indignation considérable suivit ce tragique événement. Tout espoir d'un arrangement pacifique s'évanouissait. L'officier quitta le monastère et rapporta au roi tous les détails de l'événement.

Athoka déplora amèrement le meurtre du saint personnage, et blâma l'officier pour avoir outrepassé les ordres qu'il avait reçus. Ses sentiments religieux étaient cruellement blessés et sa conscience grandement alarmée. Il fit mander plusieurs religieux, et les consulta pour savoir s'il était responsable du meurtre commis par son officier. Les conseillers spirituels ne s'accordèrent pas dans leur décision. Quelques-uns opinaient que le roi était responsable des actes de son mandataire; d'autres déclaraient que le roi n'ayant pas ordonné d'user de violence, l'officier seul était responsable du meurtre. Ces opinions divergentes accrurent la perplexité du roi et le jetèrent dans un état de grand malaise et d'anxiété. Quelques courtisans, peinés de la tristesse qui troublait l'esprit de leur maître, lui conseillèrent de mander le célèbre Mauggalipata, et de s'en rapporter à la décision de cet homme éminent dont le savoir était sans égal. Le roi accepta l'avis avec joie. Un messager avec une escorte considérable fut d'abord envoyé à la résidence de Mauggalipata. Les désirs du roi furent respectueusement expliqués, mais le vieux ascète refusa de quitter son tranquille asile. Un second messager n'eut pas plus de succès. A la fin, un troisième fut dépêché avec plusieurs religieux. Ces derniers, qui connaissaient le grand zèle de Mauggalipata pour la propagation de la religion, lui représentèrent le péril imminent qui menaçait la religion, et le supplièrent de venir, et, par sa présence, de la sauver d'une ruine prochaine. En apprenant ces tristes nouvelles le vieillard n'hésita plus. Il quitta immédiatement sa retraite, vint au bateau qui avait été préparé pour lui, et descendit doucement le cours du fleuve jusqu'à Patalipoutra. La nouvelle de son arrivée se répandit en un instant. Lorsque le bateau fut signalé près de la cité, le roi, avec toute sa cour se rendit, sur la rive du Gange. Quant il fut près du bord, Athoka s'avança ayant de l'eau jusqu'aux genoux et aidant le vénérable Mauggalipata de ses mains royales le conduisit dans un jardin où une résidence convenable lui avait été préparée. Là il s'assit à ses pieds et lui rendit les mêmes humbles offices qu'un disciple a coutume de rendre à son maître.

Le roi, anxieux de soulager ses scrupules et de décharger sa conscience troublée, lui raconta tous les détails du meurtre du Rahan, et conclut en lui demandant s'il devait être considéré comme responsable de la mort du religieux. Mauggalipata dit : « O roi, aviez-vous, en envoyant cet officier, l'intention de faire mettre à mort un Rahan réfractaire ? » — « Non, répondit le roi. » — « Puisque vous n'aviez donné aucun ordre de ce genre à votre officier, et que vous n'aviez pas l'intention de punir de la peine capitale la désobéissance à vos ordres, le meurtre du religienx ne saurait en aucune façon vous être imputé, parce que c'est l'intention qui fait bonnes ou mauvaises les actions, et fait pour celui qui les accomplit le mérite ou le péché. » Athoka retrouva aussitôt la paix et la tranquillité d'esprit. En même temps, il engagea le vénérable Mauggalipata à travailler à l'extinction du schisme et à l'exaltation de la religion.

Sept jours après l'arrivée du grand religieux, une vaste salle fut édifiée dans le parc où vivait Mauggalipata. A l'extrémité, un gracieux pavillon fait d'étoffes diverses aux couleurs variées, fut disposé pour le monarque. Chaque religieux fut alors examiné séparément en présence de Mauggalipata sur les doctrines et pratiques qu'il tenait pour bonnes et authentiques. Ceux dont les doctrines et les pratiques furent trouvées non conformes au Pitagat furent chassés de l'Assemblée, dépouillés de l'habit canonique, et forcés de reprendre le costume blanc, c'est-à-dire celui des Pounhas. La présence du roi fit taire tous les murmures et rendit impossible toute tentative de résistance. De cette manière les Rahans orthodoxes furent séparés des hétérodoxes.

Pour panser les blessures infligées à la religion par le schisme, pour restaurer la pureté de doctrine et affirmer de nouveau l'authenticité du canon des Écritures, comme avait fait Kathaba lors du premier concile, et Ratha dans le second, Mauggalipata, avec le concours du pieux Dammathoka, résolut de tenir un troisième concile. Parmi les Rahans alors présents à Patalipoutra, il en choisit mille, et avec eux il fixa le Pitagat. Le concile fut ouvert en 235 et finit l'an 236 — 307 avant Jésus Christ. Il fut présidé par Mauggalipata alors âgé de soixante-douze ans (1).

(1) Il est grandement à regretter que, dans les manuscrits que l'auteur a eus en sa possession, il n'ait pu trouver aucun détail sur la troisième assemblée des Boudhistes à Patalipoutra. La cause déterminante de la tenue du concile était le désir d'établir une parfaite unité dans les pratiques de discipline parmi les religieux et d'arriver à une conformité d'opinions sur la pureté des Écritures.

Pendant la période de 236 ans qui s'était écoulée depuis la mort de Gaudama, le Boudhisme paraît avoir été confiné dans les limites de Magatha, c'est-à-dire le Behar nord et Behar sud. Son action sur l'esprit des populations dans ces limites, semble avoir été très-imparfaite et très-incertaine, particulièrement dans les parties au nord du Gange. C'est du règne du roi Athoka que date la propagation du Boudhisme en toutes les directions. Les succès non interrompus de ses armes lui permettaient de donner une puissante protection aux propagateurs de la nouvelle religion, dans les régions éloignées qu'ils visitaient. Mais nous n'avons aucune raison de soupçonner qu'il avait recours à la violence pour faire des prosélytes. Sans doute il les protégeait et fournissait à tous leurs besoins avec une grande libéralité. Il ne paraît pas avoir étendu plus loin les effets de la protection qu'il accordait aux apôtres de la nouvelle religion. Il bâtit des monastères et des Dzedis dans toute l'étendue de ses immenses domaines ; il éleva des piliers de maçonnerie qu'il recouvrit d'inscriptions commémoratives de sa piété et de son zèle. Il en existe encore un petit nombre jusqu'à ce jour. Athoka peut-être considéré comme le monarque qui a plus fait pour la propagation du Boudhisme à l'étranger, qu'aucun de ceux qui l'avaient précédé ou qui lui succédèrent.

L'établissement du Boudhisme à Ceylan est mentionné très-longuement dans le manuscrit de l'auteur, mais il n'a pas cru nécessaire de transcrire tout ce qu'il a trouvé sur ce sujet, comme étant étranger au but qu'il avait en vue par la publication de ce livre. Dans une note précédente, nous avons fait voir combien était extraordinaire le fait que, pendant plus de 200 ans, le Boudhisme fut propagé dans Ceylan, uniquement par la tradition orale, sans aucun écrit. L'unanimité des auteurs Cingalais sur ce point est trop absolue pour être mise en doute. Mais, dans

A la clôture du concile, le président, qui était reconnu comme chef des Boudhistes, pensait étendre sur tout le territoire du Dzampoudipa le rayonnement de la nouvelle religion. Jusqu'alors elle avait été bornée aux limites de Magatha. Le temps était venu maintenant de la propager au loin parmi toutes les nations et tribus du monde entier. Pour exécuter un plan si étendu et si hardi, Mauggalipata fit appel aux membres du concile les plus capables et les plus zélés, et chargea un certain nombre d'entre eux d'aller prêcher la vraie loi dans les régions au-delà des frontières de Magatha. Le vénérable Mitzaganti, avec quatre compagnons, eût mission d'aller dans le pays de Kashmera-Gandara; Rewati eût ordre d'aller à Mahithakan-Pantala; Gaunaka-Damma vint à Aparanta, Maha-Damma Reckita fut envoyé dans le pays Mahrata, Damma Rackita reçut la mission d'aller à Yaunaka, qui est le pays habité par les Pantsays. Le vénérable Mitzi, en compagnie de plusieurs frères, dirigea sa marche vers quelques parties des Himalayas. Thauna et Outtara s'avancèrent dans la direction du sud-est, vers le pays de Souwana-boumi; enfin Maheinda, Ittia, Outtia, Thamala et Baddathala allèrent établir la religion dans l'Ile de Tappapani (Ceylan) (1).

Les prédications des missionnaires Boudhistes eurent un grand

---

le manuscrit Birman, nous avons trouvé établi, par des preuves indiscutables, que les religieux qui s'assemblèrent dans le village de Malliya écrivirent le Pitagat en sanscrit et avec les caractères sanscrits. Le mot employé est *Sankarain*, qui veut dire certainement sanscrit. Comment faire accorder ceci avec le fait incontestable que tous les Boudhistes du sud ont les Écritures en pâli et non en sanscrit, tandis que les populations du nord qui ont embrassé le Boudhisme possèdent les Écritures en sanscrit? Jusqu'à ce que nous puissions obtenir des renseignements plus circonstanciés à ce sujet, je n'hésite pas à dire que les Birmans, ignorants de l'existence des deux langages distincts, pâli et sanscrit, avaient beaucoup de chances pour prendre l'un pour l'autre, et que, dans leur pensée, ce qu'ils appelaient la langue de Magatha, pâli, sanscrit, n'est qu'un seul et même langage auquel les anciens auteurs donnaient différents noms. En sa qualité de traducteur d'un manuscrit, l'auteur devait rendre en anglais ce qui se trouvait écrit en birman. C'est pour cette raison qu'il a, malgré sa conviction intime, fait usage du mot sanscrit appliqué à la compilation des Écritures, faite à Ceylan, sous le règne du roi Watakamani.

(1) L'Ile de Ceylan était appelée, dit l'auteur Birman, dans les anciens temps, de différents noms : Audzadipa, Waradipa, Mautadipa, Singgadipa, Sihala et Tappapani. Il n'y a pas à douter que ce dernier nom ne soit, par corruption, devenu, pour les Grecs, Taprobane.

succès. Il paraît que jusqu'à l'année de religion 454, la connaissance du Pitagat se transmettait par la tradition orale. Les chefs des monastères exigeaient que leurs pupilles apprissent par cœur la collection tout entière. Il est probable qu'une section de la communauté apprenait une partie des Écritures, et qu'une autre partie était apprise par une autre fraction de la communauté. De cette manière tout le Pitagat était connu dans chaque monastère, et pouvait être récité tout au long par les hôtes du lieu. Cet état de choses dura 200 ans. Il en résultait nécessairement de grands inconvénients qui, bientôt, furent trouvés si préjudiciables, qu'il fallut imaginer quelque moyen de rendre plus sûre et plus facile l'étude des livres sacrés. Sous le règne du roi Watakamani, cinq cents religieux s'assemblèrent dans le village de Mallaya, et écrivirent en entier le Pitagat en sanscrit et avec les caractères sanscrits. Sous le règne de ce monarque, une grande disette affligea toute l'Ile. Nombre de religieux Boudhistes passèrent sur le continent, et établirent la religion en plusieurs points de la Péninsule méridionale. Ce prince bâtit aussi le fameux monastère de Bayagiri. Avec le Mahawihara déjà existant et le monastère de Dzetawon érigé plus tard, naquirent trois différentes écoles. Le dernier fut érigé en 811, au temps du roi Mathena de Ceylan; mais l'enseignement du Mahawihara était le seul vraiment orthodoxe. Après une existence prolongée, elles se fondirent toutes dans l'école Mahawihara, sous le règne de Thiri-Singa-Bodiparanna-Maba, en l'année de l'ère de Pouppa-Dzau (ère Pagan) 522, et de la religion 1714 — 1161 après Jésus-Christ.

Les vénérables Thauna et Outtara, de la race Pounha, vinrent au district de Thaton (1), appelé Souwana-Boumi, dans le pays de

(1) Depuis le temps de leur conversion au Boudhisme, ou au moins depuis qu'ils se sont familiarisés avec les Écritures, les Birmans ont eu la manie de donner des noms Pâli aux pays, grandes villes et nouvelles localités, ajoutés par l'autorité des maîtres du sol aux noms ordinaires et vulgaires. Quels ont été les résultats de ce procédé ? Le peuple a coutume de désigner ces endroits par les noms vulgaires, tandis que, dans la plupart des documents officiels et à la cour, on a toujours fait usage des noms savants et extraordinaires. Il en est résulté dans l'esprit du peuple une telle confusion, qu'en plusieurs cas, ils ont pris deux noms donnés au même lieu pour des noms différents de deux villes ou localités distinctes.

La position de Thaton est bien connue, entre les embouchures des rivières Salween et Tsitang. La distance actuelle de la mer est d'environ 8 ou 9 milles. Au

Ramagnia, pour établir la religion dans ces régions éloignées qui s'étendent au sud-est de Mitzima. Thizimathanka était le roi alors régnant de Phaton. Avant l'arrivée des pacifiques messagers Boudhistes, la ville était désolée par les ravages de Bilous qui, venant de la mer, dévoraient tous les enfants nouveau-nés. Une grande consternation s'était emparée des habitants lorsqu'ils virent ces deux étrangers habillés de jaune mettre les pieds sur leur rivage. Ils les prirent pour des monstres d'une nouvelle espèce, qui venaient ajouter à leurs calamités; ils coururent aux armes et se préparaient à attaquer les deux religieux. Ces derniers, voyant le danger qui les menaçait, s'adressèrent d'un ton de voix plein de douceur à la populace en furie, et dirent : « Pourquoi nous atta-

temps de Boudhagosa, c'est-à-dire au commencement du v° siècle de notre ère, c'était encore un port de mer. Les auteurs Birmans l'appellent invariablement Thaton, non pas du nom de la cité mais de celui du pays. On y ajoute l'épithète Souwanaboumi, terre de l'or. D'après les mêmes auteurs, Thaton était situé dans le royaume de Ramagnia. Suivant ce qu'on trouve mentionné de Ramagnia, il semble qu'il comprenait trois parties distinctes ou districts : celui de Kouthein qui est le Pouthein actuel, ou Bassein, comprenant le territoire situé entre l'Irrawady et les montagnes d'Arracan; celui de Henthawati, entre l'Irrawady et le Tsitang; et celui de Mouthama ou Martaban, entre le Tsitang et le Salween. Il paraît que le royaume de Ramagnia s'étendait au nord jusqu'à Akaouk-Taong, au sud de Prome. Les limites que nous indiquons doivent avoir subi des changements considérables, en raison des guerres continuelles qui ont ravagé ces pays, mais ce sont celles indiquées par plusieurs auteurs indigènes.

Les peuples qui habitaient Ramagnia sont appelés Moun, ce sont les Talaings ou Péguanes de nos jours. Ils avaient atteint un degré considérable de civilisation, à une époque où les Birmans étaient en état de barbarie. Le voisinage de la mer leur donnait des moyens de frottement avec d'autres nations, les Hindous en particulier, qui semblent s'être établis à Thaton en nombre considérable. Le Rahan Boudhagosa appartenait, dit-on, à la race Pounha, bien qu'il fût un fervent Boudhiste.

La ville qui servait de capitale au territoire appelé Henzawati ne peut être, croyons-nous, la ville appelée maintenant Pegu, mais une autre, beaucoup plus ancienne, dont les ruines sont encore visibles près du côté oriental de Pegu.

Le langage des Talaings est totalement différent de celui des Birmans, mais les caractères d'écriture sont presque les mêmes, c'est d'eux que ces derniers ont reçu leur religion, les Écritures et les caractères dont ils se servent.

Depuis la conquête définitive du Pegu par Alaong-Phra, au milieu du dernier siècle, et l'extermination d'une grande partie de ses habitants, les Peguans qui survécurent se sont amalgamés avec les Birmans. Avec leur nationalité, ils ont aussi perdu leur langue, et cela à un tel degré qu'on ne la parle plus que dans un petit nombre de localités isolées. Il n'est pas rare de rencontrer des descendants de Peguans, dont les parents âgés parlent encore leur langue nationale, tandis qu'eux ne savent et ne parlent que le Birman.

quez-vous? Nous ne sommes pas des Bilous, nous ne sommes pas venus ici avec de mauvaises intentions. Sachez que nous professons une religion qui nous défend d'ôter la vie même au plus humble insecte, de voler, de commettre l'adultère, d'user de boissons spiritueuses ou enivrantes. Nos règles ne nous permettent de manger du riz qu'une fois par jour. Les explications données par les deux étrangers apaisèrent le peuple de Thaton. Ils les reçurent avec bonté et les traitèrent avec beaucoup de respect. Par la vertu inhérente aux deux religieux, le Bilou fut mis en fuite, et on ne le vit plus. Le roi et le peuple reconnaissants du service à eux rendu, et ravis de la nouvelle doctrine qui leur était prêchée, acceptèrent avec joie les cinq préceptes, qu'ils promirent d'observer. Un nombre immense d'hommes et de femmes se convertirent. Parmi les nouveaux convertis, beaucoup embrassèrent la vie religieuse.

Le roi Thiri-Matauka fut informé que, peu après la mort de Gaudama, un Rahan nommé Gambawatti avait apporté trente-trois dents de Boudha et les avait déposées dans un dzedi, sur le mont Inda-Danou, au nord-est de Thaton. En outre, il avait appris qu'après la huitième saison, Gaudama était allé à Mitila. Pendant qu'il y demeurait, il advint qu'un certain Rahan vint à se souvenir de quelques parents qu'il avait connus dans une existence antérieure. Il les voyait vivant à Thaton. Il pria alors instamment son grand maître de consentir à se rendre en ce lieu et prêcher la loi à ses parents. Gaudama, déférant à sa demande, s'y rendit à travers les airs avec une nombreuse suite ; il prêcha la loi, et, avant de s'éloigner, il donna au chef de Thaton huit cheveux de sa tête. Confiant en la précision de ce renseignement, Thiri-Mathauka éprouva un vif désir de se procurer ces précieuses reliques, afin de les répartir entre onze villes de Henzawatti, onze de Kouthein, et onze de Mouttama. Ces trois contrées composent ce qu'on appelle Ramagnia. Tout se passa suivant ses désirs. On trouva les reliques sur le mont Inda-Danou, dans ce même dzedi où elles avaient été renfermées, et elles furent distribuées aux diverses villes mentionnées plus haut. Il est probable que le même fait curieux qui s'était passé à Ceylan, comme nous le savons, eut également lieu dans Thaton : que la religion fut propagée d'abord au moyen de la tradition orale.

Le premier qui essaya de se procurer une copie des Écritures sacrées fut Boudhagosa, religieux de Thaton, de la race Pounha. Cet homme s'embarqua à Thaton, qui était alors au bord de la mer ou tout près. Ce lieu se trouve dans le pays de Ramagnia et est habité par un peuple appelé Moun. Il fit voile pour Ceylan l'an de la religion 943 — 400 après Jésus-Christ, sous le règne du roi Mahanama. Il resta trois ans dans l'île, écrivit sur des feuilles de palmier et en caractères Birmans le Pitagat, qu'on avait trouvé écrit dans la langue et avec les caractères de Ceylan. Nous lisons dans un autre manuscrit qu'il traduisit en Pali les Écritures qui étaient en langue Cingalaise. Boudhagosa resta trois ans à Ceylan pour achever le travail qu'il avait entrepris. Pendant son séjour dans cette île, le peuple l'avait en telle affection qu'ils lui firent de nombreux et riches présents, lorsqu'il quitta le pays. Il rapporta avec lui à Souwana-Boumi, qui est dans le pays de Ramagnia, une collection complète des Écritures. Dans l'année de l'ère Pagan 419 (1058 après J.-C.) ou environ, le quarante-deuxième roi de Pagan, quelques-uns disent le quarante-quatrième, nommé Anaurata, ayant envahi les territoires de Ramagnia, s'empara des terres de Moun, et fit son entrée triomphale dans la vénérable cité de Thaton. Il enleva de cette ville la collection d'Écritures apportée de Ceylan par Boudhagosa aussi bien que par les plus savants d'entre les Rahans. Avec l'aide de ces Rahans distingués, la religion fut alors solidement établie dans Pagan. Il devint maître de tout le pays de Ramagnia, qui comprend Henyawati, Mouttama et Kouthein.

Nous avons touché quelques mots de la réconciliation qui eut lieu dans Ceylan entre les trois grandes écoles. Deux d'entre elles, Bayagiri et Dzetavon, se fondirent dans la grande école Mahawira, qui avait toujours tenu pour les doctrines orthodoxes. L'année qui suivit cet événement, c'est-à-dire l'an de la religion 1714, — 522 de l'ère Pagan, 1161 après Jésus-Christ, — plusieurs Rahans, natifs de Thaton, Pagan et autres lieux de Ramagnia, accompagnés d'une suite nombreuse, passèrent à Ceylan, dans l'intention expresse d'adorer les reliques et l'arbre Bodi et d'acquérir la connaissance parfaite de la vraie doctrine et de la discipline. Naturellement ils se rallièrent à l'école Mahawihara. Ils restèrent dans cette île environ une année. L'un d'eux, nommé Tsapada, qui n'était encore qu'un jeune Samane, fut élevé à la dignité de Patzin, conformément aux règles et prescriptions reçues par le Mahawihara. La compagnie, ayant accompli ses dévotions et s'étant bien pénétrée de l'esprit de la communauté au milieu de laquelle elle avait passé une année, retourna dans son pays. Le jeune Religieux qui venait d'être ordonné, demanda à son supérieur et obtint la permission de rester à Ceylan pour étudier le Pitagat et s'en bien pénétrer. Après dix années d'application soutenue, il revint avec quatre compagnons, nommés Maheinda, Thivali, Ananda et Rahoula. Après avoir pris terre dans le voisinage du cap Negrais, ils passèrent une année à Kouthein, et finalement arrivèrent à Pagan, la huitième année du règne de Narapati-Sisou, en l'an 534 de l'ère Pagan — 1173 après Jésus-Christ. — De cette manière, grâce aux efforts de ces cinq Religieux, la religion de Ceylan fut solidement établie et enracinée. De cette manière les doctrines et institutions prêchées et suivies dans Ceylan par Maheinda et ses compagnons se fondirent avec les doctrines et institutions que les vénérables Thauna et Outtara avaient établies dans Thaton. Les unes et les autres florissaient dans Pagan et y eurent un grand développement (1).

Le règne glorieux et brillant de Narapati-Sisou, fut bientôt suivi d'une série de calamités qui contribuèrent à l'affaiblissement de ce grand empire, et finalement amenèrent son renversement complet. Pagan fut pris par des envahisseurs étrangers. Au milieu de ces calamités, trois nobles nommés Radzasingian, Asinkara et Sihasou, se firent rois, le premier à Miyntsain, le second à Pekkara, et le troisième à Pinlay, l'an 662 — 1301 après Jésus-Christ. — Le roi de Miyntsain ayant traîtreusement décidé Kiantza, roi de Pagan, à le visiter dans sa nouvelle capitale, le retint sous différents prétextes, et finalement le fit mettre à mort. Thaunit, fils de Kiantza, apprenant la détention de son père, monta sur le trône de Pagan et

---

(1) Il est évident, par le témoignage des écrivains Birmans, qu'ils admettent le fait que les Écritures apportées de Ceylan par Boudhagosa et les institutions qui florissaient dans Thaton se sont introduites dans Pagan sous le règne du roi Naurata-Dzan. De même, ils affirment que, sous le règne de Narapati-Sisou, les religieux qui vinrent de Ceylan, imbus de l'esprit de l'école Mahawira, introduisirent des pratiques peu ou point observées à Pagan à cette époque.

Il y a eu, sans aucun doute, une renaissance marquée du Boudhisme dans Pagan depuis le temps du roi Naurata-Dzan jusqu'à celui de Narapati-Sisou. La plupart des grands monuments qui excitent l'admiration des voyageurs qui visitent Pagan, furent élevés pendant cette période.

régna vingt-deux ans. Il eut pour successeur son frère Mou-hnit, qui régna quarante-trois ans. Avec lui finit la lignée des rois de Pagan en 730 — 1369 après Jésus-Christ.

Sihasou, roi de Pinlay, régna douze ans en ce lieu, et, en 684, transféra le siége de la royauté à Panya. En cette ville il y eut successivement cinq rois qui, entre eux tous, passèrent quinze années sur le trône.

Un fils de Sihasou, nommé Athinkara-dzau-goun, établit la royauté à Tsitkain, en 684—1323 ap. J.-C. Sous le règne de son fils et successeur, nommé Thirimega, une dent canine de Gaudama fut apportée à Tsitkain. Le roi fit placer la précieuse relique dans un coffret d'or, et la renferma dans une tour de son palais. Il lui rendait un culte quotidien.

Thirimega étant mort, ses deux fils Dzeta et Tissa se disputèrent la couronne ; aucun d'eux n'eut jamais le titre de roi, tous les deux opprimèrent le pays pendant neuf années. Le fils de Dzeta, nommé Boudadasa, devint roi et régna vingt-neuf ans. Ce fut sous le règne de ce monarque que cinq vénérables religieux, bien versés dans la science du Pitagat, écrivirent, dans la langue de Ceylan (Pâli), la compilation complète qui était auparavant en sanscrit (1).

Tsitkain cessa d'être résidence royale en 725—1364 ap. J.-C., et, l'année suivante, la cité d'Ava fut fondée le 6 de la lune décroissante de Tabaong, un mardi, à midi, sous la constellation Pounna-phashou.

L'année suivante, Mouhnit, roi de Pagan, mourut à l'âge de soixante-quatre ans après quarante-trois ans de règne. Avec lui s'éteignit la lignée des monarques Pagans. Dans la grande cité d'Ava, la religion réussit parfaitement, et, en 1134—1773 ap. J.-C., ce livre fut composé dans la province de Dibayen (2).

---

(1) Il est probable que notre auteur Birman fait ici une méprise analogue à celle que nous avons signalée dans une note précédente.

(2) Quand l'auteur entreprit de publier la seconde édition de ce livre, il a eu à sa disposition un manuscrit Birman sur feuilles de palmier, dans lequel il a trouvé une ample moisson de renseignements sur l'histoire de Boudha, qui manquaient à l'ouvrage appelé Malla-linkara-Wouttou dont la traduction avait fourni la matière de la 1re édition de la légende de Gaudama. L'ouvrage est appelé Tathagata-Oudana, ce qui veut dire : « L'ouvrage de celui qui est venu, comme tous ses prédécesseurs. » Tathagata est un des titres honorifiques de Boudha. On l'appelle quelquefois Bagawat, « le béni ou le bienveillant ; » « Sugata » celui qui est venu heu-

Dans le but d'exciter et d'accroître les sentiments d'affection envers le très-excellent Boudha, qui est plus grand que les trois êtres

reusement; Dzina le conquérant. D'après ce qui est dit à la fin de l'ouvrage, il paraît qu'il a été composé dans la ville de Dibayen, qu'on appelle quelquefois Tabagin, située à environ 15 milles de distance ouest de la rivière Mu. La place est maintenant en ruines. Bien que la province continue à porter le nom de Tabagin, la résidence du gouverneur est dans la ville de Ye-ou, sur la rive droite du Mu.

Le compilateur de l'ouvrage était un Phongie qui, sur son propre témoignage, termina sa tâche la trente-huitième année après avoir été fait Patzin, il y a quatre-vingt-treize ans. Il était donc âgé d'environ cinquante-huit ans au moins, car il n'avait pu devenir Patzin avant sa vingtième année. La compilation contient 636 pages de 10 lignes chacune, sur feuilles de palmier, et forme deux énormes volumes. Nous pouvons bien dire que le récit commence au commencement. L'auteur nous informe de l'origine, non pas de Gaudama, depuis qu'il est arrivé au rang de Boudha, mais de l'être qui plus tard devait devenir Boudha et qui devait se mouvoir à travers une infinité d'existences, gravitant peu à peu vers cet état parfait dans lequel il serait propre à remplir les devoirs d'un libérateur. Il nous donne un aperçu de l'origine du pays de Kapilawot, et des rois dont le père de Gaudama était descendu. Les détails ci-dessus ne se trouvaient pas dans le Malla-linkara. Quant à tout ce qui concerne la naissance, l'enfance, etc... de Gaudama, les deux livres s'accordent en général; les différences, quand il y en a, sont rares et peu nombreuses. L'auteur de Tathagata-Oudana est énormément diffus lorsqu'il raconte tout ce qui s'est passé dans l'esprit de Boudha pendant les quarante-neuf jours qu'il a passés autour de l'arbre de Bodi. Indépendamment de l'importante théorie des douze Nidanas, ou causes et effets, il nous donne une exposition complète de tout le système Bouddhiste sur la métaphysique, l'onthologie, la géographie et la cosmographie, les différents sièges où sont placés les êtres raisonnables. depuis l'enfer le plus bas, aux derniers et plus hauts des sièges célestes. Tous ces détails sont, à dessein, ornés par le compilateur du Malla-linkara. Enfin l'auteur nous donne quelques détails relatifs à Boudha, pendant les vingt premières saisons ou années de sa vie publique. L'histoire de Dewadat figure en toute sa longueur. Mais, ce qui est plus important, nous possédons dans la compilation du Tathagata-Oudana, un résumé succinct des trois grandes assemblées ou conciles tenus à Radzagio, Wethalie et Patalipoutra, avec les noms des souverains qui ont régné sur Magatha, depuis Adzatathat, sous le règne de qui Gaudama mourut, jusqu'à Athoka, qui fit plus pour la religion qu'aucun de ses prédécesseurs et qui, par son influence royale, appuya les décisions du dernier concile. Il mentionne également les noms des religieux, qui, après le troisième concile furent envoyés prêcher la religion en divers pays *en-dehors de Magatha*. Par cette dernière expression, nous apprenons que, 338 ans après la mort de Gaudama, le Boudhisme n'avait pas étendu son influence au-delà des frontières de Magatha. Comme de juste, notre auteur s'étend avec plus de complaisance sur les deux missions qui furent envoyées, l'une à Ceylan et l'autre à Thathon. Il nous permet de suivre le développement du Boudhisme en Pegou et en Birmanie, en nous informant que le roi Naurata-Dzau de Pegou, après la conquête de Thaton, fit le roi prisonnier, s'empara de la collection des Écritures, et, en outre, emmena dans sa capitale les plus instruits d'entre les Phongies, l'an 1056 ap. J.-C. Notre auteur conduit sa narration jusqu'à la fondation d'Ava, en 1365 ap. J.-C.

A l'imitation de tous les autres compilateurs, notre auteur termine son récit par

rationnels (1), eu égard à ses glorieuses perfections, comme aussi en ce qui touche la Loi et l'Assemblée; j'ai, de mon mieux essayé les pieuses aspirations suivantes : « Comme juste récompense de la bonne œuvre que je viens de terminer heureusement, je désire devenir, en quelque existence future, un vrai Boudha, possédant toute la science qui me permettra de connaître tous les êtres, leur état et condition, et toutes les relations qui existent entre eux ; et aussi je désire être gratifié d'une sincère compassion et de bienveillance envers tous les êtres, qui puissent me pousser à travailler à leur délivrance. Je désire que pendant les existences qui doivent précéder la dernière, je puisse continuellement pratiquer les dix grandes et principales vertus. Puissent mon père, ma mère, mes parents, instituteurs et amis avoir leur part dans cette bonne œuvre de ma plume ! »

Bien qu'étant d'une clarté plus grande que celle de l'auteur du Malla-linkara, la compilation du Tathagata Oudana lui est très-inférieure quand au plan du sujet et à la disposition des parties. Toutes deux sont faites par des Birmans; nous ne voulons pas dire par là que les Birmans aient fait de ces livres une œuvre originale. Les auteurs ont extrait de diverses parties des Écritures tous les matériaux nécessaires à la composition d'un livre qui pût être considéré comme l'histoire du fondateur de leur religion.

(1) Le traducteur Birman du Malla-linkara finit son ouvrage en avouant naïvement les motifs qui l'ont conduit à l'entreprendre. Il désire faire naître, développer et propager dans le cœur des générations futures les sentiments religieux et la plus tendre affection pour la personne de Boudha et sa doctrine, c'est-à-dire la Loi et l'Assemblée des parfaits. Tels sont les objets élevés qu'il avait en vue en se mettant à l'œuvre. Il était encouragé dans sa tâche difficile par des considérations purement religieuses, savoir : la propagation et le triomphe du Boudhisme. Pour atteindre à ce but, le plus désirable à ses yeux, il a fait appel à tout son talent, avec une énergie et une persévérance dignes des plus grands éloges.

C'est avec des vues toutes différentes que l'ouvrage Birman a été traduit dans une langue européenne. La traduction a été accompagnée de notes ayant pour but d'expliquer le texte, qui sans cela eût été, en beaucoup de passages, à peu près inintelligible à la généralité des lecteurs. Les principes du Boudhisme, tels qu'ils sont tenus et professés par les Boudhistes en général, et en particulier par ceux qui habitent la Birmanie, ont reçu un certain degré d'attention, et ont été examinés aussi soigneusement que possible à un point de vue Boudhiste. Ce grand système religieux a été considéré tel qu'il est en lui-même, sans aucun égard pour ses mérites ou ses défauts intrinsèques. Les notes n'ont pas eu pour objet de préconiser ou de réfuter le Boudhisme, mais bien d'exposer ses doctrines telles qu'on les trouve dans les meilleurs ouvrages, et qu'elles sont vues par ses sectateurs. Lorsqu'il y a eu à rendre compte de certaines doctrines ou pratiques, on a toujours eu recours aux principes généraux du Boudhisme et aux notions dominantes à différentes époques, dans les pays Boudhistes. Il est inutile d'ajouter que les notes ayant été écrites à la hâte et au milieu d'occupations multiples et qui laissaient à leur auteur peu de loisirs, elles n'ont aucune prétention au mérite de l'érudition ou de la profondeur. Pendant plusieurs années, l'auteur a consacré une notable partie de son temps et de ses efforts à l'étude du Boudhisme en Birmanie, où il a été pendant des siècles la religion exclusive. Il a réuni dans les notes qui précèdent toutes les

de traduire du Pâli en Birman le livre sacré appelé *Malla-linkara Wouttou*, ou l'histoire de la très-excellente fleur.

informations qu'il avait ainsi acquises, dans la pensée de condenser en un petit volume les principes élémentaires et les notions principales du Boudhisme. Il a voulu ainsi donner aux lecteurs qui ne pourraient consulter les volumineux écrits des savants orientalistes Français et Allemands, sur le grand système religieux de l'Asie orientale, les moyens relativement faciles d'obtenir une certaine connaissance d'une religion qui, toute fausse qu'elle soit, mérite d'être connue et comprise, puisque, au point de vue de l'antiquité, elle ne le cède à aucune autre, excepté au Brahminisme, et que, en ce qui concerne sa diffusion, elle étend son empire sur le cinquième probablement de la race humaine.

EXTRAITS

D'UN PETIT NOMBRE DE DZATS, ET DES DEUX PRINCIPAUX :
NEMI ET DZANECKA.

L'auteur a pensé qu'il ne serait pas sans intérêt pour le lecteur de lui présenter quelques remarques sur les cinq cent dix Dzats, si fameux parmi les Birmans, et de lui donner comme échantillon de ces compositions, une traduction abrégée de quelques-uns de ces récits fabuleux. Nous commencerons par quelques-uns des petits Dzats, et nous finirons par un récit sommaire de deux des grands, connus sous les noms de Nemi et de Dzanecka. Les Boudhistes de ce pays affirment que tous les Dzats contiennent un récit abrégé et concis de quelqu'une des circonstances relatives à certaines existences de Gaudama, quand il vivait à l'état d'animal, d'homme, de prince, de noble, de pauvre, de riche, de Nat, etc... Le narrateur n'est autre que Gaudama lui-même, qui est supposé avoir bien voulu mettre ses disciples et la foule de ses auditeurs au courant de certains détails relatifs à sa personne pendant qu'il parcourait lentement les diverses phases de la métamorphose, et gravitait vers la perfection à laquelle il arriva enfin. Dans le fait, chacune de ces pièces a en guise de préface ces mots : « Quand le très-excellent Boudha était dans tel monastère, entouré de ses disciples, il parla en ces termes... »

Il n'y a rien d'invraisemblable à ce que quelques-unes de ces histoires aient été racontées par Gaudama pour les deux motifs suivant : 1° Pénétrer ses auditeurs d'un profond respect pour son incomparable science, qui lui permettait de plonger au plus profond du passé, et de remettre en lumière des événements jusque là enfouis dans ses abîmes les plus sombres. Le second et le principal motif qu'il avait en vue était de donner à ses disciples d'importantes leçons, de corriger quelques-uns de leurs défauts, et d'exciter les autres à la pratique des actions élevées qu'il avait lui-même accomplies dans ses existences antérieures. A cet égard, Gaudama suivait l'exemple de tous les sages orientaux qui avaient recours aux paraboles, apologues, etc..., afin de glisser sous une forme gracieuse, enjouée, intéressante, les instructions les plus sérieuses destinées à éclairer l'esprit et réformer le cœur.

La collection ou compilation renferme la plus grande partie de ces fables qu'on trouve chez la plupart des peuples Asiatiques d'où elles ont passé en Europe, d'abord chez les Grecs, et ensuite sont arrivées aux nations d'Occident. L'auteur n'a pas été médiocrement surpris de trouver dans cette collection, un grand nombre de fables absolument identiques à celles qui ont été racontées avec un art inimitable par le grand fabuliste français, le bon Lafontaine. C'est une nouvelle confirmation du vieil adage : rien de nouveau sous le soleil.

Ces histoires ont certainement une origine indienne, c'est du moins de ce pays que les Birmans les ont reçues, comme presque tout ce qui se rattache à leur religion. Sous des gouvernements despotiques, la vérité toute nue ne saurait se montrer ou faire entendre sa voix, sans exposer ses amis aux plus imminents dangers, de la part de ces tyrans qui veulent toujours donner à leur volonté le pas sur la vérité et la raison. Des fables convenablement débitées étaient le déguisement innocent et badin mais nécessaire que la déesse était obligée de revêtir afin de se rendre acceptable aux despotes. C'était aussi le moyen d'aider ses amis à trouver grâce devant ceux dont l'autorité absolue et sans contrôle forçait chacun à courber la tête devant un pouvoir qui inspirait autant de crainte que de respect.

Les cinq cents premières fables n'ont, paraît-il, aucune valeur historique : la plupart sont courtes et d'une grande concision. Mais les dix dernières peuvent réellement contenir bien des allusions à des personnages ou à des localités qui pourraient donner de précieuses informations sur l'histoire et la géographie de l'Inde, dans une antiquité reculée. Une traduction complète des dix dzats serait d'un grand intérêt, pourvu que le travail fût accompagné d'abondantes notes, faites par une personne bien au courant de l'histoire ancienne de l'Inde.

Toutes les fables finissent par une confidence des plus importantes faite par Gaudama lui-même. Le personnage qui a joué le rôle le plus important et le plus flatteur est naturellement notre Boudha en personne. Ceux qui l'ont accueilli, assisté, ou qui lui ont rendu service, sont précisément ceux qui, par la suite, sont devenus ses disciples les plus distingués ou ses auditeurs favoris. Au contraire, ceux qui se sont comportés d'une manière répréhensible, qui lui ont fait opposition, ou qui l'ont desservi, sont plus tard devenus les hérétiques, les fauteurs des fausses doctrines, tel, en particulier, son ennemi par excellence, l'artificieux et perfide Dewadat.

Le recueil de ces fables est précédé de la préface suivante : Dans le pays d'Amarawadi, vivait un Pounha nommé Thoumeda; après la mort de son père il entra en possession d'une fortune considérable. En ayant joui pendant plusieurs années, il vint à réfléchir sur les nombreux accidents qui sont le lot de la race humaine, et résolut de quitter le monde. En conséquence, il distribua en aumônes toutes ses richesses, et se retira dans la solitude pour y mener la vie ascétique : il arriva bientôt à un haut degré de perfection. A cette époque Deipinkara, l'un de la série des vingt-huit Boudhas, vint en ce pays suivi de quatre cent mille Rahans, pour quêter sa subsistance. Notre Rathi Thoumeda, n'ayant rien à offrir au grand Boudha et à l'Assemblée, se jeta à ses pieds et se donna corps et âme à son service. Dans une autre collection, il est dit que Thoumeda avait offert ses services pour mettre à niveau une partie de route que Deipinkara devait suivre. L'ouvrage fut terminé à l'exception d'une petite fissure qu'on n'eut pas le temps de combler, lorsque Boudha parut. Sans hésiter un moment, l'hermite se jeta sur le sol et de son corps fit un pont au-dessus de l'endroit non terminé.

Ce fut à la vue d'un tel acte d'abnégation, que Boudha donna à Thoumeda l'assurance qu'un jour il deviendrait un Boudha. A cette occasion de grands miracles eurent lieu.

Depuis ce temps, il commença de pratiquer avec ferveur les grandes vertus et perfections prescrites par la loi. Entre l'époque où Gaudama était le Pounha Thoumeda, jusqu'à celle où il devint le prince Wethandara, c'est-à-dire atteignit cette existence qui précéda immédiatement la dernière où il devint Boudha, il s'écoula une période de quatre Thingies et cent mille mondes ou révolutions de la nature. Un compte détaillé des actes les plus méritoires et les plus intéressants, accomplis par lui dans différentes des existences qui illustrèrent cette période incalculable, se peut trouver dans le grand Dzedi de Ceylan.

Les récits doivent être d'une grande concision, autrement, quelque immenses que soient les dimensions qu'on veuille bien prêter au Dzedi susnommé, il n'aurait jamais pu les contenir.

LE RENARD ET LE LION

Quand le très-excellent Boudha était dans le monastère de Dzetawon, entouré de ses disciples, désirant redresser un Religieux qui avait l'habitude de fréquenter la mauvaise compagnie, il raconta l'histoire suivante : Dans le temps où les princes Brahmanas régnaient à Baranathi, Phralaong était alors un lion, père de deux petits, un mâle et une femelle. Le premier s'appelait Menandza. La famille du lion, quand Menandza fut marié, se composait de cinq individus, Menandza fort et hardi, sortait chaque jour à la recherche de la proie avec laquelle il soutenait ses cinq parents qui restaient dans la tanière. Un jour, au milieu d'une de ses excursions de rapine, il vint à rencontrer un renard, qui était couché sur le ventre dans une posture très-respectueuse. Interrogé par le fier lion, et d'une voix terrible que renforçait un air menaçant, sur ce qu'il faisait, le renard répondit humblement : « Je suis ici, respectueusement prosterné, pour faire hommage et rendre mes devoirs à votre majesté. »—« Très-bien, » dit Menandza ; et il l'amena vivant dans sa tanière. Aussitôt que le père vit le renard, il dit à son fils : « Mon fils, le renard est un animal plein d'astuce et de malice, sans foi, sans honneur, adonné à toute sorte de pratiques ténébreuses, et toujours engagé dans de vilaines entreprises ; soyez sur vos gardes ; défiez-vous d'un tel compagnon, et renvoyez-le sur-le-champ. » Dédaignant les sages conseils de son père, Menandza persista dans sa résolution et garda son nouvel ami avec lui.

Certain jour, le renard dit à Menandza qu'il désirait vivement manger la chair d'un jeune poulain. « Où ces animaux ont-ils contume de paître? » demanda Menandza? « Sur les bords de la rivière de Baranathi », répliqua le renard. Aussitôt tous deux se mirent en route pour l'endroit indiqué. Ils y virent un grand nombre de chevaux se baignant dans la rivière. En un clin d'œil, Menandza bondit sur un jeune poulain et l'emporta dans sa tanière. Il n'est pas prudent, dit le père, de manger ces animaux qui appartiennent au roi. Un de ces jours il ordonnera de vous lancer des flèches à distance et vous tuera. Jamais lion qui mange de la chair de cheval n'a vu de longs jours. Dès aujourd'hui, cessez d'attaquer ces animaux. Sourd à d'aussi prudents avis, Menandza continua de détruire les chevaux. La nouvelle arriva bientôt au roi qu'un lion et un renard faisaient un grand carnage de ses chevaux; il ordonna de les garder en dedans de l'enceinte de la ville. Le lion néanmoins réussit à en prendre quelques-uns et à les emporter. L'ordre fut donné de les tenir dans un lieu clos. Malgré cette précaution, quelques chevaux disparurent encore; rendu furieux, le roi appela un archer et lui demanda s'il pourrait traverser un lion avec ses flèches. L'archer répondit qu'il le pouvait, et, quittant le roi, il alla se cacher derrière un pilier, attendant le maraudeur. Il ne tarda pas à paraître; mais le rusé renard était resté un peu en arrière, caché dans un fossé. D'un bond, et prompt comme l'éclair, le lion fut sur le mur et de là vint aux écuries. L'archer se dit : « Les mouvements du lion sont très-vifs, j'attendrai qu'il revienne avec sa proie. » Il avait à peine fait cette réflexion, que le lion s'en revenait déjà, emportant un cheval. L'archer, qui se tenait aux aguets, le perça d'une flèche. Le lion fit un écart en s'écriant d'une voix terrible : « Je suis blessé. » Le renard entendant la voix de son ami, et le sifflement de la corde de l'arc, comprit immédiatement ce qui venait de se passer. Il se dit, en branlant la tête : « Il n'y a, ma foi, pas d'amitié qui tienne avec les morts; mon ami vient de tomber sous les flèches; ma vie est sauve; retournons chez nous. »

Le lion blessé, faisant un effort désespéré, revint à sa tanière et tomba mort en y entrant.

Les parents de Menandza, voyant la blessure et le sang qui s'en écoulait, comprirent aussitôt qu'il avait été tué avec une flèche et que le renard était cause de sa mort misérable et prématurée. Sa mère exprima sa douleur en ces termes : « Quiconque s'associe avec les méchants ne vivra pas longtemps; mon Menandza n'est plus, pour avoir suivi les conseils du renard. » Le père, à son tour, pleura la perte de son fils : « Celui qui vit en compagnie des méchants, finira mal; témoin mon fils que sa mère désolée voit maintenant baigné dans le sang qu'elle lui donna. » Sa sœur pleurait et disait : « Celui qui ne suit pas les conseils des bons s'en repentira, il deviendra aveugle, et, ainsi que mon frère, il aura une fin misérable et prématurée. » La femme de Menandza s'écria : « Celui qui appartient aux classes élevées doit prendre garde de fréquenter ceux qui sont d'un rang inférieur au sien; autrement il devient un objet de mépris aussi bien que ceux qu'il fréquente. Il perd sa considération et devient la risée de tous. »

Boudha termina son récit par cette réflexion : que l'on ne devrait jamais fréquenter les pervers ou ceux qui sont d'une situation inférieure. Le Religieux profita si bien de la leçon qu'il brisa aussitôt avec ses anciens amis et arriva bientôt au degré de Thautapan. Le renard fut depuis Dewadat; Menandza, le Religieux, objet de cet apologue; la sœur de Menandza, Oupalawon; sa femme, Kema; sa mère, Yathaudara; son père, Phralaong.

LE CHACAL ET LE CHASSEUR

Quand le très-excellent Phra était dans le monastère de Welouwon, faisant allusion à Dewadat qui cherchait à lui nuire, il parla comme suit :

A l'époque où les princes Brahmanas régnaient à Baranathi, Phralaong était alors un chacal, chef de cinq cents autre chacals de sa tribu. Sa résidence était un cimetière. Un jour, il arriva que les habitants de Radzagio firent un grand festin dans lequel chacun but et mangea autant qu'il voulut. Le repas tirait à sa fin, quand quelqu'un demanda un dernier morceau de viande pour satisfaire complétement son appétit; on lui répondit qu'il n'en restait plus le moindre morceau. A cette nouvelle déplaisante, il se leva, saisissant un gros bâton et s'en vint droit au cimetière. Se jetant alors sur le sol, il se coucha et fit le mort. Phralaong s'approchant avec circonspection du cadavre prétendu, le flaira de loin, et découvrit bientôt le piége qui lui était tendu. S'avançant sans être aperçu, il saisit promptement le bâton avec ses dents, le tirant de toute sa force. Le jeune homme ne voulait pas lâcher prise. L'animal se retirant, dit au chasseur : « Jeune homme, je vois maintenant que vous n'êtes pas mort. » Le chasseur excité par la colère et la confusion, se leva et avec plus de force que d'adresse lança son bâton au chacal, mais le manqua. « Va-t'en, lui dit-il, vilaine bête, tu peux te flatter de l'avoir échappé belle. » — « Oui, répondit doucement le chacal, j'ai été sauvé de votre bâton, mais personne ne saura vous préserver des tourments dans les huit grands enfers. » Ayant dit, il disparut aussitôt. Le jeune homme ayant lavé dans le fossé la poussière qui le couvrait, retourna tout penaud à la ville. Ce chasseur était celui-là même qui plus tard fut Dewadat. Quant au chacal, c'est le même qui depuis est devenu Boudha.

LE PIGEON ET LE CHASSEUR

Quand Phra était dans le monastère de Dzetawon, voulant instruire le jeune fils d'un noble nommé Outara, il parla en ces termes :

« A l'époque où les princes Brahmanas régnaient à Baranathi, Phralaong était un pigeon. Il y avait alors dans ce pays, un homme qui avait coutume de prendre des pigeons, de les porter à sa maison et de les nourrir avec soin, jusqu'à ce qu'ils fussent devenus bien grâs, moment où il les vendait fort cher. Phralaong, en compagnie d'autres pigeons, fut pris et apporté à la maison, mais il ne voulut pas becqueter le grain qu'on mettait devant lui. Si je mange, se disait-il, bientôt je deviendrai gras et serai vendu comme les autres. Il ne tarda pas à devenir excessivement maigre. Surpris de cela, le chasseur le tira de la cage, le plaça dans la paume de sa main pour l'examiner de plus près et trouver la cause de cette grande maigreur. Phralaong qui n'attendait qu'un moment favorable, l'attention de son maître ayant été attirée par quelque objet extérieur, s'envola vers son ancienne demeure, laissant le chasseur à son dépit et à sa confusion pour sa simplicité. Le chasseur à présent est Dewadat, et le pigeon Boudha lui-même. »

LA TORTUE, LE CERF ET L'OISEAU

Voici maintenant en abrégé deux récits bien connus des lecteurs de fables.

« Quand Phralaong était un cerf, il se fit ami intime de l'oiseau khaoukshia et d'une tortue. Certaine nuit, un chasseur ayant tendu ses rets, le cerf se trouva pris. Une tortue qui se trouvait près de là rongea le filet, et le cerf put échapper de la fâcheuse position où il se trouvait. Pendant que ceci se passait, le khaoukshia en vrai ami, voyant le danger, distrayait le chasseur, en volant de droite et de gauche tout près de lui, afin de retarder sa marche vers l'endroit où il avait posé ses rets. Furieux de la fuite du cerf, le chasseur s'empara de la tortue et la mit dans son sac; mais le malin oiseau réussit, à coups de bec, à faire dans le sac un large trou par lequel à son tour la tortue put s'échapper.

LE POULAIN REVÊTU DE LA PEAU DU LION

Un jour Phralaong, alors laboureur remarqua avec une grande surprise qu'un lion d'une taille peu commune faisait de fréquentes visites à son champ de riz et mangeait ou détruisait beaucoup de jeunes plants. Dans une certaine occasion, il examina de plus près le maraudeur et, apercevant l'extrémité de ses pieds, il découvrit que le prétendu lion était tout simplement un poulain qui s'était affublé de la peau d'un lion.

NEMI

Quant le très-excellent Boudha était dans le pays de Mithila, il vint en compagnie d'un grand nombre de Rahans, au monastère de Meggadawa situé au milieu d'un superbe bois de manguiers, et parla en ces termes à l'assemblée : « Bickous bien-aimés, autrefois je vivais en ce lieu même où nous sommes maintenant réunis et je régnais sur le pays de Mithila. » A ce moment il resta silencieux. Ananda le pria respectueusement de leur raconter quelqu'un des principaux évènements qui lui arrivèrent à cette époque. Boudha acquiesça à la requête et dit:

Autrefois régnait dans Mithila un prince nommé Minggadewa. Pendant quatre vingt-deux mille ans il resta prince et passa tout son temps à se plonger dans toutes sortes de plaisirs ; il fut prince royal de ce pays pendant un nombre égal d'années, et régna comme roi pendant une égale période. Certain jour, le barbier du roi ayant trouvé un cheveu blanc sur la royale tête, le fit remarquer à ses yeux étonnés. Le roi frappé de cette vue comprit aussitôt que c'était le présage de sa mort. Il abandonna le trône et résolut de devenir un Rahan. Ayant mis à exécution son projet, il pratiqua avec le plus grand zèle les plus hautes vertus, et après sa mort émigra dans l'un des sièges fortunés des Brahmas. Quatre vingt-deux mille princes qui lui succédèrent, suivirent ses traces, héritèrent de ses vertus et après leur mort obtinrent une place dans le même siège.

Le prince Minggadewa qui avait ouvert la voie à une telle succession de pieux monarques, voyant que sa race était près de s'éteindre, quitta le siége des Brahmas et s'incarna dans le sein de la femme du roi qui gouvernait alors Mithila. Le dixième mois, la reine mit au monde un fils qui reçut le nom de Nemi. Les Pounhas qui furent invités au palais pour tirer l'horoscope du royal enfant assurèrent le roi que cet enfant suivrait l'exemple de tous ses prédécesseurs qui avaient laissé le trône et embrassé la profession de Rahan.

Dès son bas âge, le jeune prince montra les dispositions les plus libérales et les plus pieuses en faisant d'abondantes aumônes et observant soigneusement toutes les pratiques religieuses. Tous les habitants de son royaume suivirent son exemple, et quand l'un d'eux mourait il émigrait à l'un des siéges de Nats. Pendant ces heureux temps, l'enfer semblait être devenu inutile.

Certain jour, Nemi parut très-désireux de savoir quelle était la plus excellente pratique : le don des aumônes ou l'observance des préceptes. Le grand Thagia descendit de son glorieux siége entouré d'un incomparable éclat, et vint à l'endroit où se trouvait le prince occupé à rouler cette pensée dans son esprit. Le céleste visiteur lui dit que le don des aumônes ne pouvait lui procurer que son admission aux siéges de Nats, mais que l'observation exacte des prescriptions de la loi ouvrait la voie aux siéges des Brahmas. Aussitôt qu'il eut donné cette décision, il retourna vers son siége de délices. A son arrivée, il trouva des foules de Nats en pleine réjouissance. Le Thagia leur donna un récit détaillé de tout ce qu'il avait vu sur terre durant son excursion, et s'étendit en éloges sur les dispositions religieuses du prince Nemi. Ravis de la description touchante qui leur était faite, tous les Nats, immédiatement, s'écrièrent qu'ils voulaient voir dans leurs siéges un prince aussi vertueux et aussi accompli. Le Thagia ordonna à un jeune Nat de préparer son char, de partir pour le pays de Mithila, et d'amener en ce siége fortuné le prince de ce pays. Matali s'inclinant devant le Thagia quitta sur-le-champ le siége des Nats sur un char magnifique. C'était le jour de la pleine lune, où tous les habitants de Mithila accomplissaient avec ferveur les devoirs religieux prescrits. Tout à coup on vit apparaître dans l'est le char magnifique et brillant du Nat, émergeant majestueusement du sein des nuages en même temps que la lune dans son plein. Surpris d'un spectacle aussi inattendu, tous furent effrayés et crurent que deux lunes se levaient miraculeusement. L'approche du char de Matali les détrompa bien vite. Le messager vint au roi et lui fit savoir que les Nats étaient extrêmement désireux de le voir. Sans hésiter un instant, le roi monta sur le char et s'abandonna à la direction de son guide céleste. « Deux routes s'offrent maintenant à nous, dit Matali, l'une à travers les tristes demeures où les méchants subissent le châtiment dû à leurs offenses, et l'autre à travers les siéges bénis où les bons savourent les récompenses qui leur sont accordées pour leurs vertus. Laquelle des deux désirez-vous suivre? » Le prince dit qu'il désirait visiter les deux endroits. Matali répondit gracieusement que son désir serait satifait.

Le guide céleste dirigea sa course rapide dans ces régions de désolation où règne une éternelle horreur. D'abord ils rencontrèrent une rivière large et profonde, aux tourbillons effrayants et dont l'eau semblait être en ébullition. Elle était brûlante et la masse paraissait être un lac de feu. On appelle cette rivière Wattourani. Sur ses bords se tiennent les ministres infernaux, armés de toutes sortes d'instruments acérés, coupant, taillant, perçant les infortunées victimes qui cherchent à s'échapper de cette horrible rivière brûlante. Elles y sont violemment replongées, et tombent sur mille dards perçants d'où elles sont reprises et rôties sur des charbons ardents. On n'entend que des cris épouvantables et les hurlements de ces infortunés qui attendent avec la plus grande impatience le moment de leur délivrance. « Quels forfaits, demanda le prince terrifié, ont commis les hôtes misérables de ces lieux pour être exposés à de tels tourments ? » — « Ce sont, repartit Matali, les persécuteurs des faibles, les oppresseurs des pauvres, etc., qui sont condamnés à ces châtiments. » De là, le guide se dirigea rapidement vers un autre endroit où de hideux chiens à cinq têtes, des aigles affamés, des corbeaux dévorants, assouvissaient leur faim furieuse sur les corps d'infortunées victimes dont la chair se reproduit incessamment, pour donner un aliment continuel à la voracité jamais assouvie de ces féroces animaux. « Ceux-ci, dit Matali, souffrent pour n'avoir pas fait de bien à leurs semblables, pour avoir empêché les autres d'en faire, et pour avoir porté envie à leur prochain. »

Puis vient une longue description des autres lieux de l'enfer, donnée à Nemi par son guide céleste. Nous la passons, de peur que ces détails révoltants jusqu'à la satiété ne dégoûtent et fatiguent le lecteur. Qu'il nous suffise de dire que les tourments de Tantale y sont décrits avec une effrayante exactitude, qui laisse presque dans l'ombre la description que nous en a laissée le poëte latin.

Ayant parcouru les diverses régions de l'enfer, et entendu les détails qui lui étaient fournis par Matali, Nemi fut soudainement transporté aux gracieux, charmants et délicieux siéges des bienheureux. Il vit dans le lointain le célèbre palais, fait de diamant, occupant un immense carré de douze youdzanas de chaque côté et élevé de cinq étages; puis le jardin, l'étang et l'arbre Padetha. Dans ce palais, Birani occupait un splendide appartement; elle était alors étendue sur un moelleux sopha, entourée de plus de mille beautés. « Quelles bonnes œuvres, demanda Nemi, Birani a-t-elle pratiquées pour mériter cette magnifique récompense ? » Matali répondit : « Cette fille des Nats était autrefois une esclave dans la maison d'un Pounha. Elle était toujours très-attentive à tous les devoirs de sa condition, et en même temps observait régulièrement les préceptes de la loi. Certain jour, sa maîtresse qui avait coutume de nourrir journellement huit Rahans, dans un accès de colère, dit qu'elle ne pouvait supporter plus longtemps la fatigue que lui occasionnait l'entretien de ces Religieux; mais la jeune esclave, pleine de ferveur religieuse prit sur elle le travail de nourrir les Rahans. Pour cette bonne et méritoire action, elle jouit du bonheur de sa position présente. »

Nemi fut conduit successivement aux différents siéges des habitants de ces régions fortunées, et son guide lui expliquait en détail les bonnes œuvres qui avaient valu à chacun d'eux l'heureuse situation dont il jouissait, et à l'occasion indiquait la période de temps pendant laquelle ils devaient jouïr de cette félicité sans égale. Enfin il fut introduit en présence du grand Thagia, qui est le chef de tous les Nats. Ayant fini de parcourir tous les siéges des Nats, Nemi fut ramené au siége des hommes, dans sa propre capitale, par le même guide céleste.

A son retour. Nemi se vit entouré de ses pieux sujets qui lui demandèrent avec insistance les moindres détails relatifs à son voyage. Il leur expliqua tout au long, tout ce qu'il avait vu et dans l'enfer et dans la contrée des Nats. et conclut en exhortant son peuple à se montrer libéral en aumônes afin d'être admis plus tard à jouir de la félicité des Nats.

DZANECKA

Ceci est un des Dzats les mieux écrits que possèdent les Birmans. L'auteur l'a traduit en entier, mais il n'en donnera ici qu'un abrégé. Le narrateur, comme d'usage, est notre Boudha en personne, lorsqu'il était dans le monastère de Welouwon, entouré des membres de l'Assemblée et d'une grande multitude d'auditeurs.

Dans le pays de Mitila, vivait un roi nommé Dzanecka qui avait deux fils appelés Arita Dzanecka, et Paula Dzanecka. Après un règne long et prospère, il passa dans un monde meilleur. Arita Dzanecka, ayant célébré les funérailles de son père, et fait les purifications d'usage, monta sur le trône. Il confirma son jeune frère dans la position de Commandant en chef qu'il avait occupée jusque là.

Certain jour un vil courtisan, par un faux rapport, alluma dans le cœur du roi des sentiments de jalousie et de défiance sur la fidélité de son frère. Le pauvre prince fut jeté dans un donjon; mais, par la vertu de son innocence, il parvint à s'échapper et s'en vint en une partie du pays où il était puissamment soutenu et se vit bientôt en mesure de tenir tête à son frère. Le roi rassembla ses troupes; une bataille fut livrée où le roi fut tué, et Paula Dzanecka monta sur le trône.

La reine qui était enceinte, en apprenant ce désastre, vint au trésor, prit quelques joyaux de l'or la plus pur, et les pierres les plus précieuses et plaça le tout dans un panier. Elle répandit ensuite du riz sur les bijoux et recouvrit l'ouverture du panier avec un vieux linge malpropre ; puis, prenant le costume d'une femme du peuple, elle sortit de la ville, portant le panier sur sa tête. Elle sortit par la porte du sud et gagna la campagne, sans avoir été découverte par les sentinelles.

Etant arrivée à une certaine distance, la reine ne savait plus de quel côté diriger ses pas. Elle s'assit dans un Dzeat pendant le fort de la chaleur. Pendant qu'elle était dans le Dzeat, elle vint à penser au pays de Tsampa où vivaient quelques-uns de ses parents et résolut d'y aller. Elle s'enquit d'abord auprès des passants de la route qu'elle devait suivre.

Pendant ce temps, l'attention d'un Nat fut soudain attirée par la vertu de Phralaong qui était dans le sein de la reine, sur la difficile position où se trouvait la mère. En conséquence, quittant son siége fortuné, il prit les traits d'un vieillard qui conduisait un chariot sur la route. Il vint près du Dzeat et invita la reine à monter dans son chariot, l'assurant qu'il la conduirait en sûreté à Tsampa. L'offre fut acceptée. Comme la reine était très-avancée dans sa grossesse, il y avait pour elle quelque difficulté à monter en voiture, lorsque la partie du sol où elle se tenait s'exhaussa soudain jusqu'à hauteur du chariot. La reine y entra, et ils partirent. Pendant la nuit, ils arrivèrent en un lieu agréable dans le voisinage de Tsampa. La reine descendit dans un Dzeat. Son guide céleste l'engagea à y attendre le jour avant de se hasarder dans la ville, et retourna au siége de Tawadeintha.

Durant cette même nuit, un fameux Pounha, en compagnie de cinq cents de ses disciples, avait quitté la ville à une heure avancée, pour faire une promenade au clair de lune, savourer la fraîcheur de la nuit et prendre un bain dans la rivière. Pamaouka, car tel était le nom du Pounha, vint par hasard à l'endroit même où la reine était assise ; ses disciples continuèrent leur promenade et allèrent sur le bord de la rivière. Elle lui parut pleine de beauté et de jeunesse, mais, par la vertu de Phralaong, le Pounha connut qu'elle était grosse et que l'enfant qu'elle portait était un Phralaong. Pamaouka, seul, s'approcha de la reine et la pria de n'avoir aucune espèce de crainte, ajoutant qu'il la considérait comme une sœur. La reine lui raconta ses malheurs en détail, et le grand Pounha, ému de compassion, résolut de l'aider et de la protéger. En même temps, il lui recommanda de dire qu'il était son frère, et, lorsque ses disciples reviendraient, de verser des larmes en témoignage de l'émotion qu'elle éprouvait de se retrouver avec son frère. Tout ayant été convenu, Pamaouka rappela ses disciples, leur dit combien il était heureux d'avoir retrouvé sa sœur dont il était séparé depuis plusieurs années, et il les pria de la reconduire à sa maison où il la recommanda à la sollicitude toute spéciale de sa femme. Quant à lui il rentrerait aussitôt après avoir fait les ablutions d'usage. La reine fut la bienvenue dans la maison du Pounha, et traitée avec le plus grand soin et la plus tendre affection. Peu après elle mit au monde un superbe enfant, qui ressemblait à une statue d'or. On lui donna le nom de Dzanecka.

Etant arrivé à l'adolescence, un jour qu'il jouait avec des enfants de son âge, ceux-ci par malice l'appelèrent le fils de la veuve. Ces moqueries le poussèrent à demander à sa mère de lui dire le nom de son père. Ce fut alors qu'il connut l'auteur de ses jours. Pamaouka lui enseigna toutes les sciences alors connues, telles que la médecine, les mathématiques, etc. A l'âge de seize ans, le jeune Dzanecka avait terminé toutes ses études.

Dzanecka résolut de se livrer au commerce, et ainsi d'acquérir les moyens de reconquérir un jour le trône de ses ancêtres. Avec une partie du trésor que sa mère avait apporté avec elle, il put affréter un navire avec plusieurs autres marchands. Il décida de faire voile pour une ville appelée Caumawatoura. Il était en mer depuis deux jours à peine, quand une violente tempête s'éleva. Le vaisseau, après avoir résisté quelque temps au choc des vagues furieuses, se brisa enfin et fut mis en pièces. L'équipage et les passagers, au nombre de sept cents, périrent misérablement en mer sans faire le moindre effort pour se sauver. Notre Phralaong, au contraire, saisissant l'extrémité d'une bille de bois nagea de toutes ses forces, décidé à lutter jusqu'à la fin contre la mauvaise fortune. Pendant plusieurs jours il lutta courageusement, à la fin, une fille de Nats, qui avait mission de surveiller la mer, vit sa conduite généreuse et énergique, eut pitié de lui et vint à son secours. Ici avait lieu une sorte de dialogue entre elle et Dzanecka :

le dernier faisait voir son indomptable courage et sa résolution ; la première admirait davantage son audace. Elle voulut l'arracher à sa dangereuse position ; et le prenant dans ses bras elle l'emporta, suivant son désir, au pays de Mitila, dans le jardin des manguiers, et le déposa sur la table de pierre où ses ancêtres avaient coutume de banqueter en grande compagnie. Phralaong tomba endormi aussitôt. La fille des Nats, ayant recommandé au Nat gardien du lieu de veiller sur le prince, retourna dans sa demeure bienheureuse.

Le jour même que le navire faisait naufrage, le roi de Mitila était mort laissant une fille unique appelée Thiwali. Avant de rendre le dernier soupir et de monter aux siéges des Nats, le roi avait fait venir ses ministres en sa présence et leur avait ordonné de choisir pour époux de sa fille un homme remarquable par la grâce et la vigueur physique, aussi bien que par la vivacité et la pénétration de son esprit. Il devait être capable de bander et débander un arc énorme, prouesse que les efforts réunis d'un millier de soldats pouvaient à peine accomplir, et trouver la place où il avait caché seize coupes d'or. Le septième jour après sa mort, les ministres et les Pounhas commencèrent à délibérer entre eux sur le choix d'un époux digne de la princesse. Plusieurs compétiteurs à la main de Thiwali se présentèrent, mais tous furent rejetés. A la fin, ne sachant que faire, ils résolurent d'abandonner au hasard la solution de la difficulté. Ils disposèrent un char armé, convaincus que, par la vertu qui y était inhérente, ils trouveraient l'heureux mortel dont les destinées devaient être unies à celles de la princesse. Le char fut expédié, avec une escorte de soldats, de musiciens, de Pounhas et de nobles. Il vint droit au jardin des manguiers et s'arrêta à côté de la table de pierre sur laquelle dormait Phralaong. Les Pounhas, à l'inspection des mains et des pieds de l'étranger, y lurent les signes évidents, présages de son élévation à la dignité royale. Ils le réveillèrent au son des instruments de musique, le saluèrent roi et le prièrent d'endosser les habits royaux, de monter sur le char, et de se rendre triomphalement à la cité royale. Il entra dans le palais par la porte de l'est. Ayant été mis au courant des dernières volontés du roi, il banda et débanda sur-le-champ l'arc, trouva les seize coupes d'or, et fut uni dans les formes à la jeune et belle Thiwali. La population tout entière se signala par les plus grandes réjouissances, les riches lui firent mille présents, les Pounhas en costumes blancs, tenant la conque blanche sacrée, ornée de fleurs et pleine d'eau, le corps incliné en avant, versèrent l'eau respectueusement, en appelant leurs bénédictions sur le nouveau monarque.

Quand les réjouissances furent terminées, le roi récompensa le Pounha Pamaouka qui avait été pour lui un père pendant son exil. Il s'appliqua à faire tout le bien qu'il put, à soulager les pauvres et à augmenter le bien-être de tous. Il se plaisait à raconter à ses courtisans ses malheurs, et les grands efforts qu'il avait faits pour sortir de ses difficultés. Il louait la récompense accordée aux efforts soutenus, et les exhortait à ne jamais fléchir devant les embarras, mais de montrer toujours une ferme et inébranlable résolution dans toutes les épreuves, parce qu'elle doit tôt ou tard être couronnée de succès.

Pendant les sept mille ans qu'il régna sur Mitila avec la reine Thiwali, il pratiqua fidèlement les prescriptions de la loi, gouverna avec justice, nourrit les Rahans et les Pitzegaboudhas, et fit d'abondantes aumônes aux pauvres.

Le dixième mois, Thiwali mit au monde un fils qu'on appela Digaout. Certain jour, le roi, qui avait reçu de son jardinier quelques mangos d'un goût et d'une beauté remarquables, voulut aller au jardin voir l'arbre qui produisait de si délicieux fruits. Quand il y fut arrivé, il vit deux manguiers, l'un sans fruits, mais couvert d'un feuillage splendide, l'autre chargé de fruits. Le monarque, conduisant son éléphant, s'approcha de l'arbre et cueillit quelques mangues qu'il mangea et trouva délicieuses. De là il continua sa visite des autres parties de son immense jardin. Les courtisans et les suivants prirent des fruits au même arbre et le firent avec tant d'ardeur, qu'ils ne laissèrent sur l'arbre ni fruits ni feuilles.

A son retour, le roi fut surpris de voir l'arbre à la fois dépouillé de feuilles et de fruits, tandis que l'arbre improductif avait une apparence superbe. Le monarque, après un long dialogue avec ses courtisans, conclut en ces termes : « Les richesses de ce monde ne sont jamais sans ennemis; celui qui les possède ressemble au manguier productif. Nous devons rechercher des biens qui n'excitent ni l'envie ni la jalousie, ni les autres passions. Les

Rahans et les Pitzegaboudhas, seuls, possèdent de telles richesses. Je profiterai de la leçon qui m'est donnée par ce manguier stérile. Afin de pouvoir supprimer et déraciner les troubles, les vexations, et les anxiétés de la vie, je veux renoncer à tout et embrasser la profession de Rahan. »

Avec cette idée profondément gravée dans l'esprit, Dzanecka revint à son palais. Il envoya chercher immédiatement le général de ses troupes, et lui ordonna de poser une forte garde devant ses appartements, et de ne permettre à personne, pas même à la reine, de se présenter devant lui, n'exceptant que l'homme qui lui apporterait ses aliments quotidiens, pendant quatre mois consécutifs. Il donna ordre à ses ministres de juger avec impartialité et conformément à la loi. Ayant ainsi disposé tout, il se retira dans les appartements supérieurs de son palais. Ici se place une strophe à la louange du prince qui avait abandonné sa femme, ses concubines, et tous les plaisirs et honneurs inhérents à la royauté.

Dzanecka, dans la solitude, commença par méditer sur la vie heureuse des Pounhas et Pitzegaboudhas; il admirait leur pauvre régime, leur zèle à pratiquer les prescriptions de la loi, leurs ardentes aspirations vers la félicité du Neibban, leur indépendance des liens des passions, l'état de paix intérieure et de fixité dont ils jouissaient. Dans son enthousiasme, il les vénérait avec une sainte ferveur, les appelait ses maîtres et ses précepteurs, et s'écriait : « Qui m'enseignera à imiter leurs vies, et m'aidera à leur ressembler? » En dix strophes, Dzanecka passe successivement en revue tout ce qui lui a appartenu, sa capitale avec ses majestueux édifices, ses portes si belles, les trois murs et les trois fossés, la belle et fertile contrée de Wintzearitz, le palais avec ses dômes orgueilleux et ses massives tours, le trône richement ornementé, les magnifiques habits royaux, le jardin royal et l'étang, les éléphants, les chevaux et les chariots, les Pounhas, les princes, la reine sa femme et ses concubines. Il termine chaque strophe par les mots suivants : Quand pourrai-je laisser tout cela, devenir pauvre, vêtir l'humble habit des Rahans et suivre leur genre de vie parfaitement retirée? Par ces réflexions et d'autres analogues, Dzanecka cherchait à couper l'un après l'autre les liens des passions, à renverser successivement les branches de l'arbre d'impureté, en attendant qu'il pût donner aux racines le dernier coup.

Après les quatre mois de retraite, Dzanecka fit chercher un serviteur de confiance, et lui ordonna de lui procurer les divers articles du costume d'un Rahan. Il se fit raser la tête et la barbe, endossa l'habit tant désiré, et, prenant un bâton il sortit de ses appartements, se dirigeant vers la porte avec la dignité de maintien d'un Rahan qui aurait compté soixante années de profession.

La reine Thiwali était fatiguée d'avoir été si longtemps privée de la compagnie de son mari. Elle manda sept cents des plus jolies filles du palais, pour aller avec elle auprès du roi et, par la puissance de leurs charmes réunis, l'enlacer de nouveau dans les passions et le faire revenir dans leur société. Quand elles montaient l'escalier, elles se croisèrent avec Dzanecka dans son nouvel accoutrement. Aucune ne le reconnut, mais toutes le saluèrent avec la révérence due à un saint personnage qui serait venu pour instruire le roi. Etant arrivées dans l'appartement et voyant l'habit royal jeté de côté, et les belles et longues boucles de cheveux noirs sur un sopha, la reine et ses suivantes comprirent aussitôt la désolante signification de ce qu'elles voyaient. Elle courut en toute hâte avec toute sa suite en bas des escaliers et surprit le nouveau Rahan au moment où il franchissait la porte extérieure du palais. Tous les moyens auxquels on pouvait avoir recours pour agir sur le cœur du roi furent mis en œuvre par la reine et ses filles, afin d'ébranler sa résolution. Les pleurs, les cris, les gémissements, les frappements sur la poitrine, l'exhibition des poses les plus gracieuses et des formes les plus séduisantes, tout fut employé, mais en vain ; le nouveau Rahan, ferme et impassible, continua sa marche en disant que les passions et la concupiscence étaient mortes en lui, et que tout ce qu'on pourrait dire ou faire pour modifier sa résolution serait inutile. Pendant sa marche vers la solitude d'Himawonta, il est encouragé et reconforté par les avis et les instructions de deux Rathis, qui ont quitté leur solitude et sont venus à travers les airs contempler ce combat magnifique entre les passions et la vertu, et l'aider à résister aux obstacles multipliés que la reine accumule pour retarder, empêcher et prévenir l'exécution de son pieux dessein. Les noms de ces deux instructeurs sont Narada et Migalzein ; ils étaient habillés de peaux de panthères. Ils l'instruisirent sur les devoirs de sa nouvelle profession et l'exhortèrent à déraciner de son cœur, avec assiduité, toutes les passions et en particulier la concupiscence et l'orgueil.

Raffermi par ces instructions si opportunes, le nouveau Rahan se sentit plus que jamais fixé dans sa résolution. Dans sa route vers la solitude, Dzanecka arriva un soir près des portes d'une ville nommée Daunou. Il passa la nuit sous un arbre, à petite distance de la reine et de la foule qui la suivait. Le matin il entra dans la ville et, suivant l'usage, s'en vint dans les rues quêtant ses aliments. Il vint à s'arrêter un peu de temps dans la boutique d'un homme qui fabriquait des flèches. Dzanecka voyant l'artisan fermer un œil et regarder avec l'autre si le bois de la flèche était droit, lui en demanda la raison, car il verrait mieux avec les deux yeux qu'avec un seul. L'ouvrier lui dit qu'il n'était pas toujours bon que chaque objet en ce monde eût son identique. « Si je regardais ce dard avec les deux yeux, ma vue, distraite par divers objets ne pourrait pas saisir les défauts du bois, mais en l'examinant seulement avec un œil, je découvre aisément la moindre irrégularité. Quand nous avons un ouvrage à faire, s'il y a en nous deux volontés, il ne sera pas correctement fait. Vous avez pris l'habit de Rahan; vous avez sans doute renoncé au monde; comment se fait-il que vous soyez escorté d'un tel nombre de femmes et d'autres assistants ? Il est impossible de remplir convenablement les devoirs de votre profession, et en même temps de garder cette compagnie. » Cette remarque piquante fit une profonde impression sur Dzanecka. Il avait parcouru une certaine distance lorsqu'il rencontra une bande de petites filles qui jouaient ensemble. L'une d'elles avait un bracelet d'argent sur chaque bras et un d'or sur le bras droit. Lorsqu'elle agitait sa main droite, les deux bracelets se heurtant l'un l'autre produisaient un son. Dzanecka, voulant mettre à l'épreuve l'intelligence de la petite fille, lui demanda pourquoi le mouvement d'une main produisait un son tandis que l'autre n'en produisait pas. Elle répondit : « Ma main gauche, qui n'a qu'un bracelet, est l'image des Rahans qui doivent être seuls. Dans ce monde dès qu'un objet trouve son similaire, une collision ou quelque bruit en résulte fatalement. Comment se fait-il que vous, qui avez pris l'habit de Rahan, vous vous laissiez suivre par cette femme pleine encore de fraîcheur et de beauté ? Est-elle votre femme ou votre sœur ? Si elle n'est que votre sœur, il vaudrait mieux qu'elle ne fût pas avec vous. Il est dangereux pour un Rahan de vivre dans la société des femmes. »

Cette mercuriale, dans la bouche d'une petite fille, produisit une impression profonde sur notre Rahan. Il quitta la cité. Une grande forêt était tout près de là ; il résolut de se séparer immédiatement de la reine. En y entrant, il s'arrêta un moment, puis, soudainement étendant son bras, il brisa une petite branche d'arbre, et la montrant à Thiwali, il dit : « Princesse, vous voyez cette petite branche : elle ne pourra jamais être réunie à la tige d'où elle a été prise. De même, il est impossible que je retourne jamais avec vous. » En entendant ces mots cruels, la reine s'évanouit. Ses suivantes s'empressèrent à lui porter secours ; pour Dzanecka, profitant du tumulte et de la confusion générale, il s'éloigna rapidement et disparut au plus épais de la forêt. La reine fut ensuite ramenée à Daunou par ses suivantes, et de là toutes retournèrent à Mitila. Seul, dans la solitude, Phralaong savoura les douceurs de la contemplation parfaite pendant une période de trois mille ans. Thiwali, de son côté, résolut de renoncer au monde et de suivre l'exemple de son mari. Elle devint Rahanesse, dans un des jardins royaux, durant le même nombre d'années, et plus tard émigra en l'un des siéges de Brahmas, nommé Brahma-parithitsa.

A la fin du récit, Boudha ajouta : Mani-Megala, la fille des Nats, qui me sauva du milieu de la mer, est à présent ma bien-aimée disciple de la gauche, Oupalawon. La petite fille qui me gourmanda si à propos à la porte de la ville de Daunou, est maintenant Kema, ma disciple de droite. Le Rathi Narada est devenu depuis mon grand disciple Tharipoutra dont la sagesse n'est surpassée que par la mienne. Migor-Dzein, l'autre Rathi, est maintenant mon disciple Maukalan, dont le pouvoir miraculeux ne le cède qu'au mien. Le faiseur de flèches est devenu depuis Ananda, mon fidèle et dévoué assistant. La reine Thiwali est devenue la princesse Yathaudara. Quant au prince Dzanecka, c'est maintenant le Phra que vous avez devant vous et qui vous parle, qui sait parfaitement toutes les lois et tous les principes, et qui est l'instituteur des hommes, des Nats et des Arahmas.

REMARQUES

SUR LES POSITIONS ET LES NOMS
DES PRINCIPAUX LIEUX MENTIONNÉS DANS LA LÉGENDE.

L'identification des lieux mentionnés dans le cours de la « Vie de Gaudama » est chose bien à désirer. Cette tâche difficile et laborieuse a été résolûment entreprise par plusieurs fonctionnaires du gouvernement de l'Inde dans l'un et l'autre services. Leurs efforts ont été couronnés de grands et importants succès. Parmi eux, le plus heureux a été le major général Cunningham, directeur du service archéologique pour le gouvernement de l'Inde. La sphère de ses laborieuses investigations scientifiques s'est étendue sur North Behar et Sud Behar, berceau du Boudhisme, et sur quelques parties du Punjab et Peshawar. Sous sa direction, des fouilles ont été faites, des inscriptions trouvées et déchiffrées, la nature et les dimensions de vieux monuments en ruines ont été reconnues correctement. Dans ses précieux rapports, on peut trouver les éléments nécessaires pour reconstituer l'histoire et la géographie de l'Inde ancienne. Il a été grandement aidé par l'histoire des voyages du pèlerin chinois, Hwen-Tsang, qui passa seize années à parcourir l'Inde, visitant tous les lieux rendus fameux par des faits se rattachant à la vie de Boudha, et à la diffusion de ses doctrines et de ses institutions. Son voyage commença en 629 et finit en 645 de l'ère chrétienne. Le point de départ de l'itinéraire du voyageur est une ville sur les bords du Hoang-Ho. Il dirigea sa marche à travers le centre de la Tartarie, entra par l'extrémité septentrionale du plateau de Panin, dans ce qu'on appelle maintenant la Tartarie indépendante, visita Samarcande, où il n'y avait pas de Boudhistes, mais seulement des adorateurs du feu. De là il vint à Balk, où il trouva la religion dans une situation florissante. Il gravit les sommets altiers de l'Hindou-Koush, pénétra dans le Caboul et Peshawar, traversa l'Indus à Attock, et tournant brusquement au Nord, visita Oudiana où il trouva des dzedis et des monastères d'une magnificence et de dimensions considérables, et revint à Attock en suivant la rive occidentale de l'Indus. Il vint alors, à travers le Punjab, à Mathoura, et examina minutieusement tous les monuments Boudhistes existant sur les territoires situés entre le Gange, le Gunpuck et le Népaul. Il alla à Benarès, Patalipoutra et dans tous les points de Magatha ou Behar-Sud, où sa curiosité religieuse pouvait trouver un aliment. De là il dirigea sa course vers l'Est et visita en entier le Bengale. Il passa dans Orissa, visita plusieurs points de l'Inde centrale et une portion du Deccan supérieur. Il vint à Malwa et Gouzarat, retourna dans Magatha, et se remit en route pour son pays. Il retraversa l'Indus à Attock, remonta la vallée de la rivière Caboul, et, au prix de difficultés inouïes, traversa la chaîne de l'Hindou-Koush. Sa route, à travers la Tartarie chinoise, le ramena, par Kashgar, Yarkand et Khotan, à son pays natal.

La finesse d'observation, la correction des récits, l'exactitude des dimensions données par notre pèlerin sont merveilleuses. C'est à ce point, qu'avec l'aide de son livre, l'éminent archéologue que nous avons cité a pu, dans nombre de cas, reconnaître du premier coup dans de simples monceaux de ruines les restes des monuments qu'il avait décrits. Si quelque hésitation restait dans son esprit, il lui suffisait de faire faire des fouilles qui, dans la plupart des cas, lui démontraient l'exactitude parfaite des descriptions de Hwen-Thsang.

Environ deux cents ans avant le voyage de Hwen-Thsang, un autre pèlerin Chinois, nommé Fa-Hian, avait entrepris un voyage analogue. Exclusivement animé par le zèle religieux, il vint dans l'Inde dans le but unique de visiter les lieux rendus fameux et vénérables par la naissance, la vie, les actions et la mort de Foe, personnage identique à celui connu dans ces pays sous le nom de Boudha Gaudama. Il avait aussi en vue de faire une collection complète de tous les livres religieux, considérés comme authentiques dans l'Inde, et de les rapporter en Chine avec lui. Le voyage de Hwen Thsang avait le même but.

Notre voyageur, suivant son propre récit, passa par le sud du Thibet, la petite Tartarie, et visita successivement Caboul, Cashmire, Candahar et le Pounjab. Suivant à peu près la direction du sud-est, il atteignit Mathoura sur la Joumna inférieure, traversa le Gange à Canoudj là où le Kali se jette dans cette rivière, inclina presque à l'est, à travers Oudh, et passa la Gogra près de Fizabad.

Longeant de près la rive orientale de ce cours d'eau, il infléchit légèrement sa route vers le nord, passant le Rapti au sud de Gorackpore et suivit à peu près la même direction sur la rive orientale du Gunduck. De là il marcha dans le sud-est parallèlement au cours de cette rivière, qu'il traversa un peu au-dessus de l'endroit où elle se jette dans le Gange. Suivant alors la direction du sud, il traversa le Gange au point où s'élève maintenant la cité de Patna. A partir de ce point, notre pèlerin s'avança dans le sud-est, traversa successivement le Morhar et le Fulgo, visita toutes les localités du voisinage, dans le sud et le sud-ouest de Behar, qui sont si fameuses dans les annales du Boudhisme. Après avoir passé trois années dans l'Inde, laborieusement occupé à l'étude de la langue Pali, et collectionnant des copies des ouvrages religieux, il s'embarqua sur le Gange. Arrivé près de son embouchure, il passa sur un navire à destination de Ceylan. Après avoir visité cette île célèbre, Fa-Hian fit voile pour l'archipel Malais, toucha à Java, et revint sain et sauf dans son pays, après avoir accompli le voyage le plus difficile et le plus extraordinaire qui pût être fait dans ce temps-là. Ce prodigieux voyage se faisait au commencement du cinquième siècle, et occupa plus de sept années dont trois furent passées dans l'Inde et deux à Ceylan.

L'original Chinois de Fa-Hian a été traduit en français par A. Rémusat. La version anglaise faite sur le texte français, est accompagnée des annotations de Rémusat et d'autres orientalistes célèbres. Le livre de Hwen-Thsang a été traduit par St. Julien. Ces deux ouvrages ont été obligeamment prêtés à l'auteur par le digne et savant chef-commissaire dans la Birmanie-Anglaise colonel A. P. Phayre. C'est dans un de ces ouvrages que nous avons tiré ce qui précède et ce qui va suivre.

1. — Le nom donné par les Boudhistes du nord à Boudha est Thakiamouni, qui veut dire le religieux de la famille Takia. Il

appartenait à la caste Kshatria ou des guerriers. Le nom de Gaudama, suivant l'opinion de feu E. Burnouf est le nom de l'instituteur religieux de sa famille, que les membres des familles de cette caste adoptaient souvent. Cet instituteur devait descendre du célèbre philosophe Gotama, mentionné dans certains écrits, mais distinct de notre Boudha.

2. — Kapila ou Kapilawot, lieu de naissance de Boudha, était situé sur la rive gauche du Gogra droit au nord de Bénarès.

C'était un monceau de ruines quand Fa-Hian le visita, et la contrée était presque déserte. Quelques-uns pensent qu'il était situé près des montagnes qui séparent le Nepal de Goruckpore, sur la rivière Rohini, courant qui vient des montagnes et alimente le Rapti. Mais cette assertion n'est appuyée que d'un petit nombre et paraît peu probable.

3. — La rivière Anauma ne peut être l'Amanat, dans le Béhar, au sud de Patna. C'est probablement un des affluents du Gogra, et qu'on peut trouver à mi chemin entre Kapila et Radzagio. L'emplacement de cette dernière ville, comme on le verra plus tard, reste auprès du moderne Béhar. La légende confirme cette supposition. Boudha parcourut trente youdzanas de Kapila à la rivière Anauma; puis trente jusqu'à Radzagio. Le youdzana de cette époque, à Magatha, est supposé avoir été probablement de sept milles.

4. — Ourouwela était une des montagnes rendues fameuses par le nombre des ermites qui s'y retiraient pour s'y livrer à la méditation. Elle n'est pas loin de Gaya Boudha.

5. — La rivière Neritzara, en mongol Nirandzara, est un cours d'eau considérable coulant du sud-ouest; il se joint au Monah et forme le Fulgo.

6. — Baranathi, sans le moindre doute, est la fameuse cité de Bénarès. Les Birmans l'appellent Baranathi ou plutôt Varanasi. La ville est ainsi nommée de sa situation entre la petite rivière Varana et l'Asi, un simple ruisseau. La solitude de Migadawon, où Boudha vint prêcher la loi aux cinq Rahans qui l'avaient servi, durant les six années de mortification, qu'il passa dans la forêt d'Ourouwela, se trouve dans le voisinage. Bénarès est célèbre dans les annales Boudhistes, parce que dans son voisinage, la loi de la roue, ou mieux la très-excellente loi des quatre sublimes

vérités, fut annoncée pour la première fois. La signification de Migadawon est : « forêt du cerf. » Elle est située à trois milles et demi de Bénarès, au nord. On dit qu'après avoir marché l'espace de neuf milles depuis l'arbre Bodi, Boudha eut à parcourir une distance de dix-huit youdzanas, avant d'atteindre Bénarès, ce qui fait un total d'environ cent vingt milles.

7. — Radzagio, ou Radzagihra, était la capitale de Magatha ou Béhar sud. Sa situation est bien reconnue et déterminée. Ses ruines ont été minutieusement décrites par plusieurs voyageurs. Elle était située sur la rive gauche de la même petite rivière que Béhar, mais à quelques milles au sud de cette place. Les montagnes ou pics qui environnent cette ancienne cité sont remplies des grottes habitées dans les temps anciens par les ascètes Boudhistes. La montagne Gayathitha, où Boudha prêcha son fameux sermon, est dans le voisinage. C'est peut-être la même que le Gridrakouta, ou le pic du Vautour.

8. — Les annales Boudhistes mentionnent souvent le pays du milieu ou Mitzima-desa. Il comprenait les régions de Mathoura, Kosala, Kapila, Wethalie et Magatha, c'est-à-dire les provinces d'Agra, Delhi, Oudh et Béhar sud.

Magatha, au sud du Gange, avait pour capitale, d'abord Radzagio, jusqu'à ce que Kalathoka, cent ans après la mort de Gaudama, transféra le siège de son empire à Pataliputra ou Patalibothra. Le célèbre monastère de Welouwon était situé dans le voisinage de Radzagio, et fut offert à Boudha par le roi Pimpathara, maître de ce pays.

9. — Kosala n'est autre que le royaume d'Ayodya, maintenant appelé Oudh. Thawattie, ou Çrawasti, était la capitale d'un district de ce pays. Elle était située presque exactement à la place où se trouve actuellement la ville moderne de Fizabad. D'après la légende, la distance de Radzagio à Thawattie est de quarante-cinq youdzanas d'environ sept milles. A douze cents pas de cette cité devait se trouver le monastère du Dzetawon, ou le bois du victorieux. Les nombreuses ruines qui ont été visitées et étudiées, ne laissent aucun doute sur la position certaine de Thawattie.

10. — Thing-ka-tha, ou Tsam-pa-tha, se trouve à l'est entre Mathon et Kanoudj, près de l'emplacement occupé par la ville de Ferroukabad. Le capitaine A. Cunningham a retrouvé les ruines

de cette localité dans le village de Samkassa, sur la rive gauche du Kalinadi, à douze cos de Ferruckabad. D'après une tradition populaire, elle fut détruite en 1183, par le roi de Kanoudj, à l'instigation des Brahmines qui, par tous les moyens en leur pouvoir, essayaient de faire disparaître de cette partie de la Péninsule, les derniers vestiges du Boudhisme. C'est en ce lieu qu'arriva Boudha à son retour du siège des Nats, où il avait été prêcher la loi à sa mère. Suivant la légende, la distance de Thawattie à Thing-ka-tha est de trente youdzanas, dans l'ouest. Fa-Hian dit que dans un des temples de cette localité, il a vu l'échelle dont Boudha se servit lorsqu'il descendit du siège des Nats.

11. — Le village de Patali est la place exacte où fut plus tard établie la cité fameuse de Patalibothra, capitale de Magatha. Cette ville était parvenue au comble de sa splendeur, quand Mégasthenes, ambassadeur de Seleucus, la visita sous le règne de Chandragoupta. Au temps de Boudha, ce n'était qu'une localité insignifiante. Il y avait pourtant une espèce de forteresse, pour arrêter les invasions de quelques voisins entreprenants. Boudha, quand il traversa cette place, prédit qu'elle deviendrait une cité florissante. La prédiction eut un commencement de réalisation, cent ans après sa mort, lorsque le roi Kalathoka quitta Radzagio et transporta le siège de son empire à Palibothra, près du lieu où se trouve actuellement la ville moderne de Patna.

12. — On suppose que la ville de Wethalie existait au nord de Patna, sur le Gunduck, non loin du lieu où cette rivière se jette dans le Gange. Le gros village de Besarh, à 20 milles au nord d'Adjipour, occupe une portion de l'emplacement où se trouvait Wethalie. Au septième siècle, le Boudhisme y commençait à décliner; les fausses doctrines, comme dit un des pèlerins chinois, commençaient à prévaloir. On n'y voyait, à cette époque, qu'une ville en ruines et de nombreux monastères presque déserts et tombant, eux aussi, en ruines. Plusieurs indices de ruines anciennes se peuvent voir aussi entre Besarh et Bakra, ils appartiennent à la même cité qui était autrefois populeuse et riche. Sa circonférence était d'environ 12 milles, comprenant les deux localités modernes de Besarh et Bakra. Tous les monceaux de ruines ont été fouillés et décrits avec soin, par A. Cunningham, et les emplacements des anciennes citernes exactement fixés. On trouve dans la légende un

épisode curieux relatif à ce nom de Wethalie. Une courtisane qui, en dépit de son métier peu recommandable, occupait une brillante position dans le pays, sollicita la faveur de traiter Boudha avec tous ses disciples. Ce dernier accepta l'invitation et reçut un superbe terrain planté d'arbres qu'elle lui offrit ainsi qu'à l'assemblée. Il ne semble pas que sa profession fût considérée comme déshonorante. Il est probable que les personnes de son espèce n'offraient pas seulement à leurs visiteurs des plaisirs exclusivement sensuels, mais qu'on trouvait aussi chez elles une sorte de bureau d'esprit. Il existait à Rome et en Grèce quelque chose d'analogue à la situation que nous indiquons. Suivant Plutarque, Aspasie dans Athènes était assidûment fréquentée par Périclès, en raison de sa haute culture littéraire et de ses capacités politiques. Socrate la fréquentait quelquefois en compagnie de ses disciples. Les visiteurs y menaient à l'occasion leurs femmes pour les faire jouir du charme de ses conversations aussi raffinées qu'instructives. Le même biographe philosophe ne se fait pas scrupule de citer quelquefois les mots de la célèbre courtisane romaine appelée Flora.

13. — Nala ou Nalanda était un village Brahmine à environ sept milles au nord de Radzagio. C'était le lieu de naissance du grand disciple Tharipoutra. Il paraît qu'il y avait là une espèce d'Académie, où les lettrés de Radzagio se donnaient rendez-vous pour discourir sur des sujets d'ordre moral et philosophique. Les ruines magnifiques qui subsistent encore de nos jours, en ce lieu, ont été minutieusement examinées, mesurées et décrites par plusieurs visiteurs. Le grand temple, suivant A. Cunningham, doit avoir été bâti au vi[e] siècle de notre ère.

14. — Koutheinaron, la cité de l'herbe Kushi, est le lieu dans le voisinage duquel Boudha entra dans l'état de Neibban, ou mourut. Quelques antiquaires, s'autorisant du nom d'un village appelé jusqu'à présent Kushia, ont placé la position de Koutheinaron sur la route entre Betiah et Goruckpore. On voit, en ce lieu, un monceau de briques de forme pyramidale sur lequel un large figuier Banian étend ses branches. Mais, d'après le texte de la légende, nous devons chercher le site de Koutheinaron plus près de la rivière Higniarati ou Gunduck, puisque le lieu où Boudha mourut était près de la cité et est décrit comme étant entouré sur trois de ses côtés par la rivière. Koutheinaron était situé un peu au

nord ou au nord-ouest de Betiah, sur ou près des bords du Gunduck. Là aussi, on peut voir des ruines dans lesquelles sans doute. on reconnaîtra Koutheinaron. Le nom peut bien avoir passé, par la suite, à la localité que nous avons mentionnée plus haut.

15. — Papilawana, la capitale des princes Mauria, était située entre le Rapti et le Gunduck, presque à l'est de Goruckpore. Au sud de cette place, Fa-Hian visita le Dzedi des charbons. Les princes Mauria, d'après le texte de la légende, étant arrivés trop tard pour participer au partage des reliques, emportèrent les charbons qui restaient après la crémation des restes de Boudha, les amenèrent dans leur pays, et bâtirent un Dzedi au-dessus. Ce ne fut pas loin de cet endroit que le Brahmine Dauna érigea un autre Dzedi au-dessus du vase qui avait contenu les reliques de Boudha.

16. — Le village de Rama est le même que le Ramaganio de la collection Cingalaise. Les deux pèlerins chinois, dans leur relation, appellent cet endroit Lan-mo. Serait-ce que le moderne Ramnagar indique la place de l'ancien Ramaganio ? En tout cas, nous ne serons pas loin de la vérité en le plaçant entre le Gogra et le Rapti, mais plus près du dernier, presque exactement à l'Ouest de Goruckpore.

17. — La ville de Pawa est supposée par A. Cunningham avoir occupé le même emplacement que le gros village de Padarawana, à 12 milles Ouest de la rivière Gunduck et 40 milles N.-N.-E. de Goruckpore. Un large tumulus de plus de 200 pieds de long, sur 120 de large, existe dans cette localité. Par les excavations faites sur les lieux, on suppose qu'il y avait là une cour avec des cellules pour les moines, de chaque côté, le centre, ainsi que cela a lieu souvent, étant occupé par un Dzedi. Les peuples de Pawa obtinrent un huitième des reliques, après la crémation du corps de Boudha, et bâtirent un dzedi au-dessus.

18. — Kapilawot ou Kapilawotta était situé entre Fyzabad et Goruckpore, mais un peu plus près de cette dernière place. Elle était sur ou près des rives de la Gogra. La petite rivière Rohini formait la frontière entre le territoire de Kapilawot et celui de Kaulia.

19. — Gaya et Boudha-Gaya sont deux lieux distincts. Le premier est bien connu comme la ville de Gaya. Le second est à 6 milles dans le Sud, et est fameux comme emplacement du Pipal ou arbre

Bodi, sous lequel Boudha avait obtenu la dignité de Boudha. On peut voir encore un arbre de cette espèce au même endroit. Celui qui s'y trouve maintenant était, en 1811, en pleine vigueur, alors que le Dr Buchanan le vit. Il le mentionne comme n'ayant pas plus de cent ans. A. Cunningham dit qu'à présent il est bien dégradé. Une grande pousse à trois branches est encore verte du côté de l'Ouest; mais les autres branches n'ont plus d'écorce et sont pourries. Hwen-Tsang, dans son itinéraire, parle du renouvellement, à une époque ancienne, de cet arbre par le roi Pourna-Varmma, après sa destruction par le roi Sasangka qui, dans un esprit d'inimitié toute Brahminique, fit fouiller le sol dans lequel il avait été et fit arroser la terre avec du jus de canne à sucre, afin d'empêcher qu'on le remplaçât. Le même éminent archéologue décrit un lourd temple de briques, situé à l'Est de l'arbre Bodi, et, avec toute probabilité, soutient que c'est le même qui fut décrit par le pèlerin chinois ci-dessus nommé. Comme Fa-Hian se tait à l'égard de ce temple, A. Cunningham en conclut qu'il fut élevé au vi^e siècle de l'ère chrétienne, alors que le Boudhisme, grâce à la faveur du roi Amara-Sinha et de quelques-uns de ses successeurs, reprenait un vigoureux ascendant, au moins dans Magatha, Il est probable que tous les temples dont les ruines ont été examinées à Boudha-Gaya, Nalanda et Behar, ayant une grande ressemblance de plan architectural et d'ornementation, ont été érigés pendant une partie du vi^e et une partie du viie siècle de notre ère. On en déduit que le Boudhisme, à cette époque, florissait à Magatha. Hwen-Tsang qui a visité et décrit ces monuments aux environs de l'année 625, en parle dans les plus hauts termes. Quelle durée ont eu les temps prospères du Boudhisme, en ces pays? C'est ce qu'il est difficile d'établir avec quelque précision. Mais il paraît probable qu'il se maintint en condition satisfaisante jusqu'au commencement du xe siècle. Il eut alors à s'effacer en présence de l'irrésistible et triomphant ascendant du Brahminisme.

Au Sud-Est du grand temple, est un petit étang, probablement celui du Naga, qui protégea Boudha pendant une des nombreuses stations qu'il fit autour de l'arbre Bodi.

20. — Anawadat est le nom d'un lac fameux dans l'histoire sacrée Boudhiste. D'après quelques savants, la signification étymologique du mot est : exempt de tumulte, et suivant d'autres : non

éclairé. Cette dernière appellation vient sans doute des nombreux pics qui l'environnent et qui empêchent les rayons du soleil de l'éclairer. C'est certainement le grand et célèbre lac qui recouvre une portion du haut plateau de Pamir. Il a été visité et décrit par le lieutenant Wood. Ce qu'il en dit, après des observations approfondies s'accorde bien avec ce qu'on trouve dans les itinéraires des voyageurs chinois. De ce haut plateau, qui enserre le lac, coule dans la direction de l'Est l'un de ces petits cours d'eau qui forment le Gange; tandis que, dans une direction opposée, l'Oxus, descendant de son versant occidental, roule ses eaux vers l'Ouest.

21. — Oudiana est un pays dont la position est fixée sur les bords de l'Indus, entre Caboul et Cashmire, à l'Ouest de ce dernier pays. Gandara, paraît-il, est le pays appelé Gandahar par les Musulmans. qui s'étend entre le Swat et l'Indus. L'auteur Birman mentionne toujours Kashmera en même temps que Gandara. Ceci indiquerait que les deux localités sont voisines l'une de l'autre, et qu'elles formaient primitivement un seul et même état. Yaunaka est peut-être la péninsule de Guzerat. Mais l'écrivain conserve des doutes sérieux à cet égard. Cela pourrait désigner les contrées situées à l'Ouest du Hindou Koush, c'est-à-dire l'ancienne Bactriane. L'auteur Birman dit que Yaunaka était habité par un peuple appelé les Pantsays; quel a pu être ce peuple? Y a-t-il là une allusion aux Grecs qui s'établirent en Bactriane? Il n'est pas sans intérêt d'entendre notre voyageur chinois dire que la religion était florissante dans les pays désignés plus haut, tandis que, dans le Punjab, il se rencontra avec des religieux avec lesquels il refusa d'avoir aucun commerce, et dont il parle en des termes qui n'ont rien de flatteur. Nous pouvons conclure de là que les doctrines hérétiques prévalaient alors dans ce pays; et que des doctrines en désaccord avec celles de Boudha avaient déjà jeté de profondes racines, et étouffé dans le germe le pur Boudhisme, si tant est même qu'il eût jamais été la religion dominante dans le pays des cinq rivières.

22. — Dans son voyage en descendant le Gange, notre pèlerin ne semble pas avoir jamais quitté son bateau pour des intervalles de temps considérables; il se contente de mentionner un fait qui peut paraître douteux à plusieurs: savoir la condition florissante de la religion Boudhique jusque dans le voisinage de la métro-

pole actuelle de l'Inde. Il parle du royaume de Champa. Campapouri ou Karnapoura était la capitale de cet État. Il était situé sur l'emplacement du présent Bhagulpore, ou près de là. De là Fa-Hian vint dans l'État de Tamaralipti; la ville qui portait ce nom est le moderne Toumlouck, sur la rive droite de l'Hougly, non loin de Calcutta. Ce fut dans ce port qu'il s'embarqua sur un navire à destination de Ceylan. Tamaralipti doit avoir été un port de mer renommé, plusieurs siècles avant Fa-Hian. Nous savons que Maheinda et ses compagnons, qui furent désignés pour aller à Ceylan et prêcher le Boudhisme aux peuples de cette île, s'embarquèrent dans ce port.

LES SEPT VOIES QUI MÈNENT AU NEIBBAN

Ceci est un abrégé de tous les principes qui constituent le système Boudhiste. Dans la « *légende de Boudha*, » le lecteur s'est familiarisé avec la vie du fondateur du Boudhisme, l'établissement de sa religion et la promulgation de ses principales doctrines. Dans les pages suivantes, il trouvera condensées sous un petit volume, les diverses observances à suivre, pour arriver au parfait repos. Comme c'est surtout par la méditation et la contemplation qu'on y peut arriver, le lecteur doit se préparer à se plonger jusqu'au cou dans les eaux quelque peu troubles de la métaphysique, s'il veut pénétrer dans le vrai sanctuaire du Boudhisme.

Pour encourager le lecteur et le soutenir durant le fatigant voyage qu'il va faire sur ces routes désolées, l'auteur lui dira qu'il a supporté avant lui les fatigues de ce voyage, mais que, poussé par un sentiment de charité, il a essayé d'adoucir les difficultés de la route, en faveur de ceux qui s'engageraient après lui dans la même voie. Jusqu'à quel degré a-t-il réussi dans ses efforts bien intentionnés, c'est ce qu'il ne peut dire. Il se bornera à établir que si le succès est en proportion de la peine qu'il s'est donnée, il verra se justifier au moins en partie son espoir d'avoir aplani les voies pour les non-initiés, et de les avoir aidés à parcourir le champ difficile de la métaphysique.

Suivant, en ce cas, la ligne de conduite qu'il a adoptée dans tout le cours de cet ouvrage, l'auteur laissera l'écrivain Boudhiste parler et exprimer ses propres vues sur les différents chefs d'exa-

men. Il se bornera, comme toujours, à rendre aussi succinctement
et aussi fidèlement que possible le sens du texte qu'il a sous les
yeux. Quelque simple que la tâche puisse paraître, elle est loin
d'être facile, parce que les Birmans sont radicalement incapables
de comprendre entièrement la partie métaphysique de leur système
religieux. Leur ignorance est calculée pour rendre encore plus
obscur ce qui de sa nature est presque en-dehors de la portée de
la compréhension. Cela vient de ce qu'ils ont fréquemment donné
une interprétation erronée à beaucoup de mots Pali dont le sens est
loin d'être exactement déterminé.

Notre docteur Boudhiste commence son ouvrage par l'énumération des avantages à retirer d'une application sérieuse et constante à l'étude de ces sept voies. Un tel exercice, dit-il, a la vertu de nous délivrer de tous les maux; il développe l'intelligence au plus haut degré et conduit tout droit au Neibban. Par lui, l'homme est délivré de toutes les erreurs, est heureux, et devient pendant sa vie un honneur pour la sainte religion de Boudha.

Les divers sujets qu'il entend traiter dans son livre sont arrangés sous sept titres qui sont ainsi coordonnés : L'observance des préceptes et la pratique de la méditation sont le double fondement de l'édifice spirituel; la considération de la nature et de la forme de la matière sera le pied droit du sage; l'investigation sur les causes et les principes des êtres vivants sera comme son pied gauche; l'application de l'esprit à découvrir les quatre grands chemins de la perfection et l'affranchissement de toutes les passions seront comme sa main droite et sa main gauche; et la possession de la parfaite science ou savoir sera comme sa tête; l'homme fortuné qui arrivera aussi loin sera certain d'obtenir la délivrance.

Ce sommaire est ainsi divisé par notre guide en sept parties distinctes qui seront condensées en six articles.

Il est bon d'ajouter que ce livre, dont nous mettons maintenant une traduction abrégée sous les yeux du lecteur, fut d'abord composé en langue Siamoise à Bangkok, et a été depuis traduit en Birman. Nous voyons par conséquent que tous les principes qui y sont exposés sont reçus comme vrais sur les bords de l'Irrawady comme aux rives de Meïnam, et peuvent être considérés comme étant une fidèle exposition des plus hautes doctrines du Boudhisme, telles qu'elles sont reçues dans les deux pays. Cette observation confirme une opinion qui a été contestée par plusieurs, savoir : que les principales doctrines du Boudhisme sont à peu près les mêmes dans tous les lieux où il est devenu le credo dominant. Les différences que l'on trouve çà et là ont principalement trait à des pratiques et observances qui se montrent aux yeux de l'observateur sous une infinie variété de couleurs et de formes. Quand le Boudhisme s'établit en plusieurs pays, il laissa subsister un grand nombre d'observances et de pratiques greffées profondément sur les coutumes et les mœurs du peuple; il les toléra et fit avec elles une sorte de compromis tacite. Ainsi, par exemple, le culte des Nats existait chez les tribus de la vallée de l'Irrawady, longtemps avant l'introduction du Boudhisme. La plupart des rites superstitieux qui dominent en Birmanie viennent de cette croyance. Avec les Chinois, le culte des ancêtres continue de subsister côte à côte avec le Boudhisme, bien que cette dernière croyance n'ait avec l'autre rien de commun. Dans le Nepaul et à Ceylan, les superstitions Hindoues fourmillent à la vue de l'observateur, à un tel degré qu'il n'est pas aisé de dire laquelle des deux croyances a la préférence.

ARTICLE PREMIER

DES PRÉCEPTES.

Notre auteur, dans un esprit vraiment philosophique, se pose d'abord les trois questions suivantes : Quelle est l'origine de la loi ? Qu'est-ce que l'homme, sujet de la loi ? Qu'est-ce que l'individu, promulgateur de la loi ? Il répond à ces trois questions de la manière suivante : 1° Tout ce qui existe est divisé en deux parties distinctes, les choses qui sont sujettes au changement et à obéir au principe de la mutabilité, comme la matière, ses modifications, et tous les êtres, qui ont une cause (1); et celles qui sont éternelles et immuables, c'est-à-dire les préceptes de la loi et le Neibban. Celles-ci n'ont ni auteur ni cause; elles existent par elles-mêmes, sont éternelles et placées bien en-dehors de l'influence qui cause la mutabilité. 2° Quant au divulgateur de la loi, Boudha, il n'est qu'un homme qui, pendant des myriades de siècles, a accumulé mérites sur mérites, jusqu'à ce qu'il ait obtenu le Neibban de Kiletha, ou la délivrance de toutes les passions. Depuis ce moment jusqu'à sa mort, cet éminent personnage est constitué le maître de la religion et le docteur de la loi. Grâce à sa parfaite science il découvre tous les préceptes qui forment le corps de la loi. Poussé par sa bienveillance incomparable envers tous les êtres, il les promulgue pour le salut de tous. Il n'est pas l'inventeur de ces préceptes; il les découvre simplement par le pouvoir de son intelligence suprême, de la même manière que nous apercevons clairement pendant la nuit, par le secours d'une lumière, les objets enveloppés jusque là dans de profondes ténèbres. 3° L'homme qui doit être soumis à

(1) La distinction à laquelle notre auteur fait allusion est des plus importantes. Qu'entend-il lorsqu'il dit que toutes les choses de ce monde obéissent au principe de mutabilité, et sont soumises à de perpétuels changements et modifications, et qu'elles ont une cause? On serait tenté de croire que les Boudhistes admettent une cause première, mais il n'en est rien. Pour comprendre un tel langage dans une bouche boudhiste, nous devons nous rappeler la théorie des douze Nidanas ou causes et effets. Chacun des Nidanas est effet relativement au précédent, et cause relativement au suivant. Tous les êtres existants sont relativement l'un à l'autre effets et causes. Tous subissent l'irrésistible influence de la mutabilité et du changement. Les êtres qui résident dans les sièges de Brahmas n'échappent pas à cette influence, pas même ceux qui habitent dans les quatre sièges immatériels.

Y a-t-il des choses qui soient d'une manière fixe et perpétuellement les mêmes, sur lesquelles aucun changement, aucune vicissitude n'ait prise? Il y a la loi, il y a l'état de Neibban. La loi est l'expression de la vérité qui est la réalité, par opposition à la non-réalité du monde visible. L'essence de la loi est contenue dans les quatre sublimes vérités qui sont emphatiquement appelées la roue de la loi, elles sont la déclaration de l'état et de la condition réels de tous les êtres. Elles proclament la nécessité de mettre fin à un si misérable état de choses, et montrent les moyens certains de se délivrer des misères inhérentes à l'existence.

Ces vérités sont éternelles en tant que ce qu'elles annoncent a toujours été vrai dans tous les mondes qui ont précédé celui-ci, puisqu'elles se ressemblent l'une à l'autre, et seront toujours également vraies, pendant les séries sans fin de mondes qui doivent suivre. Dans ce sens, la loi, dans l'opinion des Boudhistes, étant la déclaration de la vérité ou de ce qui est, doit être éternelle, puisque la vérité elle-même est impérissable.

L'état de Neibban, par opposition à celui d'existence tel que nous le comprenons

l'observance de la loi est distingué par les caractères suivants. Il possède plus de savoir que les animaux et les autres êtres, excepté les Nats et les Brahmas; son intelligence et ses pensées ont une portée plus étendue que celles des autres êtres; il est capable de réfléchir, de comparer, de tirer des conclusions, et d'observer librement les règles de la vie (1); malgré les amorces de ses passions, il peut s'affranchir des trois grandes passions: la concupiscence, la colère et l'ignorance : enfin il descend de ces Brahmas qui, au commencement de ce monde, vinrent de leur siége, vécurent sur la terre, et, pour avoir mangé le riz *Tsale*, perdirent tous leurs glorieux priviléges et devinrent des êtres semblables à ceux qui nous sont connus sous la dénomination d'hommes.

La grande fin à laquelle on doit viser, dans l'observance des préceptes de la loi, et l'exercice de la méditation, est d'obtenir un état de complète indifférence pour toutes les choses. (L'état d'indifférence en question ne consiste pas dans un dédain stupide des choses de ce monde. C'est le résultat d'une science acquise par beaucoup de travail et de peine. L'homme sage qui s'est mis en possession d'une telle science, cesse d'être soumis à l'influence de

est également une chose qui ne change jamais, puisqu'il est à la fin des changements Il reste toujours le même; il est l'opposé de l'existence. Donc, ce qui est appelé ici perpétuel ou éternel n'est, dans l'opinion des Boudhistes, autre que les choses que l'on conçoit subsistant abstractivement par elles-mêmes et n'étant jamais affectées par le grand principe de mutabilité qui attaque tous les êtres. Pour résumer le tout en quelques mots, la science qui montre les moyens d'échapper aux tourbillons d'existences et le fait de se trouver en dehors de son action : tels sont les deux choses qui sont toujours les mêmes, ne subissent aucun changement et sont éternelles.

(1) Dans la définition de l'homme qui est donnée par l'auteur boudhiste, nous trouvons les mots intelligence, capacité de réfléchir, de comparer et de tirer des inductions, etc. Quiconque n'est pas familiarisé avec les révoltantes doctrines matérialistes boudhistes, serait tenté de croire qu'ils admettent une âme ou principe spirituel subsistant dans l'homme. Mais tel n'est pas le cas. La faculté d'accomplir toutes les fonctions qu'avec raison nous attribuons à l'âme réside dans le *sixième* sens, appelé *mano*, ou le cœur ou le principe connaissant. Mais ce sens, dans leur opinion, est aussi matériel que l'œil, l'oreille et les autres sens. Il est agréable au lecteur chrétien, au milieu de ce fatras de fables, de rencontrer quelques parcelles de la révélation primitive. Nous voyons l'homme, issu d'une noble origine, paraissant dans ce monde avec les plus glorieux priviléges, qu'il perd en mangeant le riz appelé Tsale, qui produirait sur son être les mêmes effets destructifs, produits dans le jardin d'Éden sur nos premiers parents, pour avoir mangé du fruit défendu.

cette illusion vulgaire qui fait croire les gens à l'existence réelle de choses qui n'ont en elles aucune réalité, mais qui reposent seulement sur une base éphémère qui change incessamment et finit par s'évanouir. Il voit les choses comme elles sont réellement. Il est plein de mépris pour des choses qui ne sont tout au plus que des illusions. Ce mépris engendre une indifférence complète pour tout ce qui existe, même pour son propre être. Il soupire après le moment où il lui sera donné de jeter au loin son propre corps, afin de cesser de se mouvoir dans le cercle des interminables et misérables formes d'existence. Dans ce sens doit être entendu l'état de quiétude parfaite ou d'indifférence qui est le dernier étage que l'homme sage puisse gagner par le secours de la science qu'il possède. Les Religieux de la croyance Brahminique ont professé la même indifférence pour tous les accidents de la vie.) De là, notre Boudha, quand il devint un être parfait, regardait le vicieux Dewadat du même œil qu'il regardait la grande Maia, sa mère. Des légions de Rathis ou d'Anachorètes ont été fameux pour s'être fait dévorer par des bêtes féroces, ou mordre par des serpents venimeux, plutôt que d'offrir une résistance pouvant indiquer le moindre soupçon de non-indifférence. On ne pouvait pousser plus loin le parfait dédain qu'ils avaient pour leur corps qui, ils le savaient bien, est, comme toute autre chose, un simple composé des quatre éléments, une pure illusion, entièrement distincte d'eux-mêmes.

Cinq commandements constituent la vraie base sur laquelle reposent toutes les morales, et sont obligatoires pour tous les hommes sans exception. Ils comprennent cinq prohibitions. (Il n'est pas médiocrement curieux que les cinq préceptes obligatoires pour tous les hommes soient tout bonnement cinq prohibitions, n'ayant pas pour but de montrer aux hommes ce qu'ils ont à faire, mais les avertissant de ne pas faire les choses qui leur sont interdites. Ceci suppose que l'homme est enclin à faire de certains actes qui sont criminels. La loi Boudhiste des cinq préceptes, l'empêche de céder à de telles dispositions, mais ne lui enseigne pas de devoirs particuliers à accomplir. Elle n'élève pas l'homme au-dessus de son niveau originel, mais elle tend à l'empêcher de tomber plus bas.) Les cinq prohibitions sont : ne détruire la vie d'aucun être ; ne pas voler ; ne pas commettre d'adultère ; ne pas dire de mensonges ; ne boire aucunes liqueurs ou breuvages enivrants.

Notre auteur paraît être passé maître en casuistique, car il nous montre avec une minutie et une précision extraordinaires les conditions qui constituent rigoureusement l'infraction de ces préceptes. Nous ne donnerons ici qu'un petit nombre d'échantillons de son savoir-faire en ce genre. En ce qui concerne la première prohibition, dit-il, cinq choses sont nécessaires pour constituer une offense contre le premier commandement, savoir : un être qui a vie, l'intention et la volonté de tuer cet être, un acte qui soit capable de donner la mort, et la perte de la vie pour cet être à la suite de l'accomplissement de cet acte. Qu'une de ces conditions vienne à manquer, on ne pourra pas dire que le péché ait eu lieu, ni par suite qu'il y ait eu transgression complète de la première prohibition.

Puis, en ce qui concerne le second précepte, cinq circonstances ou conditions sont nécessaires pour constituer une transgression, savoir : un objet appartenant à une autre personne qui n'ait jamais par paroles ou par signes, montré la moindre intention de s'en dessaisir; la connaissance que le possesseur entend en conserver la propriété; avoir l'intention formelle de s'emparer secrètement ou par force de cet objet; l'effort pour devenir possesseur de la chose, en trompant ou lésant le propriétaire, ou bien par des maléfices endormant le possesseur ou détenteur de l'objet; et finalement déplacer l'objet à quelque courte distance que ce puisse être, ne fût-ce qu'à la longueur d'un cheveu.

Pour l'infraction du troisième précepte, les conditions suivantes sont requises : l'intention et la volonté de pécher avec une personne d'un autre sexe, de la dénomination d'Akamani-jathan, c'est-à-dire personne qu'il est défendu de toucher; agir dans cette intention et consommer l'acte. Les femmes qui tombent sous la dénomination précédente sont divisées en vingt classes. Les huit premières classes comprennent celles qui sont sous la garde de leurs père et mère, ou parents; la neuvième classe comprend celles qui ont été fiancées avant l'âge; la dixième celles qui sont réservées pour le roi. Rentrent dans les dix autres classes toutes celles qui ayant été esclaves, ou pour toute autre cause, sont devenues les concubines de leurs maîtres, ou ont épousé leur séducteur, etc.

La quatrième prohibition s'étend non-seulement aux mensonges, mais encore aux expressions calomnieuses, grossières ou insultantes, et aux paroles frivoles et inutiles. Les quatre conditions suivantes constituent un mensonge, savoir : dire une chose qui n'est pas vraie ; l'intention de dire une telle chose ; rendre manifeste cette intention en disant la chose ; et quelqu'un qui entend et comprend clairement la chose qui est dite. Pour qu'on puisse dire que le péché de médisance existe, il faut que celui qui le commet parle avec l'intention d'exciter les intéressés à se haïr l'un l'autre, ou à se quereller l'un avec l'autre, et que les mots prononcés dans cette intention soient entendus et compris de ceux qu'ils concernent.

Le cinquième précepte défend de boire le Soura et le Meria, c'est-à-dire des liqueurs distillées et les jus enivrants extraits de fruits ou de fleurs. Le simple acte de mettre la liqueur dans sa bouche ne constitue pas un péché, il faut qu'il y ait absorption.

En dehors de ces cinq préceptes généraux obligatoires à tous les fidèles sans exception, il y a trois autres préceptes ou plutôt conseils, qui sont fortement recommandés aux Oupasakas ou laïques pieux. Ils sont imaginés pour servir de barrière contre la grande propension inhérente à la nature, qui pousse les hommes à abuser de toutes choses, par l'intermédiaire du goût, de l'ouïe, de la vue, de l'odorat et de la sensation. Ils sont autant de procédés pour aider à acquérir la sobriété et la modération dans l'usage de toutes les choses de ce monde.

Le premier conseil règle tout ce qui concerne le manger. Il défend de faire usage d'aliments, depuis midi, jusqu'au jour le matin suivant. Le second interdit d'assister aux spectacles et aux comédies ; il défend l'usage des fleurs et des essences avec l'intention de les sentir ou de les posséder avec sensualité. Le troisième prescrit la forme et la dimension des lits, qui ne doivent jamais avoir plus d'une coudée de hauteur et doivent être dénués d'ornements. L'usage de matelas et d'oreillers remplis de coton ou d'autres matières douces, est positivement prohibé. La simple intention de se coucher sur une de ces énervantes superfluités, et, *à fortiori*, le fait de s'y étendre constitue l'infraction à ce commandement.

Ces trois derniers préceptes doivent être observés principalement les jours suivants : les 5, 8, 14 et 15 de la lune croissante, et les 5, 8 et 14 de la lune décroissante, ainsi qu'à la nouvelle lune. Les pieux Oupasakas les observent quelquefois pendant trois mois consécutifs de la saison du carême.

Dans l'opinion de notre auteur, ceux-là méritent le titre respectable d'Oupasakas, hommes et femmes, qui ont le plus grand respect et entretiennent une pieuse affection pour les trois précieuses choses : Boudha, la Loi, et l'Assemblée des parfaits. Ils doivent toujours les considérer comme la terre du salut, et le plus sûr des abris. Ils doivent être prêts à tout sacrifier, même leur vie, pour ces trois choses parfaites. Durant leur vie, en toutes circonstances, ils doivent chercher à suivre scrupuleusement les instructions de Boudha, telles qu'elles sont codifiées dans la loi et prêchées par les Rahans.

Cinq offenses privent un homme du titre honorable d'Oupasaka, savoir : le manque de croyance et de confiance aux trois précieuses choses, la non-observance des huit préceptes, la croyance aux jours fastes et néfastes (1), ou à la bonne et à la mauvaise fortune, la croyance aux présages et aux signes, et la fréquentation des impies qui n'ont pas foi en Boudha.

Nous arrivons maintenant aux règles imposées à tous les Religieux Boudhistes. Elles sont au nombre de deux cent vingt-sept et se trouvent dans un livre appelé Patimauk. Ce livre est le *vade mecum* de tous les Religieux. Ils l'étudient, et souvent l'apprennent par cœur. A certains jours de chaque mois, les Religieux s'assemblent dans les Thein; le Patimauk est alors lu, commenté et expliqué par un des anciens de la communauté. C'est un abrégé

---

(1) Les Boudhistes attachent beaucoup d'importance à la croyance aux trois précieuses choses; c'est la base sur laquelle repose tout l'édifice spirituel; mais il est assez extraordinaire de voir que la superstition et la croyance aux jours fastes ou néfastes, à la bonne ou mauvaise chance, soit ouvertement condamnée et expose aux plus sévères pénitences celui qui s'y laisse aller. Bien que cette croyance puérile soit tellement commune en Birmanie qu'elle influe sur les actes de chaque jour et de chaque heure, nous devons cependant reconnaître qu'elle est en opposition formelle avec les principes du Boudhisme. Il ne peut y avoir bonne ni mauvaise chance pour celui qui croit à l'influence des mérites et des démérites. Il n'y a qu'un seul et unique agent dans ce monde, celui-là; lui seul anime et régit tous les accidents de la vie humaine. Telle est, en effet, la théorie du vrai boudhiste. Mais quel énorme écart entre la théorie et la pratique! Celui qui a vécu quelque temps au pays boudhiste, et qui s'est familiarisé avec les coutumes intimes du peuple, ne tarde pas à découvrir que les idées superstitieuses, et, ce qui en est la conséquence, les pratiques superstitieuses sont le ressort et le principal moteur de toutes les actions, depuis le matin jusqu'à la nuit. A cet égard, les moines boudhistes ne se distinguent pas des laïques, bien plus, on les voit souvent guider le peuple dans l'accomplissement de rites en parfait désaccord avec la teneur de leurs doctrines.

du Wini, le grand livre de la discipline ; il enseigne les diverses règles à l'égard des quatre articles offerts par les fidèles aux Religieux, c'est-à-dire, les vêtements, la nourriture, les nattes et les ingrédients employés pour chiquer. Ces règles déterminent également tout ce qui a rapport à la manière de faire des prières, des dévotions, de marcher, s'asseoir, se coucher, voyager, etc., etc. Chaque chose est décrite avec les plus minutieux détails.

Si la chose pouvait offrir quelque intérêt, ce serait ici le lieu de développer le système de casuistique que les Religieux Boudhistes ont poussé à un degré de raffinement et d'argutie vraiment extraordinaire. Qu'il nous suffise de dire qu'ils ont dépassé les bornes de la spéculation conjecturale dans l'examen des diverses façons d'observer ou de trangresser les règles et préceptes qui concernent le corps religieux.

Chaque loi, chaque précepte, doivent avoir une sanction. Ce n'est pas ce qui manque dans le système Boudhiste. Examinons en quoi consiste la récompense accordée à l'observance régulière et correcte des préceptes, et quel est le châtiment infligé aux transgresseurs de ces ordonnances. Comme d'usage, nous suivrons notre auteur et le laisserons nous faire connaître son opinion personnelle sur cet important sujet. On nous demande souvent, dit-il, pourquoi certains individus vivent ici bas beaucoup d'années, tandis que d'autres ne font qu'apparaître un moment sur la scène du monde. La raison de la différence des conditions respectives de ces personnes, saute aux yeux. Les premiers, durant une existence antérieure ont fidèlement observé le premier commandement et se sont abstenus de tuer des êtres doués de vie : de là leur longue vie ; les seconds, au contraire, ont souvent transgressé ce principe, et, par suite, l'influence de leurs crimes antérieurs cause la brièveté de leur existence. De la même manière, nous expliquons toutes les différences qui se présentent dans les conditions diverses de tous les êtres. L'observance ou la trangression d'un ou de plusieurs préceptes, crée les positions heureuses ou malheureuses, de richesse ou de pauvreté, de beauté ou de laideur, qui différencient les vies et les situations des mortels dans ce monde. En outre des rémunérations immédiatement accordées en ce monde, il y a les six sièges de Nats, où toutes sortes de récompenses sont le partage, pendant des périodes infinies, de ceux qui ont exactement satisfait à toutes les prescriptions de la loi. Il y a de même dans les différents enfers, des places de châtiment réservées aux trangresseurs des préceptes (1). Les situations d'animal, Athourike et Preitta sont d'autres formes de punition.

Un détail circonstancié de tout ce qui a rapport aux bienheureuses régions des Nats, ainsi qu'aux sombres demeures de l'enfer, se trouve dans un des grands Dzats ou récits des premières existences de Gaudama, donnés par lui-même à ses disciples, quand il était un prince sous le nom de Nemi.

L'auteur a lu et traduit en partie cet ouvrage, qui lui a remis en mémoire d'une manière charmante les gracieux épisodes que le VIe livre de l'*Énéide* donne sur le même sujet.

L'imagination la plus capricieuse, la plus fertile et la plus ingénieuse semble avoir épuisé les ressources de la description, d'une part en multipliant les plaisirs que l'on goûte aux siéges des Nats, et en embellissant et ornant ces régions délicieuses; et de l'autre en retraçant en traits de feu, l'effroyable tableau des tourments terribles des régions de désolation, de désespoir et d'agonie.

Tout ce qui est raconté si complaisamment des fortunées demeures des Nats, dans leurs livres sacrés, fournit aux religieux Boudhistes d'agréables et inépuisables sujets de sermons qu'ils récitent à leurs auditeurs, afin de les exciter plus efficacement à leur faire d'abondantes aumônes. Les crédules auditeurs entendent constamment dire que les meilleures places dans ces régions sont données à ceux qui se sont le plus distingués par leur libéralité. Nous pensons qu'il serait inutile, superflu, dépourvu d'intérêt et fatiguant de répéter ces récits fabuleux des siéges des Nats et des demeures infernales, qui sont donnés par les auteurs Boudhistes. Les seules particularités qui méritent attention sont celles-ci : la récompense est toujours proportionnée à la somme des mérites, et le châtiment à la somme des démérites. Il n'y a éternité ni pour la récompense ni pour le châtiment.

---

(1) C'est la conséquence de l'axiome établi par notre auteur, savoir : que le principe de mutabilité pénètre tous les êtres qui résident dans les trente-un siéges leur sont dévolus. On ne peut s'arrêter à supposer, d'après les Boudhistes, qu'un être, quelle que puisse être la somme de ses mérites ou démérites, puisse être mis en dehors à tout jamais de l'influence de ces bonnes ou mauvaises actions. Elle l'accom-

Nous terminons ce premier article par une remarque importante relative au système qui nous occupe en ce moment.

Les siéges de bonheur, ainsi que nous l'avons mentionné déjà, sont divisés en deux grandes catégories, l'une qui comprend les siéges supérieurs, et l'autre les inférieurs. Ces derniers sont les six sièges de Nats et sont habités par des êtres encore sous l'influence de la concupiscence et des autres passions. Ceux qui observent les cinq préceptes généraux se sont placés, et en quelque sorte établis sur la base où repose la perfection, mais non pas encore sur la perfection elle-même ; ils viennent seulement d'en franchir le seuil. Ils sont encore imparfaits, mais ils se sont préparés à entrer dans la voie qui mène vers la perfection, c'est-à-dire la méditation ou la science du Dzan. La récompense savourée dans ces siéges est donc encore l'imperfection. Les sièges supérieurs peuvent être atteints par ceux-là seuls qui s'appliquent aux œuvres mentales. Ces œuvres sont le vrai fondement du majestueux édifice de la perfection, et la grande voie qui y conduit.

ARTICLE II

DE LA MÉDITATION ET DE SES DIVERS DEGRÉS

Cet article et les suivants traitent de sujets tellement abstraits et subtils qu'il faudrait la science d'un Boudha pour arriver à une compréhension claire de matières aussi obscures. Les difficultés de cette étude proviennent des idées confuses et embrouillées des philosophes Boudhistes sur l'âme et sa spiritualité,

pagne dans toutes ses positions et occasionne les vicissitudes qui remplissent son existence. Elle agit sur lui en enfer aussi bien que sur la terre et dans les siéges des Nats et des Brahmas. La fixité ne se peut trouver nulle part, excepté là où on est sorti du cercle des existences, c'est-à-dire dans le Neibban. Lorsque nous parlons d'existence, dans le sens boudhiste, nous entendons un *état d'être*, en toute forme, situation ou place que ce soit. La fixité dans la jouissance de la récompense ou dans l'épreuve du châtiment, est en contradiction avec le premier principe du boudhisme. Ce qui distribue la récompense ou la punition est l'influence indiquée ci-dessus, qui procède des actes accomplis, et à son tour décerne le bien ou le mal en proportion égale à la cause qui l'a créé.

Gaudama, ayant volontairement ou involontairement méconnu une cause pre-

et peut-être de l'incapacité de l'auteur à comprendre le vague et l'indéfini des termes qu'ils ont employés pour développer leurs idées sur ces matières. Pour un Européen, le champ de la métaphysique Boudhiste est en grande partie nouveau. Le sens des mots est à moitié compris par le traducteur Birman ; les définitions des termes ne donnent pas les explications que nous en attendons, et les idées semblent suivre un autre cours. Ils revêtent, si l'on peut ainsi parler, des formes étranges ; les divisions et subdivisions des matières n'ont aucune ressemblance avec celles auxquelles un Européen est famillier dans l'étude de la philosophie.

L'étudiant sent qu'il est introduit dans un pays nouveau, et qu'il lui faudra chercher à tâtons son chemin. Enfin la fausse position prise par les philosophes Indiens et les fausses conclusions auxquelles ils arrivent, contribuent à rendre plus compliquée la tâche d'élucider cette portion du système Boudhiste. Pour diminuer un peu les difficultés et aplanir le chemin, l'auteur se propose d'éviter, autant qu'il est en son pouvoir, de surcharger de termes Pâli les explications qu'il va donner sous la direction de l'auteur Boudhiste. Dans l'article précédent, nous avons traité des actions méritoires qui sont purement extérieures, et brièvement fait allusion à la nature des récompenses accordées sur terre et dans les six siéges de Nats à ceux qui ont accompli ces bonnes actions. Nous laissons maintenant derrière nous toutes les bonnes œuvres extérieures, et tournons notre attention vers quelque chose de plus excellent, vers les actes purement intérieurs et qui sont accomplis seulement par

---

mière de laquelle tout ce qui existe soit l'être et la vie, a été forcé de reconnaître à un agent imaginaire ces mêmes attributs qui appartiennent exclusivement à l'Être suprême. Sur son roc d'athéisme il a fait un misérable naufrage. En-dehors de cette erreur capitale, il est surprenant de le voir maintenir avec une perspicacité admirable l'existence de beaucoup de vérités fondamentales, telles, par exemple, que la récompense des bonnes actions et la punition des mauvaises. Avec lui, l'accomplissement du mal est toujours suivi de conséquences fatales pour celui qui l'a commis, tandis que les bonnes actions amènent toujours des résultats avantageux. On serait porté à croire que Gaudama s'est approprié, avec une adresse extrême, toutes les vérités qui découlent de la croyance à un être suprême ; et en même temps que, dans son audace impie, il refusait à l'éternel auteur de toutes choses jusqu'à l'existence, il se voyait placé sous la nécessité d'expliquer l'existence d'un monde à l'aide des raisonnements les moins conformes à la logique.

l'âme et l'exercice régulier de ses facultés, c'est-à-dire par la méditation et la contemplation.

L'origine de toutes les misères humaines est l'ignorance. C'est le principe générateur de la concupiscence et des autres passions. C'est la sombre mais puissante barrière qui enserre tous les êtres et les retient dans le tourbillon d'existences sans nombre; c'est la cause de toutes les existences et de toutes ces illusions auxquelles sont misérablement soumis les êtres; elle occasionne ces changements continuels qui ont lieu dans la production de tous les êtres. Cette grande cause, une fois trouvée et proclamée par Boudha, il était nécessaire de se procurer un remède pour contre-balancer l'action de l'ignorance et s'opposer efficacement à ses progrès. Un autre principe opposé était à trouver qui pût résister à l'action funeste de l'ignorance, et arrêter son influence pernicieuse. Ce principe est la science ou le savoir. L'ignorance n'est qu'un agent négatif; ce n'est que l'absence de la science. Que le savoir paraisse, et l'ignorance disparaîtra, de même que l'obscurité est dissipée sans bruit mais irrésistiblement par la présence de la lumière.

Tous les êtres, dans cet univers, dit notre auteur, sont condamnés à naître et à mourir. Nous quittons cette place pour aller vivre dans une autre; nous mourons ici pour naître ailleurs; nous ne pouvons jamais nous débarrasser de la peine, du grand âge et de la mort. Soit qu'il nous plaise ou non, nous devons souffrir et toujours souffrir. Mais pourquoi en est-il ainsi? Parce que nous ne possédons pas la parfaite science. Si nous avions le bonheur de la posséder, nous tournerions infailliblement nos regards vers le Neibban, et alors, échappant à la poursuite de la peine et des misères, nous obtiendrions infailliblement la délivrance de ces maux qui maintenant pèsent incessamment sur nous. Il ne nous reste plus qu'à perfectionner notre intelligence, pour pouvoir arriver graduellement à la science, parfaite source de tous biens.

Mais par quelles voies peut-on arriver à une telle fin? Par l'exercice de la méditation, répond d'un ton décidé notre philosophe. Ce mot implique, en outre, d'autres opérations intellectuelles d'un ordre supérieur, telles que la contemplation, les visions, l'extase, l'union etc., qui sont les résultats plus ou moins complets de cet exercice intellectuel.

L'acte de méditer ne peut avoir lieu que dans le cœur, ou le *mano*, ou la faculté de savoir. Son objet ne peut être que le *nam-Damma*, mot à mot le nom de la chose, ou, en d'autres termes, les choses d'une nature purement intellectuelle. Mais il ne peut en aucune manière avoir son siége dans les autres sens ou organes comme les yeux, les oreilles, etc., etc., qui sont uniquement des canaux de communication des impressions à la faculté de *mano*.

Les parties constitutives de la méditation sont au nombre de cinq : *Witteka*, l'action d'élever son esprit vers un objet; *Witzara*, la considération attentive de cet objet; *Piti*, l'acte d'amener l'âme et le corps à un état de satisfaction ; *Souka*, le plaisir goûté dans la chose considérée ; *Ekatta*, la persévérance ou stabilité de l'esprit dans cet objet. Il y a aussi *Oupekka*, qui implique un plus grand et plus intense degré de fixité de l'esprit, s'étendant non-seulement à un objet particulier mais à toutes choses.

On peut l'appeler le repos absolu de l'âme et le résultat général d'un cours complet de méditation générale sur l'universalité des choses. C'est le dernier et le plus haut point auquel on puisse atteindre.

Pour expliquer plus complétement la nature et les définitions des deux premières parties, notre philosophe a recours à la comparaison suivante. Supposons un homme qui doit nettoyer un vase de cuivre oxydé. D'une main il saisit le vase, et de l'autre il le frotte de çà et de là, de droite et de gauche. C'est exactement ce qu'on fait par le moyen de Witteka et de Witzara. Le premier s'empare de l'objet de la méditation, et le second fait passer et repasser l'esprit sur lui, jusqu'à ce qu'il l'ait parfaitement vu dans tous ses détails.

Le troisième stage dans l'exercice de la méditation, est celui de Piti, qui consiste dans une sorte de délectation éprouvée par celui qui est arrivé à ce troisième degré de travail mental. Il produit sur toute l'économie les effets suivants : il semble à celui qui est engagé dans cet exercice que ses cheveux se dressent sur sa tête, tant est vive la sensation qu'il éprouve ; à d'autres moments, il produit dans l'âme des sensations semblables à l'éclat de l'éclair dans l'atmosphère; quelquefois, c'est une commotion qui ressemble à celles de vagues énormes se brisant sur le rivage; à d'autres moments, le sujet est comme emporté dans l'espace, ou seulement enlevé au-dessus du sol ; et parfois il amène un frisson qui parcourt tous les membres. Quand, après des efforts persévérants, ces résultats ont été plusieurs fois expérimentés, avec un degré d'intensité toujours croissante, on obtient les effets suivants : le corps et l'âme sont complètement contenus, subjugués et calmés ; ils sont presque en-dehors de l'influence de la concupiscence ; tous deux acquièrent une légèreté remarquable, de telle sorte que l'exercice de la méditation ne présente plus de peine ou de travail ; la répugnance naturelle ou l'opposition au recueillement a disparu ; alors l'exercice de la méditation devient agréable par suite de l'état délicieux de l'âme et du corps, et finalement tous deux sont dans une condition normale et naurelle, tde telle sorte que ce qui se trouvait de vicieux ou d'opposé à la vérité disparait aussitôt et s'évanouit. Tels sont les divers effets éprouvés par l'âme qui est arrivée au degré de Piti ou délectation mentale.

L'âme et le corps ayant ainsi été parfaitement domptés et délivrés de tout ce qui pouvait leur porter dommage, l'âme entre alors dans l'état de Souka, ou parfait et durable plaisir, et ravissement intérieur. Les effets ou résultats qui en découlent sont appelés Samati, ou paix ou repos de l'âme. Comme de juste, cet état de paix intérieure a différents degrés, aussi bien quant à la durée que pour son intensité. Quelquefois il ne dure qu'un moment ou pendant une période indéterminée, ainsi qu'il arrive lorsque nous réfléchissons sur un sujet ou écoutons un sermon. D'autre fois, sa durée est plus grande, par exemple, lorsque nous allons entrer en contemplation ou en extase, et il dure aussi longtemps que nous restons dans un de ces états.

De Piti prend naissance le Samati-tseit, l'idée ou la conscience, de la quiétude intérieure. C'est la cause secondaire de la joie réelle et du ravissement, et elle est suivie d'une détermination inébranlable d'adhérer à tous les préceptes de la loi. Elle produit dans l'âme une certaine fraîcheur, une expansion et un ravissement dans la pratique de la vertu. Cet état est élucidé par la comparaison suivante : Un voyageur doit parcourir un chemin très-difficile ; il est exposé à une chaleur intense, et tourmenté par une soif brûlante. Figurons-nous sa joie, lorsqu'il arrive au bord d'un frais et clair ruisseau : tel est exactement l'état de l'âme, sous l'influence de Piti. L'état de Souka le suit de près. On le compare à la situation du voyageur qui a été parfaitement rafraîchi et soulagé de sa soif et de sa fatigue, et qui savoure les délicieux effets qui en sont la conséquence.

Le dernier état ou point culminant à atteindre par la méditation est celui d'Oupekka ou fixité parfaite, d'où découle une entière indifférence à l'amour ou à la haine, au plaisir ou à la peine. Les passions ne peuvent plus affecter l'âme dans cette heureuse condition. Mais, dans cet état, aussi bien que dans les précédents, il y a différents degrés, suivant les divers objets auxquels il se rapporte. Dans l'Oupekka relatif aux cinq sens, l'homme n'est plus sensible aux objets gracieux ou déplaisants, par des sons rauques ou mélodieux, etc. Pour ce qui concerne les créatures, l'homme n'a plus ni amour ni dégoût pour elles. L'homme obtient l'état d'Oupekka, relatif à la science ou au savoir, par l'examen et la considération de toutes choses, à travers les trois grands principes *Aneitsa, Douka, Anatta*, c'est-à-dire le changement, la peine, l'illusion. Il y a aussi le virya Oupekka, comme lorsqu'un homme, après de grandes luttes et de grands efforts, pour obtenir un certain objet, voit qu'il ne peut y atteindre, il y devient indifférent, et, sans peine et sans inquiétude aucune, renonce à sa poursuite. Notre auteur mentionne beaucoup d'autres efforts de l'Oupekka dont l'énumération serait ennuyeuse. Ce qui vient d'être dit suffit pour nous donner une idée correcte de la nature du plus haut état de méditation auquel l'esprit humain puisse parvenir. Le dernier et plus transcendant résultat de la condition d'Oupekka est celui-ci : Lorsqu'un individu, par des efforts successifs, a gravi le sommet de l'échelle spirituelle, il existe une certaine vertu qui attire à lui toute chose. Il devient un centre vers lequel tout semble converger ; il est comme le point central de notre planète, qui toujours cependant reste distinct des corps qu'il attire incessamment à lui. Établi au centre de la plus complète quiétude, le sage contemple sans le moindre effort la vérité sans nuages qui se déroule indéfiniment devant lui. De là, ainsi que le fait observer notre auteur, le sage qui a gagné l'état d'Oupekka n'a plus à passer successivement par les quatre étapes précédentes, pour pouvoir méditer ; c'est-à-dire qu'il n'a plus besoin du secours de la pensée, de la réflexion, de la satisfaction et du plaisir. Il est au milieu d'une atmosphère de vérité sans nuage, dont il jouit et où il demeure immuable comme la vérité elle-même.

Comme il est dit à l'article précédent, l'observance des préceptes ou l'accomplissement des bonnes œuvres extérieures attirent d'abondantes récompenses sur ceux qui s'y conforment fidèlement. Ces récompenses sont accordées, soit dans le siège de l'homme, ou dans les six demeures de Nats, que nous conviendrons d'appeler les six cieux inférieurs, où la concupiscence conserve encore son empire.

Les bonnes œuvres intérieures produites par l'opération des facultés intellectuelles de l'âme, étant d'une valeur incomparablement plus grande que les extérieures, la récompense des premières est d'un ordre plus élevé que celle des dernières. Il y a ensuite les vingt cieux supérieurs réservés aux sages qui ont fait des progrès dans la méditation (1). Les récits des Boudhistes

---

(1) Il y aura peut-être un certain intérêt pour un petit nombre de lecteurs à connaître les noms des trente-un sièges dans lesquels les Boudhistes ont logé tous les êtres. Commençons par le degré inférieur de cette immense échelle. Les quatre premiers échelons sont les quatre états de châtiment. C'est là que vivent les êtres infortunés qui, poursuivis par l'inflexible loi de leurs démérites, sont condamnés à expier de différentes manières le mal qu'ils ont fait. Le siége inférieur est le *Nga-Yai* ou enfer. Il est placé au centre de notre planète et subdivisé en huit quartiers principaux, dont le dernier s'appelle *Awidzi*. Le second degré de l'échelle est occupé par le siége des animaux ; le troisième par certains monstres appelés *Preillas*; et le quatrième par une autre espèce d'êtres inférieurs appelés *Athourikes*. Ces quatre sièges sont occupés par des êtres qui subissent un châtiment pour les mauvaises actions qu'ils ont commises.

Le cinquième siége est celui de *Manusa* ou des hommes. Les êtres qui l'occupent sont dans un état où ils peuvent mériter ou démériter. On peut l'appeler une situation d'épreuve.

Au-dessus du siège de l'homme, sont les six siéges de Nats, appelés Tsadoumaritz, Tawadeintha, Yama, Toucita, Nimanarati, Para-Neimittawasawati. Les hôtes de ces siéges jouissent des récompenses à eux accordées pour l'accomplissement des œuvres méritoires extérieures.

Les trois places au-dessus de celle des Nats, appelées Brahma-Parisitsa, Brahma-parau-hita, Maha-Brahma, sont occupées par les contemplatifs qui ont atteint le premier degré de Dzan, ou méditation. Les trois suivantes: Pareitta-ba, Appa-manaba, Appa-sara, sont occupées par les êtres qui ont atteint le second degré de contemplation. Les trois qui viennent après ceux que nous venons d'énumérer sont : Pawçitta-sou-ba, Appa-mana-sou-ba, Souba-kannaku. Ce sont les résidences des contemplatifs qui ont gravi le troisième degré de la méditation. Les deux degrés suivants de l'échelle, Wa-happala, A-sou-gna sat, sont occupés par les contemplatifs du quatrième degré ; et les cinq qui suivent, savoir: Awiha, Atabpa,

sur l'étendue de ces siéges, leurs distances respectives en ligne verticale, les myriades de siècles que l'on doit passer dans chacun d'eux, etc., sont autant de contes puérils indignes de nous arrêter, et qui n'appartiennent en aucune façon au vieux Boudhisme primitif. Ils ont été inventés à une époque relativement rapprochée par des individus jaloux de rivaliser avec leurs voisins et rivaux, les Hindous, à une époque où ces derniers substituèrent les grossières et révoltantes idolâtries des Pouranas aux doctrines plus pures des Védas. Mais ce qui rentre naturellement dans notre cadre d'investigation, c'est la division de ces vingt siéges en deux classes. La première comprend seize siéges, sous la dénomination de Roupa ou matière ; la seconde en comprend quatre appelés Aroupa, ou demeures ou situations immatérielles. C'est là que sont répartis, comme sur d'immenses gradins, et d'après leur avancement respectif en science et en méditation, les êtres qui ont travaillé à développer leur savoir par l'usage de leurs facultés mentales. L'appellation générale donnée à chaque classe a une grande signification, et par conséquent mérite explication. Dans les seize siéges de Roupa, sont placés les contemplatifs, qui ont encore un corps, et n'ont pourtant pas encore pu se dégager de quelque attache pour la matière. Les sujets de leurs méditations sont toujours les êtres qui habitent le monde matériel, ainsi qu'un certain *kathain*, ou portion la plus grossière de leur être. Mais, dans les quatre siéges appelés Aroupa, qui terminent la série des cieux boudhistes, les contemplatifs n'ont ni forme ni corps ; ils sont presque arrivés à la condition de purs esprits. Dans leur course sublime à travers les hautes régions du spiritualisme, ils semblent avoir dit un dernier adieu à ce monde et n'avoir plus aucune relation avec les objets matériels.

Examinons rapidement ces différents siéges et donnons un coup d'œil aux êtres qui, pour récompense, y ont été placés, suivant leur degré de supériorité dans l'exercice mental de la méditation.

Sou-dasa, Sou-dasi, Agga-Nita, sont occupés par les contemplatifs du cinquième degré, c'est-à-dire par les êtres qui sont entrés dans le Thoda, ou courant de la perfection, et qui ont acquis des titres pour obtenir l'état de délivrance ou Neibban.

Au-dessus de ces siéges, nous trouvons les quatre et dernières demeures d'Aroupa sans forme. On les nomme Akasa-nitza-yatana, Wigniana-witza-yatana, Akeitsignia-yatana, Newa-thagnia-nathignia-yatana.

Nous commencerons par le plus bas, et de là remonterons successivement aux plus élevés. Nous devons nous rappeler qu'il y a, comme nous l'avons dit plus haut, cinq degrés de méditation ou cinq parties, savoir : la perception, la réflexion, la satisfaction, le bonheur et la fixité. Celui qui s'est beaucoup exercé dans le premier degré, habitera un des trois premiers siéges de Roupa. Ceux qui, laissant de côté le premier degré, se plairont dans le second et le troisième habiteront, suivant leurs progrès respectifs, un des trois siéges suivants. Ceux qui mettent leur joie dans le quatrième seulement, n'ayant plus besoin des trois premières parties, perception, considération et satisfaction, seront logés aux septième, huitième et neuvième siéges. Lorsqu'on a atteint le cinquième degré de Dzan ou méditation, c'est-à-dire quand un contemplatif privilégié est capable de méditer et contempler, sans avoir recours à la représentation et à la considération de l'objet, sans se laisser influencer par les plaisirs et la joie, alors il est arrivé à l'état de fixité et d'indifférence : il occupe les dixième et onzième siéges. Les cinq siéges restants portent le nom collectif de Thoudawata, ou demeures des purs ou parfaits, c'est-à-dire la demeure de ceux qui sont entrés dans le courant de la perfection. Ils sont habités par les Kaliana Poutadzans et les quatre catégories de contemplatifs appelés Thautapan, Thakadagan, Anagan et Rahandas. Les derniers sont entrés dans le Thoda ou courant de la perfection. Les Thautapans et Thakadagans sont purs et exempts de toute influence de démérites; les Anagans sont délivrés des cinq concupiscences. Les Rahandas jouissent d'une parfaite indifférence pour tout. Ils sont étrangers à des expressions de cette nature : Je suis grand, je suis plus grand, je suis très-grand. De tels termes de comparaison ne sont que de pures illusions; ce sont des mots trompeurs qui troublent, distraient et effrayent l'ignorant.

Au-dessus des siéges Thoudawata, se trouvent les quatre nommés *Aroupa* ou immatériels. Les hôtes de ces lieux ont d'abord reconnu que les misères inhérentes à l'homme, dans ce monde, ont leur origine dans le corps. Ils en conçoivent alors un dégoût et une horreur extrêmes; ils soupirent après la dissolution de cet instrument de perdition. Leur horreur des corps et de la matière arrive à un tel point, qu'ils cessent de le prendre pour sujet de méditation ; ils essayent de franchir les limites du matérialisme, et s'élancent dans l'espace infini où ce monde matériel semble n'avoir plus de prise. Les habitants du premier siége ont pris pour sujet de leur méditation l'Akasa, l'air, le fluide atmosphérique ou l'espace. Ceux du second méditent sur le *Winiana*, ou l'esprit, ou la vie des êtres, prise dans un sens abstrait ; ceux du troisième contemplent l'*Akintzi*, ou l'immensité ; ceux du quatrième, le *Newalagnia*, se perdent dans l'infini.

Par quel procédé mental le sage doit-il passer pour atteindre le premier degré de sublime contemplation ? Il doit commencer par la considération de la forme de quelque objet matériel, disons, par exemple, un des quatre éléments. Qu'il mette ensuite de côté ces *Kathain* ou portions matérielles de l'élément en question, et fixe son esprit sur l'éther, le fluide ou l'espace ; le premier, c'est-à-dire le *Kathain* disparaîtra pour faire place à quelque chose dépouillé de ces formes grossières, et l'esprit alors restera fixé seulement sur l'*Akatha*. Alors le sage répétera dix, cent, mille fois ces mots : « l'espace ou l'air est infini, » jusqu'à ce qu'enfin apparaisse le *Tseit* ou idée d'*Aroupa*. De la même manière, le *Tseit akan*, ou l'idée de conformité intentionnelle disparaît ; ensuite commence la science d'*Upekka*, ou indifférence, avec ses quatre degrés ; l'idée qui vient ensuite est exactement celle d'*Akasa ananda*, ou l'éther infini ou espace. Ce procédé mental inintelligible est élucidé par une comparaison. Si on ferme avec un drap blanc l'ouverture d'une fenêtre, ceux qui sont à l'intérieur de la chambre, tournant les yeux vers l'ouverture ne voient que le drap blanc. Qu'on enlève soudainement le drap, ils ne verront que cette portion de l'espace qui correspond à la dimension de la fenêtre. La pièce de drap représente les formes matérielles, qui sont les sujets de méditation ou de contemplation de ceux qui vivent dans les siéges de *Roupa* ; l'ouverture de la fenêtre symbolise les sujets de contemplation réservés à la première classe d'*Aroupa*. Le contemplatif, une fois arrivé là, éprouve bientôt le plus profond dégoût pour toutes les formes matérielles, et est entièrement délivré des trois *Thagnia* ou fausses persuasions, fournies par la matière, par l'action des sens, et par le résultat des mérites et des démérites. Il est dégoûté de toutes les formes grossières des êtres. L'action du contemplatif a sa sphère dans le *mano*, ou siége du savoir. Les idées qui émanent de l'action des sens n'ont aucune participation à ce travail purement intellectuel. En cet état, le sage est arrivé à une condition d'abstraction si parfaite, que tous les accidents de la part des éléments ne peuvent produire aucun effet sur lui. L'action des sens est complètement suspendue tout le temps que dure la contemplation. Par le fait, ceci n'est autre chose que le *Thamabat* ou l'extase.

Le même cours de méditation doit être suivi par les sages habitant les trois autres siéges; l'objet à contempler seul sera différent.

Ayant expliqué l'important sujet de la méditation, essayé de montrer les différentes parties ou gradations de cet exercice intellectuel, et donné un aperçu des récompenses accordées à ceux qui se sont distingués par leur supériorité dans cet exercice; il nous faut maintenant suivre notre auteur, et, à sa suite, nous familiariser avec les principaux objets qui attirent l'attention du contemplatif.

ARTICLE III

DE LA NATURE DES ÊTRES

Le philosophe boudhiste, dans son ardente poursuite de l'antidote de l'ignorance, c'est-à-dire la science, avance avec beaucoup de raison que tous les êtres, et en particulier l'homme, doivent être le premier et le plus intéressant sujet d'étude pour le sage. La connaissance de l'homme, en particulier, constitue une très-importante partie de la science qu'il doit acquérir, avant qu'il puisse devenir un être parfait, et être trouvé digne d'être admis à l'état de Neibban. Dans l'aperçu très-écourté de cette partie du livre que nous examinons, l'attention du lecteur devra se porter sur l'homme, comme le plus intéressant des êtres. Ainsi, avec notre auteur boudhiste, il prendra les êtres pour sujets de ses investigations. A l'aide du scalpel philosophique, il disséquera toutes les parties qui composent cet être extraordinaire dont la nature a toujours offert un problème insoluble aux anciens sages. Ce qui sera dit de ce sujet suffira pour nous donner une idée exacte du mode de raisonnement, de la façon d'argumenter des philosophes boudhistes, quand ils analysent d'autres êtres et les choisissent pour objets de leurs méditations.

Dès le début, notre auteur proclame cette grande maxime : « Tous les êtres vivant dans les trois mondes, ciel, terre et enfer, n'ont en eux que deux choses ou attributs : *Roupa* et *Nam*, la forme et le nom. Accoutumés que nous sommes à un langage qui exprime des notions claires et précises, nous aimerions l'entendre dire qu'il n'y a dans la nature, que deux choses, la matière et l'esprit. Mais tel n'est pas le langage des Boudhistes et je crains fort que si nous mettions de côté les formes extraordinaires, et pour nous si étranges, qu'ils emploient pour exprimer leurs idées, il nous faudrait renoncer à acquérir la notion par eux admise de la nature de l'homme. Laissons parler notre auteur et, autant que possible, conservons ses propres expressions. Par *Roupa*, nous entendons la forme et la matière, c'est-à-dire tout ce qui, de soi-même est exposé à être détruit par les causes secondaires. *Nam* ou *Nama* est la chose dont la nature est connue de l'esprit par l'action de *Mano* ou le principe connaissant. Dans les cinq parties qui constituent l'homme : matérialité de formes, organes de sensation, de perfection de conscience et ceux de l'intellect, il n'y a autre chose que forme et nom. Nous sommes alors conduits immédiatement à cette conclusion matérialiste, que nous ne pouvons découvrir dans l'homme d'autre élément que ceux de la forme et du nom.

En guise d'explication de ce qui précède, notre auteur donne ici quelques détails relatifs aux six sens. Je dis six sens puisque avec lui, en outre des cinq sens que nous reconnaissons, il mentionne le *mano* ou principe connaisseur, dont le cœur est le siége, comme un sixième sens. Les organes de la vue, de l'ouïe, de la sensation, du goût, de l'odorat et du savoir, il les appelle les sens intérieurs. Ces mêmes organes, lorsqu'ils viennent en contact avec les objets extérieurs, sont appelés sens extérieurs. La faculté inhérente à chacun des sens, par laquelle la communication entre l'organe et l'objet s'opère, est désignée par l'appellation de vie des sens, comme, par exemple, l'œil voyant, l'oreille entendant, etc. Dans ce triple mode de considérer les sens, que trouvons-nous sinon la forme et le nom, les idées et la matière? Supposant que l'organe de la vue existe et qu'il y a un objet à voir, le résultat nécessaire, la conséquence essentielle sera la perception ou l'idée de cet objet. Même en ce qui concerne le *Mano* où d'un côté nous avons le cœur, et la vérité de l'autre, l'idée ou la perception de la vérité doit suivre immédiatement.

Cette doctrine matérialiste, si nous comprenons exactement la pensée de notre auteur, est plus amplement confirmée par la méthode qu'il propose pour diriger l'investigation sur la nature des choses. Celui qui veut pénétrer à fond une science aussi sublime, doit invoquer le secours de la méditation. Ayant choisi un objet, il le considère au moyen du *Witekka*. Il passe successivement par les idées et impressions qu'il ressent à la contemplation d'un tel objet. Puis il se dit : les idées obtenues au moyen de *witekka*, ou le premier degré de *dzan* ou méditation, ne sont autre que *nam-damma*, puisque leur nature est de s'offrir à l'*arom*, comme la pensée à son objet. Mais où est le siége de cet *arom?* Il réside dans la substance du cœur, qui, en réalité, contient à la fois *arom* et *nam-damma*. On ne peut le trouver nulle part ailleurs. Mais qu'est-ce que le cœur? D'où vient-il? Pourquoi est-il formé? A ces trois questions, nous répondrons que le cœur est composé des quatre éléments. Il ne fait avec eux qu'une seule et même chose. Cette doctrine effrayante est explicite et exclut catégoriquement l'idée d'une substance spirituelle.

Notre auteur possède maintenant les éléments ou parties constituantes de tout ce qui existe avec une forme. Il déclare résolûment que tout ce qui a une existence n'est qu'un agrégat de terre, d'eau, de feu et d'air ; toutes les formes ne sont que des modifications ou des combinaisons des quatre éléments. La sèche déclaration de ce principe général ne suffit pas à satisfaire notre philosophe. Il veut connaître et expliquer la raison de chaque chose. Ici commence une analyse absolument inconnue de nos chimistes et philosophes d'Occident. Le corps est divisé en trente-deux parties, qui sont souvent énumérées dans des formules de prières par de pieux Boudhistes; chacune de ces trente-deux parties se subdivise en quarante-quatre. Le cheveu, quelque ténu qu'il nous semble, est soumis à cette analyse minutieuse. Le résultat de cette subtile division est de montrer quelle proportion de chaque élément entre dans la formation de ces parties atomiques. Nous n'avons pas la patience d'écrire les détails fastidieux, pas plus que nous ne croyons déplaire au lecteur en lui épargnant l'ennui d'avoir à parcourir cette niaise nomenclature. Il existe une autre division de la matière ou du corps, en quarante-deux parties appelées *akan*. Elle est basée sur la distinction des quatre éléments qui entrent en proportions inégales dans la formation du corps : vingt parties appartiennent à la terre, douze à l'eau, six au feu, et six au vent. D'après une autre, le corps est divisé en soixante parties : cette division a pour base la distinction des dix parties constitutives appartenant à chacun des sens, ainsi que nous l'expliquerons plus loin. L'objet que visent les philosophes Boudhistes, par ces divisions et subdivisions multipliées des formes du corps, est de prouver, par raison démonstrative, suivant eux, que, par l'analyse la plus subtile de chaque partie du corps, nous ne trouvons en définitive que les éléments primaires appelés les supports de tout ce qui existe.

Il nous faut maintenant suivre notre auteur dans un chemin autrement difficile que le précédent, et l'entendre expliquer la théorie des idées et leurs diverses modifications. Elles sont connues, dit-il, non par leurs formes, puisqu'elles n'en n'ont pas, mais seulement par leur nom. Par la réflexion et la méditation, nous arrivons à les connaître. Nous les appelons *aroupa damma*, choses sans forme ou contour. On les désigne sous le nom de *tseit* et *tsedathit* (1), c'est-à-dire les idées et le résultat des idées Où trouverons-nous ces idées ? Où est leur siége ? Dans les six sens et nulle part ailleurs, telle est la réponse. Familiarisés que nous

---

(1) Les Tseits sont au nombre de cent vingt, divisées comme suit :

1. — Les Tseits ou idées qui sont encore sous l'influence de la passion ; on les nomme Kama-watsara-tseits.

2. — Les Tseits ou idées particulières aux êtres qui n'ont pas encore pu s'élever complètement au-dessus de la matière ; on les appelle Roupa-watzara-tseits.

3. — Il y a quatre Tseits particuliers à ces êtres qui, laissant de côté les portions les plus grossières de ce monde, s'élancent dans la vérité abstraite et se complaisent dans la contemplation des choses les plus élevées, les plus pures et les plus vastes que l'esprit puisse imaginer. Elles sont connues comme les idées qui roulent sur ce qu'on peut appeler les objets immatériels ou impalpables.

Les idées de la première série appartiennent à tous les êtres logés dans les 4 états de châtiment, dans le siége de l'homme, et dans les six siéges de Nats, c'est-à-dire dans les onze siéges ou règnent les passions.

Celles de la seconde série appartiennent aux êtres logés dans les seize siéges de

sommes avec les organes des sens, nous trouverons facilement les idées qui sont pour ainsi dire les locataires des sens.

Tous les *tseits* logés dans les organes des sens, sont appelés *loki tseit*, c'est-à-dire idées du monde, parce qu'on les rencontre chez tous les êtres encore sous le joug de la concupiscence. Ils sont distincts des *lokoudra tseits*, qui appartiennent en propre aux êtres libres de passions et qui sont entrés dans les quatre *meggas* ou chemins de la perfection. Les *Tseits* de ce monde sont au nombre de quatre-vingt-un ainsi classés : la perception de chacun des cinq organes, et la perception des facultés respectives de ces organes : cela donne dix *tseits*. Il y en a trois pour le sens du cœur, la perception de la substance du cœur, de sa faculté de connaître, et de l'objet de sa connaissance.

Chacun des six sens a dix formes ou parties constitutives, savoir : la terre, l'eau, le feu, l'air, la couleur, l'odeur, le goût, le fluide, la vie, et le corps y est primitivement attaché. Il y a ensuite l'action de chacune de ces formes sur le sujet. De là dix *tseits* à chacun des six sens.

Il n'y a pas de mots aussi mal compris et aussi mal définis par

Brahmas, comprenant ceux qui sont entrés dans le courant de la perfection, en suivant les quatre Maggas, et jouissant des mérites et récompenses qui appartiennent à la condition de parfait.

Les idées de la troisième série sont l'heureux partage de ces êtres supérieurs, qui planent dans les hautes régions du spiritualisme pur, laissant au-dessous d'eux tous les êtres qui ont quelque attache à ce monde tel que nous le voyons.

Les Tsedathits ou résultats essentiellement reliés avec les idées sont au nombre de cinquante-deux. Les sept énumérés à la fin de cet article sont : le contact, la sensation, la perception, l'inclination, la fixité, l'empire sur soi-même et le souvenir ; ils sont inhérents à toutes les idées. Six Tsedathits se relient à l'acte de la perception, savoir : la pensée, la réflexion, la décision, l'énergie, le plaisir et la liberté. Quatorze autres se rapportent aux idées de démérites, savoir l'impudence, l'audace dans le mal, l'irrésolution, la concupiscence, l'orgueil, la forfanterie, l'offense, l'envie, l'anxiété, l'absence de respect, la bassesse des sentiments, le doute, l'indécision, la convoitise.

Les Tsedathits en relation avec les mérites sont : l'affection pour tout ce qui a rapport à la religion, le souvenir de tout ce qui est bon, la honte pour tout ce qui est mauvais, la crainte du mal, l'exemption de la concupiscence et de la colère, la sérénité d'âme, l'absence d'inclinations mauvaises et de mauvaises pensées, la promptitude du corps et de l'esprit, les bonnes habitudes du corps et de l'âme, la rectitude des sentiments et des pensées, les bonnes paroles, les bonnes actions, la bonne tenue, la compassion, la joie pour la prospérité des autres, la sagesse ou l'acquisition de la vérité par la réflexion.

notre philosophe, que les deux mots *Tseit* et *Tsedathit*. Le premier, au figuré signifie idée, pensée, perception, etc.; au propre, il veut dire cette cause secondaire créée par *Kan* produisant l'être vivant, les sens où réside le *tseit* moral. Tsedathit étant le résultat des idées, doit naturellement avoir aussi deux significations. En premier lieu, il désignera les impressions faites sur nous par les idées; dans le second, il voudra dire la cause secondaire de la vie dans le corps, ou les modifications des principes de la vie corporelle.

Ceci posé, nous pouvons à peu près comprendre notre auteur quand il dit : « Il y a sept *Tsedathit* co-existant aux quatre-vingt-un *tseits* mentionnés plus haut, savoir : *pasa tsedathit*, ainsi nommé parce qu'il est l'effet réel du *tsedathit* pour atteindre son objet, et en quelque sorte le toucher. Nous pouvons l'appeler l'accord entre l'idée et ce qui en fait l'objet. *Wedana tsedathit*, le sentiment de l'impression d'une idée, *Thagnia tsedathit*, la compréhension de l'objet. *Dzedana tsedathit*, l'inclination pour l'objet. *Eketa tsedathit*, la facilité sur l'objet. *Dziwi-teindre tsedathit*, l'observance de ce qui a rapport à la forme et au nom; et *Mana sikaramana tsedathit*, la conscience. Il est évident, par conséquent, que le *tsedathit* n'est ni l'idée, ni l'objet de l'idée, mais le résultat de l'idée venue en contact avec l'objet. Ces sept résultats sont, si nous pouvons ainsi parler, la troisième partie de l'idée; ils ne donnent naissance à aucune modification des idées. Mais ceux qui donnent naissance à la plus grande variété de résultats sont l'*akuso tsedathit* ou les résultats des pensées ou idées mauvaises, et leur opposé *kuso tsedathit* ou la conséquence des bonnes et vertueuses pensées. La mention de tous les *kuso* ou *akuso tsedathits* ne serait qu'une aride nomenclature des vices et des vertus admis par le catalogue des moralistes Boudhistes. Elles sont toutes énumérées dans la note précédente.

ARTICLE IV

DE LA CAUSE DE LA FORME (1) ET DU NOM, OU DE LA MATIÈRE ET DE L'ESPRIT.

C'est le devoir de notre intelligence de rechercher la cause de toutes les modifications de formes et de noms. Ceci fait, nous sommes délivrés de doutes et d'inquiétudes. Quand nous percevons une forme, une idée, nous pouvons immédiatement nous rendre compte de leurs causes respectives. Dans cette étude, nous devons imiter la conduite du médecin qui, lorsqu'il a à soigner un patient, s'assied près de son lit, examine avec soin la nature du mal et les causes qui l'ont produit, afin de trouver des remèdes ou agents pouvant d'abord arrêter ses progrès, et par dégrés

---

(1) Ayant expliqué dans deux notes précédentes ce qui a rapport aux idées et à leurs résultats, ou les choses qui s'y rattachent, il nous faut aborder le troisième grand principe, *Roupa*, ou la forme ou la matière, et exposer les curieuses divisions des métaphysiciens Birmans. — 1. La forme de tout ce qui est visible est trouvée dans les quatre éléments ; terre, eau, feu et air. — 2. La forme pour venir en contact ou les cinq sens : l'œil, l'oreille, le nez, la langue et le corps, ou plutôt la peau du corps. — 3. La forme des objets des sens est également divisée en cinq parties en relation étroite avec les cinq sens énumérés plus haut. — 4. Les formes particulières aux êtres vivants sont les sexes mâle et femelle. — 5. Les formes de vie, dans un sens abstrait, sont la vie du corps et la vie du langage, ou les mots proférés. — 6. Les formes dans lesquelles l'aspect se présente de lui-même sont la légèreté, la douceur, l'action.— 7. Les formes des aspects de l'être sont : l'apparence d'être, ou le fait d'arriver à être, la continuation de l'état d'être, la plénitude de l'état d'être et la destruction de l'être.

Le dernier grand principe est le Neibban, c'est-à-dire l'exemption de l'action de l'influence prenant son origine dans les mérites et les démérites, par suite des volitions de l'esprit, par les saisons ou époques et par la nourriture qui sont les causes de la mutabilité. C'est la fin de l'existence.

Pour ce qui concerne l'état de l'homme et celui des autres êtres raisonnables, il y a diverses notions qui sont disposées d'une manière curieuse, sous divers titres qu'on croit nécessaire de résumer aussi succinctement que possible. — 1. Les cinq *Khandas* ou supports de l'être de l'homme : matérialité, sensation, perception, mutabilité et intellect ou pensée. — 2. Les cinq *Ayatana* intérieurs ou sièges des sens de la vue, de l'ouïe, de l'odorat, du goût et du toucher. — 3. Les cinq *Ayatana* extérieurs ou sièges de ce qui est perçu par les sens, savoir : apparence ou forme, son, odeur goût, tangibilité et idée. — 4. Les dix *Dat* ou parties constitu-

l'extirper de la constitution. Dans l'ordre moral, le philosophe aussi, doit examiner la nature de tous les malaises moraux, reconnaître les princiqes ou causes qui leur ont donné lieu, et se mettre ainsi en mesure de les guérir.

Les êtres qui habitent les trois mondes, dit notre auteur, doivent avoir une cause. Dire qu'ils existent d'eux-mêmes et sans cause est une absurdité. Il n'est pas jusqu'aux dissemblances que nous observons parmi eux, qui n'indiquent que leur mode d'existence résulte de certaines causes. Cependant nous ne pouvons admettre avec nos adversaires les Brahmines que Maha Brahma soit la cause de tout ce qui existe. Cet être n'est pas en-dehors du cercle de *Roupa Nam*; il est lui-même un composé de Nam et de Roupa, c'est-à-dire effet, mais non cause. En vain nos adversaires prétendront-ils que tout ce qui est distinct de Maha Brahma est sujet à une cause, tandis que le Roupa et le Nam, continuant son essence, n'ont pas de cause. C'est faire reculer la difficulté, sans avancer d'un pas vers la solution; notre réponse sera toujours la même.

tives des cinq sens et des cinq résultats de la perception des cinq sens, ainsi qu'on l'a énuméré plus haut. — 5. Les quatre *Thitsa*, ou vérités : la vérité des misères accompagnant l'existence ; la vérité de la concupiscence ou des passions, la cause de toutes les misères ; la vérité du *Neibban* des passions, ou la destruction des passions qui a pour sommet le Neibban ; la vérité de *Megga* ou les chemins menant au *Neibban*. — 6. Les vingt-deux *Indray* ou dispositions, ou capacités pour agir, savoir : la capacité de voir, d'entendre, de sentir, de goûter, de toucher, d'unir un sexe avec l'autre, ou de penser, de jouir de la paix, de supporter la peine, de céder à la colère, de jouir du plaisir, de rester indifférent, de faire des efforts ou d'être attentif, d'adhérer à la vraie doctrine, d'avoir des sentiments de bienveillance, de chercher la sagesse, d'être doux, d'entrer dans les quatre voies de la perfection, et de jouir du bonheur de ceux qui les suivent. — 7. Les neuf *Phola* ou récompenses qui résultent du progrès dans les chemins de la perfection sont : intensité de bienveillance, de diligence, d'attention, de fixité, de sagesse, de honte pour tout ce qui est mauvais, de crainte pour tout ce qui est mauvais, de diligence à éviter le mal, et de crainte de l'endurcissement dans le péché.—8. Les *Megga* ou chemins sont : la bonne doctrine, les bonnes pensées, le bon langage et les bonnes actions. Ce qui suit n'en est que le complément, savoir : bonne conduite, bonne diligence, bonne attention et bonne fixité. — 9. Le *Dzan*, ou médiation, a cinq parties, savoir : la pensée de l'objet, la réflexion sur l'objet, la satisfaction qui en résulte, l'inclination affectueuse pour l'objet, la fixité dans l'objet.

L'auteur sollicite l'indulgence des lecteurs pour avoir mis sous ses yeux cette aride nomenclature ; mais il serait impossible de comprendre le langage des métaphysiciens boudhistes, si l'on ne s'était rendu familiers avec les termes qu'ils emploient et les distinctions arbitraires qu'ils ont adoptées.

Avant d'exposer les opinions de notre philosophe sur cet important sujet, il est nécessaire d'établir les idées entretenues par cette classe de philosophes dont les doctrines semblent avoir pris racine dans ces pays. Il est aisé de voir que ce sont des modifications de l'opinion des Hindous sur le même sujet, et qu'elles ont une étroite parenté avec celle qui concerne le Adi Boudha ou suprême Boudha.

Quelques docteurs maintiennent qu'il y a une cause première ou un être qui a fait la matière et l'esprit. D'autres, admettant l'éternelle coexistence de la matière et de l'être suprême, disent qu'il est la cause éloignée de l'organisation de la matière, telle que nous la voyons maintenant. Mais tous s'accordent sur ce point: que nul ne pourra jamais arriver à la connaissance de cette première cause, et qu'il est impossible de s'en former même une idée. C'est donc le comble de la folie et d'une vaine présomption que de chercher à l'élever à la connaissance de ce qui est placé bien au-delà de la portée accessible à l'esprit humain. Il convient donc d'appliquer toutes les puissances de notre esprit à découvrir la cause immédiate qui certainement produit l'existence.

Le sage, pour rester digne de cette sublime qualification, doit se tenir pour satisfait de travailler à connaître cette cause immédiate qui met en action la forme et le nom, et produit l'apparition de ces modifications que nous appelons êtres ou formes d'existence. Il doit chercher à se rendre compte de l'organisation de la matière et de toutes ses modifications, en découvrant le ressort caché qui met tout en mouvement, en action, en combinaison d'existences.

Maintenant notre auteur pose la question suivante : Quelle chose devra être considérée comme le moteur des formes et des idées? Nous savons, dit-il, que le corps humain a son commencement dans le sein de la mère; nous connaissons sa position dans cette fétide et étroite prison; nous savons qu'il est enveloppé de nerfs, de veines, etc., qu'il a au-dessus de lui les nouveaux éléments et au-dessous les anciens. La manière dont le corps prend naissance dans son enveloppe, ressemble au procédé par lequel les vers et les insectes se forment dans les matières en décomposition et dans les eaux putrides et stagnantes. Mais ceci ne rend pas compte de la cause réelle des corps vivants.

Les causes réelles, d'après certains docteurs, sont au nombre de cinq, savoir: l'ignorance, la concupiscence, le désir *kan* (influence des mérites et démérites), et *ahan* (les aliments.) Ils concourent à la formation du corps vivant de la façon suivante: L'ignorance, la concupiscence et le désir donnent asile au corps, de même que la mère donne à son enfant un refuge dans ses entrailles. *Kan*, comme le père, est la cause productrice du corps. *Ahan* donne la nourriture au corps.

Les idées ne sont que le résultat de la formation des organes des sens. Supposons, par exemple, l'organe de la vue. Le *Tsekkou Wignian*, c'est-à-dire la vie des yeux, ou les idées en connexion avec l'usage de ce sens, présuppose deux choses, l'organe et une forme ou un objet sur lequel opère l'organe. Celle-ci existant, il en résulte nécessairement l'idée de la vision, l'idée de la vision, la perception, etc., en un mot, toutes les idées provenant de l'action des yeux sur divers objets. Le même mode d'argumentation sert pour les cinq autres sens.

D'autres philosophes argumentent de la façon suivante. Les causes primaires de toutes les idées et pensées sont rangées sous deux titres, celui des idées qui ont une place déterminée et celui des idées qui n'en ont pas. Sous le premier titre sont compris les six *Ayatana*, ou siéges des sens, et les six *Arom*, ou les objets des sens. De là découlent toutes les idées et conséquences qui ont rapport au mérite ou au démérite. Sous le second titre sont placés les agents ou causes qui produisent les idées et les pensées; l'exercice de l'intellect occupe le premier rang. Celui qui applique son esprit à la méditation de ce qui est bon, comme les commandements et les autres parties de la très-excellente loi, et travaille à trouver que tout ce qui est dans ce monde, est soumis au changement, à la peine et à l'illusion, ouvre immédiatement la porte à l'introduction du *Tseit*, ou des idées relatives au mérite.

D'autre part, l'application de l'esprit aux choses mauvaises et erronées, contraires aux prescriptions de la sainte loi, engendre les idées de démérite. Telles sont les causes des idées et des pensées. Quant à la cause de forme, ils avancent que *kan*, *tseit*, le feu et *Ahan* sont les seuls agents de la formation du corps vivant. Kan, comme ouvrier, fait le corps et y met tout ce qui a rapport à ses bonnes et mauvaises qualités. Les *Tseit*, au nombre de soixante-quinze, sont aussi principes de l'existence du corps, dont quarante-quatre sont appelés *kamawatzara tseit;* ils se rapportent au démérite et mérite de ceux qui sont encore sous l'influence de la concupiscence; quinze *roupa watzara tseit*, relatifs aux êtres dans les siéges de *roupa;* huit *aroupa watzara tseït*, pour ceux qui sont dans les siéges d'*aroupa;* huit *lokoudara tseit* relatifs aux êtres qui sont entrés dans les quatre voies de la perfection. Le *Tédzo-dat*, ou l'élément du feu, contribue par la chaleur et les rayons de lumière, et *ahan* en procurant les aliments requis.

Quelques autres philosophes expliquent les causes de la forme et des idées, de la manière suivante : La forme et les idées qui constituent tous les êtres, sont soumises aux misères, à la vieillesse et à la mort, parce qu'il y a génération et mort ; la génération existe parce qu'il y a des mondes; les mondes existent parce qu'il y a désir; le désir existe parce qu'il y a des organes; les organes existent parce qu'il y a forme et nom ; la forme et le nom existent parce qu'il y a des conceptions ; les conceptions existent parce qu'il y a des mérites et des démérites ; le mérite et le démérite existent parce qu'il y a ignorance. C'est donc réellement cette dernière qui est la cause de toutes les formes et et de toutes les idées. On ne peut douter que cette dernière opinion soit en grande faveur auprès de notre auteur. Elle se fonde sur la théorie des douze Nidanas, ou causes et effets ; elle semble être l'opinion orthodoxe et porte le cachet d'une grande antiquité.

Ayant ainsi, et du mieux qu'il a pu, expliqué l'existence de tout ce qui a rapport aux êtres dans les trois mondes, notre auteur s'étend complaisamment sur les avantages résultant de la connaissance des causes. Elle dissipe tous les doutes qui avaient jusque-là obscurci l'esprit; elle calme toutes les anxiétés du cœur et donne la paix parfaite. C'est faute de la posséder que l'impie tombe d'erreur en erreur; c'est grâce à son aide surtout que les disciples de Boudha acquièrent la perfection.

Nous lisons dans les écritures Boudhistes, qu'un Brahmine vint consulter Boudha sur quelques points qui troublaient extrêmement son esprit. Il lui dit : Je suis assailli de doutes concernant le passé, le présent et le futur. Quant au passé, je me demande : Ai-je, oui ou non, passé par des générations antérieures ? Quelle était ma condition pendant ces existences? Ma réponse est : Je suis ignorant sur tous ces points. Quelle était ma position avant ces générations? Je ne le sais pas. Quant au présent, est-il vrai qu'il existe, ou mon existence n'est-elle qu'une illusion. Me faudra-t-il naître de nouveau ou non? Que sont ces êtres vivants qui m'entourent maintenant? Ne sont-ils qu'autant d'illusions qui me trompent par leur apparence de réalité? Sur ces points je suis plongé dans la plus complète ignorance. Le futur est également rempli de doutes et d'incertitudes embarrassants. Aurai-je d'autres générations, ou non? Quelle sera ma situation dans ces existences à venir? Un voile épais cache à mes yeux tout ce qui concerne ma destinée future. Quels sont les moyens d'éclaircir ces doutes qui m'enveloppent de toutes parts?

Boudha lui dit : Réfléchissez d'abord sur ce point principal, que ce que nous avons coutume d'appeler moi, n'est rien autre que nom et forme, c'est-à-dire un composé des quatre éléments, qui subit des changements perpétuels sous l'action ou l'influence de *Kan*. Vous, étant convaincu de la vérité de ce principe, il vous reste à chercher soigneusement les causes qui produisent le nom et la forme. Ce simple examen vous conduira immédiatement à la solution de tous vos doutes. Voyez la différence qui sépare des vrais croyants les défenseurs des fausses doctrines. Les premiers, que nous pouvons presque appeler des animaux, ne prennent jamais la peine d'examiner la nature des êtres ou les causes de leur existence. Ils sont obstinément attachés à leurs fausses théories, et persistent à dire que ce que les ignorants, plongés dans l'illusion, ont coutume d'appeler animal, roi, sujet, pied, main, etc., sont réellement des animaux, des rois, des sujets, des pieds, des mains, etc.; tandis que tous les êtres vivants et leurs parties constituantes ne sont rien autre que nom et forme, c'est-à-dire un composé des quatre éléments. Ces impies sont livrés à l'erreur ; c'est pourquoi tous suivent des chemins différents. Nous comptons parmi eux plus de soixante sectes différentes, toutes en désaccord l'une avec l'autre; mais unies dans leur obstination commune à rejeter la vraie doctrine de Boudha. Ils sont voués à se mouvoir incessamment dans un cercle d'existences misérables qui n'auront pas de fin.

Combien est différente la condition des vrais croyants, nos

adeptes! Ils savent que les êtres vivants qui habitent le monde ont un commencement. Mais ils comprennent la folie des essais d'arriver à ce commencement ou cause première. Cela dépasse la capacité des intelligences les plus élevées. Il est évident, par exemple, que les semences des plantes et des arbres, qui sont dans un état continuel de reproduction, ont eu un commencement; mais quel est ce commencement, personne n'ose le déterminer. De même pour l'homme et pour tous les êtres vivants. Ils savent bien aussi, que ce qui est vulgairement appelé homme, femme, yeux, bouche, ne sont que des distinctions illusoires, qui s'évanouissent en présence du sage qui dans tout cela ne voit que le nom et la forme, le produit de *Kan* et *Wibek*, c'est-à-dire de la première et de la seconde cause. Ces deux choses ne sont pas l'homme, ou la femme, etc., mais elles sont les causes efficientes de l'un et de l'autre. Ce que nous disons relativement à l'homme et à la femme, peut s'appliquer aux animaux et à tous les autres êtres. Ils sont tous les produits ou résultats de *Kan* et de *Wibek*, tout aussi distincts de ces deux agents, que l'effet est distinct de la cause. Pour expliquer cette doctrine, les Boudhistes ont recours à la comparaison du verre lenticulaire. Quand, d'une part, un tel instrument existe, et que, d'autre part, les rayons du soleil viennent tomber dessus, il y a production de feu; mais le feu est tout à fait distinct des deux causes qui ont concouru à le produire. Nos disciples, aussi, savent que les cinq *Khandas*, ou agrégats qui constituent un être vivant, se succèdent l'un à l'autre à chaque génération, mais de telle sorte que la seconde génération ne garde ou ne retient rien des *Khandas* de la première. Mais les causes qui les produisent telles que *Kan* et *Wibek*, ne changent jamais; elles restent toujours identiques. Supposons que des lampes sont allumées; si elles brûlent toujours, c'est grâce au travail d'individus qui les entretiennent d'huile et les rallument aussitôt qu'elles s'éteignent. Telle est la condition des *Khandas*. Ceux qui appartiennent à une existence n'ont rien de plus en commun avec ceux de la suivante, que n'a le feu de la lampe qu'on vient d'allumer avec le feu de celle qui vient de s'éteindre. Quant à la manière dont les êtres sont reproduits, nous disons que lorsqu'un homme meurt, le dernier *tseit* ayant apparu, puis aussitôt disparu, il est suivi immédiatement du *patti tseit* ou *tseit* de la nouvelle existence: l'intervalle entre les deux, étant si court qu'il échappe à l'appréciation. Ce premier *tseit* n'a rien de commun avec le dernier. Il est, ne l'oublions pas, le produit de *Kan*, ou de l'influence des mérites et démérites, comme les Khandas dont nous avons parlé plus haut.

Cet article est de beaucoup le plus important. La dernière partie en particulier développe les opinions réelles du Boudhisme sur des points d'une grande importance. Nous pouvons en résumer l'ensemble ainsi qu'il suit :

1. — Il y a une cause première qui a amené à l'existence tout ce qui existe; mais cette cause première est inconnue et nous ne pourrons même jamais arriver à la connaître.

2. — Les causes immédiates de toutes les modifications des êtres, ou des états des êtres, sont l'ignorance et *Kan*.

3 — Tous les êtres ne sont qu'un composé des quatre éléments. Les opérations intellectuelles s'opèrent par l'intermédiaire du cœur, de même que la vision s'obtient au moyen des yeux et d'un objet sur lequel ils agissent.

4. — Chaque existence successive est produite et modifiée par l'action de *Kan* ou influence des mérites et démérites.

5. — Les parties constituantes d'un être nouveau n'ont aucune relation avec celles de l'être précédent. C'est la clef de la difficulté qu'éprouvent beaucoup de personnes à s'expliquer, dans le sens Boudhiste, le procédé de la métempsycose. Il faudrait inventer un terme nouveau pour exprimer cette doctrine.

6. — La question relative au Neibban peut être résolue théoriquement sans difficulté, par l'application des principes contenus dans cet article et les précédents. Il n'est pas douteux que la solution qui s'impose à l'esprit par ce qui a été dit plus haut, c'est que la fin de l'être perfectionné est l'annihilation. Quelque horrible que soit cette conclusion, elle n'est, après tout, guère plus mauvaise que les conclusions des doctrines de certaines écoles modernes. Dans quels abîmes le pauvre esprit humain ne roule-t-il pas, quand il cesse d'être guidé par la révélation !

ARTICLE V

DES VRAIS MEGGAS OU CHEMINS DE LA PERFECTION.

Ce sujet est très-important. Il embrasse et comprend la substance de la plupart des détails qui ont été traités aux articles précédents. Le lecteur trouvera le chemin moins rocailleux, et moins aride le terrain qui lui reste à parcourir.

Notre auteur semble faire beaucoup de cas de ce point spécial : Le sage, dit-il, qui désire arriver à la perfection suprême, doit appliquer toutes les puissances de son esprit à discerner les vrais chemins des fausses voies. Beaucoup sont désappointés dans leur poursuite de la sagesse. Le véritable critérium entre les vraies et les fausses voies est celui-ci : quand, en considérant un objet dont il fait l'analyse philosophique, le sage lui trouve des attaches à la concupiscence et aux autres passions, à ce point qu'il ne puisse le résoudre par l'application des trois principes, *aneitsa*, *douka* et *anatta*, c'est-à-dire changement, peine et illusion ; alors il doit conclure qu'il a fait fausse route ; la grande route de la perfection est obstruée devant lui. Mais, au contraire, chaque fois que, par l'application des trois grands principes, il voit que tous les objets soumis à son étude, ne sont ni plus ni moins, que des composés des quatre éléments, dépouillés de ces apparences illusoires qui trompent si facilement, alors il peut être certain qu'il est dans le droit chemin, et peut compter faire de rapides progrès dans la voie de la perfection.

Pour faciliter l'étude des *Meggas*, les Boudhistes ont classé tous les êtres réels et imaginaires sous un certain nombre de titres. Le sage, pour compléter sa tâche laborieuse, doit examiner séparément chacun de ces sujets et les soumettre au long, difficile et compliqué procédé suivant. Il prend un sujet, considère attentivement ses parties constituantes intérieures et extérieures, ses rapports et relations avec les autres choses, sa tendance à se rattacher aux objets environnants ou à s'en séparer. Poursuivant ses recherches dans le passé, il tâche de pénétrer l'état et la condition de cet objet pendant plusieurs périodes écoulées ; quand son esprit a trouvé satisfaction sur ce point, il suit ce même objet dans le futur, et calcule par l'expérience du passé à quels changements il pourra être soumis par la suite. Cette étude lui permet de voir clairement qu'il est soumis aux trois grandes lois de la mutabilité, de la peine et de l'illusion. Une fois cette conviction fermement établie dans son âme, le sage tient cet objet en souverain mépris ; loin d'avoir la moindre affection pour lui ou de l'attachement, il l'a en extrême dégoût et soupire après la possession du Neibban, qui est l'exemption de l'influence de mutabilité, de peine et d'illusion.

Ce que nous venons de dire est passablement clair et intelligible ; mais ce qui suit est moins évident, participant de cette obscurité et de cet amour de complication si commun en métaphysique boudhiste. Cet état de choses est créé et maintenu principalement par une manie de divisions et subdivisions qui dérouterait même les scoliastes du moyen âge. Il nous faut suivre ce que dit notre auteur relativement à la méthode à observer dans le grand examen de tous les sujets d'investigation. Si ce travail est exécuté avec patience et persévérance jusqu'à épuisement des sujets d'examen, ample et brillante sera la récompense d'un tel travail. Le sage sera en possession de la science parfaite ; Neibban lui apparaîtra ; il le poursuivra, et, sans se lasser, continuera sa course dans sa direction ; en un mot, il aura atteint le maximum de la perfection. Établi dans cette position élevée, jouissant d'un calme parfait dans le sein du plus absolu repos, le sage échappe aux atteintes des passions ; il n'y a plus d'illusion pour lui ; il a coupé le dernier fil des générations futures, par la destruction de l'influence des mérites et démérites ; il a obtenu la délivrance de toutes les misères ; il a touché les tranquilles rivages du Neibban. Mais un tel but n'est pas facile à atteindre ; on n'y peut parvenir qu'au prix d'une immense somme d'un persévérant et énergique travail d'esprit.

Le sage, conformément au vieil adage si vrai : « Connais-toi toi-même » commence avec raison sa tâche si difficile par l'examen des cinq composants qui constituent un être vivant : les organes des six sens, et tout ce qui s'y rattache. Puis il s'applique à l'étude des cinq Dzan, ou les parties de la méditation et de la contemplation, et à tout ce qui se rapporte aux siéges de Roupa et Aroupa. Tous les objets d'examen compris dans cette échelle sont au nombre de six cents. Nous y donnerons un rapide coup d'œil, ne notant que les titres des divisions principales.

Nous ne devons pas oublier que les cinq agrégats ou *khandas* constituant un être vivant sont : forme, sensation, perception, conscience et intellect. Supposons que nous prenions le premier de ces attributs pour sujet d'examen. Il nous faut le représenter à notre esprit, l'examiner avec soin dans toutes ses relations et propriétés, touchant le passé, le présent et l'avenir. Nous avons ensuite à le mettre en contact avec les trois grands principes *aneitsa*, *douka* et *anatta*, et chercher si la forme est changeante ou non, passive ou impassive, transitoire ou permanente. Par ce moyen nous arrivons à la connaissance de la grande vérité suivante : « la forme est essentiellement soumise au changement, à la peine et à l'illusion. » L'examen de chacun des quatre autres attributs est poursuivi de la même façon et donne des résultats identiques.

Les six organes des sens s'offrent ensuite à l'examen. Ce sont les yeux, les oreilles, le nez, la langue, le corps ou plutôt la peau qui l'enveloppe, et le cœur dans le sens physique ou *mano* dans le sens moral. Chacun des six sens participe des onze conditions ou attributs que nous allons décrire ; et chacun de ces onze attributs, mis successivement en relation avec chacun des six sens, devra être considéré, comme nous l'avons dit plus haut, dans sa triple relation avec la mutabilité, la peine et l'illusion. Ceci mettra le chercheur en possession d'une bonne dose d'informations. Mais, pour abréger cette longue énumération, nous mentionnerons successivement ici ces onze attributs qui peuvent affecter les sens, et ferons l'application de chacun à l'un des sens, l'œil. Il sera facile de répéter le même procédé pour chacun des autres sens. Il n'y aura à changer que le nom du sens qui fera l'objet de l'examen.

1. — *Ayatana*, la porte, l'entrée de chacun des sens. Appliqué à l'œil, c'est l'ouverture par laquelle les sensations extérieures sont communiquées au cœur par l'organe de la vue.

2. — *Arom*, l'objet de chacun des sens. Par rapport à l'œil, c'est l'apparence ou la forme perçue par l'œil ; par rapport à l'oreille, c'est le son.

3. — *Winian*, l'action de percevoir et de savoir. Pour les yeux, c'est l'œil voyant et apercevant, ou la vue.

4. — *Phasa*, littéralement le toucher, ou la venue en contact avec les objets, appliqué à chacun des sens. Avec l'œil, c'est l'impression passive et active qu'il retire des objets qu'il considère et qu'il porte au cœur. Avec l'oreille, c'est l'impression qu'elle reçoit et, de même, communique au cœur.

5. — *Wedana*, la sensation de peine ou de plaisir obtenue par les sens. Avec l'œil, c'est la sensation créée par la vue d'objets perçus par lui et communiquée au cœur.

6. — *Thangia*, l'idée ou persuasion résultant des six sens, ou, suivant certains docteurs, l'identité de l'apparence et de la réalité. Quant à l'œil, c'est la conviction que nous avons que tel objet perçu par les yeux est rond ou carré, etc., suivant les impressions reçues par cet organe.

7. — *Dzetana*, l'inclination ou mieux l'adhésion au bien ou au mal, d'après les impressions reçues de chacun des six sens.

8. — *Thana*, la concupiscence provenant de l'impression de plaisir communiquée par les six sens.

9. — *Witcka*, l'idée ou représentation d'objets à l'esprit par l'intermédiaire des sens.

10. — *Witzara*, la considération des objets offerts à l'esprit par l'intermédiaire des sens.

11. — *Dat*, la matière ou les éléments des six sens ou, pour parler le langage de notre auteur, ce sur quoi ils reposent, ce qui les supporte.

Après l'examen des sens et des onze sujets que nous venons de rapporter, nous voyons le champ d'examen, déjà si étendu, se développer à mesure que nous croyons y avoir fait de grands progrès. Puis viennent successivement s'offrir à l'étude : 1° Les dix *kasaings* ou les dix parties des éléments qui se trouvent dans chaque partie d'un être vivant, savoir : terre, eau, feu, couleur, odeur, goût et graisse, à quoi nous ajoutons la *Dziwa* ou la vie, et celle de l'organe actuellement en vue. 2° Les trente-deux *Akan*, ou trente-deux parties du corps en vie, dont les premières sont les cheveux, la barbe, les ongles, les dents. etc. 3° Les douze *Ayatana*, ou siéges des six sens. Chaque sens est double en tant qu'il est considéré dans la double capacité de recevoir et de transmettre des impressions. 4° Les dix-huit *Dat*, ou matière des six sens; les organes donnent six *dat*; les objets qui agissent sur les organes en donnent six autres ; et les six derniers sont produits par les objets soumis à l'action des sens. 5° Les vingt-deux *Indre*, ou facultés ou capacités des organes. Chaque organe en a trois, savoir : l'œil. par exemple, est capable de recevoir une impression et de la transmettre ; l'œil également, reçoit et transmet des impressions. Le *mano*, ou cœur, étant un organe double, il a six facultés : trois considérées physiquement, et trois, moralement ou intellectuellement. 6° Les neuf *Bon*, ou siéges occupés par les Brahmas. 7° Les cinq *Roupa Dzan*, ou degrés de contemplation propres aux Brahmas qui ont une forme. 8° Les quatre *Megga*. ou chemins qui mènent près du Neibban. Ils sont suivis par les Brahmas occupant les quatre siéges supérieurs de *Roupa*. 9° Le *Aroupa Dzan*, ou contemplation propre à ceux qui habitent les quatre siéges immatériels. 10° Les dix-neuf *Damma*. Ce mot veut dire ce que nous tenons pour certain par l'usage de nos facultés mentales. Quand le *mano*, par l'usage légitime de ses trois facultés, s'est affranchi du principe d'illusion et d'erreur, on a alors les seize vertus ou bonnes qualités, connues sous le nom de *Phola* et *Megga*. 11° Finalement les douze *Patan*, ou éléments qui sont le *mano*, qui constituent la mémoire et permettent à l'homme de se souvenir et de répéter en silence les impressions transmises par les sens.

Telle est l'immense étendue des observations que le sage doit faire pour obtenir la science parfaite. C'est une vraie tâche d'Hercule, bien peu sont en état de l'accomplir.

Avant d'arriver au dernier article, l'auteur fera une remarque tendant à faire voir qu'il y a plus d'esprit d'analyse dans tout ce qui nous est dit par les philosophes boudhistes, sur ces sujets abstraits, qu'on ne serait tenté de le croire. Nous avons vu que le nombre des préceptes et conseils est presque sans limite; pourtant il est admis par tous les docteurs que les cinq préceptes généraux sont la base de tout, et que celui qui les envisage à tous leurs points de vue est aussi avancé dans le chemin du devoir qu'on peut le désirer. De plus, les Boudhistes ne peuvent jamais trouver la fin de tout ce qu'ils ont à dire sur les opérations de l'esprit et la méditation. Néanmoins tout est condensé dans la théorie relativement courte de *tseit* et *tsedathit*. Les êtres vivants sont par eux modifiés à l'infini ; et pourtant, en définitive, nous trouvons tout condensé en deux mots : *Nama* et *Roupa*. La théorie concernant la génération des êtres, leur dépendance mutuelle l'un de l'autre, offre un champ sans limites. Nous trouvons pourtant, après tout, que *Kan*, ou l'influence des mérites et démérites, est la seule cause, le seul et unique agent de l'existence et de la modification de tous les êtres. Ces opérations mentales se comptent par centaines, mais les six sens sont, en dernière analyse, la base sur laquelle cette énumération a été édifiée. Les principes généraux et les idées primaires de toutes ces théories métaphysiques appartiennent sans doute au véritable et primitif Boudhisme. Mais ces principes si simples et si élémentaires, ayant été pris en sous-œuvre par les chefs des écoles philosophiques et soumis par eux à leur creuset intellectuel, il en est sorti, à diverses époques, ces théories qui ont donné aux doctrines du Boudhisme des couleurs si diverses, et, en même temps, ont tant contribué à faire l'étonnement et le tourment des savants Européens.

ARTICLE VI

DU PROGRÈS DANS LA SCIENCE PARFAITE.

Dans l'article précédent, nous avons passé en revue toute l'échelle des êtres et analysé sommairement quelques-uns d'entre eux uniquement pour ouvrir la voie à l'analyse générale de tous les autres. Le dernier résultat d'une telle investigation est d'arriver à la conviction que tous les êtres sont soumis à la mutabilité, à la peine et à l'illusion. Cette conviction une fois établie dans l'âme, donne naissance à un généreux mépris pour d'aussi misérables objets. Dans cet article, nous avons à voir par quels moyens ce sentiment philosophique peut être solidement ancré dans l'âme, et comment l'homme peut finalement nourrir un profond dégoût pour toutes les créatures, même pour son propre corps. Cette répulsion pour tout ce qui existe, est immédiatement suivie d'un ardent désir de s'affranchir et de se dégager de tous les liens de toutes les entraves qui emprisonnent les autres êtres. Lorsqu'un homme s'est bien pénétré de cette conviction, à ce point que ses pensées, ses désirs et ses actions sont uniquement réglés par son influence immédiate, il est dégagé des erreurs qui enveloppent presque tous les autres êtres ; il voit les choses telles qu'elles sont dans la nature et les apprécie à leur valeur réelle. Il se met complétement en-dehors d'elles. Il est, en esprit, dans l'état de Neibban jusqu'à ce que la mort complète extérieurement ce qui existait déjà au dedans de lui-même.

Nous savons tous, dit notre auteur, que le principe d'instabilité pénètre tout ce qui existe, dans l'enfer, sur la terre et dans les siéges inférieurs. Mais cette science importante n'est encore pour le grand nombre que superficielle et imparfaitement comprise. Notre grand objet est de l'enraciner profondément dans notre esprit, de façon à nous préserver à jamais de ces fausses impressions qui, trop souvent, nous induisent à croire que la mutabilité et les changements n'affectent pas tous les êtres. Quels sont les obstacles qui font opposition à notre progrès dans la vraie science ? Il y en a trois. Le premier est *Santi*, ou la durée de l'existence.

Nous nous laissons bercer dans l'opinion que notre vie se prolongera beaucoup plus longtemps ; que nous avons encore beaucoup de jours, de mois et d'années à passer en ce monde. Cette hypothèse gratuite nous empêche d'observer le principe de mutabilité. Afin de contrebalancer cette impression dangereuse, examinons comment toutes choses naissent, et bientôt après meurent ; et, par suite, ayons toujours la mort présente à l'esprit. Considérons la brièveté et la vanité de notre être, et nous serons bientôt convaincus que la forme du corps est comme les vagues de la mer, qui s'enflent pour un moment, et, l'instant d'après, disparaissent ; que la sensation est produite, comme l'écume, du choc des vagues ; que *Thangia*, ou la persuasion que nous acquérons, n'a pas plus de stabilité ou de réalité que l'éclair ; que le *Sangkara*, ou conception, ou production, est comme le bananier, sans force, et que la vue des objets par nos sens n'a pas plus de valeur que les paroles d'un charlatan. Raisonnons de la même manière sur l'existence éphémère de tous les êtres qui sont dans le monde ; nous arriverons aisément à une semblable conclusion : qu'ils sont les victimes de la mutabilité, constamment ballottés comme une épave sur les flots de l'Océan.

Un second obstacle à notre perception du grand principe, que la peine pèse lourdement sur toutes les créatures, c'est le *Iriabot*, ou les quatre situations ou positions que le corps humain doit prendre : assis, debout, couché ou en marche. Si un homme jouit d'une bonne santé, il la doit surtout au changement de situation. Qu'il soit forcé d'occuper toujours la même place ou de rester dans la même situation, il se sentira tout à fait malheureux. Il se soulage momentanément de ses souffrances par un changement de situation. Ce soulagement lui fait oublier le grand principe de *Douka*. Mais, en vérité, notre corps est comme un patient qui a besoin des soins continuels du médecin. Il nous faut le nourrir, le rafraîchir, le laver, l'habiller, etc., pour le préserver de la faim, de la soif, de la saleté et du froid. Qu'est-ce là, sinon la triste et nouvelle preuve que nous sommes les esclaves de la souffrance. Il n'y a que peine et affliction dans ce misérable monde. Le même sort attend tous les autres êtres; ils sont tous dans un état de peine et de souffrance qui proclame bien haut l'irrésistible action de *Douka*.

Un troisième obstacle, qui nous empêche d'être convaincus que tout en ce monde est illusion, est cette fausse persuasion qui nous fait dire : ceci est un pied, une main, une femme, etc., tandis que ces choses n'ont ni consistance ni réalité, mais sont de pures ombres, prêtes à tout moment à se fondre et à disparaître. Ces expressions, et d'autres analogues, étant toujours employées, finissent par s'imposer à l'esprit comme vraies; mais, en définitive, que sont toutes ces choses, sinon un composé des quatre éléments, ou plus simplement *Nama* et *Roupa*?

En outre de cet examen, le sage considère aussi nos idées et les opérations de nos facultés mentales. Ici il voit ces idées paraître un moment, puis disparaître; il en conclut que les idées, elles aussi, sont soumises à la grande loi de la mutabilité. Il trouve autant de misères dans son propre esprit qu'il en a trouvé dans les objets extérieurs; tout, autour de son esprit, n'est qu'illusion. Lorsqu'il est arrivé à ce degré, il est immédiatement délivré des trois *Nimeit* qui nous font croire qu'il y a quelque chose de réel dans la naissance, l'existence et l'action. La destruction de tous les êtres, de toutes les choses, est sans cesse présente à son esprit. En un tel état, le sage est débarrassé de toutes les doctrines erronées; il est dégoûté de la vie; l'exercice de la méditation est aisé pour lui et presque continuel. Il est affranchi de toutes les passions.

Notre auteur consacre un autre chapitre à la considération des misères qui assiègent tous les êtres vivants. Pour nous mieux renseigner à ce sujet, il veut que le sage médite sur les misères qui accompagnent la naissance, l'existence, la vieillesse et la mort ; il désire qu'il examine attentivement la condition de toutes les créatures, afin de n'être jamais séduit par les apparences éblouissantes qui les entourent. Avec d'abondants détails, il insiste sur les dangers qui attendent l'homme sage, encore forcé de rester en relation avec ce monde matériel. Pour nous le faire mieux comprendre, il emploie la comparaison suivante : Un homme, accablé de fatigue, entre dans une grotte où il désire jouir d'un repos rafraîchissant. Il vient de s'étendre à terre avec l'espoir de goûter un doux et tranquille repos, quand, soudain, il voit tout auprès de lui un tigre en fureur. A ce moment, toute idée de repos, de sommeil, de plaisir s'évanouit ; il est tout à l'imminence du danger de sa situation. Telle est la position du sage qui, vivant parmi les créatures, peut se laisser aller à les regarder avec quelque idée de plaisir. Mais, lorsqu'il est arrivé à ce point d'être dégoûté de toutes les modifications auxquelles est soumise la matière, il est devenu semblable au pur cygne, qui jamais ne pose ses pieds dans les lieux bas et boueux, mais qui aime à fréquenter les lacs aux ondes claires et limpides. Notre sage, qui a horreur des impuretés de ce monde misérable, ne se plaît que dans la considération de la vérité. Il est rebuté par le monde et tout ce qu'il renferme. Son esprit est activement occupé à trouver les moyens les plus sûrs de rompre avec ce monde et de briser les liens qui l'y retiennent attaché. Il est comme le poisson pris dans le filet ou la grenouille saisie par un serpent, ou comme l'homme enfermé dans un donjon. Tous trois travaillent de leur mieux à échapper au danger qui les menace et à reconquérir leur liberté. Telle est la condition du parfait qui a considéré avec attention les nombreuses embûches qui l'entourent. Lui aussi n'a qu'un objet à cœur : celui de s'en affranchir et de gagner sa liberté. Le meilleur et le plus sûr moyen de se sauver des dangers qui accompagnent l'existence, c'est une profonde et constante méditation sur les trois grands principes : *Aneithsa*, *Duuka* et *Analta*. Parmi plusieurs réflexions fournies par notre auteur, nous en choisirons un petit nombre sur chacun de ces principes, afin de donner au lecteur quelque idée des sujets qui occupent le plus l'attention du sage Boudhiste. La plupart de ces réflexions sont d'une vérité frappante et pourraient aussi bien trouver place dans l'esprit d'un chrétien que dans celle d'un boudhiste.

Parlant d'*Aneitsa*, notre auteur dit : Réfléchissons sur ceci, qu'il n'y a rien de permanent ni de stable en ce monde. Nous regardons toutes choses comme une sorte de propriété prêtée ou affermée ; nous ne sommes en aucune façon propriétaires de ce que nous possédons. Nous acquérons des biens, mais c'est pour les perdre bientôt. Tout dans la nature est sujet à la peine, à la vieillesse et à la mort; tout a une fin, soit par l'essence de sa propre condition, soit par l'effet de quelque cause extérieure. Serons-nous jamais capable de découvrir en ce monde quelque chose de stable? Non : nous laissons une place, mais pour aller en occuper une autre qui, à son tour, sera bientôt vacante. Nul ne peut énumérer les innombrables changements qui se produisent incessamment. Ce qui existe aujourd'hui, demain disparaîtra. Par le fait, la nature est imprégnée, du commencement à la fin, par le principe de mutabilité qui opère sans jamais se ralentir.

Des misères de ce monde, notre auteur parle en ces termes : La peine est l'essentiel apanage de ce monde. Observez, si vous le pouvez, tout l'ensemble de cet univers. et partout vous trouverez un lourd fardeau de peine et d'afflictions, si écrasant, si accablant, que nous avons bien du mal à le porter avec une patience suffisante. Voyez la naissance, examinez l'existence pendant sa durée, considérez les sens, les organes de notre vie. Partout nos yeux tombent sur une accumulation de peines, de souffrances et de misères; de toutes parts nous sommes assiégés de dangers, de difficultés et de calamités ; la joie durable, le repos permanent, ne se trouvent nulle part. En vain nous nous mettons en quête de la santé et du bonheur; l'un et l'autre sont des chimères qui ne se trouvent en aucun lieu. Nous trouvons partout les afflictions.

En parlant d'*Anatta*, ou de l'illusion dont nous nous berçons misérablement tout le temps que nous sommes en ce monde, notre philosophe n'est pas moins éloquent. Si nous considérons ce monde avec quelque attention, nous ne pourrons jamais y découvrir autre chose que le nom et la forme, et, comme conséquence nécessaire, tout ce qui existe n'est qu'illusion.

Voici comment nous devons mener ce raisonnement : Les choses que je vois et connais ne sont ni moi-même, ni à moi-même, ni ne proviennent de moi-même. Ce qui paraît être moi-même, en réalité n'est pas moi-même, ni n'appartient à moi-même. Ce qui me paraît être un autre, n'est ni moi-même ni ne provient de moi-même. Les organes des sens, tels que les yeux, les oreilles, etc., ne sont ni moi-même ni à moi-même. Ils ne sont que des illusions, ou comme rien, relativement à moi. La forme n'est pas une forme : les attributs d'un être vivant ne sont pas des attributs; les êtres ne sont pas des êtres. Tout ce qui est un composé des quatre éléments, et ces éléments eux-mêmes ne sont que forme et nom, et tous deux ne sont qu'une illusion dénuée de toute réalité. Ainsi dans un être, il y a deux attributs, forme et sensation, qui semblent avoir un peu plus de consistance que d'autres choses. Pourtant, ils n'ont pas de réalité; leur nature et leur condition est de n'avoir aucune réalité ni aucune stabilité (1). Pénétré de la vérité de

---

(1) Dans cette dernière partie notre auteur explique clairement son opinion sur ce monde, c'est-à-dire sur tout ce qui existe. Il établit d'abord, en termes généraux, que tout ce que nous voyons et percevons à l'aide de nos sens, n'a aucune réalité, n'est qu'une pure illusion. Notre ignorance du véritable état des choses nous trompe en nous faisant croire à la réalité d'objets qui n'ont qu'une existence éphémère et illusoire. Il va un peu plus loin, et traite nos sens de la même manière, ce sont des instruments qui occasionnent en nous une illusion générale. Mais les sens que sont-ils? Ils sont distincts de nous. Au moyen d'une analyse sévère, nous découvrons qu'ils ne sont rien qu'un composé des quatre éléments, sujets à la dissolution et à la destruction. Un être vivant possède certains attributs qui sont les supports de son existence ; mais ces attributs, également, sont un composé de quatre éléments, soumis aux mêmes modifications de reproduction et de destruction, et dépourvus de consistance. Ayant ainsi décidé sur les attributs des êtres vivants, de cette manière, l'être lui-même s'évanouit. Il ne reste plus que le nom et la forme. Mais, ce que nous appelons la forme, a-t-elle une existence réelle? Non, sans aucun doute. C'est un pur fantôme, une illusion. Notre auteur arrive à la conséquence finale et nécessaire qu'il n'y a pas de monde réellement existant. Par le fait, il nie l'existence d'esprit et de matière. Après un tel abus de la faculté de raisonner il n'y a rien d'étonnant qu'il considère le Neibban ou l'annihilation comme la seule fin à laquelle on doive arriver. L'homme, dans son opinion, n'étant qu'un composé des quatre éléments, qui n'ont aucune existence réelle, ne peut être lui-même qu'une illusion, sans réalité. Grand Dieu ! A quel excès d'aberration mentale l'homme n'arrive-t-il pas lorsqu'il est laissé à lui-même et privé de la lumière d'en-haut! Jamais l'auteur n'a rencontré un tel exemple d'éclipse totale de l'intelligence humaine.

ces considérations et d'autres semblables, le sage déclare aussitôt que toutes choses ne sont ni lui-même, ni ne lui appartiennent. Rien, par conséquent, ne lui paraît mériter considération. Il divorce immédiatement avec le monde et tout ce qui s'y trouve. Volontiers il cesserait tout commerce avec lui ; il le tient en suprême mépris et en profond dégoût.

Celui qui est arrivé à ce point élevé de sublime science est à la fois à l'abri des embûches de la séduction et des sentiers de l'erreur. Il échappera aux tourbillons des misères humaines, et atteindra infailliblement l'état de Neibban. Les plus parfaits parmi les parfaits sont tellement transportés, et si profondément affectés par la vue du Neibban, qu'ils tendent sans effort dans sa direction. D'autres, un peu moins avancés dans la sublime science, découvrent, il est vrai, l'état de Neibban, à distance, mais sa vue est encore troublée et quelque peu obscure. Ils ont encore besoin de rompre leur esprit à l'exercice de cette méditation dont nous avons présenté une analyse abrégée.

NOTICE SUR LES PHONGIES

ou

MOINES BOUDHISTES QUELQUEFOIS APPELÉS TALAPOINS (1).

Dans les pages précédentes, nous avons donné d'abord une esquisse de la foi du fondateur du Boudhisme, et, dans les notes qui l'accompagnent, essayé d'expliquer les faits les plus importants relatifs au système religieux extraordinaire qu'il a établi. Plus loin, dans le « Chemin du Neibban, » nous, avons exposé aussi succinctement que possible, les grands principes méthaphysiques, sur lesquels repose tout l'édifice du Boudhisme, et montré la voie qui mène à la prétendue perfection, ou plutôt la fin de la perfection, le Neibban.

Il nous a semblé nécessaire de consacrer une notice particulière à l'ordre religieux qui constitue le trait le plus frappant de cette religion qui a étendu son empire sur un si grand nombre de nations. Cette congrégation de moines tient le premier rang parmi les sectateurs de Boudha ; elle comprend l'élite de cet immense corps. Le système de discipline auquel sont soumis les religieux Bou-

---

(1) Le mot Talapoin, importé en Europe par les écrits des premiers auteurs portugais sur les Indes-Orientales, tire probablement son origine de deux mots Pali, Talapat, qui signifient la feuille du palmier. Ces deux mots accouplés ensemble sont employés par les Siamois pour désigner le large éventail de feuilles de palmier, monté sur une légère carcasse de bois, que les Talapoins portent en certains cas avec eux quand ils sortent.

Dans le courant de cette notice, nous emploierons indifféremment les mots Phongies, Talapoins et Rahans, pour désigner les religieux Boudhistes.

dhistes est la mise en pratique la plus complète des doctrines et des pratiques du Boudhisme. Nous voyons se réfléchir dans cette corporation, les résultats les plus magnifiques du travail de ces institutions religieuses. Tout ce que Boudha pouvait imaginer de meilleur pour conduire l'homme à la perfection, comme il l'entendait, nous le retrouverons dans les constitutions de cet ordre. C'est un miroir vivant dans lequel nous pouvons contempler le chef-d'œuvre de sa création. Les religieux Boudhistes constituent la Thanga, ou assemblée des Parfaits, c'est-à-dire des disciples qui ont quitté le monde, modelé leur vie sur celle de leur maître, et travaillé à acquérir la science qui leur donne des titres à entrer dans le chemin qui mène à la perfection. Ils sont les scrupuleux sectateurs de Boudha, ceux qui, de même que lui, ont renoncé au monde pour se consacrer au double objet de maîtriser leurs passions et d'acquérir la vraie sagesse qui seule peut conduire à la délivrance.

Le meilleur moyen pour nous renseigner exactement sur les religieux Boudhistes ne consiste pas à considérer leur ordre à un point de vue abstrait, mais plutôt, nous semble-t-il, à l'envisager dans ses relations avec la religion d'où il est sorti, puisque nous y trouverons de parfaits exemples de ses plus hautes pratiques, de ses maximes et de ses tendances aussi bien que de la nature et du véritable esprit de cette croyance.

Le Boudhisme est évidemment un rejeton du Brahminisme. Nous le trouvons rempli de principes, de pratiques, d'observances et de dogmes appartenant au grand système Hindou. Gaudama étant lui-même un Indou, élevé dans une société Hindoue, dressé dans les écoles indoues de philosophie avait dû subir l'empreinte des opinions et des coutumes de ses contemporains. Il s'en éloignait, il est vrai, sur beaucoup de points importants, mais, dans l'ensemble de son enseignement, il paraît avoir concordé avec eux. Il trouva, existant de son temps, un corps de religieux et de philosophes suivant un genre de vie spéciale et tout à fait distinct de celui du peuple. Lorsqu'il traça le plan de l'institution religieuse qu'il rêvait d'établir, il trouva autour de lui la plupart des éléments que son œuvre réclamait. Il n'eut qu'a améliorer ce qui existait déjà, pour faire cadrer son nouvel ordre avec les doctrines religieuses qu'il créait.

Dans l'espoir de retracer les liens de parenté qui doivent avoir existé entre les religieux de l'ordre Brahminique et ceux de l'ordre Boudhiste, l'auteur commencera cette notice par un court parallèle entre les premiers, tels que les lois de Manou nous les représentent, et l'institution des derniers qui nous est expliquée dans le Wini ou livre de la discipline. Plus tard, la nature de l'ordre Boudhiste et l'objet qu'avaient en vue ses membres en l'embrassant seront l'objet de notre examen; à leur tour, les parties constituantes de ce corps et sa hiérarchie appelleront notre attention. Nous décrirons en même temps les cérémonies observées dans l'occasion solennelle d'admission des individus dans la société religieuse, et nous exposerons brièvement les règles qui dirigent et gouvernent la vie d'un membre profès, tout le temps qu'il reste dans la confrérie. On ne trouvera pas mauvais que nous étudiions la cause et la nature de la vaste influence religieuse que possèdent sans conteste les membres de cet ordre, et que nous examinions les motifs qui poussent les sectaires du Boudhisme, à témoigner le plus grand respect, et à donner les marques les moins équivoques de leur profonde vénération pour les Talapoins ou Phongies. Nous terminerons par un exposé succinct de l'état de dégradation dans lequel la confrérie est tombée dans ces pays, particulièrement au point de vue scientifique.

ARTICLE I

PARALLÈLE SUCCINCT ENTRE LES ORDRES RELIGIEUX
BRAHMINIQUE ET BOUDHISTE.

Il a été établi sur des preuves qui paraissent incontestables que le Boudhisme, en grande partie, dérive du Brahminisme. Les remarques qui suivent corroboreront cette assertion et donneront plus de poids aux raisons qu'on a déjà données. Par le fait, les deux systèmes ont en vue les mêmes objets ; affranchir l'âme des passions et de l'influence du monde matériel, et sa libération parfaite de la métempsycose et de l'action de la matière. La fin dernière à laquelle on doit arriver est pourtant bien différente. Le Brahmine perfectionné soupire après son absorption dans l'être infini ; le Parfait Boudhiste aspire à un état de complète isolation qui n'est autre que l'annihilation totale. Mais les moyens pour obtenir cette perfection tant convoitée sont à beaucoup d'égards les mêmes. Les observances d'ordre moral recommandées par les deux credos diffèrent si peu l'une de l'autre, qu'elles semblent presque identiques. En outre, dans les deux systèmes, nous trouvons un corps d'individus qui visent à la complète et parfaite observance des plus importantes prescriptions, s'évertuant à atteindre le minimum de cette perfection qui leur a été indiquée par les fondateurs de leurs systèmes respectifs : la religion Brahminique et la religion Boudhiste. Un coup d'œil sur les règles imposées aux Brahmines, telles que nous les trouvons dans les lois de Manou, et celles prescrites par le Wini aux Talapoins, ne peut manquer d'intéresser. Une comparaison sommaire permettra au lecteur d'apercevoir d'un seul coup quelle intime relation il y a entre les deux croyances, et combien est grande leur ressemblance. Il verra, sur les témoignages les plus évidents, qu'il ne faut pas attribuer à Boudha le mérite d'invention de tant de beaux préceptes moraux, et de règlements disciplinaires, mais qu'il trouva en vigueur dans son propre pays, dans les écoles où il étudiait la sagesse, les préceptes moraux les plus purs étudiés et discutés, et strictement suivis par le plus grand nombre, en même temps que les règles disciplinaires. Il avait été élevé dans une société qui considérait avec étonnement et admiration un corps d'hommes religieux, se consacrant à la grande tâche d'assurer le triomphe du principe spirituel sur le matériel. Ces religieux, au prix des plus rudes austérités, des mortifications les plus rigoureuses, et par le plus entier renoncement au monde, essayaient de briser les barrières matérielles qui avaient jusqu'alors tenu l'âme captive et l'empêchaient de prendre son vol vers les bienheureuses régions de liberté et de parfaite quiétude.

Il y a cependant une différence notable entre la caste sacerdotale Brahminique et les membres de l'institution monastique Boudhiste. La position du Brahmine est héréditaire ; il est de race illustre. Celle du Boudhiste est personnelle et finit avec lui ; elle résulte de son libre choix ; la gloire qui rayonne autour de sa personne, il la doit à la pureté de sa vie et à sa scrupuleuse observance des règles du Wini. Le Brahmine doit tout à la religion et à la naissance. Le religieux Boudhiste n'est redevable qu'à la religion, de ce qu'il est; le titre du moine à la distinction est dans la sainteté du genre de vie qu'il a embrassé. Tous les deux, dans leur société respective, sont les plus grands et les plus distingués; mais le mérite et la valeur intrinsèque, seuls, commandent le respect et la vénération pour l'humble religieux; tandis que pour le Brahmine le hasard de la naissance qui le fait descendre d'individus appartenant à la plus haute caste, concentre sur sa personne l'hommage forcé d'hommes appartenant aux castes inférieures qui, en vertu du préjugé dans lequel ils ont été élevés, se considèrent comme forcés de lui rendre hommage. La personne de l'un et de l'autre est sacrée et considérée avec une vénération profonde, mais pour des motifs différents et en quelque sorte opposés.

Malgré ces différences et plusieurs autres, il n'est pas médiocrement surprenant de trouver dans le corps Brahminique, tel que les règles des Védas l'ont constitué, le germe des principales prescriptions imposées au Boudhiste qui abandonne le monde pour suivre le chemin qui mène à la perfection.

La vie d'un Brahmine, non plus comme elle est à présent, mais telle qu'elle était à l'origine, et qu'elle devrait être encore, si les règles des Védas n'avaient pas été en partie mises à l'écart, est une vie d'étude laborieuse, d'austérité, d'abnégation et de retraite. Le premier quart de sa vie, il le passe comme étudiant. Son grand et unique objet est l'étude des Védas qu'il doit connaître à fond. D'études mondaines, il n'est pas question. Il est complètement sous le contrôle de son précepteur, auquel il doit obéissance, respect et tous les services relatifs à ses besoins journaliers. Il doit, en outre, chaque jour, quêter sa nourriture de porte en porte. Le novice Boudhiste, semblablement, se retire de sa famille, entre au monastère, vit sous la discipline du chef de la maison, auquel il obéit et qu'il sert dans toutes les nécessités de la vie, et donne toute son attention à l'étude des livres religieux. Il n'a aucune considération pour la science du monde. Il doit aussi aller chaque matin quêter la nourriture dont il aura besoin pendant la journée.

Le second quart de la vie du Brahmine est ainsi rempli : Il se marie et vit avec sa famille, mais il doit considérer comme sa tâche principale l'enseignement des Védas, et l'accomplissement scrupuleux des prescriptions religieuses et de tout ce qui a rapport au culte. Il doit s'abstenir soigneusement de plaisirs trop sensuels et trop mondains, même de la musique, de la danse et autres amusements qui mènent à la dissipation. L'institution monastique Boudhiste n'étant pas héréditaire et son développement et sa continuation ne dépendant pas de la naissance, ses membres sont obligés au plus rigoureux célibat, et à une abstinence entière et absolue de plaisirs sensuels et mondains, incompatibles avec la gravité, le recueillement et le renoncement de soi-même. Leur principale occupation est d'apprendre aux enfants les rudiments de la lecture et de l'écriture, pour qu'ils puissent lire les livres religieux, les seuls en usage dans les écoles. Ils doivent apporter une attention rigoureuse aux pratiques de dévotion et avoir soin que les observances et cérémonies religieuses soient régulièrement suivies dans leur monastère.

Le troisième quart de sa vie est passé, par le Brahmine, dans la solitude et comme anachorète. Il demeure dans les forêts où il doit se procurer ce qui est nécessaire à son alimentation et à son vêtement. Il s'occupe de ce dernier article lorsqu'il lui devient nécessaire de couvrir sa nudité. Chez beaucoup d'entre eux, le fanatisme a prévalu sur la raison et le sentiment de la décence, à tel point qu'ils vivent dans un état de nudité révoltante. Les racines des plantes, les fruits et les feuilles d'arbres sauvages, suffisent à subvenir à leurs besoins. Cette période de leur existence doit aussi être consacrée à des pénitences sévères et aux œuvres de mortification les plus rigoureuses.

La solitude et la retraite doivent toujours être chères au moine Boudhiste. La vie ascétique est surtout recommandée comme la plus excellente. Dès l'origine elle était très-fort en usage parmi les religieux Boudhistes. En Birmanie, plusieurs localités sont montrées avec respect, pour avoir été sanctifiées par la résidence de saints anachorètes. De nos jours, un petit nombre de fanatiques, en témoignage de ces anciennes pratiques, se retirent dans la solitude pendant une partie des trois mois de carême. L'esprit de mortification et de renoncement est éminemment, essentiellement Boudhiste ; mais depuis les temps mêmes de Gaudama, nous remarquons, chez ces religieux, une tendance marquée à négliger et abandonner ces pénitences contre nature et d'une rigueur outrée, que leurs frères de la religion opposée observent régulièrement. Ils tiennent toujours au principe, mais la façon de le pratiquer s'est adoucie et s'accorde mieux avec la raison et les bienséances.

La dernière portion de la vie du Brahmine est consacrée aussi à la méditation et à la contemplation. Il n'est plus obligé à passer par l'épreuve de pénitences rigoureuses ; la nature a été domptée ; les passions réduites au silence et détruites ; l'âme a conquis l'empire sur le corps et sur le monde matériel. Elle est délivrée des entraves et des obstacles qui la gênaient dans la contemplation de la vérité. Elle est prête à quitter ce monde, comme l'oiseau abandonne à son gré les branches d'un arbre. Le religieux Boudhiste ayant aussi dompté ses passions, et dégagé son âme de toute affection pour la matière, ne se plaît que dans la contemplation de la vérité. De même que la baleine majestueuse qui se joue au sein du vaste Océan, ainsi le parfait Boudhiste se plonge dans la vérité abstraite et infinie, s'y délecte, complétement indifférent à ce monde, que la méditation lui a appris à considérer comme une pure illusion, dépourvue de réalité. Il est alors mûr pour l'état si ardemment convoité de Neibban.

Quand Boudha conçut le plan d'une société de Religieux, et traça les règles qui devaient la gouverner, il n'eut qu'à regarder autour de lui pour trouver des modèles de vie religieuse. Le pays où il avait vu le jour, la société dans laquelle il avait été élevé fourmillaient de Religieux qui suivaient les différents systèmes de philosophie qui prévalaient à cette époque. Il les voyait, conversait avec eux ; pendant un certain temps, il avait vécu dans leur compagnie, sous les mêmes institutions disciplinaires. Il connaissait donc à fond tout ce qui, de son temps, constituait la vie religieuse. Mais ce même esprit d'audacieuse entreprise, qui l'avait porté à se séparer de ses maîtres et de ses contemporains sur plusieurs questions importantes de morale et de métaphysique, et l'avait conduit, dans son opinion, à améliorer et perfectionner les théories de philosophie spéculative et pratique, le poussait aussi à faire quelque chose d'analogue pour les règles disciplinaires auxquelles ses religieux devaient plus tard être soumis. Nous avouons franchement que, sur ce dernier point, il réussit admirablement. Le corps des Religieux Boudhistes est infiniment supérieur, à tous égards, aux autres sociétés de Religieux Indiens. Dans les règles des premiers, respire un esprit de modestie, de douceur sans affectation, qui contraste d'une manière frappante avec ces dégoûtantes exhibitions de mortifications volontaires dont les Brahmines sont si friands, et où l'immodestie semble le disputer à la cruauté. Boudha ouvrit les portes de sa société à tous les hommes sans distinction ou exception, renversant implicitement les barrières qu'avaient élevées les préjugés de caste. Avait-il, au début de sa carrière publique, conçu le dessein de détruire jusqu'aux vestiges de la caste, et de proclamer le principe de l'égalité parmi les hommes? C'est au moins fort douteux. Le principe égalisateur lui-même n'était jamais distinctement mentionné dans ses discours. Mais il avait, dans ses instructions, semé les éléments constitutifs de ce principe. Chaque membre endossait l'habit religieux de son libre choix, et le rejetait quand il lui plaisait; il n'y avait par conséquent aucun droit héréditaire à invoquer; le Religieux en mourant ne pouvait léguer à ses frères que l'exemple de ses vertus. Sa complète séparation du monde avait brisé tous les liens de parenté. Le double vœu de stricte pauvreté et de célibat, coupant dans la racine la cupidité et les plaisirs sensuels, lui interdisait de viser à l'influence et au pouvoir, que confèrent le rang et les richesses. C'est exactement le contraire pour les Religieux Brahminiques. En-dehors de son mérite personnel, sa caste sacerdotale lui confère une sorte de consécration divine qui se propage par la reproduction. Il peut posséder des richesses et avoir une nombreuse postérité. Il est donc presque irrésistiblement poussé à s'emparer d'une puissance qui lui est imposée par la triple influence de la naissance, de la religion et de la fortune.

Ce sujet de la comparaison entre les deux sociétés de Religieux comporterait de plus amples développements, mais le peu que nous en avons dit paraît suffisant pour mettre en son jour ce que nous avions en vue d'établir: la ressemblance intime qui existe entre les Ordres religieux des deux systèmes, et la déduction qui en est la conséquence, que l'Ordre des Religieux Boudhistes est un perfectionnement des Ordres de Religieux existant dans l'Inde au temps de Gaudama.

Il est une autre particularité de l'Ordre Religieux Boudhiste, qui a puissamment contribué à le maintenir pendant tant de siècles en une corporation si solide et si compacte qu'elle semble défier l'action destructive des révolutions. Nous voulons parler de sa hiérarchie régulièrement constituée, aussi parfaite qu'on puisse la désirer, particulièrement en Birmanie et dans Siam. Le pouvoir et l'influence de celui que nous pouvons appeler le Général de l'Ordre en Birmanie, et qui est connu sous le nom de Tha-thana-paing, lorsqu'il était, ainsi que le cas avait lieu souvent, appuyé par le pouvoir temporel, se faisait sentir dans tout le pays et contribuait largement au maintien du bon ordre et de la discipline dans le grand corps religieux. L'action du provincial ou supérieur des maisons religieuses d'une province est sentie plus directement et plus immédiatement par tous ses subordonnés. Il ne semble pas que les Religieux des écoles Hindoues, au moins de notre temps, soient en possession d'un tel avantage, qu'ils peuvent bien envier à leurs frères de la secte Boudhiste. Les membres du corps Brahminique ne sont pas tenus en faisceau par le pouvoir et le gouvernement de supérieurs, mais par des réglementations qui sont si profondément enracinées et si solidement établies dans l'esprit des individus, qu'elles sont fidèlement observées. La supériorité de caste, aussi, associée jusqu'à un certain point à une dose d'orgueil spirituel, a suffi jusqu'à présent à maintenir la distinction et la séparation de ce corps d'avec tout ce qui est en-dehors de lui. L'esprit religieux qui pénètre ce corps semble, de nos jours, avoir perdu de sa ferveur primitive et de son énergie. Le Brahmine a maintenu avec la dernière jalousie la supériorité que la caste lui confère, mais ne paraît pas avoir été particulièrement soucieux d'entretenir la suprématie spirituelle naturelle qu'une stricte adhérence aux prescriptions des Védas lui eût toujours solidement garantie.

ARTICLE II

NATURE DE L'ORDRE RELIGIEUX DES PHONGIES

Celui qui n'a pas étudié sérieusement le système religieux du Boudhisme, ou qui n'a pas acquis des notions précises sur les principes de sa doctrine, peut difficilement se former une idée exacte de l'ordre religieux de ces austères reclus, que les Européens, influencés par leur éducation, appellent prêtres de Boudha. Si nous appliquions aux membres de cet ordre les notions généralement admises sur la prêtrise, nous nous formerions une idée très-inexacte du vrai caractère de leur institution. Dans tout système religieux admettant un ou plusieurs êtres supérieurs à l'homme, dont l'action providentielle influe sur ses destinées, soit en ce monde, soit dans l'autre, les personnes revêtues du caractère sacerdotal ont toujours été considérées comme des médiateurs entre les hommes et la divinité reconnue, offrant à l'Être suprême, dans les occasions publiques, les prières et les sacrifices du peuple et sollicitant en retour sa gracieuse protection. Lorsqu'aux temps primitifs du monde, la dignité sacerdotale était unie à la puissance patriarcale ou royale, lorsque, dans les âges postérieurs, il existait un clergé régulier et distinct, comme celui qui subsistait sous la loi mosaïque, ou parmi les Grecs, les Romains, les Gaulois, etc., les prêtres étaient considérés comme délégués du peuple en tout ce qui avait rapport au culte national, intermédiaire du commerce mystérieux qui lie le ciel à la terre. La prêtrise, donc, implique nécessairement la croyance en un être supérieur à l'homme, arbitre de ses destinées; du moment où une telle croyance s'efface, l'idée même de prêtrise disparaît. Le Boudhisme, au moins tel que nous le trouvons en existence à Ceylan, en Birmanie, à Siam et en d'autres pays, est un système religieux purement athée, et présente le cas unique, du moins à ma connaissance, d'une croyance religieuse, admise par plusieurs nations, dont les doctrines ne soient pas basées sur la notion d'un être suprême, contrôlant plus ou moins les affaires de ce monde. A l'appui de cette assertion, que plusieurs pourraient trouver hasardée, nous indiquerons brièvement les dogmes principaux de la doctrine Boudhiste.

D'après ce système la matière est éternelle. L'existence d'un monde, sa durée, sa destruction et sa reproduction, toutes les diverses combinaisons et modifications auxquelles la matière est soumise, sont les résultats immédiats de l'action de lois éternelles existant d'elles-mêmes. Dans la vie, l'homme est soumis aux influences continuelles mais successives de ses bonnes ou mauvaises actions. Cette double influence l'accompagne à travers ses innombrables existences et lui donne le bonheur ou la misère suivant que prédomine le bien ou le mal. Il existe une loi éternelle qui, alors même qu'elle serait oblitérée dans la mémoire des hommes, peut être connue de nouveau et en quelque sorte recouvrée et pleinement comprise, par le génie incomparable et la science sans égale de certains personnages extraordinaires appelés Boudhas, qui font leur apparition à des intervalles successifs pendant les diverses séries ou successions de mondes. Ces Boudhas annoncent cette loi à tous les êtres raisonnables alors existants.

Le grand objet de cette doctrine est de faire voir à ces êtres les moyens de s'affranchir de l'influence des passions et de s'isoler de tout ce qui existe. Étant ainsi délivrés de l'action de la bonne ou de la mauvaise influence, qui fait tourner incessamment les mortels dans le tourbillon d'existences sans nombre, les hommes peuvent obtenir l'état de Neibban ou de repos, c'est-à-dire et suivant l'opinion populaire une situation où l'âme, désintéressée de tout ce qui existe, seule avec elle-même, indifférente à la peine aussi bien qu'au plaisir, repliée en quelque sorte sur elle-même, reste pour toujours dans un état incompréhensible d'abstraction complète et d'absolu parfait repos. J'ai dit que c'était l'opinion populaire, quand par bonheur elle n'est pas dévoyée par les théories scolastiques. Mais l'opinion des docteurs Boudhistes sur le Neibban est qu'il signifie la négation de tous les états d'être, c'est-à-dire une horrible et désolante annihilation. Un Boudha est un être qui, pendant des myriades d'existences, gravite lentement et graduellement vers ce centre d'une perfection imaginaire, par la pratique des plus hautes vertus. Une fois qu'il y est arrivé, il devient soudainement doué d'un génie sans bornes, grâce auquel il découvre le misérable état des êtres, et les moyens de les en délivrer. Il comprend à fond la loi éternelle qui seule conduit les mortels dans le droit chemin, et leur permet de sortir du cercle des existences, où ils ont perpétuellement tourné, dans un état d'agitation constante opposé à celui de fixité ou de repos. Il prêche cette loi qui enseigne à l'homme la pratique de ces vertus qui détruisent graduellement en lui, toutes les influences mauvaises, en même temps que toute affection pour tout ce qui existe, et le met à la fin de l'existence, en possession du Neibban. Sa tâche remplie, Boudha entre dans l'état du Neibban. Dans cette situation qui est véritablement inexplicable, il ne sait rien et ne se mêle à rien des affaires de ce monde; il est comme s'il n'était pas ou n'avait jamais été. Il est réellement annihilé.

Les Boudhistes vénèrent trois précieuses choses : Boudha, sa Loi et l'Assemblée des justes ou parfaits, dans le même sens que nous vénérons et admirons ce qui est moralement bon et beau, comme la vertu considérée d'une manière abstraite, et les actes qui en découlent. Les statues du dernier Boudha Gaudama, sont honorées par ses partisans, non pas avec l'idée qu'il y ait quelque puissance ou vertu inhérente en elles, mais seulement parce qu'elles sont les représentations visibles de Boudha, qui, d'après les Boudhistes, a voulu qu'on leur rendît les mêmes honneurs qu'on rendrait à sa personne de son vivant. Ce résumé du credo Boudhiste suffit pour justifier l'assertion précédente, qu'il ne repose nullement sur la croyance à un être suprême, mais qu'il est absolument athée, et qu'en conséquence, dans de telles conditions aucun sacerdoce ne saurait exister. Il peut aussi nous faciliter l'intelligence de ce qui est dit des divers sujets de cette notice.

Les Talapoins sont appelés par les Birmans Phongies, mot qui signifie « grande gloire, » ou Rahans qui veut dire « Parfait. » Ils sont connus à Ceylan, à Siam, au Thibet, sous divers noms qui ont à peu près les mêmes significations, ou qui expriment la nature ou l'objet de leur profession.

Quelle cause conduit un sectateur de Boudha à embrasser l'état de Talapoin. Quel objet a-t-il en vue en choisissant un genre de vie si extraordinaire ? La réponse à ces questions nous renseignera sur la nature véritable de cet ordre singulier de fanatiques. Un

Boudhiste, en devenant membre de la sainte société, se propose d'observer la loi de Boudha d'une manière plus parfaite que ses autres coreligionnaires. Il veut observer, non-seulement ses prescriptions générales, obligatoires pour tous les individus, mais aussi les prescriptions d'une excellence supérieure, qui mènent à une sainteté et à une perfection plus élevées. C'est le partage d'un nombre relativement petit de fidèles et d'hommes résolus. Il vise à affaiblir au-dedans de lui-même tous les mauvais penchants qui font naître et développent le principe des démérites. Par la pratique et l'observance des plus hauts et des plus sublimes préceptes, et des conseils de la loi, il pose, affermit, et consolide dans son âme, le principe des mérites, qui doit opérer sur lui pendant les diverses existences par lesquelles il doit encore passer, et qui graduellement le mènera à cette perfection qui lui donne des titres à l'état de Neibban, cet objet des ardents désirs et des plus vives poursuites, de tout vrai disciple de Boudha. La vie du dernier Boudha Gaudama, ses doctrines aussi bien que les exemples qu'il a laissés, il se propose de les copier avec une fidélité scrupuleuse et de les suivre sans relâche. Tel est le grand modèle qu'il compte imiter. Gaudama s'est retiré du monde, a renoncé à toutes ses séductions, à toutes ses brillantes vanités, a courbé ses passions sous le joug de la contrainte et a combattu pour la pratique des plus hautes vertus, particulièrement celle d'abnégation, afin d'arriver à un état d'indifférence complète pour tout ce qui est au-dehors comme au-dedans de son être, état qui n'est en quelque sorte que le seuil du Neibban.

Le Talapoin, les regards fixés sur ce modèle achevé de perfection, en reproduirait volontiers tous les caractères dans sa propre personne. Comme Boudha lui-même, il abandonne parents et amis et sollicite l'admission dans la compagnie des parfaits; il quitte sa maison pour entrer dans l'asile de la paix et de la retraite; il délaisse les biens de ce monde, pour pratiquer la plus absolue pauvreté; il renonce aux plaisirs de ce monde, même à ceux permis, pour vivre suivant les règles de la plus sévère abstinence et de la plus rigoureuse chasteté; il échange l'habit du siècle pour celui de la nouvelle profession dans laquelle il entre; il renonce à sa propre volonté et enchaîne volontairement sa liberté par son observance minutieuse et de tous les instants des règles de la communauté.

Il est Talapoin pour son propre avantage et pour acquérir des mérites qu'il ne partage avec personne autre. Dans les circonstances où certaines offrandes ou aumônes lui sont faites par des admirateurs spontanés de son saint genre de vie, il reconnaîtra le service rendu en récitant à ses bienfaiteurs des commandements, des préceptes, ou certains passages de la Loi; mais son caractère professionnel ne lui fait pas une obligation de développer la loi au peuple. Séparé du monde par son costume et par son genre de vie particulier, il reste étranger à tout ce qui se passe au-delà des murailles de son monastère. Il n'a pas charge d'âmes, et par conséquent n'a pas mission de reprendre ceux qui enfreignent la loi, ou de censurer la conduite des débauchés.

Les cérémonies du culte Boudhiste sont simples et peu nombreuses. Le Talapoin n'est pas considéré comme un ministre dont la présence soit indispensable à leur accomplissement. On édifie des pagodes, des statues de Boudha sont inaugurées, des offrandes de fleurs, de cierges et d'ornements sont faites, surtout aux jours de nouvelle et de pleine lune; mais, dans aucune de ces occasions solennelles, la présence du Phongie n'est considérée comme nécessaire. Ainsi donc, le culte tout entier existe en-dehors de son intervention. On ne le trouve pas aux occasions particulières des naissances ou des mariages. Parfois, il est vrai, on le demandera pour assister aux funérailles, mais alors il n'agit pas en ministre qui accomplit une cérémonie, il est là comme un simple particulier. Il y assiste pour recevoir les aumônes qui lui sont généreusement faites par les parents du défunt.

Les Boudhistes ont, chaque année, de la pleine lune de juillet à la pleine lune d'octobre, trois mois qui sont particulièrement consacrés à une plus exacte observance des pratiques et cérémonies de la loi. Le peuple des deux sexes se rend en foule aux pagodes, et souvent passe des nuits entières dans les bâtiments élevés à proximité de ces lieux; les plus fervents jeûnent et s'abstiennent de divertissements profanes pendant cette période; ils consacrent plus de temps à la lecture de leurs livres sacrés, et à la récitation de certaines formules calculées pour leur rappeler certaines vérités importantes, ou pour glorifier le dernier Boudha Gaudama et la Loi qu'il a publiée. Les aumônes affluent avec plus d'abondance dans les paisibles demeures des pieux reclus. Pendant tout ce temps, le Talapoin reste tranquillement en place, sans rien changer à son genre de vie, ou sans dévier le moins du monde de ses usages invariables ou de ses habitudes ordinaires. Par les règles de sa profession, il doit, pendant ce temps, donner une attention particulière aux observances religieuses, se joindre de temps en temps à ses confrères pour réciter certaines formules, et lire les livres qui contiennent les règles de son Ordre. Il savoure, comme d'habitude, les bonnes choses que ses généreux coreligionnaires prennent plaisir à lui offrir. Deux fois l'auteur a été personnellement témoin d'un fait qui lui a été mentionné comme fréquent : des Talapoins se retirant pendant les trois mois du carême en un lieu solitaire, vivant isolément dans de petites huttes, fuyant la société des hommes et vivant en ermites afin de consacrer tout leur temps à leurs méditations sur les plus excellents points de la loi de Boudha, combattant leurs passions, et jouissant dans la retraite d'un avant-goût de l'éternel repos du Neibban.

A beaucoup d'égards, les institutions des Talapoins peuvent être assimilées à celles de quelques ordres religieux qui se montrèrent dans presque tous les pays chrétiens, avant la Réforme, et qu'on trouve encore de nos jours dans les églises des rites Latin et Grec. De même que le moine, le Talapoin a dit adieu au monde, porte un vêtement particulier, vit en communauté, s'abstient de tout ce qui pourrait donner un aliment à ses passions en embrassant un état de pauvreté volontaire, et renonçant complétement à tous les plaisirs sensuels. Par l'observation rigoureuse des plus sublimes préceptes de la loi, il vise à parvenir à un degré peu commun de sainteté et de perfection. Tout son temps est réglé par les statuts de l'Ordre et employé à réciter certaines formules de prières, à lire les livres saints, à mendier ses aliments, etc.

Ces traits de ressemblance extérieure, communs à des institutions de religions si opposées, ont conduit plusieurs écrivains peu bienveillants pour le Christianisme à prononcer, sans autre enquête, que le Christianisme a emprunté au Boudhisme beaucoup de cérémonies, d'institutions et de règles disciplinaires. Quelques-uns ont été jusqu'à prétendre y trouver l'origine même du Christianisme. Ils ont pourtant été réfutés comme il le fallait par Abel Rémusat dans un Mémoire intitulé : « Recherches chronologiques sur la hiérarchie Lamaïque du Thibet. » Bien que l'auteur rejette loin de lui la présomptueuse pensée d'entrer dans une controverse parfaitement étrangère à son sujet, il présentera une ou deux remarques ayant pour but de faire voir que la première conclusion est au moins prématurée. Lorsque, dans deux croyances religieuses, entièrement opposées l'une à l'autre dans leur objet final, il se trouve quelques points de médiocre importance, communs à toutes les deux, il doit nécessairement arriver en bien des cas que des moyens presque semblables soient prescrits des deux côtés pour en assurer l'exécution, et cela en-dehors de toute idée préconçue. Le système Chrétien et celui du Boudha, bien que différant l'un de l'autre dans leur fin et dans leur objet respectifs, autant que la vérité diffère de l'erreur, présentent, il faut l'avouer, certains traits de ressemblance réellement étonnants. Beaucoup de préceptes de morale sont également prônés et recommandés par les deux religions. On peut affirmer sans témérité que la plupart des vérités morales enseignées par l'Évangile se trouvent dans les écritures Boudhistes. La différence essentielle, vitale, capitale, gît dans les fins dernières auxquelles conduisent les deux systèmes, mais non dans la diversité des moyens qu'ils prescrivent pour y arriver. L'Évangile tend à relier l'homme à son auteur, lui trace la voie qu'il doit suivre pour arriver à la possession et à la jouissance de Celui qui est le grand principe et la fin de toutes choses, et lui enseigne, comme devoir suprême, à conformer sa volonté et ses inclinations à ses commandements. Le Boudhisme tend à détacher l'homme de tout ce qui est en-dehors de lui et fait de sa personnalité son seul et unique centre. Il l'exhorte à la pratique de beaucoup de vertus éminentes, qui doivent l'aider à s'élever à une perfection imaginaire dont le point culminant est cet incompréhensible état de Neibban. C'est la qualification la plus indulgente que puisse employer l'auteur lorsqu'il lui faut traiter ce désolant sujet : la fin dernière d'un Boudhiste, il serait plus correct de dire une fois pour toutes que le prétendu être parfait est conduit par les principes de sa croyance dans le sombre et insondable abîme de l'annihilation.

Si la fin visée par les sectateurs de Boudha est grandement différente de celle que cherchent à atteindre les disciples du Christ, les moyens prescrits pour arriver à ces deux fins, ont, à beaucoup d'égards une très-grande ressemblance entre eux. Les deux croyances enseignent à l'homme à combattre, diriger et subjuguer les passions de son cœur, à donner à la raison l'empire sur les sens, à l'esprit sur la matière, à déraciner de son cœur toute affection pour les choses de ce monde, et à pratiquer les vertus exigées pour arriver à ces grands objets. Est-il surprenant que des personnes ayant sur plusieurs points des vues presque semblables, aient recours à des moyens ou expédients presque identiques pour atteindre l'objet de leurs poursuites, sans pour cela s'être jamais rencontrées ou concertées? Celui qui veut pratiquer la pauvreté absolue doit naturellement abandonner tous ses biens terrestres. Celui qui se propose de renoncer au monde doit s'en éloigner. Celui qui veut mener la vie contemplative doit chercher un lieu de retraite isolé, loin de l'éclat et de l'agitation du monde. Pour dominer ses passions et surtout la plus ardente de toutes, l'appétit sensuel, il est indispensable de se séparer de tout ce qui peut en allumer les feux et entretenir sa violence. Chaque profession a ses marques distinctives et ses caractères particuliers. De là cette particularité de costume, de manières, d'habitudes chez ceux qui ont adopté un genre de vie différent de celui que suivent les masses. Celui qui s'est engagé à réciter quotidiennement certaines prières ou formules de dévotion, aura recours, un certain nombre de fois, à quelque instrument ou imaginera quelque procédé pour s'assurer qu'il a satisfait à cet égard aux obligations que sa règle lui impose. De même, celui qui aspire à la connaissance de soi-même et qui veut lutter avec avantage contre soi-même s'adressera à un guide auquel il puisse ouvrir son âme tout entière et demander des conseils spirituels pour l'aider à renverser les obstacles qu'il trouve sur le chemin de la perfection.

Ces points, et nombre d'autres, sont communs à tous ceux qui tiennent à suivre non-seulement les préceptes, mais aussi les simples recommandations de leurs croyances respectives. Les causes, en beaucoup de cas, étant les mêmes dans les deux systèmes, il est inévitable qu'il en découlera des conséquences analogues. Les institutions religieuses portent toujours le cachet des idées religieuses qui les ont suscitées. Pas plus que leurs règles et leurs lois, elles ne sont le principe mais la conséquence immédiate ou le produit de la religion comprise à la façon de ceux qui la professent. Elles mettent en lumière, elles éclaircissent des notions religieuses déjà connues mais elles ne sauraient en créer de nouvelles. Quand les savants auront rassemblé des matériaux en nombre suffisant pour donner une histoire exacte de l'origine, des progrès, de la diffusion et des révolutions dogmatiques du Boudhisme, il ne sera pas sans intérêt de rechercher les causes qui ont contribué à donner à deux systèmes religieux, essentiellement différents dans leurs tendances respectives, tant de points de ressemblance. Mais cette étude est encore à faire. Sur tous ces points nous avons fort peu de chose. Les mieux informés sont forcés de reconnaître que dans l'état actuel nous sommes encore plongés dans des ténèbres dont l'obscurité s'éclaircit accidentellement de quelques rayons fugitifs, insuffisants pour éclairer l'esprit et diriger les pas du chercheur de la vérité. Lorsqu'on lit les détails de la vie du dernier Boudha Gaudama, il est impossible de ne pas se rappeler beaucoup de circonstances relatives à la vie de Notre Sauveur, telle que nous la donnent les Évangélistes. L'origine de l'étroite affinité entre beaucoup de points doctrinaux et de maximes communs au Christianisme et au Boudhisme une fois déterminée, il sera facile de trouver et d'expliquer, comment les sectateurs des deux systèmes, en sont venus à adopter tant de pratiques, cérémonies, observances, et institutions à peu près identiques.

Après avoir essayé d'expliquer la nature de l'institution des Talapoins, et l'objet visé par les membres de l'Ordre, nous allons examiner le système de son organisation ou hiérarchie sacrée.

ARTICLE III

HIÉRARCHIE DE L'ORDRE

Ce n'est pas un sujet de médiocre surprise, que de trouver au milieu de nations à demi civilisées, telles que les Birmans, les Siamois, les Cingalais et les Thibétains, un ordre religieux avec une hiérarchie distincte, bien marquée, des constitutions et des règles pourvoyant à l'admission des membres, déterminant leurs occupations, leurs devoirs, leurs obligations et leur genre de vie, et formant en quelque sorte un corps bien compact et solide, qui a subsisté presque sans modifications pendant plusieurs siècles, et a survécu à la destruction de royaumes, à la chute de dynasties royales et à toutes les agitations et confusions produites par les commotions et les révolutions politiques. C'est dans le Thibet que l'ordre existe dans sa plus grande perfection, sous la direction paternelle du grand Lama ou grand prêtre, qui réunit dans sa personne la puissance royale à la dignité sacerdotale. Dans la cité de Lhassa, une cour pontificale, un chef sacerdotal électif et un collége de Lamas supérieurs, donnent à l'ordre la dignité, la décence, la respectabilité et la stabilité qui assurent la continuation de son existence, et étendent plus ou moins son influence sur ceux de ses membres vivant dans les contrées éloignées.

L'époque de l'introduction du Boudhisme de l'Inde dans le Thibet est très-incertaine, sinon inconnue. Les annales boudhistes mentionnent qu'après la tenue du troisième concile, 236 ans après la mort de Gaudama, quelques missionnaires furent envoyés par le président de cette assemblée, pour prêcher la religion en certaines parties des monts Himalayas. Nous pouvons supposer qu'il s'agissait des versants méridionaux de ces montagnes. Quoi qu'il en soit, il paraît certain que l'établissement d'un chef pontifical ou souverain, investi de prérogatives royales, fut l'œuvre d'un des petits-fils du grand guerrier tartare Gengis vers le milieu du XIIIe siècle. Dans d'autres contrées où l'ordre n'a aucune connexion avec le pouvoir civil nous pouvons espérer le voir entouré d'une égale splendeur, ou pourvu d'une existence aussi brillante et aussi régulière. Bien qu'il en soit ainsi en Birmanie, il est impossible de ne pas reconnaître que les règles du Wini sont observées bien plus soigneusement dans ce pays que dans le Thibet. Ici la conduite des moines est incomparablement plus régulière. Le public ne supporterait pas un oubli ostensible des devoirs imposés par les vœux de pauvreté et de chasteté. Mais, si l'on peut s'en rapporter aux récits des voyageurs, les moines Thibétains ne se font pas scrupule de manquer à l'occasion à ces devoirs, sans paraître craindre soulever l'indignation populaire, pour des actes d'inconduite sur des points qui sont considérés comme si importants. L'énergie vitale de ce grand corps serait en vérité prodigieuse, si ses membres les plus éloignés recevaient la même impulsion, et montraient les mêmes symptômes de vitalité, que ceux plus rapprochés du cœur ou du principe de la vie. Comme nous n'avons jamais eu à notre disposition aucun détail particulier sur les moines Thibétains, nous devons nous contenter de mettre sous les yeux du lecteur un récit de tout ce qui se rapporte aux parties constitutives de l'ordre, telles qu'on les trouve en Birmanie et qu'elles sont développées dans les écritures sacrées.

L'ensemble de la confrérie se compose : 1° De jeunes gens qui ont endossé l'habit des Talapoins, sans pourtant être considérés comme membres profès, ou sans avoir encore passé par de certaines épreuves ayant quelque ressemblance avec une ordination; on les appelle *Shyins;* 2° De ceux qui ayant vécu quelque temps dans la communauté, en état de noviciat, sont admis membres profès, avec les cérémonies habituellement suivies en de telles occasions, et après lesquelles le titre et le rang de Phongie leur sont solennellement conférés, on les appelle *Patzins;* 3° Des chefs de chaque maison ou communauté qui ont autorité sur tous les hôtes de la maison ; 4° D'un provincial dont la juridiction s'étend sur toutes les communautés répandues dans les villes et villages de la province ou du district; 5° D'un supérieur général résidant dans la capitale ou ses faubourgs, appelé *Tsaia-dau*, ou grand maître, ayant le gouvernement général et la direction de toutes les affaires de l'ordre dans toute l'étendue de l'empire. On l'appelle par excellence du nom de Tha-thana-paing, qui signifie celui qui a autorité sur la religion. Parlons un peu maintenant de chacun de ces cinq degrés de la hiérarchie boudhiste.

C'est une coutume presque universelle parmi les Birmans et les Siamois, de faire entrer pour un an ou deux les enfants qui ont atteint l'âge de puberté, et même avant cette époque, dans quelqu'une des maisons de Talapoins. Ils endossent le vêtement jaune, dans le double but d'apprendre à lire et à écrire, et d'acquérir des mérites pour les existences à venir. A l'occasion de la mort de quelque personne, il arrivera quelquefois qu'un membre de la famille entre dans la communauté pour six mois ou un an. Lorsqu'un jeune garçon doit faire, pour la première fois, son entrée dans une maison de l'ordre, on l'y conduit sur un poney richement harnaché, ou assis sur un riche palanquin porté sur les épaules de quatre hommes ou plus. On lui permet l'usage d'une ou de plusieurs ombrelles d'or qui sont tenues au-dessus de sa tête. Pendant la marche triomphale, il est précédé d'une longue file d'hommes et de femmes, dans les plus riches costumes, portant une grande quantité de présents destinés à l'usage des hôtes du *Kiaong* (tel est le nom générique donné en Birmanie à toutes les maisons de la confrérie) où le jeune postulant doit habiter. Dans cet ordre imposant, la procession, accompagnée d'une troupe de musiciens jouant de divers instruments, s'avance avec lenteur et en faisant de nombreux circuits dans les rues principales de la ville, vers le monastère qui a été désigné. Ce déploiement de pompe, de la part des parents et alliés, est un honneur rendu au postulant qui se voue avec tant de générosité à un état si élevé; de la part du jeune homme, c'est un dernier adieu aux vanités du monde. Dès l'instant où il est descendu de son riche palanquin et a franchi le seuil du *kiaong*, il est remis par ses parents entre les mains du supérieur et placé sous sa direction. Sa tête est rasée immédiatement; il est dépouillé de ses riches vêtements et revêtu de l'humble et simple robe jaune; il doit mettre de côté toute espèce d'ornement et se contenter de la simplicité qui convient à sa nouvelle position. Le Kiaong sera désormais sa maison, et ses hôtes tiendront pour lui la place de père, de mère, de frères et de sœurs.

Le devoir du jeune Shyin est d'assister dans tous leurs besoins les anciens de la maison, de porter et de mettre devant eux, à des heures fixes, la provision habituelle d'eau, la boîte à bétel et la nourriture du jour; de les accompagner dans leurs excursions pieuses à travers la ville ou dans la campagne. Une portion de son temps est consacrée à apprendre la lecture et l'écriture, et accidentellement les éléments de l'arithmétique. Il y a cinq préceptes généraux d'obligation pour tous les hommes; mais le Shyin est tenu d'en observer cinq additionnels, ce qui fait un total de dix, par lesquels il lui est défendu : 1° De tuer des animaux; 2° De dérober; 3° De s'adonner aux plaisirs de la chair; 4° De mentir; 5° De boire du vin ou d'autres boissons enivrantes; 6° De manger après midi; 7° De danser, chanter, ou jouer d'aucun instrument de musique; 8° De peindre son visage; 9° De se tenir dans des endroits élevés qui ne sont pas convenables pour lui; 10° De toucher ou manier de l'or ou de l'argent (1). La transgression des cinq premiers préceptes entraîne l'expulsion du Kiaong ; mais celle des cinq derniers peut être rachetée par une pénitence appropriée au cas.

Les jeunes Shyins, comme on l'a remarqué plus haut, ne restent pas dans le Kiaong plus d'un ou deux ans; généralement ils le quittent et reviennent vivre dans le monde. On en voit pourtant quelques-uns qui, enthousiasmés de la vie facile et tranquille du Kiaong, ou poussés par d'autres motifs, préfèrent rester plus longtemps dans ces lieux de retraite. Ils s'adonnent à l'étude des devoirs, règles et obligations des membres profès de la société ; ils donnent plus d'attention à la lecture des livres religieux, et s'efforcent d'acquérir les connaissances requises. Lorsqu'ils sont suffisamment instruits sur tous ces points et qu'ils ont atteint l'âge

(1) En parcourant la dernière partie de la vie de Boudha, le lecteur a vu que les points les moins importants de discipline ont été le sujet de nombreuses discussions, aux temps primitifs du boudhisme. Parmi ces points de dispute et de querelle, se trouvaient les cinq articles énumérés plus haut. Le second concile fut assemblé pour apaiser les vives disputes qui divisaient les Boudhistes du Thanga ou de l'Assemblée, et qui occasionnèrent de grands troubles. Le vénérable Rasa, qui vivait en Wethalie, ville située sur le Gunduck, au nord d'Hajipour, entreprit un long voyage jusqu'à Kosambi, dans le but exprès d'avertir les religieux de ce pays de se tenir en garde contre les innovations dangereuses qui avaient été introduites par un groupe considérable de Rahans appartenant aux districts orientaux de Wethalie.

Ce voyage à l'ouest fut certainement très-long. Les ruines de la cité fameuse de Kosambi ont été découvertes en un lieu appelé Kosam, à trente milles plus haut qu'Allabahad sur la Joumna. Elles sont très-étendues et font voir de suite l'importance que la place dut avoir aux jours de sa splendeur. Un pilier brisé, dont la surface polie doit avoir mesuré 34 pieds, est recouvert d'inscriptions. C'est une des reliques boudhistes les plus importantes. C'est probablement un de ces piliers érigés par Athoka dans toute l'étendue de ses vastes possessions. Il ne porte pas d'inscription plus ancienne que le IIe et le IIIe siècle de l'ère chrétienne. Un autre semblable fut érigé à Prayag, ancienne cité mentionnée par Hiouen-Thsang, comme située au confluent du Gange et de la Joumna, et finalement détruite par les envahissements successifs des deux rivières. La place resta abandonnée jusqu'au temps de l'empereur Akhbar qui y bâtit un fort nommé Illahabad. La nouvelle cité a reçu le nom d'Allahabad, de l'empereur Shah Jehan. Le fameux pilier nommé pilier d'Allahabad, porte trois inscriptions. La première est celle d'Asoka, 240 ans avant Jésus-Christ, rappelant ses édits pour la propagation du Boudhisme ; la seconde est celle de Samoudra-Gapouta, au IIe siècle de notre ère, en commémoration de ses immenses domaines ; la troisième est cele de Jehangir, qui mentionne son accession au trône. La dernière réédification de ce fameux pilier eut lieu en 1838.

de vingt ans, ils sont admis solennellement parmi les membres reconnus de la confrérie sous le nom de Patzin. Nous décrirons plus loin et en détail, les cérémonies intéressantes célébrées dans ces circonstances. L'état de Patzin est donc, à proprement parler, identique à celui de Phongyie, bien que ce nom soit quelquefois réservé pour désigner le chef d'un monastère. Tous les autres pas ou degrés dans la hiérarchie sont purement honorifiques, à ce point qu'ils n'imposent à celui ainsi promu aucun nouveau devoir, aucune nouvelle obligation autre que ce qui est obligatoire pour tout membre profès; mais il confère le droit de juridiction, de contrôle, et de gouvernement sur tous les frères placés sous sa direction. En vertu de ces distinctions, un supérieur quelque élevé que soit son rang, est tenu à l'observance des mêmes règles, devoirs et obligations, que le dernier Patzin; son caractère sacré n'est ni altéré, ni élargi; il a seulement un certain degré de juridiction sur quelques-uns de ses frères.

Le Talapoin est lié à sa communauté, de sorte que dans chaque Kiaong ou maison de l'ordre, on rencontre plusieurs Patzins et bon nombre de Shyins. Chaque Kiaong a un chef qui préside la communauté, sous l'appellation de Tsaya, ou comme c'est plus souvent le cas, sous celle de Phongyie. Dans la plupart des cas il est à la nomination du particulier qui a bâti le monastère, et qui est investi d'une sorte de droit de patronage par lequel il peut nommer qui bon lui semble chef de la maison qu'il a bâtie. Celui qui est chef de la maison a autorité sur tous ses hôtes qui le reconnaissent tous comme leur supérieur immédiat. Il a la direction de toutes les petites affaires de la communauté, surveille l'observance exacte des règles et devoirs de la profession, corrige les abus, réprimande les délinquants, aiguillonne les paresseux, excite les tièdes et maintient la concorde et la bonne intelligence parmi ses subordonnés. Dans son caractère officiel, il reçoit les visiteurs pieux qui viennent à son monastère, soit pour y faire des offrandes volontaires, lui présenter des cadeaux en témoignage de leur respect et de leur admiration pour sa vertu éminente; soit pour converser avec lui sur quelque sujet religieux qui, soit dit en passant et n'en déplaise à la faiblesse humaine, en amènera parfois d'autres sur un ordre d'idées plus mondain. Si les donneurs d'aumônes ou les chercheurs de conseils appartiennent au beau sexe, comme c'est souvent le cas, ils doivent rester à une distance de 6 à 12 coudées de leur conseiller religieux, suivant la dimension de l'espace. On suppose qu'une proximité plus rapprochée pourrait mettre en danger la vertu du saint reclus.

On trouve dans chaque ville un nombre considérable de Kiaongs soit dans les faubourgs, soit en dedans des murs, dans un quartier spécial. Dans tous les villages on trouve le Kiaong, comme dans nos villages d'Europe on trouverait le presbytère. On le trouve même dans les plus pauvres localités et tout humble qu'elle soit il y a partout la maison où réside le Phongyie, si non toute l'année, au moins pendant la saison pluvieuse. Un ou plusieurs Dzedis, une espèce de mât de pavillon peint et doré en quelques endroits, et portant l'emblème de l'oiseau sacré Henza, ou canard Brahmine, aux trois quarts de sa hauteur, et d'où pendent gracieusement des banderolles, un verger d'arbres à fruits indiquent au voyageur l'habitation — humble ou imposante — aux trois toits superposés, où demeure le Rahan. Le Kiaong est aussi un lieu où le voyageur trouve bon accueil et peut séjourner un jour ou deux. Pendant la saison sèche, quand il ne reste que peu d'enfants avec le Phongyie, la place est beaucoup plus sûre que les Dzeats. Leurs hôtes en général, sont enchantés de recevoir des étrangers dont les entretiens apportent quelques moments d'agréable diversion à la monotonie habituelle de leur vie. Ces différentes communautés sont placées sous la juridiction d'un supérieur général ou provincial, nommé *Tsaia-dau* ou grand maître; ils forment sous son autorité une province de l'ordre; division qui se rapproche beaucoup de celle de plusieurs ordres religieux en Europe. Il est entouré du respect et de la vénération publiques. Son Kiaong éclipse les autres par la splendeur de ses ornements. Les principaux et les plus riches habitants du lieu sont fiers de s'appeler ses disciples et ses soutiens, et de fournir libéralement à tous ses besoins. Son principal devoir est d'apaiser les querelles qui trop fréquemment s'élèvent entre des communautés rivales. Le démon de la discorde hante souvent ces demeures de la paix et de la retraite. L'autorité du provincial intervient pour calmer les disputes et les conflits que l'envie et la jalousie, ces deux grands ennemis des religieux suscitent trop souvent. Lorsqu'un Talapoin est accusé d'incontinence ou d'autre infraction grave aux règles les plus importantes de sa profession, il est appelé au tribunal du *Tsaya-dau* qui, avec l'assistance et les conseils de quelques anciens, examine le cas et prononce la sentence. Il ne paraît pas que des facultés intellectuelles très-vastes soient essentiellement nécessaires pour obtenir cette haute dignité. L'auteur s'est rencontré avec deux ou trois de ces dignitaires qui, selon lui, étaient bien inférieurs à beaucoup de leurs subordonnés, en instruction et en capacité. C'étaient de bons vieux qui avaient passé presque toute leur vie entre les murs du monastère. Leur costume, leurs manières, et leur tenue étaient absolument semblables à celles de leurs frères d'un rang inférieur.

Dans le royaume d'Ava, la clef de voûte de l'édifice Talapoinique est le grand maître *par excellence* qui réside dans la capitale ou dans ses faubourgs. Sa juridiction s'étend sur toute la Société dans tous les domaines soumis à sa Majesté Birmane. Sa position près du trône et sa qualité de maître ou précepteur du roi, doivent lui avoir donné en tout temps un très-grand degré d'influence sur tous ses subordonnés. Il est honoré du titre éminent de *Tha-thana-pain*, signifiant qu'il a autorité et contrôle sur tout ce qui concerne la religion. Il n'est aucunement nécessaire que le possesseur d'une dignité aussi élevée se recommande par l'éclat de sa capacité ou par l'étendue de ses connaissances; le fait d'avoir été le précepteur du roi dans sa jeunesse est une condition suffisante à la collation de cette charge, que dis-je, c'est la seule nécessaire. Il suit de là que chaque nouveau prince, à son avènement, confère la plus haute dignité de l'ordre à son Phongyie favori. Dans ce cas, le titulaire actuel laisse la place à son collègue plus influent et redevient un membre ordinaire de la confrérie, à moins qu'il ne préfère quitter complètement la compagnie et rentrer dans le siècle. Le respect accordé par le roi au Phongyie en chef est vraiment considérable. A certains jours du culte, lorsqu'il est invité à venir au palais et donner une instruction à Sa Majesté, l'orgueilleux monarque descend du siège élevé qu'il occupe, pour en prendre un à peu près de niveau avec ceux des courtisans, tandis que le vénérable personnage vient s'asseoir sur le tapis même que le roi a laissé libre pour lui. Lorsqu'il doit aller visiter quelques monastères, ou des lieux consacrés au culte, il est habituellement porté sur une litière dorée, en grande pompe, suivi d'un grand nombre de ses frères et d'une escorte considérable de laïques. Sur son passage il reçoit de la part du peuple les plus grandes marques de respect. Le monastère où il réside est entretenu sur un pied de splendeur vraiment surprenant; sa forme et son aspect sont identiques à ceux de toutes les autres maisons religieuses, mais pour la variété et la richesse des ornements il les dépasse toutes. Il est entièrement doré à l'extérieur comme à l'intérieur; les piliers sont non-seulement recouverts de feuilles d'or, mais souvent ils sont incrustés de rubis qui, je le suppose, sont de peu de valeur.

Pour renchérir sur le caractère sacré de sa personne et de sa dignité, le *Tha-thana-pain* vit seul avec un ou deux Phongyies qu'on peut regarder comme ses secrétaires ou ses majordomes, qui restent dans un appartement près de l'entrée, pour recevoir les visiteurs et les introduire en présence du grand personnage. Il y a en outre des gardes laïques qui ont grand soin d'empêcher que le moindre bruit, vienne troubler le silence du palais.

Quand l'auteur visita pour la première fois ce dignitaire, il fut très-réjoui, en approchant du palais, de rencontrer ces gardes muets qui, par toutes sortes de gestes et de signes, essayaient de lui faire comprendre qu'il devait marcher doucement et sans bruit, prendre garde de parler à haute voix. Une fois admis en présence du *Tsaya-dau*, il ne fut pas médiocrement surpris de trouver un homme tout rempli de suffisance qui pensait qu'aucun autre que lui n'avait droit de parler; son langage était celui d'un maître à qui personne n'oserait faire la moindre contradiction. Il parut tout à fait offensé lorsque son visiteur eut à manifester un avis différent du sien sur quelques sujets traités dans la conversation. Il avait alors environ cinquante ans. Il était de haute stature pour un Birman, et ses traits étaient réguliers et beaux; son visage était légèrement amaigri ainsi qu'il convient à une figure de moine. Sa vanité spirituelle donnait à sa personne un air déplaisant. Il parlait vite et sententieusement, paraissant à peine faire attention à son interlocuteur. La suffisance et la vanité perçaient au travers du mince voile d'humilité affectée répandu sur son visage. L'auteur emporta en le quittant, une impression bien différence de celle qu'à la fin du siècle dernier, un digne envoyé anglais éprouva pour un de ses prédécesseurs; il avait été captivé à tel point par la simplicité, la douceur et l'attitude dévote du saint personnage, qu'il se recommanda à ses prières.

De nos jours, le pouvoir du Tha-thana-paing est purement nominal ; sa juridiction se fait à peine sentir au-delà de son entourage immédiat. Ce n'était pas le cas, cependant, dans les temps anciens. Des commissaires spirituels étaient envoyés par lui tous les ans, pour visiter et faire leur rapport sur l'état des communautés dans toutes les provinces. Ils devaient particulièrement s'enquérir si les règles étaient exactement observées ou non ; si les membres profès avaient ou non les qualités nécessaires à leur saint ministère. Ils avaient autorité pour réprimer les abus, et partout où quelque indigne frère, quelque brebis galeuse, se trouvait dans l'enceinte d'un monastère, il était sur l'heure dégradé, dépouillé de la robe jaune et renvoyé dans la vie du siècle.

Malheureusement pour la prospérité de l'Ordre, ces visites salutaires ne se font plus ; ce frein utile n'est plus employé. Laissé sans contrôle supérieur, l'ordre est tombé au dernier degré de l'abjection et de la dégradation.

Souvent à présent, on considère la profession de Talapoin comme bonne pour les oisifs, les ignorants et les paresseux, qui, voulant vivre à l'aise et ne rien faire, endossent pour un certain temps l'habit religieux, jusqu'à ce que, fatigués des devoirs et obligations de leur nouvelle profession, ils se retirent et recommencent la vie séculière. Autant que j'ai pu en juger, cette pratique est générale sinon presque universelle : il y a pourtant quelques exceptions. Malgré tous ces désavantages sérieux, la société continue à subsister, en gardant son caractère extérieur ; les différents degrés de la hiérarchie sont aussi bien marqués et définis maintenant qu'ils l'étaient auparavant, et dans un [état plus florissant. La structure de l'édifice est encore entière, mais la décomposition a pénétré les matériaux dont il est composé.

Il y a dans ce corps religieux un principe latent de vitalité qui l'entretient et lui communique une dose de force et d'énergie auxquelles il doit de s'être maintenu au milieu des guerres, des révolutions et des bouleversements politiques de toute sorte. Qu'il fût ou non soutenu par le pouvoir séculier, il est resté ferme et immuable. Il est impossible d'expliquer d'une façon satisfaisante un tel phénomène, si nous ne trouvons une cause claire et évidente d'une vitalité si extraordinaire, une cause indépendante des circonstances ordinaires de temps et de lieu, une cause profondément enracinée dans l'âme des populations qui offrent à l'observateur ce grand fait religieux. Cette cause paraît être le profond sentiment religieux, la foi vigoureuse qui règne chez la masse des Boudhistes. Les laïques admirent et vénèrent les religieux et contribuent avec empressement à leur entretien et à leur bien-être. Dans ses rangs le corps religieux se recrute sans cesse. On trouverait difficilement un homme qui n'a pas appartenu pendant un certain temps à la confrérie.

Une impulsion si générale et si continue ne pourrait certainement durer longtemps à moins d'être entretenue par une conviction religieuse puissante. Les membres de l'ordre gardent, au moins extérieurement, le décorum de leur profession. Les règles sont assez bien observées ; les grades hiérarchiques sont maintenus avec une scrupuleuse exactitude. La vie du religieux est une vie de contrainte et de surveillance perpétuelle ; tous les plaisirs, tous les divertissements lui sont interdits.

Comment un tel système d'abnégation pourrait-il se maintenir, sans la croyance qu'ont les Rahans dans les mérites qu'ils amassent en suivant un genre de vie qui, après tout, répugne à notre nature ? On ne saurait nier que des motifs humains n'influencent souvent et laïques et religieux ; mais sans la foi, et sans les sentiments qu'une croyance, même fausse, peut inspirer, leur action ne pourrait produire d'une manière durable et persévérante le fait étonnant dont nous sommes témoins dans les pays Boudhistes.

ARTICLE IV

ORDINATION OU CÉRÉMONIES OBSERVÉES LORS DE L'ADMISSION
DANS LA SOCIÉTÉ.

Nous allons maintenant expliquer minutieusement et décrire aussi exactement que possible, les diverses cérémonies accomplies à l'occasion de la promotion d'un Shyin, au rang de Patzin ou membre profès. Il faut nous rappeler que cette épreuve par laquelle il va passer, ou plutôt cette ordination qu'il va recevoir, ne confère aucun caractère particulier, ne donne aucun pouvoir spirituel spécial au candidat admis ; elle l'initie tout simplement à un genre de vie plus parfait, et le fait membre d'une société d'hommes qui aspirent aux plus hauts degrés de la sainteté et de la perfection. Le néophyte doit être pourvu pour la cérémonie d'un habit comme celui qui est porté dans la communauté ; il doit être exempt de certains défauts moraux ou physiques qui l'excluraient de l'admission comme membre de l'Ordre ; il doit enfin s'engager à l'observance stricte de certaines règles qui forment les constitutions de la société.

L'endroit où la cérémonie doit être célébrée est une salle mesurant au moins douze coudées en longueur, sans compter l'espace occupé par les Rahans, dont la présence est requise pour la circonstance. L'assemblée des Phongyies ou Rahans doit comprendre au moins 10 ou 12 membres, dans les villes, et 4 ou 6, si la cérémonie se fait dans la campagne. Celui qui la préside s'appelle Oupitze, qui veut dire maître ou guide ; il a un assistant nommé Çambava-Tsaia, qui a pour fonction de lire le livre sacré Çambawa ou livre d'Ordination, de présenter le néophyte à l'Oupitze et à ses frères assemblés, de lui adresser les questions prescrites par le rituel, et de l'instruire de certains points dont l'ignorance serait hautement préjudiciable et même choquante, de la part d'un membre profès de l'Ordre. Toutes les règles prescrites ainsi que les cérémonies observées dans cette occasion, sont contenues dans un livre écrit en Pâli, la langue sacrée. On peut appeler ce livre le rituel des Boudhistes. Il est tenu en grande estime, et quelques exemplaires écrits sur des feuilles d'ivoire à tranches dorées sont vraiment remarquables et témoignent du haut prix qu'y attachent les Boudhistes. Les copistes ont conservé l'usage des vieilles lettres Pâli carrées, au lieu d'employer les caractères Birmans circulaires. Toutes les ordonnances et prescriptions de ce livre sont supposées avoir été promulguées et sanctionnées par Gaudama en personne, le dernier Boudha et l'inventeur et fondateur reconnu de l'Ordre des Talapoins. De là le grand respect et la profonde vénération entretenus par tous les Boudhistes pour son contenu. Avant le commencement de la cérémonie, le candidat, ainsi que nous l'avons dit plus haut, doit être pourvu de sa Patta, ou pot de mendiant, et d'un Tsiwaran, habit clérical ou robe de moine. La Patta est un sphéroïde tronqué à large embouchure, dans lequel chaque membre de la confrérie doit recevoir les aumônes que chaque matin il va quêter dans les rues.

Le Tsiwaran ou vêtement jaune (1), le seul qui convienne à un Rahan, est composé d'abord d'une pièce d'étoffe serrée sur les reins par une ceinture de cuir, et tombant jusqu'aux pieds ; puis d'un manteau de forme rectangulaire, couvrant les épaules et la poitrine et venant un peu plus bas que les genoux ; enfin d'une autre pièce d'étoffe de même forme qui est pliée plusieurs fois et jetée sur l'épaule gauche, les deux extrémités pendant devant et derrière. Un autre article complément indispensable de la grande tenue d'un Rahan, est l'Awana, sorte d'éventail de feuiles de palmier, monté sur une légère carcasse ovale en bois et avec une poignée recourbée en serpentin ayant à peu près la forme de la lettre S.

Le traducteur Birman du texte Pâli, a interpolé son ouvrage de nombreuses remarques tendant à élucider le texte et à montrer les différents motifs ou raisons qui ont poussé Gaudama à décréter et rendre obligatoires les règles exposées dans le sacré Çambawa. Il faut aussi ne pas perdre de vue que l'omission de quelques parties essentielles des cérémonies, annule *de facto* l'ordination ; tandis que la non-exécution de certaines autres, moins importantes, sans aller jusqu'à invalider l'admission, dans la sainte famille, entache de péché tous les membres de la confrérie qui ont officié à la cérémonie. Le lecteur doit se préparer à observer les nombreux points de ressemblance intime entre les cérémonies usitées à la prise d'habit d'un moine ou à l'ordination d'un prêtre et celles qui accompagnent dans ces pays l'admission solennelle d'un candidat à la dignité de Patzin.

Les préparatifs de la solennité étant terminés, et les Pères assemblés ayant pris leurs places respectives sous la présidence de l'Oupitze, le candidat est introduit en leur présence, accompagné de l'assistant ou lecteur du *Çambawa*, et portant sa *Patta* et son accoutrement jaune. On lui enjoint de répéter distincte-

---

(1) Chez les boudhistes du Sud, la couleur préférée pour le costume des moines est le jaune. Le jus extrait du jacquier, par le procédé d'ébullition, fournit l'ingrédient nécessaire à la teinture.

ment trois fois, étant à genoux, le corps incliné en avant et les mains jointes élevées au front, la sentence suivante à l'Oupitze : « Vénérable président, je vous reconnais pour mon Oupitze. » Ces mots ayant été répétés trois fois, l'assistant, s'adressant au candidat, dit : « Reconnais-tu ceci pour ta Patta, et ceci pour ton costume sacré? » A quoi il répond distinctement : « Oui. »

A ce propos, le traducteur remarque qu'un certain jour un Rahan, qui avait été ordonné sans avoir été pourvu de *Patta* et de *Tsiwaran*, sortit tout à fait nu et reçût dans ses mains jointes la nourriture qu'on lui offrait. Un fait aussi extraordinaire, ou, pour mieux dire, aussi peu édifiant, ayant été rapporté à Gaudama, il ordonna, qu'à l'avenir, aucun Rahan ne fût ordonné, à moins d'avoir, au préalable, été interrogé au sujet de la Patta et des vêtements. Toute désobéissance à cette injonction entacherait de péché les pères assemblés.

L'assistant ayant prié le candidat de s'éloigner de l'assemblée à une distance de 12 coudées, et ce dernier y ayant satisfait, il se tourne vers les pères assemblés et s'adresse à eux en ces termes : « Vénérable Oupitze, et vous, frères ici réunis, écoutez mes paroles ! Le candidat qui se tient maintenant devant vous, dans une attitude d'humilité, sollicite de l'Oupitze la faveur d'être investi de la dignité de Patzin. S'il vous semble que tout soit convenablement disposé à cet effet, je l'avertirai, ainsi qu'il convient. O candidat, suis attentivement mes paroles et garde-toi, en une circonstance aussi solennelle, de proférer un mensonge ou de dissimuler rien à notre connaissance. Apprends qu'il y a certains défauts ou incapacités qui rendent une personne inhabile à l'admission dans notre ordre. De plus, quand devant cette assemblée tu seras questionné sur ces défauts, tu dois répondre sincèrement et déclarer les imperfections dont tu peux être affligé. Maintenant, ce n'est plus le temps de rester muet et de baisser la tête; chaque membre de cette assemblée a droit de t'interroger, et c'est ton strict devoir de donner une réponse à toutes ses questions.

« Candidat, es-tu affligé de quelqu'une des maladies suivantes : la lèpre ou quelque odieuse maladie de ce genre? As-tu des scrofules ou quelque chose de ce genre? Souffres-tu de ces maladies qui viennent de la corruption du sang? Es-tu sous le coup de la folie ou des autres maux causés par les géants, les sorciers ou les esprits malins des forêts et des montagnes ? » A chaque question séparée, il répond : « De ces malaises ou désordres corporels je suis exempt. » — « Es-tu un homme ? » — « Je le suis. » — « Es-tu fils légitime ? » — « Je le suis. » — « Es-tu endetté ? » — « Je ne le suis pas. » — « Es-tu le serf ou le dépendant de quelque homme influent ? » — « Non, je ne le suis pas. » — « Tes parents ont-ils donné leur consentement à ton ordination ? » — « Ils l'ont donné. » — « As-tu atteint l'âge de vingt ans ? » — « Oui, je l'ai atteint (1). » — « Tes vêtements et ta Patta sont-ils prêts ? » — « Ils le sont. » — « Candidat, quel est ton nom ? » — « Mon nom est Wago » (par métaphore, un être vil et indigne). — « Quel est le nom de ton maître ? » — « Son nom est Oupitze. »

L'assistant, ayant terminé l'examen, tourne son visage vers les pères assemblés et continue ainsi : « Vénérable Oupitze, et vous, frères assemblés, veuillez écouter mes paroles. J'ai dûment averti ce candidat qui vous demande d'être admis dans notre ordre. Vous semble-t-il que ce soit maintenant le moment convenable pour le faire avancer ? Si oui, je lui ordonnerai de se rapprocher. » Se tournant alors vers le candidat, il lui ordonne de venir près de l'assemblée et de lui demander son consentement à son ordination. L'ordre est aussitôt suivi par le candidat, qui, ayant laissé derrière lui les 12 coudées qui le séparaient des pères, s'accroupit sur les talons, le corps incliné en avant et les mains élevées au front, et dit : « Je sollicite, ô pères de cette assemblée, d'être admis à la profession de Rahan. Ayez pitié de moi, tirez-moi de l'état de laïque, qui est un état de péché et d'imperfection, et élevez-moi à celui de Rahan, état de vertu et de perfection. » Ces mots doivent être répétés trois fois.

L'assistant reprend ensuite son discours en ces termes : « O vous,

---

(1) L'auteur ne pense pas qu'il soit nécessaire de répéter les raisons qui poussèrent Gaudama à établir ces diverses règles. Elles doivent leur origine à ce fait que quelques individus réussirent à se faire ordonner, quoique sous le coup de désordres physiques, et devinrent ainsi un sujet permanent de discrédit pour la société. Ce fut à la requête de son père que Boudha défendit d'admettre à l'ordination les fils qui n'avaient pas le consentement de leurs parents, et fixa vingt ans comme l'âge requis chez celui qui sollicitait la promotion au rang de Patzin. Un esclave, un débiteur ne pouvaient être ordonnés, parce qu'un homme dans cet état ne s'appartient pas et ne peut disposer de sa personne qui, jusqu'à un certain point, est la propriété de son maître ou de son créancier.

frères ici assemblés, écoutez mes paroles! Ce candidat, humblement prosterné devant vous, sollicite de l'Oupitze d'être admis dans notre sainte profession; il paraît qu'il est pur de tout défaut ou infirmité corporelle, aussi bien que d'incapacités mentales, qui autrement, lui interdiraient d'embrasser notre saint état; il est également pourvu de la Patta et du vêtement sacré; en outre, au nom de l'Oupitze, il a demandé à l'assemblée la permission d'être admis au nombre des Rahans. Que l'assemblée achève maintenant son ordination. Que ceux qui l'approuvent gardent le silence; que quiconque y est opposé, déclare que ce candidat est indigne d'être admis. » Il répète trois fois ces paroles, après quoi il continue : « Puisque aucun des pères ne fait opposition, et que tous gardent le silence, c'est un signe que l'assemblée a consenti; qu'il soit donc ainsi fait. Donc, que ce candidat passe de l'état de péché et d'imperfection à l'état parfait de Rahan, et ainsi, par le consentement de l'Oupitze et de tous les pères, qu'il soit ordonné. »

Et ensuite il dit : « Les pères doivent noter sous quel ombrage, quel jour, à quelle heure et dans quelle saison l'ordination a été célébrée. »

Cela fait, le lecteur du sacré Çambawa ajoute : « Que le candidat soit attentif aux devoirs suivants qu'il doit remplir, et aux fautes, ci-après énumérées, qu'il doit éviter.

« 1. C'est le devoir de chaque membre de notre confrérie de quêter sa nourriture par son travail et par la fatigue des muscles de ses pieds, et, pendant toute la durée de sa vie, il doit gagner sa subsistance par le travers de ses pieds. Il lui est permis de faire usage de toutes les choses qui sont offertes à lui en particulier ou à la société en général, qui sont habituellement offertes dans des banquets, qui sont envoyées par lettre, et qui sont données à la nouvelle et à la pleine lune, et dans les fêtes. O candidat, vous pouvez faire usage de tout cela pour votre nourriture ! » A cela il répond : « Monsieur, je comprends ce que vous me dites. »

L'assistant reprend ses instructions. « 2. C'est une partie du devoir d'un membre de notre société de porter par humilité des habits faits des guenilles jetées dans les rues ou dans les cimetières; si pourtant, par ses talents et ses vertus, il se procure un grand nombre de bienfaiteurs, il peut accepter d'eux, pour son vêtement, les objets suivants : le coton et la soie, ou du drap de laine rouge (1) et jaune. » L'élu répond : « Ainsi qu'il m'est recommandé, ainsi ferai-je. »

L'instructeur continue. « 3. Chaque membre de la société doit habiter des maisons bâties à l'ombre d'arbres élevés (2). Mais si, grâce à votre capacité, et par votre zèle à remplir vos devoirs, vous vous attirez de puissants protecteurs qui veuillent bâtir pour vous une habitation plus confortable, vous pouvez l'habiter. Les habitations peuvent être faites de bambous, de bois et de briques, avec des toitures ornées de tourelles ou de clochers de forme pyramidale ou triangulaire. » L'élu répond : « J'aurai soin d'observer ces instructions. »

Après la réponse usuelle, l'instructeur continue. « 4. Il est obligatoire pour un élu d'employer comme médecine l'urine de vache, dans laquelle on a exprimé le jus du citron ou de tout autre fruit

---

(1) Il est probable que l'allusion à la couleur rouge a une origine Thibétaine. Les moines boudhistes de ce pays ont adopté le rouge pour leur vêtement, de préférence au jaune, qui est la couleur canonique de l'habit de tous les moines chez les Boudhistes méridionaux.

(2) Dans cette partie des règles on rappelle à l'élu la condition primitive des membres de la société. En imitation de leurs frères de la religion brahminique, et aussi afin de vivre dans la solitude, les Rahans, dans le commencement, se contentaient d'habiter des huttes bâties au pied de quelque grand arbre. Aussitôt pourtant que le Boudhisme gagna du terrain en divers pays, nous voyons les rois, les nobles et les personnes riches rivaliser entre eux pour élever de splendides demeures pour la résidence des moines. Gaudama lui-même reçut du roi Pimpathara, à Radzagi, le splendide monastère de Welouwon. A Thawattie, le riche Anatpein lui offrit le fameux monastère Dzetawon ; et, dans le même pays, la riche dame Withaka, lui fit présent de la résidence non moins splendide appelée Pouppayon. Le général A. Cunningham a découvert les ruines de Thawattie, à 58 milles au nord de Fyzabad, sur le Rapti, en un lieu nommé Sahet-Mahet, situé entre Akaona et Balrampour, à 5 milles du premier et 12 du second. C'était la capitale du roi Pathenadi, située au nord de Kosala. Dans la légende de Boudha, nous avons vu comment ce monarque fût dépossédé de son trône par un de ses fils, et mourut dans sa route à la capitale d'Adzatathat, son gendre. Les ruines du fameux monastère Dzetawon ont été reconnues au moyen des indications fournies par les écrits des pèlerins chinois que nous avons souvent mentionnés. Le monastère était à 1,200 pas de la porte sud de la cité. Le monastère Pouppayon guère moins fameux, était bâti à l'est du Dzetawon. Des monceaux de ruines exactement dans cette direction, ne permettent pas de douter qu'ils ne contiennent les restes de cette localité célèbre. Il est dit que Gaudama, étant âgé de 55 ans, commença de résider définitivement dans les monastères bâtis pour lui et qu'il passa 19 des 25 dernières saisons dans le Dzetawon, et 6 dans le Pouppayon. D'après Hwen-Thsang, la place occupée par le monastère Dzetawon était un carré mesurant 1,000 coudées sur chaque face. En outre du monastère, l'enceinte renfermait 2 temples et 2 étangs.

acide. Il peut aussi user comme médecine des articles jetés hors des bazars et ramassés aux coins des rues. Il peut accepter comme médecines les muscades et les clous de girofle. Les articles suivants peuvent être employés médicinalement : le beurre, la crême et le miel. »

L'assistant enseigne alors au nouveau Religieux les quatre offenses capitales qu'il doit soigneusement éviter, sous peine de perdre la dignité qu'il vient d'acquérir, et l'avertit solennellement de n'en commettre aucune. Ces péchés sont : la fornication, le vol, le meurtre et l'orgueil spirituel. La perpétration d'un de ces péchés par des Religieux après leur ordination, au temps de Gaudama, le porta à déclarer exclus *de facto* de la société ceux qui s'étaient rendus coupables de ces offenses, et il ordonna que l'assistant, immédiatement après la cérémonie, avertît solennellement le Patzin nouvellement élu d'éviter de commettre des péchés si odieux.

L'assistant, sans s'arrêter davantage, procède ainsi qu'il suit : « O élu, maintenant que vous êtes admis dans notre société, il ne vous est plus permis de goûter des plaisirs de la chair, soit sur vous-même, soit avec des animaux. Celui qui commet un tel péché ne peut plus être compté parmi les parfaits. On verrait plutôt la tête fraîchement coupée se rejoindre au tronc et rendre la vie au cadavre, qu'un Patzin coupable de fornication recouvrer sa sainteté perdue. Prenez donc garde de vous souiller d'un pareil crime.

« De plus, il est contraire à la loi et défendu à un élu de prendre des objets qui appartiennent à un autre, ou seulement même de les convoiter, quand même leur valeur n'excéderait pas 6 annas (1/4 de tical). Quiconque pèche, même à ce faible degré, est par là dépouillé de son caractère sacré et ne peut pas plus recouvrer son ancien état, que la branche séparée de l'arbre ne peut conserver son feuillage et pousser de nouveaux bourgeons. Gardez-vous de larcin dans le cours de votre voyage mortel.

« De plus, un élu ne peut jamais intentionnellement priver de vie un être animé, ou désirer la mort de quelqu'un, quelque préjudiciable qu'il puisse être. On verrait la roche se réunir à la masse d'où elle a été extraite plutôt qu'un meurtrier être réadmis dans notre société. Évitez avec soin un crime aussi odieux.

« De plus, aucun membre de notre confrérie ne peut se targuer de dons extraordinaires ou de perfections surnaturelles ; ou, par vanité, se poser comme un saint homme, et, par exemple, se retirer en des lieux solitaires, et, sous prétexte qu'il vit en extase à la façon des Ariahs, prétendre ensuite à enseigner à d'autres la voie qui mène à des perfections spirituelles extraordinaires. Le palmier abattu par la hache reverdirait plutôt, que l'élu coupable d'un tel orgueil ne serait rendu à sa sainte profession. Prenez garde de tomber dans un tel travers. » L'élu répond comme devant : « Ainsi instruit, ainsi ferai-je. » Ici finit la cérémonie. L'élu se joint au groupe des Rahans, et se retire avec eux dans son propre kiaong.

Il a déjà été dit que cette cérémonie ou ordination ne confère aucun caractère spirituel à la personne de l'élu ; mais c'est une pure formalité qu'il lui faut subir pour entrer dans la famille des parfaits. Le membre admis n'est pas indissolublement lié à son nouvel état. Il peut le quitter quand il lui plaît et rentrer dans la vie séculière ; il peut, en outre, s'il en a l'envie, demander sa réadmission dans l'Ordre ; mais il doit passer par les mêmes cérémonies observées lors de sa première ordination. Il est rare de rencontrer parmi les Rahans Birmans des hommes qui depuis leur jeunesse aient persévéré longtemps dans leur vocation. Ceux-là forment l'exception. Ils jouissent d'un grand respect et sont tenus en haute estime durant leur vie, et les plus grands honneurs sont rendus à leurs restes mortels. On les désigne souvent par l'appellation honorifique de « purs dès leur enfance. »

ARTICLE V.

RÈGLES DE L'ORDRE.

Les obligations inhérentes à la dignité de Patzin, et la multitude des devoirs imposés aux moines Boudhistes, sont renfermés dans un livre intitulé *Patimauk*, qui est, à proprement parler, le manuel de l'Ordre et le *vade mecum* de chaque Talapoin, qui est forcé de l'étudier avec beaucoup de soin et d'attention. Il est souvent prescrit qu'aux jours de fête un certain nombre de reclus se réunissent en un lieu spécial, appelé *Thein*, pour entendre la lecture de ce livre, ou au moins de quelques passages, afin que chaque frère ait toujours présentes à l'esprit les règles de sa profession, et soit entretenu dans l'observance de tous les points qu'elles recommandent. Cette prescription est excellente, car c'est un fait confirmé par l'expérience des siècles, que le relâchement et la dissipation s'introduisent dans toutes les communautés du moment où la règle est mise de côté, même en partie. Ce devoir semble si important à quelques Phongyies, qu'ils peuvent réciter par cœur tout le texte du Patimauk. Nous avons lu ce livre avec beaucoup d'attention. On y trouve çà et là nombre de règles sages et bien conçues, mais elles sont noyées dans un amas de détails non-seulement minutieux, mais encore ridicules, puérils et indignes d'être mentionnés. Afin cependant de donner une esquisse exacte du genre de vie, des manières, des habitudes et des occupations des Talapoins, nous en extrairons ce qui nous a paru intéressant et de nature à atteindre le but proposé, laissant de côté tout le fatras inutile.

Tout membre de l'Ordre, à son entrée en profession, doit renoncer à sa volonté et se courber sous le joug de la règle. Le fondateur de ces statuts a tellement eu à cœur d'étouffer tout germe d'indépendance d'esprit, qu'il a minutieusement réglé chaque action du jour, la façon de la faire, le temps qu'elle doit durer et les circonstances qui doivent l'accompagner. Depuis l'instant où un Rahan se lève, le matin, jusqu'à celui où, vers le soir, il va chercher le repos, son seul devoir est d'observer et de suivre la volonté et les commandements, toujours vivants, du fondateur de la société. Il avance dans la perfection à proportion de sa ferveur à accomplir ce qui lui est prescrit, et à éviter ce qui lui a été défendu par le sagace législateur. L'infraction d'un article de la règle constitue un péché. Les divers péchés qu'un Rahan est exposé à commettre sont compris sous sept titres principaux : 1° les Paradzekas, 2° les Thinga-de-ceits, 3° les Patzei, 4° les Toulladzi, 5° les Douka, 6° le Doupaci, et 7° le Pati-de-kani. Ces sept espèces de péchés sont subdivisés et multipliés au nombre de 227, qui forme le total des péchés d'action ou d'omission qu'un Phongyie peut commettre pendant qu'il reste membre de la société sainte. Les Paradzikas sont au nombre de quatre : fornication, vol, meurtre et vaine gloire à s'attribuer de hauts mérites de perfection. Un Reclus, le jour de son admission, est, ainsi que nous l'avons dit plus haut, averti de ne jamais commettre ces quatre péchés, sous peine d'être exclu de la société. Ils sont irrémissibles par leur nature. Cela signifie que celui qui a eu le malheur de céder à la tentation, et de commettre une de ces quatre offenses, cesse d'être considéré comme un membre du Thanga ou de l'assemblée des parfaits. Il est de fait exclu de la société. Il peut extérieurement continuer d'être membre du Thanga, mais intérieurement il a cessé d'en faire partie. Toutes les autres offenses sont soumises à la loi de la confession, et peuvent être expiées au moyen des pénitences imposées au délinquant, après qu'il a fait l'aveu public de ses péchés.

Le lecteur sera sans doute surpris de cette révélation inattendue, que la pratique de la confession a été établie parmi les Talapoins, et qu'elle est observée jusqu'à présent, bien que très-imparfaitement, par tout Religieux fervent. Quelques zélés Patzins y ont recours une et même deux fois par jour. Voici ce que prescrit à ce sujet le *Wini*, ou livre des écritures, qui contient tout ce qui concerne les Phongyies, le Patimauk n'en étant que le *compendium*. Lorsqu'un Rahan s'est rendu coupable d'une violation de sa règle, il doit aller immédiatement à son supérieur, et, s'agenouillant devant lui, lui confesser son péché. Parfois il fera cela dans le *Thein*, l'endroit où les frères se rassemblent à l'occasion pour discuter de sujets religieux, ou pour assister à la lecture du Patimauk en présence de l'assemblée. Il doit confesser tous ses péchés, tels qu'ils sont, sans chercher à dissimuler ceux d'une nature plus révoltante ou amoindrir les circonstances aggravantes. Une pénitence est alors infligée, consistant en certaines formules pieuses à répéter un certain nombre de fois pendant la nuit. Le pénitent doit s'engager pour l'avenir à se garder de semblables infractions. Cette pratique extraordinaire est observée maintenant pour la forme, pourrait-on dire. Le pénitent s'approche de son supérieur, s'agenouille devant lui, et, ayant les mains élevées à son front, dit : « Vénérable supérieur, j'accuse ici tous les péchés dont je puis être coupable, et j'en demande pardon. » Il ne fait aucune énumération détaillée de ses infractions, ne spécifie rien quant à leur nature ou aux circonstances qui les ont accompagnées. Le supérieur se contente de lui dire : « Bien ; prenez garde d'enfreindre les règles de votre profession, et désormais tâchez de les observer fidèlement. » Il le congédie sans lui infliger aucune pénitence. Ainsi, une institution si bien calculée pour tenir en bride les passions humaines, si propre à empêcher les hommes d'enfreindre, à l'occasion, les lois qui leur sont données, ou tout au moins de s'endormir dans cette coupable habitude, est maintenant, entre les mains de cette corporation, et par suite du manque de ferveur et d'énergie, réduite à n'être plus qu'une cérémonie inutile et ridicule, et rien que l'ombre de ce qui est prescrit par le Wini.

Les punitions infligées pour les transgressions répétées d'un ou de plusieurs points de la règle sont généralement légères, et rarement ou jamais corporelles, comme des flagellations, etc., etc. Le supérieur ordonne quelquefois au délinquant de se promener dans la cour, pendant la chaleur du jour, pendant un certain temps ; de porter à distance un certain nombre de paniers pleins de sable, ou une carafe d'eau. La douceur, étant une vertu de prédilection chez les Rahans, interdit de recourir à des pénitences d'un ordre plus sévère.

L'humilité, la pauvreté, l'abnégation et la chasteté sont, pour celui qui a reçu le rang de Patzin, les vertus cardinales et les plus essentielles qu'il doit pratiquer en toute circonstance. Il doit, dans son maintien extérieur, montrer clairement qu'il est toujours sous l'empire de leur influence. L'auteur de ces règles et règlements de l'Ordre semble n'avoir eu d'autre objet en vue que de conduire ses frères, par divers voies et moyens, à la pratique de ces vertus, et d'inculquer dans leur esprit la nécessité de se conformer aux pratiques prescrites dans ce but. C'est de ce point de vue qu'il nous faut envisager les statuts de la confrérie, afin de les bien comprendre et de les apprécier suivant leurs mérites. Nous nous ferions réellement une opinion très-erronée des institutions des temps passés, si nous les examinions, si nous en faisions un objet d'éloge ou de blâme, sans avoir égard à l'esprit qui guidait le législateur et à l'objet qu'il avait en vue en les formulant. Nos idées personnelles, nos manières, nos coutumes et notre éducation nous porteront souvent à désapprouver, à première vue, des institutions qui datent des temps passés, faites pour des nations qui diffèrent de nous à tous égards, sous prétexte qu'elles ne sont pas comme nous les voudrions avoir maintenant, faisant, sans nous en douter, de nos propres préjugés, l'étalon sur lequel nous mesurons le bon ou le mauvais de tout ce qui a été fait avant notre époque. Les institutions du moyen âge, c'est un historien illustre qui l'a dit, sont intelligibles pour celui qui est entré dans l'esprit de ces temps, et qui pense, sent et croit comme faisaient les peuples de ces temps écoulés. Cette observation s'applique à un certain degré, et toutes choses égales d'ailleurs, aux institutions Boudhistes. Le système religieux doit être compris dans son ensemble, l'objet qu'avait en vue le fondateur de l'Ordre doit être clairement observé et toujours présent à l'esprit, si nous avons la prétention de juger de la bonté ou de l'infériorité des moyens qu'il a employés pour y arriver.

Dans un but d'humilité, chaque Talapoin est tenu de raser toutes les parties de son corps. En satisfaisant à cette règle, il doit considérer que les cheveux dont il se débarrasse sont choses inutiles, servant uniquement à la vanité, et il doit s'en inquiéter aussi peu que la montagne le fait des arbres dont on a dégarni son sommet. En vertu du même esprit, le Religieux doit toujours marcher nu-pieds, excepté lorsqu'il souffre de quelque infirmité, ou pour quelque autre bonne raison; il lui est alors permis d'user d'une certaine espèce de pantoufles toutes simples et sans aucun ornement; la forme, la couleur et les dimensions en sont soigneusement décrites dans la règle. Quand les Rahans voyagent d'un lieu à l'autre, il leur est permis de porter avec eux le large éventail fait de feuilles de palmier, et une ombrelle de papier commun pour protéger leur tête nue contre l'inclémence du temps, ou s'abriter des rayons du soleil. Leur habit, consistant, ainsi qu'on l'a dit plus haut, en trois morceaux, est aussi simple que possible. D'après le Patimauk, chaque partie séparée doit être faite de guenilles ramassées çà et là et qu'eux-mêmes cousent ensemble. Cette règle, quoique inobservée par un grand nombre, est observée jusqu'à un certain point par la majorité, mais d'une manière plutôt contraire à l'esprit, sinon à la lettre de la règle. En recevant des bienfaiteurs une pièce de soie ou de coton, ils la coupent en plusieurs petits morceaux carrés qu'ils s'ingénient ensuite à coudre ensemble du mieux qu'ils peuvent, de façon à faire leurs vêtements conformément aux prescriptions des statuts. Le vêtement doit être fait d'une seule couleur, jaune dans ces pays, où le Mahométisme est en minorité.

La couleur jaune est un signe de deuil, comme le noir chez les peuples d'Europe.

Sept articles sont considérés comme indispensables à chaque membre de la famille religieuse : le kowot, le thin-bain, le dougout (les trois pièces constituant le vêtement), une ceinture, une patta, une petite hache, une aiguille, et un petit appareil pour filtrer l'eau qu'il boit. Le nombre total des objets qu'il lui est permis d'employer et de posséder monte à soixante. Ils sont tous simples, communs, presque sans valeur, ne pouvant tenter la cupidité, et laissent celui dont ils forment toute la fortune dans l'humble état de stricte pauvreté.

La possession de biens temporels est sévèrement interdite aux Rahans; ils pourraient les détourner de l'étude de la loi et des divers devoirs de leur profession. Rien, à la vérité, n'oppose un obstacle plus puissant à l'abnégation et au profond mépris des choses matérielles que la possession des biens de ce monde. Par suite, un vrai Rahan n'a aucun objet qu'il puisse réellement appeler sien. Le kiaong dans lequel il demeure a été bâti par des bienfaiteurs, qui l'approvisionnent de tout ce qui peut lui être utile ou nécessaire. La nourriture et le vêtement lui sont fournis sans qu'il ait à s'en préoccuper. La pieuse libéralité de ses adhérents fournit largement à ses besoins. Mais on attend de lui qu'il ne se préoccupe en rien d'affaires mondaines, de quelque nature qu'elles puissent être. Il ne peut faire ni culture, ni plantation, ni trafic; en un mot, quoi que ce soit avec l'intention d'en retirer profit. Conformément au proverbe : « A chaque jour suffit sa peine », le Rahan ne peut faire des provisions pour le temps à venir. Il doit s'en rapporter à la générosité toujours en éveil, et au soin vigilant de ses partisans, pour ses besoins de chaque jour. Maintenant, disons à la louange des Boudhistes que le Rahan est rarement désappointé dans la confiance qu'il place en eux.

Pour le tenir en garde contre un usage trop libéral et trop fréquent des choses de première nécessité, un Talapoin est forcé de passer par une cérémonie ennuyeuse, appelée *Akat*, ou présentation, avant qu'il lui soit licite de toucher quelque chose. Lorsqu'il désire sa nourriture, de la boisson ou toute autre chose, il se tourne vers ses disciples et leur dit d'agir suivant la loi. Sur quoi, un ou plusieurs d'entre eux se lèvent de leur place, et, prenant des deux mains l'objet ou les objets demandés, s'approchent respectueusement et les lui présentent en disant : « Cela est permis. » Le Rahan prend alors les objets dans ses propres mains et s'en sert, ou les met de côté, suivant sa convenance. Quand une chose est présentée, le disciple doit être à une distance de quelques coudées, autrement le Reclus commet un péché, et, si c'est de la nourriture qu'il reçoit, chaque bouchée qu'il mange est un péché de plus. L'or et l'argent étant les puissants aliments de la convoitise, la règle interdit aux Phongyies d'y toucher, et *à fortiori* d'en posséder. Mais, sur ce point pourtant, la cupidité humaine a brisé les barrières élevées sagement par le fondateur des statuts pour protéger les Reclus contre leurs perfides amorces. L'or et l'argent, il est vrai, ne sont pas touchés par les pieux Reclus, mais les brillants et précieux métaux sont remis aux disciples, et par eux déposés dans la boîte du supérieur, qui, tout en s'inclinant hypocritement devant la lettre de la loi, en méconnaît l'esprit. Quelquefois un avide Religieux a recours à une ruse innocente pour étouffer les remords de sa conscience : il couvre ses mains d'un mouchoir, et reçoit sans scrupule la somme qui lui est offerte. Il serait injuste d'accuser de cupidité tous les membres en général de la confrérie. Il en est dont le maniement de l'argent n'a pas souillé les mains, et dont les cœurs ont toujours été sourds aux séductions de l'*auri sacra fames;* mais on ne peut nier qu'un grand nombre d'entre eux soient insatiables à se procurer de l'argent et souvent même en demandent.

Aucun Rahan ne peut demander quoi que ce soit. Il lui est permis de recevoir ce qu'on lui offre spontanément. Sur ce point, également, l'esprit de la règle est souvent mis de côté. Le Reclus ne demandera pas un objet qu'il convoite (qu'il me pardonne cette expression), en propres termes; mais, par quelque moyen indirect ou détourné, il donnera à entendre que la possession d'un tel objet serait très-avantageuse pour lui, et que l'offrande qui lui en serait faite serait pour le donateur la source de grands mérites. Il touche ainsi le cœur de son visiteur et fait naître chez lui le désir de lui offrir la chose, aussi vif que son désir à lui de l'accepter.

Le célibat est sévèrement imposé à tout membre profès de la société. Le jour de sa réception, l'instructeur l'avertit solennellement de ne rien faire à l'encontre de cette vertu si essentielle. Le fondateur de l'Ordre et auteur de ses statuts est entré à cet égard dans les plus minutieux détails, et a prescrit une multitude de règlements tendant à fortifier les Rahans dans l'accomplissement du vœu solennel qu'ils ont fait, et à éloigner d'eux les moindres occasions, même éloignées, de péché. Il avait, il faut lui rendre cette justice, une rare expérience de la fragilité de la nature humaine, ainsi que de la violence de la plus ardente passion du cœur, puisqu'il a travaillé avec tant de soin à fortifier l'une et à tenir l'autre en bride, par tous les moyens que son esprit sagace pouvait lui susciter. Il n'ignorait aucun des secrets du cœur humain, et savait bien que la plus sûre tactique, pour l'emporter dans la lutte de l'esprit contre la chair, consiste plutôt à éviter soigneusement la rencontre de l'ennemi, et à manœuvrer habituellement en le tenant à distance que dans une prise corps à corps avec lui en rase campagne. De là ses injonctions répétées de fuir toutes les occasions de péché.

Il est défendu aux Phongyies de rester sous le même toit, ou de voyager dans la même voiture ou le même bateau que des femmes : ils ne peuvent rien recevoir de leurs mains. Les précautions sont poussées si loin qu'il n'est pas permis aux Religieux de toucher les vêtements d'une femme, ou de caresser une petite fille si jeune soit-elle, ou même de toucher un animal femelle (1).

Quand ils reçoivent dans leurs résidences les femmes qui s'y rendent pour faire des offrandes, ou pour assister à la récitation de quelques passages des livres sacrés, ils doivent s'en tenir à grande distance et être entourés de quelques-uns de leurs disciples. Les Phongyies doivent considérer les femmes âgées comme leur mère et les jeunes comme leurs sœurs. La conversation doit être aussi courte que les convenances le permettent, et l'on ne doit se servir d'aucune expression inutile ou légère. Dans les jours de fêtes quand les foules de peuple, hommes et femmes, vont au Kiaongs pour entendre le *Tara*, ou la récitation de quelques fragments de la loi, les Rahans, rangés devant la congrégation, gar-

(1) En traitant du précepte qui défend de toucher les femmes, on ajoute dans le Wini, que cette prohibition va jusqu'à défendre de toucher sa propre mère ; et au cas même où il arriverait qu'elle tombât dans un puits, son fils, s'il est talapoin, ne doit pas la retirer. Mais s'il n'y a aucun autre secours à portée, il peut lui présenter son habit ou un bâton, pour la retirer, et, pendant tout ce temps, il doit s'imaginer qu'il retire seulement un morceau de bois.

dent tout le temps leurs éventails devant leurs visages, de peur que leurs yeux viennent à rencontrer quelque objet de tentation. Des précautions plus grandes encore sont exigées dans leurs rapports avec les Rahanesses, sorte de religieuses dont l'institution est en complète décadence dans presque toute la Birmanie. Afin de mieux garantir l'observance de la continence, un Phongyie ne sort jamais de son monastère, ou n'entre dans une habitation particulière, sans être escorté de quelques disciples. L'opinion publique est inflexible et inexorable sur le chapitre du célibat, que l'on considère comme indispensable chez quiconque aspire à porter le nom de Rahan. Le peuple ne conçoit pas l'idée d'un prêtre ou d'un ministre de religion qui ne vit pas dans cet état. Toute infraction à cette règle essentielle, de la part d'un Rahan, entraîne un châtiment immédiat. Le peuple de l'endroit se rassemble au Kiaong du délinquant, quelquefois le chasse à coups de pierres. Il est dépouillé de ses vêtements; et souvent un châtiment public, même la peine capitale, lui est infligé par ordre du gouvernement. Le malheureux est considéré comme hors la loi, et la femme qu'il a séduite partage sa honte et sa confusion. Une manière de voir aussi extraordinaire et si profondément enracinée dans l'esprit d'un peuple renommé pour la licence de ses mœurs est bien faite pour arrêter l'attention d'un observateur de la nature humaine. D'où a pu naître chez ces hommes corrompus et à demi civilisés un tel respect, une aussi profonde estime pour une aussi haute vertu? Pourquoi son observance rigoureuse est-elle jugée essentielle de la part de ceux qui visent ouvertement à un degré de perfection au-dessus de l'ordinaire? C'est en partie à la force de l'opinion publique, en partie aussi à quelques autres raisons qu'est due l'observance, au moins extérieure et à un tel degré de sévérité, de la loi du célibat. Il est très-rare qu'on l'enfreigne. Comme la règle à cet égard, ne lie le Phongyie que pour le temps qu'il passe en profession, celui qui ne se croit pas la force morale nécessaire pour résister à l'aiguillon de la passion, préfère quitter la compagnie et rentrer dans la vie séculière, où il peut par une alliance légitime faire cesser cet état de lutte, plutôt que de s'exposer à une transgression qui entraînerait pour lui des conséquences si fâcheuses.

Le sagace législateur de l'ordre religieux Boudhiste, préoccupé de la pensée d'élever le principe spirituel au-dessus du principe matériel, et d'assurer à la raison un contrôle efficace des appétits matériels, a prescrit la tempérance comme une vertu fondamentale essentielle à chaque Rahan. Ainsi qu'à tous leurs coreligionnaires, il est interdit aux Rahans de faire usage de liqueurs spiritueuses ou de substances enivrantes. Cette prohibition, édictée par Gaudama, était la mesure la plus sage qu'il pût adopter pour préserver ses sectateurs du vice honteux de l'ivrognerie. Tous les peuples non civilisés usent de spiritueux dans le seul but de produire l'ivresse. Sans cette excellente réglementation, bientôt les membres de la Thanga, fussent devenus par leurs excès, la risée des fidèles. Le temps qu'il leur est accordé pour prendre leur nourriture, s'étend depuis le lever du jour jusqu'au moment où le soleil est arrivé au milieu de sa course; mais, dès que l'astre du jour a passé le méridien, l'usage des aliments est absolument interdit. Un estomac plus ou moins chargé des substances alimentaires absorbées le soir, alourdit le corps, tend à énerver l'intelligence, obscurcit l'entendement, et rend l'homme incapable de se livrer à l'étude, à la méditation et à la contemplation, qui doivent être les principales occupations d'un fervent Rahan. Il lui est permis de prendre deux repas dans la matinée, mais on attend de lui qu'il ne mange que la quantité nécessaire pour le soutenir. Il doit toujours prendre ses repas en compagnie des membres de sa communauté. Pour apaiser les excitations de la gloutonnerie et déraciner les désirs immodérés, il doit répéter fréquemment les sentences suivantes : « Je mange le riz, mais ce n'est pas pour le plaisir de mon appétit, mais pour satisfaire les besoins de la nature; » de même, lorsqu'il endosse ses vêtements : « Je m'habille, non pas dans un but de vanité, mais pour couvrir ma nudité. » Le riz et les légumes sont, d'après les statuts, la base de l'alimentation des Phongyies; l'usage du poisson et de la viande est toléré, et la coutume journalière s'en étant généralisée est devenue une pratique légale. Strictement parlant, un Talapoin doit se contenter de riz et de diverses espèces de légumes bouillis qu'il a reçus dans une Patta pendant ses courses matinales dans les rues de la localité. De même que chez les Romains, où la loi réprimant la somptuosité et le luxe des repas, fut une insuffisante barrière contre la gloutonnerie et les autres passions, ainsi parmi les Rahans les règles sévères prescrivant une alimentation peu savoureuse ont dû céder devant la tendance à satisfaire les exigences sans cesse renouvelées de l'appétit. La plupart des Phongyies donnent, aux chiens ou aux enfants qui vivent dans le monastère, la nourriture vulgaire qu'ils ont quêtée dans les rues, et vivent des aliments de meilleure qualité qui leur sont régulièrement fournis par quelques personnes aisées jalouses de s'appeler les protecteurs du Kiaong et de ses hôtes. Le menu ordinaire se compose de riz et de plusieurs petits plats pour l'assaisonner, et dans lesquels se trouvent des petits morceaux de viande, accommodés suivant les capacités culinaires des cuisiniers du pays. Leur talent est certainement médiocre. Ils ajoutent à cela quelques fruits de la saison, accompagnés des sucreries que les dévotes ont l'habitude en tous pays de préparer avec tant de soin et de dévouement pour les objets de leur pieuse admiration et de leur respect. Les aliments fournis aux humbles reclus sont des meilleurs que le pays puisse fournir. On dirait qu'ils vivent de la graisse de la terre. Le riz le plus délicat, les plus beaux fruits arrivent invariablement dans les monastères. Et, pendant ce temps-là, on continue à exonérer les Phongyies du péché d'intempérance et de gourmandise.

La quantité de nourriture qu'ils peuvent prendre est aussi l'objet d'une réglementation, comme aussi jusqu'à la manière de la prendre et de l'avaler. Chaque bouchée doit être d'une dimension modérée; on ne doit en porter une seconde à la bouche qu'autant que la précédente, par le procédé ordinaire de la mastication, a complétement disparu dans l'œsophage. Agir autrement passerait pour gloutonnerie et serait la marque évidente que le mangeur avait autre chose en vue que d'apaiser le besoin de la nature. C'est un spectacle amusant que d'observer l'indifférence solennelle d'un Talapoin prenant son repas. On serait tenté de croire qu'il se soumet avec regret à la dure nécessité de pourvoir aux besoins d'une nature trop vile et trop matérielle. La règle défend aux Talapoins de manger la chair humaine ou celle du singe, du serpent, de l'éléphant, du tigre, du lion, ou du chien (1). Comme atténuation

---

(1) Les Phongyies affichent une tendre compassion pour la vie des animaux et ne voudraient sous aucun prétexte qu'on pût les soupçonner d'avoir participé au meurtre d'un animal, pour se nourrir de sa chair. L'auteur a souvent pris plaisir à les plaisanter sur ce sujet, lorsqu'il les voyait mangeant des morceaux de viande

à la sévérité de la règle disciplinaire qui défend aux reclus de prendre aucune nourriture depuis midi jusqu'au matin suivant, l'usage de certains breuvages est autorisé pendant cette période, par exemple l'eau de coco, le jus de canne à sucre et autres boissons rafraîchissantes.

La règle étant muette sur la consommation de la feuille de bétel et des autres ingrédients qui constituent l'usage délicieux de la mastication, les Talapoins usent largement de la liberté qui leur a été laissée à cet égard. La quantité de bétel et des autres substances qu'ils y mêlent est vraiment énorme. Ces articles sont en première ligne parmi les objets qu'on a coutume d'offrir aux hôtes des monastères. La substance d'un rouge vif qui s'attache aux dents et qui parfois s'accumule aux coins de la bouche, le mouvement continuel de la mâchoire inférieure, le flot de salivation rouge qui s'échappe incessamment des lèvres des Talapoins, sont des preuves évidentes de l'engouement qu'ils ont pour cet inoffensif narcotique. Si l'on excepte les courts instants consacrés aux repas, la bouche d'un Rahan est toujours pleine de bétel et le travail de mastication est perpétuel.

Un membre de la famille des parfaits doit se distinguer des laïques par une grande modestie : cette vertu doit éclater dans son attitude, sa tenue, ses gestes et sa conversation. Tout signe de son visage qui trahirait à l'intérieur la colère ou toute autre passion, est considéré comme mal venu chez une personne dont la placidité et la sérénité d'âme ne doivent jamais être troublées par des impressions désordonnées. Il ne parle jamais avec éclat ou

---

bouillie, en leur faisant voir que leur pratique n'était guère d'accord avec leur théorie. Ils répondaient toujours qu'ils n'avaient pas tué l'animal dont ils mangeaient la chair, mais qu'ils avaient tout simplement reçu un morceau de chair dépourvu de vie. Quant à l'homme qui avait ôté la vie à l'animal, il avait certainement péché et aurait à souffrir pour son crime. Mais c'était une chose pour laquelle le délinquant seul était responsable et qui ne regardait que lui seul. A cette réponse assez élastique, l'auteur expliquait en badinant que « s'il n'y avait pas de mangeurs de viande, il n'y aurait pas de tueurs d'animaux, et que, d'après lui, s'il y avait péché, l'un et l'autre y avaient leur part. » Sur quoi ses interlocuteurs à la robe jaune, invariablement se mettaient à rire et, sentant qu'ils étaient sur un terrain peu solide, ils changeaient adroitement le sujet de la conversation. On ne peut douter que les Phongyies considèrent que c'est un péché que de tuer des animaux, mais ils avouent en même temps qu'il est difficile, sinon presque impossible, de vivre dans ce monde sans commettre cette transgression.

précipitation, de peur qu'on puisse le croire guidé plutôt par la passion que par la raison. Les sujets de conversation mondaine ou amusante lui sont interdits, soit avec ses frères, soit avec les laïques. La règle veut qu'il circule dans les rues avec une simplicité étudiée, également éloignée de la précipitation et de la lenteur, gardant les yeux fixés sur le sol devant lui, et ne regardant pas à plus de dix ou quinze coudées de distance.

La curiosité tend à dissiper l'âme sur les objets environnants ; mais le but principal d'un Rahan étant l'étude attentive de soi-même, la préférence qu'il donne à sa propre personne plutôt qu'à toute autre, s'inquiétant médiocrement de tout ce qui se passe en dehors, est assez naturelle ; il s'efforce de garder son âme contre les vaines recherches, contre l'envie d'apprendre des nouvelles, et d'éviter toute intervention oiseuse ou inutile dans des choses et sur des sujets qui lui sont étrangers. Il semble qu'il ait toujours présent à l'esprit la belle maxime : « Où es-tu quand tu n'es pas en présence de toi-même ? Et quand tu auras épuisé la connaissance de toutes choses, de quoi cela te servira-t-il, si tu t'es négligé toi-même ? »

Pendant ses courses il ne salue jamais, ni ne regarde les personnes qu'il rencontre ; il est indifférent aux marques d'attention et même de la plus profonde vénération qui lui sont données par le peuple ; il ne remercie jamais pour les offrandes qui lui sont faites, et ne reconnaît même pas par un simple regard les bontés qu'on lui manifeste. Les objets les mieux faits pour éveiller la curiosité par leur nouveauté ou leur importance, doivent le trouver indifférent, froid et insensible. Cette concentration d'esprit l'accompagne en tous lieux et dispose son âme à une méditation permanente des points de la loi. C'est un conseil du Wini d'observer particulièrement les quatre prescriptions, savoir : une grande modestie dans les rues et lieux publics, la confession de toutes les chutes, l'éloignement de toutes les occasions de péché, et le soin de se garder des sept espèces de péché. Une injonction aussi sage ne peut être suivie et observée qu'à la condition de surveiller avec vigilance les sens, qui sont en quelque sorte les portes conduisant au sanctuaire de l'âme. Nous pourrions développer plus amplement les détails relatifs aux règles de l'ordre des Talapoins, mais ce serait d'un intérêt médiocre et ne ferait que corroborer ce qui a été dit auparavant, que chacune des actions d'un frère, même la plus vulgaire, comme par exemple la manière de s'asseoir, de se lever, de dormir, de manger, etc., a été l'objet de l'attention du législateur et fondateur de l'ordre. Il semblerait que rien n'a échappé à sa clairvoyance, et il a réussi admirablement à fermer la porte au moindre exercice de la volonté individuelle. La règle tient la place d'un Être moral supérieur dont les commandements absolus doivent être toujours obéis. Chaque individu est tenu à mettre de côté sa personnalité, et à déférer passivement à cette influence dirigeante

ARTICLE VI

OCCUPATIONS DES MOINES BOUDHISTES.

La vie tout entière d'un reclus étant resserrée entre d'étroites limites, nous aurons peu de chose à dire sur ses occupations journalières. Aussitôt qu'un Talapoin, à une heure matinale, a quitté la couche où il a dormi, il se rince la bouche, lave son visage et récite quelques formules de prières qu'il prolonge ou abrège suivant sa dévotion. Il revêt le costume professionnel, se munit de son pot de mendiant, et sort en compagnie de quelques frères ou disciples, en quête de sa nourriture. Il parcourt les rues en plusieurs directions, et sans adresser aucune sollicitation, reçoit le riz, le curry, les légumes et les fruits que de pieux donateurs ont préparés, entre deux et trois heures du matin, veillant sur les portes de leurs maisons la venue des moines habillés de jaune. Ayant reçu ce qui lui paraît suffisant pour la journée, il retourne au monastère et se met à manger, soit le produit de sa quête ou quelque autre aliment plus délicat et mieux préparé qu'un bienfaiteur, s'il en a toutefois, lui a envoyé.

Aux fêtes principales ou dans des circonstances extraordinaires, des aumônes abondantes arrivent à sa résidence. Parfois un donateur pieux l'invitera à venir les recevoir dans une pagode ou dans des constructions provisoires construites dans ce but. Ce sont principalement des matelas, des coussins, des boîtes à bétel, des tapis, des tasses à thé, et divers objets de ceux dont l'usage lui est permis. Dans ces occasions, il montre sa reconnaissance pour les bienfaiteurs, en leur récitant les cinq grands préceptes et quelques-uns des principaux dogmes du credo Boudhiste et les points principaux de la loi. Il énumère avec complaisance les nombreux mérites réservés aux faiseurs d'aumônes. Sur ce chapitre, il faut reconnaître qu'il est réellement éloquent et qu'il parle d'abondance : l'expression la plus frappante est toujours prête, calculée pour flatter les oreilles de ses auditeurs et réchauffer dans leurs âmes la pensée de nouveaux efforts de leur part pour lui procurer de plus généreuses aumônes. Parfois, il récitera de longues tirades élogieuses, en l'honneur de Gaudama, le dernier Boudha, pour avoir durant ses existences antérieures, pratiqué les plus éminentes vertus, et, par là, s'être assuré la haute dignité de Phra. Le sermon est fait quelquefois en Pâli, la langue sacrée, que ni lui ni ses auditeurs ne comprennent.

Les Phongyies sont quelquefois priés de visiter les malades : non pas tant pour administrer des secours spirituels aux patients, que pour les soulager par leur présence. On croit que l'apparition d'un saint personnage peut avoir quelque effet pour débarrasser le patient de son mal, et effrayer les esprits malins qui, peut être, sont l'instrument de ses souffrances. Le visiteur récite sur eux quelques points de la loi calculés comme antidotes aux manœuvres de l'esprit du mal. Les Phongyies sont très-difficiles sur le chapitre de l'étiquette. Lorsque l'un d'eux doit entrer dans des maisons ayant plus d'un étage, le religieux à robe jaune, avant de se risquer à pénétrer dans l'étage inférieur, s'assure qu'il n'y a personne et surtout pas de femme dans les appartements supérieurs, car il serait de la plus haute inconvenance qu'un homme, et *a fortiori* une femme, eût les pieds au-dessus de sa tête. Afin d'éviter un tel scandale, dans le cas où la personne malade est à l'étage supérieur, le Phongyie a recours à un expédient auquel peu de personnes auraient songé, je crois. Par son ordre, une échelle est apportée, dont l'extrémité inférieure pose dans la rue, tandis qu'à sa partie supérieure elle est appuyée sur la fenêtre de l'étage supérieur ; sur ses échelons grimpe le pieux visiteur qui trouve ainsi moyen de concilier les principes de l'étiquette et l'accomplissement de son devoir. L'auteur avoue qu'il s'est fort amusé la première fois qu'il fut témoin d'une prouesse semblable accomplie à Pinang, par un Phongyie siamois. Dans la foule attirée par cette nouveauté, on pouvait lire des impressions assez variées. Les uns riaient ; d'autres étaient silencieux, mais leur attitude indiquait le respect et l'admiration à l'égard du scrupuleux et fervent religieux.

Il faut avouer que la présence des Talapoins est un grand bienfait pour les peuples de ces pays, parce qu'ils tiennent des écoles où les petits garçons apprennent la lecture, l'écriture et les rudiments de l'arithmétique. A cet égard, ils sont éminemment utiles ; et l'institution, bien qu'onéreuse au peuple, à certains égards, mérite bien du pays. Les nombreux abus qui s'y sont introduits, sont compensés presque amplement par le service si grand que ses membres rendent gratuitement à leurs concitoyens. Il n'y a pas d'autres écoles que celles qui sont sous leur direction. Les gouvernements tyranniques de Siam et de Birmanie ne prennent aucune mesure pour répandre l'instruction parmi leurs peuples, qu'ils considèrent comme autant d'esclaves, bons seulement pour les travaux corporels. Les maisons des Talapoins sont autant de foyers de savoir élémentaire ; et comme elles sont très-nombreuses dans le pays, les garçons ont toute facilité pour apprendre à lire et à écrire. Les filles sont exclues des mêmes avantages par la rigueur des institutions monastiques. C'est un malheur qu'il faut déplorer, car une moitié de la population est ainsi condamnée à vivre dans l'ignorance. Grâce à l'instruction gratuite donnée par les moines Boudhistes, il y a très-peu d'hommes dans tout le territoire Birman, qui ne puissent lire et écrire. Il est vrai que trop souvent le savoir ainsi acquis est très-superficiel et incomplet, mais pour ce qui est des femmes, on peut affirmer qu'on n'en trouverait pas une sur mille capable d'épeler un mot.

Les Talapoins étant très-indolents et paresseux, les écoles sont sans doute misérablement gouvernées. Les garçons sont souvent laissés à eux-mêmes sans contrôle disciplinaire. Quand un garçon entre comme étudiant dans un monastère, son instructeur met entre ses mains un tableau noirci sur lequel sont écrites les premières lettres de l'alphabet. Le pauvre petit doit répéter sans cesse les lettres en criant de toute la force de ses poumons. On le laisse pendant plusieurs semaines sur ce même sujet, jusqu'à ce que son professeur soit assuré qu'il connaît ses lettres. Après cela on fait étudier à l'enfant les symboles des voyelles qui doivent être jointes aux consonnes pour former des syllabes et des mots. Lorsque cela est terminé, on l'initie à l'art de réunir et d'articuler convenablement toutes les diverses consonnes avec les caractères symboliques. Il avance à pas lents dans la connaissance en apparence si compliquée de toutes les combinaisons de lettres, de manière à pouvoir épeler correctement tous les mots du langage. Par suite du défaut d'ordre et de méthode de la part des maîtres, il faut aux enfants beaucoup de temps, deux ou trois ans quelquefois, pour se rendre maître de ces difficultés qui, mieux enseignées, abrégeraient considérablement le temps qu'on donne ordinairement à cette étude.

L'alphabet Birman et les diverses combinaisons de lettres et de symboles pour former des mots sont basés sur une excellente méthode, scientifique et simple tout à la fois, empruntée du Sanscrit. Une fois comprise, elle devient facile. Toute personne ayant reçu une certaine éducation, et d'un esprit un peu développé, pourra, avec le secours occasionnel d'un maître intelligent, en posséder toutes les combinaisons diverses en moins de deux mois. Les résultats de la méthode adoptée par les Birmans sont si grands et si complets, qu'après avoir parcouru attentivement l'alphabet général, le commençant peut lire tous les mots Birmans. Naturellement nous ne prétendons pas qu'il sera capable de prononcer correctement tous les mots : c'est une chose tout à fait distincte. Mais il n'est pas moins évident que le système employé par les Birmans pour l'agencement des lettres, conduit à des résultats, infiniment plus satisfaisants que ceux obtenus au moyen du procédé élémentaire de lecture et d'épellation employé en Europe.

Étrangers aux règles de la grammaire, les maîtres sont incapables de donner à leurs nombreux élèves une connaissance approfondie du langage du pays. Il en résulte que l'écriture, au point de vue de l'orthographe, est extrêmement imparfaite. L'orthographe des mots, n'ayant jamais été fixée, varie à l'infini.

Dès que les écoliers ont surmonté les difficultés de leur long et difficile alphabet, on met entre leurs mains quelques parties des écritures sacrées pour être lues. Il en résulte que les Birmans arrivent ainsi à une certaine connaissance relative de leur *credo* religieux. Quoique aucun d'entre eux ne puisse comprendre complétement le système Boudhiste, la plupart cependant ont une connaissance plus ou moins étendue de Boudha et de sa loi. A cet égard, ils sont peut-être supérieurs à beaucoup de chrétiens de nom, en Europe, qui habitent les grandes villes manufacturières ou les localités rurales, et vivent dans une profonde ignorance des dogmes essentiels du christianisme.

Indépendamment de l'œuvre éminemment importante de l'enseignement de la jeunesse, le reclus Boudhiste consacre à l'occasion une partie de son temps à copier des manuscrits sur des feuilles de palmier, soit pour son usage personnel, soit pour augmenter la petite bibliothèque de son monastère. Ce travail est considéré comme des plus excellents, source de grands mérites et fortement recommandé par les règles de la compagnie. Il est à regretter que la paresse naturelle des Phongyies, aussi bien que leur absence complète de méthode pour acquérir du savoir, ait rendu infructueuses en grande partie les sages prescriptions établies par le fondateur des statuts. Sans cela, les copies des meilleurs et des plus intéressants ouvrages sur le système religieux Boudhiste se seraient multipliées à l'infini, tandis qu'elles sont à présent excessivement rares, et qu'il est presque impossible de se les procurer. Il faut payer fort cher les exemplaires en très-petit nombre qu'on en peut trouver. Tous les livres sont faits de feuilles de palmier. Les feuilles ont environ vingt pouces de longueur sur trois à quatre de largeur ; on écrit de sept à neuf lignes sur chaque face de la feuille. Le copiste, en guise de plume, emploie un style de fer, avec la pointe duquel il entame l'épiderme de la feuille pour tracer les lettres. Afin de rendre les lettres parfaitement visibles, aussitôt qu'une feuille est écrite, il la frotte avec un chiffon enduit de pétrole qui, pénétrant dans les parties entamées par le style fait paraître et rend distinctes les lettres.

Les Talapoins passent la plus grande partie de leur temps assis les jambes croisées, chiquant le bétel et causant avec les nombreux flâneurs qu'on trouve toujours en grand nombre autour de leurs résidences. Quand ils sont fatigués de la position verticale, ils prennent l'horizontale, appuient la tête sur leur oreiller et se laissent doucement aller à l'influence somnifère du bon Morphée. Ils ont toujours entre les mains un chapelet de grains sur lesquels ils ont coutume de réciter certaines formules de dévotion. La plus ordinaire est celle-ci : « *Aneitsa, douka, Anatta;* » qui veut dire que toute chose en ce monde est soumise à la loi du changement et de la mutabilité, à la loi de peine et de souffrance et à celle d'une absolue et perpétuelle illusion. Pour un esprit réfléchi, ces trois expressions significatives ouvrent un vaste champ de longues et sérieuses méditations ; mais aucun Talapoin, au moins de ceux que j'ai fréquentés, n'est en état d'en comprendre la véritable signification. Ils répètent souvent les quarante grands sujets de méditation, et la règle leur prescrit de s'adonner assidûment à la contemplation, exercice principal d'un vrai sectateur de Boudha. Mais de quel droit pourrait-on attendre de personnes faibles et ignorantes la pratique habituelle d'un exercice si élevé qui requiert une vigueur intellectuelle de premier ordre ? Ils doivent réciter sur les grains de leur chapelet au moins cent vingt fois par jour, les quatre considérations suivantes, sur les quatre choses le plus immédiatement nécessaires aux hommes : nourriture, accoutrement, habitation et médecine : « Je mange le riz, non pour plaire à mon appétit, mais pour satisfaire les besoins de la nature ; je mets ce vêtement, non par vanité, mais pour couvrir ma nudité ; je vis dans ce Kiaong, non par vaine gloire, mais pour me protéger contre l'inclémence du temps ; je bois cette médecine, uniquement pour recouvrer ma santé, afin que je puisse avec plus d'assiduité me livrer aux devoirs de ma profession. »

ARTICLE VII

INFLUENCE RELIGIEUSE DES PHONGYIES. — RESPECT ET VÉNÉRATION DES LAÏQUES A LEUR ÉGARD.

Quand nous parlons de la grande influence possédée par l'Ordre religieux des Moines Boudhistes, nous ne l'entendons pas au point de vue politique. Il ne semble pas qu'en Birmanie ils aient jamais visé à participer à la gestion ou à la direction des affaires du pays. Depuis l'avènement au trône de la maison d'Alomphra, c'est-à-dire pendant une période de plus de cent ans, l'histoire de Birmanie est suffisamment bien connue. Nous ne nous souvenons pas d'avoir à noter une circonstance où les Phongyies, comme corps, se soient mêlés aux affaires de l'État. Ils semblent être également indifférents aux affaires de famille ou domestiques. Les règles auxquelles ils sont soumis, et l'objet qu'ils ont en vue en embrassant la profession religieuse, les détournent de se mêler à toute affaire étrangère à leur sacré ministère. Mais, au point de vue exclusivement religieux, leur influence est très-puissante. C'est sur l'Ordre lui-même que repose tout l'édifice Boudhiste. C'est de lui, comme d'une source féconde, que découle la vie qui entretient et fortifie la foi religieuse, dans les masses qui professent cette religion. Nous pouvons regarder les membres de l'Ordre comme des religieux, et comme les instructeurs du peuple en général, et particulièrement de la jeunesse. En cette double qualité, ils exercent un puissant empire sur l'esprit du peuple.

Il y a dans l'homme, une disposition naturelle à admirer les individus qui, poussés par des sentiments religieux, sont amenés à quitter le monde et à se séparer de la société, pour se consacrer plus exclusivement à la pratique des devoirs religieux. Plus une société est corrompue, plus ses membres apprécient ces personnes qui ont le courage moral de se dérober au foyer de corruption pour se préserver de toute souillure. Par le fait, les Religieux sont estimés en proportion du mépris qu'ils ont pour ce monde. Les Phongyies occupent précisément cette situation aux yeux de leurs coreligionnaires. Leur ordre est en éclatant relief sur la société à laquelle ils appartiennent. Leur vêtement, leur genre de vie, leur renoncement à la satisfaction de tous les appétits sensuels, concentrent sur eux l'admiration universelle. Ils sont considérés comme les imitateurs et sectateurs de Boudha; aux yeux des croyants ordinaires, ce sont des modèles ostensibles de cette perfection qu'on leur enseigne à révérer. Les Phongyies sont des memento vivants qui rappellent au peuple tout ce qu'il y a de plus sacré et de plus parfait dans la religion pratique. Personne ne niera que le spectacle d'un corps de religieux vivant en communauté, en relations permanentes entre eux, ait dû avoir une influence puissante pour alimenter le sentiment religieux chez un peuple à demi civilisé, comme sont les Birmans. C'est de cette manière que les Phongyies sont en possession du respect et de la vénération du peuple, et exercent une dose considérable d'influence religieuse sur les masses.

Mais, comme instructeurs du peuple, les membres de l'Ordre agissent encore plus directement et plus fortement sur les masses. En Birmanie, il n'y a pas d'autres écoles que celles tenues par les Religieux. Les monastères, sont autant de petits séminaires où les enfants mâles reçoivent l'instruction élémentaire. Les connaissances qu'on leur enseigne n'ont rien de séculier et sont purement religieuses. C'est sur ce point qu'une observation sérieuse devra concentrer toute son attention pour comprendre à fond les remarques qui suivent. Nous ne voulons pas dire que l'instructeur ait toujours présent à l'esprit, comme professeur, l'enseignement direct des doctrines religieuses ; mais le fait est qu'aucune instruction n'arrive aux élèves autrement que par les livres religieux. Aucun livre autre que ceux-là n'est employé dans les écoles.

Dès que les enfants sont capables de lire, les livres religieux sont mis entre leurs mains. Tout le temps qu'ils restent à l'école, ils lisent des livres qui ont un rapport direct avec la religion. Sans même en avoir conscience, ils s'imprègnent de notions religieuses, et se familiarisent avec certaines parties du *credo* religieux, particulièrement avec ce qui a rapport à Gaudama et son existence précédente et dernière. Lorsqu'ils arrivent à l'âge d'hommes, s'il leur arrive de lire, ils n'ont pas d'autres livres en général, que ceux qui ont trait à la religion. Lorsque le peuple se rassemble, soit dans les Dzeats, aux jours de fête, ou chez eux dans d'autres occasions, particulièrement les jours qui suivent la mort de quelque parent, un ou plusieurs des anciens lisent quelques passages de leurs écritures et fournissent ainsi des sujets de conversation d'un caractère religieux. Cet état de chose a son origine presque exclusive dans l'éducation première reçue dans les monastères, de la part de leurs maîtres les Phongyies. Il contribue puissamment à populariser et à entretenir les notions religieuses, en même temps qu'il rehausse aux yeux du peuple la position des Religieux.

En outre, ces rapports commencés de si bonne heure, entre les jeunes gens et leurs maîtres, tendent à rapprocher plus tard les religieux et les laïques. Ils resserrent les liens qui unissent ces deux fractions de la société Boudhiste. Les relations ainsi établies entre maîtres et disciples se fortifient plus tard par ce fait que la grande majorité de la population masculine, devient affiliée pour une période plus ou moins longue à la société, et soumise à ses règles et statuts ; ils ont été coulés dans le moule religieux et ils conservent pendant le reste de leur vie l'empreinte que leurs jeunes esprits ont reçue de si bonne heure. Leur mémoire reste chargée de tout ce qu'ils ont appris par cœur, pendant les jours où ils étaient dans les monastères en qualité d'étudiants ou de membres de la société.

Bien que les Phongyies ou Talapoins ne se fassent pas remarquer pour leur zèle à faire des instructions ou des sermons au peuple, ils accomplissent de temps en temps ce devoir, la veille ou le jour des fêtes, et dans toutes les circonstances où des offrandes considérables leur sont portées dans leurs monastères. Quelquefois aussi, on leur demande d'aller en certains lieux préparés à cet effet, pour faire des instructions et recevoir les offrandes que des laïques pieux leur ont préparées. La prédication ne consiste jamais dans l'exposé du texte des livres religieux, et le développement de certains points de la loi ; c'est une simple répétition ou récitation des préceptes de la loi, ou des formules régulières à la louange de Gaudama, et une énumération des mérites à acquérir par ceux qui leur font des aumônes. Ces occasions et d'autres semblables contribuent grandement à entretenir la position des Religieux, et les aident à conserver une influence religieuse puissante sur leurs diverses communautés. Nous répétons ici comme notre opinion bien arrêtée que tout l'édifice du Boudhisme repose sur cette association religieuse qui fait l'objet de cette étude. Que cette institution disparaisse ou s'écroule dans la poussière, cette fausse croyance privée de ce qui fait sa force vitale s'affaiblirait bientôt et serait complétement paralysée. Le Boudhisme ne résisterait pas à la première attaque habile et vigoureuse dirigée contre lui.

En Birmanie, les Phongyies sont très-respectés de tous les membres de la communauté. Lorsqu'ils paraissent en public, circulant dans les rues, ils sont l'objet des plus grandes attentions ; le peuple s'écarte devant eux sur leur passage. On voit des femmes s'accroupir des deux côtés du chemin par respect pour les vénérables personnages. Lorsqu'ils sont visités dans leurs habitations, même par des personnes du plus haut rang, l'étiquette veut que chaque visiteur se prosterne trois fois devant le chef du monastère en prononçant les formules suivantes : « Dans le but d'obtenir la rémission de toutes les fautes que j'ai commises par mes sens, mes discours et mon cœur, je fais une première, une seconde et une troisième prosternation en honneur des trois précieuses choses : Phra, sa loi et l'assemblée des parfaits. En même temps, je désire ardemment être préservé des trois calamités, des quatre états de châtiment et des cinq ennemis. » A quoi le Reclus répond : « Pour son mérite et sa récompense, puisse celui qui fait ces prosternations être exempt des quatre états de châtiment, des trois calamités, des cinq sortes d'ennemis et de tout mal quelconque. Puisse-t-il obtenir l'objet de tous ses désirs, procéder d'un pas ferme dans la voie de la perfection, jouir des avantages qui en résultent, et finalement obtenir l'état de Neibban. » Quand le visiteur prend congé, les trois prosternations doivent être renouvelées ; il se lève alors, marche à reculons jusqu'à une distance de 10 pieds, car il serait de la plus haute inconvenance de tourner brusquement le dos au saint homme, tourne sur la droite et s'en va. Cet usage est certainement très-ancien, et on y attache une très-grande importance. Dans la vie de Gaudama, nous l'avons vu mentionné en toutes les occasions où des visiteurs venaient lui présenter leurs respects. Les Princes et les Nobles observaient ce cérémonial avec la plus grande ponctualité.

La meilleure preuve de la haute vénération entretenue par le peuple pour les Talapoins, c'est la libéralité vraiment surprenante avec laquelle ils pourvoient spontanément à tous leurs besoins. Ils s'imposent de grands sacrifices, subissent d'énormes dépenses, de gaieté de cœur s'endettent afin de pouvoir bâtir des monastères avec les meilleurs matériaux et les orner de tout ce que le luxe du pays peut procurer (1). L'or est souvent employé à pro-

(1) Il y a deux ans, lorsque l'auteur visita Bhamo, il fut témoin d'un exemple frappant du cas mentionné ci-dessus. Vivant dans un superbe Dzeat, dans le voisinage d'une grande Pagode, il remarquait tous les matins une femme Birmane d'un certain âge, qui venait apporter des fleurs et les déposait respectueusement, en face d'une niche occupée par une grossière idole de marbre. Elle était proprement habillée, mais son attitude et sa tenue indiquaient qu'elle avait connu de meilleurs jours. Liant conversation avec elle, l'auteur apprit qu'elle était la veuve d'un homme riche qui avait été premier secrétaire du gouverneur. Son mari avait dépensé douze milles roupies à construire la pagode qui était devant nous et le dzeat, et venait de mourir au moment où l'ouvrage était terminé, ne laissant à elle et à sa fille unique que la maison dans laquelle elles demeuraient alors. Elle n'avait aucun moyen d'existence. Interrogée, si elle n'avait pas quelque regret

fusion sur les piliers, les plafonds et les autres parties de l'intérieur, ainsi que sur les nombreux coffres servant à conserver les manuscrits. Deux ou trois étages superposés l'un à l'autre (privilége exclusivement réservé aux palais royaux, pagodes et kiaongs) indiquent à l'étranger que le monument est un monastère. La maison des reclus est abondamment pourvue des objets d'ameublement qui conviennent à leurs pieux habitants. L'individu qui bâtit à ses frais une telle maison, prend le titre très-envié de *Kiaong-taga*, c'est-à-dire soutien de monastère. Ce titre est joint pour toujours à son nom; il est employé en signe de respect par toutes les personnes qui conversent avec lui, et il figure dans tous les papiers ou documents qu'il peut avoir à signer. Les plus beaux, les plus riches et les meilleurs articles, s'ils sont autorisés par les statuts pour l'usage des Talapoins, sont libéralement et abondamment fournis par des bienfaiteurs. Lorsque le Roi est bien disposé pour la religion, les plus riches et les plus grands présents qui lui sont faits sont déposés dans les monastères, pour orner la cour ou la salle où se trouve l'idole principale.

Le gouvernement n'intervient d'aucune manière ou ne donne aucun secours pour bâtir les monastères ou Kiaongs; il ne pourvoit pas non plus à l'entretien des pieux Rahans; mais la libéralité du peuple suffit amplement à ces divers besoins. Lorsqu'un homme a fait quelque bénéfice dans le commerce, ou de quelque autre manière, infailliblement il consacre la meilleure part de ses profits à bâtir un Kiaong, ou à nourrir pendant quelques mois les hôtes d'une maison religieuse, ou à distribuer des aumônes générales à tous les reclus de la ville. Une telle libéralité, nullement rare à constater, a sa racine, croyons-nous, dans un sentiment religieux très-puissant et aussi dans le peu de sûreté et même le danger qu'il peut y avoir à garder de grandes fortunes.

qu il ne lui eût rien été laissé pour son entretien, et si elle ne pensait pas que son mari eût mieux fait en consacrant la moitié de son argent à des œuvres religieuses et réservant l'autre moitié pour soutenir sa famille, la vieille dame sourit gracieusement et dit sans hésiter ni montrer la moindre arrière-pensée, que son mari avait agi pour le mieux; qu'elle et sa fille par leur travail seraient toujours en état de se suffire dans leur humble et pauvre condition.

En beaucoup d'endroits, les yeux du voyageur s'arrêtent sur un vaste et imposant kiaong orné de riches sculptures. S'il demande le nom de l'individu dont la pieuse libéralité a élevé cet édifice, il est surpris de le voir habitant une pauvre et misérable habitation qu'on lui montre dans le voisinage.

Quand un laïque s'adresse à un Talapoin, il prend le titre de disciple, et celui-ci l'appelle simplement *taga* ou soutien. L'attitude des laïques en présence d'un Phongyie indique la vénération qu'il professe pour sa personne. Il s'accroupit et n'adresse jamais la parole au personnage habillé de jaune, sans joindre ses mains en signe de respect et les élever en faisant un mouvement indiquant l'intention de se prosterner. Comme il y a en Birmanie un langage de cour, de même il y a un langage, ou plutôt un certain nombre d'expressions réservées pour désigner les choses employées par les Talapoins, ainsi que la plupart des actions qu'ils accomplissent en commun avec le reste des mortels ; telles que manger, se promener, dormir, se raser, etc. Le tour seul de l'expression la plus ordinaire suffit à indiquer le respect quand on parle à un Rahan. On l'appelle Phra, qui est le terme honorifique le plus élevé que la langue fournisse ; sa personne est sacrée et nul n'oserait lui faire violence ou seulement lui adresser la moindre insulte. L'influence du Talapoin sur le peuple est considérable et en proportion du respect accordé à son caractère sacré. Elle a été si grande en certaines circonstances, qu'on a vu des Phongyies arracher des mains de la police des coupables en route pour le lieu de l'exécution. Aucune résistance ne pouvait leur être faite, par les gens de la police, qui se fussent ainsi exposés à commettre un sacrilége, s'ils eussent levé la main contre eux. Les malheureux ainsi délivrés sont conduits sur-le-champ au monastère voisin, on leur rase la tête et on leur fait endosser la robe jaune; dès ce moment, ils deviennent sacrés et inviolables.

La vénération entretenue pour les Talapoins pendant leur vie les suit après la mort; leur état est regardé comme un état de sainteté particulière. On suppose que leurs corps mêmes participent de la sainteté inhérente à leur profession ; de là résulte que leurs restes mortels sont l'objet d'honneurs qu'on a peine à imaginer. Aussitôt qu'un membre éminent de la confrérie a rendu l'âme, son corps est ouvert; on en retire les entrailles qu'on enterre en quelque endroit décent, sans aucune cérémonie spéciale, et le corps est embaumé d'une manière très-simple, en remplissant la cavité abdominale de cendres, de son et d'autres matières siccatives. Il est alors entouré de bandelettes de toile qui en font plusieurs fois le tour, et l'on met sur le tout une couche épaisse de vernis. Sur ce vernis frais, on applique quelquefois des feuilles d'or, de sorte que le corps est doré des pieds à la tête. Quand les gens sont pauvres et n'ont pas les moyens d'acheter de l'or pour cet objet, une pièce d'étoffe jaune est considérée comme ce qui peut mieux en tenir place. Le corps ainsi disposé est couché dans une bière très-massive, faite non pas de planches mais d'un seul morceau de bois, creusé dans le milieu pour recevoir les restes du défunt. Un splendide cénotaphe, élevé au centre d'un large édifice construit exprès, est préparé pour supporter une énorme caisse dans laquelle le cercueil est déposé. La caisse est souvent dorée à l'intérieur et à l'extérieur, et ornée de fleurs faites de diverses substances polies de couleurs variées. Des tableaux tels que les savent faire les artistes indigènes sont disposés autour du cénotaphe ; ils représentent ordinairement des sujets religieux. En cette situation d'apparat, le corps reste exposé plusieurs jours, plusieurs mois même, jusqu'à ce que les préparatifs soient terminés pour le grand jour des funérailles. Durant cette période, souvent on se livre à des réjouissances autour du corps ; la musique joue et le peuple s'y rend en foule pour faire des offrandes destinées à défrayer les dépenses de la cérémonie funèbre. Quand le jour fixé pour brûler le corps est enfin arrivé, on voit accourir toute la population de la ville en habits de fête, pour assister aux feux d'artifice qui ont lieu en de telles occasions. Un bûcher funéraire, carré de forme, est érigé au point le plus élevé ; sa hauteur est d'environ quinze pieds, et il se termine en une petite plate-forme pour recevoir le cercueil. Le corps y ayant été hissé et couché dans la place destinée à le recevoir, on met le feu au bûcher d'une manière assez extraordinaire. Une immense fusée, placée à environ quarante yards de distance est pointée vers le bûcher au moyen d'une corde directrice qui doit la guider. Quelquefois la fusée est placée sur un chariot grossier et poussée dans la direction du bûcher ; dans sa course erratique, il arrive parfois qu'elle dévie de sa vraie direction et plonge dans les rangs de la foule, blessant et tuant ceux qu'elle rencontre. Aussitôt qu'elle arrive en contact avec le bûcher, il s'enflamme immédiatement, grâce aux matières combustibles qu'on y a accumulées et le tout est bientôt consumé. Les rares morceaux d'ossements qui restent sont recueillis religieusement et enterrés dans le voisinage de quelque pagode. Ainsi finit cette vénération profonde, allant jusqu'au culte, que les Boudhistes témoignent à leurs reclus pendant leur vie et après leur mort.

Deux motifs principaux poussent les sectaires de Boudha à se montrer aussi libéraux à l'égard des Talapoins, et à leur témoigner un tel respect : les grands mérites, les abondantes récompenses qu'ils espèrent retirer des larges aumônes qu'ils leur font ; et l'admiration profonde qu'ils nourrissent pour leur caractère sacré, l'austérité de leurs manières, et leur genre de vie essentiellement religieux. Le premier motif est intéressé ; le second a sa source dans la considération que les hommes ont naturellement pour les personnes qui se distinguent des autres par un renoncement plus absolu, un plus grand empire sur leurs passions, et l'abnégation des plaisirs permis et de la gratification des sens, le tout pour des motifs religieux. D'après le dogme fondamental du Boudhisme, toute offrande faite à son semblable, toute action qui peut tourner à son avantage, mérite une récompense dans les existences futures, ainsi, par exemple, le creusement d'un puits, l'érection d'une maison de refuge, d'un pont, etc.; mais plus abondants encore sont les mérites résultant de l'offrande à un Talapoin de quelque objet nécessaire à son usage journalier, et ils s'accroissent en raison de la dignité de la personne à qui les choses sont offertes. Par l'exemple suivant, nous pouvons apprécier quelle abondante moisson de mérites un bienfaiteur des Phongyies peut espérer récolter plus tard : « Celui qui offrira un pot de mendiant ou *Thabeit* recevra pour sa récompense des coupes et d'autres ustensiles incrustés de pierreries ; il sera exempt de malheurs et de calamités ; d'inquiétude et de trouble ; il aura sans fatigue tout ce qui est nécessaire pour sa nourriture, son habillement et son logement ; le plaisir et la joie seront son partage ; son âme sera dans un état de fixité et de tranquillité, et sa passion pour les femmes sera considérablement amoindrie. » L'offrande d'autres objets assure au donateur la richesse, les dignités, le haut rang, les plaisirs et l'admission dans les régions fortunées ou sièges des Nats, où l'on trouve et l'on savoure les choses les mieux calculées pour donner à l'homme la somme la plus grande de jouissance. Le peuple admet sans broncher tout ce qui lui est dit à cet égard, et se dépouille spontanément de bien des choses précieuses, afin d'obtenir et savourer dans ses existences à venir les richesses et les plaisirs que leur promettent leurs Rahans. Le peu de sûreté de la propriété sous des dominateurs tyranniques peut contribuer à un certain point, à décider les gens à laisser leur fortune et la consacrer à des œuvres religieuses, plutôt que de s'en voir dépouiller brutalement par la rapacité, l'avarice et la cruauté des suppôts de princes et de gouverneurs sans cœur ni conscience.

Nous cesserons de nous étonner que les Boudhistes entourent un Talapoin d'un tel respect, quand nous réfléchirons que, suivant eux, celui-là est un vrai sectateur de Boudha, qui s'efforce d'imiter son grand prototype dans la pratique des plus hautes vertus : particulièrement dans sa mortification et son abnégation sans égales, destinées à assurer l'ascendant du principe spirituel sur le matériel ; à affaiblir les passions, causes réelles du désordre qui règne dans notre âme ; et finalement l'affranchir de toute influence pernicieuse, et de celle de la matière en général. Il est extrêmement réservé et frugal sur l'article de la nourriture, de l'usage des créatures, et de tous les plaisirs, afin d'assurer à la raison la plus noble faculté d'un être intelligent : l'empire absolu sur les sens. Il est réellement dans la voie droite qui conduit au Neibban, le comble de la perfection. Dans l'opinion d'un Boudhiste, personne n'est comparable à un vrai et fervent Rahan en valeur foncière et en mérite. Sa dignité morale et son élévation éclipsent la splendeur royale. C'est un pieux Reclus, un saint personnage, un vrai membre de la Thanga sacrée, il mérite donc toute admiration et tout respect.

Comme une preuve de la vénération profonde dans laquelle sont tenus publiquement les Talapoins, ils sont exempts de contribuer aux charges publiques des impôts, des corvées et du service militaire. C'est une faveur immense, particulièrement chez les nations de l'Asie orientale, où les dominateurs considèrent leurs sujets comme autant d'esclaves et des instruments toujours prêts à exécuter les ordres absolus de leur caprice ou de leurs fantaisies. Sous le maître actuel de la Birmanie, les pères et mères des Phongyies bénéficient de la présence de leurs fils dans les monastères. Ils sont exonérés de payer les impôts et sont traités avec quelque considération par les fonctionnaires qui désirent s'attirer les bonnes grâces de sa très-Boudhiste majesté. Ils jouissent souvent de la faveur de titres honorifiques joints à leurs noms.

En terminant cette notice, nous esquisserons rapidement la situation actuelle de l'ordre Talapoinique, dans ces pays où nous avons eu l'occasion de l'observer, et nous exposerons les causes qui ont contribué à y introduire les vices, les abus et les imperfections qui le déprécient chaque jour aux yeux de tous les étrangers et d'un petit nombre de natifs bien informés.

La première et principale cause qui a jeté le discrédit sur la société et ouvert la porte à des abus sans nombre est l'absence totale de discernement dans le choix des individus qui demandent à y entrer. Chaque postulant est aveuglément reçu dans la confrérie. Aucun examen préalable ne permet de juger les dispositions, la capacité et la science du postulant. On ne s'enquiert en aucune façon des motifs qui peuvent l'avoir conduit à renoncer au monde, et prendre une aussi importante résolution. Sa vocation n'est soumise à aucune épreuve. Il n'a qu'à se présenter pour être sûr d'être admis immédiatement, pourvu qu'il consente à se conformer extérieurement aux pratiques habituelles de ses frères. On ne s'informe nullement de sa conduite passée. Le simple fait qu'il sollicite son admission dans la société des parfaits, compense largement toutes ses irrégularités antérieures. Le seul indice de respectabilité qui reste au moderne Talapoin, c'est celui qu'il tire du vêtement jaune consacré. On peut dire de lui qu'il est Moine parce qu'il porte l'habit canonique. Dans bien des cas, les maisons de l'Ordre sont remplies de sujets indignes, entièrement impropres à la profession, que les motifs les plus honteux ont poussés à y entrer : l'oisiveté, la paresse, et l'espérance de passer tranquillement leur temps à l'abri du besoin, et sans être obligés de travailler pour gagner leur subsistance. A l'appui de cette assertion, je citerai un exemple. Pendant la seconde année de mon séjour en Birmanie, j'avais auprès de moi comme domestique un vieux stupide natif. Un beau jour, il m'annonça gravement qu'il avait l'intention de quitter mon service et se faire Phongyie. Je commençai par rire de ce qui me paraissait être un langage très-présomptueux et impertinent. Le vieux, cependant, tint parole. Comme il avait quitté ma maison quelques jours après notre conversation sur sa nouvelle vocation, je n'entendis plus parler de lui, lorsque quelques mois après, je le trouvai dans un monastère, revêtu de l'habit d'un Phongyie et si orgueilleux de sa nouvelle position qu'il condescendit avec peine à se mettre sur un pied de familiarité avec son ancien maître.

L'ignorance de la plupart des Phongyies est à peine croyable. J'ai rencontré un grand nombre de laïques qui étaient incomparablement plus instruits et d'une portée d'esprit bien supérieure. Ils ont l'esprit très-étroit. Bien que leur profession les oblige à étudier avec un soin tout particulier les différents dogmes de leur croyance, et tout ce qui se rattache au Boudhisme, ils sont déplorablement bornés à cet égard ; ils n'ont aucune ardeur pour l'étude. Quand ils lisent quelque livre, ils le font sans effort ni attention, sans chercher à se bien pénétrer de ce qu'il contient. Ils n'ont ni la vigueur de l'intellect, ni compréhension dans l'esprit, ni ordre ni méthode dans les idées. Leur manière d'étudier est pitoyable, et les notions qu'ils emmagasinent dans leur mémoire sont à la fois incohérentes, imparfaites, et trop souvent très-limitées. Ils n'ont du Boudhisme aucune idée générale un peu correcte. Je n'en ai jamais rencontré un qui fût capable d'embrasser le système entier dans son esprit et d'en donner un résumé quelque peu exact. La seule de leurs facultés qu'ils cultivent avec grand soin est la mémoire. On est étonné de les voir réciter par cœur le contenu d'un livre qu'ils ont étudié. Comme le nombre des livres est très-limité dans ces pays où l'art de l'imprimerie n'a pas été introduit, les élèves des monastères sont obligés de confier à leur mémoire la plus grande partie des livres qu'ils étudient. Quiconque a vécu en Birmanie a souvent entendu avec étonnement des laïques répéter, quelquefois une heure entière, des formules en Pâli, ou des histoires religieuses en Birman, qu'ils avaient apprises à l'école ou quand ils portaient l'habit monastique.

Les Phongyies aiment à faire étalage de leur connaissance de la langue Pâli, en récitant, de mémoire et sans embarras ni hésitation, de longues formules et sentences ; mais j'ai acquis la conviction qu'un très-petit nombre d'entre eux comprenaient, même imparfaitement, une faible partie de ce qu'ils récitaient. Ceux qui jouissent dans l'opinion publique d'une réputation de savoir au-dessus de l'ordinaire affectent de parler très-peu, montrent beaucoup de réserve, et méprisent, comme étant des ignorants les gens qui approchent leurs demeures ou lient conversation avec eux.

Mais le silence qui, chez un homme instruit, serait l'indice de la modestie, n'est trop souvent chez eux que le manteau dont ils couvrent leur ignorance, et une manœuvre habile par laquelle ils déguisent leur vanité sous un semblant d'humilité. Cette dernière vertu, bien que fortement recommandée dans le Wini, n'est pas la vertu favorite des Talapoins. Il leur serait, à la vérité, impossible de la comprendre ou de la pratiquer puisqu'ils ignorent les deux routes qui y conduisent : une profonde science de Dieu, et une parfaite connaissance de soi-même. Les Talapoins qui se distinguent de leurs frères par l'austérité de leurs manières, et leur plus stricte observance des règles, sont les êtres les plus déplaisants que l'auteur ait jamais rencontrés.

Ils sont froids, gourmés, et parlent avec une concision affectée : leur langage est sentencieux et fortement assaisonné de prétention. Les sentences qui tombent de leurs lèvres sont à moitié formulées et dans une obscurité mystérieuse calculée pour exciter l'étonnement et l'admiration de leurs nombreux auditeurs ; une certaine hauteur, le mépris des autres, perce à travers leur simplicité affectée et l'humilité de leur maintien. La vanité et l'égoïsme à l'état latent dans leurs cœurs, éclatent aux yeux d'un observateur attentif. Dans leurs manières, leur ridicule réserve est parfois si affectée, qu'on serait tenté de douter de leur état mental. Les Talapoins, en général, ont une très-haute idée de leur excellence, et le respect que leur montre le peuple ne contribue pas médiocrement à l'entretenir, et leur fait croire que personne en ce monde ne saurait leur être comparé. Leur orgueil est arrivé à un tel degré qu'ils croiraient déroger s'ils répondaient à un acte de civilité, ou remerciaient pour les aumônes qu'on leur fait.

Le trait saillant du caractère des Talapoins est leur incomparable indolence. On peut dire qu'à cet égard ils sont comme leurs compatriotes, si portés à ce vice. Deux causes de natures bien différentes semblent, suivant nous, s'être inspiré pour produire chez ces peuples un tel résultat. La première est toute physique : — la chaleur du climat perpétuellement uniforme, produisant un relâchement général de toute l'économie qui n'est combattu ou compensé par aucune action ou influence opposée. La seconde cause est d'ordre moral : — la tyrannie des gouvernements despotiques qui régnent sur les populations de l'Asie orientale. La propriété n'y jouit d'aucune sécurité. Quiconque est soupçonné d'être riche est exposé à des vexations sans nombre de la part des suppôts de la tyrannie, qui trouvent facilement un prétexte pour confisquer tout ou partie de son bien, ou de lui ôter la vie s'il osait opposer quelque résistance. Dans un tel état de choses, chacun se contente du strict nécessaire. Les besoins sont le lien le plus solide qui relie les uns aux autres les individus et les peuples, en même temps qu'il sont l'aiguillon le plus puissant de l'activité humaine. Les peuples de ces pays n'ont qu'un petit nombre de besoins, ils manquent donc de ressort qui pousse au travail afin d'acquérir plus que le strict nécessaire. L'émulation, l'ambition, le désir des richesses, si puissants à pousser l'homme au travail, sont absents et le laissent dans une abjecte indolence qui devient bientôt son état habituel et qui ensevelit toute son énergie morale.

Ainsi que leurs compatriotes, les Phongyies sont exposés à l'influence de ces deux causes, mais leur genre de vie en ajoute une troisième qui les rend encore plus indolents que les autres. Ils n'ont ni trouble ni fatigue à prendre pour se procurer les objets nécessaires à leur subsistance et à leur entretien ; tout leur est abondamment fourni par leurs coreligionnaires. Il est vrai qu'ils sont tenus de lire, d'étudier et de méditer ; mais leur ignorance et leur paresse leur interdisent ces exercices intellectuels. Ils passent la plus grande partie du jour assis les jambes croisées ou appuyées, ou dormant ou au moins essayant de le faire. Ils prendront accidentellement la position verticale pour chasser l'ennui (leur plus mortel ennemi) et, en étirant à plusieurs reprises leurs bras et leurs jambes, avec accompagnement de bâillements, ils chercheront à se débarrasser de cet ennemi domestique. L'instruction des écoliers occupe quelques-uns d'entre eux pendant quelques instants, le matin et le soir. Ils sont souvent soulagés de leur mortel ennui par des visiteurs aussi désœuvrés qu'eux, qui viennent tuer le temps en leur compagnie.

Pour conserver leur respectabilité aux yeux du public, les Rahans affectent un air de réserve et de dignité. Ils évitent tout ce qui pourrait les dissiper. La continence extérieure est généralement observée, et bien qu'il y ait des infractions accidentelles, il serait injuste de les accuser d'y contrevenir habituellement. A cet égard, leur conduite est exemplaire. Bien que dépourvus de ce naturel ouvert qui caractérise leurs compatriotes, ils sont suffisamment bons et affables envers les étrangers. Cependant, dans leur conversation avec eux, ils ne peuvent jamais abandonner cet air de supériorité inspiré par l'admiration d'eux-mêmes, et par la haute opinion qu'ils entretiennent de leur état élevé et de leur caractère sacré. Ils les verront avec répugnance s'asseoir sans cérémonie auprès d'eux, et s'ils ne peuvent l'empêcher, ils chercheront une occasion pour s'écarter et se mettre à une place un peu plus élevée que le visiteur, car ce serait une inconvenance qu'un laïque eût la prétention de s'asseoir sur le même niveau qu'un Reclus. Cela impliquerait entre eux une sorte de familiarité, dont personne n'a la pensée. Leur contenance calme et placide, leur attitude pleine de douceur sont, pour ainsi dire, gâtées par une certaine dose de rudesse ou de hauteur particulières à des individus qui mènent une vie de réclusion et, jusqu'à un certain point, se tiennent en-dehors de la société.

Dans les pages qui précèdent, nous avons essayé de donner un résumé fidèle du grand Ordre religieux qui existe dans les pays où le Boudhisme primitif est resté la croyance dominante. Par respect pour la vérité, nous avons été obligé de signaler les nombreux abus qui s'y sont glissés ; mais nous n'avons jamais eu l'intention de déverser le ridicule ou le mépris sur ses membres. Nous avons la plus sincère pitié pour ces infortunées victimes de l'erreur et de la superstition, qui usent leur temps et leur énergie à la vaine poursuite d'une félicité imaginaire. Aucun langage ne saurait exprimer l'ardeur et l'intensité de nos désirs, de nos aspirations et de nos prières à hâter le jour où sera enfin dissipé le voile épais d'obscurité qui pèse sur leurs âmes, et où le soleil de justice répandra sur eux ses rayons vivifiants. Quelque déplorable que puisse être leur aveuglement intellectuel, nous avons cru devoir les juger avec loyauté et impartialité. L'Ordre religieux auquel ils appartiennent est, après tout, le plus grand par son étendue et sa diffusion, le plus extraordinaire et le plus parfait dans sa conception et ses parties constitutives, enfin le plus sage par ses règles et ses constitutions, qui ait jamais existé dans les temps anciens et modernes, en-dehors du Christianisme.

ADDITION

Nombre de personnes ont souvent posé à l'auteur la question suivante : Est-il croyable que le fondateur du Boudhisme ait établi dès le commencement un corps de Religieux avec une hiérarchie aussi parfaite, une organisation aussi complète et aussi digne d'exciter l'étonnement et l'admiration de tous ceux qui l'étudient avec une sérieuse attention ?

Sans doute les Boudhistes attribuent à Gaudama toutes les règles contenues dans le Patimauk ou livre de l'*affranchissement ;* ils soutiennent que la matière du *Çambawa* ou livre pour l'ordination des *Patzins* a été arrangée par la même main. Mais l'absurdité d'une pareille assertion ne peut manquer de sauter aux yeux même d'un observateur superficiel. Ces deux livres, avec leurs divisions et subdivisions alambiquées, ont été préparés graduellement et arrangés à une époque où le Boudhisme avait jeté de profondes racines et répandu au loin son influence, alors qu'il était devenu la religion dominante dans les pays où il est encore florissant. Les règles du *Çambawa* ont été formulées pour donner du relief à l'admission des sujets dans la corporation des moines. Afin de rendre la vie des Religieux un objet de vénération aux yeux de la communauté des fidèles, les institutions du *Patimauk* ont été élucubrées, et c'est vraisemblablement par l'action lente du temps qu'elles sont arrivées au degré de perfection où nous les voyons à présent.

Bien que Gaudama n'ait rien eu de commun avec la rédaction des livres en question, il n'en est pas moins l'auteur des principales et plus importantes règles. C'est dans les *Thouts* ou instructions qu'il a données en plusieurs occasions qu'il nous faut chercher et découvrir le germe et l'origine des principaux points traités dans le *Patimauk* et le *Çambawa*. A la suite de beaucoup de ses instructions, nous voyons quelques auditeurs croire en lui, et demander l'admission dans la société de ses disciples. Quand il appréciait leurs dispositions, les postulants n'avaient qu'à renoncer aux poursuites ordinaires de la vie, échanger leurs habits pour ceux prescrits par la règle, et s'engager à vivre dans un état de stricte chasteté; ils devenaient alors et d'emblée membres de la *Thanga*, sans avoir à passer par des épreuves en règle. La foi en Boudha, d'une part, et de l'autre la résolution de vivre dans la pauvreté et la chasteté, étaient les seules conditions mises à leur admission dans la famille spirituelle de Boudha. Les postulants étaient forcés de vivre dans la pauvreté et de compter pour leur nourriture sur les aumônes qu'ils pouvaient se procurer en mendiant. De là le nom de *Bickous* ou mendiants, qui leur fut donné. Ils devaient porter un costume fait de guenilles ramassées dans les cimetières et recousues les unes aux autres. Ils se mettaient sous la direction de Gaudama et se refusaient tous plaisirs des sens. Telles furent les premières et principales obligations imposées aux nouveaux convertis qui embrassèrent une vie religieuse. Les *Bickounies*, ou femmes qui avaient embrassé la sainte profession, furent graduellement soumises aux mêmes règles. Les menus détails de la règle s'introduisirent petit à petit et comme conséquences découlant des principes généraux. Cela fut l'œuvre du temps et peut-être d'un des Conciles.

Il ne paraît pas, d'après les instructions de Gaudama, que les degrés de la hiérarchie aient été définis et fixés par lui, comme ils le furent plus tard. Nous remarquons dans l'Assemblée, les *Bickous* ou mendiants, constituant la grande masse des Religieux, puis les *Thera*, ou, comme l'écrivent les Birmans, *Mathera*, les anciens ou membres de l'Assemblée distingués par leur âge et leur prééminence en savoir et en vertu, et les *Aryas* ou ceux qui avaient fait les plus grands progrès dans la méditation et la contemplation, et étaient entrés dans le courant de la perfection.

On a demandé aussi si ceux qui avaient atteint un des quatre *Meggas*, c'est-à-dire qui étaient devenus *Thautapan*, *Sakadagam*, etc., étaient toujours membres de l'Assemblée ou Thanga, et ne pouvaient pas vivre dans le monde. Par la teneur de certains passages de la vie de Gaudama, nous voyons que beaucoup de pieux laïques devinrent *Thautapan*, *Sakadagam*, et même *Anagam*, c'est-à-dire suivirent les trois premiers *Meggas*, tout en continuant à vivre dans le monde. Le père de Boudha, le roi Thoudaudana, le père de Ratha, et plusieurs autres, atteignirent un des états sus-nommés, et cependant continuèrent le cours ordinaire de la vie. Ce fait est digne d'attention, parce qu'il fait voir que la base sur laquelle reposaient les institutions de Gaudama, était large et qu'une vie dans le monde n'était pas un obstacle pour suivre les voies de la perfection.

SUR LE MOT « NAT »

Dans une note sur les Nats, l'auteur ayant exprimé l'opinion que le mot Nat, employé par les Birmans, était dérivé du mot sanscrit Nath, qui veut dire seigneur, le major Phayre a déclaré catégoriquement que cette expression absolument Birmane ne venait pas du sanscrit. Laissant de côté la question étymologique, dont on peut dire : « *adhuc sub judice lis est*, » nous sommes heureux de placer sous les yeux du lecteur les réflexions suivantes, dues à la plume de cet éminent orientaliste, si profondément versé dans tout ce qui a rapport au Boudhisme.

« Les Birmans modernes reconnaissent l'existence de certains êtres que, faute d'un meilleur terme, nous appellerons « êtres presque spirituels. » Ils leur donnent le nom de Nats. Or, d'après les idées Birmanes, il existe deux corps ou systèmes distincts de ces créatures. L'un constitue une compagnie régulière, si je puis m'exprimer ainsi, dont Thagya Meng est le chef. Sans aucun doute, ce corps de « Nats » était inconnu des Birmans avant qu'ils fussent devenus Boudhistes. Ce sont les vrais Dewah ou Dewata.

« Mais l'autre catégorie de Nats comprend les créatures du système indigène existant chez toutes les tribus sauvages qui confinent à la Birmanie. La reconnaissance de ces êtres constitue *leur unique culte*. Je conclus d'après cela, que les Birmans rendaient un culte à ces êtres, avant de s'être convertis au Boudhisme.

« Si donc ils reconnaissaient de tels êtres, ils avaient sans doute pour les désigner un nom ayant la signification générale de « fée, » « lutin, » etc., donné en Bretagne à des êtres d'une essence quasi-spirituelle. Je remarque qu'il y a analogie complète entre la croyance des Birmans à de tels êtres, et celle qui dominait autrefois en Europe, et dont on peut encore aujourd'hui retrouver la trace, dans les classes illettrées. Je veux dire qu'avant la conversion des tribus Anglo-Saxones au Christianisme, la croyance aux fées et aux lutins était universelle. Avec le Christianisme, naquit la croyance à un ordre différent d'êtres spirituels, et avec elle un nom nouveau dérivé du latin, Ange. Cet état de choses est analogue à ce qui exista chez les Birmans, avant et après leur conversion au Boudhisme.

« Mais revenons aux Birmans. Il semble, quand ils reçurent le Boudhisme, qu'ils aient, en général, consevé le mot de leur langue pour ces êtres appelés, en Pâli, *Dewa*. Pourquoi cela ? c'est ce qu'on ne voit pas bien clairement. Pourquoi les Anglais et tous les peuples d'origine Teutonique ont-ils conservé l'ancien nom « devil » et Esprits, quoiqu'ils en aient, avec le Christianisme, adopté un nouveau pour les bons Esprits en général ? Je fais allusion au terme « *Devil* » qui, sans doute, a une parenté philologique avec le mot Pâli Dew-a, ou Dev-a.

« Quant à la signification du mot Nat en Pâli, je n'ai pas sous la main de dictionnaire Pâli, mais j'ai le dictionnaire Ourdou qui renferme tous les mots sanscrits ordinaires. J'y trouve le mot sanscrit « Nath » avec sa signification : « maître, » « époux, » « seigneur. » Rien ne montre qu'il s'applique à des êtres surnaturels, c'est seulement un terme de respect. Comme tel, il a pu, en Pâli, être applicable aux Nats. En Birman, les gens qui *croient* aux Nats emploient rarement ce terme ; ils font usage de quelque tournure honorifique. Des pêcheurs que je connaissais se querellaient sur leurs droits à la pêche d'un étang. Ils faisaient constamment allusion à la part du « Ashing-gyee, » qui n'était autre que le Nat présidant au dit étang.

TABLE DES MATIÈRES

	Pages.
Avertissement	I
Préface de la première édition	III

CHAPITRE Ier

Invocation du traducteur Birman	9
Progrès lents mais soutenus de Phralaong vers l'état de Boudha	14
Promesse qui lui est faite par le Boudha Deipinkara	17
Origine et commencements du pays de Kapilawot et de ses gouvernants	18
Naissance de Thoudaudana	20
Son mariage avec la princesse Maia	21
Rumeur de la prochaine naissance d'un Boudha	25
Phralaong au siége des Nats	26
Conception de Phralaong	34
Songe de Maia	ib.
Merveilles qui accompagnent cet événement	36

CHAPITRE II.

Naissance de Boudha dans une forêt	40
Réjouissances à cette occasion	44
Prédiction des Pounhas	45
Kaladewila	ib.
Vains efforts de Thoudaudana pour conjurer les effets de la prédiction	46

CHAPITRE III.

Un nom est donné à l'enfant	49
Prédiction des Pounhas sur l'enfant	50

	Pages
Mort de Maia.	51
Miraculeux événement arrivé au berceau de l'enfant	54
Adolescence de Phralaong.	ib.
Il voit les quatres signes.	56
Retour du jardin à la cité royale	61

CHAPITRE IV.

Phralaong quitte son palais, abandonne la capitale, et se retire dans la solitude, au milieu des applaudissements des Nats	63
Il coupe sa superbe chevelure d'un seul coup de sabre, et endosse l'habit de Rahan	66
Il mendie sa nourriture à Radzagio	69
Son entrevue avec le prince du pays.	70
Ses études sous la direction de deux Rathis.	71
Son jeûne et ses austérités dans la solitude d'Ourouwela pendant six ans.	73

CHAPITRE V.

Offrandes de Thoudzata à Phralaong	79
Ses cinq songes.	80
Il dirige ses pas vers l'arbre Gniaong	81
Miraculeuse apparition d'un trône.	85
Victoire de Phralaong sur Manh-Nat.	87
Ses méditations pendant quarante-neuf jours auprès de l'arbre Bodi.	90
A la fin, il obtint la science parfaite.	97
Il surmonte les tentations dirigées contre lui par les filles de Manh.	101
Boudha prêche la loi à un Pounha et à deux marchands	102

CHAPITRE VI.

Boudha hésite à entreprendre la tâche de prêcher la loi	109
Le grand Brahma le conjure de prêcher la loi à tous les êtres.	ib.
Il se rend à ces prières.	110
Voyage vers Migadawon.	111
Il rencontre Oupâka.	ib.
Ses premières prédications.	114
Conversion d'un jeune noble nommé Ratha suivie de celle de son père et de ses autres parents.	118
Conversion de plusieurs autres nobles	123

	Pages.
Instructions aux Rahans	126
Conversion des trois Kathabas	138

CHAPITRE VII.

Sermon de Boudha sur une montagne	140
Entrevue de Boudha et du roi Pimpathara dans le voisinage de la cité de Radzagio	143
Réponse de Kathaba aux questions de Boudha	144
Instruction donnée au roi et à ses suivants	145
Entrée solennelle de Boudha à Radzagio	147
Donation du monastère de Welowon à Boudha	149
Conversion de Tharipoutra et de Moukalan	153
Les Rahans sont grossièrement insultés par le peuple de Radzagio	154

CHAPITRE VIII.

Thoudaudana, désireux de voir son fils, lui envoie des messagers	158
Ils se convertissent	ib.
Kaloudari, un dernier envoyé, décide Boudha à aller à Kapilawot	161
Sa réception	163
Conversion du roi et de Yathaudara	168
Nanda et Raoula endossent l'habit religieux	170
Conversion d'Ananda et de plusieurs de ses parents	172
Tentation d'Ananda	175
Conversion d'Eggidatta	178
Histoire de Tsampouka	179

CHAPITRE IX.

Un homme riche de Thawattie nommé Anatapein se convertit	181
Histoire de Dzewacka	182
Il guérit Boudha d'une maladie douloureuse	184
Le peuple de Wethalie envoie une députation à Boudha	186
Digression sur la manière dont Boudha passait son temps, tous les jours	187
Règlement d'une querelle entre les habitants de Kaulia et ceux de Kapilawot	190
Les nouveaux convertis sont affermis dans la foi	191
Mort de Thoudaudana dans les bras de son fils	193

	Pages.
La reine Patzapati et beaucoup de nobles dames sont élevées au rang de Rahanesses	195
Conversion de Kema, première femme du roi Pimpathara	196
Hérétiques près de Thawattie confondus par des miracles	200
Boudha se rend au siége de Thawadeintha pour prêcher la loi à sa mère	203

CHAPITRE X.

Conduite de Boudha au siége de Tawadeintha.	206
Son retour triomphal au siége des hommes dans la cité de Thin-Ka-Tha.	208
Il est calomnié par les hérétiques de Thawattie.	212
Huitième saison passée dans la forêt de Tesakala	213
Ses prédications subséquentes	215
Il est mal reçu dans le pays de Kothambi	216
Dissension parmi les disciples	217
Réconciliation	218
Voyages de Boudha	ib.
Prédication à un Pounha qui labourait un champ	219

CHAPITRE XI.

Voyage à Tsalia	222
Instructions à Meggia.	ib.
Rahoula est fait religieux profès	223
Questions de Manahan à Boudha.	224
Mauvaise conduite de Thouppaboudah.	ib.
Questions posées par des Nats dans le monastère de Dzetawon . . .	225
Conversion d'un Bilou	226
Épisode de Thirima à Radzagio	227
Attention accordée à un pauvre Pounha et à la fille d'un tisserand à cause de leur foi	229
Dans la vingtième saison, nomination d'Ananda aux fonctions d'assistant.	232
Conversion d'un voleur fameux.	233

CHAPITRE XII.

Boudha est calomnié à Thawattie.	235
Questions qui lui sont posées par un Pounha	236
Histoire de la fille d'Anatapein	ib.

	Pages
Conversion d'un Pounha dont le nombril émettait des rayons lumineux.	237
Lacune dans une grande partie de la vie de Boudha.	238
Histoire de Dewadat.	240
Sa jalousie envers Boudha	241
Son amitié avec le prince Adzatathat.	ib.
Son ambition.	ib.
Sa tentative de tuer Boudha.	243
Sa misérable fin.	ib.

CHAPITRE XIII.

Boudha, étant âgé de soixante-dix-neuf ans, donne ses instructions aux Rahans	245
Prédication dans le village de Patalie.	248
Miraculeux passage du Gange	250
Conversion d'une courtisane.	ib.
Maladie de Boudha.	251
Ses instructions à Ananda.	252
Derniers moments et mort de Tharipoutra.	256
Son éloge par Boudha.	264
Mort de Maukalan.	266
Réflexions de Boudha sur cet événement.	267

CHAPITRE XIV.

Voyage à Wethalie.	268
Dernière tentative de Manh.	269
Causes des tremblements de terre.	271
Nouvelles instructions aux Rahans	273
Dernier repas de Boudha.	275
Sa douloureuse maladie	ib.
Sa conversation avec un des princes Mallas.	276
Présages de la mort prochaine de Boudha.	278
Arrivée dans la forêt de Koutheinaron.	282
Boudha s'étend sur sa couche.	283
Prodiges qui accompagnent cet événement.	284
Instructions à Ananda.	287
Eloge d'Ananda par Boudha.	290
Conversion de Thoubat	298

	Pages.
Dernières paroles de Boudha aux Rahans.	304
Sa mort	305

CHAPITRE XV.

Stances prononcées après la mort de Boudha.	310
Ananda informe les princes Mallas de la mort de Boudha.	313
Préparatifs pour les funérailles.	ib.
Arrivée de Kathaba au lieu où le corps était exposé à la vénération publique.	323
Il adore le corps	ib.
Miracle à cette occasion.	ib.
Crémation du corps.	ib.
Partage des reliques fait par un Pounha nommé Dauna	327
Honneurs extraordinaires rendus aux reliques, par le roi Adzatathat.	331
Mort de ce roi et de Kathaba.	332

CHAPITRE XVI.

Après la mort de Boudha, zèle de Kathaba à soutenir la vraie doctrine.	334
Il choisit cinq cents anciens pour être membres d'un Concile.	336
Radzagio est désigné comme lieu de réunion du Concile	337
Il s'y rend avec une partie des membres nommés	338
Conduite du doux Ananda avant son départ pour Radzagio.	ib.
Le roi Adzatathat soutient les vues de Kathaba.	340
La salle pour la tenue du Concile est préparée par ses ordres.	ib.
Ananda est désigné d'une façon miraculeuse pour siéger comme membre du Concile.	342
Tenue du Concile sous la présidence de Kathaba	ib.
Établissement de l'ère religieuse	347
Destruction de Wethalie par Adzatathat.	ib.
Les successeurs de ce prince	ib.
Au temps du roi Kalathauka, un second concile est tenu à Patalipoutra sous la présidence de Ratha.	350
Causes qui provoquèrent la tenue d'un second Concile.	ib.

CHAPITRE XVII.

Kalathoka mort, son fils aîné Buddasena lui succède.	353
Et finalement le plus jeune, Pitzamouka	354

	Pages.
Ce prince est tué; il a pour successeur un chef de voleurs nommé Ouggasena-Nanda.	354
Le roi Tsanda-Goutta	355
Le roi Bandasoura	357
Songes miraculeux de la mère d'Athoka	ib.
Le roi Athoka	358
Sa conversion	359
Son zèle pour le Boudhisme	360
Découverte des reliques	361
Leur distribution	362
Troisième Concile tenu sous la présidence de Manggalipata	366
Prédication de la religion en différents pays et particulièrement dans Thatou	368
Voyage de Boudhagosa à Ceylan	370
Etablissement de la religion dans Pagan	372
Détails divers relatifs à l'importation des écritures en Birmanie	ib.
Extraits d'un petit nombre de Dzats	380
Le Renard et le Lion	382
Le Chacal et le Chasseur	384
Le Pigeon et le Chasseur	385
La tortue, le cerf et l'oiseau	386
Le poulain revêtu de la peau du lion	ib.
Nemi	ib.
Dzanecka	390
Remarques sur les positions et les noms des lieux principaux mentionnés dans la légende	399
Les sept voies qui mènent au Neibban	402
ARTICLE I. — Des Préceptes	413
— II. — De la méditation et de ses divers degrés	422
— III. — De la nature des êtres	432
— IV. — De la cause de la forme et du nom, ou de la matière et de l'esprit	438
— V. — Des vrais Meggas ou chemins qui mènent à la perfection	446
— VI. — Du progrès dans la science parfaite	451
Notice sur les Phongyies ou Talapoins	459
ARTICLE I. — Parallèle succinct entre les ordres religieux Brahminique et Boudhiste	461
— II. — Nature de l'ordre religieux des Phongyies	468
— III. — Hiérarchie de l'Ordre	476

		Pages.
Article IV. — Ordination, ou cérémonies observées lors de l'admission dans la société.		486
— V. — Règles de l'Ordre		494
— VI. — Occupations des moines Boudhistes		507
— VII. — Influence religieuse des Phongyies. — Respect et vénération des laïques à leur égard		512
Addition.		527
Sur le mot « Nat. ».		531
Table des matières		533

Saint-Quentin. — Imprimerie Jules Moureau.